Heidelberger Taschenbücher Band 158

Alfred Stobbe

Volkswirtschaftslehre III

Makroökonomik

Zweite, völlig überarbeitete Auflage

Springer-Verlag
Berlin Heidelberg New York
London Paris Tokyo

Professor Dr. Alfred Stobbe
Universität Mannheim, Fakultät für Volkswirtschaftslehre
und Statistik, Seminargebäude A 5, 6800 Mannheim 1

1. Auflage 1975: 1.–50. Tausend
(Die 1. Auflage erschien unter dem
Titel „Gesamtwirtschaftliche Theorie".)
2. Auflage 1987: 51.–62. Tausend

ISBN-13: 978-3-540-18172-9 e-ISBN-13: 978-3-642-61600-6
DOI: 10.1007/978-3-642-61600-6

CIP-Kurztitelaufnahme der Deutschen Bibliothek
Stobbe, Alfred: Volkswirtschaftslehre / Alfred Stobbe. –
Berlin ; Heidelberg ; New York ; London ; Paris ; Tokyo : Springer
(Heidelberger Taschenbücher ; ...) Teilw. mit d. Erscheinungsorten Berlin, Heidelberg, New York. –
Teilw. mit d. Erscheinungsorten Berlin, Heidelberg, New York, Tokyo. –
Früher u. d. T.: Stobbe, Alfred: Gesamtwirtschaftliche Theorie
3. Stobbe, Alfred: Makroökonomik. – 2., völlig überarb. Aufl. – 1987
Stobbe, Alfred: Makroökonomik / Alfred Stobbe. – 2., völlig überarb. Aufl. – Berlin ; Heidelberg ;
New York ; London ; Paris ; Tokyo : Springer, 1987.
(Volkswirtschaftslehre / Alfred Stobbe ; 3) (Heidelberger Taschenbücher ; Bd. 158)
1. Aufl. u. d. T.: Stobbe, Alfred: Gesamtwirtschaftliche Theorie

Dieses Werk ist urheberrechtlich geschützt. Die dadurch begründeten Rechte, insbesondere die der Übersetzung, des Nachdrucks, des Vortrags, der Entnahme von Abbildungen und Tabellen, der Funksendung, der Mikroverfilmung oder der Vervielfältigung auf anderen Wegen und der Speicherung in Datenverarbeitungsanlagen, bleiben, auch bei nur auszugsweiser Verwertung, vorbehalten. Eine Vervielfältigung dieses Werkes oder von Teilen dieses Werkes ist auch im Einzelfall nur in den Grenzen der gesetzlichen Bestimmungen des Urheberrechtsgesetzes der Bundesrepublik Deutschland vom 9. September 1965 in der Fassung vom 24. Juni 1985 zulässig. Sie ist grundsätzlich vergütungspflichtig. Zuwiderhandlungen unterliegen den Strafbestimmungen des Urheberrechtsgesetzes.
© Springer-Verlag Berlin Heidelberg 1975, 1987

Vorwort

Dieses Buch ist eine stark veränderte Neuauflage der „Gesamtwirtschaftlichen Theorie" von 1975. Es wird mit dem neuen Titel auch dem Namen nach in die nunmehr dreibändige „Volkswirtschaftslehre" eingegliedert. Der Untertitel „Makroökonomik" soll wie bei Band II (1983) andeuten, daß sich der gebotene Stoff nicht auf die Theorie beschränkt: An vielen Stellen wird auf wirtschaftspolitische Anwendungen hingewiesen, besonders im dritten Kapitel über Geld und Kredit und im vierten über das Beschäftigungsproblem. Die hauptsächlichen Änderungen sind die folgenden. Das erste Kapitel der Fassung von 1975 über „Aufgaben und Methoden der Wirtschaftswissenschaft" wurde weggelassen, da die Aufgaben bereits in Band I beschrieben sind und die methodischen Grundlagen nunmehr in einer erweiterten Fassung die Einleitung von Band II bilden. Ebenso fehlen das damalige fünfte Kapitel über „Wirtschaftssysteme" und das sechste über „Ziele und Probleme der Wirtschaftspolitik". Beiden Themen zusammen sollte, wenn überhaupt, ein eigener Band gewidmet werden. Im jetzigen zweiten Kapitel wurden die Erörterungen über konjunkturelle Schwankungen des Sozialprodukts angereichert und durch einen Bericht über makroökonometrische Modelle ergänzt, die in den meisten einführenden Lehrbüchern der Makroökonomik kaum erwähnt werden. Außerdem wurde Teil VI über das wirtschaftliche Wachstum und damit den Expansionsprozeß schlechthin neu aufgenommen. Das frühere vierte, jetzt dritte Kapitel über Theorie und Politik des Geld- und Kreditwesens wurde mit Erörterungen über den Monetarismus und die Geldpolitik der Deutschen Bundesbank auf den neuesten Stand gebracht; und das vierte Kapitel bildet eine wesentlich erweiterte Fassung der Ausführungen von 1975 über das Beschäftigungsproblem. Die Darstellung der klassischen und der MARxschen Beschäftigungstheorie wurde im wesentlichen übernommen, die der KEYNESschen erweitert. Zudem werden hier die vermuteten Zusammenhänge zwischen Inflation und Arbeitslosigkeit sowie das Problem erörtert, Wirtschaftspolitik in einem Milieu zu treiben, in dem die Wirtschaftssubjekte aufgrund rationaler Erwartungen über die Ziele und Folgen staatlicher Eingriffe handeln. Es schien verlockend, das Beschäftigungsproblem anschließend anhand des Arbeitsmarktes der Bundesrepublik auch mikroökonomisch zu analysieren: Warum, wo, wie und mit welchen Folgen greift der Staat in diesen Markt ein? Nun ist es allerdings unmöglich, die unzähligen Detail-, Sonder- und Ausnahmeregelungen des Gesetz- und Verordnungsgebers, die Feinheiten der Rechtsprechung und die Argumente der Kommentatoren im Rahmen des vorliegenden Bandes auch nur annähernd wiederzugeben: SCHAUB [4.72], auf den ich mich im wesentlichen gestützt habe, benötigt dazu über 1500 Seiten. Übrig geblieben ist hier eine Skizze der Verhältnisse auf dem Arbeitsmarkt der Bundesrepublik, die immerhin Anhaltspunkte zur Erklärung der heute dort herrschenden Situation bieten mag.

Einige Kollegen haben Teile des Manuskripts kritisch gelesen und mir mit ihren Bemerkungen sehr geholfen, insbesondere Wolfgang Franz (Stuttgart), Ralph Ganter (Mannheim), Jürgen Kromphardt (Berlin), Joachim Starbatty (Tübingen), Manfred E. Streit (Mannheim) und Manfred Timmermann (St. Gallen). Mitarbeiter der Deutschen Bundesbank und des Bundesministeriums für Arbeit und Sozialordnung erteilten bereitwillig Auskünfte. Sylvie Béguey hat sich durch zahlreiche Textfassungen hindurchgeschrieben, Berechnungen angestellt, Literatur beschafft und bei der Korrektur geholfen. Die Universität Mannheim und das Dekanat der Fakultät für Volkswirtschaftslehre und Statistik stellten Ressourcen zur Verfügung. Ich danke ihnen allen und entlaste sie von jeder Verantwortung für den Text.

Mannheim, im August 1987   Alfred Stobbe

Aus dem Vorwort zur ersten Auflage

Das vorliegende Lehrbuch bietet ... im Anschluß an die Ex post-Analyse, deren Kenntnis vorausgesetzt wird, einen Überblick über elementare Methoden, Denkinstrumente und Modelle zur Erklärung und Prognose des Wirtschaftsablaufs und damit eine Einführung in diejenigen Gebiete der gesamtwirtschaftlichen Theorie, die heute wohl überall im wirtschaftswissenschaftlichen Grundstudium gelehrt werden. Institutioneller Hintergrund ist eine hochindustrialisierte Marktwirtschaft mit überwiegendem Privateigentum an Produktionsmitteln, wobei häufig auf Verhältnisse in der Bundesrepublik Deutschland eingegangen wird ...

In einer Einführung wie dieser muß auf Feinheiten verzichtet werden. Funktionale Zusammenhänge werden so einfach wie möglich angenommen, die numerische Größe von Parametern spielt fast keine Rolle, ökonometrische Probleme werden nicht behandelt. Es kann damit zwar nur eine grobe, aber in bezug auf die entscheidenden Zusammenhänge den herrschenden Ansichten doch im wesentlichen entsprechende Vorstellung über den Wirtschaftsablauf und einige Möglichkeiten zu seiner Beeinflussung gegeben werden. Die Einübung in die spezielle Denkweise der Wirtschaftswissenschaft soll an einigen Stellen dadurch erleichtert werden, daß jeweils dasselbe Problem sowohl verbal als auch algebraisch und graphisch behandelt wird. Der empirische Bezug wird durchgehend betont, so durch statistische Angaben, Schätzungen einiger Verhaltensfunktionen und andere Beispiele.

Inhaltsverzeichnis

Erstes Kapitel

Funktionale Zusammenhänge und Gleichgewicht in einer Volkswirtschaft

I. **Fragestellungen und Verfahren der Makroökonomik** 1
   1. Sachfragen der Makroökonomik 1
   2. Das Bruttosozialprodukt ex post und ex ante 3
   3. Makroökonomische Modelle 5

II. **Konsumfunktion und Sparfunktion** 7
   1. Die makroökonomische Konsumfunktion 7
   2. Die statistische Schätzung der makroökonomischen Konsumfunktion . . 9
   3. Die makroökonomische Sparfunktion 12

III. **Investitionsfunktion** 14
   1. Investitionen und Investoren 14
   2. Erklärungsvariable der Investition 15
   3. Die makroökonomische Investitionsfunktion 19

IV. **Makroökonomisches Gütermarkt-Gleichgewicht** 20
   1. Ein einfaches Gleichgewichtsmodell 20
   2. Gleichgewichtseinkommen und Zinssatz 26
   3. Die IS-Kurve 27

V. **Geldangebot, Geldnachfrage und Geldmarkt-Gleichgewicht** 29
   1. Geld und Geldangebot 29
   2. Geldhaltung zu Transaktionszwecken 31
   3. Geldhaltung zu Spekulationszwecken 35
   4. Die makroökonomische Geldnachfragefunktion 38
   5. Geldmarkt-Gleichgewicht und LM-Kurve 40

VI. **Das KEYNESsche Gleichgewichtsmodell** 43
   1. Gleichgewicht auf Güter- und Geldmarkt 43
   2. Das KEYNES-Modell als Gleichungssystem 46

Literatur zum ersten Kapitel 48

Zweites Kapitel

Gesamtwirtschaftliche Expansions- und Kontraktionsprozesse

I. **Konjunktur und Wachstum** 51
  1. Kumulative Prozesse 51
  2. Konjunkturzyklen 54
  3. Konjunktur und Wachstum in der Bundesrepublik Deutschland 57

II. **Multiplikatorprozesse** 59
  1. Verlaufsanalyse eines expansiven Multiplikatorprozesses 59
  2. Investition und Ersparnis ex ante und ex post 65
  3. Der Investitionsmultiplikator 67
  4. Konsumausgabenmultiplikatoren 69
  5. Der Multiplikatorprozeß bei induzierter Investition 71
  6. Kontraktive Multiplikatorprozesse 73

III. **Steueraufkommensfunktionen und Multiplikatorwirkungen staatlicher Einnahmen und Ausgaben** 74
  1. Einnahmen und Ausgaben des Staates 74
  2. Steueraufkommensfunktionen 76
  3. Wirkungen staatlicher Konsum- und Investitionsausgaben 79
  4. Wirkungen von Transferausgaben und Steuern 81
  5. Wirkungen ausgeglichener Zusatzbudgets auf das Volkseinkommen . . 82
  6. Multiplikatorprozesse bei variablem Steueraufkommen 83
  7. Staatshaushalt und Konjunktur 87

IV. **Multiplikatorprozesse in der offenen Volkswirtschaft** 90
  1. Import- und Exportfunktionen 90
  2. Der Import als Bremse eines Expansionsprozesses 93
  3. Export- und Importmultiplikator 94
  4. Wirkungen multiplikativer Prozesse auf den Außenbeitrag 95

V. **Konjunkturtheorie** 97
  1. Ansätze der Konjunkturtheorie 97
  2. Wirkungen konjunkturabhängigen Spar- und Investitionsverhaltens . . 98
  3. Der Akzeleratorprozeß in einem Wirtschaftszweig 101
  4. Reinvestitionszyklen 104
  5. Das Zusammenwirken von Multiplikator- und Akzeleratorprozeß . . . 106
  6. Multiplikator-Akzeleratorprozeß und zyklisches Wachstum 111
  7. Makroökonometrische Konjunkturmodelle 113

VI. **Wachstumstheorie** 119
  1. Wirtschaftswachstum und seine Bestimmungsgründe 119
  2. Gleichgewichtiges Wachstum 122
  3. Wachstum bei substitutiven Produktionsfaktoren 129
  4. Wachstum bei technischem Fortschritt 135
  5. Optimales Wachstum 138

Literatur zum zweiten Kapitel 140

Drittes Kapitel

Geld und Kredit

I. Geldfunktionen und Geldentstehung 149
1. Vorteile einer Recheneinheit 149
2. Geld als Transaktions- und Wertaufbewahrungsmittel 150
3. Geldentstehung, Geldsubstitute und Geldmengen-Konzepte 153
4. Erscheinungsformen des Geldes 155

II. Kreditmärkte, Zins und Finanzsektor 157
1. Kreditbeziehungen und ihre Risiken 157
2. Kreditmärkte in der modernen Volkswirtschaft 159
3. Zins und Zinsstrukturen 162
4. Interdependenz der Kreditmärkte 167
5. Der Finanzsektor und seine Funktionen 170

III. Geldangebot und Bankenliquidität 173
1. Die Tätigkeit einer Geschäftsbank 173
2. Der gesetzliche Rahmen des Bankgeschäfts 175
3. Geldschöpfung und Geldvernichtung 179
4. Die Geldschöpfungskapazität eines Bankensystems 183
5. Die Liquidität eines Bankensystems 188

IV. Geldnachfrage 190
1. Geldhaltung und Sozialprodukt 190
2. Geldhaltung und Zinssatz 193
3. Geldhaltung als Teil der Vermögenshaltung 195
4. Empirische Untersuchungen der Geldnachfrage 196

V. Theorie der Geld- und Kreditpolitik 198
1. Ausgangstatsachen der Geld- und Kreditpolitik 198
2. Instrumente der Geld- und Kreditpolitik 200
3. Der Transmissionsmechanismus 201
4. Das Indikatorproblem der Geld- und Kreditpolitik 203
5. Geldpolitische Konzeptionen 205

VI. Geld- und Kreditpolitik in der Bundesrepublik Deutschland 210
1. Organisation und Tätigkeit der Deutschen Bundesbank 210
2. Die Deutsche Bundesbank als wirtschaftspolitische Instanz 212
3. Theorie und Instrumente der Bundesbank 214
4. Zinspolitik 217
5. Mindestreservepolitik 222
6. Offenmarktpolitik 224
7. Einlagenpolitik 228
8. Die Liquidität des Geschäftsbankensektors 229
9. Zentralbankgeldmenge und Geldmengenpolitik 232

Literatur zum dritten Kapitel 239

Viertes Kapitel

Theorie und Politik der Beschäftigung

I. Beschäftigung und Arbeitsmarkt 246
   1. Sozialprodukt, Beschäftigung und Arbeitsproduktivität 246
   2. Der Arbeitsmarkt 250
   3. Arbeitsmarktorganisationen und Tarifverträge 255
   4. Arbeitslosigkeit 259

II. Beschäftigungstheorie bei den Klassikern und bei MARX 264
   1. Grundzüge des klassischen Modells 264
   2. Zusammenfassung und wirtschaftspolitische Folgerungen 274
   3. Grundzüge des MARXschen Beschäftigungsmodells 277

III. Theorie und Politik der Beschäftigung im KEYNES-Modell 286
   1. Die historische Ausgangssituation 286
   2. Das vervollständigte KEYNES-Modell 288
   3. Beschäftigungswirksame Einflüsse im KEYNES-Modell 292
   4. Unterbeschäftigung im KEYNES-Modell 295
   5. Gesamtwirtschaftliche Angebots- und Nachfragekurven 298
   6. Ergebnisse und Schlußfolgerungen 302
   7. Wirtschaftspolitik im KEYNES-Modell 304

IV. Neuere Probleme der Beschäftigungstheorie und -politik 307
   1. Wirtschaftliche Probleme der Nachkriegszeit 307
   2. Inflation und ihre Wirkungen 309
   3. Inflationsursachen 315
   4. Der Zusammenhang zwischen Inflation und Arbeitslosigkeit 316
   5. Die Rolle der Erwartungen im Wirtschaftsablauf 321

V. Arbeitsmarkt und Arbeitsmarktpolitik in der Bundesrepublik Deutschland 325
   1. Bevölkerung, Erwerbstätigkeit und Arbeitslosigkeit in der Bundesrepublik 325
   2. Akteure und Institutionen des Arbeitsmarktes 328
   3. Tarifverträge und Arbeitskämpfe 331
   4. Politische Eingriffe in den Arbeitsmarkt 338
   5. Personalkosten und Personalzusatzkosten 342
   6. Gründe für fortbestehende Arbeitslosigkeit 346

Literatur zum vierten Kapitel 350

Anhang I. Allgemeine Literatur zur Makroökonomik 357

Anhang II. Fachausdrücke aus der Makroökonomik 359

Personen- und Institutionenverzeichnis 382

Sachverzeichnis 387

Hinweise zur Benutzung dieses Buches

Adressatenkreis und Vorkenntnisse: Das Buch soll Studierenden der Wirtschafts- und Sozialwissenschaften im Grundstudium sowie anderen Interessenten im Anschluß an ihre Beschäftigung mit der Ex post-Analyse den Zugang zur Untersuchung des Wirtschaftsprozesses unter gesamtwirtschaftlich-makroökonomischem Aspekt eröffnen. Dem Leser sollten also wenigstens in groben Zügen Begriffe und Verfahren bekannt sein, die bei der Aufstellung von Vermögensrechnungen, der Analyse des Wirtschaftskreislaufs, Geldbestands- und -bestandsänderungsrechnungen, der Erstellung von Zahlungsbilanzen, der Untersuchung wirtschaftlicher Strukturen und der Messung von Preisniveauänderungen verwendet werden. Es wird im Text vielfach ohne weitere Erläuterung auf solche Sachverhalte verwiesen. Für die Lektüre einiger Teile sind außerdem Kenntnisse der mikroökonomischen Produktionstheorie erforderlich. Sehr nützlich wäre ferner, die Grundzüge der wirtschaftswissenschaftlichen Methodik zu kennen: Was die „modellexterne Ceteris paribus-Klausel" oder „dynamische Analysen" (S. 6) sind, sollte der Leser wissen, aber es kann ihm in diesem Band nicht noch einmal erläutert werden. Die hier für die Makroökonomik erforderlichen mathematischen Kenntnisse gehen über elementare Algebra und analytische Geometrie sowie die Anfänge der Differentialrechnung nicht hinaus.

Stoffauswahl: Nach einem einleitenden Überblick über das methodische Vorgehen gibt das Buch im ersten und zweiten Kapitel eine Übersicht über wichtige Hypothesen und Ergebnisse der makroökonomischen Theorie. Damit sollen im wesentlichen die im wirtschaftswissenschaftlichen Grundstudium gebotenen Teile der Makroökonomik abgedeckt werden. Das dritte und das vierte Kapitel runden diese Übersicht ab. Sie sind mehr anwendungsorientiert und informieren auch über viele institutionelle Einzelheiten in der Bundesrepublik Deutschland. Im wirtschaftswissenschaftlichen Unterricht sind die Bereiche „Geld und Kredit" und „Theorie und Politik der Beschäftigung" vielfach Gegenstand eigener Lehrveranstaltungen, zu denen diese Kapitel als Einführung dienen können.

Fachausdrücke: Alle wichtigen Fachausdrücke sind da, wo sie definiert oder sonst erläutert werden, *kursiv* gedruckt. Die entsprechenden und weitere Belegstellen sind über das Sachverzeichnis am Schluß des Buches zu finden. Jedoch werden Fachausdrücke aus dem Volkswirtschaftlichen Rechnungswesen und der Mikroökonomik hier im allgemeinen nicht nochmals erläutert. Anhang II enthält Definitionen und zusätzliche Angaben zu einer Reihe besonders wichtiger Fachausdrücke. Dort suche man auch Quellenhinweise und Einzelheiten zu den im Text ohne weitere Erläuterungen mit den Namen der Urheber bezeichneten Modellen, Lehrsätzen und so weiter (BAUMOL-TOBIN-Modell, HAAVELMO-Theorem).

Numerierungen: Alle graphischen Darstellungen (hier „Bilder" genannt), Tabellen, Konten und Gleichungen sowie die graphisch herausgesetzten Definitionen, Hypothesen und Sätze sind mit zweigliedrigen Zahlen numeriert. Das erste Glied gibt das Kapitel, das zweite die fortlaufende Nummer an. Tabelle 2.3 ist demnach die dritte Tabelle im zweiten Kapitel. Modelle tragen jeweils nur eine Nummer, ihre Gleichungen werden durch hinzugesetzte römische Zahlen unterschieden.

Symbole: Da kompliziertere ökonomische Zusammenhänge nur mit Hilfe von Gleichungssystemen durchschaubar gemacht werden können, müssen ökonomische Größen mit Symbolen bezeichnet werden. Soweit sich dabei ein international einheitlicher Gebrauch durchgesetzt hat, wird er in diesem Buch übernommen (zum Beispiel Y = Sozialprodukt, Volkseinkommen; I = Investition; C = Konsum). Allgemein werden Variable mit lateinischen Großbuchstaben oder Buchstabengruppen (Ex = Export), Parameter mit lateinischen oder griechischen Kleinbuchstaben wiedergegeben. Nach Möglichkeit wird die gleiche Symbolik wie in den anderen Bänden dieses Lehrbuchs verwendet, jedoch bezeichnet etwa der Buchstabe „k" hier an verschiedenen Stellen ganz unterschiedliche Sachverhalte.

Graphische Darstellungen: Die verbale und algebraische Argumentation wird durch insgesamt 48 Bilder unterstützt. In diesen sind die Graphen von Verhaltensfunktionen mit breiten Linien wiedergegeben, um sie von Hilfslinien abzuheben und anzudeuten, daß ihre Verläufe nicht genau bekannt sein können und eher Korridoren ähneln. Ihre gestrichelten Teile bezeichnen ökonomisch irrelevante Bereiche.

Verweise: Der Text enthält zahlreiche Verweise auf andere Stellen des Buches, um an vorangegangene Grundlagen zu erinnern, Zusammenhänge herzustellen oder auf weiterführende Überlegungen hinzuweisen. Es empfiehlt sich, ihnen auch tatsächlich nachzugehen. Auf Stellen im selben (arabisch numerierten) Abschnitt oder in dessen unmittelbarer Nähe wird ohne Seitenangabe, auf andere Stellen mit der Seitenzahl verwiesen. Vorwärtsverweise sind durch den Zusatz „unten" kenntlich gemacht und nennen ohne Seitenangabe Kapitel, Teil und Abschnitt.

Literaturangaben: Am Schluß jedes Kapitels sowie in den Anhängen I und II befinden sich Angaben über ergänzende und weiterführende Literatur, auf die im Text und in Anmerkungen mit zweigliedrigen Zahlen in eckigen Klammern unter Nennung des Verfassers, Herausgebers oder Titels verwiesen wird. Beispielsweise bedeutet Verweis [2.08] den 8. Titel im Literaturanhang zum zweiten Kapitel. Seitenangaben bei Zitaten beziehen sich auf die jeweils genannte neueste Auflage und gegebenenfalls auf die Originalausgabe. Anstelle mehrerer Verlagsorte wird hier nur der jeweils erstgenannte mit dem Zusatz „u. a." angegeben. Innerhalb der Sachgruppen sind die Titel nach dem Jahr der Erstveröffentlichung aufgeführt. Neuere Titel, Übersichtsartikel und Sammelbände sind bevorzugt genannt, da man von ihnen aus den besten Zugang zu früheren Publikationen findet.

Örtlicher und zeitlicher Bezug: Angaben ohne weitere Kennzeichnung betreffen die Bundesrepublik Deutschland, häufig nur „Bundesrepublik" genannt, einschließlich Saarland und Berlin (West), wenn nicht etwas anderes gesagt wird. Gesetzgebung, wirtschaftspolitische Eingriffe und Literatur sind im wesentlichen nach dem Stand von Ende 1985 wiedergegeben, jedoch entstammen einzelne Angaben auch noch den ersten Monaten des Jahres 1987.

Abkürzungen für Literaturquellen

AER	The American Economic Review. Nashville, 1911 ff.
Bbk-Geschäftsbericht	Geschäftsbericht der Deutschen Bundesbank, Frankfurt
Bbk-Monatsbericht	Monatsbericht der Deutschen Bundesbank, Frankfurt
BGBl. I	Bundesgesetzblatt, Teil I, Bonn
DIW Wochenbericht	Deutsches Institut für Wirtschaftsforschung: Wochenbericht. Berlin, 1950 ff.
EJ	The Economic Journal. London, 1891 ff.
JELit	The Journal of Economic Literature. Nashville, 1969 ff.
JNÖStat	Jahrbücher für Nationalökonomie und Statistik. Stuttgart, 1863 ff.
JPE	The Journal of Political Economy. Chicago, 1892 ff.
Mikroökonomik	A. STOBBE: Volkswirtschaftslehre II Mikroökonomik. 1983
QJE	The Quarterly Journal of Economics. Cambridge, Mass. 1886 ff.
Rechnungswesen[6]	A. STOBBE: Volkswirtschaftslehre I Volkswirtschaftliches Rechnungswesen. 6. Aufl. 1984
REStat	The Review of Economics and Statistics. Cambridge, Mass. 1919 ff.
Stat. JB. BRD	Statistisches Jahrbuch für die Bundesrepublik Deutschland. Stuttgart, 1952 ff.
SVR-Jahresgutachten	Sachverständigenrat zur Begutachtung der gesamtwirtschaftlichen Entwicklung: Jahresgutachten. Stuttgart u. a., 1964 ff.
WiSta	Wirtschaft und Statistik, hg. vom Statistischen Bundesamt. Stuttgart u. a., 1949 ff.
ZgS	Zeitschrift für die gesamte Staatswissenschaft. Tübingen, 1844 ff.

Andere Abkürzungen

Abs.	Absatz	LM-	Geldnachfrage-Geldangebots-
AFG	Arbeitsförderungsgesetz		
Anm.	Anmerkung	ME	Mengeneinheit(en)
Art.	Artikel	Mill.	Million(en)
Aufl.	Auflage	Mrd.	Milliarde(n)
BA	Bundesanstalt für Arbeit	N. F.	Neue Folge
BBankG	Bundesbankgesetz	No., Nr.	Nummer
Bd, Bde	Band, Bände	OECD	Organisation for Economic Co-operation and Development
BGB	Bürgerliches Gesetzbuch		
Bill.	Billion(en) (= 1 Million Millionen)		
		o. J.	ohne Jahr(esangabe)
DDR	Deutsche Demokratische Republik	§, §§	Paragraph, Paragraphen
		p. a.	per annum (= je Jahr)
Def.	Definition	RE	Recheneinheit(en)
DM, D-Mark	Deutsche Mark	s.	siehe
f.	und folgende Seite	S.	Seite
ff.	und mehrere folgende Seiten (oder Jahre)	$	US-Dollar
		Sp.	Spalte
GE	Geldeinheit(en)	Stabilitätsgesetz	Gesetz zur Förderung der Stabilität und des Wachstums der Wirtschaft
geb.	geboren		
GG	Grundgesetz für die Bundesrepublik Deutschland		
		Stat. BA	Statistisches Bundesamt
GWB	Gesetz gegen Wettbewerbsbeschränkungen	TVG	Tarifvertragsgesetz
		u. a.	und andere(s)
H.	Heft	US(A)	United States (of America)
Hg., hg.	Herausgeber, herausgegeben	U-Schatz	unverzinsliche Schatzanweisung
Hyp.	Hypothese	vgl.	vergleiche
IS-	Investitions-Ersparnis-	v. H.	vom Hundert
Jg.	Jahrgang	Vol.	Volume (= Band)
KWG	Gesetz über das Kreditwesen	Ziff.	Ziffer

Erstes Kapitel

Funktionale Zusammenhänge und Gleichgewicht in einer Volkswirtschaft

Teil I dieses Kapitels bietet in aller Kürze einige methodische Vorbemerkungen, wobei zunächst anhand des Bruttosozialprodukts als der zentralen makroökonomischen Variablen der grundlegende Unterschied zwischen der rückschauenden statistischen Erfassung des Wirtschaftsprozesses und seiner theoretischen Analyse erläutert wird. Anschließend werden Modelle als das wichtigste Werkzeug des Theoretikers samt den an sie zu richtenden Fragen vorgestellt. Hinweise zur Methodik finden sich darüber hinaus im gesamten Text. Sie sollen anhand des jeweiligen Sachproblems zu einem besseren Verständnis der Vorgehensweise des Wirtschaftswissenschaftlers beitragen. Den Kern der Makroökonomik bilden Hypothesen über funktionale Zusammenhänge zwischen makroökonomischen Variablen, und in Teil II wird am Beispiel des Zusammenhangs zwischen Konsumausgaben und verfügbarem Einkommen in einer Volkswirtschaft gezeigt, wie man solche Hypothesen numerisch konkretisiert. Nach Einführung der makroökonomischen Investitionsfunktion in Teil III folgt in Teil IV das erste einfache gesamtwirtschaftliche Gütermarktmodell. Teil V erläutert die Grundhypothesen über die Nachfrage nach Geld und leitet zum KEYNES-Modell über, das die bis dahin eingeführten Hypothesen zusammenfaßt und die Bedingungen für ein gleichzeitiges Gleichgewicht auf dem Güter- und dem Geldmarkt angibt.

I. Fragestellungen und Verfahren der Makroökonomik

1. Sachfragen der Makroökonomik. Makroökonomik unterscheidet sich von anderen Teilgebieten der Wirtschaftswissenschaft durch die Art der hier gestellten Fragen und die Vorgehensweise bei ihrer Beantwortung. Die Fragen betreffen die Funktionsweise einer Volkswirtschaft insgesamt: Warum nimmt das Sozialprodukt in einem gegebenen Jahr gerade die beobachtete Höhe an, und warum wächst es in einem Jahrzehnt im Durchschnitt doppelt so schnell wie im nächsten? Welches sind die Ursachen für die Schwankungen im Auslastungsgrad des Produktionsapparats, und warum sind heute bis zu zehn oder zwölf von hundert Erwerbspersonen arbeitslos, früher aber nur ein bis drei? Liegen Ressourcen in einem solchen Ausmaß brach, verliert offenbar die zentrale Frage der Mikroökonomik nach ihrer optimalen Aufteilung auf konkurrierende Verwendungszwecke wesentlich an Bedeutung gegenüber dem möglicherweise makroökonomischen Problem, sie wieder voll zu beschäftigen. Es ist daher kein Zufall, daß das wissenschaftliche Interesse an makroökonomischen Fragen maßgeblich von der Weltwirtschaftskrise Anfang der dreißiger Jahre mit ihrer Massenarbeitslosigkeit beeinflußt wurde. Weitere Fragen entstanden in den Jahrzehnten nach dem zweiten Weltkrieg: Wie kommen Inflationen unterschiedlichen Grades zustande? Warum hat ein Land ständig Leistungsbilanzüberschüsse, das andere chronische Defizite? Welche Rolle spielt der technische Fortschritt für das wirtschaftliche Wachstum einerseits und die Beschäftigung andererseits?

Wer hierauf antworten will, sieht sich als Beobachter des Wirtschaftsprozesses zunächst einer unübersehbaren Vielfalt von Transaktionen gegenüber. Dessen Ablauf läßt sich bei gesamtwirtschaftlicher Betrachtung nur dann mit Aussicht auf Gewinnung empirisch überprüfbarer Aussagen analysieren, wenn die Zahl der zu berücksichtigenden Variablen auf eine überschaubare Größenordnung reduziert wird. Man faßt dazu die bei den Wirtschaftssubjekten vorhandenen Vermögensobjekte sowie die von ihnen vorgenommenen Transaktionen zu *Aggregaten* zusammen und gewinnt auf diese Weise gesamtwirtschaftliche Bestandsgrößen wie die Geldmenge und den Produktionsapparat oder Stromgrößen wie den Konsum, die Bruttoinvestition, den Güterexport und das Steueraufkommen. Diese Größen werden als homogen betrachtet, nehmen in der Regel im Zeitablauf unterschiedliche Werte an und heißen daher *makroökonomische Variable*. Makroökonomik bedeutet, mit solchen Variablen zu arbeiten und dabei die gesamte Volkswirtschaft im Auge zu behalten.

Dem ökonomischen Theoretiker stellen sich im Rahmen der Makroökonomik zwei Arten von Fragen. Die erste lautet:
– Welche Verhaltensweisen welcher Gruppen von Wirtschaftssubjekten führen dazu, daß makroökonomische Variable jeweils bestimmte Werte annehmen? Diese Frage gehört zur *positiven Ökonomik* und läuft darauf hinaus zu *erklären,* warum bestimmte Variable beobachtete oder unterstellte Werte angenommen haben; oder *vorherzusagen,* welche Werte sie in Zukunft annehmen werden.

Die zweite Frage lautet:
– Welche Handlungen oder Transaktionen sind vorzunehmen, wenn man gegebene makroökonomische Variable in gewünschter Weise beeinflussen will?
Sie ist die zentrale Frage der *normativen Ökonomik* und läuft auf das Problem der makroökonomischen Steuerung des Wirtschaftsprozesses hinaus. Von den eingangs genannten Vorgängen wie Wachstum, Arbeitslosigkeit und Inflation werden viele Menschen unmittelbar in ihrem ökonomischen Bereich berührt, und hinter den Untersuchungsobjekten der Makroökonomik steht daher neben dem wissenschaftlichen auch das praktische Interesse sowohl der Betroffenen als auch der wirtschaftspolitischen Instanzen wie Regierung, Parlament und Zentralbank. Diese fühlen sich für den Wirtschaftsablauf verantwortlich, und man könnte fragen, warum das so ist: Da dieser Ablauf Tag für Tag das Ergebnis unzähliger Entscheidungen aller Beteiligten ist, läßt sich doch kaum ein Verfahren denken, das dem demokratischen Ideal der ständigen Mitwirkung aller Bürger an der gemeinsamen Aufgabe der Herstellung, Verteilung und Verwendung des Sozialprodukts noch näher kommt. Jedoch gibt es mehrere Gründe, den Staat in den Wirtschaftsablauf eingreifen zu lassen. Die wirtschaftliche

Entscheidungsmacht ist ungleich verteilt, und vermutlich würde der unbeeinflußte Ablauf zu viele Bürger unverschuldet in unzumutbarem Ausmaß benachteiligen. Zweitens können sich aus der Gesamtheit der Entscheidungen Abläufe ergeben, die so von keinem der Beteiligten gewollt sind und die Interessen der Mehrheit beeinträchtigen. Drittens muß der Staat gewisse wirtschaftliche Aufgaben wahrnehmen, die man Privaten nicht übertragen kann, und da er so ohnehin in den Wirtschaftsprozeß eingreift, kann er seine Lenkungsaufgabe damit verbinden.

Wirtschaftspolitische Instanzen wollen also Ziele erreichen, die nicht erfüllt sind, wenn sich gewisse gesamtwirtschaftliche Variable wie die Arbeitslosenquote, die Wachstumsrate des Sozialprodukts oder die allgemeine Preissteigerungsrate außerhalb vorgegebener Bereiche bewegen. Aufgabe der beratenden Wirtschaftswissenschaftler ist es herauszufinden, in welcher Weise die von den wirtschaftspolitischen Instanzen direkt beeinflußbaren Größen, die *wirtschaftspolitischen Instrumentvariablen*, eingesetzt werden müssen, damit die Zielvariablen die gewünschten Werte annehmen oder beibehalten. Das damit bezeichnete Hauptproblem der normativen Makroökonomik ist jedoch alles andere als leicht zu lösen. Wie schon angedeutet, wird beispielsweise das Ziel einer annähernden Vollbeschäftigung der Erwerbspersonen in vielen Ländern seit Jahren massiv verfehlt. Entweder sind also die Wirtschaftswissenschaftler nicht in der Lage, eine richtige Antwort auf die Frage nach den Ursachen der Arbeitslosigkeit und den Maßnahmen zur Erhöhung des Beschäftigungsgrades zu geben, oder die Wirtschaftspolitiker dieser Länder sehen sich außerstande, die Ratschläge der Wirtschaftswissenschaftler zu befolgen.

2. Das Bruttosozialprodukt ex post und ex ante. Bei der Aufzählung typischer Fragen der Makroökonomik wurde an erster Stelle das Sozialprodukt als eine seiner Höhe und zeitlichen Entwicklung nach erklärungsbedürftige Variable genannt. Bekanntlich ist es einer der Hauptzwecke des Volkswirtschaftlichen Rechnungswesens, einen zahlenmäßigen und empirisch feststellbaren Ausdruck für die wirtschaftliche Gesamtleistung einer Volkswirtschaft während einer Periode zu finden. Als solcher gilt das Bruttosozialprodukt zu Marktpreisen Y_m^b, also die Summe aus dem privaten Konsum C, der privaten Bruttoinvestition I^b, den staatlichen Ausgaben für Konsum und Bruttoinvestition G und dem *Außenbeitrag* als Differenz zwischen dem Export Ex und dem Import Im von Gütern gemäß der Definitionsgleichung

$$Y_m^b = C + I^b + G + Ex - Im. \tag{1.1}$$

Mit dem Symbol „G" (von englisch: „government") werden in diesem Buch nur die staatlichen Konsum- und Investitionsausgaben bezeichnet. Es kann dann auf die Kennzeichnung „C_{pr}" und „I_{pr}" für die privaten Ausgaben dieser Art verzichtet werden, und G enthält nicht die staatlichen Transferausgaben.

Produktionstätigkeit und wirtschaftliche Handlungen von Millionen einzelner Wirtschaftssubjekte bewirken, daß die fünf Komponenten auf der rechten Seite dieser Gleichung in einem Land in einem gegebenen Jahr jeweils bestimmte Größen annehmen, als deren Summe sich gemäß Gleichung (1.1) das Bruttosozialprodukt zu Marktpreisen *ex post* dieses Jahres ergibt. Es betrug beispielsweise 1986 in der Bundesrepublik Deutschland 1949 Mrd. DM.[1] Das Bruttosozialprodukt kann nun auch als Ausgangspunkt für die makroökonomische Theorie dienen, aber mit der Änderung der Fragestellung geht zwangsläufig eine andere Interpretation von Gleichungen wie (1.1) einher. Eine Größe wie I^b bedeutet dann nicht mehr die tatsächlichen und nach Ablauf des Jahres statistisch erfaßbaren Käufe der privaten Unternehmen von Investitionsgütern (einschließlich der selbsterstellten Anlagen und der Lagerbestandsänderung an eigenen Erzeugnissen), sondern die Summe der zusammengefaßten Investitionsabsichten der privaten Investoren der betrachteten Volkswirtschaft. Allgemein geht man von der Fiktion aus, daß alle Wirtschaftssubjekte aufgrund von Wirtschaftsplänen handeln, die zu einem bestimmten Zeitpunkt, dem Planungszeitpunkt, aufgestellt werden und sich auf einen oder mehrere zukünftige Zeiträume beziehen. Einerseits planen also die privaten Haushalte ihre Konsumgüternachfrage; die privaten Investoren die Nachfrage nach Investitionsgütern; die öffentlichen Haushalte diejenige Nachfrage, die insgesamt den Staatsverbrauch und die öffentliche Investition ergibt; die ausländischen Importeure die Nachfrage nach inländischen Exportgütern und die inländischen Importeure ihre Nachfrage im Ausland. Diesen Nachfrageplanungen stehen Wirtschaftspläne von Anbietern gegenüber. Sie betreffen sowohl das Güterangebot der inländischen Produzenten auf den in- und ausländischen Märkten als auch das Angebot der ausländischen Exporteure auf den Inlandsmärkten. Mit „Angebot" und „Nachfrage" sind dabei monetäre, also Wertgrößen gemeint, die sich aus der Multiplikation der erwarteten oder geplanten Stückzahlen mit den erwarteten oder geplanten Preisen ergeben und die Dimension „Geldeinheiten" haben. So ergibt sich auf dem Kraftfahrzeugmarkt der Bundesrepublik aus den von den in- und ausländischen Herstellern oder Händlern für den Inlandsabsatz vorgesehenen Stückzahlen und den geplanten Preisen der einzelnen Fahrzeugarten insgesamt ein bestimmter DM-Betrag als geplantes monetäres Angebot an Kraftfahrzeugen, dem die entsprechend definierte geplante monetäre Nachfrage der inländischen Käufer gegenübersteht. Jedoch werden alle diese Pläne in einer Marktwirtschaft ohne vorherige oder gleichzeitige Koordination aufgestellt. Daher wird in der Regel auf jedem gegebenen Markt das für die betrachtete zukünftige Periode geplante Angebot von der geplanten Nachfrage abweichen.

Es hat sich nun für das methodische Vorgehen auch in der Makroökonomik als äußerst zweckmäßig erwiesen, von der Situation auszugehen, in der die gesamte in einer Volkswirtschaft geplante monetäre Nachfrage mit dem geplanten monetären Angebot in der gegebenen Periode bei allen betrachteten Aggregaten übereinstimmt. Diese Situation nennt man ein *gesamtwirtschaftlich-makroökonomisches Gleichgewicht,* schreibt

$$*Y_m^b + *Im = *C + *I^b + *G + *Ex \qquad (1.2)$$

und interpretiert: Ein solches Gleichgewicht herrscht, wenn das gesamte geplante Güterangebot aus heimischer Produktion $*Y_m^b$ zuzüglich des geplanten Importangebots $*Im$ dem Wert nach gleich der Summe der von den Nachfragern geplanten vier Komponenten der gesamtwirtschaftlichen Endnachfrage ist.

---

[1] WiSta März 1987, S. 169. Vorläufiges Ergebnis.

Gleichung (1.2) ist daher nicht wie (1.1) eine Definitionsgleichung für das Bruttosozialprodukt, sondern eine gesamtwirtschaftlich-makroökonomische Gleichgewichtsbedingung. Ihre Variablen sind Plan- oder Ex ante-Größen und daher hier mit einem Stern versehen, um sie von den Ex post-Größen der Gleichung (1.1) zu unterscheiden. Ist Gleichung (1.2) erfüllt, herrscht Gleichgewicht mit der für diese Situation vermuteten Folge, daß die Wirtschaftssubjekte keinen Anlaß haben, ihre Wirtschaftspläne zu ändern. Auch wenn dies bei positiver Nettoinvestition nur kurzfristig gelten kann, sofern diese die Produktionskapazität vergrößert und im Hinblick auf eine geplante Mehrproduktion unternommen wird, bleibt das Gleichgewicht die *Ausgangssituation* der meisten Analysen.

Da dieses Buch insgesamt der gesamtwirtschaftlich-makroökonomischen Analyse gewidmet ist, wird auf dieses Adjektiv im folgenden meist ebenso verzichtet wie auf die Kennzeichnung von Variablen mit Sternen. Viele Gleichungen in diesem Buch sehen dann wie Gleichungen des Volkswirtschaftlichen Rechnungswesens aus, enthalten aber tatsächlich Ex ante- und nicht Ex post-Größen.

Plangrößen und damit auch das Bruttosozialprodukt ex ante können nicht in der gleichen Weise wie Ex post-Größen statistisch ermittelt werden. Sie sind in der Regel unbekannt und stellen lediglich ein Denkinstrument des Wirtschaftswissenschaftlers dar. Immerhin gibt es Versuche, sie durch Befragungen zu ermitteln und deren Ergebnisse bei Prognosen des Wirtschaftsablaufs zu verwerten.

3. Makroökonomische Modelle. Der volkswirtschaftliche Gesamtrechner ermittelt die Werte der makroökonomischen Aggregate für jeweils abgelaufene Zeiträume. Der entscheidende Unterschied dieser Ex post-Analyse zur ökonomischen Theorie oder Ex ante-Analyse besteht darin, daß in dieser nicht mehr ausschließlich interessiert, was sich in der Vergangenheit abgespielt hat. Statt dessen wird nach dem „Warum" und „Wie" gefragt, und die Antworten sollen gleichermaßen für die Vergangenheit und die Zukunft gelten.

Der methodische Ansatz zur Beantwortung dieser Fragen besteht darin, Vermutungen – hier im folgenden Hypothesen genannt – darüber aufzustellen, welche Einflüsse die jeweils betrachteten Gruppen von Wirtschaftssubjekten zu demjenigen Verhalten veranlassen, aus dem sich die Werte der zu untersuchenden Variablen ergeben. Eine einfache solche Hypothese besagt beispielsweise, daß die privaten Haushalte einer Volkswirtschaft je nach der Höhe ihres insgesamt verfügbaren Einkommens unterschiedlich hohe Konsumausgaben tätigen. Oder: Da die Rentabilität einer Investition auch davon abhängt, wie hoch der Zinssatz für den zu ihrer Finanzierung aufzunehmenden Kredit ist, läßt sich ein Zusammenhang zwischen Zinshöhe und Investitionstätigkeit vermuten. Auch ist anzunehmen, daß der Währungskurs eine wichtige Variable zur Erklärung des Exports wie auch des Imports eines Landes ist. Allgemein ausgedrückt: Hauptaufgabe der makroökonomischen Theorie ist es, möglichst gut bestätigte Hypothesen über Zusammenhänge zwischen makroökonomischen Variablen aufzustellen und mit ihrer Hilfe die Bewegungen der gemäß der jeweiligen Fragestellung *zu erklärenden Variablen,* auch *endogene* oder *abhängige Variable* genannt, auf Bewegungen von *Erklärungsvariablen* zurückzuführen. Diese können ihrerseits als erklärungsbedürftig oder aber angesichts der gerade behandelten Fragestellung als *unabhängig* (auch: *exogen*) angesehen werden. Einige solche Hypothesen werden im Text dieses Buches mit Hilfe statistischer Angaben aus der Bundesrepublik Deutschland illustriert. Damit wird jedoch nichts über ihren Bestätigungsgrad gesagt, und dies unterscheidet das Vorgehen des Theoretikers ebenfalls von dem des Gesamtrechners. Die von diesem ermittelten Zahlenangaben für die makroökonomischen Aggregate ließen sich, wenigstens im Prinzip, definitiv und endgültig ermitteln, während die ökonometrisch geschätzten „Konstanten" in Erklärungs- und Prognosemodellen jederzeit infolge spontaner Verhaltensänderungen ungültig werden können.

Konsumausgaben, Investition, Export und Import eines Landes sind angesichts der Fragestellungen S. 1 f. erklärungsbedürftige Variable in Gleichung (1.2), und Gleichungen dieser Art bilden daher den Ausgangspunkt vieler makroökonomischer Analysen. Die Hypothesen über die Abhängigkeit ihrer Komponenten von anderen Variablen werden der Gleichung (1.2) in Gestalt weiterer Gleichungen hinzugefügt, und damit hat der Wirtschaftswissenschaftler ein *Modell* in Form eines Gleichungssystems konstruiert. Es enthält im Regelfall drei Arten von Größen:

(1) Abhängige Variable, deren Erklärung, das heißt Rückführung auf andere Größen, das Ziel der Untersuchung ist.
(2) Unabhängige Variable, die angesichts der Fragestellung als gegebene und nicht weiter zu erklärende Größen gelten.
(3) *Parameter,* mit denen gewisse als konstant angesehene Reaktionsweisen der Wirtschaftssubjekte erfaßt werden.

Ein solcher Parameter ist etwa ein konstanter Prozentsatz des Sozialprodukts, der zu Güterkäufen im Ausland verwendet wird. Parameter und unabhängige Variable werden im folgenden auch zusammen als *exogene Größen* bezeichnet. Von allen etwa noch vorhandenen weiteren Einflüssen auf die abhängigen Variablen wird abgesehen: Man sagt, es gelte die modellexterne Ceteris paribus-Klausel.

Was fängt man mit einem solchen Modell an? Mit ihm lassen sich drei Arten von Fragen beantworten, bei denen das Konzept des makroökonomischen Gleichgewichts eine beherrschende Rolle spielt:

(1) Bei welchen Werten der endogenen Variablen herrscht bei gegebenen Werten der exogenen Variablen und angesichts der in dem Modell benutzten Verhaltenshypothesen gesamtwirtschaftlich-makroökonomisches Gleichgewicht?
(2) Wodurch unterscheiden sich Gleichgewichtssituationen, die durch unterschiedliche Werte exogener Größen bestimmt sind?
(3) Wie verlaufen Prozesse, die durch Änderungen gleichgewichtsbestimmender exogener Größen in Gang gesetzt werden?

Untersuchungen dieser drei Fragestellungen nennt man in der angegebenen Reihenfolge *statische, komparativ-statische* und *dynamische Analysen.* Sie werden im folgenden Text ausführlich vorgeführt und erläutert.

Welches ist nun konkret die S. 2 genannte, durch Aggregationen hergestellte „überschaubare Größenordnung" für die Anzahl der betrachteten Variablen in makroökonomischen Modellen? In diesem Buch stehen didaktische Gesichtspunkte im Vordergrund, die Zahl der Variablen wird rigoros beschränkt, und es wird mit einfachen Modellen begonnen, bei denen in der Gleichgewichtsbedingung (1.2) die ökonomische Betätigung des Staates und die außenwirtschaftlichen Transaktionen nicht betrachtet werden, so daß die Variablen G, Ex und Im zunächst wegfallen. Auch in den später benutzten, etwas detaillierteren Modellen überschreitet die Zahl der Variablen in keinem Fall etwa zwei Dutzend. In der Praxis der empirischen Makroökonomik wird dagegen mit Modellen gearbeitet, in denen die Zahl der Variablen mehrere Hundert erreicht und in Einzelfällen auch schon in die Tausende geht, was den Einsatz von Datenverarbeitungsanlagen erfordert. Hierüber wird unten in Teil V des zweiten Kapitels berichtet. Jedoch bedeutet auch dies angesichts der etwa in der Bundesrepublik Deutschland anzutreffenden Größenordnungen immer noch eine quantitativ und qualitativ bedeutsame Reduktion der Komplexität des Wirtschaftsprozesses.

II. Konsumfunktion und Sparfunktion

1. Die makroökonomische Konsumfunktion. Gemäß der Alltagserfahrung hängen die Konsumausgaben eines privaten Haushalts in erster Linie von seinem verfügbaren Einkommen ab, also von seinem Bruttoeinkommen abzüglich der hierauf zu entrichtenden Steuern und sonstigen Zwangsabgaben. Weitere Einflüsse gehen vermutlich von der Höhe seines Vermögens, dem Zinssatz für Konsumentenkredite, der Zahl der Haushaltsmitglieder und ihrem Alter, der Größe der Wohngemeinde und auch von der Zugehörigkeit zu der jeweiligen sozialen Schicht aus. Sieht man von solchen weiteren Erklärungsvariablen zunächst ab, so ist auch für eine Volkswirtschaft insgesamt ein Zusammenhang zwischen dem gesamten privaten Konsum C und der Summe aller verfügbaren Einkommen Y^v anzunehmen:

Hyp. 1.1: *Die Konsumausgaben der privaten Haushalte einer Volkswirtschaft nehmen mit wachsendem verfügbarem Einkommen zu.*

Die Hypothese läßt sich als *makroökonomische Konsumfunktion* in ihrer allgemeinsten Form so schreiben:

$$C = C(Y^v), \quad \text{worin } 0 < dC/dY^v < 1. \tag{1.3}$$

Die obere Schranke für den Differentialquotienten bedeutet ökonomisch die zusätzliche Hypothese, daß bei einem erwarteten größeren verfügbaren Einkommen auch höhere Konsumausgaben geplant werden, jedoch so, daß die Mehrausgaben kleiner als das zusätzliche Einkommen sind. Anders ausgedrückt: Die *makroökonomische marginale Konsumquote* dC/dY^v ist positiv und kleiner als eins.

Eine spezielle Form der Funktion (1.3) wäre die lineare nichthomogene Gleichung

$$C = C^a + c Y^v, \quad \text{worin } C^a > 0 \text{ und } 0 < c < 1. \tag{1.4}$$

Danach setzt sich der Konsum aus einem autonomen, das heißt vom verfügbaren Einkommen unabhängigen Teil C^a und einem vom Einkommen abhängigen und mit diesem wachsenden Teil cY^v zusammen. Sind für eine Volkswirtschaft wie für die der Bundesrepublik in den achtziger Jahren des 20. Jahrhunderts Zahlenwerte für C^a und c bekannt, beispielweise $C^a = 30$ Mrd. DM und $c = 0,8$, dann lassen sich aus Gleichung (1.4) zwei Arten numerischer Aussagen gewinnen. Wird etwa für ein Jahr ein verfügbares Einkommen von 1200 Mrd. DM erwartet, dann ergibt sich der private Konsum dieses Jahres zu 990 Mrd. DM; und jede Milliarde DM zusätzlichen Einkommens führt zu Mehrausgaben für den privaten Konsum von 800 Mill. DM. Gemäß dem Hinweis S. 5 f. ist damit sowohl die Gesamthöhe des Konsums auf das verfügbare Einkommen wie auch seine Änderung auf dessen Änderung zurückgeführt und damit erklärt.

Für die späteren Analysen ist es wichtig, die Hypothese über das Konsumverhalten graphisch darzustellen. Bild 1.1 zeigt die der Gleichung (1.4) entspre-

Bild 1.1 – *Die Konsumkurve der privaten Haushalte einer Volkswirtschaft*

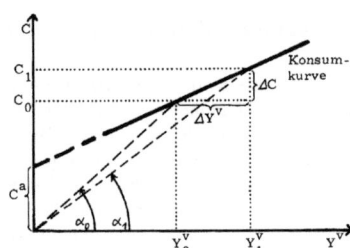

chende *makroökonomische Konsumkurve*. Die Darstellung besagt, daß die Haushalte in ihren Wirtschaftsplänen jedem Betrag ihres innerhalb des in Frage kommenden Bereichs liegenden insgesamt erwarteten verfügbaren Einkommens Y^v jeweils bestimmte Konsumausgaben C zuordnen. Beide Variablen beziehen sich auf eine gemeinsame zukünftige Planperiode, sind also *Ex ante-Stromgrößen*. Die Größe C^a in Gleichung (1.4) bestimmt zusammen mit dem Parameter c die Lage der Konsumkurve. Bei dem angenommenen Verlauf steigen mit dem Einkommen auch die Konsumausgaben, jedoch nicht so stark wie jenes. Der Anteil der Konsumausgaben am verfügbaren Einkommen, die *durchschnittliche Konsumquote* C/Y^v, nimmt daher mit zunehmendem Einkommen ab. Graphisch erhält man diese Quote als Tangens des Winkels, den ein Fahrstrahl vom Nullpunkt des Koordinatensystems bis zu einem Punkt auf der Konsumkurve mit der Einkommensachse bildet. Zwei solche Fahrstrahlen sind gestrichelt eingezeichnet und lassen erkennen, daß die durchschnittliche Konsumquote als Tangens der Winkel α_0 und α_1 beim größeren Einkommen Y_1^v kleiner ist als beim kleineren Einkommen Y_0^v.

Das Einkommen Y_0^v und die dazugehörigen Konsumausgaben C_0 beschreiben die Ausgangssituation der Analyse. Eine Einkommenserhöhung um ΔY^v auf Y_1^v würde in der Planung der Haushalte zu einer Steigerung der Konsumausgaben um ΔC auf C_1 führen. Die marginale Konsumquote $\Delta C/\Delta Y^v$ ist demnach ein Maß dafür, wie die Haushalte auf eine Erhöhung ihrer Einkommen mit vermehrten Konsumausgaben reagieren. Bei einem linearen Verlauf der Konsumkurve wie in Bild 1.1 ist die marginale Konsumquote von der Ausgangssituation unabhängig und gleich dem Parameter c in der Konsumfunktion (1.4), also überall gleich groß. Das muß nicht so sein. Ein anderer plausibler Verlauf läge vor, wenn die Kurve von der Y^v-Achse her gesehen konkav erscheint, die marginale Konsumquote also mit steigendem Einkommen kleiner wird.

Hängen die nachgefragten Mengen an Konsumgütern auch von deren Preisen ab? Für ein einzelnes Konsumgut ist diese Frage zu bejahen: In der Mikroökonomik vermutet man im Regelfall negativ geneigte Nachfragekurven. Diese Hypothese ohne weitere Überlegungen auf die gesamte Volkswirtschaft zu übertragen, hieße jedoch, einem *Trugschluß der Verallgemeinerung* zu verfallen. Die von den Produzenten und Anbietern vereinnahmten Preise bestimmen unmittelbar die Einkommen der Lieferanten von Produktionsfaktoren. Steigen alle Preise, nehmen bei konstanten Mengen auch die Einkommen in gleichem Umfang zu. Da die privaten Haushalte als Nachfrager nach Konsumgütern auch die Einkommensbezieher sind, ändert sich für sie real nichts. In erster Annäherung gilt daher hier die Hypothese, die Nachfrage nach Konsumgütern hinge vom *Realeinkommen* ab. Alternativ kann angenommen werden, die Preise seien konstant, weil auf allen Stufen des Produktionsprozesses freie Kapazitäten vorhanden sind und die Produzenten und Anbieter daher auf Nachfrageänderungen mit Mengen- und nicht mit Preisänderungen reagieren. Diese zentrale Annahme liegt im wesentlichen den Analysen des ersten und zweiten Kapitels zugrunde. Es braucht dann vorerst nicht zwischen nominalen und *realen* (von Preisänderungen bereinigten, mit konstanten Preisen bewerteten) *Größen* unterschieden zu werden.

Zu beachten ist schließlich, daß eine Gleichung wie (1.4) nur in einem begrenzten Bereich ökonomisch sinnvoll ist. Deswegen wurden oben auch die achtziger Jahre erwähnt, in denen Werte für das verfügbare Einkommen der privaten Haushalte in der Bundesrepublik zwischen 964 Mrd. DM (1980) und 1176 Mrd. DM (1985) zu beobachten waren[2] und gegen 1400 Mrd. DM bis zum Ende des Jahrzehnts zu erwarten sind. Auf jeden Fall ist es sinnlos, etwa Y^v gleich null zu setzen und C^a als die dann noch verbleibenden Konsumausgaben zu deuten. Vielmehr sind das Absolutglied C^a wie auch entsprechende Größen in anderen Verhaltensfunktionen als Ergebnis des Einflusses aller nicht eigens betrachteten Variablen zu interpretieren. Von ihnen wird angenommen, daß sie im Untersuchungszeitraum entweder konstant geblieben sind oder sich so bewegt haben, daß sich ihre Einflüsse kompensierten.

2. Die statistische Schätzung der makroökonomischen Konsumfunktion. Die für den Anspruch der Volkswirtschaftslehre, eine empirische Wissenschaft zu sein, entscheidende Frage kann hier schon gestellt werden: Auf welche Weise erhält man verläßliche Zahlenwerte für die Parameter makroökonomischer Verhaltensfunktionen? Im Falle der eben diskutierten Konsumfunktion wären Antworten auf folgende Fragen zu finden:

---

[2] WiSta September 1986, S. 691. 1985 vorläufiges Ergebnis.

- Welches sind die maßgebenden Erklärungsvariablen für die Höhe der Konsumausgaben in einer Volkswirtschaft? Vermutlich sind – anders als in Gleichung (1.4) S. 7 – mehrere Variable heranzuziehen;
- Welche mathematische Form hat der Zusammenhang zwischen den Konsumausgaben und den Erklärungsvariablen? Dieser muß ja nicht, wie in Gleichung (1.4) angenommen, linear sein;
- Welche Zahlenwerte haben die Parameter der Funktion?

Diese sollten in dem Sinne verläßlich sein, daß man den Konsum in dem betrachteten Land aufgrund der Funktion für die nähere Zukunft mit hinreichender Genauigkeit vorhersagen kann, sobald man Angaben oder Prognosen über die Höhe der Erklärungsvariablen hat.

Die hiermit angedeuteten Probleme sind Gegenstand eines besonderen Zweiges der Wirtschaftswissenschaft, der *Ökonometrie,* und hier nicht zu behandeln. Jedoch soll wenigstens anhand eines praktischen Beispiels der Denkansatz skizziert werden, aufgrund dessen man Zahlenwerte für die Parameter einer Verhaltensfunktion schätzen kann.[3] Offenbar muß man dazu empirische Beobachtungen heranziehen. Bild 1.2 zeigt für die Bundesrepublik in der Zeit von 1961 bis 1980 Jahr für Jahr, welche Werte für die gesamten Konsumausgaben mit welchen Werten des verfügbaren Einkommens der privaten Haushalte einhergingen. Die Lage der 20 Beobachtungspunkte legt die Vermutung eines linearen Zusammenhangs gemäß Gleichung (1.4) nahe, und der Statistiker kann nun aus den Angaben, die Bild 1.2 zugrundeliegen, nach der Methode der kleinsten Quadrate eine Regressionsgleichung berechnen. Dies ergibt

$$C = 4{,}99 + 0{,}862\, Y^v. \qquad (1.5)$$

Der autonome Teil des Konsums betrug danach 5 Mrd. DM, die gesamtwirtschaftliche marginale Konsumquote rund 0,86. Bild 1.2 zeigt die Lage der entsprechenden Geraden. Setzt man die beobachteten Werte für das verfügbare Einkommen in dem betrachteten Zeitraum, das von 207,1 Mrd. DM im Jahre 1961 auf 964,0 Mrd. DM 1980 stieg, einzeln in Gleichung (1.5) ein, erhält man Werte für den privaten Konsum jedes Jahres, die mit den beobachteten annähernd übereinstimmen. Die größte Abweichung ergab sich im Jahre 1962, in dem der nach Gleichung (1.5) berechnete Konsum 198,2 Mrd. DM betrug und damit um −3,2 v. H. von dem tatsächlichen Wert von 204,8 Mrd. DM abwich; die kleinste mit 0,1 v. H. 1965 (berechnet 257,9 Mrd. DM, tatsächlich 257,6 Mrd. DM). Die Variable „Privater Konsum" kann damit für diesen Zeitraum als mit hinreichender Genauigkeit erklärt gelten.

Die entscheidende Annahme ist nun, daß der so gefundene funktionale Zusammenhang auch in Zukunft gelten wird, zumindest in den nächstfolgenden Jahren, und daher zu Prognosen herangezogen werden kann. Da im Fall der Gleichung (1.5) inzwischen Werte für das verfügbare Einkommen und den privaten Konsum bis 1985 vorliegen, kann geprüft werden, wie gut sich der mit

---

[3] Vgl. die ausführlichere Diskussion des Problems unter methodischem Aspekt in: Mikroökonomik, S. 45–48. Die dortige Schätzung einer makroökonomischen Konsumfunktion für die Bundesrepublik Deutschland ergab wegen des anderen Stützbereichs und anderer Ausgangsdaten aufgrund eines früheren Revisionsstandes der Volkswirtschaftlichen Gesamtrechnung etwas andere Werte für die beiden exogenen Größen C^a und c.

Bild 1.2 – *Verfügbares Einkommen*[a] *der privaten Haushalte*[b] *und privater Konsum in der Bundesrepublik Deutschland, 1961–1980*
Mrd. DM in jeweiligen Preisen

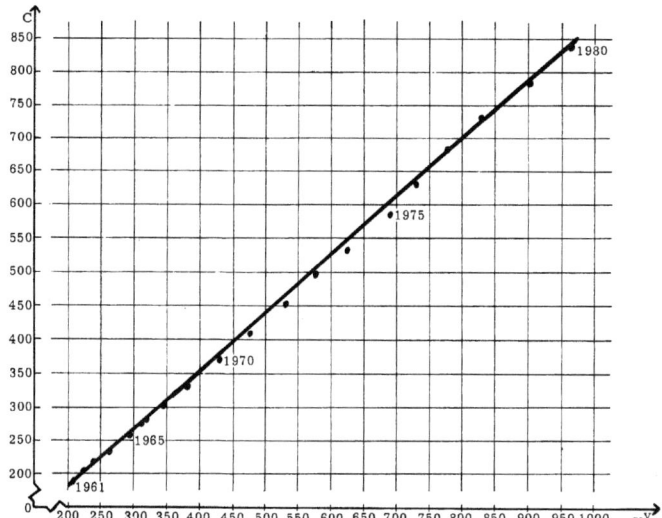

[a] Ohne nichtentnommene Gewinne der Unternehmen ohne eigene Rechtspersönlichkeit.
[b] Einschließlich privater Organisationen ohne Erwerbszweck.
Quelle: Stat. BA (Hg.): Fachserie 18 Volkswirtschaftliche Gesamtrechnungen, Reihe S. 8 – Revidierte Ergebnisse 1960 bis 1984. Stuttgart u. a. 1985, S. 87–89, 248–250.

dem angegebenen Verfahren aufgrund der Beobachtungen von 1961 bis 1980 ermittelte Zusammenhang für Prognosen von 1981 bis 1985 eignet. Tabelle 1.1 zeigt die Ergebnisse der entsprechenden Berechnungen. Die Abweichungen der auf diese Weise ex post prognostizierten Werte für den Konsum von den beobachteten bleiben im Bereich der Abweichungen von 1961 bis 1980. Insgesamt liefert jedoch das eben gezeigte simple Verfahren, die Parameter einer makroökonomischen Konsumfunktion zu schätzen, nicht besonders zuverlässige Werte für Prognosen. Dafür gibt es zwei Gründe. Vom Standpunkt des ökonomischen Theoretikers bedeutet es eine erhebliche Vereinfachung, die Konsumausgaben der privaten Haushalte als allein von der Summe der gleichzeitigen verfügbaren Einkommen abhängig anzusehen. Beispielsweise ist mit einiger Sicherheit zu vermuten, daß auch die Verteilung eines gegebenen Gesamteinkommens auf die Haushalte nicht ohne Einfluß auf die Höhe der Konsumausgaben bleibt.[4] Da sie sich in der Zeit von 1961 bis 1985 tatsächlich geändert hat, wurde also eine wichtige Erklärungsvariable vernachlässigt, die sich unabhängig

---

[4] Vgl. das Beispiel über den Einfluß von Strukturänderungen in: Mikroökonomik, S. 30 f.

Tabelle 1.1 – *Errechnete und beobachtete Werte für den privaten Konsum in der Bundesrepublik Deutschland, 1981 – 1985*

Jahr	Verfügbares Einkommen Y^v, beobachtet	privater Konsum C			
		errechnet gemäß Gleichung (1.5)	beobachtet	Abweichung	
				(3) minus (4)	(5) in v. H. von (4)
		Mrd. DM			
(1)	(2)	(3)	(4)	(5)	(6)
1981	1025,7	889,1	887,9	+ 1,2	+ 0,1
1982	1052,4	912,2	918,1	− 5,9	− 0,6
1983	1085,2	940,4	964,2	− 23,8	− 2,5
1984	1132,3	981,0	1002,8	− 21,8	− 2,2
1985	1176,1	1018,8	1041,8	− 23,0	− 2,2

Quelle für die beobachteten Werte: WiSta September 1986, S. 676, 691. Ab 1984 vorläufige Ergebnisse.

vom verfügbaren Einkommen entwickelte. Entsprechendes gilt für weitere Variable. Der zweite Grund ist, daß das Verfahren, mit der Methode der kleinsten Quadrate die Parameter einer einzelnen makroökonomischen Verhaltensfunktion zu schätzen, methodisch etwa dem Stand der Ökonometrie Anfang der vierziger Jahre dieses Jahrhunderts entspricht. Berechnungen solcher Art sind inzwischen in vieler Hinsicht verfeinert worden.

Gleichwohl bleiben die bisherigen Überlegungen zur Gestalt der makroökonomischen Konsumfunktion im Kern gültig. Es darf als gesicherte Hypothese gelten, daß das verfügbare Einkommen die wichtigste Erklärungsvariable für die privaten Konsumausgaben bildet und daß daher der in Bild 1.2 gezeigte Verlauf einer hypothetischen Konsumfunktion für die Bundesrepublik Deutschland nicht grob irreführend ist. In jedem Fall bilden Überlegungen dieser Art den Ausgangspunkt zur ökonometrischen Erforschung des Wirtschaftsablaufs.

3. Die makroökonomische Sparfunktion. Sofern ein privater Haushalt nicht sein gesamtes verfügbares Einkommen für den Kauf von Konsumgütern ausgibt, spart er. Manche Haushalte geben mehr aus, als sie einnehmen: Sie *entsparen* und müssen dann die Differenz, ihren Ausgabenüberschuß, durch den Verkauf von Vermögensobjekten oder durch Kreditaufnahme finanzieren. Hat man für die Haushalte einer Volkswirtschaft eine makroökonomische Konsumfunktion geschätzt oder unterstellt, so ergibt sich aus einer Gleichung über die Aufteilung des verfügbaren Einkommens auf Konsumausgaben und Ersparnis, ihrer *Budgetgleichung*

$$Y^v = C + S, \qquad (1.6)$$

in der S die gesamte Ersparnis der Haushalte in der betrachteten Periode bedeutet, und Gleichung (1.4) S. 7:

$$Y^v - S = C^a + c\,Y^v \quad \text{oder} \quad S = -\,C^a + (1 - c)\,Y^v.$$

Setzt man $1 - c = s$ und nennt dies die *makroökonomische marginale Sparquote*, erhält man die der Konsumfunktion (1.4) entsprechende *makroökonomische Sparfunktion*:

$$S = -C^a + sY^v, \quad \text{worin} \quad 0 < s < 1. \quad (1.7)$$

Leitet man die Funktion in dieser Weise her, dann ist sie einschließlich der Beschränkung für die marginale Sparquote keine selbständige Verhaltensfunktion, da mit einer Aussage über das Konsumverhalten auch das Sparverhalten festliegt und umgekehrt. Jedoch ist damit noch nichts über die Form gesagt, in der die Haushalte ihre Ersparnis anlegen. „Sparen" bedeutet in der Fachsprache der Wirtschaftswissenschaft ja nicht, daß jemand Geld zur Bank oder zur Sparkasse trägt und es dort auf ein Sparkonto einzahlt. Sparen ist lediglich Nichtverwendung von Einkommensteilen zu Konsumausgaben, unabhängig von der Anlageform der Ersparnis. Ob die Haushalte diese als Bargeld oder Bankguthaben halten, auf Sparkonten einzahlen, mit den entsprechenden Beträgen Wertpapiere kaufen, einen Hausbau finanzieren oder Schulden tilgen, ist später Gegenstand weiterer Erörterungen und kann hier vorerst offenbleiben.

Graphisch stellt man die Annahmen über das Sparverhalten wie folgt dar. Bild 1.3 reproduziert im oberen Teil den Graph einer linearen makroökonomi-

Bild 1.3 – *Makroökonomische Konsumkurve und makroökonomische Sparkurve*

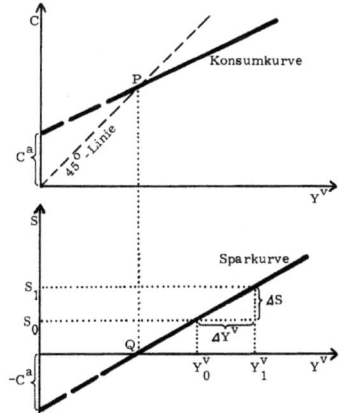

schen Konsumfunktion nach Art von Gleichung (1.4). Die Ersparnis ist bei jedem Einkommen am jeweiligen Abstand der Konsumkurve von der zusätzlich eingezeichneten 45°-Linie abzulesen. Diese zeichnet sich dadurch aus, daß der senkrechte Abstand jedes auf ihr gelegenen Punktes von der Abszisse ebenso groß ist wie das dort abgetragene verfügbare Einkommen. Dieses kann daher jeweils auch senkrecht abgelesen werden. Die Linie läßt sich somit auch als graphische Darstellung einer speziellen Konsumfunktion deuten, gemäß der immer das gesamte Einkommen für Konsumzwecke ausgegeben wird. Rechts vom Schnittpunkt P der Konsumkurve mit der 45°-Linie gibt der Abstand zwischen beiden Geraden den Betrag an, der jeweils positiv gespart wird. Hat das geplante verfügbare Einkommen die dem Punkt P entsprechende Höhe, so wird es restlos zum Konsum verwendet, die Ersparnis ist null. Ist es kleiner, so wollen die Haushalte insgesamt mehr ausgeben, als sie für die Planperiode an verfügbarem Einkommen zu erhalten erwarten. Die gesamtwirtschaftliche Ersparnis ist in diesem Fall negativ. Das Bild der Sparfunktion im unteren Teil von Bild 1.3 liegt damit fest. Dem Schnittpunkt P der Konsumkurve mit der 45°-Linie entspricht der Schnittpunkt Q der Sparkurve mit der Einkommensachse. Rechts davon ist die Ersparnis positiv, links davon negativ. Die marginale Sparquote s ist gleich der Steigung $\Delta S/\Delta Y^v$ der Kurve. Analog zur durchschnittlichen Konsumquote ist die *durchschnittliche Sparquote* S/Y^v zu definieren. Die Summe dieser beiden Quoten muß ebenso gleich eins sein wie die Summe aus marginaler Konsum- und marginaler Sparquote.

III. Investitionsfunktion

1. Investitionen und Investoren. Investieren heißt im ökonomischen Bereich, bestimmte Mittel, in der Regel also einen Geldbetrag, in der Erwartung längerfristig anzulegen, man werde während der Festlegungszeit oder an ihrem Ende sowohl den eingesetzten Betrag zurückerhalten als auch zusätzlich einen Gewinn erwirtschaften. Dieser allgemeine Begriff der Investition schließt sowohl den Kauf von Sachgütern wie Produktionsmittel und von Wertpapieren als auch Aufwendungen für den Erwerb von Wissen im Zuge einer Berufsausbildung oder einer Forschungs- und Entwicklungstätigkeit ein. In diesem Buch möge unter „Investition" nur Sachinvestition verstanden werden, analog zum Sprachgebrauch des Volkswirtschaftlichen Rechnungswesens also der Kauf oder die eigene Herstellung dauerhafter Produktionsmittel (*Anlageinvestition*) und die Aufstockung von Lagerbeständen an Vorprodukten oder eigenen Erzeugnissen (*Lagerinvestition*). Nicht dazu gehört allerdings der Kauf von Grundstücken oder gebrauchten Anlagen von Inländern. Diesen einzelwirtschaftlichen Sachinvestitionen stehen *Desinvestitionen* in gleicher Höhe an anderen Stellen der Volkswirtschaft gegenüber, die sich, gesamtwirtschaftlich gesehen, aufheben. 1985 wurden in der Bundesrepublik Bruttoinvestitionen in Höhe von 367 Mrd. DM vorgenommen, was einem Anteil von 20 v. H. am Bruttosozialprodukt von 1847 Mrd. DM entsprach.[5] Eine solche *gesamtwirtschaftliche Investitionsquote* gehört zum normalen Erscheinungsbild eines hochindustrialisierten Landes in den achtziger Jahren dieses Jahrhunderts. Bei einer differenzierten Betrachtung kann man die Anlageinvestitionen in *Ausrüstungs-* und *Bauinvestition* einteilen, die in der Bundesrepublik 1985 Anteile von 42 v. H. respektive 56 v. H. an der gesamten Bruttoinvestition hatten, während die Lagerinvestition 2 v. H. beanspruchte. Unter einem weiteren Gesichtspunkt kann man schließlich die Investition da-

---

[5] Quelle für die Zahlen in diesem Abschnitt: WiSta September 1986, S. 676, 680 und eigene Berechnungen. Vorläufige Ergebnisse.

nach gliedern, in welchem Wirtschaftszweig investiert wird, und so den damit zusammenhängenden Strukturwandel untersuchen. Der Einfachheit halber wird hier jedoch zunächst der Teil des Bruttosozialprodukts, der gemäß den Wirtschaftsplänen der Investoren dem Ersatz ausgeschiedener dauerhafter Produktionsmittel, der Erweiterung oder Verbesserung des Produktionsapparats und der Erhöhung von Lagerbeständen dienen soll, als einheitliche Größe betrachtet. Die Investition ist wie der Konsum eine Ex ante-Stromgröße.

Die Nettoanlageinvestition vergrößert den Produktionsapparat, der neben den Lagerbeständen vor allem aus den dauerhaften Produktionsmitteln, dem *Kapitalstock*, besteht. In ihm verkörpert sich die jeweils realisierte Technik, und aus seiner Nutzung ergibt sich im Zusammenwirken mit anderen Produktionsfaktoren eine bestimmte *Produktionskapazität*. Die Produktionstätigkeit führt zu einem teilweisen Verschleiß, der durch die Abschreibungen gemessen und vom Wert der Bruttoinvestition abgesetzt wird, so daß sich als rechnerische Größe die *Nettoinvestition* ergibt. Je nachdem, ob diese positiv, negativ oder gleich null ist, wächst der Produktionsapparat, schrumpft oder bleibt konstant.

Investoren sind in erster Linie private Unternehmen, die ihren Produktionsapparat erweitern oder verbessern wollen. Reine *Erweiterungsinvestitionen,* das heißt solche mit ungeänderter Technik, erhöhen die Produktionskapazität des Unternehmens und werden in der Erwartung vorgenommen, die Nachfrage nach seinen Erzeugnissen werde steigen. Jedoch muß unter den heutigen Bedingungen jedes Unternehmen damit rechnen, daß die Lohnsätze und mit ihnen die Lohnnebenkosten Jahr für Jahr steigen, während im Zuge des technischen Fortschritts neue Maschinen, Ausrüstungen, Produktionsverfahren auf dem Markt erscheinen, deren Einsatz die je Produktmengeneinheit erforderliche Arbeitsleistung verringert. Das bedeutet einen starken Anreiz, Lohn- und andere Kosten durch Übergang zu kapitalintensiveren Produktionsmethoden zu senken, also *Rationalisierungsinvestitionen* vorzunehmen. Damit werden Produktionsfaktoren freigesetzt, so daß sich auch damit die gesamtwirtschaftliche Produktionskapazität erhöht.

Auch private Haushalte treten als Investoren auf, wenn sie für ihren eigenen Bedarf Wohnhäuser und Eigentumswohnungen bauen lassen. Schließlich investieren auch die öffentlichen Haushalte, vornehmlich in Bauten für Verkehrswege. Eine Vorstellung über die Größenordnungen vermitteln die folgenden Angaben. 1985 entfielen in der Bundesrepublik von den 359 Mrd. DM Anlageinvestitionen 88 v. H. auf Private (Unternehmen einschließlich öffentlicher Unternehmen, private Organisationen ohne Erwerbszweck, private Haushalte), 12 v. H. auf die öffentlichen Haushalte. Wohnbauten machten 28 v. H. der Bruttoanlageinvestition aus.

2. Erklärungsvariable der Investition. Wenn es das Ziel eines Investors ist, mit Hilfe der angelegten Mittel Einkommen zu erzielen, dann muß er zunächst überlegen, wie er den Erfolg der Investition messen will und wovon dieser abhängt. Er erwartet von einer Investition, daß sie ihm über die Rückgewinnung der eingesetzten Mittel hinaus bestimmte Nettoerträge erbringt. Diese kann er rechnerisch zu dem angelegten Betrag in Beziehung setzen und erhält so einen Zinssatz, den man die *Rendite* der Investition nennt. Im einfachsten Fall einer

Finanzinvestition zahlt jemand 100 DM auf ein Sparkonto bei einer Bank ein und erhält nach einem Jahr 103 DM zurück: Seine Rendite beträgt 3 v. H. p. a. Zahlt die Bank 4 oder 5 DM, ergibt sich eine Rendite von 0,04 oder 0,05. Bei gegebenem Mitteleinsatz hängt diese also von der Höhe des erwarteten Nettoertrages ab. Bei längerer Laufzeit der Investition wird sie auch von der zeitlichen Verteilung der rückfließenden Beträge beeinflußt.[6] Da der Investor seine Überlegungen über die Höhe der Rendite schon bei der Planung der Investition anstellen muß, handelt es sich, genauer gesagt, um die *erwartete* oder *Ex ante-Rendite*. Man nennt sie auch die *Grenzleistungsfähigkeit des Kapitals*, weil die Investition immer klein gegenüber dem insgesamt in der Volkswirtschaft vorhandenen Kapitalstock ist und diesen nur marginal, „an der Grenze", ändert. Das Hauptproblem ihrer Ermittlung liegt darin, daß die Nettoerträge erst in Zukunft anfallen und daher grundsätzlich unsicher sind. Auch ist die technische und ökonomische Lebensdauer vieler Investitionsgüter ungewiß, und beim Beginn größerer und mit Bauten verbundener Investitionsvorhaben ist häufig nicht einmal der Gesamtbetrag der einzusetzenden Mittel annähernd genau bekannt. Ist der Anlagezeitraum abgelaufen und liegen damit Angaben über Gesamtbetrag und Rückgewinnung der eingesetzten Mittel sowie die Höhe und zeitliche Verteilung der Nettoerträge vor, läßt sich die *Ex post-Rendite* errechnen. Abgesehen von etwaigen Bewertungsproblemen ist dies lediglich eine Rechenaufgabe. Liegt die Rendite ex post wesentlich unter ihrem erwarteten Wert oder ist sie negativ, dann hat eine *Fehlinvestition* vorgelegen, und der Investor kann die damit gewonnenen Erfahrungen bei zukünftigen Investitionsvorhaben verwerten.

Die nächste Überlegung jedes potentiellen Sachinvestors bezieht sich auf eine mögliche alternative Anlage der bei *Selbstfinanzierung* für die Investition vorgesehenen Mittel. Unter den heutigen Verhältnissen existiert immer eine Reihe, ein Spektrum von Investitionsmöglichkeiten, die sich nach der Höhe der einzusetzenden Beträge, den Laufzeiten, dem Wirtschaftszweig, der Höhe der Ex ante-Renditen, dem Risiko und anderen Kriterien unterscheiden. Die wichtigste Alternative ist die Anlage auf dem *Kapitalmarkt,* der Wertpapiere unterschiedlicher Laufzeiten zu bekannten Renditen bietet. Unterstellt man der Einfachheit halber zunächst einen einheitlichen Kapitalmarktzinssatz[7] r, zu dem der Investor sowohl Kredite nehmen als auch eigene Mittel anlegen kann, dann ist dieser Satz seine zentrale Vergleichsgröße.[8] Angesichts der generellen Annahme des Wirtschaftswissenschaftlers, daß alle Wirtschaftssubjekte ihr Einkommen

---

[6] Vgl. zur Berechnung von Renditen: Mikroökonomik, Abschnitt V. 4 des zweiten Kapitels.

[7] Als empirisches Gegenstück zu diesem wird meist die Umlaufsrendite festverzinslicher Wertpapiere verwendet. Sie wird in der Bundesrepublik laufend von der Bundesbank ermittelt und in ihren Monatsberichten sowie in den Statistischen Beiheften [3.77] mitgeteilt. Im Jahresdurchschnitt 1986 betrug sie bei tarifbesteuerten Inhaberschuldverschreibungen mit mittlerer Restlaufzeit von über drei Jahren 6,0 v. H.

[8] Gemäß dem wichtigen Konzept der *Alternativkosten* sind die Erträge der nächstgünstigsten Investitionsmöglichkeit, deren Rendite in der Praxis auch noch höher als der Kapitalmarktzinssatz sein kann, als Kosten der in Erwägung gezogenen Investition zu betrachten. Vgl. Mikroökonomik, S. 211–214.

oder allgemeiner ihren Nutzen unter Beachtung der ihnen als Daten vorgegebenen Beschränkungen maximieren wollen, gilt die Hypothese, daß die Investition nur vorgenommen wird, wenn die erwartete Rendite $*r$ mindestens so hoch ist wie die bei gleicher Laufzeit auf dem Kapitalmarkt zu erzielende Rendite r. Diese Überlegung bleibt auch gültig, wenn der Investor nicht nur eigene Mittel einsetzt, sondern sich solche im Wege der gänzlichen oder teilweisen *Fremdfinanzierung* beschafft. Er muß dann Kredit zum Satz r aufnehmen, und die Sachinvestition lohnt bei $*r \geq r$. Daran ändert sich auch nichts, wenn der Investor, wie in der Praxis häufig zu beobachten ist, für die Kreditnahme einen etwas höheren Zinssatz zahlen muß, als er für die Anlage auf dem Kapitalmarkt erhält.

Streng genommen müßte der Investor im Falle $*r = r$ indifferent gegenüber beiden Möglichkeiten sein. In der Praxis muß er jedoch noch unterschiedliche Risiken in Betracht ziehen. Das Risiko einer Fehlinvestition ist eine Frage des Grades und kann von einer zu geringen, aber noch positiven Ex post-Rendite bis zum teilweisen oder völligen Verlust der eingesetzten Mittel reichen. Generell ist das Risiko einer Geldanlage bei inländischen Banken und beim Kauf inländischer festverzinslicher Wertpapiere klein, da die Rendite vertraglich vereinbart werden kann oder von vornherein festliegt und die Wahrscheinlichkeit gering ist, daß die Bank oder der Emittent zahlungsunfähig wird. Bei einer Anlage im Ausland tritt das Währungskursrisiko hinzu: Beim Tausch der in Auslandswährung zurückfließenden Beträge kann ein für den Investor weniger günstiger Kurs herrschen als bei der seinerzeitigen Anlage im Ausland. Allerdings steht diesem Risiko die Möglichkeit gegenüber, von einer günstigen Kursentwicklung zu profitieren. Noch wesentlich weniger sichere Größen sind die erwarteten Renditen praktisch aller Sachinvestitionen, da sie auf Vermutungen über die Absatzaussichten der erst noch herzustellenden Erzeugnisse, die erzielbaren Preise und die Entwicklung der Produktionskosten einschließlich der Lohnsätze, der Importpreise und der Steuersätze beruhen, die teilweise oder sämtlich fehlgehen können. Gleichwohl kommt kein Investor ohne solche Vermutungen aus. Dabei kann er von der allgemeinen Regel ausgehen, daß das Risiko einer Investition um so größer ist, je höher die erwartete Rendite ist. Häufig wird er nun von sich aus einen Satz festlegen, mit dem er die eingesetzten Mittel mindestens verzinst haben möchte. Dieser *Kalkulationszinssatz* r_k ist eine Zielvorstellung, die ihrerseits von anderen Zielvariablen und Daten des Investors beeinflußt wird. Man kann sich den Satz in zwei additive Komponenten zerlegt denken: Den herrschenden Zinssatz des Kapitalmarktes r und einen Zuschlagssatz r_z, der das Entgelt für die mit der Investition verbundene und als Aufwand erfaßbare Tätigkeit sowie vor allem einen Betrag für das zusätzliche Risiko einer Sachinvestition gegenüber einer risikoarmen Anlage der Mittel auf dem Kapitalmarkt und für sonstige subjektive Faktoren enthält: Es ist $r_k = r + r_z$. Als Einkommensmaximierer wird der Investor die gerade betrachtete Investition nur vornehmen, wenn $*r \geq r_k$ gilt, die erwartete Rendite also mindestens so groß ist wie der Kalkulationszinssatz. Ist das der Fall, ist sie *rentabel;* im entgegengesetzten Fall ist sie *unrentabel*. Ändert sich nun r und bleiben die den Teil r_z von r_k bestimmenden Einflüsse konstant, dann ändert sich r_k in gleicher Richtung. Entscheidend ist

Satz 1.1: *Je höher der Kapitalmarktzinssatz in einer Volkswirtschaft ist, um so kleiner sind Zahl und Gesamtwert der Investitionsmöglichkeiten, von denen eine über diesem Zinssatz liegende Rendite zu erwarten ist.*

Der Satz gilt auch in umgekehrter Richtung: Ein sinkender Kapitalmarktzinssatz macht unter sonst gleichen Umständen Investitionen rentabel, die es vorher nicht waren. Entscheidend ist also die (positive) Differenz zwischen erwarteter Rendite und den subjektiv bestimmten Kalkulationszinssätzen der potentiellen Investoren, und man kann vermuten, daß der Anreiz zu investieren um so stärker ist, je größer diese Differenz ist. Im Prinzip wird ein Investor die ihm zugänglichen Investitionsmöglichkeiten nach der Höhe dieser Differenz ordnen und solange investieren, bis er keine Projekte mit $*r > r_k$ mehr vorfindet. Das nennt man die einzelwirtschaftliche *Kapitalanpassungshypothese*. Im Endzustand hat sein Kapitalstock die optimale Größe erreicht, der Gewinn ist maximiert, und die Investitionstätigkeit beschränkt sich fortan auf die Reinvestition. Gesamtwirtschaftlich erfordert die Kapitalanpassung Zeit, sie wird unter Umständen durch die Produktionskapazität der Investitionsgüterindustrie oder die Importmöglichkeiten beschränkt, und eine allgemein zunehmende Investitionstätigkeit kann in bestimmten Situationen zu relativen Steigerungen der Investitionsgüterpreise führen, die die erwarteten Renditen senken und damit die Kalkulationsgrundlagen der Investoren ändern.

Aus Satz 1.1 folgt unmittelbar die

Hyp. 1.2: *Die Sachinvestitionen in einer Volkswirtschaft nehmen mit steigendem Kapitalmarktzinssatz ab, mit dessen Rückgang zu.*

Es bleibt zu fragen, wovon die erwarteten Renditen der zu jedem Zeitpunkt in Erwägung gezogenen Sachinvestitionen abhängen. Produzenten von Sachgütern oder Dienstleistungen werden vermutlich ihre Erfahrungen heranziehen und annehmen, daß die Nettoerträge von Sachinvestitionen und damit die erwarteten Renditen eng mit der voraussichtlichen Nachfrageentwicklung auf den Märkten zusammenhängen, auf denen die mit Hilfe des Investitionsobjekts herzustellenden Güter angeboten werden sollen. So bedeutet zunehmende Nachfrage häufig auch steigende Preise für diese und in jedem Fall eine vermehrte Auslastung der dauerhaften Produktionsmittel, was beides die Ertragslage verbessert. Beobachtungen zeigen, daß sich die Absatzerwartungen vieler Produzenten zu einem wesentlichen Teil auf Erfahrungen der jeweils jüngsten Vergangenheit gründen. Hat also die Nachfrage nach den Erzeugnissen des betrachteten Herstellers in der letzten Zeit ständig zugenommen, war diese Entwicklung von einer Zunahme des Sozialprodukts und damit von einem allgemein „freundlichen Konjunkturklima" begleitet, und bestehen keine erklärten Absichten wirtschaftspolitischer Instanzen, diese Entwicklung wegen einer Gefährdung gesamtwirtschaftlicher Ziele zu bremsen, dann bestehen günstige Absatz- und Gewinnerwartungen. Je nach dem Auslastungsgrad des Produktionsapparats müssen Produzenten früher oder später Kapazitätserweiterungen vornehmen, um das mengenmäßige Angebot ausdehnen zu können: Es entsteht ein starker Anreiz zu investieren. Solche Überlegungen treffen jeweils zur gleichen Zeit für viele Produzenten in einer Volkswirtschaft zu, und es gilt daher

Hyp. 1.3: *Die Sachinvestitionen in einer Volkswirtschaft nehmen unter sonst gleichen Umständen mit wachsendem Sozialprodukt zu, mit dessen Rückgang ab.*

Dieser gleichläufige Zusammenhang gilt auch in der anderen Richtung: Gehen die gesamtwirtschaftliche Endnachfrage und damit das Sozialprodukt zurück, so verringern sich die Gewinnaussichten, und der Auslastungsgrad des Produktionsapparats nimmt ab. Damit fallen Anreize zum Investieren bei der Mehrzahl der potentiellen Investoren weg, so daß die Investition sinkt.

3. Die makroökonomische Investitionsfunktion. Die beiden bisher entwickelten Hypothesen über die Erklärungsvariablen der Investition sind in Bild 1.4 dargestellt. Teil (a) zeigt den gegenläufigen Zusammenhang zwischen

Bild 1.4 – *Makroökonomische Investitionsfunktionen je mit einer Erklärungsvariablen*

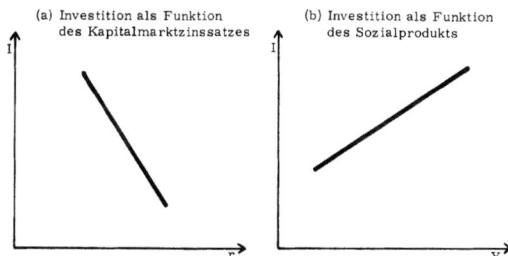

der (zwecks Vereinfachung nicht besonders gekennzeichneten Netto-) Investition I und dem Zinssatz des Kapitalmarktes r; Teil (b) den gleichläufigen Zusammenhang zwischen I und dem Sozialprodukt Y. Für beide Funktionen gilt in bezug auf die jeweils andere Erklärungsvariable (und selbstverständlich in bezug auf alle nicht berücksichtigten Variablen) die Ceteris paribus-Klausel. Der Funktionsverlauf in Teil (a) zeigt nichts anderes als eine Nachfragekurve mit dem als normal angesehenen Verlauf, wie sie für die Nachfrage nach jedem beliebigen Gut in Abhängigkeit von dessen Preis vermutet wird. Hier ist r als Preis für die Aufnahme eines Kredits zur Finanzierung der Investition aufzufassen. Bei Selbstfinanzierung mißt r die entgehenden Erträge, die bei anderweitiger Anlage der Mittel zu erzielen wären und die der Investition daher kalkulatorisch als Zinsaufwand zuzurechnen sind. Die Darstellung in Teil (b) ähnelt der von Bild 1.1 (S. 8). Beide Kurven sind nicht bis zu den Achsen durchgeführt: Auch hier sind nur Ausschnitte der entsprechenden Funktionen ökonomisch relevant.

Die beiden Hypothesen in Bild 1.4 lassen sich algebraisch zu einer *makroökonomischen Investitionsfunktion* zusammenfassen:

$$I = I(r, Y), \quad \text{worin} \quad \partial I/\partial r < 0, \ \partial I/\partial Y > 0. \tag{1.8}$$

Die beiden partiellen Differentialquotienten präzisieren die Hypothesen hinsichtlich der Richtung des Einflusses der Erklärungsvariablen r und Y. Gleichung (1.8)

zusammen mit diesen beiden Quotienten besagt mithin, daß die Investition in einer Volkswirtschaft während eines Zeitraums in der Weise vom Kapitalmarktzinssatz und vom Sozialprodukt abhängt, daß sie jeweils ceteris paribus mit steigendem Zinssatz zurückgeht und mit steigendem Sozialprodukt zunimmt, und umgekehrt. Die Richtung der jeweiligen Reaktion auf Änderungen der erklärenden Variablen liegt also als Hypothese fest. Jedoch kann ohne nähere Untersuchung nicht gesagt werden, in welcher Weise die beiden Zusammenhänge monoton fallend wie in Teil (a) und monoton steigend wie in Teil (b) verlaufen, und sie sind daher hier der Einfachheit halber als linear angenommen. Sie können analog zu dem Vorgehen bei der Konsumfunktion (S. 10) ökonometrisch geschätzt werden. Es lassen sich dann insbesondere zwei wichtige Verhaltensparameter numerisch bestimmen:
– die Elastizität $\varepsilon_{I,r}$ der Investition in bezug auf den Zinssatz des Kapitalmarktes, kurz *Zinselastizität der Investition;* und
– die Elastizität $\varepsilon_{I,Y}$ der Investition in bezug auf das Sozialprodukt, kurz *Sozialproduktelastizität der Investition.*

Gemäß der allgemeinen Definition des Elastizitätsbegriffs geben diese Maße an, um welchen Prozentsatz sich die Investition aus einer Ausgangssituation heraus als Folge einer einprozentigen Änderung der jeweiligen Erklärungsvariablen ändern wird.

Bisher wurden nur zwei erklärende Variable für die Investitionstätigkeit genannt. Bei näherer Untersuchung wären der Einfluß der Finanzierungsmöglichkeiten wie auch die Erfahrungstatsache zu berücksichtigen, daß die Zinselastizität einer Investition von ihrer Lebensdauer abhängt. Beispielsweise sind Bauinvestitionen aus diesem Grund zinsempfindlicher als kürzerfristige Ausrüstungsinvestitionen. Das weist darauf hin, daß es vermutlich keine einheitliche Erklärung für alle Arten der Investition gibt. Gesichtspunkte dieser Art können hier jedoch noch nicht berücksichtigt werden. Vorerst wird mit Hypothesen über das Investitionsverhalten gearbeitet, wie sie in Bild 1.4 und Gleichung (1.8) ausgedrückt sind.

IV. Makroökonomisches Gütermarkt-Gleichgewicht

1. Ein einfaches Gleichgewichtsmodell. Die bisher beschriebenen makroökonomischen funktionalen Zusammenhänge lassen sich bereits zu einfachen Modellen zusammenfassen. Damit wird der S. 5f. angedeutete Schritt vollzogen, Hypothesen über Zusammenhänge zwischen Variablen aufzustellen und mit Hilfe von Gleichungssystemen oder graphisch zu untersuchen, wie Änderungen exogener Variabler auf endogene wirken. Zunächst ist zu fragen, wie hoch bei gegebenem, durch die entsprechenden Funktionen beschriebenem Verhalten der einzelnen Gruppen von Wirtschaftssubjekten das Sozialprodukt und seine Komponenten sind, wenn makroökonomisches Gütermarkt-Gleichgewicht herrscht. In dem zu konstruierenden Modell ist also das Sozialprodukt eine der abhängigen Variablen. In diesem und den folgenden Abschnitten werden Bau und Aussagegehalt mehrerer solcher Modelle erörtert. Dazu werden die bisher beschriebenen funktionalen Zusammenhänge herangezogen, zum Teil jedoch willkürlich und ohne Rücksicht auf das tatsächliche Verhalten von Wirtschaftssubjekten geändert, um so einige Probleme der Modellkonstruktion deutlicher hervortreten zu lassen.

Zunächst sei ein radikal vereinfachtes Modell aus drei Gleichungen mit fiktiven Zahlenangaben für die Parameter betrachtet:

Modell 1.9 – *Makroökonomisches Gütermarkt-Gleichgewicht bei autonomer Investition*

Konsumfunktion:	$C = 30 + 0{,}8\,Y$	(1.9-I)
Investition ist autonom:	$I = 70$	(1.9-II)
Gleichgewichtsbedingung:	$Y = C + I$.	(1.9-III)

Die Konsumfunktion ist als linear angenommen und erinnert mit ihren Zahlenwerten entfernt an Gleichung (1.5) S. 10. Gleichung (II) besagt, daß die Investoren die Höhe der Investition unabhängig von den im Modell vorkommenden Variablen auf 70 Geldeinheiten festzusetzen planen. Die gesamte Investition ist damit analog zu der Größe C^a in Gleichung (1.4) S. 7 autonom. Die dritte Gleichung sieht wie eine Definitionsgleichung aus und wird häufig als solche mißverstanden. Tatsächlich soll sie jedoch nicht einen längeren Ausdruck, nämlich die Summe der Symbole C und I rechts, durch einen kürzeren, nämlich das Symbol Y links, ersetzen, was der alleinige Zweck einer Definitionsgleichung wäre, sondern die Bedingung angeben, unter der die Planungen dreier Gruppen von Wirtschaftssubjekten miteinander vereinbar sind (vgl. S. 4 f.). Sie ist mithin eine Gleichgewichtsbedingung, gemäß der das gesamte Güterangebot[9] Y gleich der gesamten Güternachfrage $C + I$ ist. Der Sachverhalt wird restlos klar, wenn man noch einmal auf die Ex post-Analyse zurückgreift und entsprechend diesem einfachen Modell je ein Konto des Volkswirtschaftlichen Rechnungswesens für die Produzenten als Anbieter und die Konsumenten und Investoren als Nachfrager aufstellt:

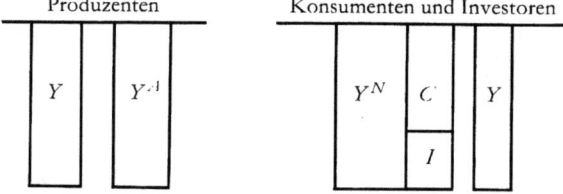

Alle Variablen werden nun wieder als Ex ante-Größen interpretiert. Die Produzenten erwarten alle zusammen Einnahmen aus Güterverkäufen aufgrund ihres monetären Gesamtangebots Y^A. Diese Einnahmen sind in ihren Planungen zwangsläufig ebenso groß wie ihre geplanten Ausgaben für Produktionsfaktoren bei der Herstellung dieser Güter, sofern man in diese auch ihre Gewinne in einer als befriedigend angesehenen Höhe einbezieht, die es den Produzenten

---

[9] „Güter" sind im Sprachgebrauch dieses Buches nur die von Unternehmen hergestellten Produkte einschließlich der Dienstleistungen, nicht jedoch Produktionsfaktoren wie Arbeitsleistungen.

ermöglicht, ihre Produktionsniveaus dauerhaft aufrechtzuerhalten. Mithin ist das monetäre Gesamtangebot gleich dem Volkseinkommen Y. Dieses fließt den privaten Haushalten zu, die institutionell mit den Konsumenten gleichzusetzen sind, während sich die Unternehmen sowohl als Produzenten als auch als Investoren betätigen. Konsumenten und Investoren üben zusammen die gesamtwirtschaftliche monetäre Nachfrage Y^N aus. Im Gleichgewicht muß $Y^A = Y^N$ sein. Das Modell 1.9 ist demnach in der Weise zu erweitern, daß man Gleichung (III) aufspaltet und den Zusammenhang zwischen Volkseinkommen und Gesamtangebot hinzufügt:

Definitionsgleichung:	$Y^N = C + I$	(1.9-III a)
Gleichgewichtsbedingung:	$Y^A = Y^N$	(1.9-III b)
Güterangebot entspricht dem Volkseinkommen:	$Y^A = Y$.	(1.9-IV)

Bei den folgenden Gleichgewichtsanalysen kann auf die Aufspaltung in Y^N und Y^A verzichtet werden, jedoch wird später wieder davon Gebrauch gemacht. Von der staatlichen ökonomischen Aktivität wird vorerst abgesehen, so daß es keine Steuern und damit keinen Unterschied zwischen Nettosozialprodukt zu Marktpreisen, Volkseinkommen und verfügbarem Einkommen gibt. Auch sind weder Transaktionen mit Ausländern noch Angebot an und Nachfrage nach Vorleistungen berücksichtigt. Schließlich wird unterstellt, und das ist eine sehr wichtige Annahme, daß das gesamtwirtschaftliche Angebot in bezug auf die Preise völlig elastisch ist. Anders ausgedrückt: Es stehen genügend Produktionsfaktoren zur Herstellung des Gleichgewichts-Sozialprodukts bereit, wie hoch dieses auch sein möge. Die gesamtwirtschaftliche Nachfrage hat damit keinen Einfluß auf die Preise, diese sind also konstant, und sie bestimmt allein die Höhe des realen Sozialprodukts. Diese Vereinfachungen werden im Laufe der Untersuchung nach und nach aufgehoben.

Das Modell enthält die fünf Variablen C, Y, I, Y^N und Y^A und besteht aus fünf voneinander unabhängigen und miteinander vereinbaren Gleichungen. Seine mathematische Lösung erhält man durch Einsetzen der Gleichungen (I) und (II) sowie (III b) und (IV) in (III a), woraus sich das Gleichgewichts-Volkseinkommen $Y = 500$ ergibt. Diese Lösung besagt: In einer geschlossenen Volkswirtschaft ohne Staat planen die Produzenten aufgrund ihrer Absatzerwartungen, Güter im Wert von $Y^A = 500$ für die Endnachfrage herzustellen und anzubieten und damit ein Volkseinkommen Y in gleicher Höhe zu erzeugen. Die privaten Haushalte planen gemäß ihrer Konsumfunktion (1.9-I) Konsumausgaben in Höhe von 80 v. H. des Einkommens zuzüglich 30 Einheiten. Bei einem erwarteten Volkseinkommen von 500 üben sie also insgesamt eine Nachfrage von 430 aus. Die Investoren fragen unabhängig von der Höhe des Volkseinkommens Investitionsgüter im Wert von 70 nach. Das gesamte Güterangebot trifft also auf eine Nachfrage Y^N in gleicher Höhe. Die privaten Haushalte planen eine Ersparnis in Höhe von 500 (Einkommen) minus 430 (Konsumausgaben) gleich 70, die gleich der geplanten Investition ist. In der betrachteten Periode herrscht also makroökonomisches Gleichgewicht. Stillschweigend wird hierbei angenommen, daß das Güterangebot nicht nur dem Wert, sondern auch der Zusammensetzung nach der Nachfrage entspricht.

Das Modell 1.9 ist numerisch und stellt damit einen Spezialfall dar. Obwohl es im Prinzip beliebig viele entsprechende Fälle illustriert, gehen doch beim Gebrauch fiktiver Zahlen Informationen verloren, so daß man allgemeine Modelle vorzieht. Ein entsprechendes Gleichungssystem ist

Modell 1.10 – *Makroökonomisches Gütermarkt-Gleichgewicht bei autonomer Investition*
Konsumfunktion: $\quad C = C^a + cY$, worin $C^a > 0$, $0 < c < 1$ $\quad$ (1.10-I)
Investition ist autonom: $\quad I = I^a$, $\quad$ worin $I^a \geqq 0$ $\quad$ (1.10-II)
Gleichgewichtsbedingung: $Y = C + I$. $\quad$ (1.10-III)

Seine Lösung erhält man, indem man jeweils eine der beiden endogenen Variablen C und Y eliminiert:

$$Y = \frac{1}{1-c} C^a + \frac{1}{1-c} I^a \quad \text{und} \quad C = \frac{1}{1-c} C^a + \frac{c}{1-c} I^a. \quad (1.11)$$

Das bedeutet, das Gleichungssystem in seine *reduzierte Form* zu überführen, in der jeweils eine endogene Variable nur noch von exogenen Größen abhängt (die Bestimmungsgleichung für die dritte endogene Variable I ist von vornherein in der reduzierten Form im Modell enthalten). Für $C^a = 30$, $c = 0,8$ und $I^a = 70$ ergibt sich der Spezialfall des Modells 1.9. Die Lösung (1.11) enthält dagegen wesentlich mehr Informationen. Sie zeigt vor allem, welche Werte des Gleichgewichtseinkommens zu unterschiedlichen Investitionsniveaus gehören. Ist beispielsweise die Investition gleich null, so beträgt das Gleichgewichtseinkommen 150, da dann gemäß der Konsumfunktion Konsumgüter im Wert von 30 zuzüglich 80 v. H. des Volkseinkommens gleich 120 nachgefragt werden. Auch in diesem Fall ist das gesamte Güterangebot gleich der gesamten Endnachfrage. Sie zeigt ferner, in welcher Weise das Gleichgewichtseinkommen von dem autonomen Konsum C^a und dem Parameter c der Konsumfunktion abhängt. Schließlich macht sie darauf aufmerksam, daß es Fälle geben kann, in denen kein Gleichgewicht existiert. Wenn etwa die marginale Konsumquote c gleich oder größer als eins ist, ist das Gleichgewichtseinkommen in Gleichung (1.11) entweder nicht definiert (wenn $c = 1$) oder – bei positiven Werten von C^a und I^a und $c > 1$ – negativ. Diese mathematisch mögliche Lösung ist ökonomisch sinnlos. Es wird unten in Teil V des zweiten Kapitels erläutert, warum es in diesen Fällen kein Gleichgewichtseinkommen geben kann.

Im folgenden wird mit der graphischen Darstellung makroökonomischer Modelle begonnen, und Bild 1.5 zeigt die zeichnerische Umsetzung des Modells 1.9. Entlang der Abszisse wird das Volkseinkommen Y gemessen, das aus den erwarteten Einkommen der Konsumenten und Investoren besteht und mit den geplanten Ausgaben der Produzenten identisch ist. Auf der Ordinate werden zwei verschiedene Gesamtgrößen abgetragen:
– Erstens die von den Konsumenten und Investoren geplante gesamtwirtschaftliche Endnachfrage $Y^N = C + I$.

Sie ist keineswegs bei jedem Wert des erwarteten Volkseinkommens Y ebenso groß wie dieses: Die Konsumenten können in ihrer Gesamtheit sparen oder entsparen; die Investoren finanzieren ihre Nachfrage zum Teil durch Kreditauf-

Bild 1.5 — *Das Einkommen-Ausgaben-Modell*

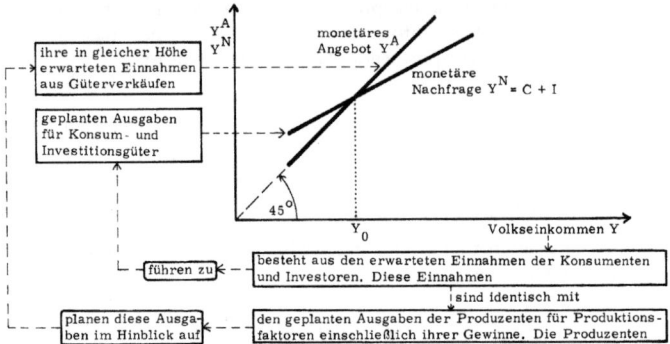

nahme. Für den Wirtschaftswissenschaftler gibt es über die Art des Zusammenhangs zwischen Y und Y^N nur Hypothesen; die eingezeichnete Y^N-Linie stellt eine solche dar.
- Zweitens die von den Produzenten erwarteten Gesamteinnahmen aus Güterverkäufen und damit das monetäre Gesamtangebot Y^A.

Da die 45°-Linie der Graphik jeden Wert auf einer Achse in den gleich großen Wert auf der anderen übersetzt, und das auf der Abszisse abgetragene Volkseinkommen in den Planungen der Produzenten immer zu einem gleich großen Wert ihrer Güterverkäufe führt, die ihr monetäres Angebot darstellen, fällt die gesamtwirtschaftliche Angebotskurve wie eingezeichnet mit der 45°-Linie zusammen. Beim Volkseinkommen Y_0 ist $Y^N = Y^A$, hier herrscht makroökonomisches Gleichgewicht.

Bild 1.6 zeigt die aus diesem Ansatz resultierende Gleichgewichtsanalyse des Modells 1.10. Teil (a) konfrontiert die von den Produzenten und Anbietern erwarteten Gesamteinnahmen und damit ihr Güterangebot mit den von den Konsumenten und Investoren geplanten Gesamtausgaben und damit der Güter-

Bild 1.6 — *Makroökonomisches Gütermarkt-Gleichgewicht*

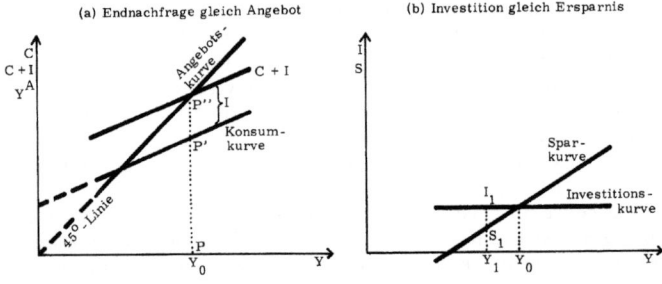

nachfrage. Wesentlich ist, daß beide in unterschiedlicher Weise vom Volkseinkommen abhängen. Die Konsumfunktion ist gemäß Gleichung (1.10-I) linear, die marginale Konsumquote liegt zwischen null und eins, und der autonome Konsum ist positiv. Zu der Nachfrage nach Konsumgütern tritt die nach Investitionsgütern. Sie ist nach Gleichung (1.10-II) konstant und daher oberhalb der Konsumkurve parallel zu ihr eingezeichnet. Die sich ergebende $(C + I)$-Linie markiert die gesamtwirtschaftliche Endnachfrage. Gleichgewicht besteht dort, wo Nachfrage gleich Angebot ist, die beiden Kurven sich also schneiden.

Das Gleichgewicht ergibt sich auch aus dem Vergleich zweier senkrechter Abstände: Der überall gleiche Abstand zwischen der $(C + I)$-Kurve und der Konsumkurve zeigt, welcher Teil der Gesamtnachfrage nicht auf Konsumgüter entfällt; der überall wechselnde Abstand zwischen der 45°-Linie und der Konsumkurve zeigt, welcher Teil des Gesamtangebots nicht auf Konsumgüter entfällt. Nur beim Einkommen Y_0 sind beide Abstände gleich groß.

Dieser Sachverhalt läßt sich graphisch noch deutlicher machen, wenn man von der Sparfunktion ausgeht. In Teil (b) des Bildes ist diese zusammen mit einer Geraden eingezeichnet, die die vom Einkommen unabhängige Investition wiedergibt und daher parallel zur Y-Achse verläuft. Im Schnittpunkt beider Kurven ist die geplante Investition gleich der geplanten Ersparnis, also der von den Produzenten nicht zum Verkauf an Konsumenten vorgesehene Teil des Sozialprodukts gleich dem von den Konsumenten nicht für Konsumausgaben geplanten Teil des Volkseinkommens. Dieses ist daher das Gleichgewichtseinkommen Y_0. Der Sachverhalt wurde eben schon mit anderen Worten anhand von Teil (a) beschrieben: Da vom Volkseinkommen Y_0 der Betrag PP' für Konsumzwecke ausgegeben wird, muß der Rest in Höhe von $P'P''$ Ersparnis und damit ebenso groß wie die Investition sein.

Diese Sicht makroökonomischer Zusammenhänge bildet ein zentrales Element der heutigen Makroökonomik und wird als *Einkommen-Ausgaben-Modell* (englisch: Income-expenditure approach) bezeichnet, weil das realisierte Sozialprodukt von den Ausgabenentscheidungen der Konsumenten und Investoren, also von der Nachfrageseite determiniert wird. Die hiermit eingeführten makroökonomischen Angebots- und Nachfragekurven hängen, was zu beachten ist, vom Volkseinkommen und nicht von den Preisen ab. Gleichgewicht herrscht in der einen betrachteten Periode, wenn gerade soviel Nachfrage ausgeübt wird, wie die Anbieter ihren Plänen zugrundegelegt haben. Die Situation ist als *Einperioden-Gleichgewicht* auf dem Gütermarkt und gemäß Bild 1.6(b) abgekürzt als *IS*-Gleichgewicht zu kennzeichnen. In diesem ist das zentrale Koordinationsproblem der Marktwirtschaft gelöst, das darin besteht, daß die Nachfrageentscheidungen zum größten Teil von anderen Personen getroffen werden als die Angebotsentscheidungen und eine vorherige Abstimmung nicht stattfindet. Dabei muß die Tatsache, daß bei einem bestimmten Einkommen, im Modell bei Y_0, die Ersparnis ex ante gleich der Investition ex ante ist, streng davon unterschieden werden, daß die Ersparnis ex post definitionsgemäß und daher bei jedem beliebigen Einkommen gleich der Investition ex post ist, wie im Volkswirtschaftlichen Rechnungswesen gezeigt wird. Die Ex post-Gleichheit realisiert sich immer und ist somit unabhängig davon, ob die Pläne der Investoren und Sparer übereinstimmen oder nicht. Erwarten die Haushalte im Bild 1.6(b) etwa das Einkommen Y_1, so ist die geplante Ersparnis S_1 kleiner als die geplante Investition I_1. Entsprechend ist die Konsumgüternachfrage größer als das Angebot. Die nach Ablauf der Periode realisierte Investition muß jedoch der tatsächlichen Ersparnis entsprechen. Das kann in diesem Fall dadurch geschehen, daß sich die Lagerbestände an Konsumgütern infolge der von den Anbietern nicht vorhergesehenen Mehrnachfrage am Ende der Periode kleiner als geplant erweisen. Die Ex post-Gleichheit von I und S ist dann dadurch zustandegekommen, daß die Investoren ihre Pläne nicht voll realisieren konnten. Andere Fälle werden unten in Abschnitt II.2 des zweiten Kapitels behandelt, in dem auch der Fall erfaßt wird, daß die geplante Ersparnis größer als die geplante Investition ist. Der Unterschied zwischen einer Ex ante- oder Gleichgewichts- und einer Ex post-Analyse beruht in jedem Fall darauf, daß bei der erstgenannten Plangrößen, bei der zweiten realisierte Größen betrachtet werden. Daß die einen von den anderen abweichen können, ist eine alltägliche Erfahrung.

Zu einem genauen Verständnis des Modells gehört anderseits die Kenntnis der Dinge, die mit ihm nicht behauptet werden. So besagt es nicht, daß irgendeine seiner Voraussetzungen jemals in der Realität vorgelegen hat oder vorliegt. Weder folgt aus ihm, daß es eine geschlossene Volkswirtschaft ohne staatliche ökonomische Aktivität gibt, noch daß sich die privaten Haushalte in einer Volkswirtschaft gemäß der Konsumfunktion (1.10-I) verhalten, noch daß die Investitionen unabhängig vom Sozialprodukt sind. Es bleibt offen, wie das gesamtwirtschaftliche Gleichgewicht zustandekommt, das Koordinierungsproblem also in der Realität gelöst wird, und es wird hier auch noch kein Zusammenhang zwischen dem Gleichgewichts-Sozialprodukt und dem Beschäftigungsgrad der Produktionsfaktoren hergestellt.

Anderseits sind die aus dem Modell abgeleiteten Schlüsse zwingend. Es besagt also, daß sich ein makroökonomisches Gleichgewicht bei dem ermittelten Wert des Sozialprodukts einstellen muß, wenn seine Voraussetzungen vorliegen. In diesem Sinne sind alle ökonomischen Modelle zu verstehen. Das Problem des Wirtschaftswissenschaftlers besteht darin, diese so zu konstruieren, daß die aus ihnen abgeleiteten Schlüsse erstens für vergangene Zeiträume an der Realität überprüft und zweitens zu Vorhersagen benutzt werden können. Dazu sind viel kompliziertere Modelle als die hier vorgestellten erforderlich. Jedoch sind die einfachen Modelle eine Vorstufe der komplizierten und damit didaktisch unentbehrlich.

2. Gleichgewichtseinkommen und Zinssatz. Eine Modifikation des Modells 1.10 (S. 23) ergibt sich, wenn die Investition nicht als autonom, sondern gemäß den Erörterungen S. 17 f. als vom Zinssatz r abhängig angesehen wird. An die Stelle von Gleichung (1.10-II) tritt dann eine Investitionsfunktion etwa der Form

$$I = I^a + \frac{b}{r}, \quad \text{worin} \quad I^a > 0, \ b > 0. \qquad (1.10\text{-IIa})$$

Betrachtet man in Modell 1.10 nunmehr den Zinssatz als autonome Variable, etwa deswegen, weil er von der Zentralbank festgesetzt wird, so wird es durch

die Gleichung
$$r = r^a, \quad \text{worin} \quad r^a > 0, \quad (1.10\text{-IV})$$
vervollständigt. Das erweiterte Modell besteht aus vier Gleichungen und enthält die vier abhängigen Variablen C, Y, I und r. Es hat also unter den üblichen Voraussetzungen eine Lösung, in der das Sozialprodukt als Funktion des autonomen Zinssatzes erscheint:

$$Y = \frac{1}{1-c}(C^a + I^a) + \frac{1}{1-c} \cdot \frac{b}{r^a}. \quad (1.12)$$

Ein steigender Zinssatz r^a geht hier, da er gemäß Gleichung (1.10-IIa) die Investition senkt, mit einem kleineren Gleichgewichtseinkommen einher.

Auch in seiner erweiterten Form läßt sich das Modell 1.10 graphisch veranschaulichen. Bild 1.7 zeigt rechts den Graph der Sparfunktion, links den der Investitionsfunktion gemäß Gleichung (1.10-IIa). Da der Zinssatz r^a die exogene, das Gleichgewichtseinkommen die endogene Variable ist, muß das Bild

Bild 1.7 – *Das Gleichgewichtseinkommen als Funktion des Zinssatzes*

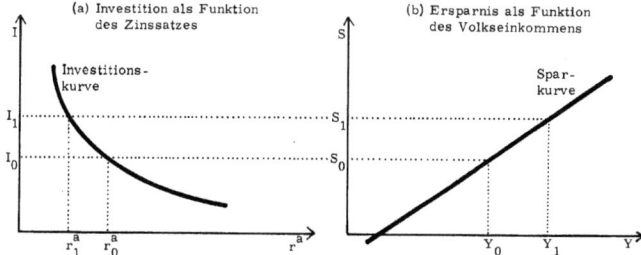

von links her gelesen werden. Einem vorgegebenen Zinssatz von beispielsweise r_0^a entspricht hier gemäß der Investitionsfunktion die Investition I_0. Diese muß im Gleichgewicht gleich der Ersparnis S_0 sein, wird also in gleicher Höhe in das rechte Koordinatensystem übertragen. Dort läßt sich anhand der Sparkurve der Gleichgewichtswert Y_0 des Volkseinkommens ablesen, der dieser Ersparnis und damit letztlich dem Zinssatz r_0^a entspricht. Liegt der Zinssatz niedriger, etwa bei r_1^a, so investieren die Unternehmer gemäß der Verhaltenshypothese 1.2 (S. 18) und damit der Investitionskurve in Bild 1.7(a) mehr, und zwar in Höhe von I_1. Die für das gesamtwirtschaftliche Gleichgewicht erforderliche höhere Ersparnis S_1 wird dann gemäß der durch die Sparfunktion wiedergegebenen Hypothese nur bei dem höheren Volkseinkommen Y_1 aufgebracht. Unter diesen Voraussetzungen besteht damit der mit Gleichung (1.12) ermittelte gegenläufige Zusammenhang zwischen dem Zinssatz als exogener und dem Volkseinkommen als endogener Variabler.

3. Die IS-Kurve. Aus Bild 1.7 ist zu erkennen, daß bei dem gegebenen, durch die beiden Kurven dargestellten Investitions- und Sparverhalten eine beliebige Zahl von Kombinationen des Zinssatzes mit dem Gleichgewichtseinkommen existiert. Dabei entsprechen höheren Zinssätzen angesichts deren Wirkung auf die Investitionstätigkeit niedrigere Gleichgewichtseinkommen und umgekehrt. Bild 1.8 zeigt eine graphische Konstruktion des Zusammenhangs zwischen beiden Variablen, wobei r wieder als endogen gilt. Das Bild ist im Uhrzeigersinn zu lesen. In Teil (a) ist das Bild der Sparfunktion eingezeichnet, gemäß dem beispielsweise dem Einkommen Y_0 die Ersparnis S_0 entspricht. Diese wird nach Teil (b) übertragen und dort über die 45°-Linie der Investition I_0 gleichgesetzt. Diese Gleichgewichtsbedingung für den Gütermarkt wurde unter anderem anhand von Bild 1.6 (b) S. 24 erläutert. Die in Teil (c) eingezeichnete Investitionskurve gibt den Zinssatz r_0 an, bei dem die Investition I_0 geplant wird. Der Punkt P_0 in Teil (d) zeigt schließlich die gesuchte Kombination von Y und r, bei der angesichts der Gestalt der Verhaltensfunktionen in den Teilen (a) und (c) auf dem Gütermarkt Gleichgewicht herrscht. Die Konstruktion eines weiteren Punktes P_1 ist ebenfalls gezeigt. Im Ergebnis erhält man in Teil (d) eine Kurve, die den geometrischen Ort aller (Y, r)-Kombinationen angibt, bei denen auf dem Gütermarkt angesichts des Einflusses von Y auf die Ersparnis und von r auf die Investition Gleichgewicht zwischen Angebot und Nachfrage herrscht. Da dies das Gleichgewicht zwischen Investition und Ersparnis impliziert, nennt man sie die *IS-Kurve*. Sie ist nicht das Bild einer Verhaltensfunktion, sondern das Ergebnis der Zusammenfassung der beiden Verhaltensfunktionen in den Teilen (a) und (c) mit der Gleichgewichtsbedingung in Teil (b).

Bild 1.8 – *Der Zusammenhang zwischen Zinssatz und Sozialprodukt bei Gleichgewicht auf dem Gütermarkt: Die IS-Kurve*

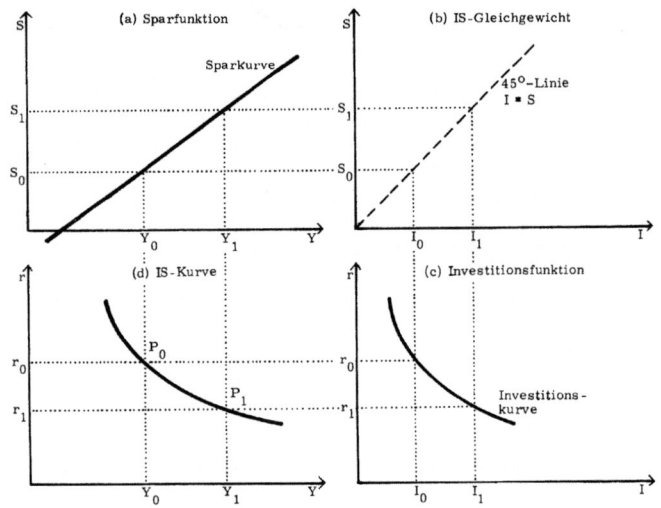

Die IS-Kurve läßt sich algebraisch wie folgt konstruieren. Zu jedem Zinssatz r gehört ein bestimmter Wert I der Investition. Soll die Ersparnis S ebenso groß sein wie diese, so muß das Volkseinkommen Y, von dem S abhängt, einen bestimmten Wert annehmen. Also gehört zu jedem r ein Wert für Y (vgl. Bild 1.7). Ist etwa die Sparfunktion linear

$$S = -C^a + sY, \quad \text{worin} \quad C^a > 0, \ s > 0,$$

und hat die Investitionsfunktion die Gestalt von Gleichung (1.10-IIa):

$$I = I^a + \frac{b}{r}, \quad \text{worin} \quad I^a > 0, \ b > 0,$$

so folgt aus der Gleichgewichtsbedingung $I = S$:

$$-C^a + sY = I^a + \frac{b}{r} \quad \text{und damit} \quad r = \frac{b}{sY - C^a - I^a}.$$

Das ist in diesem Fall die Gleichung der IS-Kurve. Sie hat einen *Freiheitsgrad*, wie sich auch aus Bild 1.8 ergibt: Eine der beiden Variablen Y und r kann willkürlich bestimmt werden. Die jeweils andere ist damit festgelegt.

Zur Gestalt und Lage der IS-Kurve ist vorerst folgendes festzuhalten:
- Mit der Kurve wird ein beherrschender Einfluß des Zinssatzes auf das Sozialprodukt angenommen: Ein höheres Y ist nur bei einem niedrigeren r erreichbar;
- Je größer die (absolute) Zinselastizität der Investition bei jedem Zinssatz ist, um so flacher verläuft mit der Investitionskurve in Teil (c) auch die IS-Kurve;
- Je flacher die Sparkurve verläuft, je größer also die marginale Konsumquote ist, um so flacher verläuft auch die IS-Kurve;
- Wird bei jedem Zinssatz mehr investiert, verschiebt sich also die Investitionskurve in Teil (c) nach rechts; oder bei jedem Volkseinkommen mehr konsumiert, verschiebt sich also die Sparkurve in Teil (a) nach unten, dann verschiebt sich die IS-Kurve nach rechts. Vergrößerungen der autonomen Ausgabekomponenten wirken also expansiv; das Gleichgewichts-Sozialprodukt ist bei jedem Zinssatz höher.

Für alle diese Aussagen gilt mutatis mutandis auch das Gegenteil, wenn also „größer" mit „kleiner", „flacher" mit „steiler", „rechts" mit „links" vertauscht wird, und so weiter.

V. Geldangebot, Geldnachfrage und Geldmarkt-Gleichgewicht

1. Geld und Geldangebot. Bei der bisherigen Erörterung von Gütermarktmodellen blieb unberücksichtigt, daß eine moderne Volkswirtschaft eine *Geldwirtschaft* ist: Die mit der Erstellung des Sozialprodukts sowie der Verteilung und Verwendung der Einkommen verbundenen unzähligen Transaktionen gehen ganz überwiegend mit Geldbewegungen einher. Offen blieb ferner, was die Haushalte mit ihren gesparten Einkommensteilen machen, die sie beispielsweise in Form von Geld halten können. Damit sind schon die beiden Funktionen des Geldes angesprochen, das als allgemeines *Transaktionsmittel* (auch: Tauschmittel) wie auch als *Wertaufbewahrungsmittel* dient. Jedoch gibt es für Geld in beiden

Verwendungen mindestens zeitweilig Substitute: Käufer von Gütern können häufig Zahlungsfristen in Anspruch nehmen, und die Alternative zur Geldhaltung zwecks Wertaufbewahrung ist die Anlage in ertragbringenden Vermögensobjekten. Wer solche Objekte kauft, verringert allerdings seine Zahlungsbereitschaft und verlangt als Preis dafür normalerweise einen Ertrag. Aufgabe der theoretischen Analyse ist es unter anderem, Hypothesen darüber aufzustellen und zu prüfen, welches die erklärenden Variablen für den Bedarf an Geld zu diesen beiden Zwecken sind. In diesem Kapitel werden gemäß einer vereinfachten Sicht, aber entsprechend der Alltagserfahrung als Geld betrachtet
- *Bargeld* in Form von Banknoten und Münzen;
- *Sichtguthaben* bei inländischen Banken als Substitut für Bargeld, da sie ohne Aufwendungen in dieses umwandelbar sind und im Wirtschaftsverkehr an dessen Stelle akzeptiert werden.

Diese beiden Komponenten bilden, soweit sie sich in den Händen von Nichtbanken befinden, den *Geldbestand,* häufig auch die *Geldmenge* genannt, in der Volkswirtschaft. Die Einschränkung ist wichtig: Banken halten auch untereinander Sichtguthaben, und ein Teil des umlaufenden Bargeldes befindet sich in den Kassen der Geschäftsbanken. Es ist von vornherein festzuhalten, daß diese Beträge nicht zur Geldmenge zählen. Institutionell gesehen setzt sie sich aus dem *Zentralbankgeld* als Summe aus Bargeldumlauf und Sichtguthaben von Nichtbanken bei der Zentralbank und dem *Giralgeld der Geschäftsbanken,* das heißt den Sichtguthaben bei diesen, zusammen.

Aus der Ex post-Analyse ist bekannt, daß nicht nur Sichtguthaben, sondern auch das umlaufende Bargeld als Forderung gesehen wird, deren Schuldner immer eine Bank ist. Geld ist somit kein unter Einsatz von Produktionsfaktoren hergestelltes Gut, aber es wird wie ein solches angeboten und nachgefragt. Geldanbieter sind beispielsweise Wirtschaftssubjekte, die aufgrund ihrer Erwartungen über die Zinsentwicklung Wertpapiere kaufen wollen. Andere mögen ihre Zahlungsverpflichtungen überschätzt haben und nach Anlagemöglichkeiten für Geld suchen. Gesamtwirtschaftlich gesehen handelt es sich bei solchen Vorgängen jedoch nur um Umschichtungen des insgesamt gegebenen und konstanten Geldbestandes. Dagegen interessiert hier der Fall, daß Banken zusätzliche Forderungen gegen sich akzeptieren, die für ihre Inhaber Geld sind. Dieses mit *Geldschöpfung* einhergehende und daher die Geldmenge erhöhende *Geldangebot* wird in der Hauptsache mit zwei Arten von Transaktionen realisiert: Banken kaufen Vermögensobjekte wie Wertpapiere, Devisen oder Sachgüter von Nichtbanken; oder sie gewähren ihnen Kredite und erwerben damit Forderungen gegen Nichtbanken. In beiden Fällen zahlen sie durch Einräumung von Sichtguthaben und erhöhen damit die Geldmenge. Anderseits kann Geld wie jede Kreditbeziehung durch Tilgung verschwinden. Die Prozesse der Geldschöpfung und -tilgung werden im dritten Kapitel analysiert. Dabei wird unter anderem gezeigt, in welcher Weise das Ausmaß, in dem eine einzelne Geschäftsbank einerseits und alle diese Banken zusammen anderseits Geld schaffen können, von ihrer Ausstattung mit Zentralbankgeld abhängt. Angesichts dieser Tatsache wird bei der vereinfachten Betrachtungsweise in den folgenden Abschnitten angenommen, daß die Zentralbank Herr über diese Geldart ist und damit das gesamte Geldangebot autonom festsetzen kann.

2. Geldhaltung zu Transaktionszwecken. Die Teilnahme am Wirtschaftsverkehr bedeutet für ein Wirtschaftssubjekt, daß es in jeder Planperiode Zahlungen zu leisten hat und zu empfangen erwartet. Deren Höhe und zeitliche Verteilung hängen mit von den Entscheidungen des Wirtschaftssubjekts ab, aber eine vollständige zeitliche Übereinstimmung (Synchronisation) zwischen den Geldbewegungen in der Weise, daß jedem Zahlungsausgang ein Zahlungseingang in gleicher Höhe unmittelbar vorausgeht, läßt sich in der Praxis nicht erreichen. Die zeitlichen Diskrepanzen können vielleicht verringert, aber nicht beseitigt werden, und zu ihrer Überbrückung muß das Wirtschaftssubjekt Geld halten. Das Ausmaß der Geldhaltung bestimmt sich einerseits nach der zeitlichen Verteilung der erwarteten Zahlungsein- und -ausgänge während der Planperiode, anderseits nach ihrer Höhe. Im allgemeinen wird man annehmen können, daß der Bedarf an Geld bei Produktionsunternehmen mit steigenden Umsätzen und daher mit steigenden Einkäufen von Produktionsgütern, bei öffentlichen Haushalten mit steigenden Ausgaben für Sachgüter und Dienste sowie Transferzahlungen und bei privaten Haushalten mit steigenden Einkommen und daher mit steigenden Steuerzahlungen und Konsumausgaben zunimmt. In einer geschlossenen Volkswirtschaft bedeutet jeder Zahlungsausgang bei einem Wirtschaftssubjekt einen Zahlungseingang bei einem anderen Wirtschaftssubjekt. Der gesamtwirtschaftliche Geldbedarf für Transaktionszwecke, auch Nachfrage nach *Transaktionsgeld*[10] genannt, läßt sich unter Benutzung eines einfachen Kreislaufmodells ohne Berücksichtigung des Staates und des Auslandes wie folgt zeigen.

Gegeben seien ein Sektor Unternehmen und ein Sektor Private Haushalte. Die Haushalte liefern Arbeitsleistungen an die Unternehmen und erhalten dafür Einkommen, die in regelmäßigen Abständen ausgezahlt werden. Anschließend kaufen sie Konsumgüter von den Unternehmen, so daß diesen der gesamte Geldbestand nach und nach wieder zufließt. Wieviel Geld wird dafür insgesamt benötigt? Die Frage läßt sich graphisch und mit einem Zahlenbeispiel wie folgt beantworten. In Bild 1.9 wird in der linken Hälfte gezeigt, wie sich der konstante Geldbestand zu jedem Zeitpunkt eines Monats A auf die beiden Sektoren verteilt, wenn die Einkommen am Monatsanfang gezahlt und täglich in gleichen Teilbeträgen zu Konsumgüterkäufen verwendet werden. Am Monatsende befindet sich der gesamte Geldbestand wieder bei den Unternehmen; der Kreislauf des Geldes beginnt von neuem. Beläuft sich die Summe der monatlichen Einkommen auf 60 Mrd. GE (= Geldeinheiten), so halten beide Sektoren im Durchschnitt je 30 Mrd. GE. Da das jährliche Sozialprodukt Y in dieser Volkswirtschaft, das nur aus dem privaten Konsum besteht und gleich dem Volkseinkommen ist, 12 mal 60 gleich 720 Mrd. GE beträgt, genügt also ein Geldbestand L^T („L" steht für „Liquidität") in Höhe eines Zwölftels von Y, um die für die Arbeitsentgelte und die Konsumgüterkäufe erforderlichen Zahlungen abzuwickeln. Das ist nicht nur in diesem einfachen Zahlenbeispiel so: In der Bundesrepublik Deutschland hatte das Bruttosozialprodukt 1986 einen Wert von 1949 Mrd. DM, während die Geldmenge gemäß der S. 30 gegebenen Definition im Durch-

---

[10] Der häufig benutzte Ausdruck „Transaktionskasse" ist irreführend und wird hier vermieden. „Kasse" ist ein Synonym für „Bargeld" (= Banknoten und Münzen), Geld für Transaktionszwecke wird aber auch als Sichtguthaben gehalten.

Bild 1.9 – *Geldhaltung der privaten Haushalte und Unternehmen für Transaktionszwecke bei unterschiedlichen Einkommenszahlungsperioden*

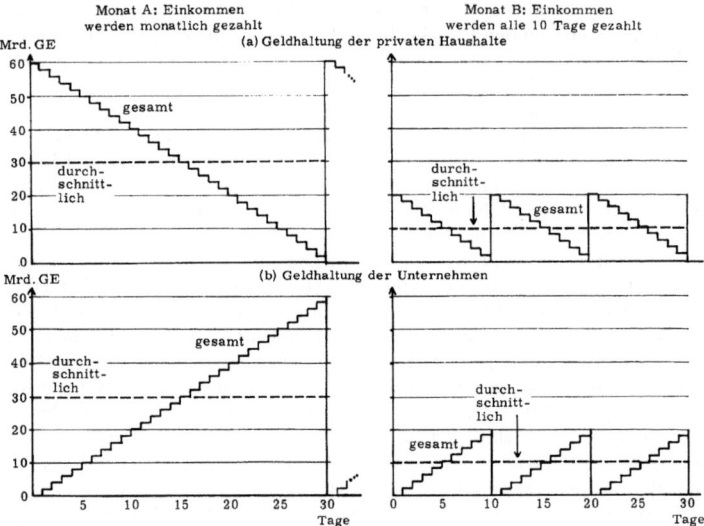

schnitt der 12 Monatsendstände 328,6 Mrd. DM und damit rund ein Sechstel betrug.[11] Der Zusammenhang zwischen dem Sozialprodukt und dem Geldbedarf wird durch die Gleichung

$$L^T \cdot V^e = Y \qquad (1.13)$$

$$60 \text{ Mrd. GE} \cdot \frac{12}{\text{Jahr}} = 720 \text{ Mrd. GE/Jahr}$$

hergestellt, in der $V^e = 12$(mal) je Jahr angibt, wie oft der vorhandene Geldbestand und damit auch im Durchschnitt jede einzelne Geldeinheit für Konsumgüterkäufe oder Einkommenszahlungen benutzt wird. Bezeichnet man die Gesamtheit dieser Transaktionen als *Einkommenskreislauf*, so ist V^e die *Transaktionshäufigkeit des Geldes im Einkommenskreislauf* mit der Dimension „Einsätze für Transaktionen je Zeiteinheit".[12] Diese Dimensionsbezeichnung ergibt

---

[11] Angaben nach WiSta März 1987, S. 169; Bbk-Monatsbericht, März 1987, S. 4*. Natürlich wurden mit dem genannten Geldbetrag noch viele andere Transaktionen abgewickelt.

[12] Traditionell heißt diese Größe *Umlaufsgeschwindigkeit des Geldes im Einkommenskreislauf* oder *Einkommenskreislaufgeschwindigkeit*. Geschwindigkeit hat jedoch die Dimension „zurückgelegte Strecke je Zeiteinheit". Die bedenkenlose Übernahme physikalischer Fachausdrücke in die Wirtschaftswissenschaft kann zu Verständnisschwierigkeiten führen: Welche Strecke legt eine Geldeinheit zurück, wenn sie für eine Transaktion benutzt wird, also den Besitzer wechselt? Tatsächlich geht es nur um die Häufigkeit (Frequenz) des Besitzerwechsels. Daher wird hier die obige Bezeichnung benutzt.

sich daraus, daß die Bestandsgröße L^T zu der Stromgröße Y in Beziehung gesetzt wird. Setzt man den reziproken Wert $1/V^\epsilon = k$, erhält man aus Gleichung (1.13)

$$L^T = k \cdot Y \qquad (1.14)$$

$$60 \text{ Mrd. GE} = \frac{\text{Jahr}}{12} \cdot 720 \text{ Mrd. GE/Jahr}.$$

Hierin gibt k an, wie lange eine im Einkommenskreislauf eingesetzte Geldeinheit im Durchschnitt zwischen zwei Einsätzen zu Konsumgüterkäufen oder Einkommenszahlungen von einem Wirtschaftssubjekt gehalten wird. Die Größe k kann demnach als (jahresdurchschnittlicher) *Geldhaltungskoeffizient* bezeichnet werden. Auch Bild 1.9 läßt in der linken Hälfte erkennen, daß diese Zeit gleich einem Monat ist: Eine beliebige Geldeinheit wird etwa in der Mitte des Monats zu einem Konsumgüterkauf benutzt, gelangt am Monatsende zu dem privaten Haushalt zurück und wird im Durchschnitt in der Mitte des nächsten Monats wieder für einen Konsumgüterkauf eingesetzt.

Die rechte Hälfte des Bildes zeigt, daß der Geldbedarf kleiner ist, wenn die Einkommenszahlungsperiode beispielsweise 10 Tage beträgt. Die durchschnittliche Geldhaltung je Sektor sinkt auf 10 Mrd. GE, der Geldbedarf auf 20 Mrd. GE. Gemäß den Gleichungen (1.13) und (1.14) steigt die Transaktionshäufigkeit auf 36mal je Jahr, und die durchschnittliche Verweildauer sinkt auf 10 Tage (wenn das Jahr in 12 Monate zu je 30 Tagen eingeteilt wird). Mithin gilt

Satz 1.2: *Mit einem gegebenen Geldbestand kann ein um so größerer Transaktionswert umgesetzt werden, je größer die Transaktionshäufigkeit des Geldes ist.*

In diesem einfachen Modell ist die Länge der Einkommenszahlungsperioden die einzige Erklärungsvariable für die Größe des Geldhaltungskoeffizienten k. Ändern sich diese Perioden nicht, so bleibt auch k konstant. In der Realität gibt es jedoch viele verschiedene Einkommenszahlungsperioden, deren Anteile sich im Zeitablauf ändern können, so daß k allein schon wegen dieser Strukturänderung variieren kann. Außerdem existiert die in Bild 1.9 unterstellte Regelmäßigkeit und Gewißheit über die Zahlungstermine nicht. Im Prinzip herrscht Unsicherheit über alle zukünftigen Geldbewegungen. Viele Wirtschaftssubjekte halten daher Geld für den Fall unvorhergesehener Zahlungsverpflichtungen, zumal sie dann auch unerwartete günstige Kaufgelegenheiten in bezug auf Güter oder Forderungen ohne Verzögerung ausnutzen können, ohne sich um eine Kreditnahme bemühen zu müssen. Einige Autoren sprechen folglich von einem *Vorsichtsmotiv* zur Geldhaltung und unterscheiden es von dem „reinen" *Transaktionsmotiv*. Eine solche Trennung beruht jedoch auf der Abstraktion von einer so zentralen Tatsache wie der Unsicherheit über zukünftige Ereignisse, ist statistisch nicht nachweisbar und wird daher hier im folgenden nicht beachtet.

Schließlich wird Geld auch noch zu anderen Zahlungen als den zur Abwicklung des Einkommenskreislaufs erforderlichen benutzt, insbesondere für Umsätze an Vorleistungen und für die Umverteilung vorhandener Vermögensobjekte wie Wertpapiere und Immobilien. Der Einfachheit halber sei jedoch vorerst angenommen, daß diese anderen Zahlungen in einer festen Relation zu den Zahlungen im Einkommenskreislauf stehen. Der Geldhaltungskoeffizient hängt dann von einer Reihe institutioneller Gegebenheiten ab, die sich kurzfristig wenig ändern, so daß er als konstant angenommen werden kann. Das führt zu

Hyp. 1.4: *Der Geldbedarf für Transaktionszwecke in einer Volkswirtschaft ist dem Wert des Sozialprodukts direkt proportional.*

Würden sich etwa in Bild 1.9 das Sozialprodukt und damit die monatlichen oder zehntäglichen Einkommenszahlungen verdoppeln, so verdoppelt sich unter sonst gleichen Umständen auch der Geldbedarf. Soweit sich die Einkommenszahlungsperioden kurzfristig nicht ändern, gilt somit gemäß Hypothese 1.4 für den Zusammenhang zwischen L^T und Y die allgemeine *Nachfragefunktion für Transaktionsgeld:*

$$L^T = L^T(Y), \quad \text{worin} \quad dL^T/dY > 0. \tag{1.15}$$

Aus einer konkreten solchen Funktion, beschränkt auf die Zahlungen für Einkommen und Käufe von Endnachfragegütern, lassen sich weitere Schlüsse ziehen. Ist der in einer Volkswirtschaft vorhandene Geldbestand für Transaktionszwecke vorgegeben und gleich M^T, dann ist im Gleichgewicht $M^T = L^T$. Das reale Sozialprodukt Y^r ist gleich der Summe der Werte $p_i x_i$ der n Güter x_i ($i = 1 \ldots n$), aus denen es sich zusammensetzt. Mithin erhält man aus Gleichung (1.14)

$$M^T = k \sum_{i=1}^{n} p_i x_i. \tag{1.16}$$

Ist nun k konstant und M^T gegeben, dann besteht ein gegenläufiger Zusammenhang zwischen den Preisen p_i und den Gütermengen x_i, die das reale Sozialprodukt bilden. Je höher das Preisniveau ist, um so niedriger ist das reale Sozialprodukt, das unter Benutzung des gegebenen Geldbestandes bei konstanter Transaktionshäufigkeit erzeugt und verteilt werden kann, und umgekehrt. Steigt beispielsweise das reale Sozialprodukt, weil infolge technischen Fortschritts mehr Güter je Kopf der Beschäftigten hergestellt werden, müssen Preise sinken. Gilt dies als unerwünscht, müssen die zuständigen wirtschaftspolitischen Instanzen für eine entsprechende Erhöhung des Geldbestandes sorgen (ein solches Verhalten war bei der Argumentation S. 9 stillschweigend angenommen worden).

Ferner erscheint die Annahme plausibel, daß es für die Transaktionshäufigkeit V^e eine sicher nicht genau bestimmbare, aber doch vorhandene obere Grenze gibt: Transaktionen beanspruchen Zeit, sie können nicht beliebig schnell abgewickelt werden. Diese Beschränkung ist also bei Satz 1.2 hinzuzudenken. Daraus folgt eine untere Grenze für den Geldhaltungskoeffizienten k. Sind nun der Geldbestand und die herstellbaren Gütermengen x_i gegeben, etwa weil alle Produktionsfaktoren voll beschäftigt sind, dann bedeutet die untere Grenze für k nach Gleichung (1.16) eine obere Grenze der Preissteigerungen. Mithin muß jede Inflation einmal zum Stillstand kommen, wenn es der für die Geldversorgung verantwortlichen Instanz gelingt, die Geldmenge nicht weiter wachsen zu lassen.

Schließlich ist zu fragen, mit welcher der Gleichungen (1.13) oder (1.14) man arbeiten soll, um Beziehungen zwischen der Geldmenge und anderen gesamtwirtschaftlichen Variablen herzustellen. Die Fassung (1.14) gilt hierbei als überlegen, weil die Transaktionshäufigkeit V^t als Ergebnis aller möglichen Ausgabeentscheidungen erscheint, während in dem Koeffizienten k die Motive von Wirtschaftssubjekten zusammengefaßt sind, Geld zu halten. Dies erlaubt es, L^T als Nachfrage nach Geld zu interpretieren und diese in die allgemeine Theorie der Nachfrage gemäß der Idee zu integrieren, daß auch die ertragslose Haltung von Geld Nutzen verschafft, der gegen die Vorteile anderer Verwendungsmöglichkeiten abzuwägen ist. Das leitet zu Fragen über wie: Welches sind im einzelnen die Motive zur Geldhaltung, welche Rolle spielen Risikoüberlegungen, wie ändern sich diese und andere Einflüsse möglicherweise mit der Preisentwicklung und anderen Aspekten des Wirtschaftsablaufs oder mit den Erwartungen über diese? Hierauf wird noch zurückzukommen sein.

3. Geldhaltung zu Spekulationszwecken. Geld dient auch als Wertaufbewahrungsmittel. Es gibt daher neben der Notwendigkeit, für zukünftige Zahlungsverpflichtungen vorzusorgen, noch ein zweites Motiv, Geld zu halten. Geld erbringt jedoch keine oder nur sehr geringe Erträge (manche Banken zahlen auf Sichtguthaben einen niedrigen Zins, häufig 0,5 v. H. p. a.) und ist daher anderen Anlageformen in dieser Hinsicht unterlegen. Dennoch kann es Situationen geben, in denen es lohnt, zinslos Geld anstelle etwa einer Aktie zu halten. Wer ein solches Papier im Wert von 100 DM kauft, erhält nach Ablauf eines Jahres beispielsweise 8 DM Dividende. Ist jedoch der Kurs (Preis) der Aktie in derselben Zeit auf 90 DM gesunken, so erleidet der Anleger trotz des Dividendenertrages netto einen Verlust, wenn er sie am Ende des Jahres verkauft. Folglich lohnt es, Geld statt ertragbringender Vermögensobjekte zu halten, wenn für diese eine Wertminderung erwartet wird, die ihren Ertrag übersteigt.

Zwischen den Kursen von Vermögensobjekten und ihrer erwarteten Rendite $*r$ besteht ein Zusammenhang, der sich am Beispiel eines festverzinslichen, an der Börse gehandelten und daher Kursschwankungen unterliegenden Wertpapiers wie folgt zeigen läßt. Das Papier möge den gleichbleibenden jährlichen Ertrag $*e$ erwarten lassen, der auch *Nominalverzinsung* heißt, und habe zum Planungszeitpunkt des potentiellen Anlegers den Kurs K_0. Der Anleger ermittelt die erwartete Rendite $*r$, auch *Effektivverzinsung* genannt, für ein Jahr aus der Gleichung

$$*r\, K_0 = *K_1 - K_0 + *e \quad \text{zu} \quad *r = \frac{*K_1 - K_0 + *e}{K_0},$$

in der $*K_1$ der erwartete Verkaufskurs oder Tilgungsbetrag nach Ablauf eines Jahres ist. Die erwartete Rendite $*r$, definiert als Vomhundertsatz des eingesetzten Betrages K_0, ist damit gleich der auf den Anschaffungskurs bezogenen Differenz zwischen Verkaufs- und Anschaffungskurs zuzüglich des erwarteten Ertrages. In dem besonders einfachen Fall, in dem der Anleger den Verkauf oder die Tilgung des Wertpapiers zum Anschaffungskurs erwartet und in dem daher

$^*K_1 = K_0$ ist, reduziert sich die Gleichung auf

$$^*r = \frac{^*e}{K_0} \quad \text{oder} \quad \text{Rendite} = \frac{\text{Nominalverzinsung (in DM)}}{\text{Kaufkurs (in DM)}}. \quad (1.17)$$

Der gegenläufige Zusammenhang zwischen Kurs und Rendite zeigt sich besonders sinnfällig bei Abzinsungs- (auch: Diskont-)papieren. Banken bieten Sparbriefe zu einem unter dem Nominalwert liegenden und vom gerade herrschenden Kapitalmarktzins r abhängigen Kurs an und lösen sie am Ende der Laufzeit zum Nominalwert ein. Je höher r, um so niedriger ist der Verkaufskurs. Bei einer Laufzeit von fünf Jahren würde ein solches Papier mit einem Nominalwert von 1000 DM bei $r = 0{,}06$ für 747 DM, bei $r = 0{,}08$ für 681 DM verkauft werden, da $747 \cdot (1{,}06)^5 = 681 \cdot (1{,}08)^5 = 1000$ ist.

Gleichung (1.17) gilt auch, wenn eine Tilgung des Wertpapiers nicht vorgesehen ist, wie normalerweise bei Aktien, oder wenn ein Verkauf nicht oder erst nach Ablauf einer längeren Zeit erwogen wird. An dem Zusammenhang ändert sich im Prinzip auch nichts, wenn das Vermögensobjekt im Zeitablauf schwankende Erträge abwirft; oder wenn der Verkaufskurs oder Restwert, etwa bei einem Fahrzeug, einer Maschine oder einem Gebäude, vom Anschaffungswert abweicht. In jedem Fall gilt

Satz 1.3: *Für den potentiellen Käufer eines ertragbringenden Vermögensobjekts bedeutet steigender Kurs (oder Anschaffungswert) ceteris paribus sinkende Rendite und umgekehrt.*

Dieser Satz nennt einen definitorischen und damit zwangsläufigen Zusammenhang und ist somit keine Hypothese, die auch falsch sein könnte. Er ermöglicht es, anstelle von Erwartungen über zukünftige Preise oder Kurse ertragbringender Vermögensobjekte über die Zinserwartungen der Wirtschaftssubjekte zu sprechen.

Unter den heutigen Bedingungen gibt es eine Reihe ertragbringender Anlageformen, die keinem Kursrisiko unterliegen. Dazu gehören Spar- und Termineinlagen bei Banken, Darlehen sowie Geldmarktpapiere wie Schatzwechsel und Schatzanweisungen. Jeder Vermögensbesitzer steht daher angesichts vieler Anlagemöglichkeiten, unterschiedlicher Zinssätze für diese und wechselnder Erwartungen über deren zukünftige Entwicklung ständig vor dem Problem, sein Vermögen so anzulegen, daß das Risiko von Kursverlusten durch die erwarteten Erträge mindestens ausgeglichen wird. Die Frage der Haltung von Geld über den Transaktionsbedarf hinaus bildet einen Teil dieses allgemeinen Anlageproblems. Es möge im folgenden unter der vereinfachenden Annahme analysiert werden, daß es nur die beiden Anlageformen Geld einerseits und festverzinsliche Wertpapiere mit einer einheitlichen Rendite anderseits gibt.

Angesichts des mit Satz 1.3 ausgedrückten Zusammenhangs ist es offenbar für jeden potentiellen Anleger ratsam, bei seiner Entscheidung die zum Planungszeitpunkt herrschenden Erwartungen über die zukünftige Höhe der Rendite auf dem Wertpapiermarkt, also des Kapitalmarktzinses, zu berücksichtigen. Nun ist zu vermuten, daß diese Erwartungen maßgeblich von der Differenz zwischen der Höhe dieses Satzes zur Zeit der Planung und einer langfristig als normal angesehenen, weil am häufigsten vorkommenden Höhe beeinflußt werden. Ist der gerade herrschende Kapitalmarktzins niedriger als der Normalzins, so werden eher eine Zinssteigerung und damit auch fallende Wertpapierkurse erwartet. Der Anleger würde also Kursverluste erleiden, wenn er die bei niedrigem Zinssatz erworbenen Papiere später bei höherem Zins verkauft. Diese Verluste können bedeutend sein, wie ein Rechenbeispiel zeigt. Wird ein Wertpapier mit einer Nominalverzinsung von 6 v. H. beim Kurs von 100, also bei einem gleich hohen Kapitalmarktzins, gekauft und bei einem Kapitalmarktzins von 8 v. H. verkauft, so ist gemäß Gleichung (1.17) der Kurs auf 75 gesunken, was den nominellen Zinsertrag von über vier Jahren auslöscht. Es besteht also bei niedrigem Kapitalmarktzins ein Anreiz, über den Bedarf für Transaktionszwecke hinaus Geld anstelle festverzinslicher Wertpapiere zu halten. Hinzu kommt, daß das wegen der Geldhaltung entgehende Zinseinkommen ebenfalls niedrig ist, das die Alternativkosten der Geldhaltung mißt.

Der Anreiz, Geld zu halten, wird anderseits um so kleiner, je höher der herrschende Zinssatz ist. Erstens ist Geldhaltung insofern „teuer", als viel Zinseinkommen entgeht. Zweitens wird ein weiteres Steigen des Zinses und damit die Gefahr von Kursverlusten um so weniger wahrscheinlich, je höher er bereits ist. Dagegen ist die Wahrscheinlichkeit, daß er in absehbarer Zeit wieder fallen wird, um so größer, je mehr er von dem als normal angesehenen Satz nach oben abweicht. Fallender Zinssatz aber bedeutet steigende Marktpreise für ertragbringende Vermögensobjekte und damit für deren Inhaber die Möglichkeit zur Realisierung von Kursgewinnen.

Aus diesen Erwägungen ergibt sich zusammengefaßt die

Hyp. 1.5: *Vermögensbesitzer berücksichtigen bei der Entscheidung darüber, welchen Teil ihres Vermögens sie in Form von Geld halten wollen, ihre Erwartungen über die zukünftige Zinsentwicklung. Erwarten sie eine Zinssatzsteigerung, so erhöhen sie wegen der damit einhergehenden Kursrückgänge ihre Geldhaltung; und umgekehrt.*

Für die Erwartungsbildung gilt ihrerseits die

Hyp. 1.6: *Je höher (oder aber: niedriger) der Zinssatz im Planungszeitpunkt im Vergleich zu der langfristig als normal oder durchschnittlich angesehenen Höhe ist, um so stärker wird die Erwartung, er werde wieder zurückgehen (oder aber: steigen).*

Aus beiden Hypothesen zusammen folgt das Anlageverhalten: Je höher der Zinssatz ist, um so kleiner ist die über den Transaktionsbedarf hinausgehende Geldhaltung, und umgekehrt.

Die beiden Hypothesen besagen ausdrücklich nicht, daß ein Vermögensbesitzer, wenn er einen steigenden Zinssatz erwartet, nur Geld und bei der gegenteiligen Erwartung nur Wertpapiere halten wird. Ein solches Verhalten wäre nur sinnvoll, wenn er Gewißheit über die zukünftige Zinsentwicklung hätte. Da es eine solche nicht geben kann, vielmehr unterschiedlichen zukünftigen Zinsänderungen bestenfalls gewisse Wahrscheinlichkeiten zugeordnet werden können, wird ein Anleger in der Regel sowohl Geld als auch Wertpapiere halten und lediglich die Aufteilung seines Vermögens auf diese beiden Anlageformen an seine Zinserwartungen anpassen.

Betrachtet man alle Vermögensbesitzer einer Volkswirtschaft, so findet man zu jedem Zeitpunkt ein breites Spektrum unterschiedlicher Erwartungen der hier betrachteten Art. Es differieren sowohl die Ansichten über die langfristig als normal zu betrachtende Höhe des Zinssatzes als auch die Erwartungen darüber, ob ein beispielsweise kürzlich gesunkener Satz noch weiter sinken oder eher bald wieder steigen wird. Selbst wenn sich also jeder Vermögensbesitzer extremistisch verhielte und sein gesamtes Vermögen im festen Glauben an die Richtigkeit seiner Zinserwartungen entweder nur in der einen oder in der anderen Form anlegen würde, müßte ein Beobachter feststellen, daß bei jedem Zinssatz sowohl Geld als auch Wertpapiere gehalten werden. Lediglich die Aufteilung beider Kategorien ändert sich mit der Höhe des Zinssatzes. Im volkswirtschaftlichen Aggregat erhält man in jedem Fall einen gegenläufigen Zusammenhang zwischen dem herrschenden Kapitalmarktzins r und der von der Höhe dieses Satzes und den Erwartungen über seine zukünftige Entwicklung bestimmten geplanten Geldhaltung L^S. Die entsprechende Verhaltensfunktion kann so geschrieben werden:

$$L^S = L^S(r), \quad \text{worin} \quad dL^S/dr < 0. \tag{1.18}$$

Da dieser Teil der Geldnachfrage auf Erwartungen über zukünftige Ereignisse beruht und man ein auf Ausnutzung erwarteter Preisänderungen gerichtetes Verhalten mit dem Ziel, Gewinne zu erzielen oder Verluste zu vermeiden, *Spekulation* nennt [13], heißt L^S auch *Spekulationsgeld* und Gleichung (1.18) *Nachfragefunktion für Spekulationsgeld*. Weil die Wirtschaftssubjekte danach einen Teil ihres Vermögens in Gestalt von Geld als dem liquidesten aller Vermögensobjekte halten wollen, spricht man in bezug auf dieses Motiv statt von Geldnachfrage oder -haltung auch von *Liquiditätspräferenz* und nennt Gleichung (1.18) eine *Liquiditätspräferenzfunktion*.

4. Die makroökonomische Geldnachfragefunktion. Für eine Volkswirtschaft muß gemäß den eben erörterten Hypothesen gelten, daß sich die gesamte Geldnachfrage des Nichtbankensektors zu jedem Zeitpunkt aus zwei Teilen zusammensetzt. Ein Teil ist die Nachfrage nach Transaktionsgeld L^T, deren Höhe vom Sozialprodukt bestimmt wird, der andere die Nachfrage nach Spekulationsgeld L^S, die als Funktion des Kapitalmarktzinses anzusehen ist. Bild 1.10 zeigt die beiden Verhaltensfunktionen graphisch. Gemäß Teil (a) ist die Nachfrage nach Transaktionsgeld dem Sozialprodukt direkt proportional. Die Nachfragekurve verläuft unterhalb der 45°-Linie, der Geldhaltungskoeffizient k ist kleiner als eins [14] und konstant. Teil (b) drückt die Hypothese aus, daß die geplante Reaktion der Nachfrage nach Spekulationsgeld L^S auf Änderungen des Zinssatzes je nach dessen Höhe verschieden stark ist: Die Änderung der Geldnachfrage als Folge einer gegebenen, etwa einprozentigen Änderung des Zinssatzes ist um so größer, je niedriger der Zinssatz ist. Zur Messung dieser

---

[13] Bezeichnungen wie „Spekulation" und „Spekulant" haben in der Umgangssprache einen stark negativen Wertgehalt, nicht jedoch in der Fachsprache der Wirtschaftswissenschaft. Vgl. den Abschnitt „Arbitrage und Spekulation" in: Mikroökonomik, S. 320–325.
[14] Vgl. die empirische Zahlenangabe S. 32.

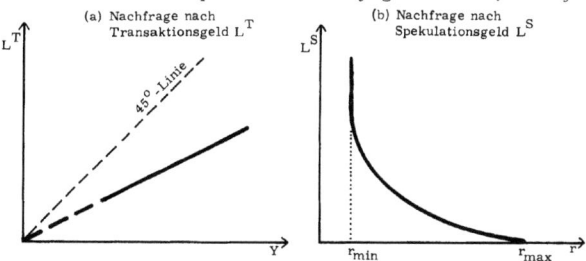

Bild 1.10 – *Die Komponenten der Geldnachfrage in einer Volkswirtschaft*

Reaktion kann man das Maß *Liquiditätspräferenz-Zinselastizität* mit der Definition

$$\varepsilon_{L^S,\,r} = \frac{dL^S}{L^S} : \frac{dr}{r} = \frac{r}{L^S} \cdot \frac{dL^S}{dr}$$

einführen. Gemäß Bild 1.10(b) wird vermutet, daß es einen niedrigsten Zinssatz r_{min} gibt, bei dem die Anleger jede beliebige Geldmenge zu halten wünschen. Der numerische Wert der Elastizität strebt hier gegen unendlich: Man sagt, die Liquiditätspräferenz in bezug auf den Zins sei *vollkommen elastisch*. Der Grund ist, daß niemand mehr eine weitere Senkung des Zinssatzes erwartet. Dieser kann nur noch steigen, und wer daher bei r_{min} Wertpapiere kauft, statt Geld zu halten, würde Kursverluste zu erwarten haben. Andererseits wird die Spekulationsgeldnachfrage-Zinselastizität mit wachsendem Zins absolut genommen immer kleiner und strebt schließlich gegen null. In diesem Bereich sehr hoher Zinssätze verschwindet die Geldhaltung zu spekulativen Zwecken. Bei einem Höchstsatz r_{max} noch aus diesem Grund Geld zu halten, würde den Verzicht auf hohes Zinseinkommen und auf die Chance von Kurssteigerungen bedeuten. Geld wird in dieser Situation daher nur noch zu Transaktionszwecken gehalten.

Die mit den Gleichungen (1.15) S. 34 und (1.18) aufgestellten und in Bild 1.10 veranschaulichten Hypothesen lassen sich zu einer *makroökonomischen Geldnachfragefunktion*

$$L = L^T(Y) + L^S(r), \quad \text{worin} \quad \frac{\partial L}{\partial Y} > 0, \frac{\partial L}{\partial r} \leq 0 \qquad (1.19)$$

zusammenfassen, in der L die gesamte Geldnachfrage ist. Die beiden partiellen Ableitungen sind wieder der mathematische Ausdruck für die jeweils vereinbarte Ceteris paribus-Klausel. $\partial L/\partial Y > 0$ bedeutet, daß die gesamte Geldnachfrage mit steigendem Sozialprodukt bei Konstanz des Zinssatzes steigt; $\partial L/\partial r \leq 0$ besagt, daß sie mit steigendem Zinssatz bei konstantem Sozialprodukt sinkt oder gleichbleibt. Ändern sich beide erklärende Variable gleichzeitig, so nimmt beispielsweise die Geldnachfrage des Nichtbankensektors zu, wenn das Sozialprodukt steigt und der Kapitalmarktzins sinkt, oder wenn der Einfluß des steigenden Kapitalmarktzinses durch den Einfluß des steigenden Sozialprodukts überkompensiert wird. Entsprechende Bewegungen der beiden erklärenden Variablen Y und r können zu einer Verringerung der Geldnachfrage führen oder sich auch kompensieren, so daß sie ungeändert bleibt.

Bild 1.11 – *Die Geldnachfrage in Abhängigkeit von Zinssatz und Sozialprodukt*

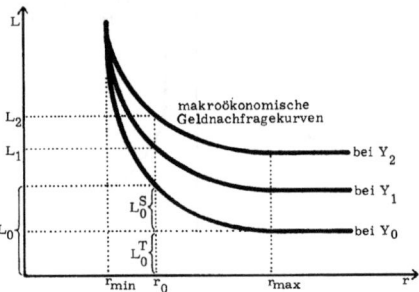

Die graphische Darstellung der Funktion (1.19) in einer Geldnachfragekurve ist insofern schwierig, als in ihr die endogene Variable von zwei exogenen Variablen abhängt. In Bild 1.11 wird daher die Abhängigkeit der Geldnachfrage L vom Zinssatz r für drei Werte des Sozialprodukts Y_0, Y_1 und Y_2 gezeigt, wobei $Y_0 < Y_1 < Y_2$ gilt. Danach besteht bei jedem gegebenen Sozialprodukt ein gegenläufiger Zusammenhang zwischen Geldnachfrage und Zins. Beträgt das Sozialprodukt etwa Y_0 und liegt der Zinssatz bei r_0, so setzt sich die Geldnachfrage L_0 aus der Nachfrage nach Transaktionsgeld L_0^T und der Nachfrage nach Spekulationsgeld L_0^S zusammen. L_0^T ergibt sich aus dem Verlauf der Y_0-Kurve rechts von r_{max}: Hier wird nur noch Transaktionsgeld gehalten; und da diese Geldhaltung nur von der Höhe des Sozialprodukts abhängt, verläuft die Kurve parallel zur r-Achse. Bei r_{min} wird jede Geldmenge über L^T hinaus zu Spekulationszwecken gehalten, und die Nachfragekurven fallen daher hier zusammen. Zwischen r_{min} und r_{max} ist bei gegebenem Zinssatz r_0 die gesamte Geldnachfrage um so höher, je höher das Sozialprodukt ist. Steigt dieses etwa von Y_1 auf Y_2, so steigt die Geldnachfrage von L_1 auf L_2.

5. Geldmarkt-Gleichgewicht und LM-Kurve. Nachfrage nach und Angebot an Geld konstituieren den *gesamtwirtschaftlichen Geldmarkt*.[15] Der auf ihm entstehende Preis ist der Zinssatz, der gemäß den Hypothesen 1.5 und 1.6 seinerseits in funktionalem Zusammenhang mit einem Teil der Geldnachfrage steht. Tritt nun das Geldangebot hinzu, so ist zu erwarten, daß dessen Höhe und Änderung ebenfalls den nunmehr als abhängige Variable betrachteten Zinssatz beeinflussen. Dies läßt sich mit Hilfe der bisher aufgestellten Hypothesen anhand autonomer Änderungen des Geldangebots wie folgt zeigen.

Im Gleichgewicht müssen Angebot an und Nachfrage nach Geld bei einem gegebenen Zinssatz gleich groß sein. Bei dieser Redeweise ist zu beachten, daß Geld eine Bestandsgröße ist und daß ein *Bestandsgleichgewicht* hier im Unterschied

---

[15] In der Wirtschaftspraxis und bei Untersuchungen der Geld- und Kreditpolitik versteht man unter „Geldmarkt" etwas anderes, vgl. unten, Abschnitt II.2 des dritten Kapitels. Der obige Sprachgebrauch beschränkt sich auf die hier behandelten einfachen makroökonomischen Modelle.

zum *Stromgleichgewicht* zwischen Güterangebot und -nachfrage bedeutet, daß die bei den einzelnen Wirtschaftssubjekten tatsächlich immer vorhandenen Geldbeträge gerade den gewünschten entsprechen. Bild 1.12 zeigt dies unter Verwendung der durch Gleichung (1.19) ausgedrückten Hypothese über den Zusammenhang zwischen Geldnachfrage, Sozialprodukt und Zinssatz. Auf der Abszisse sind die gesamte Geldnachfrage L und das Geldangebot M abgetragen. Das Sozialprodukt ist gegeben, so daß nach Gleichung (1.15) S. 34 auch die Nachfrage nach Transaktionsgeld L^T, wie im Bild eingetragen, feststeht. Hinzu tritt die Nachfrage nach Spekulationsgeld L^S, die bei hohen Zinssätzen gering und bei niedrigeren Zinssätzen größer ist. Die Geldnachfragekurve ist hier also eine der Kurven aus Bild 1.11, wobei der Zinssatz nunmehr als abhängige Variable auf der Ordinate erscheint. Zeichnet man das Geldangebot in Höhe von

Bild 1.12 – *Der Gleichgewichtszinssatz in Abhängigkeit von Geldangebot und Geldnachfrage bei gegebenem Sozialprodukt*

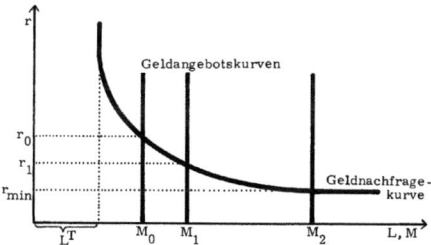

M_0 ein – als Senkrechte, weil es nach Annahme autonom festgesetzt wird und damit von r unabhängig ist – erhält man den Gleichgewichtszinssatz r_0. Herrscht dieser Zinssatz, so wünschen die Wirtschaftssubjekte angesichts ihrer durch die Nachfragekurve ausgedrückten Präferenz für Spekulationsgeld insgesamt den Geldbetrag M_0 auch zu halten. Es herrscht damit Gleichgewicht auf diesem Markt. Will die Zentralbank nun einen niedrigeren Gleichgewichtszinssatz, etwa r_1, durchsetzen, so kann sie dies dadurch tun, daß sie Wertpapiere nachfragt und damit Geld anbietet, im Bild bis zum Betrag M_1. Sie muß dazu solange höhere Ankaufskurse bieten, bis deren gemäß Gleichung (1.17) S. 36 damit implizierte Rendite auf r_1 gefallen ist. Die Verkäufer der Wertpapiere wünschen die erhöhte Geldmenge bei dem niedrigeren Zinssatz auch zu halten, so daß erneut Gleichgewicht herrscht. Auf diese Weise kann die Zentralbank durch Änderungen des Geldangebots den Zinssatz beeinflussen: Dieser wird alternativ zum Geldbestand zu einer wirtschaftspolitischen Instrumentvariablen. Nähert er sich allerdings $r_{\min}$, so nimmt das Wertpapierangebot und damit die Geldnachfrage der Nichtbanken so stark zu, daß eine Ausdehnung der Geldmenge über M_2 hinaus voll durch einen Rückgang der Transaktionshäufigkeit kompensiert wird und daher den Zinssatz nicht mehr senkt. Man hat dieser Situation den Namen *Liquiditätsfalle* gegeben, weil eine auf weitere Zinssenkung gerichtete Geldmengenpolitik hier wirkungslos wird.

Bild 1.13 – *Der Zusammenhang zwischen Zinssatz und Sozialprodukt bei Gleichgewicht auf dem Geldmarkt: Die LM-Kurve*

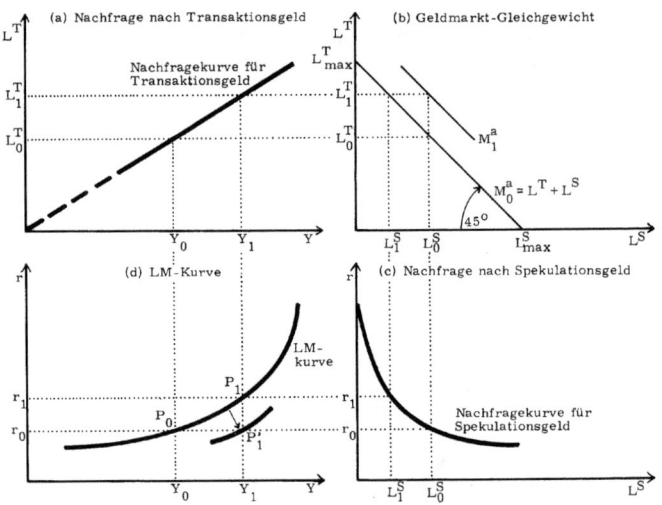

Gleichung (1.19) und die anschließenden Erläuterungen haben gezeigt, daß eine gegebene Geldnachfrage L das Ergebnis beliebig vieler Kombinationen der Erklärungsvariablen Y und r sein kann. Dieser Sachverhalt ist unter der Annahme, daß auf dem gesamtwirtschaftlichen Geldmarkt Gleichgewicht herrscht, in Bild 1.13 dargestellt. Es ist von Teil (a) her im Uhrzeigersinn zu lesen. Dort wird gezeigt, in welcher Weise die Nachfrage nach Transaktionsgeld L^T vom Volkseinkommen abhängt. Teil (b) enthält die Gleichgewichtsbedingung auf dem Geldmarkt bei gegebenem Geldbestand M_0^a: Die Gerade gibt alle Kombinationen der Nachfrage nach Transaktions- und Spekulationsgeld an, bei denen deren Summe L gerade gleich M^a ist. Sie hat die Gleichung $M^a = L^T + L^S$ und bildet Winkel von 45° mit den Achsen. Wo sie bei L^S_{max} die L^S-Achse berührt, würde die gesamte Geldmenge zu Spekulationszwecken gehalten; bei L^T_{max} gäbe es nur Transaktionsgeld. Geht man nun vom Einkommen Y_0 aus, so ergibt sich daraus eine Nachfrage nach Geld für Transaktionszwecke in Höhe von L^T_0. Angesichts des konstanten Geldangebots M^a bleibt der Betrag L^S_0 für Spekulationszwecke übrig, wie aus Teil (b) hervorgeht. Bei einer Präferenz für Spekulationsgeld gemäß der in Teil (c) eingezeichneten Kurve, wie sie in Bild 1.10 (b) S. 39 gezeigt wurde, wünschen die Wirtschaftssubjekte diesen Geldbestand beim Zinssatz r_0 für Spekulationszwecke zu halten. Der Punkt P_0 in Teil (d) gibt demgemäß an, welche Kombination von Y angesichts dessen Einflusses auf die Geldnachfrage zu Transaktionszwecken und r angesichts dessen Einflusses auf die Spekulationsgeldnachfrage mit einem insgesamt konstanten Geldangebot M^a vereinbar ist. Einen weiteren Punkt P_1 gewinnt man entsprechend, wenn man von dem höheren Einkommen Y_1 ausgeht. Dann ist auch der Bedarf an Transaktionsgeld L_1^T höher, und die Aufteilung der konstanten Geldmenge M^a muß sich ändern. Ein kleinerer Betrag an Spekulationsgeld L_1^S ist jedoch nur mit dem höheren Zins r_1 vereinbar. Als Ergebnis zeigt sich links unten eine Kurve, die den geometrischen Ort aller (Y, r)-Kombinationen angibt, die angesichts gegebener Nachfrage nach Geld für die beiden Zwecke und gegebenem Geldangebot mit einem Gleichgewicht auf dem Geldmarkt vereinbar sind. Da die Kurve unter der Bedingung eines Gleichgewichts zwischen Geldnachfrage L und Geldangebot M konstruiert ist, nennt man sie die *LM-Kurve*. Sie gilt so unter der Annahme konstanter Preise.

Bezüglich der Gestalt der *LM*-Kurve lassen sich drei Bereiche ausmachen. Ist das Volkseinkommen niedrig, verläuft sie sehr flach. Der größere Teil der Geldmenge steht dann für Spekulationszwecke zur Verfügung und hat den Zinssatz heruntergedrückt. Dieser befindet sich in der Nähe seines Minimums (vgl. S. 41), das wegen des Risikos jeder Kreditgewährung und der dabei entstehenden Transaktionsaufwendungen nicht unterschritten wird. Der andere Extrembereich ist der senkrecht verlaufende Ast, dessen Existenz ebenfalls schon erläutert wurde. Er bedeutet auch, daß die Geldmenge bei nach Annahme konstanten Preisen und unveränderter Transaktionshäufigkeit eine Schranke für die Expansion des Sozialprodukts bildet. Zwischen den Extremen zeigt die *LM*-Kurve unterschiedliche Elastizitäten in bezug auf Zinssatz und Sozialprodukt, und zwar dergestalt, daß sie um so flacher verläuft, je größer die (absolute) Zinselastizität der Geldnachfrage ist. Bemerkenswerterweise wird die Gestalt der *LM*-Kurve ebenso maßgeblich von der Form der zinsabhängigen L^S-Kurve beeinflußt wie die Gestalt der *IS*-Kurve von der zinsabhängigen Investitionsfunktion.

Wichtigste Bestimmungsvariable für die Lage der *LM*-Kurve ist das Geldangebot M^a. Wird M^a vergrößert, verschiebt sich die Gerade in Teil (b) parallel vom Nullpunkt weg. Da sich bei ungeändertem Sozialprodukt der Bedarf an Transaktionsgeld nicht ändert, muß das zusätzliche Geld zu Spekulationszwecken gehalten werden, was nur bei niedrigerem Zinssatz möglich ist. Das aber bedeutet eine Rechtsverschiebung der *LM*-Kurve. Die Konstruktion eines Punktes dieser neuen Lage ist gezeigt: Beim Einkommen Y_1 in Teil (a) verschiebe sich M^a in (b) in die Lage M_1^a. Das senkt r in (c) auf r_0 und ergibt in (d) den Punkt P_1' der wie angedeutet verschobenen *LM*-Kurve. Den gleichen Effekt hätte ein Rückgang der Liquiditätspräferenz, der die $L^S(r)$-Kurve in Teil (c) nach links verschiebt.

VI. Das KEYNESsche Gleichgewichtsmodell

1. Gleichgewicht auf Güter- und Geldmarkt. Gemäß den bisherigen Erörterungen sind zwei der im erweiterten Gütermarkt-Modell 1.10 (S. 26 f.) enthaltenen Variablen, nämlich das Sozialprodukt Y und der Zinssatz r, ihrerseits laut Gleichung (1.19) S. 39 erklärende Variable der Geldnachfrage in der Volkswirtschaft. Güter- und Geldmarkt hängen im Rahmen der allgemeinen Interdependenz also zusammen, und gemäß dem Untersuchungsziel dieses Kapitels ist nach den Bedingungen zu fragen, unter denen auf beiden Märkten zur gleichen Zeit Gleichgewicht herrscht. Die Antwort erhält man, wenn man die *IS*-Kurve aus Bild 1.8 (S. 28) mit der *LM*-Kurve aus Bild 1.13 in einem Koordinatensystem zusammenfügt. Bild 1.14 zeigt das Ergebnis. Der Schnittpunkt P_0 beider Kurven gibt die einzige (Y, r)-Kombination an, die mit einem gleichzeitigen (simultanen) Gleichgewicht auf beiden Märkten vereinbar ist. Wenn das Geldangebot in diesem Modell die einzige exogene Variable ist, wird die Lage des Punktes P_0 bei gegebenen Verhaltensfunktionen von dieser Größe bestimmt.

Bild 1.14 – *Gleichzeitiges Gleichgewicht auf Güter- und Geldmarkt bei gegebenem Geldangebot: Das HICKS-Diagramm*

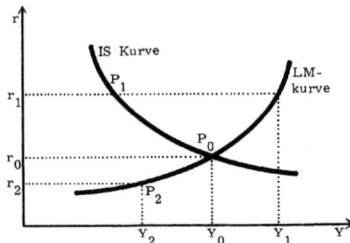

Zum besseren Verständnis dieser als *HICKS-Diagramm* bezeichneten Darstellung ist zunächst zu fragen, warum beispielsweise die willkürlich eingezeichneten Punkte P_1 und P_2 keine gesamtwirtschaftlichen Gleichgewichte angeben. Die (Y, r)-Konstellation in P_1 ermöglicht zwar ein Gleichgewicht auf dem Gütermarkt, aber bei dem damit verbundenen relativ hohen Zinssatz r_1 wünschen die Wirtschaftssubjekte nur einen erheblich kleineren Betrag an Spekulationsgeld zu halten als etwa beim Zinssatz r_0. Bei gegebenem Geldbestand ist dann der für Transaktionszwecke zur Verfügung stehende Geldbetrag entsprechend größer. Angesichts der in Bild 1.13 angenommenen Verhaltensweisen ist dieser Betrag jedoch für das dem Punkt P_1 in Bild 1.14 entsprechende Sozialprodukt zu groß. Das Sozialprodukt müßte wesentlich höher sein, wenn die Wirtschaftssubjekte diesen Betrag als Transaktionsgeld halten sollen. Wie hoch, ergibt sich aus Bild 1.14, wenn man durch P_1 die (punktierte) Parallele zur Y-Achse bis zur *LM*-Kurve zieht und den entsprechenden Wert Y_1 abliest. Hiermit würde jedoch das Gleichgewicht auf dem Gütermarkt verlassen. Der Punkt P_1 markiert also partiell ein Gleichgewicht und gesamtwirtschaftlich ein Ungleichgewicht. Die Frage, welche Reaktionen in dieser Situation erfolgen und wie sich daraufhin die Werte der in Bild 1.14 enthaltenen endogenen Variablen Volkseinkommen und Zinssatz ändern, kann nur im Rahmen einer dynamischen Analyse beantwortet werden (vgl. S. 6). Zu dieser müßten weitere Hypothesen eingeführt werden. Denkbar wäre, daß die Wirtschaftssubjekte das bei dem hohen Zinssatz und niedrigem Sozialprodukt weder zu Transaktions- noch zu

Spekulationszwecken gewünschte Geld zu Wertpapierkäufen benutzen. Das erhöht den Kurs dieser Papiere und senkt damit gemäß Gleichung (1.17) S. 36 den Zinssatz, wodurch die Investition erhöht und damit das Volkseinkommen gesteigert wird. Dieses Verhalten würde dann dazu führen, daß sich Zinssatz und Volkseinkommen ihren gesamtwirtschaftlichen Gleichgewichtswerten in P_0 nähern.

In Punkt P_2 herrscht auf dem Geldmarkt Gleichgewicht. Jedoch ist hier der Zinssatz r_2 niedriger als r_0 und induziert daher einen Investitionsbetrag, der erheblich größer ist als die Ersparnis, die gemäß dem Volkseinkommen Y_2 geplant wird, das dem Punkt P_2 entspricht. Dieses Ungleichgewicht könnte über die Zunahme der Investition zu einer Steigerung des Volkseinkommens führen, die ihrerseits den Bedarf an Transaktionsgeld erhöht. Damit wird über den Zwang zu Wertpapierverkäufen der Zinssatz erhöht. Die (Y, r)-Kombination würde sich hier also auf der LM-Kurve nach rechts oben bewegen und sich auch in diesem Fall P_0 nähern.

Für die späteren Erörterungen ist es schließlich wichtig zu wissen, wie das gesamtwirtschaftliche Gleichgewicht beeinflußt wird, wenn die Wirtschaftssubjekte ihr Verhalten in einer durch Kurvenverschiebungen erfaßbaren Weise ändern. Bei ungeänderter Lage der jeweiligen sonstigen Kurven verschieben sich die IS-Kurve und damit der Punkt P_0 in Bild 1.14 nach rechts, wenn
– die Konsumneigung zunimmt, also aus jedem Einkommen weniger gespart wird, was in Bild 1.8 die Sparkurve nach unten verschiebt; oder wenn
– die Investitionsneigung zunimmt, also bei jedem Zinssatz mehr investiert wird, was in Bild 1.8 zu einer Verschiebung der Investitionskurve nach rechts führt.

Diese Verhaltensänderungen erhöhen bei der angenommenen Gestalt der Kurven Gleichgewichtseinkommen und -zinssatz. Der mit dem Sozialprodukt zunehmende Bedarf an Transaktionsgeld kann bei gleichbleibendem Geldangebot nur durch Herabsetzung der Geldhaltung für Spekulationszwecke gedeckt werden, was nach Bild 1.10(b) S. 39 den Zinssatz erhöhen muß. Das beeinträchtigt wiederum die Investitionsgüternachfrage, so daß das neue Gleichgewicht den Nettoeffekt aus der ursprünglichen expansiven Verhaltensänderung und der daraus folgenden gegenläufigen Reaktion wiedergibt.

Der Zinssatz sinkt dagegen, wenn sich bei ungeänderter Lage der IS-Kurve die LM-Kurve nach rechts verschiebt. Das kann nach Bild 1.13 (S. 42) geschehen, wenn ceteris paribus
– die Nachfrage nach Transaktionsgeld bei jedem Volkseinkommen abnimmt, der Geldhaltungskoeffizient also sinkt. Die Nachfragekurve in Teil (a) von Bild 1.13 dreht sich dann in Richtung auf die Y-Achse;
– das Geldangebot M^a steigt, sich also die Gerade in Teil (b) parallel vom Nullpunkt weg verschiebt;
– die Präferenz für Geld zu Spekulationszwecken abnimmt, sich die entsprechende Nachfragekurve in Teil (c) also nach links verschiebt.

Neben solchen autonomen Verhaltensänderungen sind auch wirtschaftspolitische Eingriffe erfaßbar. Ist beispielsweise die oben erwähnte Zunahme der Güternachfrage erwünscht, kann ihrem zinssteigernden Effekt durch Erhöhung des Geldangebots entgegengewirkt werden. Die LM-Kurve kann sich dann

zusammen mit der IS-Kurve so nach rechts verschieben, daß P_0 in Bild 1.14 auf dem gleichen Niveau bleibt. In heutiger Journalistenprosa würde dann die Zentralbank den „Geldmantel" an das Wirtschaftswachstum anpassen.
Im übrigen gelten alle eben gezogenen Schlüsse auch umgekehrt. Das Gleichgewichtseinkommen sinkt also (bei fallendem, steigendem oder gleichbleibendem Gleichgewichtszinssatz), wenn sich entweder die IS-Kurve oder die LM-Kurve oder beide nach links verschieben. Dieser Fall tritt ein, wenn jeweils ceteris paribus die Sparneigung zunimmt, die Investitionsneigung sinkt, die Nachfrage nach Transaktions- oder Spekulationsgeld zu- oder das Geldangebot abnimmt. Für Bild 1.14 gilt mithin allgemein: Kurvenverschiebungen nach links wirken kontraktiv, solche nach rechts expansiv auf das Gleichgewichtseinkommen der Volkswirtschaft. Wie ein Blick auf die Bilder 1.8 und 1.12 bis 1.14 jedoch lehrt, hängt die Gültigkeit sämtlicher vorstehend gezogener Schlüsse entscheidend von der Lage und Gestalt der Kurven ab.

2. Das KEYNES-Modell als Gleichungssystem. Das in den Bildern 1.8, 1.13 und 1.14 (S. 28, 42, 44) entwickelte Modell ist eine graphische Fassung der Hypothesen über makroökonomische Zusammenhänge, die J. M. KEYNES 1936 veröffentlichte und mit denen er zum wichtigsten Wegbereiter eines großen Teils der heutigen Makroökonomik wurde. Da die graphische Darstellung ökonomischer Modelle Grenzen hat und sich kompliziertere Modelle mit einer größeren Anzahl definitorischer und funktionaler Zusammenhänge meist nur noch in Gestalt algebraischer Gleichungssysteme handhaben lassen, ist es zweckmäßig, eine solche Fassung des *KEYNES-Modells* hier anzufügen. Will man es mit einem Zahlenbeispiel durchrechnen, empfiehlt es sich, lineare Zusammenhänge in einem Ein-Produkt-Modell anzunehmen, das heißt eine Volkswirtschaft zu betrachten, in der nur ein Gut produziert wird, das einen einheitlichen und konstanten Preis hat und sowohl konsumiert als auch investiert werden kann.

Die Gleichungen (I) und (II) des Modells 1.20 zeigen die Konsumfunktion und die Ersparnis mit dem Volkseinkommen Y als Erklärungsvariable. Die Investition hängt nach (III) entsprechend den Hypothesen 1.2 (S. 18) und 1.3 (S. 19) von den erwarteten Einnahmen Y^A der Produzenten aus Güterverkäufen sowie vom Zinssatz ab. Wie anhand von Bild 1.5 (S. 24) erläutert, planen die Produzenten gemäß Gleichung (IV) ein ausgeglichenes gesamtwirtschaftliches Produktionskonto; Gleichung (V) definiert die Endnachfrage; und im Gleichgewicht müssen die erwarteten Einnahmen der Produzenten gemäß Gleichung (VI) gleich den geplanten Ausgaben der Nachfrager sein.

Der Geldmarkt wird mit den beiden Nachfragefunktionen (VII) und (VIII), der Definition (IX), dem autonomen Geldangebot (X) und der Gleichgewichtsbedingung (XI) beschrieben.

Der Gütermarkt ist mit 6 Gleichungen und den 7 Variablen C, Y, S, I, Y^A, r, Y^N erfaßt und kann daher mit einer Gleichung beschrieben werden, in der Y und r funktional zusammenhängen und deren Graph die IS-Kurve ist. Aus den 5 Gleichungen des Geldmarktes zwischen den 6 Variablen L^T, Y, L^S, r, L, M erhält man ebenfalls die Gleichung einer Kurve mit einem Freiheitsgrad, eben die der LM-Kurve. Faßt man die Gleichungen für beide Märkte zusammen, fallen Y und r, da doppelt gezählt, je einmal weg, so daß 11 Gleichungen mit

11 Variablen übrigbleiben: Die Kurven schneiden sich im HICKS-Diagramm (S. 44) in einem Punkt, das Modell hat als Lösung die Gleichgewichtswerte für Volkseinkommen und Zinssatz. Die mathematische Lösung ist auch ökonomisch sinnvoll, da beispielsweise keine Variable mit unzulässigem Vorzeichen auftritt. Das Modell ist in bezug auf die Verhaltensfunktionen allgemein, da diese keine Annahmen über ihre konkrete Gestalt enthalten. Jedoch sind per Hypothese die Richtungen festgelegt, in denen sich die abhängigen Variablen als Folge von Änderungen der Erklärungsvariablen jeweils ceteris paribus bewegen. Da das Modell mithin nicht alle denkbaren Fälle erfaßt, sondern beispielsweise eine mit steigendem Volkseinkommen fallende Konsumgüternachfrage ebenso wie eine mit steigendem Zinssatz zunehmende Geldnachfrage für Spekulationszwecke ausschließt, hat es schon in dieser Fassung einen, wenn auch geringen, empirischen Gehalt.[16]

Modell 1.20 – *Das KEYNESsche Zwei-Märkte-Modell*

Gütermarkt

Konsumfunktion:	$C = C(Y)$, worin $0 < dC/dY < 1$	(1.20-I)
Definition der Ersparnis:	$S = Y - C$	(1.20-II)
Investitionsfunktion:	$I = I(Y^A, r)$, worin	
	$\partial I/\partial Y^A > 0, \quad \partial I/\partial r < 0$	(1.20-III)
Einnahmen und Ausgaben der Produzenten:	$Y^A = Y$	(1.20-IV)
Definition der Endnachfrage:	$Y^N = C + I$	(1.20-V)
Gleichgewichtsbedingung:	$Y^A = Y^N$	(1.20-VI)

Geldmarkt

Nachfragefunktion für Transaktionsgeld:	$L^T = L^T(Y)$	(1.20-VII)
Nachfragefunktion für Spekulationsgeld:	$L^S = L^S(r)$	(1.20-VIII)
Definition der gesamten Geldnachfrage:	$L = L^T + L^S$	(1.20-IX)
Geldangebot ist autonom:	$M = M^a$	(1.20-X)
Gleichgewichtsbedingung:	$L = M$.	(1.20-XI)

Jedoch ist auch von vornherein vor zu hohen Ansprüchen an das Modell in dieser einfachen Fassung zu warnen. In der Realität kann die Zentralbank nicht allein durch Regulierung der Geldmenge über die daraus resultierende Verschiebung der LM-Kurve für jede gewünschte Höhe des Sozialprodukts sorgen.

---

[16] Vgl. zur Frage, wann eine Aussage oder wie hier ein Modell empirischen Gehalt hat, Mikroökonomik, S. 39 f.

Erstens hängt sehr viel von den Parametern der Verhaltensfunktionen, graphisch also von der Lage und Gestalt der Kurven ab, die nur ungenau bekannt sind und sich im Zeitablauf ändern können. Zweitens reagieren die Wirtschaftssubjekte mit unterschiedlich langen und ebenfalls nicht konstanten Verzögerungen auf Änderungen ihrer Daten; sie haben bestimmte Erwartungen über die Wirkungsweise wirtschaftspolitischer Eingriffe und versuchen, diese zu konterkarieren, wenn sie ihren Interessen zuwiderlaufen. Drittens ist das Modell in der Fassung 1.20 noch viel zu stark vereinfacht, da es weder die ökonomische Tätigkeit der öffentlichen Haushalte noch die wirtschaftlichen Transaktionen mit Ausländern, weder die Preise noch das Kapazitätsproblem, weder den Arbeitsmarkt noch die Lohnsatzbildung berücksichtigt. Es ist daher in diesen und weiteren Punkten zu vervollständigen.

Literatur zum ersten Kapitel

Wer sich vor der Beschäftigung mit Makroökonomik über den Denkansatz der Wirtschaftstheorie allgemein und eingehender über Methodenfragen unterrichten will, kann das Einleitungskapitel der „Mikroökonomik" oder die dort anschließend genannte Parallel- und weiterführende Literatur heranziehen. Mit Bemerkungen und Hinweisen zu diesem Gebiet sowie zu den Fragestellungen der Makroökonomik beginnen auch die meisten der unten in Anhang I genannten Lehrbücher.

Zu Teil II:

Gesamtwirtschaftliche Verhaltensfunktionen werden seit den fünfziger Jahren intensiv erforscht. Die neueren Theorien dazu gehen weit über die im vorliegenden Text benutzten einfachen Hypothesen hinaus. In bezug auf die Konsumfunktion sind neben der hier allein verwendeten *Absoluteinkommenshypothese* die *Relativ-*, die *Dauer-* und die *Lebenszyklushypothese* gebräuchlich. Übersichten geben

[1.01] R. FERBER: Consumer Economics, A Survey. JELit, Vol. 11, 1973, S. 1303–1342.
[1.02] G. HADJIMATHEOU: Consumer Economics After Keynes. Theory and Evidence of the Consumption Function. Brighton 1987. VIII, 280 S.

Konsumfunktionen für 18 westliche Länder sowie Sparfunktionen für fünf Länder wurden geschätzt und zusammengestellt von

[1.03] C. Y. YANG: An International Comparison of Consumption Functions. REStat, Vol. 46, 1964, S. 279–286.
[1.04] D. H. HOWARD: Personal Saving Behavior and the Rate of Inflation. REStat, Vol. 60, 1978, S. 547–554.

Neuere Einsichten in die Theorie und empirische Schätzung makroökonomischer Konsum- und Investitionsfunktionen enthält der Sammelband

[1.05] K. BRUNNER/A. H. MELTZER (Hg.): On the State of Macro-Economics. Amsterdam 1980. VIII, 355 S.

Untersuchungen für die Bundesrepublik sind

[1.06] W. FRANZ: Die Lebenszyklushypothese der Konsumfunktion. Eine empirische Überprüfung für die Bundesrepublik Deutschland. JNÖStat, Bd 191, 1976, S. 97–116.
[1.07] F. W. PEREN: Einkommen, Konsum und Ersparnis der privaten Haushalte in der Bundesrepublik Deutschland seit 1970. Analyse unter Verwendung makroökonomischer Konsumfunktionen. Frankfurt u. a. 1986. XX, 279 S.

Im übrigen enthalten alle makroökonometrischen Modelle Konsumfunktionen.

Zu Teil III:

Die einzelwirtschaftliche Theorie der Investition wird meist bei der Theorie der Produktionsunternehmung abgehandelt. Unter makroökonomischem Gesichtspunkt interessieren vor allem Versuche, das beobachtete Investitionsverhalten auf erklärende Variable wie Zinssatz, Entwicklung des Sozialprodukts, Kapitalstock zurückzuführen. Vgl. neben BRUNNER/MELTZER [1.05] die Überblicke bei

[1.08] R. FERBER (Hg.): Determinants of Investment Behavior. New York u. a. 1967. XI, 611 S.
[1.09] D. W. JORGENSON: Econometric Studies of Investment Behavior: A Survey. JELit, Vol. 9, 1971, S. 1111–1147.

Da die gesamtwirtschaftliche Investition eine sehr heterogene Größe ist, werden auch Versuche gemacht, erklärende Variable für Teile der Investition zu finden, also *partielle Investitionsfunktionen* zu schätzen. Bevorzugte Untersuchungsbereiche waren bisher die Lagerinvestition und der Wohnungsbau. Eine Untersuchung des Investitionsverhaltens in den Vereinigten Staaten ist

[1.10] P. K. CLARK: Investment in the 1970s: Theory, Performance, and Prediction. Brookings Papers on Economic Activity, 1979, S. 73–113.

Zum Investitionsverhalten in der Bundesrepublik vgl.

[1.11] J. HEUBES: Investitionsverhalten in der Industrie der Bundesrepublik Deutschland 1950–1970. ZgS, 129. Bd 1973, S. 685–701.
[1.12] H. KÖNIG: Neoklassische Investitionstheorie und Investorenverhalten in der Bundesrepublik Deutschland. JNÖStat, Bd 190, 1975/76, S. 316–347.

Zu Teil V:

Diskussionen der Geldnachfrage im KEYNES-Modell auf elementarem Niveau enthalten die unten in Anhang I genannten Lehrbücher. Weitere Literaturangaben über Geldnachfrage und -angebot finden sich im Anschluß an das dritte Kapitel.

Zu Teil VI:

KEYNES hat die Grundlagen zum Einkommen-Ausgaben-Modell in seinem Hauptwerk gelegt:
- [1.13] J. M. KEYNES: The General Theory of Employment, Interest and Money. London 1936. XII, 403 S. Viele Nachdrucke.
  Deutsch: Allgemeine Theorie der Beschäftigung, des Zinses und des Geldes. 1936, 6. Aufl. Berlin 1983. XI, 344 S.

Die definitive KEYNES-Gesamtausgabe, erschienen unter den Auspizien der britischen *Royal Economic Society,* liegt fast vollständig vor:
- [1.14] A. ROBINSON/D. MOGGRIDGE (Hg.): The Collected Writings of John Maynard Keynes. 29 Bde. London u. a. 1971 bis 1983.

Ein Registerband ist vorgesehen.

KEYNES' Hauptwerk hat eine Fülle von Erläuterungs- und Interpretationsliteratur hervorgerufen. Das *IS-LM*-Modell als Herzstück auch noch der heutigen Makroökonomik, das vorerst nur wenigen Autoren als überholt gilt, entstammt
- [1.15] J. R. HICKS: Mr. Keynes and the "Classics"; A Suggested Interpretation. Econometrica, Vol. 5, 1937, S. 147–159.

Übersichten über die KEYNESschen Ideen geben
- [1.16] L. R. KLEIN: The Keynesian Revolution. 1947, 2. Aufl. New York u. a. 1966. XIII, 288 S.
- [1.17] S. E. HARRIS (Hg.): The New Economics. Keynes' Influence on Theory and Public Policy. New York 1948. XXII, 686, IX S.
- [1.18] A. H. HANSEN: A Guide to Keynes. New York u. a. 1953. XIV, 237 S.
  Deutsch: Keynes' ökonomische Lehren. Ein Führer durch sein Hauptwerk. Hg. von G. HUMMEL. Stuttgart u. a. 1959. XIII, 236 S.

Eine Übersicht über frühe Versuche zur Weiterentwicklung KEYNESscher Ideen gibt der Sammelband
- [1.19] K. K. KURIHARA (Hg.): Post-Keynesian Economics. London 1955. XVIII, 442 S.

Eine Sammlung von 150 Artikeln über die KEYNESsche Ökonomik aus der Zeit von 1936 bis 1981 ist
- [1.20] J. C. WOOD (Hg.): John Maynard Keynes. Critical Assessments. 4 Bde. London u. a. 1983. 613, 455, 485, 561 S.

KEYNES hat auch in der Wirtschaftspolitik Großbritanniens eine bedeutende Rolle gespielt. Er war maßgebliches Mitglied der britischen Delegation bei den Verhandlungen, die 1944 in Bretton Woods zum Abschluß des Abkommens über den Internationalen Währungsfonds führten; sowie Leiter der Delegation, die 1945 über eine Anleihe der Vereinigten Staaten an Großbritannien verhandelte. Seine Biographie ist
- [1.21] R. F. HARROD: The Life of John Maynard Keynes. London 1951. XVI, 674 S.

Für Literaturangaben zur heutigen KEYNES-Interpretation nebst Weiterentwicklung seiner Ideen vgl. den Literaturanhang zu den Teilen III und IV des vierten Kapitels.

Zweites Kapitel

Gesamtwirtschaftliche Expansions- und Kontraktionsprozesse

Während es bisher darum ging, Gleichgewichtswerte für die betrachteten makroökonomischen Variablen während eines Zeitraums zu finden, steht in diesem Kapitel im Rahmen dynamischer und komparativ-statischer Analysen die Frage im Vordergrund, welche Werte die Variablen angesichts der Reaktionen der Wirtschaftssubjekte auf Ungleichgewichtszustände im Zeitablauf nacheinander annehmen. In Teil I wird zunächst ein typischer Konjunkturzyklus beschrieben und die Abfolge solcher Zyklen am Beispiel der Bundesrepublik Deutschland für die Zeit von 1950 bis 1985 statistisch nachgewiesen. In Teil II folgen Verlaufsanalysen von Expansionsprozessen, die mit Zahlenbeispielen illustriert sind und bei denen auch die Frage geklärt wird, weshalb die realisierte Investition und Ersparnis in jedem Zeitraum auch dann übereinstimmen, wenn die entsprechenden Plangrößen voneinander abweichen. In Teil III werden mit dem Zusammenhang zwischen Steueraufkommen und Sozialprodukt und den Einflüssen öffentlicher Verbrauchs-, Investitions- und Transferausgaben einerseits und der Steuererhebung andererseits auf die Entwicklung des Sozialprodukts einige Aspekte der wirtschaftlichen Tätigkeit der öffentlichen Haushalte in die Betrachtung einbezogen. Teil IV erweitert die Analyse um den Außenhandel und führt die Importfunktion ein. In der folgenden Einführung in die Konjunkturtheorie wird angenommen, daß die Investitionstätigkeit von der Entwicklung des Sozialprodukts abhängt und gezeigt, bei welchen Verhaltensweisen der Konsumenten und Investoren es zu Schwankungen des Sozialprodukts kommt, die nicht zu einem neuen Gleichgewichtszustand führen. Teil VI schließlich beschäftigt sich mit dem Expansionsprozeß schlechthin, dem wirtschaftlichen Wachstum. Methodische Grundlage des zweiten Kapitels ist das im ersten Kapitel eingeführte Einkommen-Ausgaben-Modell; und es werden nur reale Prozesse untersucht, Preise also noch nicht beachtet.

I. Konjunktur und Wachstum

1. Kumulative Prozesse. In den Teilen IV und VI des ersten Kapitels wurden unter stark vereinfachenden Annahmen die Bedingungen ermittelt, unter denen die aggregierten Wirtschaftspläne bestimmter Gruppen von Wirtschaftssubjekten während einer Planperiode miteinander vereinbar sind. Dazu wurden jeweils einige Verhaltensfunktionen ausgewählt und mit Gleichgewichtsbedingungen zu Gleichungssystemen zusammengestellt, deren Lösungen diejenigen Werte der endogenen Variablen angaben, bei denen in dem betrachteten Zeitraum gesamtwirtschaftliches Gleichgewicht herrschte. Es zeigte sich, in welcher Weise diese Werte durch die Verhaltensparameter und die exogenen Variablen bestimmt werden; und daß es Konstellationen dieser exogenen Größen gibt, bei denen keine oder keine ökonomisch sinnvollen Gleichgewichtswerte der endogenen Variablen existieren.

Nun lehrt jeder Blick auf den Wirtschaftsprozeß der modernen Volkswirtschaft, daß dieser nicht durch das Verharren in Gleichgewichtszuständen gekennzeichnet ist. Die maßgebenden ökonomischen Variablen sind ständig in Bewegung, ihre Werte nehmen schneller oder langsamer zu oder ab, und der Wirtschaftswissenschaftler muß versuchen, Regelmäßigkeiten zu finden, um die zu beobachtenden Expansions- oder Kontraktionsprozesse erklären und letztlich die Rahmenbedingungen aufdecken zu können, die in ihrer Gesamtheit den Wirtschaftsprozeß in bestimmter Weise ablaufen lassen. Hauptsächliche Fragestellung in diesem Kapitel ist daher nunmehr: Was geschieht, wenn eine Gruppe von Wirtschaftssubjekten ihr Verhalten ändert? Beispielsweise können Produzenten ihre Investitionstätigkeit verstärken, private Haushalte aus jedem Einkommen weniger konsumieren, öffentliche Haushalte ihre laufenden Budgetdefizite erhöhen. Solche Änderungen bedeuten, daß sich andere Gruppen neuen Werten ihrer Daten oder Zielvariablen gegenübersehen. Herrschte im Ausgangszustand Gleichgewicht, so sind nunmehr Ungleichgewichtssituationen entstanden. Die hierauf einsetzenden Reaktionen bedeuten aber wiederum Änderungen der Werte von Daten, Zielvariablen oder beiden für weitere Gruppen und rufen damit ihrerseits Reaktionen hervor, und so fort. Änderungen gleichgewichtsbestimmender Größen setzen also Reaktionsketten und damit Anpassungsprozesse in Gang, die erst mit dem Erreichen neuer Gleichgewichtszustände zum Stillstand kommen, falls nicht inzwischen weitere Störungen eingetreten sind.

Im gesamtwirtschaftlichen Maßstab läßt sich ein solcher Prozeß ohne Anspruch auf präzise Aussagen etwa wie folgt beschreiben, womit gleichzeitig auf die relevanten Variablen aufmerksam gemacht wird. In einer Volkswirtschaft, in der allenthalben noch zusätzliche Produktionsmöglichkeiten existieren, mögen die privaten Haushalte ihre Nachfrage nach Konsumgütern spontan erhöhen. Dies verkleinert zunächst die Lagerbestände der Unternehmen an Fertigwaren. Sofern diese die Nachfrageerhöhung nicht nur als kurzfristig vorübergehend ansehen, ergibt sich für sie ein Anreiz, mehr zu produzieren und damit das Angebot zu vergrößern. Da nach Annahme nicht alle Produktionsfaktoren voll beschäftigt sind, wird Kurzarbeit abgebaut, Überstundenarbeit ausgeweitet, und zusätzliche Arbeitskräfte werden eingestellt. Damit wird der erste Vorgang ausgelöst, der auf die Konsumgüternachfrage zurückwirkt: Aus dem gestiegenen Arbeitnehmereinkommen wird zusätzliche Nachfrage ausgeübt. Mit der zunehmenden wirtschaftlichen Aktivität steigt das Aufkommen der meisten Steuern, was auch die öffentlichen Haushalte veranlaßt, mehr Güter nachzufragen. Dies erhöht die Gesamtnachfrage weiter, die Auftragseingänge nehmen zu. Mit dem Sozialprodukt steigt der Bedarf an Transaktionsgeld. Die verstärkte Kreditnachfrage der Produktionsunternehmen wird von den Banken befriedigt, womit der Geldbestand zunimmt. Da sich mit steigender Güterproduktion bei zunächst noch konstanten Preisen und Lohnsätzen die Kapazitätsauslastung der dauerhaften Produktionsmittel erhöht und die Lohnstückkosten eher sinken, steigen auch die Gewinne, was die Konsumgüternachfrage der Gewinnempfängerhaushalte zunehmen läßt. Die nun schon aus mehreren Quellen gespeiste wachsende Nachfrage stößt zunächst auf einzelnen, dann auf immer mehr Märkten auf ein Angebot, das kurzfristig nicht mehr ausgedehnt werden kann. Die Folge sind Preis- und weitere Gewinnsteigerungen, bei dauerhaften Gütern auch Verlängerungen von Lieferfristen. Mit den Produktionsengpässen entsteht jedoch ein mächtiger Anreiz, den Produktionsapparat zu vergrößern, also zu investieren, um das Angebot ausdehnen und gleichzeitig Arbeitsleistungen teilweise durch Nutzung von Sachkapital ersetzen zu können. Diese sind teurer geworden, weil die Gewerkschaften höhere Lohnforderungen durchsetzen, um die mit den Preissteigerungen eingetretenen Realeinkommensverluste ihrer Mitglieder auszugleichen und sie an der Zunahme des Sozialprodukts teilhaben zu lassen. Beschäftigung und Einkommen erhöhen sich auch in den Investitionsgüterindustrien, was von dort her zu weiteren Nachfragesteigerungen führt und die Tendenz zu Preissteigerungen verstärkt. Die steigenden Arbeitnehmereinkommen vergrößern die Nachfrage auf den Konsumgütermärkten weiter. Der in der Ausgangssituation aufgetretene *Nachfrageüberhang* setzt also einen sich selbst aufschaukelnden oder *kumulativen Prozeß* der Erhöhung des Sozialprodukts in Gang. Ein solcher Prozeß heißt *Konjunkturaufschwung*. Er ist dadurch gekennzeichnet, daß sich viele ökonomische Variable wie Produktmengen, Zahl der Beschäftigten, Einkommen, Geldbestand, Preise, Lohnsätze, Steueraufkommen und andere gemeinsam aufwärts bewegen.

Unter den heutigen Bedingungen wird ein solcher Prozeß in der Regel durch wirtschaftspolitische Eingriffe gebremst, sobald die Preissteigerungen ein gewisses Maß überschreiten oder andere unerwünschte Wirkungen auftreten, wie etwa größere Defizite in der Leistungs- oder in der Devisenbilanz. Er kann aber auch ohne solche Eingriffe zum Stillstand kommen. So hat sich im Konjunkturaufschwung die Einkommensverteilung in charakteristischer Weise geändert. Wegen der festen Laufzeiten von Lohntarifverträgen sind die Lohnsätze zunächst langsamer gestiegen als die Gewinne. Im Spätstadium des Aufschwungs aber ist es umgekehrt: Die Gewerkschaften versuchen, den von ihnen diagnostizierten Nachholbedarf an Lohnerhöhungen durchzusetzen und drücken damit die Gewinne. Die Arbeitsproduktivität sinkt, weil geringer qualifizierte Arbeitskräfte eingestellt und ältere Produktionsmittel wieder in Betrieb genommen wurden. Vielfach werden Kapazitätsgrenzen erreicht und Überstunden geleistet, was alles die Kosten erhöht. Bei ungeänderter Versorgung mit Zentralbankgeld geraten Geschäftsbanken an die Grenze ihrer Kreditschöpfungsmöglichkeiten, die Kreditkonditionen verschlechtern sich für Kreditnehmer. Da zur Abwicklung der mit dem realen Sozialprodukt und den Preisen zunehmenden Zahlungen weiterhin mehr Geld gebraucht wird, versuchen Wirtschaftssubjekte, sich dieses durch Wertpapierverkäufe zu beschaffen. Das muß deren Kurse senken und die Zinssätze erhöhen. Soweit schließlich in diesem Stadium Preise schneller steigen und Lieferfristen länger werden als bei ausländischen Handelspartnern, wird der Export gebremst und der Import gefördert. Da somit wegen der Zinssteigerung und der Gewinnrückgänge die Zuwachsraten der Investitionsgüternachfrage und wegen der Preissteigerungen die der Exportgüternachfrage sinken, während das ausländische Angebot im Inland zunimmt, kommt der Konjunkturaufschwung zum Stillstand. Zunächst stagnieren die Investitionen, da die Investitionstätigkeit während des Aufschwungs neue Kapazitäten geschaffen hat, deren volle Ausnutzung durch Produktion und Absatz nun weniger sicher erscheint. Die Gewerkschaften haben inzwischen weitere Lohnerhöhungen durchgesetzt, und die freiwillige übertarifliche Bezahlung hat zugenommen. Die Überwälzung der gestiegenen Lohnkosten auf die Preise gelingt jetzt jedoch nicht mehr. Mit den Gewinnen sinken auch die Gewinnerwartungen, und die Investitionen gehen zurück. Damit setzt ein kumulativer Schrumpfungsprozeß ein. Der zunächst auf einzelnen Märkten eintretende und sich später ausbreitende Nachfragerückgang zwingt immer mehr Unternehmen zur Einschränkung der Produktion. Die Einkommen und damit die Konsumausgaben gehen zurück, die Nachfrage nach Investitionsgütern verringert sich weiter, da nun erst recht keine Veranlassung mehr besteht, die Erzeugungskapazitäten auszudehnen; das Steueraufkommen der öffentlichen Haushalte und damit deren Nachfrage sinkt, und so fort. Ein solcher Prozeß heißt *Konjunkturabschwung*.

Der Abschwung kann seinerseits aus Gründen zum Stillstand kommen, die den Ursachen für das Ende eines Konjunkturaufschwungs entsprechen. Mit der allgemein nachlassenden wirtschaftlichen Aktivität wird Transaktionsgeld freigesetzt. Bei den noch herrschenden hohen Zinssätzen wünschen die Wirtschaftssubjekte jedoch kein zusätzliches Spekulationsgeld zu halten. Sie fragen daher zusätzlich Wertpapiere nach, erhöhen damit deren Kurse und drücken die Zinssätze solange, bis die Geldhaltung den niedrigeren Zinssätzen entspricht. Dies erhöht der Tendenz nach die Investitionen. Da während des Abschwungs ferner die Preissteigerungen zum Stillstand gekommen sind und einige Preise sogar sinken, ändert sich auch die Situation im Außenhandel. Die inländischen Anbieter geraten sowohl auf den Auslands- wie auf den Inlandsmärkten in eine bessere Wettbewerbsposition, was den Export steigert und den Import drosselt. Die Gewerkschaften senken ihre Lohnforderungen oder nehmen in Einzelfällen sogar Lohnsenkungen hin, um Unternehmenszusammenbrüche zu verhindern. Das verbessert die Gewinnsituation der Unternehmen und erzeugt ein freundlicheres Konjunkturklima. Sobald solche Einflüsse genügend stark sind, hört der Schrumpfungsprozeß auf. Die gesamtwirtschaftliche Endnachfrage nimmt zu, und es beginnt ein neuer kumulativer Expansionsprozeß.

2. Konjunkturzyklen. Der so in groben Zügen geschilderte Ablauf wurde in den entwickelten Ländern in der Zeit vor dem ersten Weltkrieg so häufig beobachtet, daß man ihn für ein dem System der kapitalistischen Marktwirtschaft immanentes Bewegungsgesetz hielt und ihm mit dem Wort *Konjunkturzyklus* einen eigenen Namen gab. Der Wirtschaftsprozeß verlief danach in aufeinanderfolgenden Konjunkturzyklen mit unterschiedlicher Länge: Für Deutschland wurden von 1843 bis 1913 Zyklen mit einer Länge von sieben bis elf Jahren festgestellt[1]; in den Vereinigten Staaten zählt man nach heutiger Berechnung von 1854 bis 1983 insgesamt 30 Zyklen mit einer durchschnittli-

---

[1] SPIETHOFF [2.08], S. 146 f.

Bild 2.1 – *Schematische Darstellung eines Konjunkturzyklus*

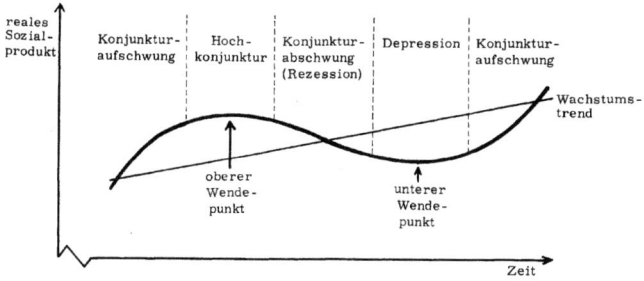

chen Länge von 51 Monaten und einem Schwankungsbereich zwischen 28 und 117 Monaten[2]. Ein einzelner Zyklus erstreckt sich von einer beliebig festgelegten Konjunktursituation bis zu ihrer Wiederkehr, womit der nächste beginnt. Läßt man ihn wie in der Schilderung im vorigen Abschnitt mit der Mitte des Aufschwungs beginnen, so ergibt sich die Darstellung von Bild 2.1. Die einzelnen *Konjunkturphasen* werden gewöhnlich in der aus dem Bild ersichtlichen Weise benannt. Der Aufschwung kulminiert in der Hochkonjunktur, in deren Spätstadium es nach dem *oberen Wendepunkt*[3] zum Abschwung kommt. Dieser heißt zunächst *Rezession* und endet in der *Depression* mit dem *unteren Wendepunkt*, nach dem der Aufschwung (auch: die Erholung) einsetzt. Das Bild ist jedoch stilisiert, die mit ihm suggerierte Regelmäßigkeit entspricht nicht der Realität. Die Phasen sind nicht alle gleich lang, und ebenso variiert die Dauer der Zyklen.

Für jede Konjunkturphase sind oder waren zumindest bis nach dem zweiten Weltkrieg gewisse Begleiterscheinungen typisch. In der Hochkonjunktur zeigt sich Arbeitskräftemangel; Lohnsätze und industrielle Erzeugerpreise sowie Konsumgüterpreise steigen; das Sozialprodukt wächst nominal wie real relativ stark. In der Rezession kommt der Preisanstieg auf der Erzeugerstufe zum Stillstand, geht jedoch auf den Konsumgütermärkten noch weiter. Die Investitionen schwächen sich ab, die Zahl der offenen Stellen geht zurück, das reale Sozialprodukt stagniert. In der Depression herrscht erhebliche Arbeitslosigkeit, die Investitionen fallen stärker, Preise steigen nicht mehr oder fallen, Lohnsätze steigen nur noch wenig. Die Erholung ist durch steigendes Sozialprodukt bei stabilen Preisen und Abnahme der Arbeitslosigkeit gekennzeichnet.

Mit den Konjunkturschwankungen geht in der Regel ein ständiges Wachstum des Sozialprodukts einher, so daß beispielsweise die unteren Wendepunkte von Mal zu Mal ein absolut höheres Niveau zeigen. Berechnet man aus dem gesamten Wachstum während eines längeren Zeitraums eine durchschnittliche

---

[2] Vgl. U.S. Department of Commerce: Business Conditions Digest, April 1973, S. 115; Mai 1977, S. 11; Januar 1983, S. 10.

[3] Das Wort „Wendepunkt" wird in der Konjunkturlehre anders als in der Mathematik und auch in anderen Bereichen der Wirtschaftstheorie gebraucht. Dort bezeichnet man mit ihm einen Punkt, in dem eine Kurve ihren Krümmungssinn wechselt. Hier dagegen sind Wendepunkte lokale Extremwerte (Maxima oder Minima) einer Zeitreihe, also eher „Umkehrpunkte".

jährliche Wachstumsrate, erhält man den *Wachstumstrend* des Sozialprodukts während dieser Zeit. Er ist in Bild 2.1 durch die aufsteigende Gerade angedeutet. Der Konjunkturzyklus besteht dann aus mehr oder weniger regelmäßigen Schwingungen um einen solchen *Trend*. Man nennt sie *Wachstumszyklen* oder spricht von *zyklischem Wachstum*. Trends lassen sich für viele Zeitreihen berechnen, sie geben immer die langfristige Bewegungsrichtung ökonomischer Variabler an.

Die vorstehende Beschreibung des Konjunkturzyklus geht von der Nachfrageseite aus: Es wird die realisierte und statistisch meßbare gesamtwirtschaftliche Endnachfrage abzüglich des Imports betrachtet. Eine erweiterte Definition bezieht die Angebotsseite in die Betrachtung ein. Es wird zu schätzen versucht, wie hoch das reale Sozialprodukt Jahr für Jahr angesichts der im Zeitablauf normalerweise wachsenden Produktionsmöglichkeiten sein könnte, und das tatsächliche Sozialprodukt wird zu diesem maximal möglichen oder *potentiellen Sozialprodukt* in Beziehung gesetzt: „Konjunkturschwankungen sind Schwankungen im Auslastungsgrad des gesamtwirtschaftlichen Produktionspotentials."[4] Das Wort „maximal" ist nicht technisch zu verstehen – schließlich könnte man viele Anlagen und Maschinen mit massivem Einsatz von Überstunden rund um die Uhr in Betrieb halten. Statt dessen ist damit eine längerfristig als normal anzusehende Auslastung der Produktionsfaktoren gemeint, die insbesondere die Preisstabilität nicht gefährdet. Im übrigen lassen sich unter dem Gesichtspunkt der Konjunkturdiagnose und -prognose die Zeitreihen ökonomischer Variabler, mit denen der Ablauf des Wirtschaftsprozesses erfaßt wird, in *vorlaufende, gleichlaufende* und daher die Konjunkturbewegungen definierende sowie *nachlaufende* einteilen. Zu den besonders wichtigen *Frühindikatoren* gehören vor allem Auftragseingänge, Lagerbestandsänderungen sowie Importe von Rohstoffen und anderen Vorprodukten.

Jede differenzierte Betrachtung des Konjunkturverlaufs zeigt daneben, daß das globale Bild das Ergebnis unterschiedlicher und zum Teil divergierender Entwicklungen ist. So schwankt der Absatz dauerhafter Konsumgüter stärker als die Nachfrage nach nichtdauerhaften Konsumgütern, weil Konsumenten beispielsweise mit dem Erwerb von Kraftfahrzeugen flexibler auf ihre Einkommenssituation reagieren als mit ihren Lebensmittelkäufen. Lagerbestände fangen als erste die Schwankungen der Nachfrage auf und reagieren damit stärker als die Umsätze. Preise sind je nach Marktform unterschiedlich flexibel, und daher schwanken die Preise international gehandelter Rohstoffe wie Rohkaffee und Rohöl und der aus ihnen hergestellten Güter wie Röstkaffee und Benzin stärker als die Preise industrieller Fertiggüter.

Wie mehrfach erwähnt, bleiben auch die Preise während des Konjunkturablaufs nicht stabil. Man faßt sie zum *Preisniveau* zusammen und betrachtet dessen Bewegungen als selbständiges Studienobjekt. Bei allgemein steigenden Preisen spricht man von *Inflation*, bei fallenden Preisen von *Deflation*. Beide

---

[4] SVR-Jahresgutachten 1968/69, Ziffer 31. Zur Berechnung des Produktionspotentials vgl. die „Methodischen Erläuterungen" im Anhang dieses Gutachtens und aller folgenden. Zum Verfahren der Bundesbank vgl. den Aufsatz: Neuberechnung des Produktionspotentials für die Bundesrepublik Deutschland. Bbk-Monatsbericht Oktober 1981, S. 32–38.

Prozesse können mit gleich- oder gegenläufiger Entwicklung der realen Größen oder aber mit deren Konstanz einhergehen. Konjunkturelle Schwankungen des realen Sozialprodukts, seine längerfristige Entwicklung in Form von Wachstum, Stagnation oder Schrumpfung und die Bewegungen des Preisniveaus sind aufs engste miteinander verzahnt, beeinflussen sich gegenseitig und bilden so als „Ablauf des Wirtschaftsprozesses" das komplexe Studienobjekt der Makroökonomik.

3. Konjunktur und Wachstum in der Bundesrepublik Deutschland. Das zyklische Wachstum des Sozialprodukts läßt sich an der wirtschaftlichen Entwicklung der Bundesrepublik seit ihrer Gründung 1949 ausgezeichnet studieren. Ein Gesamtüberblick über die Zeit von 1950 bis 1985 ist zunächst so zusammenzufassen[5] (jährliche durchschnittliche Wachstumsrate w einer Variablen V gemäß der Formel $V_{1950} (1 + w)^{35} = V_{1985}$):

- Das Bruttosozialprodukt zu jeweiligen Marktpreisen stieg von 98,6 Mrd. DM 1950 auf 1847,0 Mrd. DM 1985, mithin mit der Rate $w = 0{,}087$ oder 8,7 v. H. auf das 18,7-fache;
- Im selben Zeitraum stiegen die Preise, gemessen am Preisindex des Sozialprodukts, um den Faktor 3,8 oder knapp 3,9 v. H. jährlich;
- Schaltet man die Preisänderung rechnerisch aus, erhält man das Wachstum des Bruttosozialprodukts in konstanten Preisen (von 1976). Es stieg von 269,9 Mrd. DM 1950 auf 1332,1 Mrd. DM 1985, also auf das 4,94-fache mit der Wachstumsrate von 4,7 v. H.;
- Da die Wohnbevölkerung der Bundesrepublik von 50,8 Mill. 1950 auf 61,0 Mill. 1985 zunahm, stieg das reale Bruttosozialprodukt je Einwohner von 5754 DM auf 21 831 DM, also um das 3,8-fache mit jährlich 3,9 v. H.;
- Der Anteil der Erwerbspersonen an der Wohnbevölkerung, die *Erwerbsquote*, sank von 46,6 v. H. 1950 geringfügig auf 45,6 v. H. 1985. Das reale Bruttoinlandsprodukt je Erwerbstätigen, also die globale Arbeitsproduktivität, erhöhte sich von 13 446 DM 1950 auf 52 074 DM 1985 und damit um den Faktor 3,87; ihre Wachstumsrate betrug 3,94 v. H.;
- Die durchschnittliche effektiv geleistete Arbeitszeit je Erwerbstätigen ging von 2470 Stunden je Jahr 1950 um gut 30 v. H. auf (geschätzt) 1720 Stunden 1985 zurück. Mithin stieg das reale Bruttoinlandsprodukt je Erwerbstätigenstunde, ein genaueres Maß der Arbeitsproduktivität, von 5,44 DM auf 30,26 DM, das heißt um jährlich 5,0 v. H.;
- Der andere neben den Erwerbstätigen im volkswirtschaftlichen Produktionsprozeß eingesetzte Bestandsfaktor, das Bruttoanlagevermögen oder der Kapitalstock hatte im Jahresdurchschnitt 1950 in Preisen von 1976 einen Wert von 1145 Mrd. DM, 1985 von 6218 Mrd. DM. Sein Bestand erhöhte sich also um den Faktor 5,43 oder mit einer Jahresrate von fast 5 v. H.;

---

[5] Zahlenangaben in diesem Abschnitt berechnet nach: Stat. BA (Hg.): Volkswirtschaftliche Gesamtrechnungen Fachserie 18, Reihe S. 7 – Lange Reihen 1950 bis 1984. Stuttgart u. a. 1985; sowie WiSta September 1986. Das Saarland und Berlin (West) sind ab 1960 einbezogen, der Gebietssprung ist rechnerisch ausgeschaltet. Ab 1982 vorläufige Ergebnisse.

Bild 2.2 – *Wachstum und Konjunkturbewegungen des Sozialprodukts in der Bundesrepublik Deutschland, 1951–1985*

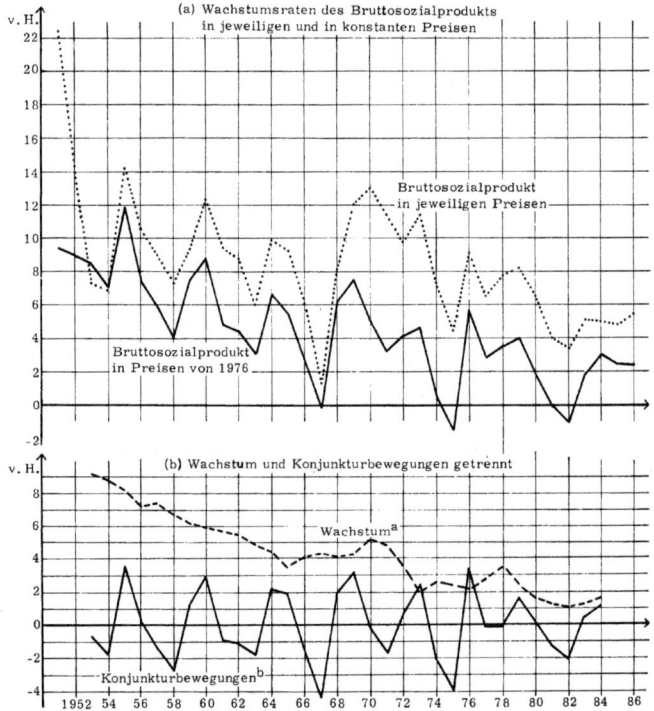

[a] Gleitende Fünfjahresdurchschnitte der Wachstumsraten des realen Sozialprodukts.
[b] Abweichungen der Wachstumsraten des realen Sozialprodukts von ihren gleitenden Fünfjahresdurchschnitten.
Quelle: Siehe Anmerkung 5, S. 57; WiSta März 1987, S. 174; sowie eigene Berechnungen. Ab 1984 vorläufige Ergebnisse.

– Das Bruttoanlagevermögen in Preisen von 1976 je Erwerbstätigen hatte 1950 einen Wert von 58 491 DM, 1985 von 243 547 DM. Die *Kapitalintensität* wuchs also um 4,16 v. H. jährlich, insgesamt um den Faktor 4,16.

In diesen Zahlen spiegelt sich eine wirtschaftliche Entwicklung wieder, die ein kriegszerstörtes Land, von dem große Gebiete abgetrennt wurden und in das Millionen von Menschen zuwanderten, in die kleine Gruppe der wohlhabendsten Länder der Erde führte. Die Entwicklung verlief jedoch in keinem Sinne stetig oder gleichmäßig. Bild 2.2 zeigt im oberen Teil die jährlichen Wachstumsraten des nominalen Bruttosozialprodukts, die zwischen 22,4 v. H. (1951)

und 1,3 v. H. (1967) schwankten; und des preisbereinigten Sozialprodukts, die zwischen 11,8 v. H. (1955) und −1,6 v. H. (1975) lagen. Der Unterschied zwischen beiden Entwicklungen ist ein Maß für die Inflation.

Im unteren Teil des Bildes wurde versucht, Wachstum und Konjunkturbewegungen zu trennen. Da die Länge der Konjunkturzyklen von 1955 bis 1973 vier bis fünf Jahre betrug, wurde aus den Wachstumsraten von je fünf aufeinanderfolgenden Jahren das arithmetische Mittel gebildet und dem mittleren dieser Jahre zugeordnet. Die gestrichelte Linie zeigt den so berechneten *gleitenden Fünfjahresdurchschnitt* der Wachstumsraten und läßt erkennen, daß das Wachstum von 1953 bis 1965 fast monoton und seitdem unter Schwankungen abgenommen hat. Die unterste durchgezogene Linie schließlich zeigt die wachstumsbereinigten Konjunkturschwankungen des Sozialprodukts, berechnet als Abweichungen (in Prozentpunkten) der tatsächlichen Wachstumsraten von ihren gleitenden Fünfjahresdurchschnitten. Danach fielen die oberen Wendepunkte von acht Konjunkturzyklen in die Jahre 1955, 1960, 1964, 1969, 1973, 1976, 1979 und vermutlich 1984. Es erscheint bemerkenswert, daß sich die Konjunkturschwankungen in dieser Weise durchgesetzt haben, ungeachtet aller Versuche der wirtschaftspolitischen Instanzen, sie zu glätten, wozu diese seit 1967 sogar gesetzlich verpflichtet sind.[6]

Mit Bild 2.2 kann hier nur der erste Ansatz zur Erfassung von Wachstum und Konjunkturbewegungen gezeigt werden. Der nächste Schritt wäre etwa die Konjunkturanalyse anhand von Halb- oder Vierteljahresangaben für das reale Sozialprodukt, um die Wendepunkte genauer datieren zu können. Gemäß der alternativen Konjunkturdefinition (S. 56) wäre das potentielle Sozialprodukt jedes Jahres zu schätzen. Einige empirische Konjunkturforscher ziehen es vor, die Konjunkturzyklen anhand der Schwankungen der Industrieproduktion zu definieren, die vermutlich am sensibelsten auf die konjunkturbestimmenden Einflüsse reagiert.

Im folgenden wird versucht, das im 1. Abschnitt verbal geschilderte und in Bild 2.2 für die Bundesrepublik statistisch nachgewiesene Auf und Ab der Konjunkturbewegungen präzise zu erfassen, es als Folge der Verhaltensweisen bestimmter Gruppen von Wirtschaftssubjekten zu deuten und damit zu erklären. Zweckmäßigerweise beginnt man mit der Analyse einzelner Expansions- und Kontraktionsprozesse, die anschließend zum Gesamtbild der Konjunkturbewegungen und des Wachstums des Sozialprodukts zusammengefügt werden.

II. Multiplikatorprozesse

1. Verlaufsanalyse eines expansiven Multiplikatorprozesses. Zunächst wird wieder von dem einfachsten Fall einer Volkswirtschaft ohne staatliche

---

[6] Nach § 1 des *Gesetzes zur Förderung der Stabilität und des Wachstums der Wirtschaft* vom 8. 6. 1967 (im folgenden: Stabilitätsgesetz) haben Bund und Länder ihre Maßnahmen so zu treffen, daß sie unter anderem zu einem „stetigen und angemessenen Wirtschaftswachstum" beitragen.

ökonomische Tätigkeit und ohne Auslandstransaktionen ausgegangen. Der Stand der Technik, die Bevölkerungszahl und sonstige Einflußgrößen gelten hier und bis auf weiteres auch in den folgenden Modellen als konstant. Das gesamtwirtschaftliche Angebot sei völlig elastisch (vgl. S. 9), so daß auch die Preise konstant sind und Schwankungen der wirtschaftlichen Aktivität zu unterschiedlichen Auslastungsgraden der gegebenen Produktionskapazitäten führen. Da die Nettoinvestition eines Jahres in einem Industrieland klein gegenüber dem vorhandenen Produktionsapparat ist[7], wird auch vernachlässigt, daß mit ihr die Erzeugungsmöglichkeiten zunehmen: Im Rahmen der folgenden kurz- bis mittelfristigen Analysen wird ihr *Kapazitätseffekt* nicht beachtet.

In der betrachteten Volkswirtschaft herrscht Gütermarkt-Gleichgewicht, wenn

$$Y_t = C_t + I_t^n \qquad (2.1)$$

gilt, wenn also der Wert des gesamten Güterangebots Y_t während eines Zeitraums t gleich dem Wert der gesamten Konsum- und Investitionsgüternachfrage während desselben Zeitraums ist. Da es nach Annahme weder indirekte Steuern noch Subventionen gibt, ist das Nettosozialprodukt zu Marktpreisen gleich dem Nettosozialprodukt zu Faktorkosten (Volkseinkommen). Der betrachtete Zeitraum sei ein Monat. Es möge sich nun aus dieser Gleichgewichtssituation heraus die Nachfrage nach Investitionsgütern I^n während eines Monats um den Betrag ΔI^n erhöhen und anschließend wieder die ursprüngliche Höhe annehmen. (Im folgenden wird das Superskript n an I und ΔI zur Vereinfachung weggelassen.) Die Änderung des Investitionsverhaltens wird als autonom betrachtet, in diesem Modell also nicht erklärt. Die Anbieter von Investitionsgütern mögen korrekt antizipieren, daß die Nettoinvestition nur während eines Monats um ΔI steigt und danach wieder auf das Ausgangsniveau fällt. Die privaten Haushalte erhalten aufgrund der zusätzlichen Produktion von Investitionsgütern eine Einkommenssteigerung: Die Investition hat einen *Einkommenseffekt*. Will man nun die Wirkung dieses einmaligen Investitionsstoßes auf das Sozialprodukt im Zeitablauf, hier also Monat für Monat, verfolgen, braucht man eine Hypothese über die Reaktion der betroffenen Haushalte auf die eingetretene Ungleichgewichtssituation. Dabei sind *Reaktionsverzögerungen* als wichtigstes Kennzeichen einer dynamischen Analyse ausdrücklich zu berücksichtigen. Dementsprechend sei angenommen, daß die Haushalte eine Einkommenserhöhung in einem Monat jeweils im nächsten Monat teilweise zu einer Erhöhung ihrer Konsumausgaben verwenden. Ihre Konsumfunktion hat dann die allgemeine Form

$$C_t = C_t(Y_{t-1}), \qquad \text{worin} \qquad 0 < \frac{dC_t}{dY_{t-1}} < 1. \qquad (2.2)$$

Sie reagieren also mit einer Verzögerung von einer Periode, hier von einem Monat, auf Einkommenserhöhungen. Man nennt eine solche Verzögerung zwischen Einkommensempfang und Konsumausgaben vielfach die *ROBERTSON-Verzögerung*. Zur Vereinfachung sei zunächst angenommen, daß die Anbieter von

---

[7] 1985 machte die Nettoanlageinvestition in der Bundesrepublik Deutschland etwa 2,5 v. H. des Kapitalstocks aus. Geschätzt nach vorläufigen Angaben in: WiSta März 1986, S. 161, 164, 170.

Konsumgütern ohne Verzögerung auf Änderungen der Konsumgüternachfrage reagieren, ihre Produktion also laufend an diese anpassen. Ferner sei unterstellt, daß alle Nachfragesteigerungen bei konstanten Preisen zu gleich großen Produktionssteigerungen führen, daß also bei den betroffenen Anbietern genügend freie Produktionskapazitäten vorhanden sind. Auch möge die Investitionstätigkeit von Nachfrageänderungen nicht berührt werden.

Das Sozialprodukt entwickelt sich unter diesen Voraussetzungen im Zeitablauf wie folgt. Im ersten Monat steigt es, von der Verwendungsseite gesehen, um den Betrag ΔI_1. Um den gleichen Betrag steigen in diesem Monat die Einkommen derjenigen privaten Haushalte, die die bei der Herstellung der zusätzlichen Investitionsgüter eingesetzten Produktionsfaktoren zur Verfügung gestellt haben. Im zweiten Monat geht die Investition wieder auf ihre ursprüngliche Höhe zurück, ΔI_2 ist also gleich null. Die Einkommenserhöhung des ersten Monats veranlaßt die Haushalte jedoch, im zweiten Monat mehr Konsumgüter nachzufragen. Ein Teil des Mehreinkommens des ersten Monats wird zwar gespart, aber angesichts einer etwa zwischen 0,5 und 1 liegenden marginalen Konsumquote wird der größere Teil im zweiten Monat zum Kauf von Konsumgütern ausgegeben und erhöht demgemäß in diesem Monat das Einkommen der bei der Herstellung dieser Güter beteiligten Haushalte. Diese werden durch die im zweiten Monat erhaltene Einkommenserhöhung veranlaßt, ihrerseits im dritten Monat mehr Konsumgüter nachzufragen und dadurch Einkommenserhöhungen zu bewirken. Diese führen im vierten Monat zu Nachfragesteigerungen, und so fort. Der einmalige Investitionsstoß erhöht also in den folgenden Monaten, verglichen mit der Ausgangssituation, die Konsumgüternachfrage und damit das Sozialprodukt. Die Einkommenserhöhungen werden jedoch sukzessiv kleiner, da sie jeweils nicht in voller Höhe, sondern nur zum größeren Teil in Gestalt einer erhöhten Konsumgüternachfrage weitergegeben werden.

Der Prozeß läßt sich an einem Zahlenbeispiel so verdeutlichen. Im Ausgangsgleichgewicht bei $t = 0$ betrage das Volkseinkommen 500 GE (Geldeinheiten, etwa Mrd. DM), der Konsum 430 GE und die Investition 70 GE:

$$Y_0 = C_0 + I_0. \qquad (2.3)$$
$$500 = 430 + 70$$

Alle Haushalte mögen eine marginale Konsumquote von 0,8 haben, geben also 80 v. H. einer Einkommenserhöhung im folgenden Monat zusätzlich für Konsumzwecke aus. C^a sei gleich 30. Die Konsumfunktion ist dann

$$C_t = C^a + c Y_{t-1} \qquad (2.4)$$
$$C_t = 30 + 0.8 Y_{t-1}.$$

Der einmalige Investitionsstoß habe die Höhe von 20 und ereigne sich im ersten Monat: $\Delta I_1 = 20$. Es ergeben sich dann im Zeitablauf die in Tabelle 2.1 wiedergegebenen Werte für das Sozialprodukt und seine Komponenten. Der Investitionsstoß von 20 GE (Zeile 2) in Periode 1 erhöht in dieser Periode das Volkseinkommen um den gleichen Betrag (Zeile 7). Das veranlaßt die privaten Haushalte in Periode 2, 80 v. H. des Mehreinkommens gleich 16 GE zu Mehrnachfrage nach Konsumgütern zu verwenden (Zeile 5). Dadurch erhöht sich das

Tabelle 2.1 – *Die zeitliche Entwicklung des Sozialprodukts als Folge einer einmaligen Erhöhung der Investition*

Mrd. Geldeinheiten

Zeile	Gesamtwirtschaftliche Variable	Periode							
		0	1	2	3	4	5	6	...
1	Investition der Ausgangssituation	70	70	70	70	70	70	70	...
2	Zusätzliche Investition	–	20	–	–	–	–	–	...
3	Gesamte Investition	70	90	70	70	70	70	70	...
4	Konsum der Ausgangssituation	430	430	430	430	430	430	430	...
5	Induzierte Konsumerhöhung	–	–	16	12,8	10,2	8,2	6,6	...
6	Gesamter Konsum	430	430	446	442,8	440,2	438,2	436,6	...
7	Sozialprodukt $Y = C + I$	500	520	516	512,8	510,2	508,2	506,6	...

Volkseinkommen dieser Periode, verglichen mit der Ausgangsperiode 0, um 16 Einheiten (Zeile 7), nimmt gegenüber der Vorperiode 1 jedoch ab. Wiederum 80 v. H. des Mehreinkommens führen in Periode 3 zu Mehrkonsum in Höhe von 12,8 GE, und so fort. Der Prozeß kann beliebig lange verfolgt werden. Das Volkseinkommen nähert sich immer mehr dem Wert 500, den es in der Ausgangssituation innehatte. Man sagt, das Ausgangsgleichgewicht sei stabil.[8] Die Tabelle enthält Plangrößen der Nachfrager, die sich wegen der nach Annahme unverzögerten Reaktionen der Anbieter auch realisieren, also in gleicher Höhe zu Ex post-Werten werden.

Was geschieht, wenn die Investition nach Periode 1 nicht wieder zum Ausgangsniveau zurückkehrt, sondern auf dem höheren Stand $I + \Delta I$ verharrt? Dieser Fall kann so interpretiert werden, daß nunmehr in jeder Periode ein erneuter Investitionsstoß erfolgt. Unter den bisherigen Annahmen setzt jeder dieser Stöße den in Tabelle 2.1 dargestellten Prozeß in Gang, wobei sich die induzierten Konsumerhöhungen kumulieren. Tabelle 2.2 zeigt, in welcher Weise die dauerhafte Erhöhung des Investitionsniveaus einen *kumulativen Expansionsprozeß* des Sozialprodukts bewirkt. Von Periode 3 an treffen jeweils mehrere induzierte Konsumerhöhungen zusammen, woraus sich ein von Periode zu Periode steigendes Sozialprodukt ergibt. Seine absolute Zunahme und damit erst recht seine Wachstumsrate werden jedoch von Periode zu Periode kleiner. Zu beachten ist, daß die Investition nicht etwa fortlaufend zunimmt. Das Wort

---

[8] Vgl. zu dem wichtigen Unterschied zwischen stabilem und instabilem (auch: labilem) Gleichgewicht: Mikroökonomik, S. 58 f.

Tabelle 2.2 – *Die zeitliche Entwicklung des Sozialprodukts als Folge einer dauerhaften Erhöhung der Investition*

Mrd. Geldeinheiten

Zeile	Gesamtwirtschaftliche Variable	Periode							
		0	1	2	3	4	5	6	...
1	Investition der Ausgangssituation	70	70	70	70	70	70	70	...
2	Zusätzliche Investition	–	20	20	20	20	20	20	...
3	Gesamte Investition	70	90	90	90	90	90	90	...
4	Konsum der Ausgangssituation	430	430	430	430	430	430	430	...
5	Konsumerhöhung, induziert durch ΔI_1	–	–	16	12,8	10,2	8,2	6,6	...
6	... durch ΔI_2	–	–	–	16	12,8	10,2	8,2	...
7	... durch ΔI_3	–	–	–	–	16	12,8	10,2	...
8	... durch ΔI_4	–	–	–	–	–	16	12,8	...
9	... durch ΔI_5	–	–	–	–	–	–	16	...
	⋮	⋮	⋮	⋮	⋮	⋮	⋮	⋮	
10	Gesamter Konsum	430	430	446	458,8	469	477,2	483,8	...
11	Sozialprodukt $Y = C + I$	500	520	536	548,8	559	567,2	573,8	...

„zusätzliche" in Zeile 2 und das Zeichen Δ in den Zeilen 5 bis 9 beziehen sich auf die Ausgangssituation, nicht auf die jeweilige Vorperiode.

Die nächste Frage ist, ob und wann dieser Prozeß endet. In der Ausgangssituation herrschte makroökonomisches Gleichgewicht, die geplante Investition war gleich der geplanten Ersparnis. Mit der autonomen Erhöhung der Investition trat ein Ungleichgewicht ein, in dem die Investition ex ante größer war als die Ersparnis ex ante. Das lag daran, daß die Haushalte ihre Konsumausgaben und damit ihre Ersparnis am Einkommen der Vorperiode ausrichten: Die für Periode 1 geplante Ersparnis mußte dann kleiner sein als die in dieser Periode gestiegene Investition. Dies gilt, obwohl nach Annahme auf den Gütermärkten Gleichgewicht zwischen monetärer Nachfrage und monetärem Angebot herrscht: Gütermarktgleichgewicht kann also bei verzögerten Reaktionen mit IS-Ungleichgewicht einhergehen. Steigendes Volkseinkommen gemäß dem in Tabelle 2.2 beschriebenen Prozeß läßt jedoch mit dem Konsum auch die Ersparnis zunehmen. Offenbar wird ein neues Gleichgewicht erreicht, wenn das Volkseinkommen so hoch gestiegen ist, daß die gemäß der Sparfunktion aus diesem Einkommen getätigte Ersparnis ebenso groß ist wie die Investition auf ihrem höheren Niveau. Demnach muß der Expansionsprozeß des Volkseinkommens unter diesen Annahmen bei immer kleiner werdenden Zuwächsen ein Ende finden, wenn auch, streng genommen, erst nach unbegrenzt vielen Perioden. Vorausgesetzt wird dabei allerdings, daß die marginale Sparquote größer als null ist. Ist sie gleich null, so führt eine noch so große Zunahme des Volkseinkommens nicht zu einer Zunahme der Ersparnis. In diesem Fall existiert kein neues Gleichgewicht.

Die Frage nach der Höhe des neuen Gleichgewichtseinkommens läßt sich wie folgt mit Hilfe eines Gleichungssystems beantworten:

Modell 2.5 – *Gesamtwirtschaftlicher Gütermarkt mit Reaktionsverzögerung der Konsumenten*

Konsumfunktion:	$C_t = 30 + 0{,}8\, Y_{t-1}$	(2.5-I)
Investition ist autonom:	$I_t = I^a$	(2.5-II)
Gleichgewichtsbedingung:	$Y_t = C_t + I_t$.	(2.5-III)

Die Konsumfunktion entspricht Gleichung (2.4) und unterscheidet sich von der Konsumfunktion (1.9-I) S. 21 lediglich durch die Annahme der verzögerten Reaktion. Nimmt man nun wie im Zahlenbeispiel der Tabelle 2.2 in der Ausgangssituation ein Volkseinkommen von $Y_{t-1} = 500$ an, dann beträgt der Konsum $C_t = 430$. Einsetzen der Gleichungen (2.5-I) und (2.5-II) in (2.5-III) ergibt

$$Y_t = 30 + 0{,}8\, Y_{t-1} + I^a. \qquad (2.6)$$

Bei $I^a = 70$ und $Y_{t-1} = 500$ erhält man hieraus $Y_t = 500$, das Volkseinkommen bleibt im Zeitablauf konstant. Da die gesamtwirtschaftliche Ersparnis dann $S_t = Y_t - C_t = 500 - 430 = 70$ ist, herrscht Gleichgewicht.

Steigt die Investition nun auf 90 und verharrt auf diesem Niveau, so muß das Volkseinkommen zur Erreichung eines neuen Gleichgewichts solange zunehmen, bis die Ersparnis als Differenz zwischen Volkseinkommen und Konsum ebenfalls 90 beträgt. Das ist bei den angenommenen Zahlenwerten bei $Y_{t-1} = Y_t = 600$ der Fall. C_t beträgt dann 510 und ergibt zusammen mit $I^a = 90$ das Gleichgewichtseinkommen, aus dem $S_t = 90$ gespart wird. Da die dauerhafte Erhöhung der Investition um 20 bei einer marginalen Konsumquote von 0,8 eine ebenfalls dauerhafte Steigerung des Volkseinkommens um 100, also um ein Mehrfaches, bewirkt, nennt man den beschriebenen Prozeß einen *Multiplikatorprozeß*. Er kommt zustande, weil jede einzelne Investitionssteigerung gegenüber der Ausgangssituation in allen folgenden Perioden Konsumsteigerungen induziert, die sich kumulieren, wenn die Investition auf ihrem höheren Niveau beibehalten wird.

Als Ergebnis dieses Abschnitts ist festzuhalten: Die naheliegende Antwort auf die Frage, in welcher Weise sich das Sozialprodukt ändert, wenn die Investition und damit eine seiner Komponenten autonom einmalig oder dauernd um einen bestimmten Betrag zunimmt, lautet: Das Sozialprodukt steigt einmalig oder dauernd um eben diesen Betrag. Die Antwort ist für beide Fälle falsch. Auf eine einmalige Zunahme folgt eine Kette kleiner werdender Erhöhungen; eine dauernde Zunahme erhöht das Sozialprodukt dauerhaft um ein Mehrfaches des verursachenden Betrages. Bei der vorschnellen Antwort wurden die Sekundärwirkungen nicht beachtet – ein bei Nichtökonomen häufig anzutreffender Fehler.

2. Investition und Ersparnis ex ante und ex post. Die beiden in den Tabellen 2.1 und 2.2 (S. 62 f.) dargestellten Prozesse verlaufen so unter der Annahme, daß sich sowohl die Produzenten von Investitions- als auch die von Konsumgütern mit ihrem Angebot ohne Verzögerungen an Nachfrageänderungen anpassen. Wegen der verzögerten Reaktion der Haushalte in bezug auf ihre Konsumausgaben ist jedoch während des in Tabelle 2.2 dargestellten, durch eine dauerhafte Erhöhung der Investition ausgelösten Prozesses die für jede einzelne Periode t geplante Investition $*I_t$ größer als die für die gleiche Periode geplante Ersparnis $*S_t$ (mit Ausnahme der Ausgangsperiode 0. Zur Verdeutlichung Ex ante-Größen hier wieder mit Stern). Bildet man aus der Konsumfunktion (2.5-I) nach dem Muster der Gleichung (1.7) S. 13 die zugehörige Sparfunktion

$$*S_t = -30 + 0{,}2 Y_{t-1} \qquad (2.7)$$

(das Volkseinkommen der Vorperiode Y_{t-1} ist eine Ex post-Größe und trägt daher keinen Stern), so ergibt sich durch Einsetzen, daß $*S_t$ für alle Werte von $Y_{t-1} < 600$ kleiner als 90 ist. In dem Zahlenbeispiel der Tabelle 2.2 ist jedoch die Investition ex ante von Periode 1 an gleich 90 (Zeile 3), während das Volkseinkommen während des gesamten Expansionsprozesses kleiner als 600 bleibt (Zeile 11) und diesen Wert erst im neuen Gleichgewichtszustand erreicht. Nun wird im Volkswirtschaftlichen Rechnungswesen gezeigt, daß die Investition ex post in jeder Periode gleich der Ersparnis ex post sein muß.[9] Es entsteht daher die Frage, auf welche Weise sich ständig diese Ex post-Gleichheit ergibt, obwohl die entsprechenden Plangrößen während des gesamten Expansionsprozesses voneinander abweichen. Die Antwort lautet: Die Ex post-Größen gleichen sich dadurch aneinander an, daß es bei irgendwelchen Wirtschaftssubjekten zu positiver oder negativer *ungeplanter Investition* oder *ungeplanter Ersparnis* kommt.

Im Zahlenbeispiel der Tabelle 2.2 läßt sich dies wie folgt zeigen, wenn man irgendeine Periode während des Expansionsprozesses betrachtet. So planen etwa die Investoren in Periode 2 eine Investition von 90 und die privaten Haushalte gemäß Funktion (2.7) aufgrund des Sozialproduktes der Vorperiode von 520 eine Ersparnis von 74. Da jedoch nach Annahme die Produzenten sowohl der Investitions- als auch der Konsumgüter die jeweilige Nachfrage ohne Verzögerung befriedigen, werden in Periode 2 Güter im Gesamtwert von 536 GE hergestellt: Investitionsgüter im Wert von 90 und Konsumgüter gemäß der Konsumfunktion (2.5-I) im Wert von 446. Da das Volkseinkommen ebenfalls 536 GE beträgt, jedoch nur für 446 GE Konsumgüter gekauft werden, muß der Rest von 90 GE gespart worden sein. Davon waren 74 GE geplant, der Rest von 16 ist ungeplante Ersparnis.

Das ist jedoch nur eine von mehreren Möglichkeiten. Eine wichtige Modifikation der eingangs gemachten Annahme besteht in der Hypothese, daß die Produzenten der Konsumgüter auf Änderungen der Konsumgüternachfrage ebenfalls mit einer Verzögerung von einer Periode reagieren. Eine solche Hypothese ist um so plausibler, je kürzer der für die Analyse gewählte Zeitraum ist. Man nennt die Verzögerung zwischen Nachfrage- und Produktionsänderungen häufig die *LUNDBERG-Verzögerung*. Die Hypothese besagt, daß die Konsumgü-

---

[9] Vgl. Rechnungswesen[6], Abschnitt I.8 des dritten Kapitels.

ternachfrage in jeder Periode des Expansionsprozesses auf ein Angebot trifft, das gleich der Nachfrage der Vorperiode und damit kleiner ist. Wenn eine bestimmte monetäre Nachfrage auf ein kleineres monetäres Angebot trifft, ergibt sich eine Reihe von Möglichkeiten, von denen drei Grenzfälle sind:
- Die Anbieter verkaufen bei ungeänderten Preisen zu Lasten ihrer Lagerbestände mehr Konsumgüter als geplant;
- Die Anbieter verkaufen die von ihnen geplante Menge an Konsumgütern, setzen aber die Preise so herauf, daß das monetäre Angebot die monetäre Nachfrage erreicht;
- Die Nachfrager verzichten auf die Ausübung ihrer Nachfrage in der betreffenden Periode, es können sich Lieferfristen bilden oder länger werden.

Im Zahlenbeispiel trifft in Periode 2 eine monetäre Nachfrage nach Konsumgütern von 446 GE auf ein monetäres Angebot von 430 GE. Tritt der zuerst genannte Fall ein, so verkaufen die Anbieter für 16 GE mehr Konsumgüter als geplant aus ihren Lagerbeständen. Der volkswirtschaftliche Gesamtrechner stellt nach Ablauf von Periode 2 fest, daß die realisierte Investition infolge der Verkleinerung der Lagerbestände nur 74 betragen hat. Diese Investition ex post ist also das Resultat einer geplanten Investition von 90 und einer ungeplanten negativen Investition von 16. Die für Periode 2 gemäß Gleichung (2.7) geplante Ersparnis in Höhe von 74 ist dagegen voll realisiert, die Ex post-Gleichheit beider Größen hat sich hergestellt. Das Sozialprodukt beträgt 520 GE (die Angaben der Tabelle 2.2 gelten für diesen Fall nicht mehr), jedoch bedeutet die ungeplante Verringerung der Lagerbestände einen Anreiz, sie wieder aufzufüllen, so daß die Produktion und damit in der nächsten Periode auch das Angebot steigt. Dies könnte man durch die Hypothese berücksichtigen, daß die Anbieter eine bestimmte Relation zwischen dem Umsatz und ihren Lagerbeständen einzuhalten wünschen.

In dem zweiten Grenzfall werden (unter Änderung einer weiteren Voraussetzung zu Beginn dieses Abschnitts) die Preise so heraufgesetzt, daß – wieder in Periode 2 – die monetäre Nachfrage von 446 gerade ausreicht, die ungeänderte Konsumgütermenge zu den erhöhten Preisen zu kaufen. Das bedeutet aber, daß die Gewinne der Unternehmen und damit die Einkommen der Gewinnempfängerhaushalte um 16 steigen. Da diese Haushalte dieses zusätzliche Einkommen nicht erwartet und daher angesichts der ROBERTSON-Verzögerung bei der Planung ihrer Konsumausgaben nicht berücksichtigt haben, stellt es in voller Höhe ungeplante Ersparnis dar. In diesem Fall hat sich also die geplante Investition in Höhe von 90 voll realisiert, während sich die Ersparnis ex post aus einem geplanten Teil von 74 und einem ungeplanten Teil von 16 zusammensetzt. Auch hat sich damit die Verteilung des Volkseinkommens auf Einkommen aus unselbständiger Beschäftigung einerseits und Gewinn anderseits geändert.

Der dritte Grenzfall schließlich bedeutet, daß die Haushalte die geplante Konsumgüternachfrage zum Teil nicht ausüben, also in Periode 2 in Höhe von 16 unfreiwillig sparen. Die Ex post-Gleichheit von Investition und Ersparnis stellt sich im Unterschied zum zweiten Fall dadurch her, daß die unfreiwillige Ersparnis bei den Konsumenten und nicht bei den Produzenten anfällt (was auch eine andere Verteilung des Vermögenszuwachses bedeutet). Verlängerte Lieferfristen ergeben ebenfalls einen Anreiz zur Erhöhung der Produktion.

In allen drei Fällen ist es der Überhang der geplanten Nachfrage nach Konsumgütern über das geplante Angebot an diesen oder die *expansive Lücke*, die aufgrund der entsprechenden Reaktionen der Wirtschaftssubjekte bewirkt, daß der Expansionsprozeß weitergeht. Der entgegengesetzte Fall einer *kontraktiven Lücke*[10] liegt bei einem Überhang des monetären Angebots über die monetäre Nachfrage vor. Zwei extreme Möglichkeiten sind hier, daß die Unternehmen entweder bei konstanten Preisen weniger absetzen als geplant, oder daß sie ihre Preise soweit senken, daß die monetäre Nachfrage zum Kauf der für den Absatz geplanten Menge gerade ausreicht. Im ersten Fall sind die Lagerinvestitionen ex post größer als geplant, während sich die Ersparnis voll realisiert hat. Im zweiten Fall erweisen sich die Gewinne und damit die Einkommen der Gewinnempfängerhaushalte samt deren Ersparnis kleiner als geplant. Auch bei einem Kontraktionsprozeß werden also die geplanten an die realisierten Größen durch das Auftreten ungeplanter (auch: unfreiwilliger) Investition oder Ersparnis aneinander angeglichen. In allen Fällen gilt für den Zusammenhang zwischen Ex ante- und Ex post-Größen die Gleichung

$$*I + I_{\text{ungeplant}} = *S + S_{\text{ungeplant}}. \tag{2.8}$$

Da sich in dem oben beschriebenen ersten Grenzfall bestimmte Mengenplanungen der Unternehmen nicht einhalten lassen, nennt man diesen Fall zweckmäßigerweise den *Mengenausgleich* zwischen Investition und Ersparnis. Entsprechend wäre der Ausgleich über die ungeplante Ersparnis bei den Anbietern im zweiten Grenzfall *Preisausgleich* zu nennen. In der Realität werden sich die beschriebenen Grenzfälle sowohl bei einer Expansion wie bei einer Kontraktion nur selten einstellen. In beiden Konjunktursituationen zeigen sich überwiegend Mischungen aus allen Fällen. Häufig gehen während der späteren Stadien eines Expansionsprozesses ungeplante Lagerbestandsverringerungen mit Preissteigerungen einher, und besonders bei dauerhaften Konsumgütern treten Lieferfristen auf oder werden länger. Der Ausgleich findet dann teilweise über eine ungeplante Ersparnis der nachfragenden Haushalte statt.

Die vorstehenden Überlegungen sind ein Beispiel für die Tatsache, daß sich ökonomische Planungen von Wirtschaftssubjekten dann nicht immer realisieren lassen, wenn ihre Verwirklichung nicht nur von den Instrumentvariablen der Planer, sondern auch von denen anderer Wirtschaftssubjekte abhängt.

3. Der Investitionsmultiplikator. Nicht bei allen Fragestellungen ist es notwendig, Prozesse Periode für Periode zu verfolgen. Häufig genügt es, die Werte der relevanten Variablen im Ausgangsgleichgewicht mit ihren Werten in einer neuen Gleichgewichtssituation zu vergleichen, sich also auf eine komparativ-statische Analyse zu beschränken.

---

[10] Statt „expansive" und „kontraktive" sagt man häufig „inflatorische" und „deflatorische" Lücke. Diese Ausdrücke werden hier vermieden, weil das Wort „inflatorisch" an Preissteigerungen denken läßt. Eine solche Assoziation wäre jedoch dann irreführend, wenn ein von expansiven Lücken vorangetriebener Prozeß mit konstanten Preisen einhergeht.

Eine solche Analyse läßt sich anhand des Gütermarkt-Modells 1.10 (S. 23) wie folgt vornehmen. Gleichung (1.11) zeigte als Lösung des Modells, in welcher Weise das Volkseinkommen Y vom autonomen Konsum C^a und von der autonomen Investition I^a abhängt. Bei einer komparativ-statischen Analyse, bei der etwa nach dem Einfluß der Investition auf das Volkseinkommen gefragt wird, gibt man nun der Größe I^a in Gleichung (1.11) unterschiedliche Werte und vergleicht die sich danach ergebenden Gleichgewichtswerte des Volkseinkommens. Im Zahlenbeispiel des Modells 1.9 (S. 21) mit $C^a = 30$ und $c = 0,8$ wird Gleichung (1.11) zu

$$Y = 150 + 5 I^a,$$

woraus sich in Übereinstimmung mit den bereits bekannten Werten bei $I^a = 70$ für Y der Wert 500, bei $I^a = 90$ der Wert $Y = 600$ ergibt.

Die allgemeine Frage nach dem Ausmaß der kumulativen Einkommenssteigerung als Folge einer dauerhaften Erhöhung der Investition läßt sich am einfachsten durch Differenzenbildung von Gleichung (1.11) beantworten. Hat I^a die Höhe I_0^a, so ist der Gleichgewichtswert Y_0 des Volkseinkommens:

$$Y_0 = \frac{1}{1-c} C^a + \frac{1}{1-c} I_0^a. \tag{2.9}$$

Hat I^a ceteris paribus die Höhe I_1^a, so ist der Gleichgewichtswert Y_1 des Volkseinkommens:

$$Y_1 = \frac{1}{1-c} C^a + \frac{1}{1-c} I_1^a. \tag{2.10}$$

Zieht man Gleichung (2.9) von (2.10) ab, erhält man

$$Y_1 - Y_0 = \frac{1}{1-c}(I_1^a - I_0^a) \quad \text{oder} \quad \Delta Y = \frac{1}{1-c} \Delta I^a, \tag{2.11}$$

wenn man $Y_1 - Y_0 = \Delta Y$ und $I_1^a - I_0^a = \Delta I^a$ setzt. Dieses Ergebnis besagt: Die dauerhafte Erhöhung der Investition um den Betrag ΔI^a erhöht das Gleichgewichtseinkommen um einen Betrag ΔY, der um den (mathematischen) Faktor $1/(1-c)$ größer ist als die Investitionserhöhung. Da immer die Hypothese $0 < c < 1$ gilt, ist $1/(1-c)$ stets größer als eins, gibt also das Ausmaß der multiplikativen Wirkung einer Investitionserhöhung auf das Volkseinkommen an. Man nennt diesen (mathematischen) Faktor daher *Investitionsmultiplikator in bezug auf das Sozialprodukt*. Er ist gleich dem reziproken Wert der marginalen Sparquote $s = 1 - c$. Je weniger aus einem zusätzlichen Einkommen gespart wird, um so größer ist die multiplikative Wirkung einer Investitionserhöhung. Das leuchtet auch unabhängig von mathematischen Ableitungen ein. Da der Multiplikatorprozeß auf den durch sukzessive Einkommenserhöhungen hervorgerufenen Konsumsteigerungen beruht, muß er um so stärker sein, je höher die Konsumausgaben aus dem jeweiligen zusätzlichen Einkommen sind. Noch anders ausgedrückt: Im Nenner des Multiplikators steht der marginale Nachfrageausfall in Gestalt der Ersparnis je Einheit des zusätzlichen Volkseinkommens, der für ein neues IS-Gleichgewicht angesichts der gestiegenen autonomen Investition erforderlich ist. Man sieht das, wenn man in der rechtsstehenden Gleichung (2.11) $1 - c = s$ setzt und s auf die andere Seite bringt:

$$s \cdot \Delta Y = \Delta I^a. \tag{2.12}$$

In Worten: Marginale Sparquote mal Einkommenszuwachs ergibt die zusätzliche Ersparnis, die im Gleichgewicht gleich der zusätzlichen Investition sein muß.

Die Gleichgewichtswerte des Volkseinkommens bei unterschiedlichen Investitionsniveaus lassen sich unter den bisherigen einfachen Annahmen auch graphisch ermitteln. In Bild 2.3 (a) ist wie in Bild 1.6 (a) S. 24 oberhalb der Konsumkurve parallel zu ihr eine Gerade eingezeichnet, deren überall gleicher Abstand die Investition angibt. Beim Einkommen Y_0 herrscht in der Ausgangssituation Gleichgewicht. Steigt die Investition nun auf das Niveau $I^a + \Delta I^a$, so übersteigt die Nachfrage das Angebot um den Betrag $P_0 P_0'$: Es ist eine Ungleichgewichtssituation entstanden. Der daraufhin einsetzende expansive Multiplikatorprozeß bringt das Gleichgewichtseinkommen auf den Stand Y_1. Die Zeichnung läßt erkennen, daß $Y_1 - Y_0$ größer als ΔI^a ist. Auch ist leicht vorstellbar, daß diese Differenz um so größer ausfällt, je größer die marginale Konsumquote ist und je steiler daher die Konsumkurve und die ihr parallelen Kurven verlaufen.

Bild 2.3 – *Gleichgewichtswerte des Volkseinkommens bei alternativen Investitionsniveaus*

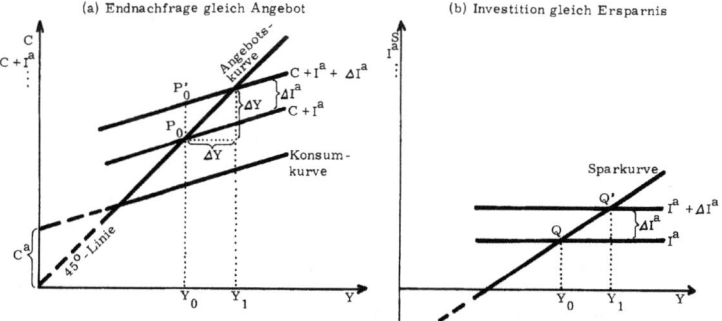

Teil (b) stellt den Sachverhalt mit Hilfe der Sparfunktion dar. Ihr Graph schneidet in der Ausgangssituation die Investitionskurve im Punkt Q, woraus sich das Gleichgewichtseinkommen Y_0 ergibt. Eine dauerhafte Erhöhung der Investition bedeutet eine Verschiebung der Investitionskurve in die Lage $I^a + \Delta I^a$. Der neue Schnittpunkt Q' markiert den Betrag des neuen Gleichgewichtseinkommens Y_1. In dieser Darstellung ist entsprechend die multiplikative Wirkung einer gegebenen Investitionserhöhung auf das Volkseinkommen um so größer, je flacher die Sparfunktion verläuft, das heißt je kleiner die marginale Sparquote ist.

4. Konsumausgabenmultiplikatoren. Ein Multiplikatorprozeß wird nicht nur von einer autonomen Erhöhung – allgemeiner: Änderung – der Investition, sondern von jeder autonomen Ausgabenänderung in der Volkswirtschaft ausgelöst. In dem bisher verwendeten Modell läßt sich dies an einer Änderung der Konsumausgaben zeigen. Eine solche liegt beispielsweise vor, wenn im relevanten Bereich der Konsumfunktion aus jedem Einkommen mehr konsumiert wird. In der graphischen Darstellung 2.3 verschiebt sich dann die Konsumkurve nach oben. Im Fall einer Parallelverschiebung bedeutet dies eine Erhöhung der Größe C^a in der Konsumfunktion (1.10-I) S. 23, deren multiplikative Wirkung auf das Volkseinkommen durch Differenzenbildung aus den Gleichungen (2.9) und (2.10) ermittelt wird:

$$\Delta Y = \frac{1}{1-c} \Delta C^a. \qquad (2.13)$$

Unter den bisherigen Annahmen hat also eine solche autonome Konsumerhöhung die gleiche multiplikative Wirkung wie eine gleich große Investitionserhöhung: Dieser *Konsumausgabenmultiplikator in bezug auf das Sozialprodukt* ist gleich $1/(1-c)$ und damit ebenso groß wie der Investitionsmultiplikator in bezug auf das Sozialprodukt. Das ist auch bei einer dynamischen Analyse unmittelbar einzusehen: Eine Nachfrageerhöhung aus dem gegebenen Einkommen heraus steigert in der ersten Periode das Volkseinkommen und setzt, wenn sie dauerhaft ist, über die verzögerte Reaktion der Haushalte den in Tabelle 2.2 (S. 63) beschriebenen Prozeß in Gang. Die Tabelle läßt sich an diesen Fall dadurch anpassen, daß man in Zeile 2 „Zusätzlicher autonomer Konsum" statt „Zusätzliche Investition" schreibt und die Symbole ΔI_1 bis ΔI_5 in den Zeilen 5 bis 9 durch ΔC_1^a bis ΔC_5^a ersetzt. Die Tabelle macht damit gleichzeitig den Unterschied zwischen dem autonomen, also vom Einkommen unabhängigen, und dem induzierten, also vom Einkommen abhängigen, Konsum deutlich. Dieser Unterschied, der dem einzelnen Haushalt sicher nicht bewußt ist, zeigt sich auch bei einer Betrachtung von Bild 2.3. Die Verschiebung der Konsumkurve bei ungeänderter Investition, also zusammen mit der $C + I^a$-Linie, nach oben zeigt sich in einer Vergrößerung des Abschnitts C^a auf der Ordinate. Eine Parallelverschiebung läßt jedoch die marginale Konsumquote c ungeändert, ändert also nichts am Ausmaß der multiplikativen Wirkung. Unter anderen Gesichtspunkten unterscheiden sich gleich große Erhöhungen der Investition und des autonomen Konsums jedoch erheblich. So bedeutet eine Erhöhung der Anlageinvestition vor allem auch eine Zunahme der Produktionskapazität und damit des potentiellen Angebots, was bei einer Zunahme des Konsums nicht der Fall ist.

Eine wichtige Voraussetzung für einen Ablauf des Prozesses gemäß der an eine Erhöhung von C^a angepaßten Tabelle 2.2 ist hier, daß die Investition auf dem Stand der Ausgangssituation verharrt, von der Konsumerhöhung also nicht beeinflußt wird. Entsprechend war bei der Analyse der durch autonome Investitionssteigerungen hervorgerufenen Multiplikatorprozesse in den Abschnitten II.1 und II.3 dieses Kapitels angenommen worden, daß die Größen C^a und c in der Konsumfunktion ungeändert bleiben.

Schließlich führt auch eine autonome Änderung der marginalen Konsumquote c zu einer Änderung des Gleichgewichtseinkommens. Steigt etwa c, so dreht sich die Konsumkurve in Bild 2.3(a) ceteris paribus um ihren Anfangspunkt auf der Ordinate nach oben. Auch damit ist ein höheres Gleichgewichtseinkommen verbunden.

5. Der Multiplikatorprozeß bei induzierter Investition. Eine der Hypothesen über die Abhängigkeit der Investitionstätigkeit von anderen Variablen lautete, daß sie eine wachsende Funktion des Sozialprodukts sei. Baut man die Hypothese 1.3 (S. 19) in linearer Form in das Modell 1.10 (S. 23) ein, erhält man

Modell 2.14 – *Gesamtwirtschaftliches Gütermarkt-Gleichgewicht bei induzierter Investition*

Konsumfunktion: $C = C^a + cY$, worin $C^a > 0$, $0 < c < 1$ (2.14-I)
Investitionsfunktion: $I = I^a + kY$, worin $I^a > 0$, $0 < k < 1$ (2.14-II)
Gleichgewichts-
bedingung: $Y = C + I$. (2.14-III)

Ein Teil der Investition wird nach wie vor als autonom angesehen und ist mithin von den Variablen dieses Modells unabhängig. Der Rest wird von dem geplanten Sozialprodukt bestimmt, und zwar in Höhe eines konstanten Bruchteils k. Die Ergebnisse des Zahlenbeispiels des Modells 1.10 bleiben erhalten, wenn man $I^a = 20$ und $k = 0,1$ setzt, da sich dann bei einem gesamtwirtschaftlichen Angebot gleich Volkseinkommen von $Y = 500$ eine Investition von $I = 70$ ergibt, die zusammen mit $C = 430$ eine gesamtwirtschaftliche Nachfrage von ebenfalls 500 bedeutet. Einsetzen der ersten und zweiten Gleichung in die dritte erbringt

$$Y = \frac{1}{1 - c - k} (C^a + I^a).$$ (2.15)

Der Multiplikator ist bei einkommensinduzierter Investition also größer als bei vollständig autonomer Investition, da eine positive Größe, die *marginale Investitionsquote* k, im Nenner abgezogen wird. Das folgt unmittelbar auch aus einer Verlaufsanalyse: Wenn während eines Expansionsprozesses auch die Investition zunimmt, muß das Volkseinkommen stärker als bei konstanter Investition steigen, wenn die einkommensabhängige Ersparnis schließlich die ebenfalls steigende Investition einholen soll. Bei den angenommenen Werten ist der Multiplikator in Gleichung (2.15) gleich 10 und damit doppelt so groß wie bei vollständig autonomer Investition gemäß Modell 1.10. Einige Autoren nennen ihn daher den *Supermultiplikator*.

Ein in dieser Weise verlaufender Expansionsprozeß kann nur dann in einem neuen Gleichgewicht enden, wenn eine wichtige Bedingung gilt: Marginale Konsum- und marginale Investitionsquote müssen zusammen wie eben angenommen kleiner als eins sein. Sind sie zusammen gleich oder größer als eins, so existiert kein neues Gleichgewicht. Die komparativ-statische Analyse versagt in diesem Fall, da der Multiplikator dann entweder (wegen Division durch null) nicht definiert oder negativ und damit ökonomisch sinnlos ist.

Der Sachverhalt ergibt sich in Bild 2.4 wie in Bild 1.6(b) S. 24 aus einem Vergleich der Spar- mit der Investitionskurve. Die eben genannte Existenzbedingung für ein neues Gleichgewicht kann wegen $1 - c = s$ auch durch die Aussage ausgedrückt werden, daß die marginale Sparquote s größer als die marginale Investitionsquote k sein muß. Ein entsprechender Verlauf der beiden

Bild 2.4 – *Stabiles und instabiles IS-Gleichgewicht*

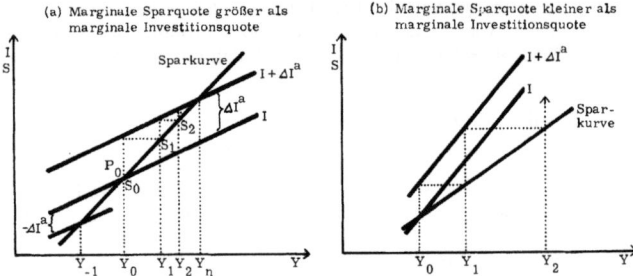

Funktionen ist in Teil (a) des Bildes dargestellt. Der Schnittpunkt P_0 der Kurven ergibt das Gleichgewichtseinkommen Y_0 der Ausgangssituation mit der Ersparnis S_0. Steigt jetzt die autonome Investition dauerhaft um den Betrag ΔI^a, so entsteht eine expansive Lücke in gleicher Höhe. Der Beginn des daraus resultierenden Anpassungsprozesses ist im Bild dargestellt. Dem um ΔI^a auf Y_1 gestiegenen Volkseinkommen entspricht die Ersparnis S_1. Die expansive Lücke hat sich verkleinert, existiert aber noch in Höhe des senkrechten Abstandes zwischen dem Punkt S_1 und der $I + \Delta I^a$-Kurve. Aus Y_2 wird S_2 gespart, die Lücke hat sich weiter verkleinert. Der Prozeß konvergiert offenbar bis zum Volkseinkommen Y_n, bei dem die Sparkurve die $I + \Delta I^a$-Kurve schneidet. Stellt man sich anderseits vor, daß die Änderung der autonomen Investition negativ ist und das Volkseinkommen auf den Wert Y_{-1} drückt, den niedrigeren Wert aber nur eine Periode lang beibehält und danach wieder den ursprünglichen Wert annimmt, so führt der in Periode 2 einsetzende Expansionsprozeß das Volkseinkommen zu seinem Ausgangswert zurück. Entsprechende Überlegungen gelten, wenn die Zunahme der autonomen Investition nur vorübergehend ist.

Der gegenteilige Fall ist in Teil (b) dargestellt. Eine Erhöhung der autonomen Investition treibt hier das Volkseinkommen in einen nichtendenden Expansionsprozeß. Dies gilt selbst bei einer nur vorübergehenden Zunahme, da bei jedem $Y_i > Y_0$ auch $I > S$ ist, und zwar um so mehr, je weiter sich Y_i von Y_0 entfernt. Entsprechend stellt sich ein Kontraktionsprozeß ein, wenn die Störung das Sozialprodukt kleiner als Y_0 werden läßt. Das Ausgangsgleichgewicht ist mithin instabil. Jede Abweichung von ihm treibt das Sozialprodukt, auch wenn die auslösende Störung nur vorübergehend ist, in einen kumulativen, nichtendenden Expansions- oder Kontraktionsprozeß. Die Ergebnisse dieses Abschnitts lassen sich mithin zusammenfassen zu

Satz 2.1: *Hängen Konsum- und Investitionsausgaben (teilweise) vom Volkseinkommen ab, dann ist ein gesamtwirtschaftliches Gleichgewicht stabil (oder aber: instabil), wenn die marginale Sparquote größer (oder aber: kleiner) als die marginale Investitionsquote ist.*

Graphisch zeigen sich beide Fälle dadurch, daß im stabilen Fall die Investitionskurve flacher als die Sparkurve verläuft, diese also von oben schneidet, wenn man sich dem Schnittpunkt von links her nähert. Bei Instabilität gilt das Umgekehrte.

Wie zu Beginn dieses Kapitels dargetan, ist die Realität nun weder durch eine ständige Tendenz zur Stabilität noch durch permanente Expansions- oder Kontraktionsprozesse des Sozialprodukts gekennzeichnet. Modell 2.14 würde daher bei seiner praktischen Anwendung schon bald aufhören, die tatsächliche Entwicklung des Sozialprodukts einer Volkswirtschaft nachzuvollziehen, und es kann Konjunkturschwankungen nicht erklären. Bei so einfachen Modellen wie den bisher behandelten ist auch nichts anderes zu erwarten. Sie bilden jedoch die Vorstufe zu komplizierteren Modellen, und daher ist es unerläßlich, ihre Eigenschaften zu kennen.

6. Kontraktive Multiplikatorprozesse. Entsprechend einem expansiven verläuft ein *kontraktiver Multiplikatorprozeß*. Geht in einem Bereich der Volkswirtschaft ein autonomer Teil der Endnachfrage zurück, so sinkt in der ersten Periode das Volkseinkommen um den betreffenden Betrag. Dies induziert in der folgenden Periode einen Rückgang der Konsumgüternachfrage, der sich in der dritten, vierten und so weiter fortpflanzt, so daß sich ein kumulativer Schrumpfungsprozeß des Volkseinkommens ergibt. Wenn die Konsumfunktion bei fallendem Volkseinkommen den gleichen Verlauf hat wie bei steigendem (was nicht selbstverständlich ist), dann sind Investitions- und Konsumausgabenmultiplikator ebenso groß wie bei einem expansiven Prozeß. Das Ausmaß des Einkommensrückgangs erhält man aus den Gleichungen (2.11) S. 68 und (2.13) S. 70, indem man die autonome Investitionsänderung ΔI^a oder die Verschiebung der Konsumfunktion ΔC^a mit negativem Vorzeichen versieht. In jedem Fall ist ein neues Gleichgewicht erreicht, wenn die Ersparnis aus dem niedrigeren Volkseinkommen ebenso groß ist wie die Investition.

Anhand eines kontraktiven Multiplikatorprozesses läßt sich nun eine wichtige Erkenntnis demonstrieren, wenn man Modell 2.14 (S. 71) zugrundelegt. Angenommen, ein privater Haushalt wolle sein Vermögen schneller als bisher vergrößern. Bei ungeändertem Einkommen wird er dazu mehr sparen und auf diese Weise sein Ziel erreichen. Was geschieht, wenn sich alle (oder die meisten) Haushalte einer Volkswirtschaft dieses Ziel setzen, dazu aus einer Gleichgewichtssituation heraus ihre Ersparnis erhöhen und das erhöhte Sparniveau in den folgenden Perioden beibehalten? Es kann jetzt nicht mehr wie im Fall eines einzelnen Haushalts unterstellt werden, daß das Volkseinkommen von der Änderung des Konsumverhaltens unberührt bleibt. Wenn die gesamtwirtschaftliche Konsumfunktion von dieser Änderung beeinflußt wird, dann wird ein kontraktiver Multiplikatorprozeß in Gang gesetzt, der nunmehr gemäß Gleichung (2.14-II) auch die Investition senkt, da diese zum Teil vom Volkseinkommen abhängt. Nimmt man an, daß die vermehrte Spartätigkeit mit einer Parallelverschiebung der Konsumfunktion nach unten zu erfassen ist, dann erhält man durch Differenzenbildung aus Gleichung (2.15):

$$-\Delta Y = \frac{1}{1-c-k}(-\Delta C^a),$$

in der ΔC^a und daher auch ΔY negativ sind. Im Zahlenbeispiel wäre das neue Gleichgewichtseinkommen um den zehnfachen Betrag der Verschiebung der

Konsumfunktion kleiner als das frühere. Dann muß aber auch die gesamte Ersparnis kleiner sein als im Ausgangsgleichgewicht, und zwar um $s \cdot \Delta Y$. Der Versuch der Haushalte, mehr zu sparen, endet in diesem Fall also damit, daß sie insgesamt weniger sparen können als vor Beginn des Versuchs. Man nennt diesen Effekt das *Sparparadox*. Er ist ein Beispiel für den allgemeinen

Satz 2.2: *Einzelwirtschaftlich richtige Erkenntnisse können bei gesamtwirtschaftlicher Anwendung falsch sein.*

In dem eben gegebenen Beispiel führt die einzelwirtschaftlich richtige Erkenntnis: „Wenn ich mehr als bisher spare, erhöht sich mein Vermögen schneller als bisher" zu einer insgesamt geringeren Ersparnis und damit langsameren Erhöhung des Vermögens, wenn sie von allen Haushalten gleichzeitig angewandt wird. Satz 2.2 warnt mithin vor dem Trugschluß der Verallgemeinerung.

III. Steueraufkommensfunktionen und Multiplikatorwirkungen staatlicher Einnahmen und Ausgaben

1. Einnahmen und Ausgaben des Staates. Die Untersuchung der wirtschaftlichen Tätigkeit der öffentlichen Hand ist Gegenstand eines Teilgebiets der Volkswirtschaftslehre, der *Finanzwissenschaft*. Für die hier zu leistende Analyse gesamtwirtschaftlicher Expansions- und Kontraktionsprozesse genügt es, zunächst nur einige Bereiche dieser Tätigkeit zu berücksichtigen. Die öffentlichen Unternehmen rechnen zum Unternehmenssektor, und die Aktivität wirtschaftspolitischer Instanzen wird später behandelt. Übrig bleiben die öffentlichen Haushalte, die einerseits Steuern und Sozialbeiträge erheben, andererseits Sachgüter und Dienste kaufen und damit Dienstleistungen produzieren. Außerdem leisten sie Transferzahlungen an Unternehmen und private Haushalte. Allein diese Bereiche wirtschaftlicher Betätigung haben nun in den heutigen industrialisierten Volkswirtschaften einen Umfang erreicht, der ihre Vernachlässigung bei jeder einigermaßen realitätsnahen Analyse ausschließt. Zieht man als Beispiel wieder die Bundesrepublik heran, so zeigte die Volkswirtschaftliche Gesamtrechnung für das Jahr 1985[11],

- daß die laufenden Einnahmen des Staates aus Steuern und Sozialbeiträgen 779 Mrd. DM betrugen, woraus sich eine *volkswirtschaftliche Abgabenquote* als Quotient aus diesen Einnahmen und dem Bruttosozialprodukt zu Marktpreisen von 42 v. H. errechnet. Die Steuereinnahmen allein beliefen sich auf 460 Mrd. DM, was eine *volkswirtschaftliche Steuerquote* (Quotient aus Steueraufkommen und Bruttosozialprodukt) von 25 v. H. bedeutet;
- daß der Staatsverbrauch 366 Mrd. DM und damit 20 v. H. des Bruttosozialprodukts betrug. Die Bruttoinvestition der öffentlichen Haushalte belief sich auf 42 Mrd. DM und machte damit 12 v. H. der gesamten Bruttoinvestition aus;

---

[11] Vorläufige Angaben nach: WiSta März 1987, S. 174, 178, 187.

— daß die öffentlichen Transferausgaben, vorwiegend solche der Sozialversicherungshaushalte, 411 Mrd. DM betrugen.

Diese Leistungstransaktionen, die bei den öffentlichen Haushalten und ihren Transaktionspartnern zu Einnahmen oder Ausgaben führen, stehen im Mittelpunkt der folgenden Analysen. Am Rande werden auch Finanztransaktionen wie Kreditaufnahmen und -tilgungen erwähnt, die in der Praxis ebenfalls eine bedeutende Rolle spielen.

Dem Wirtschaftstheoretiker stellt sich die Aufgabe, erklärende Variable für die öffentlichen Einnahmen und Ausgaben zu finden. Steuern sind die Haupteinnahmequelle der Gebietskörperschaften. Sofern diese mehrstufig aufgebaut, etwa wie in der Bundesrepublik Deutschland in Bund, Länder und Gemeinden eingeteilt sind, leisten sie in der Regel Transferzahlungen untereinander, um die unterschiedlichen Steuereinnahmen auszugleichen. Nach Abschluß des *horizontalen Finanzausgleichs* zwischen gleichrangigen Gebietskörperschaften wie den Ländern und des *vertikalen Finanzausgleichs* in Form von Transferzahlungen der Länder an Gemeinden stehen jedem öffentlichen Haushalt Mittel zur Verfügung, die sein verfügbares Einkommen darstellen. Erfahrungsgemäß neigen Parlamente und andere Beschlußgremien vieler Gebietskörperschaften dazu, ihre Ausgaben an der Höhe ihres verfügbaren Einkommens, gesamtwirtschaftlich gesehen also an den erwarteten Steuereinnahmen, auszurichten. Dieser Zusammenhang ist jedoch aus mehreren Gründen lockerer als etwa der zwischen dem verfügbaren Einkommen der privaten Haushalte und ihren Konsumausgaben. Erstens haben öffentliche Haushalte einen größeren Bewegungsspielraum bei der Aufnahme von Krediten als private Haushalte, und gelegentlich werden Steuereinnahmen zur Schuldentilgung verwendet. Soweit Kredite von Periode zu Periode in unterschiedlichem Maße aufgenommen oder getilgt werden, kann ohne weitere Hypothesen kein Zusammenhang zwischen Steuereinnahmen und Staatsausgaben angenommen werden. Ein solcher Zusammenhang liegt zweitens auch dann nicht vor, wenn öffentliche Konsum-, Investitions- oder Transferausgaben bewußt zur Steuerung des Wirtschaftsablaufs eingesetzt werden. Immerhin dürften beide Verhaltensweisen bei der überwiegenden Mehrzahl der Gebietskörperschaften nicht den Regelfall bilden. Besonders für viele Gemeinden gilt, daß sie am Rande ihrer Kreditaufnahmemöglichkeiten operieren und Konjunkturpolitik nicht als ihre Aufgabe betrachten.[12] Unter diesen Umständen ist zu vermuten, daß Änderungen des Sozialprodukts über gleichgerichtete Änderungen des Steueraufkommens auch zu entsprechenden Änderungen der Staatsausgaben führen, mithin ein indirekter funktionaler Zusammenhang zwischen Sozialprodukt und Staatsausgaben besteht. Damit kommt jedoch ein zusätzliches kumulatives Element in den Wirtschaftsablauf. Soweit die zusätzlichen Staatsausgaben Nachfrage nach Konsum- oder Investitionsgütern sind, vergrößern sie gemäß Gleichung (1.2) S. 4 das Sozialprodukt direkt. Soweit sie die

---

[12] In der Bundesrepublik haben gemäß § 16 Stabilitätsgesetz die Gemeinden und Gemeindeverbände den (konjunktur- und wachstumspolitischen) Zielen dieses Gesetzes „Rechnung zu tragen", und die Länder haben „darauf hinzuwirken, daß die Haushaltswirtschaft der Gemeinden und Gemeindeverbände den konjunkturpolitischen Erfordernissen entspricht". Diese Vorschriften sind anscheinend jedoch nicht leicht durchzusetzen.

Form vermehrter Transferzahlungen an private Haushalte annehmen, erhöhen sie das Sozialprodukt indirekt über die Mehrnachfrage der begünstigten Haushalte nach Konsumgütern. Die durch solche Verhaltensweisen öffentlicher Haushalte bewirkten Prozesse sind nun zu analysieren.

2. Steueraufkommensfunktionen. Die für die Aufstellung und Ausführung der öffentlichen Haushalte verantwortlichen Personen haben ebenso wie die den Konjunkturverlauf untersuchenden Wirtschaftswissenschaftler ein begründetes Interesse daran, die im jeweils zukünftigen Haushaltsjahr zu erwartenden Steuereinnahmen zu schätzen. Nach der derzeit neuesten Bestandsaufnahme gibt es in der Bundesrepublik 40 Steuern von überregionaler Bedeutung, zu denen noch 29 Quasi-Steuern wie der „Kohlepfennig", die Schwerbehinderten-, die Altöl- und die Filmabgabe sowie Gemeindesteuern, Gebühren und Abgaben kommen.[13] Die dem Aufkommen nach bedeutendste Steuer ist die Lohnsteuer, die 1985: 147,6 Mrd. DM erbrachte. Rechnet man die veranlagte Einkommensteuer, die Kapitalertrag- und die Körperschaftsteuer hinzu, so ergab dieser Komplex „Einkommen- und Körperschaftsteuer" 1985 ein Aufkommen von 214,2 Mrd. DM gleich 49 v. H. der gesamten Steuereinnahmen des Bundes, der Länder und der Gemeinden von 437,2 Mrd. DM. Die zweitgrößte Steuer war mit 109,8 Mrd. DM Aufkommen im selben Jahr die Umsatz- einschließlich Einfuhrumsatzsteuer. Zu den *Bagatellsteuern* des Bundes zählten anderseits 1985 die Salzsteuer mit einem Aufkommen von 42 Mill. DM, die Teesteuer mit 62 Mill. DM und die Zuckersteuer mit 143 Mill. DM.

Gemeinsames Kennzeichen aller Steuern, an das der Wirtschaftswissenschaftler bei der Suche nach Erklärungsvariablen für das Steueraufkommen anknüpfen muß, ist zunächst die Existenz eines vom Gesetzgeber bestimmten *Steuergegenstandes* wie Einkommen; Umsätze; die Entfernung von Bier oder Schaumwein aus dem Herstellungsbetrieb oder die Entnahme zum Verbrauch im Betrieb[14]; das Halten von Fahrzeugen zum Verkehr auf öffentlichen Straßen sowie ihre widerrechtliche Benutzung.[15] Für jedes dieser Objekte ist in dem jeweiligen Gesetz eine *Steuerbemessungsgrundlage* als dasjenige in physischen oder Geldeinheiten gemessene Merkmal des Steuerobjekts definiert, aus dem sich zusammen mit den jeweiligen *Steuersätzen* der zu entrichtende Steuerbetrag errechnen läßt. Beispielsweise ist Steuerbemessungsgrundlage bei der Lohnsteuer das „zu versteuernde Einkommen"[16] (das in der Regel kleiner als das Einkommen im ökonomischen Sinne ist); bei der Umsatzsteuer sind es die Lieferungen und sonstigen Leistungen von Unternehmen gegen Entgelt (mit weiteren Vorschriften in bezug auf Eigenverbrauch und Einfuhr);[17] bei der Tabaksteuer ist es der Kleinverkaufspreis für Tabakerzeugnisse.[18] Die Steuerbemessungsgrund-

---

[13] R. BORELL/L. SCHEMMEL: Steuervereinfachung. Notwendigkeit, Grundlagen, Vorschläge. Wiesbaden 1986, S. 275. – Zahlenangaben in diesem Abschnitt gemäß Steuerstatistik nach: Stat Jb. BRD 1986, S. 424.

[14] Biersteuergesetz in der Fassung von 1986, § 2 Abs. 1 (BGBl. I, S. 528). Schaumweinsteuergesetz in der Fassung von 1958, § 3 (BGBl. I, S. 764).

[15] Kraftfahrzeugsteuergesetz von 1979, § 1 (BGBl. I, S. 132).

[16] Einkommensteuergesetz 1986, § 2 Abs. 5 (BGBl. I, S. 442).

[17] Umsatzsteuergesetz 1980 vom 26. 11. 1979, § 1 (BGBl. I, S. 1953).

[18] Tabaksteuergesetz in der Fassung von 1972, § 5 (BGBl. I, S. 1634).

lage ist also erklärende Variable in einer *Steueraufkommensfunktion,* in der das Steueraufkommen (auch: der *Steuerertrag*) die zu erklärende Variable und die Steuersätze die Parameter bilden. Für den Wirtschaftspolitiker sind die Steuersätze Instrumentvariable, während das Steueraufkommen von der Entwicklung der Steuerbemessungsgrundlage mitbestimmt wird und damit Zielvariable ist (wobei es sich um ein Zwischenziel handeln kann).

Entsprechende Aufkommensfunktionen gelten für die Beiträge zur Sozialversicherung, wo innerhalb von Beitragsbemessungsgrenzen jeweils bestimmte Prozentsätze der Bruttoarbeitsentgelte an die gesetzliche Renten-, Kranken- und Arbeitslosenversicherung zu entrichten sind. Hier sind im Prinzip die Beitragssätze die Parameter der Aufkommensfunktionen.

Bei mikroökonomischer Betrachtung existiert für jeden Steuerzahler in bezug auf jede von ihm zu entrichtende Steuer eine eigene Steueraufkommensfunktion. Der erste Aggregationsschritt besteht darin, diese Funktionen aller Wirtschaftssubjekte für jeweils eine Steuer zusammenzufassen. Von den sich so ergebenden makroökonomischen Steueraufkommensfunktionen sind einige linear-homogen und damit von einfachster Art. Dies gilt zum Beispiel für das Aufkommen an Salzsteuer, da für jeden Doppelzentner Eigengewicht Salz 12 DM Salzsteuer zu zahlen sind.[19] Wesentlich komplizierter ist die individuelle Aufkommensfunktion für die Einkommensteuer, da auf das den Grundfreibetrag übersteigende jährliche zu versteuernde Einkommen je nach dessen Höhe vier unterschiedliche Teilfunktionen anzuwenden sind, von denen zwei linear, zwei nichtlinear sind.[20]

Aggregiert man mit dem zweiten Schritt alle Steuern, so wird deutlich, daß der Versuch, für das gesamte Steueraufkommen in einer Volkswirtschaft einen funktionalen Zusammenhang etwa mit dem Sozialprodukt zu ermitteln, ähnlichen Schwierigkeiten begegnet wie die Schätzung einer gesamtwirtschaftlichen Konsumfunktion. Bei vielen Steuern steht zwar die Bemessungsgrundlage in engem Zusammenhang mit dem Sozialprodukt oder mit Variablen, die sich ihrerseits parallel zu diesem entwickeln, jedoch spielen auch immer weitere Faktoren mit. So hängt etwa das Aufkommen an Lohn- und veranlagter Einkommensteuer in ganz ähnlicher Weise wie die Konsumausgaben von der Verteilung der Einkommen ab: Die Umverteilung eines gegebenen Gesamteinkommens zugunsten der Bezieher niedrigerer Einkommen muß wegen der Progression der Steuersätze das Steueraufkommen senken. Das Aufkommen an Verbrauchsteuern hängt von Produktion und Absatz der betreffenden Güter ab, die sich in der Regel nicht genau parallel mit dem Sozialprodukt entwickeln. Einige Steuern wie die Vermögen- und die Kraftfahrzeugsteuer werden auf Bestandsgrößen erhoben und stehen daher nur insoweit mit dem Sozialprodukt in Zusammenhang, als sich auch die entsprechenden Bestände parallel zu diesem entwickeln. Nimmt jedoch der Anteil der Kraftfahrzeuge mit größerem Hubraum zu, steigt das entsprechende Steueraufkommen überproportional. Mit der Vermögensteuer erhöht sich wahrscheinlich auch das Aufkommen an Erbschaft- und Schenkungsteuer, jedoch spielt bei diesen drei Steuerarten die Vermögens-

---

[19] Salzsteuergesetz in der Fassung von 1960, § 2 (BGBl. I, S. 50).
[20] Mikroökonomik, S. 138 f.

verteilung eine erhebliche Rolle, die im Zeitablauf vermutlich nicht konstant bleibt.

Bei dem Versuch, eine *gesamtwirtschaftliche Steueraufkommensfunktion* auf der Grundlage beobachteter Werte früherer Perioden zu schätzen, kommt schließlich eine Schwierigkeit hinzu, die bei der Schätzung einer gesamtwirtschaftlichen Konsumfunktion in dieser Form nicht auftritt. Bei vielen Steuern werden die rechtlichen Grundlagen in der Bundesrepublik so häufig geändert, daß es keine längeren Zeitabschnitte mit konstantem Steuerrecht gibt. Variiert werden Steuersätze, Definitionen der Steuerbemessungsgrundlagen, Freibeträge und anderes; und damit ändern sich jeweils die Zusammenhänge zwischen Steuerbemessungsgrundlage und Steueraufkommen mehr oder weniger stark mit der Folge, daß beobachtete Zusammenhänge prinzipiell nicht in die Zukunft extrapoliert werden können. Entsprechendes gilt für die Sozialbeiträge. Die graphische Darstellung 2.5 kann daher nicht mehr als einen Anhaltspunkt über die relevanten Größenordnungen bieten. Sie zeigt für die Bundesrepublik in der

Bild 2.5 – *Bruttosozialprodukt zu Marktpreisen und laufende öffentliche Transfereinnahmen*[a]
in der Bundesrepublik Deutschland, 1961–1980
Mrd. DM in jeweiligen Preisen

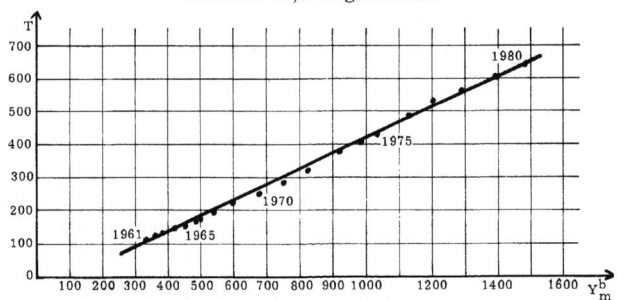

[a] Direkte und indirekte Steuern, Sozialbeiträge und sonstige laufende Übertragungen.
Quelle: Wie bei Bild 1.2 (S. 11), S. 87–89, 185–187.

Zeit von 1961 bis 1980 trotz der genannten Qualifikationen eine annähernd lineare Beziehung zwischen nominalem Bruttosozialprodukt Y_m^b und laufenden öffentlichen Transfereinnahmen T. Die in der gleichen Weise wie Gleichung (1.5) S. 10 bestimmte Gleichung der Geraden lautet

$$T = -54{,}7 + 0{,}473\, Y_m^b. \qquad (2.16)$$

Danach wäre die *gesamtwirtschaftliche marginale Transfereinnahmenquote* gleich 0,473: Von jeder Mark zusätzlich erzeugtem Sozialprodukt fließen rund 47 Pfennig ohne direkte Gegenleistung in öffentliche Kassen. In den folgenden Abschnitten wird mit einfachen Funktionen wie dieser gearbeitet. Sie werden „Steueraufkommensfunktionen" genannt, wobei stets auch die Sozialbeiträge einbezogen sind.

3. Wirkungen staatlicher Konsum- und Investitionsausgaben. Die Ausgaben der öffentlichen Haushalte lassen sich in Konsum-, Investitions- und Transferausgaben C_{St}, I_{St} und Z einteilen. C_{St} und I_{St} werden wieder zu G zusammengefaßt, die Ausgaben des privaten Sektors sind nicht besonders gekennzeichnet. Jede autonome Änderung einer dieser Größen führt zu Multiplikatorprozessen. Ein Teil des dabei entstehenden Einkommens wird jedoch den privaten Haushalten in Gestalt von Steuern und Sozialabgaben gleichzeitig wieder entzogen. Diese Wirkungen lassen sich an dem folgenden Modell zeigen:

Modell 2.17 – *Gesamtwirtschaftliches Gütermarkt-Gleichgewicht bei staatlicher Aktivität*

Konsumfunktion:	$C = C^a + cY^v$	(2.17-I)
Definition des verfügbaren Einkommens:	$Y^v = Y - T + Z$	(2.17-II)
Autonom sind { private Investition:	$I = I^a$	(2.17-III)
Staatsausgaben:	$G = G^a$	(2.17-IV)
Steueraufkommen:	$T = T^a$	(2.17-V)
Transferausgaben:	$Z = Z^a$	(2.17-VI)
Gleichgewichtsbedingung:	$Y = C + I + G$.	(2.17-VII)

Wieder gilt eine lineare Konsumfunktion, wobei das verfügbare Einkommen Y^v der privaten Haushalte jetzt in Gleichung (II) präzise definiert ist: Es ist um den Betrag T der von den Haushalten zu zahlenden Steuern kleiner und um ihre Transfereinkommen Z größer als das Volkseinkommen Y. Zunächst sei angenommen, daß sowohl die privaten Investitionen I als auch die Ausgaben der öffentlichen Haushalte G, ihre Steuereinnahmen T und ihre Transfers Z an private Haushalte autonom sind. Gleichung (VII) nennt die Gleichgewichtsbedingung auf dem Gütermarkt: Gegenüber Modell 1.10 (S. 23) wird nunmehr der Staat als weiterer Nachfrager nach Sachgütern und Diensten berücksichtigt.

Das Modell (2.17) besteht aus 7 Gleichungen und enthält die 7 endogenen Variablen C, Y^v, Y, T, Z, I und G. Gleichungen (I) bis (VI) in (VII) eingesetzt und nach Y aufgelöst ergibt

$$Y = \frac{1}{1-c}(C^a + I^a + G^a) - \frac{1}{1-c}T^a + \frac{c}{1-c}Z^a. \quad (2.18)$$

Man erhält die Änderung des Volkseinkommens als Folge einer dauerhaften autonomen Änderung der Staatsausgaben G^a bei Konstanz der Investition I^a, des Steueraufkommens T^a und der Transferausgaben Z^a durch Differenzenbildung zu

$$\Delta Y = \frac{1}{1-c}\Delta G^a. \quad (2.19)$$

Der *Multiplikator staatlicher Konsum- und Investitionsausgaben in bezug auf das Sozialprodukt* ist unter den bisherigen Annahmen also ebenso groß wie der Investitionsmultiplikator der privaten Investoren und der Konsumausgabenmultiplikator der privaten Haushalte. Dynamisch betrachtet: Die Erhöhung solcher Ausgaben läßt in der ersten Periode das Volkseinkommen definitionsgemäß um den gleichen Betrag steigen und setzt damit den oben analysierten Expansionsprozeß in Gang. Die Tatsache, daß Steuern gezahlt und Transferausgaben geleistet werden, wirkt sich auf diesen Prozeß nicht aus, wenn sie gemäß der bisherigen Annahme einkommensunabhängig sind. Offen bleibt, womit die zusätzlichen Staatsausgaben finanziert werden. Aus dem Modell folgt nur, daß dies weder durch eine Steuererhöhung noch durch eine Kürzung der Transferausgaben geschieht.

Ausgangs- und Endsituation des Prozesses sind in Bild 2.6 graphisch dargestellt. Dabei muß berücksichtigt werden, daß der Konsum nunmehr gemäß Gleichung (2.17-I) vom verfügbaren Einkommen Y^v der privaten Haushalte abhängt. Dieses ist nach den Gleichungen (2.17-II), (2.17-V) und (2.17-VI) gleich dem um die festen Beträge T^a verminderten und um Z^a erhöhten Volkseinkommen. Da in der graphischen Darstellung das verfügbare Einkommen nicht erscheint, muß die Konsumkurve auch unter diesen Bedingungen als vom Volkseinkommen abhängig dargestellt werden. Dazu werden die Gleichungen (2.17-V) und (2.17-VI) in (2.17-II) und diese dann in (2.17-I) eingesetzt:

$$C = C^a - cT^a + cZ^a + cY . \qquad (2.20)$$

Die dauerhafte Einführung der Steuer mit dem festen Betrag T^a und der Einkommensübertragung Z^a führt also dazu, daß die Konsumkurve um die Strecke cT^a nach unten und um cZ^a nach oben verschoben werden muß, wenn nach wie vor graphisch das Volkseinkommen als Erklärungsvariable des Konsums erscheinen soll. Sie wird nicht um dem gesamten Betrag T^a nach unten verschoben, weil infolge der Steuererhebung nur der kleinere Betrag cT^a als Konsumnachfrage wegfällt. Der Betrag $(1 - c)T^a = sT^a$ würde in der Planung der privaten Haushalte gespart werden, wenn es keine Steuer gäbe. Entsprechendes gilt für die Verschiebung um cZ^a. Bei jedem Volkseinkommen Y sind die Konsumausgaben also um cT^a kleiner und um cZ^a größer, als sie es ohne Entrichtung der Steuer und Empfang der Transferausgaben wären. Bild 2.6 zeigt das Ausmaß der Parallelverschiebungen, wobei der Realität entsprechend $T^a > Z^a$ angenommen ist (vgl. die Angaben S. 74 f.).

Die multiplikative Wirkung einer Änderung der Staatsausgaben für Konsum- und Investitionszwecke ergibt sich aus der dauerhaften Aufstockung

Bild 2.6 – *Gleichgewichtswerte des Volkseinkommens bei unterschiedlichen staatlichen Konsum- und Investitionsausgaben*

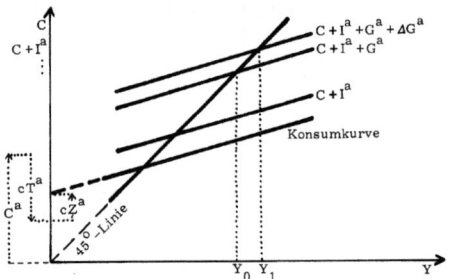

der Staatsausgaben G^a um den Betrag ΔG^a und die daraus folgenden Erhöhungen des privaten Konsums. Das Gleichgewichtseinkommen steigt von Y_0 auf Y_1. Die multiplikative Wirkung ist um so größer, je steiler die Konsumkurve und damit die drei Parallelen verlaufen, sie hängt also bei gegebenem ΔG^a nur von c ab.

4. Wirkungen von Transferausgaben und Steuern. Auch die Änderung von Einkommensübertragungen und Steuern läßt Multiplikatorprozesse entstehen. Deren Wirkungen auf die Gleichgewichtswerte des Volkseinkommens lassen sich in komparativ-statischer Analyse wie folgt zeigen. Werden die autonomen Transferausgaben Z^a ceteris paribus um den Betrag ΔZ^a geändert, so erhält man die Wirkung dieser Maßnahme auf das Gleichgewichtseinkommen aus Gleichung (2.18) zu

$$\Delta Y = \frac{c}{1-c} \Delta Z^a. \tag{2.21}$$

Da die marginale Konsumquote c kleiner als 1 ist, ist der *Transferausgabenmultiplikator in bezug auf das Sozialprodukt* $c/(1-c)$ kleiner als der Multiplikator für öffentliche Konsum- und Investitionsausgaben. Die dynamische Betrachtung zeigt, warum das so ist: Eine Erhöhung der Transferausgaben um ΔZ^a hat in der Periode, in der sie erfolgt, bei verzögerter Reaktion der Haushalte keinen Einfluß auf das Volkseinkommen Y, weil Z^a definitionsgemäß kein Bestandteil von Y ist. Von der zweiten Periode an setzt die Konsumerhöhung ein, aber von vornherein mit einem Betrag, der um den von den Empfängern der Einkommensübertragungen aus dem zusätzlichen Einkommen gesparten Betrag $s \cdot \Delta Z^a$ kleiner als ΔZ^a ist. Die multiplikative Wirkung einer dauerhaften Erhöhung der Transferausgaben ist damit auch insgesamt kleiner als die einer gleich großen Erhöhung der Konsum- und Investitionsausgaben. Graphisch läßt sich dies in Bild 2.6 durch eine Parallelverschiebung der Kurven zeigen, die aber nicht wie bei einer autonomen Änderung der Ausgaben für Konsum und Investition um den vollen Betrag der Änderung, sondern nur um $c \cdot \Delta Z^a$ erfolgt.

Ebenfalls aus Gleichung (2.18) ist abzulesen, daß eine Erhöhung der Steuern das Volkseinkommen senkt:

$$\Delta Y = -\frac{c}{1-c} \Delta T^a, \tag{2.22}$$

da der *Steuermultiplikator in bezug auf das Sozialprodukt* gleich $-c/(1-c)$ und damit negativ ist. Wird die autonome Steuer erhöht, sinkt das verfügbare Einkommen um den zusätzlichen Steuerbetrag, woraus sich ein kumulativer Schrumpfungsprozeß des Volkseinkommens ergibt, wenn die Steuererhöhung dauerhaft ist. Da die Steuer jedoch ebensowenig wie die eben diskutierten Einkommensübertragungen Bestandteil des Volkseinkommens ist, ergibt sich wiederum erst von der zweiten Periode an ein kontraktiver Prozeß. Ebenfalls analog zu den Transferausgaben ist der erstmalig auftretende Nachfrageausfall, mit dem der Prozeß beginnt, kleiner als die zusätzlich erhobene Steuer ΔT^a. Gemäß der Konsumfunktion wäre ein Teil des ohne die Steuererhöhung verfügbar gebliebenen Einkommens gespart worden, hätte also ebenfalls nicht zu Nachfrage geführt. Der durch die Steuererhöhung induzierte kontraktive Prozeß hat also den absoluten Beträgen nach das gleiche Ausmaß wie der durch eine gleich große Erhöhung der Transferausgaben induzierte expansive Prozeß. Diese Überlegungen gelten allerdings nur, wenn die zusätzlichen Steuereinnahmen nicht zur Erhöhung der öffentlichen Ausgaben führen, also stillgelegt werden. Ferner ist daran zu erinnern, daß die von der Steuererhöhung betroffenen Haushalte annahmegemäß die gleiche marginale Konsumquote haben wie die Empfänger der zusätzlichen Transferausgaben.

Eine Steuersenkung, die in Gleichung (2.22) durch einen Wert für $\Delta T^a < 0$ zu symbolisieren wäre, hat entsprechend einen expansiven Effekt auf das Volkseinkommen, der unter den bisherigen Annahmen ebenso groß ist wie die aus Gleichung (2.21) abzulesende Wirkung einer Erhöhung der Transferausgaben.

5. Wirkungen ausgeglichener Zusatzbudgets auf das Volkseinkommen. Bisher blieb offen, wie zusätzliche Staatsausgaben finanziert werden. Eine Möglichkeit hierfür ist die Erhebung zusätzlicher Steuern. Das führt zu der Frage, welche Wirkung die gleichzeitige Erhöhung von Staatsausgaben und Steuern auf das Volkseinkommen hat. Der einfachste derartige Fall liegt vor, wenn die zusätzlichen Steuereinnahmen ebenso groß sind wie die zusätzlichen Ausgaben, wenn also ein ausgeglichenes *Zusatzbudget* geplant wird. Dieses kann einmalig oder dauerhaft sein. Zunächst sei angenommen, daß die öffentlichen Haushalte ihre Ausgaben erhöhen wollen und das Steueraufkommen, etwa durch Erhöhung der Sätze einer einkommensunabhängigen Steuer, daran anpassen. Dabei sind zwei Fälle zu unterscheiden: Das erhöhte Steueraufkommen wird entweder zu vermehrten Konsum- und Investitionsausgaben oder zur Erhöhung der Einkommensübertragungen verwendet.

Zunächst sei ein einmaliges Zusatzbudget betrachtet. Führen die erhöhten Steuereinnahmen zu vermehrten Ausgaben für Investitionsgüter, für staatlichen Verbrauch oder für beide, so werden zur gleichen Zeit je ein expansiver und ein kontraktiver Prozeß in Gang gesetzt. Bei verzögerter Reaktion steigt in der ersten Periode das Volkseinkommen um den Betrag der zusätzlichen Ausgaben, während die zusätzliche Steuer noch keine Wirkung ausübt. In der zweiten Periode würde eine induzierte Konsumsteigerung als Folge der Ausgabenerhöhung der ersten Periode eintreten, wenn nicht gleichzeitig die Verringerung des verfügbaren Einkommens während der ersten Periode die Konsumausgaben in der zweiten Periode senken würde. Auch in der dritten und in allen folgenden Perioden wird die potentielle Konsumerhöhung auf Grund der ursprünglichen Ausgabensteigerung durch die Konsumsenkung infolge der ursprünglichen Steuererhöhung kompensiert. Diese Überlegung gilt unabhängig davon, ob und inwieweit die von der Steuererhöhung betroffenen privaten Haushalte mit den Haushalten identisch sind, denen die Einkommenserhöhung zugute kommt. Ein Extremfall liegt vor, wenn die Einkommenserhöhung genau den Haushalten zufließt, die die zusätzlichen Steuern zu zahlen haben. Das verfügbare Einkommen dieser Haushalte ändert sich dann von der ersten Periode an nicht, und es kommt weder zu einem expansiven noch zu einem kontraktiven Prozeß. Das andere Extrem liegt vor, wenn die zusätzlichen Steuern nur von Haushalten gezahlt werden, die von den Einkommenserhöhungen nicht berührt werden. Die Prozesse der Einkommenskontraktion und -expansion laufen dann getrennt ab, aber von der zweiten Periode an kompensieren sich ihre Wirkungen gesamtwirtschaftlich derart, daß Volkseinkommen und gesamtes verfügbares Einkommen ungeändert bleiben. Grundlegend für dieses Resultat ist allerdings die Annahme, daß die marginalen Konsumquoten aller Haushalte gleich groß sind und daß der Verlauf ihrer Konsumfunktionen unabhängig davon ist, ob ihr Einkommen steigt oder sinkt. Unter diesen Voraussetzungen ändert sich das Ergebnis dieser Überlegung auch nicht, wenn Mischungen zwischen den beiden Extremfällen eintreten.

Die einkommenserhöhende Wirkung eines steuerfinanzierten einmaligen Zusatzbudgets, das zur Erhöhung der öffentlichen Konsum- oder Investitionsnachfrage verwendet wird, beschränkt sich also auf die Periode, in der es ausgeführt wird. In dieser steigt das Volkseinkommen um den Betrag der zusätzlichen Nachfrage, von der zweiten Periode an nimmt es wieder seine ursprüngliche Höhe an. Ist das Zusatzbudget dagegen eine Dauereinrichtung, wird es also von Periode zu Periode wiederholt, so erhöht sich das Volkseinkommen gegenüber der Ausgangssituation ständig um den Betrag des Zusatzbudgets. Der Multiplikator eines steuerfinanzierten ausgeglichenen zusätzlichen Konsum- und Investitionshaushalts ist daher gleich eins, wie sich auch aus Gleichung (2.18) S. 79 herleiten läßt. Durch Differenzenbildung erhält man

$$\Delta Y = \frac{1}{1-c} \Delta G^a - \frac{c}{1-c} \Delta T^a \quad \text{und damit wegen} \quad \Delta T^a = \Delta G^a$$

$$\Delta Y = \left(\frac{1}{1-c} - \frac{c}{1-c}\right) \Delta G^a = \Delta G^a. \tag{2.23}$$

Es mag auf den ersten Blick überraschen, daß ein staatliches Zusatzbudget einen expansiven Effekt auch dann hat, wenn es durch zusätzliche Steuern finanziert wird. Der Grund ist jedoch leicht einzusehen: Das den Haushalten durch die zusätzliche Steuer entzogene Einkommen wäre von ihnen zum Teil gespart worden, hätte also insoweit nicht zu Nachfrage geführt. In den Händen des Staates wird dieses Einkommen jedoch annahmegemäß restlos in Nachfrage verwandelt, so daß sich netto eine Nachfrageerhöhung ergibt. Dieses Ergebnis wird in der deutschsprachigen Literatur häufig *HAAVELMO-Theorem* genannt.

Wird die Steuererhöhung zu einer Erhöhung der Transferausgaben verwendet, dann ändert sich das Volkseinkommen in der ersten Periode nicht, und in allen folgenden Perioden werden potentielle oder tatsächliche expansive Einflüsse durch die gleichzeitig und in gleicher Höhe auftretenden kontraktiven Wirkungen neutralisiert. Der Multiplikator eines steuerfinanzierten ausgeglichenen zusätzlichen Transferhaushalts ist also gleich null. Auch dieses Ergebnis ist aus Gleichung (2.18) abzuleiten, da nunmehr $\Delta Z^a = \Delta T^a$ zu setzen ist. Soweit die zusätzlichen Steuern von anderen Haushalten als den Empfängern der zusätzlichen Transferausgaben gezahlt werden, findet jedoch eine *Umverteilung* der verfügbaren Einkommen statt.

6. Multiplikatorprozesse bei variablem Steueraufkommen. Die bisher angenommene Steuer mit einem von Änderungen des Volkseinkommens unabhängigen Aufkommen hat in der Realität kaum Entsprechungen. Sie kann allenfalls als Annäherung an Steuern wie Vermögen-, Grund-, Erbschaft- und Schenkungsteuer betrachtet werden. Diese Steuern sind nicht unmittelbar einkommensabhängig, jedoch steigt ihr Aufkommen auf längere Sicht mit wachsendem Volkseinkommen und damit Volksvermögen ebenfalls. Zudem spielen solche Steuern in den heute herrschenden Steuersystemen in bezug auf das Gesamtaufkommen eine untergeordnete Rolle. Die heute wichtigsten Steuern sind dagegen stark einkommensabhängig, so vor allem die Einkommen- und die Körperschaftsteuer sowie von den indirekten Steuern die Umsatzsteuer und die Verbrauchsteuern. Das gleiche gilt für die Sozialbeiträge.

Diesem Sachverhalt läßt sich gegenüber den bisherigen Überlegungen dadurch Rechnung tragen, daß das Aufkommen T an Steuern und Sozialbeiträgen nicht mehr autonom vorgegeben, sondern als Funktion des Volkseinkommens angesehen wird:

$$T = T(Y), \quad \text{worin} \quad \frac{dT}{dY} > 0. \qquad (2.24)$$

Wie diese Funktion in einer Volkswirtschaft während eines Zeitraums aussieht, muß jeweils empirisch ermittelt werden (vgl. Bild 2.5, S. 78). Einige Einsichten lassen sich jedoch schon gewinnen, wenn lediglich Annahmen über die mögliche Gestalt der Funktion (2.24) gemacht und Folgerungen hieraus anhand von Modellen abgeleitet werden.

Es sei angenommen, daß alle Haushalte eine proportionale Einkommensteuer mit dem Satz t zu zahlen haben. Das gesamte Steueraufkommen beträgt dann

$$T = tY, \quad \text{worin} \quad 0 < t < 1. \qquad (2.17\text{-Va})$$

Hiermit ist unterstellt, daß nur Erwerbs- und Vermögenseinkommen, nicht jedoch Transfereinkommen besteuert werden. Der Parameter t ist die gesamtwirtschaftliche marginale Steuerquote. Die Gleichung tritt in Modell 2.17 (S. 79) an die Stelle von Gleichung (2.17-V). Das verfügbare Einkommen erhält man nunmehr durch Einsetzen der Gleichungen (2.17-Va) und (2.17-VI) in Gleichung (2.17-II) zu

$$Y^v = (1 - t)Y + Z^a. \qquad (2.25)$$

Das so modifizierte Modell 2.17 hat in bezug auf das Gleichgewichtseinkommen die folgende Lösung, wenn man Gleichung (2.25) in (2.17-I) und diese dann zusammen mit (2.17-III) und (2.17-IV) in (2.17-VII) einsetzt und nach Y auflöst:

$$Y = \frac{1}{1 - c + ct}(C^a + I^a + G^a) + \frac{c}{1 - c + ct}Z^a. \qquad (2.26)$$

Beim Vergleich mit Gleichung (2.18) S. 79 erweist sich, daß bei proportionaler Einkommensbesteuerung alle Multiplikatoren kleiner sind als ohne eine solche Besteuerung, da sie im Nenner zusätzlich die Größe $ct > 0$ enthalten. Eine dynamische Betrachtung zeigt, daß aus jedem zusätzlichen Einkommen jetzt zunächst der Bruchteil t als Steuer an den Staat abgeführt wird. Die Staatsausgaben ändern sich dadurch nicht, so daß sich insoweit ein Nachfrageausfall für die zukünftigen Perioden ergibt. Dieser ist etwa in der zweiten Periode gleich dem Teil des als Steuer abgeführten Einkommens, der als verfügbares Einkommen konsumiert worden wäre. Setzt man beispielsweise $t = 0{,}4$, so werden von jeder zusätzlichen Einkommenseinheit 40 v. H. als Steuer abgeführt. Beträgt die marginale Konsumquote 0,8, so wären ohne Besteuerung 80 v. H. dieses Betrages gleich 32 v. H. der zusätzlichen Einkommenseinheit konsumiert worden. Dies ist die Bedeutung des Summanden $c\,t$ im Nenner der Multiplikatoren. Aus dem verbleibenden verfügbaren Einkommen wird dann gemäß der Konsumfunktion noch der Teil $1 - c = s$ gespart, fällt also ebenfalls als Nachfrage aus. Auch hier zeigt sich, daß im Nenner jedes Multiplikators der marginale Nachfrageausfall steht, im vorliegenden Fall also $s + c\,t$ (vgl. S. 68).

In der graphischen Darstellung bewirkt die Einführung einer Einkommensteuer mit konstantem Satz t eine Drehung der Konsumkurve um ihren Berührungspunkt mit der Ordinate, wie Bild 2.7 zeigt. Die Konsumfunktion ergibt sich aus (2.17-I) und (2.25) zu

$$C = C^a + cZ^a + (1 - t)\,Y. \qquad (2.27)$$

Die marginale Konsumquote, die in bezug auf das verfügbare Einkommen immer noch gleich c ist, wird nun, bezogen auf das Volkseinkommen, zu $c\,(1 - t)$. Dieser Wert, der die Steigung der Konsumkurve im (C, Y)-Diagramm von Bild 2.7 angibt, ist wegen $t > 0$ kleiner als die Steigung c. Da die Investition und die Staatsausgaben unter den bisherigen Annahmen autonom sind, graphisch also nach wie vor parallel zur Konsumkurve verlaufen, wirkt die Existenz einer dem Volkseinkommen proportionalen Steuer bremsend auf jeden Multiplikatorprozeß unabhängig davon, ob er expansiv oder kontraktiv verläuft. Dieser Effekt ist ceteris paribus um so stärker, je höher der marginale Steuersatz t ist. Vom wirtschaftspolitischen Ziel der Dämpfung von Konjunkturschwankungen her gesehen wirkt eine einkommensabhängige Steuer mit konstantem Satz t also als *automatischer Stabilisator*. Dies gilt jedoch nur, wenn konjunkturbedingte Änderungen des Steueraufkommens die Staatsausgaben nicht beeinflussen.

Im Gegensatz zu der eben diskutierten Verhaltensweise der öffentlichen Haushalte steht das S. 75 erwähnte Verfahren, die geplanten Ausgaben an die erwarteten Einnahmen anzupassen. Während eines Expansionsprozesses des

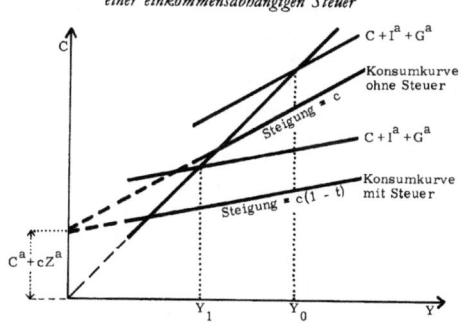

Bild 2.7 – *Gleichgewichtswerte des Volkseinkommens vor und nach Einführung einer einkommensabhängigen Steuer*

Volkseinkommens führt dies bei wachsendem Steueraufkommen zu zusätzlichen Staatsausgaben, die den Prozeß verstärken. Man erhält die Gleichgewichtswerte für das Volkseinkommen in Abhängigkeit von den Parametern und den autonomen Ausgabekomponenten aus dem

Modell 2.28 – *Gesamtwirtschaftliches Gütermarkt-Gleichgewicht bei einkommensabhängigem Steueraufkommen und ausgeglichenem Budget*

Konsumfunktion:	$C = C^a + c Y^v$	(2.28-I)
Definition des verfügbaren Einkommens:	$Y^v = Y - T + Z$	(2.28-II)
Investition ist autonom:	$I = I^a$	(2.28-III)
Transferausgaben sind autonom:	$Z = Z^a$	(2.28-IV)
Budgetbeschränkung:	$G = T$	(2.28-V)
Steueraufkommensfunktion:	$T = t Y$	(2.28-VI)
Gleichgewichtsbedingung auf dem Gütermarkt:	$Y = C + I + G$.	(2.28-VII)

Die Gleichungen (I) bis (IV) sowie (VII) sind von Modell 2.17 her bekannt. Gleichung (2.28-V) besagt, daß der Staat sein Budget ausgeglichen halten will und es durch Anpassung seiner Ausgaben für Konsum und Investition in jeder Periode an seine Steuereinnahmen beschränkt, die ihrerseits gemäß Gleichung (VI) eine endogene Variable sind. Modell 2.28 enthält die sieben abhängigen Variablen C, Y^v, Y, T, Z, I und G und hat unter den üblichen Voraussetzungen in bezug auf das Volkseinkommen die Lösung

$$Y = \frac{1}{1 - c + c t - t} (C^a + I^a) + \frac{c}{1 - c + c t - t} Z^a. \qquad (2.29)$$

Der Vergleich mit Gleichung (2.26) zeigt, daß gegenüber dem Fall einer Stillegung der zusätzlichen Steuereinnahmen alle Multiplikatoren größer geworden sind, da im Nenner die positive Größe t abgezogen wird. Man sieht dies noch deutlicher, wenn man $1 - c = s$ setzt, da der Nenner dann zu $s + t(c - 1) = s(1 - t)$ wird. Das Ausmaß der Änderung ist beträchtlich: Sind etwa die Multiplikatoren für private Konsum- und Investitionsausgaben gemäß Gleichung (2.26) bei einer marginalen Konsumquote von $c = 0,8$ und einem marginalen Steuersatz von $t = 0,4$ gleich 1,92, so steigen sie bei ständig ausgeglichenem Budget gemäß Gleichung (2.29) auf 8,33. Der Grund dafür ist, daß das mit dem Einkommen wachsende Steueraufkommen nunmehr über den Staatshaushalt voll in Nachfrage umgewandelt wird, während von jeder Einkommenseinheit, die als verfügbares Einkommen bei den Haushalten verblieben wäre, ein Teil gespart und somit nicht nachfragewirksam geworden wäre. Nach wie vor wird der Expansionsprozeß durch die mit dem Einkommen wachsende Ersparnis gebremst und schließlich im neuen Gleichgewichtszustand zum Stillstand gebracht, aber die Ersparnis wächst jetzt langsamer.

Im Modell 2.28 ist über die Finanzierung der Transferausgaben $Z = Z^a$ nichts gesagt. Was ändert sich, wenn sie autonom bleiben, aber in die Budgetgleichung (2.28-V) einbezogen werden, so daß diese die Form

$$G + Z^a = T \qquad (2.28\text{-}Va)$$

annimmt? Das modifizierte Modell ergibt

$$Y = \frac{1}{1 - c + ct - t}(C^a + I^a) - \frac{1}{1-t}Z^a. \qquad (2.30)$$

Eine Erhöhung der autonomen Transfers hat jetzt ceteris paribus einen kontraktiven Effekt auf das Volkseinkommen. Wegen der Budgetbeschränkung (2.28-Va) muß eine Erhöhung der Transfers in gleicher Höhe durch eine Senkung von G ausgeglichen werden. Diese verringert gemäß Gleichung (2.28-VII) mit dem gleichen Betrag das Volkseinkommen, was nach Gleichung (2.28-VI) auch das Steueraufkommen zurückgehen läßt und damit die Staatsausgaben weiter beschneidet. Die Erhöhung von Z^a wirkt auch expansiv, da sie ceteris paribus das verfügbare Einkommen erhöht. Jedoch wird gemäß Gleichung (2.28-II) die Zunahme in Z durch den eben erwähnten Rückgang von Y ausgeglichen, und die Wirkung der Steuersenkung auf Y^v in (2.28-II) wird in ihrem Einfluß auf die Konsumgüternachfrage C gemäß Gleichung (2.28-I) wegen $c < 1$ abgeschwächt.

Überlegungen wie diese lassen übrigens erkennen, wie schwierig es schon bei einer so geringen Zahl von Zusammenhängen wie den eben betrachteten ist, die Wirkungen angenommener Änderungen verbal nachzuzeichnen. Offenbar bieten Gleichungssysteme die einzige Möglichkeit, die allgemeine ökonomische Interdependenz detailliert zu erfassen.

7. Staatshaushalt und Konjunktur. Ausgeglichene Budgets sind für die Staatshaushalte der heutigen Industrieländer nicht typisch. Jahr für Jahr werden Kredite genommen und auch getilgt, aber in der Regel ergibt sich dabei eine positive Nettokreditaufnahme, also ein *Budgetdefizit*, und die Staatsverschuldung wächst ständig. Angesichts der S. 74 f. erwähnten Bedeutung der Staatstätigkeit für den Wirtschaftsablauf erhebt sich dabei die Frage, wie sich Einnahmen, Ausgaben und Kreditaufnahme entwickeln, wenn man versucht, mit ihrem Einsatz die Konjunkturbewegungen gezielt zu beeinflussen. Dazu wurde bereits festgestellt, daß ein voll steuerfinanziertes Zusatzbudget einen Multiplikator von eins hat (S. 83); daß eine einkommensabhängige Steuer bei Konstanz der Staatsausgaben als automatischer Stabilisator wirkt (S. 85); und daß Expansions- wie Kontraktionsprozesse verstärkt werden, wenn das Ziel des Budgetausgleichs verfolgt und die Ausgaben daher ständig an die Einnahmen angepaßt werden (S. 86). Was geschieht nun, wenn die Staatsausgaben für Konsum und Investition bei Unterbeschäftigung eine Änderung von Steuersätzen mit dem Ziel erhöht werden, die Wirtschaft aus der Depression herauszuführen, welche Wirkungen hat also ein kreditfinanziertes *Konjunkturprogramm?*

Das Modell 2.28 ist wie folgt an diese Fragestellung anzupassen. Die Staatsausgaben G sind nunmehr Instrumentvariable der Wirtschaftspolitik und daher als autonom anzusehen. Als achte Gleichung ist also hinzuzufügen

$$G = G^a. \qquad (2.28\text{-VIII})$$

An die Stelle von Gleichung (2.28-V) tritt eine Definitionsgleichung für die Ersparnis des Staates, die in der Praxis ein Budgetdefizit D ist:

$$D = T - G - Z.\qquad(2.28\text{-V\,a})$$

Wird nun G^a heraufgesetzt, steigt zunächst ceteris paribus auch das Defizit. Jedoch wird damit ein expansiver Multiplikatorprozeß in Gang gesetzt, der zwei Effekte hat: Erstens steigt das Sozialprodukt Y und mit ihm gemäß Gleichung (2.28-VI) das Steueraufkommen T, und zweitens sinken mit der Zahl der Arbeitslosen die an sie zu zahlenden Leistungen, also die Transferausgaben Z. Diese sind bei realistischer Betrachtung mithin nicht mehr autonom, und entsprechend tritt an die Stelle von Gleichung (2.28-IV) die Gleichung

$$Z = Z^a - z Y, \quad \text{worin} \quad 0 < z < 1.\qquad(2.28\text{-IV\,a})$$

Die Transferausgaben bestehen danach aus einem autonomen Teil Z^a, der von dem Expansionsprozeß nicht berührt wird, und einem variablen Teil $z Y$ mit negativem Vorzeichen, worin z die *marginale Transferquote* ist. Bei gegebenem Steuerrecht und konstanten Staatsausgaben hängt die Größe des Budgetdefizits also vom Volkseinkommen und damit von der Konjunktursituation ab. Schließlich sei wie in Modell 2.14 (S. 71) unterstellt, daß die Investitionen mit dem Sozialprodukt zunehmen:

$$I = I^a + k Y.\qquad(2.28\text{-III\,a})$$

Die Frage an das modifizierte Modell 2.28 lautet: Wie groß ist das Budgetdefizit D nach Abschluß des mit seiner Vergrößerung in Gang gesetzten expansiven Prozesses, in dessen Verlauf Z ab- und T zunimmt? Oder: Wovon hängt es ab, ob D im neuen Gleichgewichtszustand größer, kleiner oder ebenso groß ist wie in der Ausgangssituation? Dazu eliminiert man aus dem Modell die endogenen Variablen in der Weise, daß das Budgetdefizit als Funktion sämtlicher autonomer Ausgabekomponenten bei gegebenen Parametern erscheint. Differenzenbildung in bezug auf G^a ergibt die Änderung von D als alleinige Folge der Änderung der Staatsausgaben:

$$\Delta D = \frac{t + z}{1 - c + c t + c z - k} \Delta G^a - \Delta G^a \quad \text{oder}$$

$$\Delta D = \left(\frac{t + z}{1 - c + c t + c z - k} - 1 \right) \Delta G^a.$$

Die erstgenannte Fassung läßt erkennen, um welchen Bruchteil von ΔG^a sich das Budgetdefizit im neuen Gleichgewicht verringert hat, während es zunächst um den vollen Betrag von ΔG^a zunahm. Dieser negative Einfluß entfällt übrigens, wenn man nach der Wirkung einer autonomen Investitionserhöhung ΔI^a auf das Budget fragt: Gelingt es etwa, die Investitionen durch eine Zinssenkung anzuregen, zeigt der *Investitionsmultiplikator in bezug auf das Budget* direkt die Verringerung von dessen Defizit. Der Ausdruck in der Klammer der zweitgenannten Fassung ist der *Staatsausgabenmultiplikator in bezug auf das Budget*. Er ist aus dem genannten Grund um eins kleiner als der entsprechende Investitionsmultiplikator.

Die interessante Frage ist, ob dieser Multiplikator so groß sein kann, daß ein Konjunkturprogramm das Budgetdefizit ungeändert läßt. Es ist dann $\Delta D = 0$, und die Bedingung hierfür lautet gemäß der zweiten Fassung

$$\frac{t+z}{1-c+ct+cz-k} - 1 = 0 \quad \text{oder} \quad t+z = 1 - \frac{k}{1-c}.$$

Setzt man die marginale Steuer- und Sozialabgabenquote mit $t = 0{,}4$ an, die Einsparung des Staates an Sozialleistungen mit einem Prozent des steigenden Sozialprodukts, also $z = 0{,}01$, und die marginale Konsumquote mit 0,8, so erhält man für k den Wert 0,118: Bei einer marginalen Investitionsquote von 11,8 v. H. sind die zusätzlichen Staatsausgaben im neuen Gleichgewicht voll durch die Nettoänderung der Steuereinnahmen und Transferausgaben gedeckt. Ist auch nur einer der vier Parameter größer als eben angenommen, wird die zusätzliche Kreditaufnahme sogar überkompensiert: Die ausstehende Staatsschuld geht zurück. Dies nennt man im eigentlichen Sinne das *Schuldenparadox*.

Damit dieser Fall eintritt, muß eine Reihe günstiger Voraussetzungen vorliegen. Die beiden wichtigsten sind, daß sich der Expansionsprozeß im realen Bereich abspielt und daher die Beschäftigung erhöht, also nicht in Preiserhöhungen verpufft, und daß die Investitionstätigkeit von Anfang an angeregt wird. Je gravierender die Unterbeschäftigung, desto wahrscheinlicher ist die erstgenannte und um so weniger wahrscheinlich die zweitgenannte Wirkung. Ist aber $k = 0$, kann eine automatische Selbstfinanzierung des Konjunkturprogramms nur eintreten, wenn entweder $c = 1$ oder $t + z = 1$ gilt. Jedoch ist weder die gesamtwirtschaftliche marginale Konsumquote gleich eins, noch kann die Summe aus marginaler Steuer- und Transferquote realistischerweise diesen Wert erreichen. Ferner darf es keine *Verdrängungseffekte* geben. Hierunter versteht man allgemein den Fall, daß eine zusätzliche öffentliche ökonomische Aktivität die entsprechende private beeinträchtigt. Beispielsweise darf die zusätzliche öffentliche Kreditaufnahme die private weder dem Betrag nach verringern noch verteuern, und auch für die privaten autonomen Ausgaben gilt die Ceteris paribus-Bedingung. Typischerweise ist die Gefahr von Verdrängungseffekten bei verbreiteter Unterbeschäftigung jedoch gering.

Ein wichtiger Sachverhalt blieb bisher allerdings unerwähnt: Eine so bedeutende Steuer wie die Einkommensteuer ist mit einem *progressiven Tarif* ausgestattet, so daß ihr marginaler Steuersatz mit wachsendem Einkommen zunimmt. Wie groß dieser Effekt ist, muß jeweils empirisch untersucht werden, er vergrößert jedenfalls die Eintrittswahrscheinlichkeit für das Schuldenparadox und verstärkt im übrigen auch die konjunkturstabilisierende Wirkung des Steueraufkommens bei konstanten Staatsausgaben. Im allgemeinen ist jedoch bei realistischen Annahmen über die Größenbereiche der Parameter zu erwarten, daß der Staatsausgabenmultiplikator in bezug auf das Budget zwischen minus eins und null liegt. Mithin wird das Budgetdefizit bei einer Erhöhung der Staatsausgaben zunehmen, aber um einen kleineren Betrag als die Ausgaben.

Mit der vorstehenden Analyse sind die drei Möglichkeiten genannt, die dem Staat angesichts der Konjunkturschwankungen in bezug auf seine Ausgabenpolitik offenstehen. Sein Verhalten ist

– *prozyklisch,* wenn er sein Budget ständig ausgleicht oder das Budgetdefizit konstant hält;
– *passiv antizyklisch,* wenn er seine Ausgaben ungeachtet konjunkturbedingt variierender Steuereinnahmen konstant hält;
– *aktiv antizyklisch,* wenn er im Konjunkturabschwung seine Ausgaben erhöht und zusätzliche Defizite in Kauf nimmt; und wenn er im Aufschwung seine Ausgaben senkt und Überschüsse ansammelt oder seine Defizite verringert. Der zuletzt genannte Fall ist auch gegeben, wenn nur die jährlichen Budgetdefizite größer oder kleiner werden, ohne je zu verschwinden.

Als Ergebnis dieses und des vorherigen Abschnitts ist festzuhalten, daß gesamtwirtschaftliche Expansions- und Kontraktionsprozesse durch die Handhabung des Staatshaushalts erheblich beeinflußt werden. Es ist eine der zentralen Schlußfolgerungen der auf KEYNES zurückgehenden Makroökonomik, daß von dieser Erkenntnis wirtschaftspolitisch Gebrauch gemacht werden sollte.

IV. Multiplikatorprozesse in der offenen Volkswirtschaft

1. Import- und Exportfunktionen. In offenen Volkswirtschaften kaufen private Haushalte, Unternehmen und öffentliche Haushalte auch ausländische Sachgüter und Dienstleistungen, und ein Teil der im Inland hergestellten Güter wird exportiert. Das Ausmaß, in dem die westlichen Industrieländer in dieser Weise mit dem Ausland wirtschaftlich verbunden sind, ist unterschiedlich, jedoch ist die Außenhandelsverflechtung im allgemeinen um so größer, je kleiner ein Land ist. Mißt man sie durch die *Exportquote* als Anteil des Exports am Bruttosozialprodukt, so zeigt sich, daß diese im Durchschnitt der Jahre 1961 bis 1980 in Belgien bei 54,2 v. H., in den Niederlanden bei 47,5 v. H., in Großbritannien bei 26,2 v. H., in der Bundesrepublik Deutschland bei 23,4 v. H., in Japan bei 12,0 v. H. und in den Vereinigten Staaten bei 7,3 v. H. lag.[21] Insgesamt hat die Außenhandelsverflechtung der westlichen Industrieländer seit 1950 in einem historisch bisher einmaligen Ausmaß zugenommen. Damit wuchs auch die gegenseitige Abhängigkeit dieser Länder. Konjunkturschwankungen und Preisniveauänderungen übertragen sich schneller als früher von Land zu Land, und bei jeder konjunkturpolitischen Maßnahme muß auf Einflüsse Rücksicht genommen werden, die von außenwirtschaftlichen Transaktionen auf den Wirtschaftsablauf ausgehen. Die Erörterungen in diesem Teil beschränken sich auf die Untersuchung von Wirkungen, die der Außenhandel auf gesamtwirtschaftliche Expansions- und Kontraktionsprozesse ausübt.

Gleichgewicht zwischen gesamtem Güterangebot und gesamter Güternachfrage in der nunmehr betrachteten offenen Volkswirtschaft mit staatlicher ökonomischer Aktivität herrscht, wenn

$$Y_m^b + Im = C + I^b + G + Ex$$

---

[21] Zahlenangaben berechnet nach: OECD, Department of Economics and Statistics: National Accounts. Main Aggregates, Vol. I, 1953–1982. Paris 1984, S. 30–33, 40 f., 48 f., 60 f., 74f.

gilt (zur Interpretation vgl. S. 4). Gemäß dem S. 5 f. erläuterten Ansatz sind nun Verhaltensfunktionen aufzustellen, in denen der Import Im und der Export Ex als abhängige Variable durch andere Variable erklärt werden.

Der Import eines Landes besteht zum größten Teil aus Gütern, die von Unternehmen gekauft, im Produktionsprozeß eingesetzt und in Gestalt der jeweiligen Endprodukte weiterverkauft werden. Diese Betrachtungsweise gilt auch für importierte Investitionsgüter, da deren Nutzungen ebenfalls in die Endprodukte eingehen. Alle Komponenten der Endnachfrage einschließlich des Exports weisen daher in einer offenen Volkswirtschaft einen bestimmten Gehalt an Importgütern auf. Mit Hilfe von Input-Output-Analysen kann man diesen Gehalt numerisch schätzen. Steigt die gesamtwirtschaftliche Endnachfrage und damit das Bruttosozialprodukt zu Marktpreisen, so werden sich auch die Einfuhren erhöhen.

Neben Unternehmen treten private Haushalte als Importeure auf. Hierbei handelt es sich in erster Linie um Ausgaben für Transport, Unterkunft, Nahrungsmittel und dergleichen bei Auslandsreisen. Dieser *Direktimport* der privaten Haushalte im Reiseverkehr belief sich in der Bundesrepublik 1985 auf 43 Mrd. DM und machte damit 7 v. H. des gesamten Importwertes von 608 Mrd. DM aus.[22] Außerdem gibt es noch in geringem Umfang Direkteinfuhren öffentlicher Haushalte. Auch diese beiden Komponenten des Imports können als vom Bruttosozialprodukt abhängig angesehen werden. Damit gelangt man zu

Hyp. 2.1: *Der Import eines Landes nimmt mengen- und wertmäßig mit wachsendem Bruttosozialprodukt zu.*

Viele ausländische Anbieter von Importgütern sind auf inländischen Märkten Konkurrenten heimischer Produzenten, die gleiche oder ähnliche Güter anbieten. Die inländischen Nachfrager solcher Güter stehen dann vor der Entscheidung, entweder ausländische oder konkurrierende inländische Güter zu kaufen. Wenn dabei gemäß einer bekannten Hypothese unter sonst gleichen Umständen das billigere Angebot wahrgenommen wird, müssen auch die Preisverhältnisse zwischen konkurrierenden in- und ausländischen Gütern als erklärende Variable für den Import herangezogen werden. Wird beispielsweise ein Gut x von Inländern zum Preis $p_i = 12$ DM/ME (Deutsche Mark je Mengeneinheit) und von Ausländern zum Preis $p_a = 4$ \$/ME (US-Dollar je Mengeneinheit) angeboten und beträgt der Devisenkurs $d = 2{,}50$ DM/\$, so ist das Preisverhältnis

$$\frac{p_i}{p_a \cdot d}, \quad \text{mithin} \quad \frac{\dfrac{12\,\text{DM}}{\text{ME}}}{\dfrac{4\,\$}{\text{ME}} \cdot \dfrac{2{,}50\,\text{DM}}{\$}} = 1{,}2 \,. \qquad (2.31)$$

Die Preise p_i und p_a können so interpretiert werden, daß sie Zölle, Transport- und Versicherungsaufwendungen, Steuerbe- und -entlastungen enthalten und daher mit den Beträgen erfaßt werden, mit denen sie in die Kalkulationen der

---

[22] Vgl. Statistische Beihefte zu den Monatsberichten der Deutschen Bundesbank, Reihe 3 – Zahlungsbilanzstatistik, April 1987, S. 2, 12.

Nachfrager eingehen. Betrachtet man alle tatsächlich importierten oder importierbaren Güter, die mit heimischen Erzeugnissen konkurrieren, dann gelangt man unter Berücksichtigung der allgemeinen Hypothese über das Verhalten von Nachfragern bei Preisänderungen, die in der negativen Neigung von Nachfragekurven zum Ausdruck kommt, zu

Hyp. 2.2: *Der mengenmäßige Import eines Landes nimmt zu, wenn die internationalen Preisverhältnisse, gemessen als Quotient aus Inlands- und Auslandspreisen, steigen.*

Die internationalen Preisverhältnisse hängen ihrerseits ab von
- der zeitlichen Entwicklung der Preise im Inland relativ zu ihrer Bewegung im Ausland;
- der zeitlichen Entwicklung des Devisenkurses d.

Steigen beispielsweise die Preise im Inland schneller als im Ausland, so geraten ausländische Anbieter auf inländischen Märkten in eine bessere Wettbewerbsposition; der mengenmäßige Import nimmt zu. Wird die heimische Währung abgewertet, d also erhöht, so sinkt das Preisverhältnis (2.31); die Mengen der importierten Güter nehmen ab. Wie sich der Importwert ändert, hängt in der bekannten Weise davon ab, ob sich die Preise im elastischen oder im unelastischen Bereich der Nachfragekurven bewegen.

Die beiden bisher aufgestellten Hypothesen lassen sich zu einer *gesamtwirtschaftlichen Importfunktion* zusammenfassen:

$$Im = Im\left(Y, \frac{p_i}{p_a \cdot d}\right), \quad \text{worin} \quad \frac{\partial Im}{\partial Y} > 0 \quad \text{und} \quad \partial Im / \partial \left(\frac{p_i}{p_a \cdot d}\right) \lessgtr 0. \quad (2.32)$$

Sie besagt, daß der Wert des Imports jeweils ceteris paribus mit steigendem Sozialprodukt zunimmt und mit steigenden internationalen Preisverhältnissen zunimmt, abnimmt oder konstant bleibt. In der Praxis sind p_i and p_a dabei als Preisindizes für die in Frage kommenden Gütersortimente zu interpretieren.

In diesem Kapitel wird von Einflüssen des internationalen Preisverhältnisse und des Devisenkurses jedoch abgesehen und allein das Sozialprodukt als erklärende Variable herangezogen. Bild 2.8 mag einen Eindruck von der Gestalt dieses Zusammenhangs für die Bundesrepublik vermitteln. Die auf gleiche Weise wie Gleichung (1.5) S. 10 ermittelte Gleichung der Geraden ist

$$Im = -55{,}8 + 0{,}296\, Y_m^b. \quad (2.33)$$

Jedoch sind auch bei dieser Berechnung die S. 11 f. gegebenen Warnungen zu berücksichtigen. Könnte man Gleichung (2.33) als gesamtwirtschaftliche Importfunktion interpretieren, dann wäre der autonome Import $Im^a = -56$ Mrd. DM und die *gesamtwirtschaftliche marginale Importquote* der Bundesrepublik $m = 0{,}3$: Steigt das Bruttosozialprodukt um 1 Mrd. DM, werden für rund 300 Mill. DM mehr Güter eingeführt.

In bezug auf den Export eines Landes können entsprechende Hypothesen aufgestellt werden, da er gleich der Summe der Importe seiner Handelspartner ist. Symbolisiert man mit Y_a die Sozialprodukte der Handelspartner, so könnte

Bild 2.8 – *Bruttosozialprodukt zu Marktpreisen und Import*[a] *der Bundesrepublik Deutschland, 1961–1980*

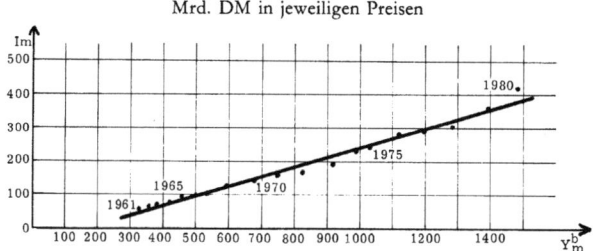

[a] Einfuhr cif plus Ausgaben für Dienstleistungen.
Quelle: Wie bei Bild 1.2 (S. 11), S. 87–89.

die *gesamtwirtschaftliche Exportfunktion* für ein Land so aussehen:

$$Ex = Ex\left(Y_a, \frac{p_i}{p_a \cdot d}\right), \quad \text{worin} \quad \frac{\partial Ex}{\partial Y_a} > 0, \quad \partial Ex/\partial\left(\frac{p_i}{p_a \cdot d}\right) < 0. \quad (2.34)$$

Danach nimmt der Export zu, wenn ceteris paribus die Sozialprodukte der Handelspartner steigen, das ausländische Preisniveau schneller steigt als das inländische oder die heimische Währung abgewertet wird. In diesem Kapitel wird jedoch von Exportfunktionen kein Gebrauch gemacht, sondern angenommen, der Export sei autonom bestimmt.

2. Der Import als Bremse eines Expansionsprozesses. Bei der Analyse expansiver Prozesse in den Teilen II und III dieses Kapitels wurde festgestellt, daß in der Regel nicht das gesamte zusätzliche Einkommen in Konsumgüternachfrage umgewandelt wird. Dafür wurden zwei Gründe genannt. Ein Teil des Mehreinkommens wird in Gestalt zusätzlicher Steuern an den Staat abgeführt, der die Steuermehreingänge nicht zwangsläufig voll in Nachfrage umsetzt, sondern vielleicht teilweise stillegt; und aus dem verbleibenden verfügbaren Einkommen wird ein Teil gespart. Das Sinnbild eines durch zusätzliche Ausgaben induzierten zusätzlichen Einkommensstroms wird hierbei häufig dadurch weitergeführt, daß man statt von *Einkommensstillegung* von *Lecks* spricht, die an diesem Strom auftreten, mit ihm wachsen und schließlich so groß werden, daß die Expansion aufhört.

In einer offenen Volkswirtschaft tritt ein weiteres Leck hinzu. Ein Teil des Einkommens wird zum Kauf ausländischer Güter aufgewendet, fällt also als Nachfrage nach inländischen Gütern aus. Vom inländischen Einkommenskreislauf her gesehen kommt dies ebenfalls einer Einkommensstillegung gleich. Ihr Ausmaß wird durch den autonomen Import Im^a und die marginale Importquote m bestimmt. Je größer diese ist, um so größer ist der Teil jeder zusätzlichen Einkommenseinheit, der im Inland nicht nachfragewirksam wird; und um so kleiner ist dementsprechend der multiplikative Effekt einer gegebenen autonomen Ausgabeerhöhung. Dies muß an der Größe des Multiplikators abzulesen sein. Setzt man in einem Modell ohne Staat die Investition und den Export von vornherein autonom an, unterstellt die übliche Konsumfunktion und fügt eine lineare Importfunktion hinzu:

Modell 2.35 – *Gesamtwirtschaftliches Gütermarkt-Gleichgewicht bei einkommensabhängigem Import*

Konsumfunktion:	$C = C^a + cY$, worin $0 < c < 1$	(2.35-I)
Importfunktion:	$Im = Im^a + mY$, worin $0 < m < 1$	(2.35-II)
Gleichgewichtsbedingung:	$Y = C + I^a + Ex^a - Im$,	(2.35-III)

dann erhält man als Gleichgewichtswert des Volkseinkommens:

$$Y = \frac{1}{1-c+m}(C^a + I^a + Ex^a) - \frac{1}{1-c+m} Im^a. \qquad (2.36)$$

Der Vergleich etwa des Investitionsmultiplikators in bezug auf das Sozialprodukt in dieser Gleichung mit seinem Wert in einer geschlossenen Volkswirtschaft gemäß Gleichung (2.9) S. 68 zeigt, daß ihn das zusätzliche Leck verkleinert hat, da die positive Größe m zusätzlich im Nenner erscheint. Setzt man wieder $1 - c = s$, so wird noch deutlicher, daß die im Nenner von Multiplikatoren auftretenden Verhaltensparameter die Bremswirkung in bezug auf einen Expansionsprozeß messen. Der Investitionsmultiplikator in bezug auf das Sozialprodukt in einer offenen Volkswirtschaft ohne Staat läßt sich dann $1/(s + m)$ schreiben: Marginale Sparquote und marginale Importquote werden addiert und bestimmen so, reziprok genommen, die Größe des Multiplikators.

Bei der graphischen Bestimmung des Gleichgewichtseinkommens in einer offenen Volkswirtschaft geht man am besten von der Sparfunktion aus, wie sie in Bild 2.4 (S. 72) dargestellt ist, und superponiert die Importfunktion. Bild 2.9 illustriert den Satz, daß in einer offenen Volkswirtschaft gesamtwirtschaftliches Gleichgewicht herrscht, wenn die Ersparnis ex ante gleich der Summe aus Investition und Außenbeitrag (beide ex ante) ist:

$$S = I + Ex - Im. \qquad (2.37)$$

Es muß dann auch die Summe aus Investition und Export gleich der Summe aus Ersparnis und Import sein. Dies ist in Bild 2.9 beim Einkommen Y_0 der Fall, bei dem die aus Ersparnis und Import zusammengesetzte $(S + Im)$-Kurve die $(I^a + Ex^a)$-Kurve schneidet. Erhöht sich autonom die Investition um den Betrag ΔI^a, so ergibt sich aus dem Schnittpunkt der neuen $(I^a + \Delta I^a + Ex^a)$-Kurve mit der $(S + Im)$-Kurve das neue Gleichgewichtseinkommen Y_1. Die expansive Wirkung ist unter sonst gleichen Umständen kleiner als in der geschlossenen Volkswirtschaft, weil die $(S + Im)$-Kurve steiler verläuft als die Sparkurve allein. Man erkennt dies auch, wenn man zum Vergleich die Differenz zwischen den Gleichgewichtswerten Y_1' und Y_0' heranzieht.

3. Export- und Importmultiplikator. Wie jede autonome Ausgabenerhöhung führt in der offenen Volkswirtschaft auch eine dauerhafte Steigerung des Exports von Waren und Dienstleistungen zu einem expansiven Prozeß. Die

Bild 2.9 – *Gleichgewichtswerte des Volkseinkommens in einer offenen Volkswirtschaft ohne Staat*

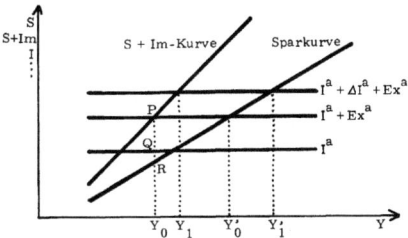

Änderung des Gleichgewichtseinkommens aufgrund einer Änderung des Exports ergibt sich aus Gleichung (2.36) zu

$$\Delta Y = \frac{1}{1 - c + m} \Delta Ex^a, \qquad (2.38)$$

worin $1/(1 - c + m)$ der *Exportmultiplikator in bezug auf das Sozialprodukt* ist. Er ist in diesem Fall ebenso groß wie der Investitions- und der Konsumausgabenmultiplikator. Die Wirkung dauerhafter Änderungen des Exports auf das Gleichgewichtseinkommen ist aus Bild 2.9 abzulesen, wenn man sich die $(I^a + Ex^a)$-Kurve um den positiven oder negativen Betrag der Exportänderung ΔEx^a nach oben oder unten verschoben denkt.

Eine entsprechend andere Wirkung auf das Gleichgewichtseinkommen folgt aus einer Änderung des Importverhaltens. Wünschen die Inländer in ihrer Gesamtheit aus jedem Einkommen mehr für Importe auszugeben, so kann dies beispielsweise mit einer Vergrößerung des Parameters Im^a in der Importfunktion (2.35-II) erfaßt werden. Da der *Importmultiplikator in bezug auf das Sozialprodukt* gleich $-1/(1 - c + m)$ und damit negativ ist, führt eine solche Verhaltensänderung zu einem kontraktiven Multiplikatorprozeß, der in einem niedrigeren Gleichgewichtseinkommen endet. Graphisch zeigt sich diese Änderung der Importneigung in einer Verschiebung der Importkurve nach oben, deren Wirkung auf das Gleichgewichtseinkommen bei unveränderter $(I^a + Ex^a)$-Kurve direkt aus Bild 2.9 ablesbar ist. Äußert sich die Verhaltensänderung in einer Änderung der marginalen Importquote, so gilt: Je kleiner diese Quote, um so größer sind sowohl der Exportmultiplikator als auch die Multiplikatorwirkungen autonomer Änderungen der Investition.

4. Wirkungen multiplikativer Prozesse auf den Außenbeitrag. Ein gesamtwirtschaftliches Gleichgewicht in einer offenen Volkswirtschaft setzt nicht voraus, daß der Außenbeitrag gleich null und damit nach Gleichung (2.37) die heimische Investition gleich der heimischen Ersparnis ist. So ist etwa beim Einkommen Y_0 in Bild 2.9 der Export gleich PQ, der Import gleich PR, was einen negativen Außenbeitrag bedeutet. Bei anderer Lage der Kurven könnte der Außenbeitrag positiv oder gleich null sein. Ein anhaltend von null verschiedener Außenbeitrag ändert jedoch ständig die Nettoauslandsposition des Landes, soweit dem nicht entsprechende Gegenbewegungen in der Übertragungsbilanz gegenüberstehen. Er ist somit eine wirtschaftspolitisch interessante Größe, und es ist zu untersuchen, wie sich die von unterschiedlichen autonomen Ausgabeänderungen ausgehenden Expansions- oder Kontraktionsprozesse auf ihn auswirken.

Zur Untersuchung dieser Frage wird das Modell 2.35 durch die Definition des Außenbeitrags AB erweitert:

$$AB = Ex^a - Im. \qquad (2.35\text{-IV})$$

In dem erweiterten Modell stehen zur Bestimmung der vier Variablen Y, C, Im und AB vier Gleichungen zur Verfügung. Es ergibt sich

$$AB = -\frac{m}{s+m}C^a - \frac{m}{s+m}I^a - \frac{s}{s+m}Im^a + \frac{s}{s+m}Ex^a, \qquad (2.39)$$

worin $1 - c = s$ gesetzt worden ist. Das jeweilige Ausmaß der Änderung des Außenbeitrags wird durch die Quotienten $m/(s+m)$ und $s/(s+m)$ bestimmt, die beide absolut kleiner als eins sind. Sie heißen – mit Vorzeichen versehen – *Multiplikatoren in bezug auf den Außenbeitrag*. Drei von ihnen sind negativ: Sowohl eine Erhöhung der Konsumneigung, ausgedrückt durch ein positives ΔC^a, als auch eine Zunahme der autonomen Investition oder eine vermehrte Importneigung, ausgedrückt durch ein positives ΔIm^a, senken jeweils ceteris paribus den Außenbeitrag, da der Export konstant bleibt und der Import steigt. Lediglich der *Exportmultiplikator in bezug auf den Außenbeitrag* ist größer als null. Steigt autonom der Export, so führt dies bei Konstanz der anderen autonomen Ausgabekomponenten zu einem Expansionsprozeß des Volkseinkommens, der über die Importfunktion vermehrte Importe induziert und daher der Tendenz nach den Saldo aus Export und Import ebenfalls verkleinert. Der vermehrte Export bildet jedoch definitionsgemäß einen positiven Bestandteil dieses Saldos, der den passivierenden Einfluß der Importe überwiegt, so daß sich insgesamt eine Aktivierung ergibt. Die Berechnung des *Exportmultiplikators in bezug auf den Import* zeigt, daß eine Exportsteigerung unter den bisherigen Annahmen keine gleich große oder größere Zunahme des Imports induziert. Man erhält aus dem Modell 2.35 den Ausdruck

$$Im = \frac{m}{s+m}C^a + \frac{m}{s+m}I^a + \frac{m}{s+m}Ex^a + \frac{s}{s+m}Im^a, \qquad (2.40)$$

in dem alle Multiplikatoren positiv und kleiner als eins sind. Danach ergibt sich der eben genannte Multiplikator aus der Gleichung

$$\Delta Im = \frac{m}{s+m}\Delta Ex^a. \qquad (2.41)$$

Ist die marginale Sparquote größer als null, führt eine autonome Exportsteigerung zu einer kleineren Importzunahme, vergrößert also den Außenbeitrag. Nur im Extremfall $s = 0$ ist der Exportmultiplikator in bezug auf den Import gleich eins, induziert also eine Exportzunahme eine gleich große Importerhöhung. In diesem Fall wäre der Import das einzige Leck, durch das die vermehrten autonomen Ausgaben kompensiert werden. Ein neues Gleichgewicht kann dann nur eintreten, wenn der aus dem expandierenden Volkseinkommen resultierende zusätzliche Import ebenso groß ist wie die Exportzunahme. Eine Sparquote von null bedeutet gemäß Gleichung (2.38) S. 95, daß der Exportmultiplikator in bezug auf das Sozialprodukt ebenso wie die anderen aus Gleichung (2.36) zu errechnenden Multiplikatoren gleich dem reziproken Wert der marginalen Importquote ist. Er kann mithin beträchtliche Werte annehmen, wenn diese Quote entsprechend Gleichung (2.33) S. 92 bei 0,2 bis 0,3 liegt.

V. Konjunkturtheorie

1. Ansätze der Konjunkturtheorie. Die in den Teilen II bis IV dieses Kapitels analysierten Multiplikatorprozesse führen bei realistischen Annahmen über die Größenbereiche der Verhaltensparameter zu neuen Gleichgewichtswerten des Sozialprodukts und kommen so von allein zum Stillstand. In keinem Fall gerät das Sozialprodukt in das in Bild 2.2 (S. 58) am Beispiel der Bundesrepublik dargestellte zyklische Wachstum. Multiplikatorprozesse bilden daher vermutlich ein wichtiges Element der zyklischen Bewegungen des Sozialprodukts, bringen jedoch keine Wendepunkte (vgl. Bild 2.1, S. 55) zustande. Eine anspruchsvollere Theorie hätte darüber hinaus zu erklären, wie es am Ende eines expansiven oder kontraktiven Multiplikatorprozesses zu einer Bewegung in die entgegengesetzte Richtung kommen kann: Sie wäre eine *Konjunkturtheorie*. Sie hätte auch zu untersuchen, ob die Konjunkturschwankungen die Folge zufälliger, von außen kommender Störungen oder aber eine Eigenart des seiner Natur nach instabilen marktwirtschaftlichen Systems sind. Nach der Antwort auf diese Grundfrage teilt man die Konjunkturerklärungen in „exogene" und „endogene" ein und meint damit den Bedingungskomplex, der von dem jeweiligen Theoretiker als Ursache für die beobachtbaren Schwankungen identifiziert wird.

Im Rahmen einer exogenen Konjunkturerklärung wird angenommen, daß das Wirtschaftssystem in Abwesenheit von Störungen alle Produktionsfaktoren voll beschäftigen und für ein konstantes Wachstum des Sozialprodukts sorgen würde. Tatsächlich gibt es jedoch Störungen oder *Schocks,* wie man auch sagt, die von jedem denkbaren Ablaufmodell her gesehen als exogen angesehen werden müssen. Als solche wurden neben Sonnenflecken und den aus ihnen resultierenden Klimaschwankungen, der Entdeckung von Goldlagerstätten und der folgenden Vermehrung der Geldmenge unter anderem ausgemacht:
– Grundlegende Erfindungen und ihre Umsetzung in Produktion und Angebot neuer Güter (Innovationen), mithin Investitionsschübe infolge technischen Fortschritts;
– Die systemimmanente Instabilität der Renditeerwartungen potentieller Investoren und damit die erratisch schwankende private Investitionstätigkeit;
– Wirtschaftspolitische Eingriffe, die zur unrechten Zeit, mit falscher Dosierung oder zwecks Einflußnahme auf das Wahlverhalten unternommen werden und den Wirtschaftsablauf destabilisieren.
Einflüsse solcher Art, zu denen in neuester Zeit abrupte Schwankungen international wichtiger Rohstoffpreise, Regierungswechsel mit einschneidenden

Änderungen der Wirtschaftspolitik und natürlich immer schon Natur- und technische Katastrophen, Kriege und Revolutionen zu zählen wären, zwingen die Wirtschaftssubjekte zu Anpassungsreaktionen, die der Beobachter als gedämpfte und in einem neuen Gleichgewichtszustand endende Schwingungen der wirtschaftlichen Aktivität wahrnehmen würde, wenn nicht immer wieder, erratisch und unvorhersehbar, neue Schocks auftreten würden.

Die konkurrierende Gruppe von Theorien besagt dagegen, daß die Konjunkturbewegungen endogen sind, daß das marktwirtschaftliche System seiner Natur nach instabil ist und von sich aus in Schwingungen gerät, die dem Theoretiker als mehr oder weniger regelmäßige Zyklen erscheinen. Sein Ziel ist es dann, den oder einen zeitlich invarianten Bedingungskomplex und damit ein stabiles Grundmuster in Gestalt von Zielen, Erwartungen, Verhaltensweisen der Wirtschaftssubjekte aufzudecken, das im Rahmen der institutionellen Gegebenheiten für sich allein genommen regelmäßige Schwingungen des realen Sozialprodukts um seinen Wachstumstrend verursachen würde. Die empirisch vorzufindenden, mehr oder weniger unregelmäßigen Bewegungen sind dann als Abweichungen von dem Grundmuster zu interpretieren, für die jeweils individuelle Ursachen in Gestalt von außen kommender Störungen zu suchen wären. Diese gegenüber dem Schockmodell anspruchsvollere Idee wird anschließend anhand einiger ausgewählter Modelle weiterverfolgt.

2. Wirkungen konjunkturabhängigen Spar- und Investitionsverhaltens. Bei der Erörterung einer vom Sozialprodukt abhängigen Investitionstätigkeit wurde in Bild 2.4 (S. 72) gezeigt, daß es für die Stabilität eines gesamtwirtschaftlichen Gleichgewichts auf das Größenverhältnis zweier Verhaltensparameter ankommt. Ist die marginale Sparquote s in der Umgebung des Gleichgewichtseinkommens größer als die marginale Investitionsquote k, dann setzt eine Störung Prozesse in Gang, die zum Gleichgewicht zurückführen. Gilt $s < k$, entfernt sich das Sozialprodukt in der einen oder anderen Richtung immer mehr vom Ausgangszustand. Dieses Ergebnis beruht auf der Annahme je einer linearen Spar- und Investitionsfunktion und führt nicht zu dem zyklischen Auf und Ab der Konjunkturbewegungen. Die Hypothese einer zumindest langfristig linearen Sparfunktion gilt als ökonometrisch gut bestätigt, während sich das Investitionsverhalten sicher nicht mit einer so einfachen Annahme erfassen läßt. Bild 2.10 (a) zeigt nun die Kombination einer linearen Sparkurve mit einer nichtlinearen Investitionskurve, wobei Y_1 als Sozialprodukt während einer Depression, Y_3 als Sozialprodukt während der Hochkonjunktur aufzufassen ist. Die Investitionskurve verläuft in beiden Extremsituationen relativ flach, die marginale Investitionsquote ist also klein. Zur Begründung wäre anzuführen, daß es in der Depression allenthalben unausgenutzte Produktionskapazitäten gibt und daher eine geringfügige Zunahme des Sozialprodukts noch kaum Investitionsanreize bietet. Aber auch bei dem hohen Sozialprodukt Y_3 kann k kleiner als im mittleren Bereich um Y_2 sein, weil in der Hochkonjunktur die Produktionskosten stärker steigen, die Verschuldung zugenommen hat und die Aufnahme weiterer Kredite teurer wird. Hinzu kommt, daß in einer solchen Situation auch mit kontraktiven wirtschaftspolitischen Eingriffen zu rechnen ist. Diese in die Argumentation einzubeziehen bedeutet allerdings, die Wirtschaftspolitik als en-

Bild 2.10 – *Kumulative Prozesse bei konjunkturabhängigem Investitions- und Sparverhalten*

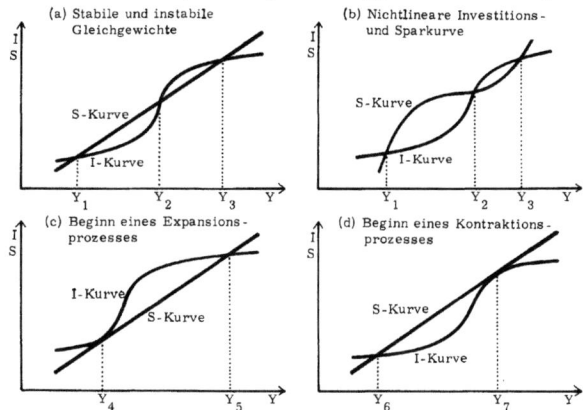

dogen zu betrachten. Tatsächlich spricht einiges dafür, sie bei der Erklärung beobachteter Vorgänge schon deswegen nicht auszuklammern, weil sich die Wirtschaftssubjekte mit ihrem Verhalten allem Anschein nach mehrheitlich auf die Existenz und die erwarteten Folgen wirtschaftspolitischer Eingriffe einstellen. Darauf wird noch zurückzukommen sein.

Teil (a) des Bildes läßt erkennen, daß bei Y_1 und Y_3 stabile Gleichgewichtspositionen vorliegen, während das Gleichgewicht bei Y_2 instabil ist. Bei dieser Lage der Kurven würde also ein Sozialprodukt $Y < Y_1$ und $Y_2 < Y < Y_3$ expandieren, bis es eine der stabilen Gleichgewichtspositionen Y_1 oder Y_3 erreicht hat, weil in den genannten Bereichen die geplante Investition größer als die geplante Ersparnis ist. In den Bereichen $Y > Y_3$ und $Y_1 < Y < Y_2$ setzen dagegen wegen $S > I$ Kontraktionsprozesse ein, wenn Y einen dieser Werte annimmt. Verharrt das Sozialprodukt also nicht gerade ungestört im labilen Gleichgewicht Y_2, muß es entweder dem Depressionswert Y_1 oder dem Hochkonjunkturzustand Y_3 mit der Tendenz zustreben, dort zur Ruhe zu kommen.

In Bild 2.10 (b) ist angenommen, daß auch die Spartätigkeit von der Konjunkturlage abhängt. Nähert sich das Sozialprodukt seinem Depressionswert, wird das Sparen eher stärker reduziert, weil die Haushalte ihr Konsumniveau trotz gesunkener Einkommen aufrechterhalten wollen. Viele Arbeitslose werden aus öffentlichen Mitteln unterstützt, so daß auch die staatliche Ersparnis zurückgeht. In der Hochkonjunktur erzielen die Sozialhaushalte dagegen Überschüsse, und die Einkommensverteilung ändert sich zugunsten der Einkommen aus Unternehmertätigkeit mit ihrer höheren Sparquote, womit zusätzlich ein Struktureffekt in dieser Situation für einen steileren Verlauf der Sparkurve sorgt. Die Sparkurve ist mithin in der angegebenen Weise nichtlinear, und die aus dem Investitionsverhalten resultierenden Antriebskräfte werden durch die Änderungen des Sparverhaltens verstärkt.

Aus diesem Modellansatz entsteht eine Konjunkturtheorie, wenn eine Hypothese hinzugefügt wird, gemäß der die Situationen Y_1 und Y_3 nur kurzfristig stabil sind und mittelfristig die Tendenz haben, instabil zu werden. Dazu bringt man den Einfluß des Kapitalstocks auf das Niveau der Spar- und Investitionstätigkeit ins Spiel. Dieses drückt sich graphisch in der Lage der beiden Kurven aus, so daß seine Änderungen durch deren Verschiebungen erfaßt werden müssen. Im folgenden wird mit der linearen Sparkurve in Teil (a) des Bildes argumentiert. Verharrt hier beispielsweise das Sozialprodukt bei Y_1, so läßt die zurückhaltende Investitionstätigkeit nach einiger Zeit einen Nachholbedarf entstehen. Hinzu mag kommen, daß Erwartungen auf einen Konjunkturaufschwung entstehen, die auf Erfahrungen früherer Konjunkturabläufe beruhen und von wirtschaftspolitischen Eingriffen unterstützt werden. Außerdem läßt der technische Fortschritt Modernisierungsbedarf entstehen. Das bedeutet, daß trotz des niedrigen Sozialprodukts mehr investiert wird. Die I-Kurve verschiebt sich zumindest in diesem Bereich nach oben. Anderseits hat die geringe Investitionstätigkeit den Kapitalstock einige Zeit nur noch wenig wachsen oder sogar schrumpfen lassen. Die Inhaber der Ansprüche auf ihn fühlen sich weniger wohlhabend und sparen entsprechend weniger. Die S-Kurve verschiebt sich nach unten, und beide Bewegungen führen dazu, daß die S-Kurve in ihrem unteren Bereich zur Tangente an die I-Kurve wird. Diese Situation ist durch das Sozialprodukt Y_4 in Teil (c) des Bildes markiert, in dem die Punkte Y_1 und Y_2 des Teils (a) zusammengefallen sind. Der Tangentialpunkt hat nun aber die bemerkenswerte Eigenschaft, daß das durch ihn verkörperte Gleichgewicht nach links, also für alle $Y < Y_4$, stabil ist, während jede Abweichung des Sozialprodukts nach rechts in die Situation $I > S$ und daher zu einem Expansionsprozeß führt, der erst in dem neuen stabilen Gleichgewicht Y_5 endet.

Es bleibt zu zeigen, daß auch die zunächst stabile Gleichgewichtssituation Y_5 nicht von Dauer sein wird. Die dort zunächst hohe Investitionstätigkeit vergrößert den Kapitalstock relativ schnell und senkt daher nach einiger Zeit die Ertragserwartungen, was die Investitionen zurückgehen läßt: Die I-Kurve verschiebt sich nach unten. Anderseits hat das Vermögen der Eigentümer des Kapitalstocks zugenommen und ihre durchschnittliche Sparquote steigt, so daß die S-Kurve nach oben wandert. Beide Bewegungen zusammen führen, wie in Teil (d) des Bildes dargestellt, schließlich zu einem Gleichgewichtspunkt Y_7, in dem die beiden Kurven einander nur noch berühren. Dieser Punkt hat die dem Punkt Y_4 entsprechenden umgekehrten Eigenschaften: Das durch ihn markierte Gleichgewicht ist nach rechts stabil und nach links instabil. Jede kleine Störung, die zu $Y < Y_7$ führt, setzt also den Abschwung in Richtung auf Y_6 in Gang. Ist das Sozialprodukt bei diesem Wert angekommen, entsteht dort nach einiger Zeit die in Teil (c) dargestellte Situation, und es beginnt ein neuer Konjunkturzyklus.

Diese Überlegungen erfüllen insofern die Anforderungen an eine Konjunkturtheorie, als sie zyklische Schwankungen des Sozialprodukts erklären, die sich selbst regenerieren. Zwei Elemente sind wesentlich. Erstens gibt es auf dem Weg zwischen Depression und Hochkonjunktur und umgekehrt nur Ungleichgewichtssituationen, die das Sozialprodukt jeweils entweder weiter wachsen oder weiter schrumpfen lassen. Zweitens entstehen aus den beiden durch zunächst stabile Gleichgewichte gekennzeichneten Endsituationen heraus endogen Verhaltensänderungen, die diese Gleichgewichte nach einiger Zeit instabil werden lassen und neue kumulative Prozesse in Gang setzen. Verallgemeinert bedeutet dies die Idee, daß sich Parameter eines Systems ändern, sobald Variable gewisse Grenzen überschreiten. Sie wird als neue Forschungsrichtung unter der Bezeichnung *Katastrophentheorie* in der Mathematik verfolgt und inzwischen auch in der Wirtschaftswissenschaft angewandt. Eine Variante ist die Vermutung, daß die Größe von Parametern auch von der Bewegungsrichtung von Variablen abhängen kann (vgl. in bezug auf die marginale Konsumquote S. 73).

Die vorstehenden Überlegungen sind inzwischen zu einer formalen Theorie ausgebaut worden. Sie steht jedoch in Konkurrenz zu einer nunmehr zu besprechenden Gruppe von Theorien, in denen die Investitionstätigkeit direkt mit Expansions- und Kontraktionsprozessen des Sozialprodukts in Verbindung gebracht wird.

3. Der Akzeleratorprozeß in einem Wirtschaftszweig. Wenn auf einem Markt die monetäre Nachfrage bei den herrschenden Preisen das monetäre Angebot zu übersteigen tendiert, während die Anbieter ihre Produktionskapazitäten als ausgelastet betrachten, dann ergeben sich zwei Effekte: Es zeigt sich eine Tendenz zur Preissteigerung, und gleichzeitig erhalten die Anbieter einen Anreiz zur Ausdehnung der Produktion und damit zur Erweiterung des Produktionsapparats.

Es sei zunächst von Preissteigerungen abgesehen und die Wirkung von Nachfrageänderungen auf die Investitionstätigkeit in einem Wirtschaftszweig anhand eines Zahlenbeispiels untersucht. In einer Gleichgewichtssituation in Periode 0 möge die Nachfrage nach den Erzeugnissen des Wirtschaftszweigs 200 Einheiten, etwa Mill. DM, betragen. Zur Herstellung einer Produkteinheit werden jeweils vier Einheiten an dauerhaften Produktionsmitteln gebraucht, der *durchschnittliche Kapitalkoeffizient*[23] beträgt also 4. Der Kapitalstock sei vollständig an die Nachfrage angepaßt, bestehe also aus 800 Einheiten. Die Lebensdauer einer Einheit des Kapitalstocks betrage 20 Perioden, und es sei angenommen, daß er eine gleichmäßige Altersstruktur aufweist. Zu Beginn der Periode 0 seien also 40 Einheiten 19 Jahre alt, 40 Einheiten 18 Jahre, und so fort. Die letzten 40 Einheiten wurden während der Periode $t = -1$ investiert und sind daher zu Beginn der Periode 0 null Jahre alt, also neu. Daraus folgt, daß in jeder Periode 40 Einheiten ausscheiden. Diese Desinvestition etwa durch Verschrottung verringert direkt die Produktionskapazität, ist ein realer Vorgang und von den (kalkulatorischen) Abschreibungen zu unterscheiden. Diese erscheinen lediglich in den Büchern der Unternehmen und bewerten den produktionsbedingten Verschleiß der dauerhaften Produktionsmittel während der Rechnungsperiode, ändern aber nichts daran, daß die betreffenden Maschinen, Anlagen und Gebäude in Betrieb bleiben. Die Investition beschränkt sich auf den Ersatz der durch Desinvestition ausscheidenden Teile des Kapitalstocks, beträgt also 40 Einheiten je Periode. Die Bruttoinvestition ist mithin ausschließlich Reinve-

---

[23] Vgl. Rechnungswesen[6], S. 319–321. Da hierbei eine Bestands- zu einer Stromgröße in Beziehung gesetzt wird, hängt der numerische Wert des Kapitalkoeffizienten von der Periodenlänge ab, auf die sich die Stromgröße bezieht.

stition, die Nettoinvestition ist null. Die Situation ist in der ersten Zeile (= Periode 0) von Tabelle 2.3 beschrieben.

Es möge sich nun die Nachfrage N nach den Erzeugnissen des Wirtschaftszweiges autonom ändern, und zwar möge sie während der Phase I, die von Periode 1 bis 4 reicht, mit wachsenden Zuwachsraten steigen. Dies ist aus den Spalten (2) und (3) der Tabelle zu ersehen. Es sei angenommen, daß die Produzenten alle Nachfrageänderungen korrekt antizipieren und schon während der Perioden, in denen sie auftreten, mit entsprechenden Kapazitätsänderungen beantworten. Sie investieren also gerade soviel, daß der Kapitalstock an die Nachfrage angepaßt bleibt. Vom technischen Fortschritt sei abgesehen. Man kann dann davon ausgehen, daß zwischen einer zusätzlichen Produktmenge und der Menge der zu ihrer Herstellung notwendigen zusätzlichen dauerhaften Produktionsmittel eine konstante Beziehung besteht. Dieser *marginale Kapitalkoeffizient* sei wie der durchschnittliche gleich 4, so daß für jede Einheit zusätzlicher Nachfrage 4 Mengeneinheiten an dauerhaften Produktionsmitteln investiert werden. Da die während der Periode t eintretende Nachfrageänderung ΔN_t gleich der Differenz aus der Nachfrage dieser Periode und der Nachfrage der Vorperiode ist, wird das Investitionsverhalten also durch die Funktion

$$I_t^n = 4\,(N_t - N_{t-1}) \qquad (2.42)$$

wiedergegeben, worin I_t^n die induzierte Nettoinvestition während der Periode t ist. Spalte (6) in Tabelle 2.3 zeigt die aus diesem Verhalten resultierende Nettoinvestition. Sie beträgt (mit Ausnahme der Perioden 13 bis 15) jeweils das Vierfache der aus Spalte (2) zu berechnenden Nachfrageänderung. Das hervorstechende Kennzeichen dieses Expansionsprozesses ist nun die Tatsache, daß die Nettoinvestition bis zu Periode 4 prozentual wesentlich stärker zunimmt als die sie induzierende Änderung der Nachfrage nach den Erzeugnissen des Wirtschaftszweiges. Von Periode 1 auf 2 steigt diese Nachfrage um 4,9 v. H., während sich die Nettoinvestition verdoppelt, von Periode 2 auf 3 steigt N um 7,0 v. H. und I^n um 50 v. H., von Periode 3 auf 4 lauten die Zahlen 8,7 v. H. und 33,3 v. H. Der Grund hierfür ist, daß schon die erste Zuwachsrate der Nachfrage von einem im Ausgangsgleichgewicht vorhandenen Betrag berechnet wird, während die Nettoinvestition zunächst null ist. Obwohl sich bei geeigneten Annahmen über die weitere Zunahme der Nachfrage weiter fallende Zuwachsraten für die Nettoinvestition ergeben, wirkt sich eine Erhöhung der Nachfrage unter den genannten Voraussetzungen zunächst immer beschleunigend auf die Nettoinvestition aus. Man nennt einen solchen Prozeß daher einen *Akzeleratorprozeß*, den ihn bewirkenden Komplex von Bedingungen und Verhaltensweisen das *Akzeleratorprinzip* und die Größe 4 in Gleichung (2.42) den *Akzelerator*. Dabei ist die Beschleunigungswirkung von der numerischen Größe des Akzelerators unabhängig. Auch wenn beispielsweise die Produktion einer zusätzlichen Einheit für die Nachfrage die Investition nur einer oder einer halben zusätzlichen Einheit erfordern würde und damit anstelle von 4 in Gleichung (2.42) der Wert 1 oder 0,5 zu setzen wäre, würden sich zwar die absoluten Zahlen in Spalte (6), nicht aber ihre Änderungsraten in Spalte (7) ändern.

Aus der Nettoinvestition und der Reinvestition, die angesichts der vorerst konstant bleibenden Desinvestition ebenfalls konstant bleibt, ergibt sich in

Tabelle 2.3 – *Nachfrage, Investitionstätigkeit und Kapitalstock in einem Wirtschaftszweig*

Mill. DM in konstanten Preisen

Phase	Periode t	Nachfrage		Desinvestition	Reinvestition	Nettoinvestition		Bruttoinvestition	Kapitalstock	
		N_t	Änderung gegenüber Vorperiode			absolut	Änder. gegen Vorperiode		vorhanden	darunter: ungenutzt
		Mill. DM	v. H.	Mill. DM			v. H.	Mill. DM		
	(1)	(2)	(3)	(4)	(5)	(6)	(7)	(8)	(9)	(10)
	0	200	0	40	40	0	.	40	800	–
Phase I	1	205	+2,5	40	40	20	.	60	820	–
	2	215	+4,9	40	40	40	+100	80	860	–
	3	230	+7,0	40	40	60	+ 50	100	920	–
	4	250	+8,7	40	40	80	+ 33,3	120	1000	–
Phase II	5	270	+8,0	40	40	80	0	120	1080	–
	6	285	+5,6	40	40	60	– 25	100	1140	–
	7	295	+3,5	40	40	40	– 33,3	80	1180	–
	8	300	+1,7	40	40	20	– 50	60	1200	–
	9	300	0	40	40	0	–100	40	1200	–
Phase III	10	295	–1,7	40	20	–20	.	20	1180	–
	11	290	–1,7	40	20	–20	.	20	1160	–
	12	280	–3,4	40	0	–40	.	0	1120	–
	13	265	–5,4	40	0	–40	.	0	1080	20
	14	250	–5,7	40	0	–40	.	0	1040	40
	15	250	0	40	0	–40	.	0	1000	–
	16	250	0	40	40	– 0	.	40	1000	–
	⋮	⋮	⋮	⋮	⋮	⋮	⋮	⋮	⋮	⋮
Phase IV	20	250	0	40	40	0	.	40	1000	–
	21	250	0	60	60	0	.	60	1000	–
	22	250	0	80	80	0	.	80	1000	–
	⋮	⋮	⋮	⋮	⋮	⋮	⋮	⋮	⋮	⋮

Spalte (8) der Tabelle die Bruttoinvestition. In diesem Zahlenbeispiel steigt auch sie prozentual wesentlich stärker als die Nachfrage. Dies tritt jedoch nicht wie bei der Nettoinvestition zwangsläufig ein. Es lassen sich Fälle konstruieren, in denen die Reinvestition und damit die Basis für die Berechnung der Zuwachsraten der Bruttoinvestition so groß ist, daß diese kleiner sind als die Zuwachsraten der Nachfrage. Schließlich zeigt Spalte (9), daß der Kapitalstock im Ausmaß der jeweiligen Nettoinvestition wächst. Ungenutzte Kapazitäten treten vorerst nicht auf.

In Phase II sei angenommen, daß die Nachfrage zwar noch weiter zunimmt, aber mit fallenden Zuwachsraten, die gemäß Spalte (3) von 8,0 v. H. auf 1,7 v. H. abnehmen. Diese Phase erstreckt sich auf die Perioden 5 bis 8. Auch jetzt muß noch netto investiert werden, so daß der Kapitalstock weiter wächst. Die Wachstumsraten der Nettoinvestition sind jedoch negativ und nehmen den absoluten Beträgen nach zu: Während die Nettoinvestition von Periode 5 auf 6 um 25 v. H. fällt, geht sie von Periode 7 auf 8 um 50 v. H. zurück. Verharrt die Nachfrage in Periode 9 auf dem Stand der Vorperiode, so wird nicht mehr netto investiert. Die Bruttoinvestition ist wieder voll Reinvestition, und der Kapitalstock bleibt gegenüber der Vorperiode konstant.

Geht in Phase III die Nachfrage absolut zurück, so muß auch der Kapitalstock verkleinert werden, wenn er weiterhin der Nachfrage angepaßt bleiben soll. Dies kann nur dadurch geschehen, daß Reinvestitionen unterbleiben, die Bruttoinvestition also unter die Desinvestition sinkt. Dabei sind drei Fälle zu unterscheiden. Der erste Fall tritt in den Perioden 10 und 11 ein: Der überflüssig werdende Teil des Kapitalstocks ist noch kleiner als der durch die Desinvestition ohnehin ausscheidende Teil, so daß die Reinvestition teilweise aufrechterhalten wird. In Periode 12 liegt der zweite Fall vor: Die Desinvestition beseitigt gerade die infolge des Nachfragerückgangs überflüssig werdenden dauerhaften Produktionsmittel, so daß Brutto- und damit Reinvestition auf null sinken. Bis hierher ist das Akzeleratorprinzip voll auch in kontraktiver Richtung wirksam, da die Änderung des Kapitalstocks jeweils das Vierfache der Änderung der Nachfrage beträgt. Das wird anders, sobald die Nachfrage stärker sinkt. In diesem dritten Fall, der sich in den Perioden 13 und 14 zeigt, reicht die Desinvestition zur Anpassung des Kapitalstocks nicht mehr aus, so daß ein Teil des Kapitalstocks laut Spalte (10) ungenutzt bleibt. Dessen Abbau beschränkt sich auf die Desinvestition, das Akzeleratorprinzip ist nicht mehr wirksam. Nimmt man an, daß die Nachfrage nunmehr auf dem Stand von 250 verharrt, so wird in Periode 15 die Überschußkapazität von 40 abgebaut, und ab Periode 16 beträgt die Bruttoinvestition wieder 40.

4. Reinvestitionszyklen. Das Zahlenbeispiel der Tabelle 2.3 erlaubt es, noch einen weiteren Aspekt des Investitionsverhaltens zu demonstrieren. Zu Beginn des vorigen Abschnitts wurde eine gleichmäßige Alterszusammensetzung des Kapitalstocks angenommen. Diese Annahme trifft auf den gegenüber der Periode 0 um ein Viertel größeren Kapitalstock der Periode 15 nicht mehr zu. Infolge des ausgedehnten Investitionsstoßes der Perioden 1 bis 8, der in den Perioden 4 und 5 einen Höhepunkt erreichte, und des darauf folgenden Abbaus des Kapitalstocks gibt es jetzt beispielsweise – in Spalte (8) abzulesende – Investitionsjahrgänge in Höhe von 120 (Perioden 4 und 5), 60 (Perioden 1 und 8), 20 (Perioden 10 und 11) und null (Perioden 12 bis 15) Einheiten. Bei gleicher Lebensdauer der einzelnen Maschinen muß die Reinvestition und damit bei weiterhin konstant bleibender Nachfrage auch die Bruttoinvestition nach 20 Perioden genau so verlaufen, wie dies von Periode 1 an in Spalte (8) der Tabelle angegeben ist. Nur dann kann der Kapitalstock die Höhe von 1000 beibehalten, die angesichts der Nachfrage von 250 erforderlich ist. Der Beginn dieses *Reinvestitionszyklus* ist als Phase IV in Tabelle 2.3 angedeutet. Während in Periode 20 die während der Periode 0 brutto investierten 40 Einheiten ersetzt werden müssen, scheiden in Periode 21 die in 1 investierten 60 Einheiten aus und müssen ersetzt werden. In Periode 22 werden die 80 Einheiten von Periode 2 des- und reinvestiert, und so fort. Unter den genannten Voraussetzungen wiederholt sich also die gesamte Investitionswelle der Perioden 1 bis 15 mit ihrem Gipfel in den Perioden 4 und 5 und ihrer Talsohle in den Perioden 12 bis 15 nach jeweils 20 Perioden identisch. Im Unterschied zu der ersten, verursachenden Welle ist jedoch in den Folgewellen die gesamte Bruttoinvestition Reinvestition. Da jede Reinvestitionswelle gewissermaßen ein Echo darstellt, spricht man hier von einem *Echoeffekt*.

Bild 2.11 zeigt in Teil (a) die zeitliche Entwicklung der Nachfrage nach den Erzeugnissen des Wirtschaftszweiges. Sie steigt von 200 Einheiten in Periode 0 auf ein Maximum von 300 in den Perioden 8 und 9 und geht dann bis Periode 14 auf ein neues konstantes Niveau von 250 zurück. Dies ist die exogene Variable des Modells. Ihre Änderungen gegenüber der jeweiligen Vorperiode sind in Teil (b) wiedergegeben. Die Entwicklung der induzierten Investition als endogener Variabler ist in Teil (c) gezeigt, wobei Re- und Nettoinvestition graphisch unterschieden sind. Der erste Reinvestitionszyklus in Teil (d) des Bildes bedeutet erneut verstärkte Investitionstätigkeit, obwohl sich an der Nachfrage nichts ändert. Der dadurch eingeleitete Expansionsprozeß des Sozialprodukts kann jedoch seinerseits auf die Nachfrage nach den Erzeugnissen des Wirtschaftszweiges zurückwirken. Auch aus diesem Grund kann es in einem marktwirtschaftlichen System ohne äußere Einwirkungen zu Schwankungen der wirtschaftlichen Aktivität kommen.

Der nächste Schritt ist, die maßgebenden Parameter ökonometrisch zu schätzen und zu versuchen, beobachtetes Investitionsverhalten mit dem Akzeleratorprinzip zu erklären und vorherzusagen. Dabei muß jeweils genau untersucht werden, ob seine Voraussetzungen auch in der Realität vorliegen. In dieser wird nicht nur im Hinblick auf erwartete Nachfragesteigerungen, sondern auch zwecks Kostensenkung investiert, und eine statistische Trennung nach Investitionsmotiven ist nicht möglich. Die Nachfragesteigerung muß einerseits von den potentiellen Investoren als dauerhaft angesehen werden, andererseits wird oft schon im Hinblick auf eine erwartete Nachfragezunahme investiert, also bevor die erklärende Variable statistisch nachweisbar ist. Das Akzeleratorprinzip ist nur wirksam, wenn keine freien Produktionskapazitäten vorhanden sind und die bestehenden nicht intensiver genutzt werden, etwa durch Überstunden- oder Mehrschichtenarbeit. Auch wird die Annahme einer konstanten Beziehung zwischen Produktmenge und Kapitalstock durch den ständigen technischen Fortschritt in Frage gestellt. Angesichts dieser und weiterer Probleme hat es sich häufig als schwierig erwiesen, das Akzeleratorprinzip empirisch nachzuweisen. Statistisch gesicherte Beziehungen zwischen Änderungen der Nachfrage und der Investitionstätigkeit wurden jedoch für einige Industriezweige wie die Elektrizitätserzeugung und die Zementindustrie sowie in bezug auf die Lagerinvestition gefunden. Reinvestitionszyklen wurden vor allem im Schiffbau beobachtet, und

Bild 2.11 – *Nachfrageänderungen, induzierte Investition und Reinvestitionszyklus in einem Wirtschaftszweig*

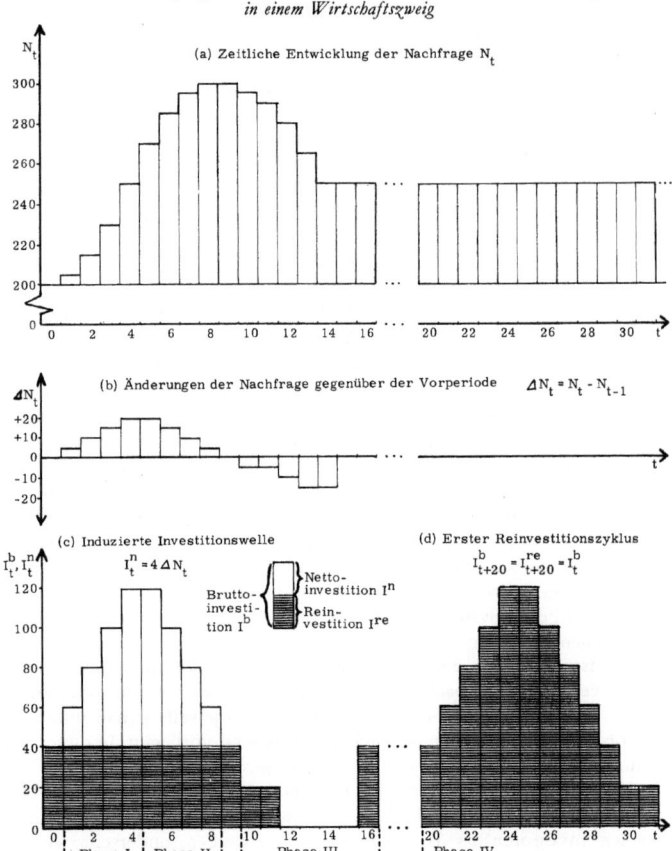

der Sachverständigenrat diagnostizierte einen Echoeffekt bei den Käufen von Personenkraftwagen in der Bundesrepublik 1965.[24] Auf jeden Fall bildet das Akzeleratorprinzip eine Erklärung für die wohlbekannte Tatsache, daß die Investitionstätigkeit stärker schwankt als die Endnachfrage insgesamt.

5. Das Zusammenwirken von Multiplikator- und Akzeleratorprozeß.

Will man das am Beispiel eines Wirtschaftszweiges entwickelte Akzeleratorprinzip auf eine Volkswirtschaft übertragen, so ist wie immer zunächst zu prüfen, ob

---

[24] SVR-Jahresgutachten 1967/68, Ziff. 123.

eine anhand einer einzel- oder teilwirtschaftlichen Analyse gewonnene Erkenntnis auch gesamtwirtschaftlich gilt. Tatsächlich darf im vorliegenden Fall die Annahme einer autonomen Entwicklung der Nachfrage nicht mehr gemacht werden. Verläßt das System infolge der autonomen Änderung einer Nachfragekomponente das Ausgangsgleichgewicht, so muß bei jeder Änderung der Investition im gesamtwirtschaftlichen Maßstab auch ihr Einkommenseffekt berücksichtigt werden. Nimmt etwa die Konsumgüternachfrage autonom zu, so wird dadurch unter bestimmten Voraussetzungen ein Akzeleratorprozeß ausgelöst. Jede in dessen Verlauf induzierte Erhöhung der Nettoinvestition setzt jedoch einen Multiplikatorprozeß in Gang, der zu erhöhter Konsumgüternachfrage führt und damit seinerseits Investitionen induziert. Diese bewirken weitere Konsumsteigerungen, und so fort, so daß der kombinierte *Multiplikator-Akzeleratorprozeß* stärker expansiv ist als jeder der beiden Prozesse allein. Auch eine kumulative Abnahme des Sozialprodukts kann vorkommen, da jeder Multiplikatorprozeß mit abnehmenden Zuwachsraten von Konsum und Volkseinkommen abläuft (vgl. etwa die Zeilen 10 und 11 von Tabelle 2.2, S. 63), diese jedoch einen kontraktiven Akzeleratorprozeß induzieren, wie Phase II in Tabelle 2.3 (S. 103) und Bild 2.11 zeigen. Dies wird noch im einzelnen nachgewiesen. In jedem Fall hängen Ausmaß und Art des Prozesses von den Verhaltensweisen der Investoren und Konsumenten ab, wie sie sich in marginaler Konsumquote und Akzelerator manifestieren.

Das Zusammenwirken von Multiplikator- und Akzeleratorprozeß läßt sich an dem folgenden Modell zeigen, in dem vom Außenhandel abgesehen wird:

Modell 2.43 – *Der kombinierte Multiplikator-Akzeleratorprozeß*

Konsumfunktion: $C_t = C^a + c Y_{t-1}$, worin $C^a > 0$, $0 < c < 1$ (2.43-I)

Investitionsfunktion: $I_t = \beta (C_t - C_{t-1})$, worin $\beta > 0$ (2.43-II)

Gleichgewichtsbedingung: $Y_t = C_t + I_t + G^a$. (2.43-III)

Die Konsumenten reagieren mit einer Verzögerung von einer Periode auf Einkommensänderungen, wobei zwecks Vereinfachung von dem Unterschied zwischen Volkseinkommen und verfügbarem Einkommen abgesehen wird. Gemäß Gleichung (II) richtet sich die Investition I_t der Periode t nach der Änderung der Konsumgüternachfrage gegenüber der Vorperiode, ausgedrückt durch die Differenz $C_t - C_{t-1}$. Dies ist eine für die gesamte Volkswirtschaft geltende Fassung der für einen Wirtschaftszweig formulierten Investitionsfunktion (2.42) S. 102 mit $\beta > 0$ als Akzelerator. Gemäß der Gleichgewichtsbedingung (III) setzt sich die Güternachfrage in der Volkswirtschaft aus dem Konsum C_t, der Nettoinvestition I_t und der autonomen, im Zeitablauf konstanten und daher keinen Zeitindex tragenden Nachfrage G^a des Staates zusammen. Diese sei als Verbrauchsnachfrage interpretiert, um die gesamte Nettoinvestition als induziert betrachten zu können. Da nun I_t in der angegebenen Weise vom Konsum und dieser wiederum vom Volkseinkommen der Vorperiode abhängt, läßt sich I_t auch als Funktion von Y_{t-1} und Y_{t-2} ausdrücken, indem man Gleichung (I) unter Beachtung der jeweiligen Verzögerung in (II) einsetzt:

$$I_t = c \cdot \beta \, (Y_{t-1} - Y_{t-2}) \,. \tag{2.44}$$

Diese Gleichung zusammen mit (II) in (III) eingesetzt ergibt nach Umformung die Lösung des Gleichungssystems 2.43:

$$Y_t = C^a + G^a + c\,(1 + \beta)\, Y_{t-1} - c\,\beta\, Y_{t-2} \,. \tag{2.45}$$

Demnach ist das Sozialprodukt der Periode t gleich den autonomen Konsum- und Staatsausgaben zuzüglich der Differenz zweier Größen, die sich aus den Verhaltensparametern c und β und der Höhe des Sozialprodukts in den beiden vorangehenden Perioden ergeben. Gleichgewicht herrscht in der durch Modell 2.43 beschriebenen Volkswirtschaft beispielsweise dann, wenn wie im Zahlenbeispiel S. 61 die Konsumfunktion $C_t = 30 + 0{,}8\, Y_{t-1}$ verwendet und statt I^a die Größe $G^a = 70$ gesetzt wird. Das Gleichgewichtseinkommen betrug unter diesen Voraussetzungen $Y = 500$, und dieser Wert erfüllt auch, zusammen mit $C^a = 30$, $G^a = 70$ und $c = 0{,}8$ bei beliebigen Werten von β die Gleichung (2.45), die bei diesen Zahlen zu

$$Y_t = 100 + 0{,}8\,(1 + \beta)\, Y_{t-1} - 0{,}8\,\beta\, Y_{t-2}$$

wird. Da im Gleichgewicht die Variablen des Modells im Zeitablauf konstant bleiben, ist in dieser Gleichung $Y_t = Y_{t-1} = Y_{t-2} = 500$ zu setzen; und die induzierte Investition ist gemäß Gleichung (2.43-II) wegen $C_t = C_{t-1} = 430$ gleich null.

Wird nunmehr ein Expansionsprozeß dadurch in Gang gesetzt, daß wie in dem eben genannten Zahlenbeispiel die autonomen Staatsausgaben von 70 auf 90 steigen und auf diesem Niveau verharren, ergibt sich infolge des Akzeleratoreffekts eine gänzlich andere zeitliche Entwicklung des Sozialprodukts als in Tabelle 2.2. Es herrsche wieder in Periode 0 Gleichgewicht, das durch die autonome Staatsausgabensteigerung in Periode 1 gestört wird. Dies führt in Periode 2 zu einer Konsumerhöhung um 16, durch die jetzt auch eine Investitionssteigerung induziert wird. Der Akzelerator sei $\beta = 1$, so daß das Sozialprodukt in Periode 2 um weitere 16 Einheiten, also insgesamt um 32 Einheiten auf 552 steigt. Dies führt in Periode 3 zu einer Konsumsteigerung um $0{,}8 \cdot 32 = 25{,}6$ Einheiten gegenüber Periode 2, die wiederum eine Investition in gleicher Höhe induziert, so daß sich für das Sozialprodukt der Periode 3 der Wert $Y_3 = 587$ ergibt. Der Prozeß ist in Tabelle 2.4 beschrieben. Die zeitliche Entwicklung des Sozialprodukts in Spalte (7) ergibt sich durch Einsetzen von $C^a = 30$, $G^a = 90$, $c = 0{,}8$ und $\beta = 1$ in Gleichung (2.45), mithin aus der Gleichung

$$Y_t = 120 + 1{,}6\, Y_{t-1} - 0{,}8\, Y_{t-2} \,.$$

Zur Berechnung von Y_1 ist für Y_0 und Y_{-1} der Wert 500 einzusetzen. Der Vergleich mit der Entwicklung des Sozialprodukts auf Grund eines Multiplikatorprozesses allein (Zeile 11 der Tabelle 2.2) zeigt, daß der Multiplikator-Akzeleratorprozeß das Sozialprodukt zunächst wesentlich stärker ansteigen läßt. Die jeweiligen absoluten Änderungen sind in Spalte (8) der Tabelle 2.4 abzulesen. Dann zeigt sich jedoch ein Effekt, der bei einem Multiplikatorprozeß allein

Tabelle 2.4 — *Die zeitliche Entwicklung des Sozialprodukts beim Zusammenwirken von Multiplikator- und Akzeleratorprozeß*

Mrd. DM in konstanten Preisen

Periode t	Konsum $C_t = C^a + c Y_{t-1}$ für $C^a = 30$		$\Delta C_t = C_t - C_{t-1}$	Investition $I_t^n = \beta \Delta C_t$ für $\beta = 1$	G^a	Sozialprodukt $Y_t = C_t + I_t + G^a$	Änderung gegenüber Vorperiode
		$0{,}8\, Y_{t-1}$					
(1)	(2)	(3)	(4)	(5)	(6)	(7)	(8)
0	30	400	0	0	70	500	—
1	30	400	0	0	90	520	+20
2	30	416	+16	+16	90	552	+32
3	30	441,60	+25,60	+25,60	90	587,20	+35,20
4	30	469,76	+28,16	+28,16	90	617,92	+30,72
5	30	494,34	+24,58	+24,58	90	638,92	+21,00
6	30	511,13	+16,79	+16,79	90	647,92	+ 9,00
7	30	518,34	+ 7,21	+ 7,21	90	645,55	− 2,37
8	30	516,44	− 1,90	− 1,90	90	634,54	−11,01
9	30	507,63	− 8,81	− 8,81	90	618,82	−15,72
10	30	495,06	−12,57	−12,57	90	602,49	−16,33
11	30	481,99	−13,07	−13,07	90	588,92	−13,47
12	30	471,14	−10,85	−10,85	90	580,29	− 8,63
13	30	464,23	− 6,91	− 6,91	90	577,32	− 2,97
14	30	461,86	− 2,37	− 2,37	90	579,49	+ 2,17
15	30	463,59	+ 1,73	+ 1,73	90	585,32	+ 5,83
16	30	468,25	+ 4,66	+ 4,66	90	592,91	+ 7,59
⋮	⋮	⋮	⋮	⋮	⋮	⋮	⋮

nicht auftreten kann: Das Sozialprodukt erreicht in Periode 6 ein vorläufiges Maximum, geht danach von Periode zu Periode zurück und sinkt in Periode 13 auf ein vorläufiges Minimum, jenseits dessen es wieder zu steigen beginnt. Der Grund für die bemerkenswerte Erscheinung, daß das Sozialprodukt in Schwingungen gerät, ist darin zu sehen, daß bei den angenommenen numerischen Werten für c und β auch der kombinierte Multiplikator-Akzeleratoreffekt nicht ausreicht, ständig steigende Zuwachsraten des Sozialprodukts und damit des Konsums hervorzurufen, wie sie für eine expansive Wirkung des Akzeleratorprinzips erforderlich sind. Schon ab Periode 4 wird gemäß Spalte (8) der Zuwachs des Sozialprodukts, ab Periode 5 gemäß Spalte (4) der Zuwachs des Konsums kleiner. Das verursacht einen kontraktiven Akzeleratorprozeß, der sich gegenüber dem immer geringere Zuwachsraten bewirkenden Multiplikatorprozeß durchsetzt und das Sozialprodukt senkt. Der Konsumrückgang und damit die negative Nettoinvestition erreichen ihren absolut höchsten Wert in Periode 11 und werden von da an kleiner, so daß hier die Basis für einen neuen Expansionsprozeß des Sozialprodukts gelegt wird, der mit dem Übergang von Periode 13 nach 14 beginnt.

Bild 2.12 – *Bereiche für Kombinationen der marginalen Konsumquote c und des Akzelerators β, die unterschiedliche Entwicklungen des Sozialprodukts bewirken*

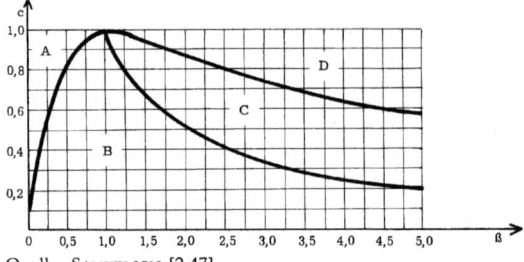

Quelle: SAMUELSON [2.47].

Andere Werte für c und $β$ rufen andere zeitliche Entwicklungen des Sozialprodukts hervor. Nimmt man wie im Zahlenbeispiel der Tabelle 2.3 $c = 0,8$ und $β = 4$ an, so erhält man für das Sozialprodukt die Folge 500, 520, 600, 856, 1624, 3877, ... Hier dominiert der Akzeleratorprozeß und treibt das Sozialprodukt in ein exponentielles Wachstum. Eine nähere Untersuchung des Problems zeigt, daß es je nach der Kombination von c und $β$ fünf verschiedene Arten der zeitlichen Entwicklung des Sozialprodukts gibt. In Bild 2.12 sind alle Kombinationen der marginalen Konsumquote c und des Akzelerators $β$ für Werte von c zwischen 0 und 1,0 und von $β$ zwischen 0 und 5,0 zusammengestellt. Sie lassen sich nach ihrem Einfluß auf die Entwicklung des Sozialprodukts in vier Bereiche A bis D einteilen.

Bereich A: Hier ist der Akzelerator $β$ relativ klein. Setzt man eine in diesen Bereich fallende Kombination von c und $β$ in das Modell 2.43 ein, nähert sich das Sozialprodukt ohne Schwingungen asymptotisch dem $1/(1 - c)$-fachen Wert der autonomen Ausgabenänderung. Hier dominiert also der Multiplikatorprozeß.

Bereich B: Bei diesen Kombinationen gerät Y in Schwingungen, die im Zeitablauf kleiner werden (gedämpfte Schwingung) und sich dem $1/(1 - c)$-fachen Wert der autonomen Ausgabenänderung annähern. Für das Zahlenbeispiel der Tabelle 2.4 wurde mit $c = 0,8$ und $β = 1$ eine in diesen Bereich fallende Kombination gewählt.

Bereich C: Hier ergeben sich ständig zunehmende (explosive) Schwingungen um den $1/(1 - c)$-fachen Wert der autonomen Ausgabenänderung. Das Modell 2.43 wird in diesem Fall zur Erklärung beobachteter Konjunkturschwangungen bald unbrauchbar, da das Sozialprodukt dann kleine und später negative Werte annimmt. Ein Gleichgewichtszustand wird nicht erreicht.

Bereich D: Diese Kombinationen lassen das Sozialprodukt ständig wachsen. Ein Gleichgewichtszustand wird nicht erreicht. Unabhängig von der Größe von $β$ gilt dies auch für alle Werte von $c \geq 1$ (vgl. S. 64). Den fünften Fall schließlich stellen Kombinationen von c und $β$ dar, die auf der Trennungslinie zwischen den Bereichen B und C liegen und daher der Bedingung $c \cdot β = 1$ gehorchen: Bei diesen Parameterkonstellationen ergeben sich Schwingungen des Sozialprodukts mit konstanter Amplitude.

Der Bereich A ist mithin für eine Konjunkturtheorie ungeeignet. Bereich B erscheint für eine Theorie des S. 97 an erster Stelle genannten Typs geeignet: Sich selbst überlassen, würden die Schwingungen schließlich verschwinden, aber wenn das System immer wieder neuen Schocks ausgesetzt wird, enden die Konjunkturschwankungen nicht. Die Bereiche C und D schließlich lassen sich für die Konjunkturtheorie heranziehen, wenn man zusätzlich eine obere und eine untere Schranke für die Schwankungen des Sozialprodukts einbaut.

6. Multiplikator-Akzeleratorprozeß und zyklisches Wachstum. Der mit Multiplikator-Akzelerator-Modell erzielte beträchtliche Fortschritt der Konjunkturtheorie liegt in dem Nachweis, daß es bei nachfrageabhängiger Investition zu Schwankungen des Sozialprodukts kommen kann, die bei konstanten Verhaltensweisen der Investoren und Konsumenten allein durch eine einmalige Niveauverschiebung einer autonomen Größe bewirkt werden. Soll das Modell für die Erklärung beobachteter Abläufe brauchbar bleiben, muß allerdings verhindert werden, daß es explosive Schwingungen oder wie das Multiplikatormodell nur eine Bewegung in einer Richtung anzeigt. Dazu kann man von einer Einteilung der Investitionen in autonome und induzierte ausgehen. Die erstgenannten nehmen langfristig mit einer weitgehend konstanten Rate zu und sorgen so für den Wachstumstrend des Sozialprodukts. Sie bestehen im wesentlichen aus öffentlichen sowie unmittelbar vom technischen Fortschritt bedingten und anderen von kurzfristigen Entwicklungen unabhängigen privaten Investitionen und sind selbstverständlich nur vom Modell her gesehen autonom. Der Rest wird zwecks Anpassung an Kapazitätserfordernisse vorgenommen und ist insofern, vom Modell her gesehen, induziert. Bild 2.13 zeigt die autonomen Ausgaben A^a und darüber die sonstigen Komponenten des Sozialprodukts, das sich in Abwesenheit von Konjunkturschwankungen und externen Störungen gemäß der Linie Y_{GG} entwickeln würde. Dies ist der gedachte *Gleichgewichtspfad* des realen Sozialprodukts, das entlang dieses Pfades wie A^a mit konstanter Rate und daher exponentiell wachsen würde.

Die tatsächliche zeitliche Entwicklung des Sozialprodukts besteht nun ganz wie in Bild 2.1 (S. 55) stilisiert dargestellt aus Schwingungen um den Wachs-

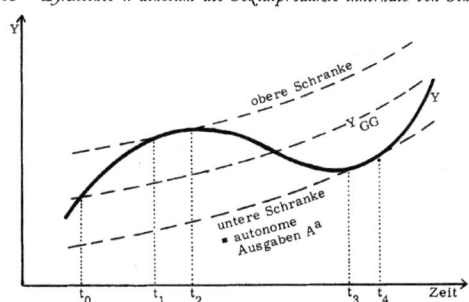

Bild 2.13 – *Zyklisches Wachstum des Sozialprodukts innerhalb von Schranken*

tumstrend Y_{GG}. Die relevante (c, β)-Kombination fällt in die Bereiche C oder D des Bildes 2.12, jedoch können die Abweichungen des tatsächlichen Sozialprodukts vom Gleichgewichtspfad nicht ständig größer werden, weil es für sie eine obere und eine untere Schranke gibt. Ist das Sozialprodukt im Ausgangsgleichgewicht zum Zeitpunkt t_0 aufgrund eines Schocks gemäß dem Multiplikator-Akzeleratorprozeß in einen Konjunkturaufschwung geraten, so erreicht es in t_1 seinen vorerst höchsten Wert, den es kurzfristig nur insoweit überschreiten kann, als die Schranke selbst wächst. Diese ergibt sich aus der Tatsache, daß der vorhandene Kapitalstock maximal ausgelastet ist und seine Produktionskapazität daher nur im Zuge der laufenden positiven Nettoinvestition zunehmen kann. Nun hatte sich bei der eingehenden Untersuchung des Akzeleratorprozesses in Tabelle 2.3 (S. 103) gezeigt, daß schon der bloße Rückgang der Zuwachsraten der Nachfrage, wie er in Bild 2.13 auf jeden Fall ab dem Zeitpunkt t_1 eintritt, den Prozeß in kontraktiver Richtung in Gang setzt. Es sei angenommen, daß die Kontraktion in t_2 beginnt und in t_3 an der unteren Schranke endet. Diese besteht darin, daß das Akzeleratorprinzip nicht mehr wirkt, sobald die aus dem Prozeßablauf resultierende Desinvestition größer wird als die Abschreibungen. Der Fall trat in Tabelle 2.3 innerhalb der Phase III in den Perioden 13 und 14 ein. Das Sozialprodukt wird an der unteren Schranke mithin in Abwesenheit induzierter Nettoinvestition durch die autonome Investition (plus sonstige autonome Ausgabekomponenten wie C^a) mal dem (einfachen) Multiplikator determiniert. Es mag kurze Zeit in dieser Position verharren, bis die expansiven Einflüsse stark genug geworden sind, es ab t_4 in einen neuen Expansionsprozeß zu treiben.

Diese Vorstellung eines vom Multiplikator-Akzeleratorprozeß in prinzipiell explosive Schwingungen versetzten Sozialprodukts, das im Zeitablauf nacheinander von einer oberen und einer unteren Schranke sozusagen abprallt, die beide aufgrund einer stetigen autonomen Investitionstätigkeit mit konstanter Rate wachsen, geht auf J. R. Hicks zurück. Sein Modell wirft bei der Erklärung der Übergänge von den endogen zu den exogen bestimmten Phasen und umgekehrt zahlreiche Probleme auf. Außerdem wird in ihm das den Konjunkturbewegungen aller Beobachtung nach unterliegende Wachstum nicht endogen erklärt. Dieses ist lediglich als Trend, als zeitabhängiger exogener Faktor, in das Modell eingebaut. Die weitere Entwicklung der Konjunkturtheorie ist daher auch durch Versuche gekennzeichnet, Multiplikator-Akzeleratormodelle mit endogenem Wachstum zu konstruieren.

Das Hicks-Modell wurde ferner kritisiert, weil obere und untere Schranke nicht modellintern begründet werden und die Investitionsfunktion außer Kraft setzen. Ist die obere Schranke erreicht, können die Unternehmer nicht mehr in dem gewünschten Ausmaß investieren, weil die Investitionsgüterindustrie ausgelastet ist und das Ausland und daher Importmöglichkeiten nicht betrachtet werden. Der sich so ergebende Fehlbestand an dauerhaften Produktionsmitteln spielt aber im Modell keine Rolle mehr, sobald die Differenz zwischen zwei aufeinanderfolgenden Werten des Sozialprodukts dessen Schrumpfungsprozeß in Gang setzt. Die Investitionsfunktion des Modells wurde daher später durch Einführung einer Kapitalanpassungshypothese (vgl. S. 18) modifiziert, gemäß der die Unternehmer mit dem Ziel investieren, die Differenz zwischen dem als erforderlich angesehenen und ihrem tatsächlichen Bestand an Produktionsmitteln zu beseitigen oder je Periode um einen bestimmten Prozentsatz zu verkleinern.

Es liegt auf der Hand, daß mit Konjunkturmodellen der geschilderten Art jeweils nur der Einfluß einzelner oder einiger weniger der für den Konjunkturablauf wichtigen Faktoren untersucht werden kann. Der Aggregationsgrad ist so hoch, daß Strukturänderungen im Konjunkturverlauf wie der schwankende Anteil der Investitionsgüterproduktion, die besondere Entwicklung der Lagerinvestitionen oder die Einkommensverteilung nicht berücksichtigt werden können. Im HICKS-Modell und in vielen anderen Modellen wird die monetäre Seite vernachlässigt, obgleich doch auch Zinssätze und Geldhaltung vom Konjunkturablauf beeinflußt werden und ihn beeinflussen. Mit der Beschränkung auf die Gütersphäre wird auch die schleichende Inflation ignoriert, die einen großen Teil der Nachkriegsentwicklung dominierte und vermutlich auch in Zukunft ein erhebliches wirtschaftspolitisches Problem darstellen wird. In der Praxis ist jede Volkswirtschaft offen, und der am Verhältnis des Außenhandels und der internationalen Kapitalbewegungen zum Sozialprodukt gemessene Offenheitsgrad ist heute zumindest bei den westlichen Industrieländern sehr viel höher als in den dreißiger Jahren. Daraus folgt der *internationale Konjunkturverbund:* Konjunkturen in wirtschaftlich eng verbundenen Ländern bewegen sich der Tendenz nach im Gleichschritt. Solche und viele andere Einflüsse und Zusammenhänge können nur noch mit Hilfe sehr viel umfangreicherer Modelle erfaßt und verarbeitet werden. Die neueste Entwicklung der Konjunkturtheorie ist daher durch die Konstruktion und empirische Überprüfung solcher Modelle gekennzeichnet, mit denen auch versucht wird, empirisch relevante Aussagen zu machen.

7. Makroökonometrische Konjunkturmodelle. Die Krönung der Versuche, den Wirtschaftsablauf konkreter Volkswirtschaften zur Erklärung nach- und zwecks kurz- und mittelfristiger Prognosen vorzuvollziehen, bildet die Konstruktion, Überprüfung und Anwendung *makroökonometrischer Modelle.* Sie gehen vor allem unter den folgenden Aspekten weit über die bisher betrachteten Modelle hinaus:

– Sie sind nicht deterministisch, sondern stochastisch. Die Verhaltensfunktionen enthalten also Störvariable, in denen Gleichung für Gleichung die Einflüsse aller nicht betrachteten Variablen sowie der Meßfehler auf die jeweils zu erklärende Variable zusammengefaßt sind;[25]
– Sie berücksichtigen eine viel größere, in Einzelfällen in die Tausende gehende Zahl von Variablen und Zusammenhängen zwischen ihnen, darunter auch technische und institutionelle Beziehungen;
– Die Zusammenhänge zwischen den Variablen sind konkret spezifiziert, meist dynamisch und zum Teil nichtlinear;
– Die Parameter werden numerisch geschätzt, so daß sich für jede Periode nach Eingabe von Werten für die vorherbestimmten Variablen, also der früheren Werte von endogenen sowie der laufenden und früheren Werte der exogenen Variablen, zahlenmäßige Prognosen für die endogenen Variablen gewinnen lassen;

---

[25] Vgl. Mikroökonomik, S. 19, 34 f., 46 f.

– Sie sind unmittelbar anwendungsorientiert und dienen daher auch der empirischen Fundierung der Wirtschaftspolitik, da sie in der Regel die für diese interessanten Ziel- und Instrumentvariablen wie die Inflationsrate, die Arbeitslosenquote, die Währungsreserven und den Währungskurs, die Geldmenge, Zinssätze, diverse Steuern und Transferausgaben enthalten;
– Ihre Handhabung erfordert den Einsatz von Datenverarbeitungsanlagen, und deren Entwicklung hat daher erst die heutigen Großmodelle ermöglicht.

Die Geschichte der makroökonometrischen Konjunkturmodelle beginnt 1936 mit einem System von 22 linearen Gleichungen für die Niederlande, mit dessen Hilfe J. TINBERGEN untersuchte, mit welchen wirtschaftspolitischen Maßnahmen die Konjunktur am besten beeinflußt werden könne. TINBERGEN wurde endgültig zum Pionier dieser Forschungsrichtung, als er parallel zu HABERLER[26] vom Völkerbund den Auftrag erhielt herauszufinden, welche der damaligen Konjunkturtheorien sich empirisch bestätigen ließen. Seine Ergebnisse erschienen 1939 in zwei Bänden und enthielten ein Modell für die Vereinigten Staaten, das neben 18 Definitions- aus 32 Verhaltensgleichungen bestand. Entsprechend dem damaligen Stand der ökonometrischen Theorie wurden die Verhaltensgleichungen vor Überführung in die reduzierte Form einzeln mit der Methode der kleinsten Quadrate geschätzt.

TINBERGENS Methode stieß auch auf Kritik, vor allem durch KEYNES. Dieser bezeichnete die Völkerbundsarbeiten in einer zehnseitigen Rezension als Alptraum,[27] obwohl es sich dabei lediglich um eine folgerichtige Anwendung seines eigenen Ansatzes handelte: Die von ihm eingeführten makroökonomischen Funktionen wurden konkret gefaßt und zu Gleichungssystemen zusammengefügt. Darüber hinaus wurde der entscheidende Schritt unternommen, die Parameter der Verhaltensfunktionen, über die KEYNES allenfalls vage Andeutungen gemacht hatte – man denke an seine Angabe über den Bereich für die marginale Konsumquote[28] – mit Hilfe statistischer Methoden zu schätzen.

Die weitere Entwicklung wurde durch solche Kritik denn auch nicht aufgehalten. Makroökonometrische Modelle wurden sozusagen offiziell anerkannt, als das 1945 gegründete *Centraal Planbureau* in Den Haag sie von Anfang an als empirische Basis für die niederländische Wirtschaftspolitik einsetzte. Die eigentliche Hochentwicklung und breiteste Anwendung fanden sie jedoch in den Vereinigten Staaten. Dort hatte T. HAAVELMO schon 1944 gewisse methodische Unzulänglichkeiten des Verfahrens aufgedeckt, Gleichungen eines simultanen Systems einzeln zu schätzen. Nach dem Krieg setzte dann die Konstruktion von Modellen der amerikanischen Volkswirtschaft in voller Breite mit L. R. KLEIN als führendem Kopf ein. Sein erstes Modell erschien 1950, und der Durchbruch zu einer anerkannten Forschungsrichtung kam 1955 mit dem *KLEIN-GOLDBERGER-Modell*. Zu dessen Charakteristika zählt, daß es Verzögerungen enthielt, also dynamisch war und damit die notwendige Voraussetzung für die

---

[26] Vgl. HABERLER [2.34].

[27] Professor Tinbergen's Method. E J, Vol. 49, 1939, S. 558–568; mit TINBERGENS Antwort und KEYNES' Kommentar in: Vol. 50, 1940, S. 141–156.

[28] Nach KEYNES [1.13], S. 96 ist die marginale Konsumquote positiv und kleiner als eins. Dieser bescheidene empirische Gehalt, der für die Zwecke eines Lehrbuchs ausreichen mag (vgl. S. 7), genügt offenbar nicht für die ernsthafte praktische Anwendung.

Erklärung des Konjunkturverlaufs erfüllte. Zu den Schätzungen wurden Jahreswerte von 1929–1941 und 1946–1952 herangezogen, die mithin die Weltwirtschaftskrise 1930–1933, die Depression 1938 und den Nachkriegsaufschwung einschlosssen. Damit wurde die kühne Annahme gemacht, daß es möglich sei, über so lange und so unterschiedliche Perioden hinweg konstante Verhaltensparameter zu finden. Die Konsumfunktion wies sechs Erklärungsvariable auf: Das verfügbare Einkommen aus Landwirtschaft, Arbeit und Vermögen, den Konsum der Vorperiode, das liquide Vermögen zu Beginn des jeweiligen Jahres und die Bevölkerung. Damit konnten die Konsumausgaben sehr gut erklärt werden; die *Residuen* als die Differenzen zwischen beobachteten und geschätzten Werten der Variablen (vgl. S. 10–12) waren alle kleiner als 2 v. H. Als Erklärungsvariable für die Investition wurden das verzögerte verfügbare Vermögenseinkommen, der Kapitalstock und das liquide Vermögen herangezogen, jedoch schlugen alle Versuche fehl, auch den Zinssatz als Erklärungsvariable nachzuweisen: Die Parameter erwiesen sich als nicht signifikant von null verschieden und hatten außerdem das falsche, nämlich ein positives, Vorzeichen. Die Investitionsfunktion erwies sich schon damals als Sorgenkind dieser Art von Modellen (was sie bis heute geblieben ist).

Das KLEIN-GOLDBERGER-Modell rief eine Fülle von Sekundärliteratur hervor. Nachdem KLEIN 1969 eine modernisierte und erweiterte Version veröffentlicht hatte, erschien noch 1971 eine Untersuchung über methodische Probleme der Erstfassung. Die Forschungsrichtung war seit den sechziger Jahren voll etabliert, weitere Modelle wurden in wachsender Zahl auch für andere Länder konstruiert und veröffentlicht. Charakteristisch für diesen als KK-Modell bezeichneten Typ[29] ist die Verwendung des Einkommen-Ausgaben-Modells und damit die Betonung der Nachfrageseite sowie die Einteilung der Zeit in diskrete Intervalle. Die weitere Entwicklung ist wie folgt zu kennzeichnen:

- Der definitorische Rahmen wurde auf die Weiterentwicklung der Volkswirtschaftlichen Gesamtrechnung abgestimmt, deren Erhebungsprogramme auch heute noch ausgebaut werden, so daß sich dadurch die Materialbasis der Modelle verbessert. Stützbereich ist meist die Nachkriegszeit;
- Es wurden statistische Methoden entwickelt und angewendet, die auf die allgemeine Interdependenz aller wirtschaftlichen Aktivitäten explizit Rücksicht nehmen und die aus der isolierten Schätzung einzelner Funktionen resultierenden Verzerrungen der Parameter vermeiden helfen;
- Ein wichtiger Fortschritt besteht in der weiteren *Disaggregation*.

Der Konsum wird heute zumindest in dauerhafte Konsumgüter (mit Spezialuntersuchungen in bezug auf Wohnungsnutzung und Kraftfahrzeuge), nichtdauerhafte Konsumsachgüter und Konsumdienstleistungen aufgeteilt. Bei den Investitionen unterscheidet man nach Bauten, Ausrüstungs- und Lagerinvestitionen, in weiter disaggregierten Modellen auch nach Wirtschaftszweigen. Die

---

[29] Nach J. M. KEYNES als dem Theoretiker, von dem die Sicht des Wirtschaftsprozesses stammt, und L. R. KLEIN als dem maßgeblichen Konstrukteur dieses Modelltyps. Zu einem anderen Typ gehören beispielsweise die historisch älteren WL-Modelle, benannt nach L. WALRAS und W. W. LEONTIEF. Vgl. CHALLEN/HAGGER [2.56], S. 2 f.

zeitliche Disaggregation kann unter zwei Aspekten vorgenommen werden: Verzögerungen werden eingehender berücksichtigt; und man ist überwiegend von Jahres- zu Quartalswerten der Variablen übergegangen. Dies ist besonders für Konjunkturdiagnose und -prognose wichtig. Wegen der Wirkungsverzögerungen wirtschaftspolitischer Maßnahmen kommen diese oft zu spät und können dann pro- statt antizyklisch wirken, wenn man mit Jahreswerten arbeitet, zumal auch noch jeweils Beobachtungsverzögerungen zu berücksichtigen sind: Die Statistiker können ihre Angaben jeweils erst einige Zeit nach Ablauf einer Beobachtungsperiode liefern. Schließlich kann, besonders in großen Ländern, eine *regionale Disaggregation* sinnvoll sein, wenn sich die Regionen in ökonomisch relevanter Weise voneinander unterscheiden.

Allerdings gibt es statistische Grenzen für die Disaggregation: Je mehr Variable man betrachtet, um so geringer ist der Einfluß jeder einzelnen Variablen; und dieser läßt sich angesichts der immer begrenzten Zahl der Beobachtungen schließlich nicht mehr vom Einfluß der Störvariablen, dem „Rauschen", unterscheiden.

– Im Zusammenhang mit dem Wiederaufleben quantitätstheoretischer Vorstellungen und der größeren Bedeutung der Geldpolitik wird der Geld- und Kreditsektor in neueren Modellen viel differenzierter als früher erfaßt.

– Die Entwicklung der Datenverarbeitungstechnik hat immer größere Modelle und die Anwendung fortgeschrittener statistischer Schätzverfahren ermöglicht. Heute können rechenintensive Näherungslösungen selbst bei nichtlinearen Funktionen gewonnen werden. Darüber hinaus kann mit Modellen experimentiert werden: Bei *Simulationen* gibt man exogenen Variablen, besonders auch wirtschaftspolitischen Instrumentvariablen, unterschiedliche Werte und läßt den Computer die dazugehörigen Werte der endogenen Variablen errechnen; und im Rahmen von *Sensitivitätsanalysen* kann man Einflüsse von Fehlschätzungen von Parametern auf die Ergebnisse des Modells unter variierenden Annahmen durchrechnen.

– Makroökonometrische Systeme lassen sich auf mehrere Arten zur Unterstützung der Wirtschaftspolitik verwenden. So kann beispielsweise untersucht werden, ob die während eines ausgewählten abgelaufenen Zeitraums geführte Politik optimal war. Man läßt dazu das Modell zunächst den tatsächlichen Ablauf nachvollziehen und gibt in weiteren Durchläufen den wirtschaftspolitischen Instrumentvariablen andere Werte, behält aber die historischen Werte aller sonstigen exogenen Variablen bei. Die so ermittelten hypothetischen Werte der (endogenen) wirtschaftspolitischen Zielvariablen werden dann mit ihren tatsächlichen verglichen und erlauben so ein Urteil darüber, ob es eine bessere Politik gegeben hätte. Ein anspruchsvolleres Verfahren besteht in der Anwendung kontrolltheoretischer Ideen, etwa gemäß dem folgenden Vorgehen:

– Der Planungshorizont wird festgelegt, etwa in Gestalt der $T = 16$ Quartale einer vierjährigen Legislaturperiode;
– Die angestrebten Werte der Zielvariablen werden bestimmt, etwa $*z_1 = 3$ (Arbeitslosenquote in v. H.), $*z_2 = 2$ (Preissteigerungsrate in v. H.), $*z_3 = 4$ (Wachstumsrate des realen Sozialprodukts in v. H.), $*z_4 = 1$ (Anteil des Außenbeitrags am Sozialprodukt in v. H.);

- Jede Abweichung des tatsächlichen Wertes z_i^t einer Zielvariablen im Quartal t von ihrem gewünschten Wert $*z_i$ bedeutet einen Verlust an Wohlfahrt, gemessen durch die Differenz $z_i^t - *z_i$. Der Einfluß des Vorzeichens wird durch Quadrierung ausgeschaltet;
- Die gesamte Wohlfahrtseinbuße (WE) während der Planperiode beträgt

$$WE = \sum_{t=1}^{T} a_1(z_1^t - *z_1)^2 + \ldots + a_4(z_4^t - *z_4)^2.$$

Hierin messen die $a_i > 0$ die politische Bedeutung jedes Ziels. In diesem Beispiel wird wohl $a_1 > a_4$ sein. Das wirtschaftspolitische Optimum ist offensichtlich erreicht, wenn alle Differenzen $z_i^t - *z_i$ für alle i und t gleich null sind. In der Realität wird dies nicht vorkommen, und die Wohlfahrtseinbuße ist um so größer, je größer die Abweichungen der realisierten von den angestrebten Werten sind, je häufiger dies eintritt und je größer das Gewicht der Differenz ist. Aufgabe ist mithin, WE zu minimieren, und dem makroökonometrischen Modell wird daher die Aufgabe gestellt, den Zeitpfad der Werte der wirtschaftspolitischen Instrumentvariablen zu finden, der dies zustandebringt.

- Heute gibt es weltweit eine Fülle makroökonometrischer Modelle, darunter für Länder wie Afghanistan, Bangladesh, die Volksrepublik China und Zypern. Ein in München geführtes Register der bisher publizierten Modelle enthält nach dem Stand von März 1987 über 8000 Eintragungen zu etwa 2000 Modellen.
- Teilt man die Modelle[30] in kleine mit bis zu 10 Gleichungen, mittlere mit 11 bis 100, große mit über 100 bis 1000 und sehr große mit über 1000 Gleichungen ein, dann gibt es heute allein in den Vereinigten Staaten etwa acht in Betrieb befindliche Großmodelle, die zum Teil durch den Verkauf ihrer Ergebnisse im Abonnement kommerziell genutzt werden. Mitte der siebziger Jahre wurde das methodisch wie wirtschaftspolitisch gleichermaßen interessante Experiment gemacht, an sieben dieser Modelle die Wirkungen tatsächlich getroffener und potentieller wirtschaftspolitischer Maßnahmen durchzuspielen und die Ergebnisse zu vergleichen.[31]
- Es gibt Modelle für Staatengruppen wie die Länder der Europäischen Gemeinschaften und der Organisation für wirtschaftliche Zusammenarbeit und Entwicklung. Seit 1968 wird mit dem Projekt LINK an dem Versuch gearbeitet, je ein repräsentatives Modell für die Industrieländer und für Gruppen von Entwicklungsländern zu einem Weltmodell zusammenzufassen und so die internationale wirtschaftliche Verflechtung nachzubilden.

Seit den sechziger Jahren sind in vielen Ländern immense Beträge an Arbeitsleistung und Geld in die Entwicklung makroökonometrischer Modelle gesteckt worden. Ein in Betrieb befindliches Modell muß immer wieder revidiert, das heißt respezifiziert und neu geschätzt werden, wenn sich der Stützbereich verlängert, die Gesamtrechner ihre Zahlen auch rückwirkend ändern und neue Fragestellungen auftauchen. Lohnen sich diese Aufwendungen? Das Fazit

---

[30] Gemäß dem Vorschlag von UEBE/HUBER/FISCHER [2.58], S. A-7.
[31] A. A. HIRSCH/S. H. HYMANS/H. T. SHAPIRO: Econometric Review of Alternative Fiscal and Monetary Policies, 1971–1975. REStat, Vol. 60, 1978, S. 334–345.

aus einer großen Zahl vergleichender Untersuchungen der Prognoseleistungen solcher Modelle mit denen einfacherer Verfahren läßt sich etwa so wiedergeben:
- Mit Vierteljahresmodellen läßt sich der Konjunkturverlauf im großen und ganzen ebenso gut prognostizieren wie mit einfacheren Verfahren. Die Prognosegüte nimmt mit der Zahl der Quartale leicht zu; bei ganz kurzfristigen Prognosen liefern nichtökonometrische Verfahren bessere Ergebnisse. Jedoch bildet die Vorhersage von Umkehrpunkten immer noch ein Problem;
- Gesamtgrößen lassen sich besser prognostizieren als Teilgrößen, da sich deren Fehler bei der Aggregation teilweise kompensieren;
- Die Vorhersagen können verbessert werden, wenn sich der Prognostiker nicht allein auf die mechanische Anwendung seines Modells verläßt, sondern die jeweils neuesten zusätzlichen, nicht im Modell enthaltenen Informationen wie etwa Monatswerte der Variablen heranzieht und verwertet. Damit gelangt jedoch ein subjektives Element in die Vorhersage;
- Ein immenser, von keinem anderen Verfahren erreichbarer Vorteil der Modelle besteht darin, daß sie je nach Größe auf Knopfdruck die Prognosewerte dutzender bis hunderter endogener Variabler für eine beliebige Zahl von Quartalen liefern, die unter sich konsistent sind. Gerade dies ist bei einfacheren Verfahren oft schwierig zu erreichen.

Generell ist jedoch zuzugeben, daß viele Hoffnungen enttäuscht worden sind, die zunächst in diesen Versuch gesetzt wurden, Volkswirtschaftslehre als empirische Wissenschaft zu betreiben. Noch mehr ökonomische Theorie, theoretische Statistik und empirische Daten als in einem ökonometrischen Großmodell können schlechthin nicht zusammengeführt werden, und doch sind wirklich verläßliche Prognosen nicht zu erhalten. Zu den Gründen zählen die nicht abschaffbaren Irrtümer bei der Vorhersage der exogenen Variablen; prinzipielle Hindernisse bei der Parameterschätzung aufgrund der allgemeinen ökonomischen Interdependenz und vielleicht die grundsätzliche Unmöglichkeit, stabile Verhaltensparameter zu ermitteln, weil praktisch nur Ungleichgewichtssituationen beobachtbar sind.

Ein spezieller, aber grundlegender Einwand richtet sich schließlich gegen den Einsatz ökonometrischer Modelle zur Unterstützung der Wirtschaftspolitik. Wirtschaftssubjekte bilden aufgrund des von ihnen wahrgenommenen Ablaufs des Wirtschaftsprozesses Erwartungen und handeln entsprechend, was von den Modellbauern mittels Schätzung von Verhaltensparametern erfaßt wird. Jeder andere historische Ablauf schafft jedoch andere Erwartungen und induziert damit andere Handlungen und Parameter: Das Gleichungssystem, mit dem er zu erfassen wäre, hätte eine andere Struktur. Vom ökonometrischen Beobachter her gesehen schafft also jeder Schock, sei es eine Ölpreissteigerung oder ein wirtschaftspolitischer Eingriff, sein eigenes Modell, und jede Simulation oder Prognose muß fehlgehen, die dies nicht berücksichtigt. Es ist aber nicht möglich, die neuen Parameter im Augenblick des wirtschaftspolitischen Eingriffs schon zu kennen, da sie durch diesen ja erst geschaffen werden. Die empirische Tragweite dieser Kritik ist zur Zeit noch nicht abzuschätzen, die Diskussion ist im Gange.

VI. Wachstumstheorie

1. Wirtschaftswachstum und seine Bestimmungsgründe. Seit dem 19. Jahrhundert ist die Entwicklung des Sozialprodukts in den heutigen Industrieländern vor allem durch Wachstum und Strukturwandel gekennzeichnet. Selbst in einem Land wie Deutschland, in dem der Wachstumsprozeß beispielsweise von 1850 bis 1950 durch die Teilnahme an zwei Weltkriegen, die Weltwirtschaftskrise und zwei Währungszerrüttungen jeweils nachhaltig unterbrochen wurde, stieg das Realeinkommen je Kopf während dieses Zeitraums auf das dreieindrittelfache des Anfangswertes, also mit einer durchschnittlichen jährlichen Wachstumsrate von gut 1,2 v. H.[32] Ungleich stärker war das durch keine solche Krise gestörte Wachstum ab 1950, wie aus den Angaben S. 57 f. hervorgeht. Auch in anderen Ländern erreichte das Wirtschaftswachstum in diesen drei Jahrzehnten historisch selten beobachtete Größenordnungen, wie Tabelle 2.5 zeigt. Der generelle Eindruck ist hier, daß die Wachstumsraten des Bruttoinlandsprodukts besonders der Industrieländer deutlich zurückgegangen sind. Das gilt vor allem für das dritte betrachtete Jahrzehnt. Die Wachstumsraten je Kopf sind ausnahmslos kleiner, und dieser Effekt ist bei den Entwicklungsländern wegen des dortigen Bevölkerungswachstums erheblich stärker ausgeprägt. Das Phänomen weckte auch das Interesse von Wirtschaftswissenschaftlern, und mit der Erforschung der Ursachen und Bedingungen solcher Entwicklungen entstand, auch unter Wiederaufnahme älterer Ideen und angeregt durch die KEYNESsche Makroökonomik, die *Wachstumstheorie* als wirtschaftswissenschaftliches Spezialgebiet.

Wirtschaftliches Wachstum wird durch die jährliche Änderung des potentiellen oder des tatsächlichen realen Sozialprodukts Y^r gemessen. Man schreibt

$$Y^r_{t-1} - Y^r_t, \quad \Delta Y^r, \quad dY^r, \quad dY^r/dt \quad \text{oder} \quad \dot{Y}^r,$$

worin t das Jahr oder einen anderen Zeitraum, Δ und d Änderungsoperatoren und der Punkt über der Variablen die Ableitung nach der Zeit bezeichnen. Solche Änderungen können positiv oder negativ sein, und Wachstum bedeutet gemäß der in Bild 2.1 (S. 55) veranschaulichten Definition, daß ihr Nettoeffekt mindestens über einen Konjunkturzyklus hinweg positiv ist. Ist er gleich null, herrscht *Stagnation*; ist er negativ, liegt Schrumpfung des Sozialprodukts vor. In der Regel betrachtet man jedoch längere Zeiträume in Gestalt mehrerer aufeinanderfolgender Konjunkturzyklen, und damit ändern sich auch andere Größen und können nicht mehr wie bei der kurzfristigen Analyse vernachlässigt werden. So schaltet man den Einfluß der sich ändernden Bevölkerungszahl B dadurch aus, daß man die Größe „Reales Sozialprodukt je Kopf" Y^r/B bildet. Damit gewinnt man gleichzeitig einen groben Indikator für die Entwicklung der Güterversorgung und damit der Wohlfahrt. Ein Schritt zur Verfeinerung dieses Maßes ist die Ermittlung des realen Konsums je Kopf. Manche Autoren nennen die längerfristige Zunahme von Y^r/B „intensives Wachstum" und entsprechend die Zunahme von Y^r bei Konstanz von Y^r/B „extensives Wachstum".

---

[32] Berechnet nach Schätzungen bei W. G. HOFFMANN/J. H. MÜLLER: Das deutsche Volkseinkommen 1851–1957. Tübingen 1959, S. 14.

Tabelle 2.5 — *Wirtschaftswachstum in ausgewählten Ländern, 1950–1980*
v. H.

Land	Jahresdurchschnittliche Zunahme des Bruttoinlandsprodukts (BIP) in konstanten Marktpreisen					
	1950–1960		1960–1970		1970–1980	
	BIP	BIP je Kopf	BIP	BIP je Kopf	BIP	BIP je Kopf
Industrieländer						
Bundesrepublik Deutschland	8,2	7,0	4,6	3,6	2,8	2,7
Frankreich	4,5	3,6	5,8	4,7	3,6	3,1
Großbritannien	2,5[a]	2,2[a]	2,6	2,1	1,9	1,8
Italien	5,7[d]	5,1[d]	5,6	5,1	3,1	2,5
Niederlande	4,8	3,4	5,4	4,1	5,0	4,1
Schweiz	4,3	3,1	3,9	2,5	1,2	1,0
Sowjetunion[b]	10,2	8,4	7,2	5,8	5,0	4,1
Japan[c]	9,1[d]	8,0[d]	11,1	9,9	4,8	3,6
Kanada	4,1[a]	1,4[a]	5,6	3,6	4,1	2,9
Vereinigte Staaten	3,3	1,4	4,1	2,8	2,9	1,8
Entwicklungsländer						
Argentinien	3,1[a]	1,1[a]	4,2	2,6	2,4	0,8
Brasilien	5,9	2,7	6,0	3,1	8,6	6,0
Chile	2,6[c]	0,2[c]	4,4	2,0	2,5	0,8
Indien	3,8[c]	1,9[c]	3,8	1,5	3,2	1,1
Israel	11,3	5,6	8,8	5,4	5,0	2,2
Marokko	0,4[d]	−2,3[d]	3,9	0,9	5,3	2,5
Mexiko	6,2	2,9	7,2	3,6	6,6	3,3
Türkei	6,3[a]	3,3[a]	5,6	3,2	5,1	2,7
Venezuela	7,5	3,4	5,8	2,3	4,2	1,1

[a] BIP zu konstanten Faktorkosten.
[b] Materielles Nettoprodukt zu konstanten Marktpreisen.
[c] Nettoinlandsprodukt zu konstanten Faktorkosten.
[d] 1953–1960.
Quelle: Berechnet nach Angaben in: Stat. JB. BRD 1983, S. 724 f.; Statistical Office of the United Nations, Department of Economic and Social Affairs: Statistical Yearbook 1965, S. 539–541; 1974, S. 599–603; 1983/84, S. 147–154; sowie nach der S. 57, Anm. 5 genannten Quelle, S. 72, 118.

Weitere Varianten ergeben sich aus der Überlegung, daß das Sozialprodukt nur von Erwerbstätigen B_e erzeugt wird, deren Anteil an der Wohnbevölkerung B_e/B beispielsweise in der Bundesrepublik im Jahresdurchschnitt 1985 nur knapp 42 v. H. ausmachte.[33] Dieser Anteil kann sich langfristig ändern, und dies

---

[33] Berechnet nach Angaben in: WiSta Juli 1986, S. 254*, 266*. Nicht zu verwechseln mit dem S. 57 genannten Anteil der Erwerbspersonen an der Wohnbevölkerung, der zusätzlich die Arbeitslosen enthält.

gilt auch für die in Stunden je Jahr gemessene Arbeitsleistung je Erwerbstätigen A/B_e, die im Laufe der Jahrzehnte ständig abgenommen hat. Gemäß diesen Varianten liegt Wachstum vor, wenn die Maße der Arbeitsproduktivität „reales Sozialprodukt je durchschnittlich Erwerbstätigen" Y^r/B_e oder „reales Sozialprodukt je Erwerbstätigenstunde" Y^r/A zunehmen. Bei der Verwendung solcher Maße steht der Effizienzgesichtspunkt im Vordergrund, der bei internationalen Vergleichen eine Rolle spielt.

Das durchschnittliche jährliche Wachstum w einer der eben genannten Variablen V wird gemessen, indem man V für zwei genügend weit auseinanderliegende Jahre t und $t + n$ gemäß der Gleichung $V_{t+n} = V_t(1 + w_V)^n$ zueinander in Beziehung setzt. Hierin ist w_V die durchschnittliche jährliche Wachstumsrate der betrachteten Variablen, also $(V_{t+1} - V_t): V_t$. Ist dabei t ein Depressions-, $t + n$ ein Hochkonjunkturjahr, erhält man offensichtlich eine höhere durchschnittliche Wachstumsrate, als wenn das Umgekehrte gilt. Diese Verzerrung läßt sich vermeiden, wenn man für t und $t + n$ Jahre mit gleicher Konjunktursituation wählt, gemessen etwa anhand einer annähernd gleichen Arbeitslosenquote.

Die unmittelbaren Ursachen des wirtschaftlichen Wachstums lassen sich gemäß der üblichen Darstellung des volkswirtschaftlichen Produktionsprozesses[34] wie folgt gliedern:

(1) Bei ungeänderter Technik werden mehr primäre Produktionsfaktoren eingesetzt, wobei in der Regel nur menschliche Arbeitsleistungen und die Nutzung dauerhafter Produktionsmittel betrachtet werden;
(2) Bei quantitativ ungeändertem Einsatz an primären Produktionsfaktoren erhöht sich die Produktivität Y^r/F eines Faktors F oder mehrerer Faktoren gleichzeitig. Wichtigste Ursache hierfür ist die Realisierung technischer Fortschritte; in geringerem Maße kann sich eine Zunahme der gesamtwirtschaftlichen Produktivität auch aus Strukturwandel ergeben.

Dabei ist zu beachten, daß diese Vorgänge unterschiedliche Wirkungen je nach Wahl der Wachstumsdefinition haben können. Vergrößern die Unternehmen ihre Produktionsapparate im Rahmen der bestehenden Technik und absorbieren dabei durch Einstellung zusätzlicher Arbeitskräfte den natürlichen Bevölkerungszuwachs oder aus dem Ausland zugewanderte Personen, so steigt Y^r, aber nicht notwendig Y^r/B, während Y^r/B_e und Y^r/A konstant bleiben oder sich ändern je nachdem, ob die neuen Arbeitskräfte in einem Wirtschaftszweig mit durchschnittlicher oder nicht durchschnittlicher Arbeitsproduktivität tätig werden. Der technische Fortschritt ist die Hauptquelle des wirtschaftlichen Wachstums, er bedeutet qualitative Verbesserungen des Sachkapitals und in der Regel auch der Arbeitsleistungen, da Arbeitskräfte in Anpassung an leistungsfähigere Maschinen und Anlagen länger, besser oder zumindest anders ausgebildet werden müssen oder ihre Qualifikation direkt am Arbeitsplatz erhöhen. Der technische Fortschritt umfaßt auch Verbesserungen bei der Organisation von Produktionsprozessen, ihrer Ablaufüberwachung, der Qualitätskontrolle und des Vertriebs. Im weitesten Sinne lassen sich hierzu auch institutionelle Änderungen

---

[34] Vgl. Rechnungswesen[6], S. 8.

wie Verbesserungen von Anreizsystemen oder des Betriebsklimas, die Beteiligung am Unternehmenserfolg und die Mitbestimmung zählen. Der technische Fortschritt kann mithin Wachstum nach allen vier Definitionen selbst dann bewirken, wenn die Nettoinvestition in der Volkswirtschaft statistisch gleich null und der in Stunden gemessene Arbeitseinsatz konstant ist.

Schließlich kann sich Wachstum ergeben, wenn Unternehmen in Wirtschaftszweigen mit überdurchschnittlicher Arbeitsproduktivität ohne technischen Fortschritt investieren und Arbeitskräfte einstellen, die aus Wirtschaftszweigen mit unterdurchschnittlicher Arbeitsproduktivität abgewandert sind, welche schrumpfen und daher eine negative Nettoinvestition aufweisen. Alle vier Wachstumsmaße zeigen dann eine Erhöhung an, selbst wenn die Nettoinvestition in allen betrachteten Wirtschaftszweigen zusammen gleich null oder negativ ist.

Der mit dem Wachstum untrennbar zusammenhängende wirtschaftliche Strukturwandel bedeutete zu Beginn des Industrialisierungsprozesses, daß der Anteil der industriellen Sachgüterproduktion am Sozialprodukt stieg und der Anteil der landwirtschaftlichen Produktion zurückging. Später dehnte sich die Dienstleistungsproduktion zu Lasten der beiden anderen Bereiche aus. Der damit einhergehende soziale Strukturwandel veränderte die Lebens- und Denkweise der Menschen, ihre Werturteile und Ziele und ist nichts weniger als revolutionär: Sie wanderten vom Land in die Städte, sie verkleinerten ihre Familien und vergrößerten ihre Produktionsstätten, sie erforschten mit großem Erfolg die Natur und verwerteten die Ergebnisse in Gestalt des technischen Fortschritts bei der Güterherstellung und der medizinischen Errungenschaften im Gesundheitswesen, sie paßten sich in vielerlei Hinsicht an die Erfordernisse der industriellen Produktionsweise an, und sie änderten ihre Institutionen und Beziehungen untereinander. Dieser Änderungsprozeß war und ist langwierig und mühsam; er ist von Verteilungskonflikten begleitet und mit so hohen Lernerfordernissen und anderen psychischen Kosten verbunden, daß die Menschen vieler Länder sie trotz fremder materieller Hilfe nicht erbringen mögen, wie die Geschichte der Entwicklungshilfe zeigt. Zunehmend zeigt sich dies auch an manchen Gruppen in den Industrieländern.

2. Gleichgewichtiges Wachstum. Bei den kurz- und mittelfristigen Multiplikatoranalysen dieses Kapitels erwies sich, daß eine gleichbleibende positive Nettoinvestition zu einem konstanten Gleichgewichtswert des Sozialprodukts führt. Die hieraus resultierende freiwillige Ersparnis ist gleich der geplanten Nettoinvestition. Sofern sie nicht lediglich kostensenkend ist, vergrößert jedoch jede Investition wegen ihres Kapazitätseffekts das potentiell herstellbare Sozialprodukt,[35] und sie wird vorgenommen, weil die Investoren eine zunehmende Nachfrage nach ihren Erzeugnissen erwarten. Streng genommen liegt also auch kurzfristig kein Gleichgewicht vor: Die Nachfrage und damit das realisierte Sozialprodukt müßte ständig zunehmen, damit die ebenfalls wachsende Produktionskapazität ausgelastet und somit das potentielle gleich dem tatsächlichen

---

[35] Eine Größe, die wie der Kapitalstock der Bundesrepublik 1985 um jährlich 2,5 v. H. wächst (vgl. S. 60, Anm. 7), verdoppelt sich in 28 Jahren.

Sozialprodukt wird. Dieses aber kann nur wachsen, wenn die Nettoinvestition in jeder Periode größer ist als in der vorhergehenden und somit ständig zusätzliche Einkommenseffekte hervorruft. Erstes Erfordernis einer Wachstumstheorie ist somit, die dualistische Wirkung einer positiven Nettoinvestition, also ihren Kapazitäts- und ihren Einkommenseffekt, gemeinsam zu berücksichtigen.

Die Frage lautet konkret: Wie stark muß das Sozialprodukt wachsen, damit die damit ebenfalls zunehmende Güternachfrage gerade ausreicht, die mit der positiven Nettoinvestition ständig wachsende Erzeugungskapazität auszulasten und überdies in jeder Periode das IS-Gleichgewicht sicherzustellen? Es muß dann, mit anderen Worten, das von der Nachfrage bestimmte realisierte Sozialprodukt gleich dem von der Erzeugungskapazität und damit von der Investition determinierten angebotenen Sozialprodukt sein.

Die zentrale Bedingung für gleichgewichtiges Wachstum läßt sich aus dem folgenden Modell ermitteln:

Modell 2.46 – *Gleichgewichtiges Wirtschaftswachstum*

Produktionsfunktion: $\quad\quad\quad \Delta Y^r = \dfrac{1}{\varrho} \Delta K \quad\quad\quad$ (2.46-I)

Sparfunktion: $\quad\quad\quad S = s Y^r \quad\quad\quad$ (2.46-II)

Änderung des Kapitalstocks
ist gleich Nettoinvestition: $\quad\quad \Delta K = I^n \quad\quad\quad$ (2.46-III)

Wachstumsrate des
Sozialprodukts: $\quad\quad\quad w_Y = \dfrac{\Delta Y^r}{Y^r} \quad\quad\quad$ (2.46-IV)

Gleichgewichtsbedingung: $\quad\quad I^n = S. \quad\quad\quad$ (2.46-V)

Danach wird in der Volkswirtschaft nur ein Gut produziert und sowohl konsumiert als auch zwecks Vergrößerung der Produktionskapazität investiert. Im folgenden werden nur reale Größen betrachtet, und der Index r bei Y^r wird daher weggelassen. Bei der Investition steht der Kapazitätseffekt im Vordergrund, und I bedeutet daher immer die Nettoinvestition I^n. Staat und Außenhandel werden nicht berücksichtigt. Die Produktionsfunktion ist auch insofern von einfachster Fassung, als die Zuwächse des Sozialprodukts denen des Kapitalstocks proportional sind. Der Proportionalitätsfaktor ist gleich dem reziproken Wert des marginalen Kapitalkoeffizienten ϱ, also gleich der Kapitalproduktivität. Der Arbeitseinsatz wird nicht explizit betrachtet; man kann annehmen, daß er seinerseits dem Kapitaleinsatz proportional ist. Das Konsumverhalten wird durch eine Sparfunktion ohne Absolutglied erfaßt, was sich aufgrund empirischer Untersuchungen rechtfertigen läßt. Das durch zwei Definitionsgleichungen und eine Gleichgewichtsbedingung vervollständigte Modell enthält sechs Variable: Die Ersparnis S, das reale Sozialprodukt Y, seine Änderung ΔY und seine Wachstumsrate w_Y, die Änderung des Produktionsapparats ΔK sowie die Nettoinvestition I. Technischer Fortschritt wird nicht betrachtet und ϱ daher als konstant angesehen. Setzt man Gleichung (2.46-III) in (2.46-I) ein, eliminiert hieraus nacheinander I durch Einsetzen von (2.46-V) und S durch Einsetzen von (2.46-II), erhält man nach Berücksichtigung von (2.46-IV) die fundamentale Konsistenzbedingung oder Wachstumsgleichung

$$w_Y \varrho = s \quad \text{oder} \quad w_Y = s/\varrho, \tag{2.47}$$

in Worten:

Satz 2.3: *Das Sozialprodukt wächst gleichgewichtig, wenn seine Wachstumsrate, multipliziert mit dem marginalen Kapitalkoeffizienten, gleich der gesamtwirtschaftlichen Sparquote ist.*

Ist beispielsweise der marginale Kapitalkoeffizient gleich 5, was als realistisch angesehen werden kann,[36] dann ist die Bedingung für ein vierprozentiges Wachstum des Sozialprodukts eine gesamtwirtschaftliche Spar- gleich Investitionsquote von 20 v. H. Es liegt auf der Hand, daß mit dem steigenden Sozialprodukt auch die Ersparnis zunimmt und daher jedes Jahr mehr netto investiert werden muß. Man kann einen solchen zeitlichen Ablauf ein *dynamisches Gleichgewicht* nennen, wenngleich die Investitionsentscheidungen jedes Jahr geändert werden müssen. Entscheidend ist jedoch, daß das Sparverhalten richtig vorausgesehen wird, so daß $I_t = S_t$ für alle t gilt. Im übrigen ist das Sparverhalten als einzige Verhaltenshypothese in Modell 2.46 die letzte Ursache für den Wachstumsprozeß: Die Sparer entscheiden, welchen Teil ihres Einkommens sie nicht dem Konsum widmen wollen, per Gleichgewichtsannahme wird im gleichen Umfang investiert, was den Kapitalstock vergrößert und aufgrund des produktionstechnischen Zusammenhangs die Unternehmen zu einem vermehrten Angebot veranlaßt.

Diese Zusammenhänge lassen sich vielleicht noch etwas deutlicher herausarbeiten, wenn man das nachgefragte Sozialprodukt Y^N auch symbolisch von dem angebotenen Sozialprodukt Y^A unterscheidet. Dieses wird mit Hilfe des Kapitalstocks K hergestellt, und zwischen beiden Größen gilt die konstante technische Beziehung

$$\frac{Y^A}{K} = \frac{\Delta Y^A}{\Delta K} = \sigma \quad \text{und daher} \quad Y^A = \sigma K,$$

worin σ die durchschnittliche und marginale Kapitalproduktivität ist. Das nachgefragte Sozialprodukt Y^N ist gleich der Summe aus Konsum und Investition

$$Y^N = C + I, \quad \text{und es gelten} \quad C = Y^N - S \quad \text{und} \quad S = sY^N,$$

woraus $sY^N = I$ und daher $Y^N = I/s$ folgt. Das ist die aus der Multiplikatortheorie bekannte, über die marginale Konsum- oder Sparquote hergestellte Beziehung (2.9) von S. 68 (bei $C^a = 0$) oder (2.12) zwischen der vorgegebenen Investition (oder ihrer Änderung) und dem dazugehörigen Sozialprodukt (oder seiner Änderung). Im Gleichgewicht muß das angebotene gleich dem nachge-

---

[36] Der durchschnittliche Kapitalkoeffizient der Bundesrepublik, ohne Berücksichtigung des Auslastungsgrades für das Kalenderjahr berechnet, lag 1982 bei 5,0, 1983 bis 1986 bei 5,1. (Ab 1984 vorläufige) Angaben in: WiSta März 1987, S. 171.

fragten Sozialprodukt sein. Das ergibt

$$\sigma K = \frac{I}{s} \quad \text{oder} \quad \sigma s = \frac{I}{K} \quad \text{und daher} \quad \sigma s = w_K,$$

da $I = \Delta K$ ist. Das ist das gleiche Ergebnis wie (2.47), da die Kapitalproduktivität einerseits gleich dem reziproken Wert des Kapitalkoeffizienten ϱ ist, anderseits nur konstant bleiben kann, wenn Sozialprodukt und Kapitalstock mit der gleichen Rate wachsen.

Gemäß Gleichung (2.47) wächst das Sozialprodukt um so stärker, je mehr bei gegebenem Kapitalkoeffizient gespart wird. Bei der Untersuchung von Multiplikatorprozessen ergab sich dagegen, daß das Sozialprodukt um so stärker expandierte, je kleiner die marginale Sparquote war (vgl. S. 69). Der scheinbare Widerspruch löst sich auf, wenn man Gleichung (2.46-V) berücksichtigt: Im Gleichgewicht ist $S = I$, ein höhere Sparquote bedeutet eine höhere Investitionsquote, und je größer $I = \Delta K$ ist, um so stärker wächst der Produktionsapparat, was angesichts der Konstanz von ϱ in (2.46-I) ein entsprechend stärkeres Sozialproduktwachstum erfordert. Multiplikatorprozesse sind dagegen eine Kette von Ungleichgewichtszuständen und werden um so stärker gebremst, je höher die marginale Sparquote ist. Während also Wachstumsrate des Sozialprodukts und Sparquote über den Kapitalkoeffizienten zueinander proportional sind, übt dieser die entgegengesetzte Wirkung aus: Je höher er ist, um so geringer ist bei gegebener Spar- gleich Investitionsquote das Wachstum. Das leuchtet unmittelbar ein: Je mehr Sachkapital zur Herstellung einer zusätzlichen Sozialprodukteinheit erforderlich ist, um so weniger erhöht eine gegebene Investition das Sozialprodukt. Betrachtet man das durch s erfaßte Sparverhalten als die exogene Größe des Modells 2.46, dann wird die Gleichgewichts-Wachstumsrate des Sozialprodukts zur abhängigen Variablen, und der mit Gleichung (2.47) ausgedrückte Zusammenhang lädt zu Überlegungen über die Zukunft des kapitalistischen Wirtschaftssystems ein. So entstand im Anschluß an die Weltwirtschaftskrise Ende der dreißiger Jahre die *Stagnationsthese:* Mit wachsendem Volkseinkommen nimmt die Sparquote immer mehr zu, während gleichzeitig bei stagnierender Bevölkerung und bereits hohem Sachkapitalbestand die rentablen Investitionsmöglichkeiten abnehmen.[37] Beispielsweise müßte bei einer Sparquote von 40 v. H. und $\varrho = 5$ das Sozialprodukt gemäß Gleichung (2.47) um jährlich 8 v. H. wachsen. Unter dem Eindruck der Weltwirtschaftskrise und der anschließenden Stagnation in den Vereinigten Staaten argumentierte man damals, daß dies nicht zu erreichen sei, und daß es daher in „reifen" Volkswirtschaften eine Tendenz zur Stagnation des Sozialprodukts und damit bei immer noch zunehmender Arbeitsproduktivität zur Arbeitslosigkeit gebe. Ein Ausweg aus dieser Situation wurde in einer anderen Verteilung des Volkseinkommens gesehen: Wird dieses zugunsten der Bezieher niedriger Einkommen mit ihrer

---

[37] Die Hypothese, daß die Grenzleistungsfähigkeit des Kapitals, das heißt der interne Zinssatz zusätzlicher Sachinvestitionen, mit der Größe des vorhandenen Kapitalstocks zurückgeht, im Laufe der Zeit unter den Zinssatz des Kapitalmarkts und schließlich auf null sinkt und so die Investitionstätigkeit zum Erliegen bringt, findet sich bei KEYNES [1.13], S. 217–221.

niedrigen Sparquote umverteilt, wäre beispielsweise eine Situation mit einer Sparquote von 10 v. H. und einer Wachstumsrate von 2 v. H. langfristig haltbar.

Das gleichgewichtige Wachstum gemäß Modell 2.46 ist in Bild 2.14(a) graphisch illustriert.[38] Dort ist zunächst mit der (hier linear homogenen) Sparkurve in Abhängigkeit vom Sozialprodukt Y und der von Y unabhängigen Investition I_0 die Situation von Bild 1.6 (b) S. 24 reproduziert. Das Gleichgewichtseinkommen in dieser Ausgangssituation ergibt sich aus dem Schnittpunkt beider Kurven zu Y_0. In diesem Punkt errichtet man nun eine Gerade A_0, deren Steigung als Tangens des Winkels α gleich $I/\Delta Y$ und damit wegen Gleichung (2.46-I) gleich dem marginalen Kapitalkoeffizienten ϱ ist. A_0 schneidet die I_0-Linie im Punkt P_1. Die Senkrechte in diesem Punkt markiert erstens Y_1 und damit das Sozialprodukt, das in Periode 1 mit Hilfe des durch I_0 vergrößerten Kapitalstocks hergestellt werden kann. Zweitens bezeichnet sie die diesem Sozialprodukt entsprechende Ersparnis S_1 und damit auch die gemäß der Gleichgewichtsbedingung (2.46-V) erforderliche Investition I_1. Aufgrund der gleichen

Bild 2.14 − *Gleichgewichtiges Wachstum*

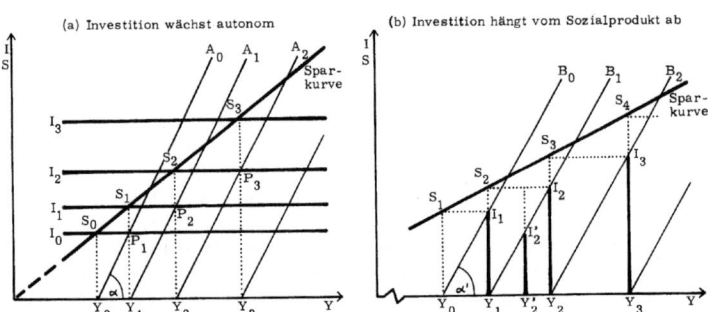

Überlegung errichtet man bei Y_1 die Linie A_1, die wegen der Konstanz von ϱ parallel zu A_0 verlaufen muß, und erhält so den Wert für Y_2. Auch die Konstruktion von Y_3 ist noch gezeigt. Es wird deutlich, daß konstante Wachstumsraten ständig größer werdende absolute Zuwächse von Y, I und S bedeuten.

Das Modell 2.46 enthält in Gestalt von Gleichung (2.46-I) eine Produktionsfunktion, jedoch keine Hypothese über das Investitionsverhalten. Die Investitionskurve in Bild 2.14 (a) verschiebt sich sukzessive nach oben, aber die Investition ist vom Modell her gesehen autonom. Das liegt an der Fragestellung: Die Zunahme der Investition in der gezeigten Weise ist die Bedingung für das gleichgewichtige Wachstum, und das Modell beantwortet die Frage, wie sich die Investition entwickeln muß, damit die mit ihr wachsende Produktionskapazität gerade ausreicht, die von ihr bewirkte Zunahme der Nachfrage zu befriedigen.

---

[38] Die Darstellung folgt einer Idee von H. PILVIN: A Geometrical Analysis of Recent Growth Models. AER, Vol. 42, 1952, S. 594−599.

Man kann nun das Modell durch Einführung einer Investitionsfunktion ändern und dann fragen: Welche Wachstumsrate des realen Sozialprodukts stellt bei einem vom Sozialprodukt abhängigen Spar- und Investitionsverhalten sicher, daß in jeder Periode IS-Gleichgewicht herrscht? Man ersetzt dazu die Produktionsfunktion (2.46-I) durch eine aus dem Multiplikator-Akzeleratormodell 2.43 (S. 107) bekannte

Investitionsfunktion: $\quad\quad\quad I = \beta \Delta Y$ \quad\quad\quad (2.46-Ia)

mit $\beta > 0$ als Akzelerator, der die Reaktion der Investoren auf Änderungen des Sozialprodukts gegenüber der Vorperiode angibt. Diese Gleichung zusammen mit Gleichung (2.46-II) in (2.46-V) eingesetzt ergibt unter Berücksichtigung von (2.46-IV)

$$w^e_Y = \frac{s}{\beta}.$$ \quad\quad (2.48)

Das Ergebnis entspricht formal Gleichung (2.47), ist aber anders zu interpretieren: Wächst Y mit dieser Rate w^e_Y, dann sind Ersparnis und Investition, die beide vom Sozialprodukt abhängen, ex ante ständig gleich groß. w^e_Y ist daher die für ein gleichgewichtiges Wachstum *erforderliche Wachstumsrate*. Ist sie realisiert, stellen die Anbieter fest, daß die Nachfrage nach ihren Produkten und damit der Auslastungsgrad ihrer Produktionskapazitäten ihren Erwartungen entspricht und fahren mit gleichbleibender Rate fort zu produzieren und zu investieren. Unter diesem Gesichtspunkt ist sie also gleichzeitig die *befriedigende Wachstumsrate*. Eine kleinere marginale Sparquote und ein größerer Akzelerator würden jeweils ceteris paribus eine kleinere Wachstumsrate w^e_Y erfordern, und umgekehrt.

Die geänderte Fassung des Modells ist in Bild 2.14(b) veranschaulicht. In der Ausgangssituation hat das Sozialprodukt die Höhe Y_0. Die Investition in Periode 1 ist gemäß Gleichung (2.46-Ia) eine Funktion der Änderung des Sozialprodukts $Y_1 - Y_0$, wobei der Tangens des Winkels α' und damit die Steigung der Geraden B_0 den Akzelerator β angibt. Nimmt man eine verzögerte Sparfunktion $S_t = s Y_{t-1}$ an, dann ist das System wegen $I_1 = S_1 = s Y_0$ bei Y_1 im Gleichgewicht. Das Sozialprodukt Y_1 ruft die Ersparnis S_2 hervor, die in Periode 2 auf die gleich große, von der Linie B_1 bestimmte Investition I_2 trifft, und so weiter. Verbindet man die Punkte $I_1, I_2, I_3, \ldots$, so zeigt sich, daß die Investitionskurve gleich der um eine Periode nach rechts verschobenen Sparkurve ist. Y, S und I wachsen alle mit den gleichen Raten.

Was geschieht, wenn die *tatsächliche* oder *Ex post-Wachstumsrate* w_Y nicht gleich der erforderlichen w^e_Y ist, etwa unter dieser bleibt? Der Fall ist eingezeichnet, Y'_2 ist kleiner als Y_2. Die Ersparnis S_2, determiniert durch Y_1, ist größer als die Investition I'_2, determiniert durch $Y'_2 - Y_1$. Einige oder alle Investoren sehen dann, daß ihre Produktionskapazitäten größer als erforderlich sind. Paradoxerweise entstand dies dadurch, daß sie in ihrer Gesamtheit zu wenig investiert und daher für eine zu geringe Erhöhung der Gesamtnachfrage gesorgt hatten. Die entstandene kontraktive Lücke (vgl. S. 67) läßt das Sozialprodukt vom Stand Y_2 aus sinken, und der kombinierte Multiplikator-Akzeleratorprozeß verursacht seinen ständigen weiteren Rückgang. Instabilität zeigt sich auch, wenn die Produktionskapazität bei einer positiven Abweichung der tatsächlichen von der Gleichgewichts-Wachstumsrate zur Herstellung der nachgefragten Mengen nicht ausreicht. Die Nachfrage wird durch die zu hohe Investition zu stark angeregt, und das Sozialprodukt gerät in einen explosiven Expansionsprozeß, weil die expansive Lücke zwischen wachsender Nachfrage und nachhinkender Produktionskapazität von Periode zu Periode größer wird. Das mit diesem Modell ermittelte Wachstumsgleichgewicht ist also nach beiden Richtungen labil. Angesichts dieser Empfindlichkeit gegenüber Abweichungen von der erforderlichen Wachstumsrate spricht man hier von „Wachstum auf Messers Schneide".

Wie eingangs erwähnt, bleiben langfristig nur wenige Größen konstant, und dies gilt auch für die Bevölkerung und ihren erwerbstätigen Teil. Ihr ständiges Wachstum wurde zur Zeit der Entstehung der Wachstumstheorie noch für naturgegeben gehalten, und das ließ die Frage nach dessen Einbau in die Theorie entstehen. Dazu kann man sich eine Wachstumsrate des realen Sozialprodukts vorstellen, bei der sowohl eine wachsende Erwerbsbevölkerung als auch die infolge zunehmender Arbeitsproduktivität potentiell freigesetzten Arbeitskräfte ständig voll beschäftigt sind. Dies ist die *natürliche Wachstumsrate* w^n_Y. Nimmt die Zahl der Erwerbspersonen jährlich um 1 v. H. und das reale Sozialprodukt je Erwerbstätigen um 2,5 v. H. zu, dann ist w^n_Y gleich 3,5 v. H. Jedoch sorgt kein Mechanismus dafür, daß sie etwa ständig gleich der für das Gleichgewicht erforderlichen Rate w^e_Y ist. Ist beispielsweise die erforderliche Rate größer als die natürliche, muß auch die tatsächliche Wachstumsrate unterhalb der erforderlichen bleiben, da die natürliche, das heißt die Vollbeschäftigungsrate, nicht überschritten werden kann. Da w^e_Y volle Ausnutzung der jährlich zuwachsenden Produktionskapazität bedeutet, während bei der Realisierung von w^n_Y die wachsende Zahl der Arbeitskräfte voll beschäftigt ist, müssen bei der angenommenen Relation dauerhafte Produktionsmittel ungenutzt bleiben. Aus dieser Ungleichgewichtssituation aber resultiert der geschilderte Fall des prinzipiell nichtendenden, in der Praxis auf Stagnation und chronische Unterbeschäftigung hinauslaufenden Kontraktionsprozesses. Umgekehrt ergibt sich ein ungleichgewichtiger Expansionsprozeß, wenn die erforderliche unterhalb der natürlichen Rate liegt und sich die tatsächliche infolge einer Störung oberhalb der erforderlichen einstellt.

Die dem Modell 2.46 zugrundeliegenden Ideen wurden Ende der dreißiger bis Mitte der vierziger Jahre dieses Jahrhunderts vor allem von R. F. HARROD und E. D. DOMAR entwickelt, weshalb man Modelle dieses Typs mit den genannten Fragestellungen nach beiden Forschern benennt. Sie zeigen vor allem drei wichtige Aspekte des Wirtschaftsprozesses: Die zentrale Rolle der dauerhaften Produktionsmittel; die Tatsache, daß das System zu wirtschaftlichem Wachstum geradezu verdammt ist, wenn nicht Produktionsmittel brachliegen und Erwerbspersonen arbeitslos sein sollen; und daß es im Rahmen ihrer Annahmen weder eine Tendenz zum Gleichgewicht noch einen Mechanismus gibt, der für das erforderliche oder das natürliche Wachstum sorgen könnte. Soweit die erforderliche Wachstumsrate über der natürlichen liegt, ergibt sich eine Tendenz zur Unterausnutzung der wachsenden Produktionskapazität und damit eine chronische Depressionsneigung.

Nachteil der Modelle dieses Typs ist vor allem die Annahme strikt limitativer Produktionsfakoren gemäß der Produktionsfunktion (2.46-I). Die Realität wird dagegen möglicherweise besser durch Produktionsfunktionen mit substitutiven Faktoren und abnehmenden Grenzprodukten beschrieben. Auch das Problem einer wachsenden oder stagnierenden Erwerbsbevölkerung erschiene dann in anderem Licht. Die weitere Entwicklung der Wachstumstheorie ist durch die Verwendung entsprechender Produktionsfunktionen gekennzeichnet.

3. Wachstum bei substitutiven Produktionsfaktoren. Die Produktionstätigkeit in einer modernen Volkswirtschaft findet im Rahmen von Millionen einzelner Produktionsprozesse statt, in denen jeweils Vorleistungen, Nutzung dauerhafter Produktionsmittel und menschliche Arbeitsleistungen in den unterschiedlichsten Proportionen zusammenwirken. Es bedeutet offenbar einen extremen Grad von Vereinfachung, dies als einen Einproduktprozeß zu sehen und mit einer makroökonomischen Produktionsfunktion zu erfassen, wie dies mit Gleichung (2.46-I) geschah. Dieser Aggregationsgrad muß hier beibehalten werden, aber es wäre sicher ein Schritt in Richtung auf mehr Realitätsnähe, eine Form dieser Funktion zu wählen, in der erstens der Produktionsfaktor Arbeitsleistung explizit auftaucht, und in der zweitens das Einsatzverhältnis Arbeitsleistung zu Sachkapitalnutzung und damit die Durchschnittsproduktivitäten beider Faktoren nicht ein für allemal festliegen. Bei gesamtwirtschaftlicher Betrachtung kann das Einsatzverhältnis bekanntlich aus zwei Gründen variieren: Es kann Prozesse geben, in denen es bei gegebener Technik innerhalb gewisser Grenzen wählbar ist; und der Strukturwandel kann das Verhältnis gesamtwirtschaftlich selbst dann ändern, wenn es in jedem einzelnen Prozeß konstant ist.

Eine Produktionsfunktion mit der gewünschten Eigenschaft möge (mathematisch) homogen vom Grad eins sein und die allgemeine Form

$$Y^r = f(A, K) \tag{2.49}$$

haben, in der A eine nach Annahme (ökonomisch) homogene Arbeitsleistung und K die Nutzung eines homogenen Kapitalstocks ist. Auf den Faktormärkten herrsche Wettbewerb, der dafür sorgt, daß jeder Produktionsfaktor vollbeschäftigt ist und mit dem Wert seines Grenzprodukts entlohnt wird, das mit zunehmendem Einsatz des Faktors monoton abnimmt. Der Kapitalkoeffizient ist daher keine konstante Größe, und das Gleichgewicht zwischen Investition und Ersparnis stellt sich von selbst ein. Da dies wesentliche Annahmen der nationalökonomischen Klassiker waren, wie unten im vierten Kapitel näher erläutert wird, nennt man das hierauf aufbauende Gedankengebäude die *neoklassische Wachstumstheorie*.

Von den S. 121 genannten Wachstumsursachen kommt hier Strukturwandel wegen der ökonomischen Homogenitätsannahme nicht in Betracht, und die Technik möge zunächst als konstant angesehen werden. Für genügend kleine, streng genommen infinitesimale, Änderungen des Einsatzes der Produktionsfaktoren erhält man aus der klassischen Produktionsfunktion (2.49)

$$\Delta Y = \frac{\partial Y}{\partial A} \Delta A + \frac{\partial Y}{\partial K} \Delta K. \tag{2.50}$$

Danach ist die Änderung des Produktionsergebnisses gleich der Summe der Änderung der Faktoreinsätze multipliziert mit deren Grenzproduktivitäten. Setzt man $\partial Y/\partial A = GP_A$, $\partial Y/\partial K = GP_K$ und dividiert Gleichung (2.50) durch Y, erhält man

$$\frac{\Delta Y}{Y} = GP_A \frac{\Delta A}{Y} + GP_K \frac{\Delta K}{Y}.$$

Erweitert man die beiden Glieder rechts mit A respektive K und macht sich die Erkenntnis zunutze, daß unter den angegebenen Voraussetzungen der Anteil der Lieferanten jedes Produktionsfaktors am Produktionsergebnis gleich dem mathematischen Produkt aus Faktoreinsatz und Grenzproduktivität ist, erhält man

$$\frac{\Delta Y}{Y} = \frac{GP_A \cdot A}{Y} \cdot \frac{\Delta A}{A} + \frac{GP_K \cdot K}{Y} \cdot \frac{\Delta K}{K} \quad \text{oder:} \quad w'_Y = \alpha w_A + (1-\alpha) w_K,$$

(2.51)

worin α der Anteil der Lieferanten der Arbeitsleistungen, vereinfacht „Arbeiter" genannt, am Sozialprodukt, w'_Y dessen Wachstumsrate sowie $w_A = \Delta A/A$ und $w_K = \Delta K/K$ die Wachstumsraten der beiden Faktoren sind. Die Größen α und $1-\alpha$ sind gleichzeitig die partiellen Produktionselastizitäten der beiden Faktoren in einer Produktionsfunktion mit den Eigenschaften von (2.49). Unter neoklassischen Annahmen gilt mithin, wenn technischer Fortschritt vernachlässigt wird,

Satz 2.4: *Die Wachstumsrate des Sozialprodukts ist gleich der Summe der mit ihren Produktionselastizitäten gewichteten Wachstumsraten der Produktionsfaktoren.*

Wachsen beispielsweise beide Faktoren um 3 v. H., so wächst nach Gleichung (2.51) auch Y um 3 v. H. Das gleiche Resultat erhält man aus Gleichung (I) des Modells 2.46 (S. 123), wobei dort implizit eine konstante Kapitalintensität K/A gilt. Beide Produktionsfunktionen beschreiben mithin Prozesse mit konstantem Skalenertrag. Der Unterschied zwischen HARROD-DOMAR- und neoklassischem Wachstumsmodell tritt jedoch zutage, sobald man nach der Wirkung des Mehreinsatzes eines Faktors auf das Sozialprodukt bei Konstanz des anderen Faktors fragt. Nimmt im HARROD-DOMAR-Modell die Erwerbsbevölkerung ceteris paribus zu, ändert sich das Sozialprodukt nicht: Beide Faktoren sind limitativ, bei konstantem Kapitaleinsatz sind alle Arbeitsplätze besetzt und nicht vermehrbar. Verallgemeinert gilt: Das Wachstum des am schwächsten wachsenden Faktors limitiert das Wachstum des Sozialprodukts. Gemäß dem neoklassischen Modell werden die zusätzlichen Arbeitskräfte eingestellt, wenngleich damit ihre Grenzproduktivität und damit der Lohnsatz sinkt. Setzt man $\alpha = 0{,}7$, was etwa den Verhältnissen in der Bundesrepublik von heute entspricht,[39] so wächst das Sozialprodukt als Folge einer einprozentigen Zunahme des Arbeitseinsatzes um 0,7 v. H. Eine Erhöhung des Kapitaleinsatzes um 1 v. H. läßt es dagegen nur um 0,3 v. H. wachsen, eine Folge der unterschiedlichen Produktionselastizitäten. Die Tatsache dieser ungleichen Beiträge der Produktionsfaktoren zum Wirtschafts-

---

[39] Vgl. WiSta September 1986, S. 685.

wachstum bei konstanter Technik ist eine wichtige Erkenntnis. Sie läßt sich noch deutlicher demonstrieren, wenn man die HARRODsche Gleichgewichtsbedingung in Gleichung (2.51) einbaut. Man ersetzt dazu in der Wachstumsrate des Kapitalstocks $w_K = \Delta K/K$ gemäß den Gleichungen (2.46-III) und (V) ΔK durch S sowie K durch ϱY, da die Produktionsfunktion (2.46-I) als homogen angenommen wird. Da nach (2.46-II) $S/Y = s$ ist, geht (2.51) in

$$w'_Y = \alpha w_A + (1-\alpha) \cdot \frac{s}{\varrho}$$

über. Der Quotient s/ϱ ist nach Gleichung (2.47) die Gleichgewichts-Wachstumsrate w_Y des Sozialprodukts unter HARROD-DOMAR-Bedingungen. Abgesehen von dem Fall $\alpha = 0$ ist sie nur dann gleich der Wachstumsrate w'_Y unter neoklassischen Annahmen, wenn w_A und w_Y übereinstimmen. In allen anderen Fällen kann das Wachstum des Kapitalstocks das Sozialproduktwachstum nicht mehr allein erklären und trägt angesichts des numerischen Wertes von α nur den kleineren Teil zu ihm bei.

Die nächste Frage betrifft das Wachstum der durchschnittlichen Arbeitsproduktivität. Die Statistik zeigt, daß sie in der Bundesrepublik in 35 Jahren stärker zugenommen hat als das reale Sozialprodukt (vgl. S. 57). Stagniert die Bevölkerung, ist sie bei konstanter Erwerbsquote die einzige Quelle für weiteres Wirtschaftswachstum. Für kleine Änderungen der betrachteten Größen ist die Wachstumsrate der Arbeitsproduktivität, gemessen als reales Sozialprodukt je Einheit des Arbeitseinsatzes, näherungsweise gleich der Differenz zwischen den Wachstumsraten des Sozialprodukts und des Arbeitseinsatzes. Subtrahiert man w_A von beiden Seiten der Gleichung (2.51), erhält man

$$w'_Y - w_A = \alpha w_A - w_A + (1-\alpha)w_K \quad \text{oder} \quad w'_Y - w_A = (1-\alpha)(w_K - w_A). \tag{2.52}$$

Die Wachstumsrate der Arbeitsproduktivität ist mithin gleich der Wachstumsrate der Kapitalintensität, multipliziert mit der Produktionselastizität des Kapitaleinsatzes. Bei konstanter Erwerbsquote sind im übrigen die Wachstumsraten der Arbeitsproduktivität und des Sozialprodukts je Kopf gleich groß. Das Ergebnis ist, daß die Kapitalintensität wegen des mathematischen Faktors $(1-\alpha) < 1$ zunehmen, das heißt der Kapitalstock schneller wachsen muß als die Erwerbsbevölkerung, wenn bei fehlendem technischem Fortschritt die Arbeitsproduktivität steigen soll. So ist für eine Wachstumsrate des Sozialprodukts von 4 v. H. bei einprozentiger Zunahme des Arbeitseinsatzes, mithin für eine nur dreiprozentige Steigerung der Arbeitsproduktivität, bei einem Wert von $\alpha = 0,7$ ein elfprozentiges Wachstum des Kapitaleinsatzes erforderlich. Die Kapitalausstattung des Arbeitsplatzes muß, mit anderen Worten, in diesem Fall annähernd viermal so stark wachsen wie die Arbeitsproduktivität.

Wenn in einem mit einer klassischen Produktionsfunktion beschriebenen Produktionsprozeß ständig mehr Kapital als Arbeit hinzugefügt wird, muß die Grenzproduktivität des Kapitals sinken. Dies ist eine Eigenschaft der Produktionsfunktion (2.49). Auch seine Durchschnittsproduktivität $w'_Y - w_K$ geht zurück, wie sich aus der analog zu (2.52) gebildeten Gleichung

$$w'_Y - w_K = \alpha(w_A - w_K) \tag{2.53}$$

ergibt. Beispielsweise sinkt die Durchschnittsproduktivität bei Verwendung der eben genannten Zahlen um 7 v. H. jährlich. Bei ständig sinkender Grenzproduktivität des Kapitals und damit seiner Rendite aber muß es nach einiger Zeit für die Unternehmer uninteressant werden, den Kapitalstock schneller wachsen zu lassen als den Arbeitseinsatz. Auf die Dauer muß daher w_K auf w_A sinken, die Differenz $w_K - w_A$ in Gleichung (2.52) wird null, die Arbeitsproduktivität nimmt nicht mehr zu, und das Sozialprodukt wächst nur noch ebenso stark wie der Arbeits- und der Kapitaleinsatz. Der Dauerzustand des gleichgewichtigen *stetigen Wachstums* ist erreicht, in dem die netto zuwachsenden Arbeitskräfte mit der gleichen Kapitalausstattung wie die vorhandenen voll beschäftigt werden und sich das Sozialprodukt je Kopf (bei konstanter Erwerbsquote) und die Kapitalintensität der Arbeit nicht mehr ändern.

Auch unabhängig von den Formeln leuchtet ein, daß unter der Annahme abnehmender Grenzproduktivität auf die Dauer kein Faktor mit anderer Rate wachsen kann als das Sozialprodukt. Würde er ständig schneller wachsen, würde seine Grenzproduktivität immer kleiner werden, und irgendwann kann es nicht mehr lohnen, noch mehr von ihm einzusetzen. Bliebe sein Wachstum hingegen ständig zurück, müßte seine Grenzproduktivität schließlich über alle Grenzen wachsen.

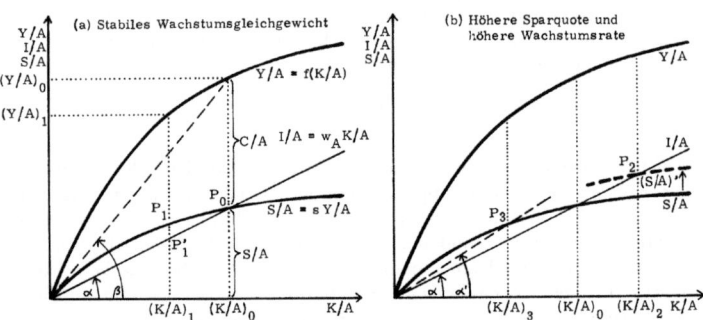

Bild 2.15 – *Stetiges Wachstum im neoklassischen Modell*

Die Zusammenhänge zwischen den relevanten Größen des neoklassischen Wachstumsmodells sind in Bild 2.15 dargestellt. In beiden Teilen sind Kapitaleinsatz und Sozialprodukt durch den Arbeitseinsatz, gemessen etwa durch die Zahl der Erwerbstätigen, dividiert, so daß die durchschnittliche Arbeitsproduktivität Y/A von der Kapitalintensität K/A abhängt. Bei Annahme einer konstanten Erwerbsquote lassen sich beide Variablen auch als Größen je Kopf der Bevölkerung interpretieren. Die Produktionsfunktion zeigt abnehmenden Grenzertrag des Kapitals und damit den üblichen Verlauf einer Ertragskurve bei partieller Faktorvariation: Wenn die Kapitalausstattung des Arbeitsplatzes zunimmt, steigt auch das Sozialprodukt je Kopf, aber dessen Zuwachs wird um so kleiner, je höher die Kapitalintensität bereits ist. Da ein konstanter Bruchteil s

des durchschnittlichen Einkommens Y/A gespart wird und damit auch die Ersparnis je Kopf konstant ist, teilt die S/A-Kurve den Abstand zwischen der Y/A-Kurve und der Abszissenachse in gleichbleibender Weise auf Konsum und Ersparnis je Kopf auf – sie ist nicht etwa das Bild einer nichtlinearen Sparfunktion. Damit wird auch die Ersparnis je Kopf von K/A abhängig. Nun muß bei stetigem Wachstum die Ersparnis und damit die Nettoinvestition gerade so groß sein, daß die zuwachsenden Arbeitskräfte in Höhe der gerade herrschenden durchschnittlichen Kapitalintensität mit dauerhaften Produktionsmitteln ausgestattet werden. Arbeiten in einer Ausgangssituation 1000 Arbeiter mit einem Kapitalstock im Wert von 8000, also mit einer Kapitalintensität von 8, und wächst die Zahl der Arbeiter um 1,5 v. H. ($w_A = 0{,}015$), also um 15, dann ist die erforderliche Nettoinvestition $I = w_A \cdot K = 0{,}015 \cdot 8000 = 120$. Je Kopf gerechnet erhält man $I/A = w_A \cdot K/A$ und damit die bei jedem Wert der Kapitalintensität erforderliche Investition je Kopf. Die entsprechende Gerade ist ebenfalls eingezeichnet. Sie zeigt einen ansteigenden Verlauf: Je höher die gerade herrschende Kapitalintensität ist, um so mehr muß je Kopf investiert werden, um die zusätzlichen Arbeitskräfte in gleicher Weise auszustatten. Festzuhalten ist, daß die I/A-Gerade ein für das stetige Wachstum erforderliches und nicht wie die S/A-Kurve ein geplantes tatsächliches Verhalten angibt. Das Bild zeigt in Teil (a), daß beim Wert $(K/A)_0$ der Kapitalintensität das Sozialprodukt je Kopf $(Y/A)_0$ so groß ist, daß die gemäß der Sparfunktion $S/A = s \cdot Y/A$ hieraus resultierende Ersparnis und damit auch die Investition je Kopf gerade ausreicht, die mit der Rate w_A zuwachsenden Arbeitskräfte mit Kapital gemäß der Intensität $(K/A)_0$ auszustatten. Der Tangens des Winkels α ist konstant und gleich $I/A : K/A = w_K = w_A$, des Tangens des Winkels β gibt die ebenfalls konstante Kapitalproduktivität Y/K an. Es gilt mithin

Satz 2.5: *Im neoklassischen Modell ohne technischen Fortschritt sind bei stetigem Wachstum die Wachstumsraten des Sozialprodukts und des Kapitaleinsatzes gleich der Wachstumsrate der Arbeit und damit bei gegebener Erwerbsquote gleich der der Bevölkerung; durchschnittliche Arbeitsproduktivität, Kapitalintensität und Kapitalproduktivität sind konstant.*

Was geschieht, wenn bei der Kapitalintensität $(K/A)_1$ in Teil (a) das Sozialprodukt $(Y/A)_1$ je Kopf produziert wird? P_1 gibt die Ersparnis und damit die Investition je Kopf an, die dann gemäß der Sparfunktion von den Wirtschaftssubjekten hervorgebracht wird. Sie ist größer als die durch P'_1 gekennzeichnete, zur Aufrechterhaltung der Kapitalintensität $(K/A)_1$ erforderliche Investition je Kopf. Wenn in diesem Sinne mehr als nötig investiert wird, nimmt die Kapitalausstattung des Arbeitsplatzes zu, und zwar solange, bis die anfängliche Diskrepanz $P_1 - P'_1$ zwischen der tatsächlichen und der erforderlichen Investition je Kopf verschwunden und damit die Gleichgewichtssituation bei $(K/A)_0$ erreicht ist. Im Verlauf dieses Prozesses muß auch wegen des zusätzlichen, wenn auch mit abnehmender Grenzproduktivität wirksamen Kapitaleinsatzes das Sozialprodukt zunehmen. Entsprechend läßt sich von der anderen Seite her die Tendenz zum Gleichgewicht diagnostizieren, wenn in der Ausgangssituation $(K/A) > (K/A)_0$ ist. Im Gegensatz zum HARROD-DOMAR-Modell ist das Wachstumsgleichgewicht hier also stabil.

Schließlich ist zu fragen, welche Wirkungen sich auf Sozialprodukt und Kapitaleinsatz je Kopf ergeben, wenn unter sonst gleichen Umständen entweder mehr gespart wird oder die Bevölkerung schneller wächst. Die Antwort gibt

Satz 2.6: *Im neoklassischen Modell sind bei stetigem Wachstum Kapitalintensität und Arbeitsproduktivität um so größer, je größer die Sparquote, und um so kleiner, je größer die Wachstumsrate der Arbeit ist.*

Teil (b) von Bild 2.15 illustriert beide Effekte. Dort ist wie stückweise angedeutet die S/A-Kurve nach oben (gestrichelt) in die Lage $(S/A)'$ verschoben. Im neuen Schnittpunkt P_2 mit der ungeänderten I/A-Kurve sind Kapitalintensität $(K/A)_2$ und Sozialprodukt je Kopf höher. Das Bild zeigt auch die bemerkenswerte Tatsache, daß die Sparquote s zwar die beiden eben genannten Quotienten und auch die Kapitalproduktivität, nicht aber die Wachstumsraten der drei Variablen beeinflußt. Das ist so zu verstehen. Wenn die Sparquote steigt und sich die S/A-Kurve nach oben verschiebt, läßt die höhere Investition die Kapitalintensität wie eben schon erläutert steigen: Der Kapitalstock wächst schneller als die Zahl der Arbeitskräfte. Damit steigt auch das Sozialprodukt schneller als bisher. Im Ungleichgewicht sind die Wachstumsraten daher ungleich. Mit der Annäherung an den Punkt P_2 gehen sie jedoch wieder auf ihre Ausgangswerte zurück. Im Ergebnis hat die Änderung des Sparverhaltens zu einem höheren Sozialprodukt geführt, das nun auch anders auf Konsum und Investition aufgeteilt ist, hat aber die von der Wachstumsrate der Bevölkerung determinierten ökonomischen Wachstumsraten nicht auf Dauer geändert.

Wenn die Bevölkerung und damit der Arbeitseinsatz stärker wächst als bisher, bedeutet das bei ungeändertem Spar- und Investitionsverhalten eine Erhöhung von w_A in der Gleichung $I/A = w_A \cdot K/A$. In Bild 2.15(b) dreht sich die entsprechende Gerade nach oben und bildet nunmehr (gestrichelt) den Winkel α' mit der Abszisse. Im neuen Schnittpunkt P_3 ist mit der Kapitalintensität $(K/A)_3$ auch das Sozialprodukt je Kopf kleiner. Damit wird ein für Entwicklungsländer typisches Dilemma angesprochen. Da dort der medizinische Fortschritt der Industrieländer teilweise genutzt wird und diese auch Nahrungsmittelhilfe leisten, wächst die Bevölkerung so stark, daß Arbeitsproduktivität und Sozialprodukt niedrig bleiben, daher nur wenig gespart und investiert werden kann, was wiederum die Kapitalausstattung je Arbeitsplatz niedrig hält, folglich das Sozialprodukt stagnieren läßt, und so fort. Hinzu kommt allerdings, daß in vielen, wenn auch nicht in allen, dieser Länder selbst massive Kapitalzuführungen aus dem Ausland offenbar wirkungslos versickert sind.

Festzuhalten ist, daß alle diese Ergebnisse unter der Annahme konstanter Technik abgeleitet wurden. Sie entsprechen damit nicht der empirischen Evidenz. Diese zeigt, daß auch über sehr lange Zeiträume hinweg der Kapitalstock schneller gewachsen ist als der Arbeitseinsatz. Dieser nahm, je Erwerbstätigen gemessen, wegen diverser Arten der Arbeitszeitverkürzung sogar beträchtlich ab. Schließlich nimmt die Arbeitsproduktivität auch heute noch ständig zu. Die drei Wachstumsraten sind also unterschiedlich hoch – das zu beobachtende Wachstum entspricht nicht dem stetigen Wachstum des neoklassischen Modells. Ursache kann nur der technische Fortschritt sein.

4. Wachstum bei technischem Fortschritt. Der technische Fortschritt, Symbol T, ist schwierig zu messen. Will man ihn in einer Produktionsfunktion wie (2.49) S. 129 unterbringen, kann man

$$Y^r = f(T, A, K) \quad \text{und entsprechend} \quad w_Y'' = w_T + \alpha w_A + (1 - \alpha) w_K \qquad (2.54)$$

schreiben, worin w_T seine Wachstumsrate ist. Hierbei wird T als eigener Produktionsfaktor betrachtet, der unabhängig vom Kapital- und Arbeitseinsatz ein Wachstum des Sozialprodukts bewirkt. Hinter dieser Redeweise verbirgt sich zunächst nur die Unwissenheit über die Art und Weise, in der er zum Wirtschaftswachstum beiträgt. Gleichung (2.51) S. 130 wird entsprechend zu

$$w_Y'' - w_A = w_T + (1 - \alpha)(w_K - w_A),$$

und die Arbeitsproduktivität kann nunmehr auch noch zunehmen, wenn Arbeits- und Kapitaleinsatz konstant bleiben ($w_K = w_A = 0$) oder mit gleichen positiven Raten wachsen ($w_K = w_A > 0$). Auch muß die Grenzproduktivität des Kapitals nicht mehr zwangsläufig fallen, wenn der Kapitalstock stärker wächst als der Arbeitseinsatz: Der technische Fortschritt kann diesen Effekt überkompensieren.

Versucht man den in dieser Weise als Restgröße betrachteten technischen Fortschritt numerisch abzuschätzen, erhält man unter Verwendung der entsprechenden Wachstumsraten für die Bundesrepublik Deutschland (S. 57 f.) aus Gleichung (2.54), wenn w_A die durchschnittliche jährliche Wachstumsrate der Zahl der Erwerbstätigen ist,

$$w_T = w_Y'' - \alpha \cdot w_A - (1 - \alpha) \cdot w_K. \qquad (2.55)$$
$$2{,}71 = 4{,}74 - 0{,}7 \cdot 0{,}76 - 0{,}3 \cdot 5$$

Danach entfallen von den 4,74 v. H. des jährlichen Wachstums des realen Bruttoinlandsprodukts 2,71 v. H. oder mehr als die Hälfte (57 v. H.) auf den technischen Fortschritt und nur ein knappes Drittel auf die Zunahme des Kapitaleinsatzes.

Die Annahme, technischer Fortschritt verwirkliche sich gänzlich dadurch, daß im Zeitablauf ungeändert bleibende dauerhafte Produktionsmittel und Arbeitskräfte gleichbleibender Qualifikation lediglich effizienter eingesetzt werden, kann nicht den Tatsachen entsprechen. Jeder Blick in die Fabriken lehrt, daß ständig neue, leistungsfähigere, kompliziertere Maschinen und Anlagen investiert und von Arbeitskräften bedient werden, die lernen, mit ihnen umzugehen, über besseres Wissen verfügen und dieses anwenden. Technischer Fortschritt ist daher in Wirklichkeit mit der Änderung wesentlicher Eigenschaften der Bestandsfaktoren Sachkapital und Arbeitskräfte gleichzusetzen, er verkörpert sich in diesen, er ist *kapital-* oder *arbeitsgebunden* oder beides. Der oben genannte organisatorische, nicht faktorgebundene Fortschritt existiert, spielt aber sicher nur eine Nebenrolle.

Die Berücksichtigung dieser Tatsache hat erhebliche Konsequenzen auch für die Wachstumstheorie. So kann die Homogenitätsannahme in bezug auf die beiden Bestandsfaktoren nicht aufrechterhalten werden. Wenn bei vereinfachter Betrachtung jedes Jahr eine neue Maschinengeneration investiert wird, die zum Teil ausscheidende Maschinen älterer Bauart als Reinvestition ersetzt, zum Teil als Nettoinvestition den Kapitalstock vergrößert, dann ist dieser ein aus Maschinenjahrgängen unterschiedlicher Leistungsfähigkeit aufgebautetes inhomogenes Aggregat. Entsprechend sind die Erwerbstätigen nach Alter, Ausbildung, Erfahrung differenziert. Das Humankapital unterscheidet sich unter diesem Gesichtspunkt nicht vom Sachkapital. Der in beiden Faktoren verkörperte technische Fortschritt kann dann nicht mehr wie in Gleichung (2.55) geschätzt werden, in der beide als homogen und zeitlich invariant angenommen wurden. Insbesondere der Kapitalstock, an den der technische Fortschritt vermutlich hauptsächlich gebunden ist, gewinnt dann eine ganz andere Bedeutung als aus der Gleichung ermittelt.

Auch die Annahme der beliebigen Kombinierbarkeit der beiden Faktoren muß wesentlich modifiziert werden. Die Bedienung der dauerhaften Produktionsmittel erfordert, jedenfalls im Bereich der industriellen Sachgüterproduktion, in der Regel einen fest vorgegebenen Arbeitseinsatz, der bei älteren Produktionsmitteln meist größer ist als bei jüngeren, da der technische Fortschritt angesichts ständig und unbegrenzt steigender Arbeitskosten auf Arbeitsersparnis hin orientiert ist. Lediglich bei der Entscheidung über Kauf und Investition neuer Produktionsmittel sind die Unternehmen frei, die Faktorkombination zu wählen. Anders ausgedrückt: Ex ante sind die Faktoren im Rahmen der technischen Gegebenheiten substituierbar, ex post sind sie limitativ. Da die Anlageinvestition den vorhandenen Kapitalstock jeweils nur geringfügig vergrößert, kann sich die Faktorkombination zwar von Jahr zu Jahr nur marginal ändern, jedoch paßt sie sich längerfristig an das Verhältnis der Entlohnungssätze der beiden Faktoren an und ist insofern flexibel.

Lassen sich diese und andere Einflüsse auf die Wachstumsrate so aufteilen, daß die relative Bedeutung jeder einzelnen Ursache erkennbar wird? Tabelle 2.6 zeigt das Ergebnis eines entsprechenden Versuchs für die Bundesrepublik Deutschland. Danach entfielen 2,78 Prozentpunkte der durchschnittlichen Wachstumsrate von 7,26 v. H. des mit konstanten Preisen bewerteten Nettosozialprodukts zu Faktorkosten der Jahre 1950 bis 1962 auf die Zunahme des Faktoreinsatzes, während knapp zwei Drittel dem Produktivitätswachstum zu verdanken waren. Die Arbeitszeit (Posten 1.12) ging schon während dieser Periode zurück, die Ausbildung (Posten 1.13) hatte einen positiven Effekt. Der Beitrag des Kapitaleinsatzes (Posten 1.2) belief sich auf 1,41 Prozentpunkte oder 19 v. H. des gesamten Wachstums. Dieser Wert liegt in der Nähe des anhand von Gleichung (2.55) ermitteln. Hier wie dort sind Qualitätsverbesserungen dieses Faktors nicht berücksichtigt. Die Wiederinbetriebnahme des Kapitalstocks (Posten 2.2) bedeutete, daß angesichts von Zerstörungen und Demontagen oft schon kleine Reparaturen oder Ersatzinvestitionen genügten, Produktionsmittel wieder in Betrieb zu setzen oder auf Friedensproduktion umzurüsten. Diese Komponente spielte schon ab 1955 keine Rolle mehr. Die Komponente 2.3 folgt als Strukturfaktor aus dem Rückgang der Agrarproduktion und der selbständigen Beschäftigung außerhalb der Landwirtschaft sowie aus der Abschaffung internationaler Handelshemmnisse. Die Skalenerträge (Posten 2.4) ergaben sich, weil sich Märkte vergrößerten und es möglich wurde, die Vorteile der Massenproduktion zu nutzen. Posten 2.5 geht auf Verkürzungen der Fristen zwischen Erwerb und Anwendung neuen Wissens zurück und enthält außerdem die

Tabelle 2.6 – *Komponenten des Wirtschaftswachstums in der Bundesrepublik Deutschland, 1950–1962*

v. H.

Komponenten	Beiträge zur Wachstumsrate			
	des Volkseinkommens		des Volkseinkommens je Erwerbstätigen	
1. Wachstum der Produktionsfaktoren	2,78		0,72	
1.1 Arbeitseinsatz		1,37		−0,12
1.11 Zahl der Arbeitskräfte			1,49	–
1.12 Arbeitszeit			−0,27	−0,27
1.13 Alterszusammensetzung und Frauenanteil			0,04	0,04
1.14 Ausbildung			0,11	0,11
1.2 Kapitaleinsatz		1,41		0,93
1.21 Wohnbauten			0,14	0,12
1.22 Auslandsvermögen			−0,08	−0,08
1.23 Nichtwohnbauten, Ausrüstungen			1,02	0,66
1.24 Lagerbestände			0,33	0,23
1.3 Bodennutzung		0,00		−0,09
2. Wachstum der Faktorproduktivitäten	4,48		4,43	
2.1 Wissensfortschritt		0,76		0,75
2.2 Wiederinbetriebnahme und Verjüngung des Kapitalstocks		0,30		0,30
2.3 Verbesserte Ressourcenallokation		1,01		1,00
2.4 Skalenerträge		1,61		1,59
2.5 Sonstiges		0,80		0,79
Insgesamt	7,26		5,15	

Quelle: DENISON [2.79], S. 308. Durch Zusammenfassungen von einigen der 19 Komponenten des Originals gekürzt.

statistischen Fehler. Genereller Eindruck ist, daß wirtschaftliches Wachstum im wesentlichen Produktivitätszunahme bedeutet.

Es liegt auf der Hand, daß mit einer solchen Aufspaltung in Komponenten nur der erste Schritt getan ist, da nunmehr die Frage entsteht, warum beispielsweise in dem beobachteten Ausmaß investiert wurde und wieso die Arbeitszeit zurückging. Gleichwohl sind solche Angaben auch schon für Wirtschaftspolitiker interessant, die das Wirtschaftswachstum fördern und Anhaltspunkte für den Einsatz ihrer Mittel und Instrumente gewinnen wollen. Auch werden internationale Unterschiede sichtbar. Anderseits kann an solchen Rechnungen kritisiert werden, daß ihre Resultate gänzlich von den zugrundegelegten Annahmen abhängen, im vorliegenden Fall also von denen des neoklassischen Modells. Andere Annahmen würden zu anderen Ergebnissen führen, und es gibt kein Verfahren, aufgrund empirischer Daten zwischen den Annahmen zu wählen. Die in Tabelle 2.6 implizit enthaltene Ceteris paribus-Klausel – ändert sich eine Komponente bei Konstanz der anderen Komponenten, dann ändert sich die Wachstumsrate des Sozialprodukts um den angegebenen Satz – erscheint wegen reduzierter Substituierbarkeit vielfach zweifelhaft. Meßprobleme entstehen vor allem aus der Tatsache, daß sich der technische Fortschritt in Änderungen von Gestalt und Funktionsweise der dauerhaften Produktionsmittel verkörpert und damit Versuche ungemein erschwert, in der Wachstumstheorie mit empirischen Modellen zu arbeiten.

5. Optimales Wachstum. Investitionen bedeuten unter dem Gesichtspunkt der wirtschaftlichen Wohlfahrt, daß die zu ihrer Herstellung eingesetzten Produktionsfaktoren nicht zur Konsumgüterproduktion zur Verfügung stehen. Investieren heißt also auch, heute auf Konsum zu verzichten, um dafür in Zukunft mehr produzieren und konsumieren zu können. Nach Bild 2.15(b) erhöht die angedeutete Verschiebung der S/A-Kurve zwar das Gleichgewichts-Sozialprodukt, verkleinert aber den Konsum, da die I/A-Kurve in diesem Bereich steiler verläuft als die Y/A-Kurve. Angesichts des Einflusses der Investitionen auch auf das Wachstum entsteht damit die Frage, ob es eine Investitionsgleich Sparquote gibt, bei welcher der Konsum während des Wachstumsprozesses sein Maximum erreicht, und wenn ja, wo es liegt. Die Antwort ist aus Modell 2.56 abzuleiten:

Modell 2.56 – *Optimales Wachstum*

Definition des Konsums:	$C = Y - S$	(2.56-I)
Investition vergrößert den Kapitalstock:	$I = \Delta K$	(2.56-II)
Wachstumsrate des Kapitalstocks:	$w_K = \dfrac{\Delta K}{K}$	(2.56-III)
Gleichgewichtsbedingung:	$I = S$.	(2.56-IV)

Setzt man (2.56-IV) in (I) ein, ersetzt I gemäß (II) durch ΔK und dieses nach (III) durch $w_K \cdot K$, erhält man

$$C = Y - w_K \cdot K.$$

Die erste Ableitung $\partial C/\partial K$ gleich null gesetzt ergibt

$$\frac{\partial C}{\partial K} = \frac{\partial Y}{\partial K} - w_K = 0 \quad \text{oder} \quad GP_K = w_K, \qquad (2.57)$$

wenn man wieder $\partial Y/\partial K = GP_K$ schreibt. Es gilt also

Satz 2.7: *Bei gleichgewichtigem Wachstum wird der Konsum maximiert, wenn die Grenzproduktivität des Kapitals gleich der (konstanten) Wachstumsrate des Kapitalstocks ist.*

Die Bedingung zweiter Ordnung für ein Maximum, nämlich $\partial^2 C/\partial K^2 = \partial^2 Y/\partial K^2 < 0$, ist wegen der Annahme eines monoton abnehmenden Grenzprodukts des Kapitals erfüllt. Satz 2.7 gibt wegen $w_K = w_A = w'_Y$ auch die Bedingung für das optimale Wachstum des Sozialprodukts an und heißt *Goldene Akkumulationsregel*. Da unter den Voraussetzungen des Modells soviel Kapital eingesetzt wird, bis sein Grenzprodukt auf den Zinssatz gesunken ist, verlangt die Regel auch die Gleichheit von Zinssatz und Wachstumsrate. Die entsprechende optimale Sparquote s erhält man durch Division der rechtsstehenden Gleichung (2.57) durch die durchschnittliche Kapitalproduktivität Y/K. Das ergibt links gemäß der Definition der Elastizität als Quotient aus Marginal- und Durchschnittsquote[40] die Produktionselastizität des Kapitals $1 - \alpha$ (S. 130). Rechts folgt aus $w_K = \Delta K/K$ und $\Delta K = I = S$ die Größe $S/K : Y/K = s$ und damit der der Goldenen Akkumulationsregel äquivalente

Satz 2.8: *Die optimale Sparquote ist gleich der Produktionselastizität des Kapitaleinsatzes.*

Da unter neoklassischen Annahmen die Produktionselastizität des Kapitals gleich dem Anteil der Einkommen aus Kapitalbesitz am Volkseinkommen ist (vgl. S. 130), würde die optimale Sparquote beispielsweise dann realisiert, wenn das gesamte Einkommen aus dieser Quelle gespart und das gesamte Arbeitseinkommen konsumiert würde. Die Annahme einer solchen *extrem klassischen Sparfunktion* erscheint für das Frühstadium der Industrialisierung nicht allzu weit hergeholt, wenn man berücksichtigt, daß Kapitalisten auch arbeiten und sich dafür ein Einkommen anrechnen können, das sie restlos konsumieren.

Der Gedankengang läßt sich mittels Erweiterung von Bild 2.15 (S. 132) graphisch darstellen. Bild 2.16 wiederholt zunächst den Verlauf der Produktionsfunktion in Abhängigkeit von der Kapitalintensität K/A. Die Steigung der I/A-Geraden gibt wieder die konstante und einheitliche Wachstumsrate der Variablen Y, A und K an. Drei S/A-Kurven sind eingezeichnet, wobei $s_1 = 0,3$, $s_2 = 0,45$ und $s_3 = 0,6$ gilt. Wachstumsgleichgewichte bestehen bei den Punkten P_1, P_2 und P_3. Der Konsum ist wie in Bild 2.15 (a) eingezeichnet und jeweils am Abstand zwischen der Y/A- und der S/A-Kurve abzulesen. Betrachtet man zuerst die durch s_1 determinierte Kurve, so entsprechen dem Schnittpunkt P_1 die Werte $(Y/A)_1$ und $(K/A)_1$. Erhöht sich nunmehr die Sparquote auf $s_2 = 0,45$, so ist in Höhe des neuen Gleichgewichtspunkts P_2 abzulesen, daß das Sozialprodukt um die Strecke $P'_2 P''_2$ und damit stärker als die Ersparnis gestiegen ist, die um die Strecke $P_2 P'''_2$ zugenommen hat. Zwangsläufig kann jetzt also mehr konsumiert werden. Steigt die Sparquote nun weiter auf $s_3 = 0,6$, so ergibt sich P_3. Hierbei bleibt jedoch wegen der stärkeren Wirkung des Gesetzes vom abnehmenden Grenzertrag die durch die Strecke $P'_3 P''_3$ gemessene Zunahme des Sozialprodukts hinter der Zunahme der Ersparnis in Höhe von $P_3 P'''_3$ zurück: Der Konsum hat sich verringert. Hier wird also, gemessen am Ziel der Konsummaximierung, zuviel gespart und investiert. Es muß daher zwischen den Spar-

---

[40] Vgl. Mikroökonomik, S. 113.

Bild 2.16 – *Die optimale Sparquote*

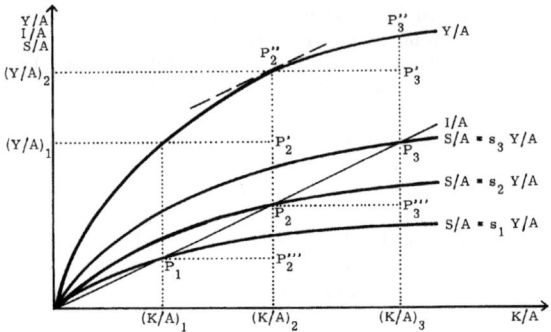

quoten s_1 und s_3 eine Sparquote geben, die den Konsum maximiert. Sie entspricht im Bild der Sparquote s_2 und ist geometrisch dadurch determiniert, daß die Steigung der Tangente im Punkt P_2'' und damit das Grenzprodukt bei der Kapitalintensität $(K/A)_2$ gleich der Steigung der I/A-Geraden und damit gleich der Wachstumsrate w_A ist. In diesem Maximum, das mithin die gesamtwirtschaftliche *optimale Sparquote* bedeutet, herrscht stetiges Gleichgewicht zwischen den relevanten Quoten s, Y/A und K/A. Ist es überschritten, kann die zu hohe Kapitalintensität entweder durch vermehrten Arbeitseinsatz via Erhöhung der Erwerbsquote, längere Arbeitszeit oder Einwanderung von Arbeitskräften oder bei konstantem Arbeitseinsatz durch Reduzierung des Kapitalstocks gesenkt werden. Der zweitgenannte Fall bedeutet negative Nettoinvestition und damit erhöhten Konsum während der Übergangsperiode. Der Anpassungsprozeß von der anderen Seite her erfordert entsprechend bei ungeändertem Arbeitseinsatz eine Erhöhung der Sparquote und damit Konsumverzichte, bis die Kapitalausstattung je Arbeitsplatz den Gleichgewichtswert erreicht hat. Damit entsteht jedoch ein Abwägungsproblem zwischen weniger Konsum heute und mehr Konsum morgen, das nur unter Heranziehung der Zeitpräferenzen der Konsumenten und damit vermutlich eines Diskontierungsfaktors für zukünftigen Konsum gelöst werden kann.

Literatur zum zweiten Kapitel

Zu Teil I:

Die nachstehenden Titel behandeln vor allem die Beschreibung des Konjunkturphänomens; Literatur zu seiner theoretischen Erklärung wird unter Teil V genannt. Einen historischen Überblick gibt

[2.01] K. BORCHARDT: Wandlungen des Konjunkturphänomens in den letzten hundert Jahren. S. 73–99 in: K. BORCHARDT: Wachstum, Krisen, Handlungsspielräume der Wirtschaftspolitik. Studien zur Wirtschaftsgeschichte des 19. und 20. Jahrhunderts. Göttingen 1982.

Das ältere Standardwerk beschreibender Natur ist

[2.02] J. A. SCHUMPETER: Business Cycles. A Theoretical, Historical, and Statistical Analysis of the Capitalist Process. New York u. a. 1939.
Deutsch: Konjunkturzyklen. Eine theoretische, historische und statistische Analyse des kapitalistischen Prozesses. Göttingen 1961, 2 Bde. XVI, 1132 S.

Grundlegend für die Analyse der Konjunkturbewegungen ist zunächst ihre Messung mitsamt der Datierung der Zyklen und damit die *Konjunkturdiagnose* mit Hilfe von *Konjunkturindikatoren*. Das Problem wird in den Vereinigten Staaten seit Beginn dieses Jahrhunderts untersucht. Seit Anfang der dreißiger Jahre nimmt sich vor allem das *National Bureau of Economic Research* (NBER) dieser Frage an:

[2.03] P. A. KLEIN/G. H. MOORE: Monitoring Growth Cycles in Market-Oriented Countries: Developing and Using International Economic Indicators. Cambridge, Mass. 1985. XXVII, 382 S.

[2.04] R. J. GORDON (Hg.): The American Business Cycle. Continuity and Change. Chicago u. a. 1986. XIV, 868 S.

Die jeweils neuesten Ergebnisse der Konjunkturindikatorenforschung werden in den Konferenzen des *Centre for International Research on Economic Tendency Surveys* (CIRET) erörtert:

[2.05] K. H. OPPENLÄNDER/G. POSER (Hg.): Business Cycle Surveys in the Assessment of Economic Activity. Papers Presented at the 17th CIRET Conference Proceedings, Vienna 1985. Aldershot 1986. XI, 664 S.

Hauptquelle zur Beschreibung und Analyse des Konjunkturverlaufs in der Bundesrepublik Deutschland sind die *SVR-Jahresgutachten*. Zur Zeit liegt vor

[2.06] Sachverständigenrat zur Begutachtung der gesamtwirtschaftlichen Entwicklung: Weiter auf Wachstumskurs. Jahresgutachten 1986/87. Stuttgart u. a. 1986. XVII, 302 S.

Eine weitere laufende Quelle sind die Monats- und Geschäftsberichte der Deutschen Bundesbank [3.74] und [3.75]. Jeweils im Frühjahr und Herbst veröffentlichen die fünf bedeutendsten Wirtschaftsforschungsinstitute der Bundesrepublik (vgl. Rechnungswesen[6], Anhang II) ein Gemeinschaftsgutachten über die internationale und nationale Konjunktursituation. Vgl.

[2.07] Die Lage der Weltwirtschaft und der westdeutschen Wirtschaft im Frühjahr 1987. DIW Wochenbericht, 54. Jg. 1987, Nr. 16 vom 16. 4. 1987, S. 215–234.

Die Untersuchung der Konjunkturzyklen in Deutschland vor dem ersten Weltkrieg stammt von

[2.08] A. SPIETHOFF: Die wirtschaftlichen Wechsellagen. Aufschwung, Krise, Stockung. I: Erklärende Beschreibung. Tübingen u. a. 1955. IX, 235 S.

Zu Teil II:

Die Multiplikatoranalyse geht (neben weiteren Vorläufern) vor allem auf

[2.09]   R. F. KAHN: The Relation of Home Investment to Unemployment. EJ, Vol. 41, 1931, S. 173–198

zurück und bildet einen Eckpfeiler des KEYNES-Modells, vgl. KEYNES [1.13], Kapitel 10. Eine Übersicht über einen Teil der seitherigen Weiterentwicklung gibt

[2.10]   G. L. S. SHACKLE: Twenty Years on: A Survey of the Theory of the Multiplier. EJ, Vol. 61, 1951, S. 241–260.

Das Buch von

[2.11]   H. HEGELAND: The Multiplier Theory. Lund 1954. X, 261 S.

enthält Hinweise auf die Vorgeschichte des Prinzips, seine Weiterentwicklung und eine kritische Stellungnahme zu seiner empirischen Relevanz. Eine empirische Untersuchung für die Bundesrepublik ist

[2.12]   C. HELBERGER: Multiplikatoren für die Bundesrepublik Deutschland. Methodische Probleme und empirische Ergebnisse. JNÖStat, Bd 190, 1975/76, S. 120–151.

Zu Teil III:

Die hier angeschnittenen Themen werden ausführlich in Lehrbüchern der Finanzwissenschaft behandelt. Vgl. besonders

[2.13]   H. ZIMMERMANN/K.-D. HENKE: Finanzwissenschaft. Eine Einführung in die Lehre von der öffentlichen Finanzwirtschaft. 1975, 4. Aufl. München 1985. XX, 424 S.

[2.14]   D. BIEHL u. a.: Konjunkturelle Wirkungen öffentlicher Haushalte. Tübingen 1978. XIX, 257 S.

[2.15]   M. ROSE: Finanzwissenschaftliche Makrotheorie. Mikroökonomisch fundierte Makrosysteme mit finanzwirtschaftlichen Staatsaktivitäten. München 1980. XIII, 436 S.

[2.16]   H. HESSE/A. SCHUSEIL: Theoretische Grundlagen der „Fiscal Policy". München 1983. XIV, 257 S.

[2.17]   W. LACHMANN: Fiskalpolitik. Berlin u. a. 1987. XIV, 334 S.

Maßgebendes Gremium für die laufende Erstellung von Schätzungen des Steueraufkommens ist in der Bundesrepublik Deutschland der *Arbeitskreis Steuerschätzungen*. 1955 gegründet, besteht er aus Vertretern des Bundesfinanz- und des Bundeswirtschaftsministeriums, der Länderfinanzministerien, der Bundesbank und des Statistischen Bundesamts sowie des Sachverständigenrates, der Wirtschaftsforschungsinstitute und der Bundesvereinigung kommunaler Spitzenverbände. Er koordiniert im wesentlichen die von seinen Mitgliedern erstellten Schätzungen. Aufkommensfunktionen für die öffentlichen Transfereinnahmen enthalten vor allem die makroökonometrischen Modelle, vgl. etwa

[2.18]   D. BÖS/B. GENSER: Steuerfunktionen in Prognose- und Entscheidungsmodellen. Eine aggregationstheoretische Fundierung. Wien 1977. 218 S.

Untersuchungen für die Bundesrepublik sind

[2.19] G. HAGEMANN: Aufkommenselastizitäten ausgewählter Steuern in der Bundesrepublik Deutschland 1950–1963. Tübingen 1968. X, 207 S.

[2.20] K. LÖBBE/A. ROTH: Methoden der mittelfristigen Steuervorausschätzung. Zur mittelfristigen Entwicklung des Steueraufkommens in der Bundesrepublik Deutschland. Berlin 1971. 198 S.

[2.21] J. KÖRNER: Die Aufkommenselastizität des deutschen Steuersystems 1950–1973. München 1974.

[2.22] J. KÖRNER: Probleme der Steuerschätzung. S. 215–252 in: K.-H. HANSMEYER (Hg.): Staatsfinanzierung im Wandel. Berlin 1983.

Die Erstveröffentlichung des HAAVELMO-Theorems ist

[2.23] T. HAAVELMO: Multiplier Effects of a Balanced Budget. Econometrica, Vol. 13, 1945, S. 311–318.

Zur neueren Diskussion vgl.

[2.24] W. VOGT: Einige Unklarheiten in der Diskussion über die Multiplikatorwirkung eines ausgeglichenen Budgets. Weltwirtschaftliches Archiv, Bd 85, 1960 II, S. 55–85.

Der Aufsatz

[2.25] M. K. EVANS: Reconstruction and Estimation of the Balanced Budget Multiplier. REStat, Vol. 51, 1969, S. 14–25

enthält Schätzungen numerischer Werte der Multiplikatoren ausgeglichener Budgets in den Vereinigten Staaten anhand eines makroökonometrischen Modells.

Zur Wirkung automatischer Stabilisatoren vgl.

[2.26] P. EILBOTT: The Effectiveness of Automatic Stabilizers. AER, Vol. 56, 1966, S. 450–465.

[2.27] W. ALBERS: Die automatische Stabilisierungswirkung der Steuern – Möglichkeiten und Problematik in der Bundesrepublik Deutschland. JNÖStat, Bd 180, 1967, S. 99–131.

Zum antizyklischen Einsatz des Staatshaushalts vgl.

[2.28] A. OBERHAUSER: Das Schuldenparadox. JNÖStat, Bd 200, 1985, S. 333–348.

[2.29] W. SCHERF: Budgetmultiplikatoren. Eine Analyse der fiskalischen Wirkungen konjunkturbedingter und antizyklischer Defizite. JNÖStat, Bd 200, 1985, S. 349–363.

Zu Teil IV:

Schätzungen von Import- und Exportfunktionen für die wichtigsten OECD-Länder einschließlich der Bundesrepublik finden sich in

[2.30] L. SAMUELSON: A New Model of World Trade. In: OECD Economic Outlook, Occasional Studies. Paris 1973, S. 3–22.

Viele Studien beschränken sich darauf, die Gestalt von Außenhandelsfunktionen an einer Stelle anzugeben, etwa durch Messung der Elastizitäten des Imports und Exports in bezug auf internationale Preisverhältnisse und Sozialprodukt. Messungen für 14 Länder aufgrund von Beobachtungen aus der Zeit von 1951 bis 1966 enthält

[2.31] H. S. HOUTHAKKER/S. P. MAGEE: Income and Price Elasticities in World Trade. REStat, Vol. 51, 1969, S. 111–125.

Die nichtempirische Theorie der Außenhandelsmultiplikatoren ist abgehandelt bei

[2.32] F. MACHLUP: International Trade and the National Income Multiplier. 1943, 4. Aufl. New York 1965. XVI, 237 S.

Schätzungen numerischer Werte für solche Multiplikatoren bieten

[2.33] M. MORISHIMA/Y. MURATA: An Estimation of the International Trade Multiplier, 1954–1965. In: M. MORISHIMA u. a.: The Working of Econometric Models. Cambridge 1972, S. 301–329.

Zu Teil V:

Konjunkturtheorien gibt es seit dem 19. Jahrhundert. Unter dem Eindruck der Weltwirtschaftskrise erteilte der Völkerbund den Auftrag, diese Theorien zusammenzustellen und systematisch zu analysieren. Das Ergebnis ist der „Klassiker" des Gebiets

[2.34] G. HABERLER: Prosperity and Depression. A Theoretical Analysis of Cyclical Movements. 1937, 4. Aufl. London 1958. XVIII, 520 S.
Deutsch: Prosperität und Depression. Eine theoretische Untersuchung der Konjunkturbewegungen. 1948, 2. Aufl. Tübingen u. a. 1955. 549 S.

Der gleichen Aufgabe unterzog sich ein halbes Jahrhundert später

[2.35] V. ZARNOWITZ: Recent Work on Business Cycles in Historical Perspective: A Review of Theories and Evidence. JELit, Vol. 23, 1985, S. 523–580.

Neuere Lehrbücher und Übersichtsartikel über die Entwicklung der Konjunkturtheorie, nichtempirische Konjunkturmodelle sowie statistische Analysen von Konjunkturzyklen sind

[2.36] J. KROMPHARDT: Wachstum und Konjunktur. Grundlagen ihrer theoretischen Analyse und wirtschaftspolitischen Steuerung. 1972, 2. Aufl. Göttingen 1977. 290 S.

[2.37] G. J. TICHY: Konjunkturschwankungen. Theorie, Prognose, Messung. Berlin u. a. 1976. 223 S.

[2.38] B. L. SCARFE: Cycles, Growth, and Inflation. A Survey of Contemporary Macrodynamics. New York u. a. 1977. X, 309 S.

[2.39] H. J. RAMSER: Stand und Entwicklungsperspektiven der Konjunkturtheorie. In: M. TIMMERMANN (Hg.): Nationalökonomie morgen. Ansätze zur Weiterentwicklung wirtschaftswissenschaftlicher Forschung. Stuttgart u. a. 1981. S. 27–58.

[2.40] G. TICHY: Neuere Entwicklungen in der Konjunkturtheorie. Ifo-Studien, 28. Jg. 1982, S. 213–238.

Die beiden vorstehenden kurzen Übersichten eignen sich sehr gut zur ersten Orientierung über die heutigen Probleme. Vgl. ferner

[2.41] W. ASSENMACHER: Konjunkturtheorie. 1984, 3. Aufl. München u. a. 1987. 337 S.

[2.42] J. HEUBES: Grundzüge der Konjunkturtheorie. München 1986. VIII, 140 S.

Unter den Sammelbänden dokumentiert

[2.43] M. BRONFENBRENNER (Hg.): Is the Business Cycle Obsolete? New York u. a. 1969. XII, 567 S.

den Stand der Forschung Ende der sechziger Jahre mit Analysen des Konjunkturverlaufs in wichtigen Ländern in der Nachkriegszeit, Berichten über ökonometrische Konjunkturmodelle und Stabilisierungspolitik. Neuere Zusammenstellungen sind

[2.44] A. E. OTT (Hg.): Wachstumszyklen. Über die neue Form der Konjunkturschwankungen. Theoretische und empirische Beiträge. Berlin 1973. 269. S.

[2.45] G. BOMBACH/B. GAHLEN/A. E. OTT (Hg.): Perspektiven der Konjunkturforschung. Tübingen 1984. VII, 299 S.

Das in Abschnitt V.2 referierte Modell stammt von

[2.46] N. KALDOR: A Model of the Trade Cycle. EJ, Vol. 50, 1940, S. 78–92. Auch in: N. KALDOR: Essays on Economic Stability and Growth. London 1960, S. 177–192.

Das Akzeleratorprinzip wird als Hypothese über das Investitionsverhalten auch in der zu Teil III des ersten Kapitels genannten Literatur behandelt. Das Zusammenwirken von Multiplikator- und Akzeleratorprozeß wurde zuerst von

[2.47] P. A. SAMUELSON: Interactions between the Multiplier Analysis and the Principle of Acceleration. REStat, Vol. 21, 1939, S. 75–78

untersucht. Das bekannteste darauf aufbauende und seither vielfach erweiterte Konjunkturmodell stammt von

[2.48] J. R. HICKS: A Contribution to the Theory of the Trade Cycle. Oxford 1950. VII, 201 S.

Eine zusammenfassende Darstellung ist

[2.49] R. v. TORKLUS: Das Zusammenwirken von Multiplikator und Akzelerator in der Konjunkturtheorie. Ein kritische Untersuchung der Modelle von Samuelson und Hicks. Konjunkturpolitik, 13. Jg. 1967, S. 199–257.

Der Aufsatz von

[2.50] D. SMYTH: Empirical Evidence on the Acceleration Principle. Review of Economic Studies, Vol. 31, 1964, S. 185–202

gibt in knapper Form die wichtigsten Formulierungen des Akzeleratorprinzips, nennt die methodischen Schwierigkeiten seines empirischen Nachweises und zählt die bedeutendsten empirischen Untersuchungen auf.

Empirische Konjunkturforschung bedeutet heute vor allem den Einsatz makroökonometrischer Modelle. Die Pionierarbeiten TINBERGENS sind bei KÖNIG [2.51] genannt. Übersichten, Gesamtdarstellungen und Sammelbände über Bau, Anwendungen und Ergebnisse solcher Modelle sind:

[2.51] H. KÖNIG: Makroökonometrische Modelle: Ansätze, Ziele, Probleme. Schweizerische Zeitschrift für Volkswirtschaft und Statistik, 107. Jg. 1971, S. 546–578.

[2.52] B. G. HICKMAN (Hg.): Econometric Models of Cyclical Behavior. (= NBER, Studies in Income and Wealth, 36.) 2 Bde. New York 1972. XIII, XI, 1246 S.

[2.53] G. A. RENTON (Hg.): Modelling the Economy. London 1975. XI, 676 S.

[2.54] Symposium. Econometric Model Performance: Comparative Simulation Studies of Models of the U.S. Economy. International Economic Review, Vol. 15, 1974, S. 264–414, 539–653; Vol. 16, 1975, S. 1–111.

[2.55] J. KMENTA/J. B. RAMSEY (Hg.): Large-Scale Macro-Econometric Models. Theory and Practice. Amsterdam u. a. 1981. XIII, 462 S.

[2.56] D. W. CHALLEN/A. J. HAGGER: Macroeconometric Systems. Construction, Validation and Applications. London u. a. 1983. XIII, 235 S.

[2.57] R. C. FAIR: Specification, Estimation, and Analysis of Macroeconometric Models. Cambridge, Mass. u. a. 1984. 479 S.

Ein Weltregister aller bisher veröffentlichten Modelle stammt und wird auf dem laufenden gehalten von

[2.58] G. UEBE/G. HUBER/J. FISCHER: Macro-Econometric Models. An International Bibliography. Aldershot 1985. X, 149 S.

Dieser Band erläutert die wichtigsten Kennzeichen makroökonometrischer Modelle und leitet zum Gebrauch der als Mikrofiche gespeicherten Liste von etwa 2000 Modellen an.

In den vorstehenden Titeln wird meist auch zu der zentralen Frage nach den Leistungen der Modelle Stellung genommen. Einen Überblick über den neuesten Stand gibt

[2.59] J. M. CREWS: A Survey of Large-Scale Macroeconometric Models: Their Workings and Shortcomings. S. 108–137 in: HAVRILESKY [I.15].

Einige frühe Konjunktur- und zum Teil auch Wachstumsmodelle für die Bundesrepublik Deutschland sind:

[2.60] H. KÖNIG/V. TIMMERMANN: Ein ökonometrisches Modell für die Bundesrepublik Deutschland 1950–1960. ZgS, 118. Bd 1962, S. 598–652.

[2.61] G. HANSEN: Ein ökonometrisches Modell für die Bundesrepublik 1951–1964. Versuch der Erklärung von Wachstum und Konjunktur. Göttingen 1967. 144 S.

[2.62] D. LÜDEKE: Ein ökonometrisches Vierteljahresmodell für die Bundesrepublik Deutschland. Tübingen 1969. VII, 221 S.

[2.63] D. VAN DER WERF: Die Wirtschaft der Bundesrepublik Deutschland in fünfzehn Gleichungen. Tübingen 1972. IX, 132 S.

Das bis dahin größte und ambitionierteste Modell, an dem seit 1962 gearbeitet wurde und das im Laufe der Zeit mehr als ein Dutzend Fassungen durchlief, ist das *Bonner Modell*:

[2.64] W. KRELLE u. a.: Ein Prognosesystem für die wirtschaftliche Entwicklung der Bundesrepublik Deutschland. Meisenheim 1969. 355 S.

Der Abschlußbericht über das Projekt ist

[2.65] W. KRELLE (Hg.): Ökonomische Prognose-, Entscheidungs- und Gleichgewichtsmodelle. Ergebnisse aus dem gleichnamigen Sonderforschungsbereich der Universität Bonn. Weinheim 1986. XII, 447 S.

Nach dem Stand von März 1987 zählen UEBE u. a. [2.58] rund 150 Modelle für die Bundesrepublik, unterschiedliche Versionen sowie Regionalmodelle nicht gerechnet. Übersichten über den jeweiligen Stand des Modellbaus geben

[2.66] J. FROHN (Hg.): Makroökonometrische Modelle für die Bundesrepublik Deutschland. Göttingen 1978. 237 S.

[2.67] F. SCHOBER/H. D. PLÖTZENEDER (Hg.): Ökonometrische Modelle und Systeme. Wissenschaftliches Symposium 1977 IBM Deutschland, Bad Neuenahr 14.–16. September 1977. München u. a. 1978. 281 S.

Seit dem Beginn der achtziger Jahre wurden oder werden in der Bundesrepublik eine Reihe makroökonometrischer Modelle in Betrieb gehalten, so in Hamburg:

[2.68] G. HANSEN/U. WESTPHAL (Hg.): SYSIFO – ein ökonometrisches Konjunkturmodell für die Bundesrepublik Deutschland. Frankfurt 1983,

ferner von der Deutschen Bundesbank, dem Deutschen Institut für Wirtschaftsforschung Berlin, dem Rheinisch-Westfälischen Institut für Wirtschaftsforschung Essen, dem Institut für Weltwirtschaft an der Universität Kiel, der Firma IBM sowie an den Universitäten Bonn, Freiburg/Tübingen und Frankfurt. Sie alle werden diskutiert in

[2.69] B. GAHLEN/M. SAILER (Hg.): Macroeconometric Modelling of the West German Economy. Berlin 1985. 242 S.

Zu Teil VI:

Einführungen in die Wachstumstheorie finden sich in den meisten Lehrbüchern der makroökonomischen Theorie, vgl. Anhang I. Eigene Titel hierzu sind (vgl. auch KROMPHARDT [2.36]):

[2.70] R. M. SOLOW: Growth Theory. An Exposition. Oxford 1970. VI, 109 S. Deutsch: Wachstumstheorie. Darstellung und Anwendung. Göttingen 1971. 119 S.

[2.71] K. ROSE: Grundlagen der Wachstumstheorie. Eine Einführung. 1971, 4. Aufl. Göttingen 1984. 223 S.

[2.72] G. HACCHE: The Theory of Economic Growth. An Introduction. London u. a. 1979. XV, 349 S.

[2.73] K. JAEGER: Wachstumstheorie. Eine kapitaltheoretisch fundierte Einführung. Stuttgart u. a. 1980. 250 S.

[2.74] H. WALTER: Wachstums- und Entwicklungstheorie. Stuttgart u. a. 1983. IX, 199 S.

Den jeweiligen Stand der Forschung referieren

[2.75] F. H. HAHN/R. C. O. MATTHEWS: The Theory of Economic Growth: A Survey. EJ, Vol. 74, 1964, S. 779–902.

[2.76] D. HAMBERG: Models of Economic Growth. New York u. a. 1971. X, 246 S.

[2.77] H. Y. WAN: Economic Growth. New York u. a. 1971. XIII, 428 S.

[2.78] W. KRELLE: Theorie des wirtschaftlichen Wachstums. Unter Berücksichtigung von erschöpfbaren Ressourcen, Geld und Außenhandel. Berlin u. a. 1985. XX, 823 S.

Pionier des Verfahrens, die Wachstumsrate des Sozialprodukts empirisch auf Änderungen einer Vielzahl von Bestimmungsfaktoren zurückzuführen, englisch Growth accounting genannt, ist

[2.79] E. F. DENISON: Why Growth Rates Differ. Postwar Experience in Nine Western Countries. Washington, D.C., 1967, XXI, 494 S.

[2.80] E. F. DENISON: Trends in American Economic Growth, 1929–1982. Washington, D.C., 1985. XXV, 141 S.

Zur Kritik dieses Ansatzes vgl.

[2.81] M. ABRAMOVITZ: Economic Growth in the United States. AER, Vol. 52, 1962, S. 762–782.

Sammelbände sind

[2.82] H. KÖNIG (Hg.): Wachstum und Entwicklung der Wirtschaft. Köln u.a. 1968. 434 S.

[2.83] J. E. STIGLITZ/H. UZAWA (Hg.): Readings in the Modern Theory of Economic Growth. Cambridge, Mass. 1969. VIII, 497 S.

[2.84] B. GAHLEN/A. E. OTT (Hg.): Probleme der Wachstumstheorie. Tübingen 1972. VIII, 463 S.

Drittes Kapitel

Geld und Kredit

Lernziel dieses Kapitels ist es, einen Überblick über die Rolle des Geldes, der anderen Kreditbeziehungen, der Kreditmärkte und Zinssätze sowie über die Möglichkeiten und Probleme der Geld- und Kreditpolitik zu gewinnen. Mehr als in anderen Bereichen der Makroökonomik sind bei der Konstruktion von Theorien und bei wirtschaftspolitischen Eingriffen in der monetären Sphäre Einzelheiten des institutionellen Rahmens zu berücksichtigen, und Informationen über das Geld- und Kreditwesen der Bundesrepublik Deutschland durchziehen daher den gesamten Text. Zunächst wird versucht, die zentrale Bedeutung des Geldes für den Wirtschaftsablauf anhand von Vergleichen zwischen einer Geldwirtschaft von heute und einer gedachten Realtauschwirtschaft ohne Geld deutlich zu machen. In Teil II werden die wichtigsten Kreditmärkte mitsamt den Funktionen des Finanzsektors vorgestellt. Die Geschäftsbanken bilden, vor allem wegen ihrer Fähigkeit zur Geldschöpfung, den wichtigsten Teil des Finanzsektors. Teil III erörtert ihre Tätigkeit einzel- und gesamtwirtschaftlich unter diesem Aspekt und führt damit in die Theorie des Geldangebots ein. Teil IV stellt einige Hypothesen über die Nachfrage nach Geld vor, mit denen heute im wesentlichen gearbeitet wird, und vertieft damit die Analysen in Teil V des ersten Kapitels. Die praktische Anwendung der Hypothesen über Geldangebot und -nachfrage in der Geld- und Kreditpolitik samt ihrer Problematik wird allgemein im V. und speziell für die Bundesrepublik Deutschland im VI. Teil gezeigt. Bei der Lektüre dieses Kapitels sind Grundkenntnisse über die Art und Weise hilfreich, in der man den Wirtschaftsablauf im monetären Bereich mit Hilfe von Geldmengen-, Finanzierungs- und bankstatistischen Gesamtrechnungen erfaßt.

I. Geldfunktionen und Geldentstehung

1. Vorteile einer Recheneinheit. Eines der Hauptkennzeichen des Wirtschaftsprozesses in entwickelten Volkswirtschaften ist die weitgehende Arbeitsteilung. Sie ermöglicht eine so immense Produktivitätssteigerung, daß in keinem Wirtschaftssystem auf sie verzichtet werden kann. Ihre notwendige Folge in einem marktwirtschaftlichen System ist jedoch, daß in großem Umfang Güter getauscht werden müssen. Dazu sind Informationen erforderlich: Jeder Teilnehmer benötigt Kenntnisse über Tauschobjekte, Tauschpartner und Transaktionsbedingungen.[1] Deren Beschaffung verursacht Aufwendungen, und der Tausch-

---

[1] Vgl. die ausführliche Darstellung des Informationsproblems in der dezentralen Tauschwirtschaft in: Mikroökonomik, S. 282–285.

verkehr ist offenbar dann gemäß dem ökonomischen Prinzip[2] organisiert, wenn möglichst wenig Produktionsfaktoren zu seiner bloßen Abwicklung eingesetzt werden müssen, die Aufwendungen für ihn also minimiert sind. Ein wesentlicher Schritt dazu ist die Verwendung einer allgemeinen *Recheneinheit,* mit der die Wirtschaftssubjekte sämtliche Güter beim Tausch bewerten können. Die Zahl der damit entstehenden Geldpreise ist um Zehnerpotenzen kleiner als die Zahl der Realtauschverhältnisse, es wird ein wirtschaftliches Rechnungswesen ermöglicht, und mit der Markttransparenz steigt (zunächst) der Wettbewerbsgrad.

Die in einem Land benutzte Recheneinheit ist in der Regel mit der Einheit des gesetzlichen Zahlungsmittels identisch. Treten Wirtschaftssubjekte verschiedener Länder in wirtschaftliche Beziehungen zueinander, so fehlt zunächst eine einheitliche Recheneinheit. Die Vorteile einer solchen sind jedoch so evident, daß man in dieser oder jener Form auch international von ihr Gebrauch macht. Weltmarktpreise werden beim Handel zwischen Drittländern häufig in US-Dollar oder Pfund Sterling notiert, und auch bei vielen internationalen Handels- und Verrechnungsabkommen bedient man sich dieser Währungen. Eigene Recheneinheiten schufen sich der Internationale Währungsfonds, der in Sonderziehungsrechten, und die Europäische Gemeinschaft, die in ECU (= European Currency Unit) rechnet.

Die Existenz einer Recheneinheit erfordert nicht, daß Beträge eines entsprechenden Gutes oder einer Forderung auch als Geld Gegenstand ökonomischer Transaktionen sind. Der Gebrauch einer Geldeinheit als Recheneinheit liegt daher auf anderer Ebene als der Gebrauch bestimmter Güter oder Forderungen als Tausch- oder Wertaufbewahrungsmittel. Zur Ausübung solcher Funktionen[3] müssen diese Güter oder Forderungen Gegenstand ökonomischer Transaktionen sein können.

2. Geld als Transaktions- und Wertaufbewahrungsmittel. Sobald Geld in Gebrauch ist, wird es möglich, den Realtausch zu vermeiden. An die Stelle des Tausches „Gut gegen Gut" tritt der Tausch „Gut gegen Geld", also Kauf und Verkauf. Geld hat damit eine *Tauschmittelfunktion* oder allgemeiner, es fungiert als Transaktionsmittel. Dies hat eine Reihe von Vorteilen.

Der Realtausch stellt Güterkauf und -verkauf in einem Akt dar und ist daher eine wesentlich kompliziertere Transaktion als Kauf oder Verkauf gegen Geld. Wer real tauscht, muß zur selben Zeit entscheiden, welches Gut er in welcher Menge zu welchen Bedingungen abgeben und wieviel von welchem Gut er dafür erwerben will. Jeder Anbieter von Gütern ist daher gleichzeitig Nachfrager nach anderen Gütern. Diese für eine Realtauschwirtschaft charakteristische zwangsläufige Gleichheit von Angebot an und Nachfrage nach Gütern wird durch das Dazwischentreten des Geldes aufgehoben. Die Aufspaltung des Realtauschs in

---

[2] Vgl. Mikroökonomik, S. 8, 27f.

[3] Das Wort „Funktion" wird hier nicht wie S. 7 und an anderen Stellen in seiner mathematischen Bedeutung gebraucht. In Wendungen wie „Geldfunktion" bezeichnet es die Fähigkeit, bestimmte Aufgaben zu verrichten, Anforderungen zu erfüllen, eine Rolle zu spielen.

Kauf und Verkauf verringert die Zahl der bei jeder Transaktion zu berücksichtigenden Variablen und erleichtert daher die Entscheidung. Zweitens ermöglicht Geld in seiner Tauschmittelfunktion dem Verkäufer, die zufließende Kaufkraft nur dem Betrag nach zu beachten, ohne daß er sich wie beim Realtausch gleichzeitig auf ihre Verwendung festlegen muß. Der innerhalb entwickelter Volkswirtschaften fast universelle Verzicht auf diesen [4] bedeutet dabei nicht, daß etwa zwischen der Entscheidung, Arbeitsleistungen gegen Geldeinkommen anzubieten, und der Entscheidung, mit diesen Geldeinkommen Konsumgüter zu kaufen, kein Zusammenhang bestünde. Die Existenz von Geld ermöglicht es jedoch, diese Entscheidungen und die daraus resultierenden Handlungen zeitlich zu trennen. Wenn an die Stelle des Tauschaktes „Gut A gegen Gut B" zunächst nur der Tauschakt „Gut A gegen Geld" tritt, wird dem Verkäufer von A die Möglichkeit eröffnet, Nachfrage nach B in Gestalt des Tauschaktes „Geld gegen Gut B" später oder auch gar nicht auszuüben. Sind darüber hinaus nicht alle Preise voll flexibel, entsteht in einer Geldwirtschaft die Möglichkeit von kontraktiven oder expansiven Lücken zwischen monetärem Gesamtangebot und monetärer Gesamtnachfrage (vgl. S. 67). Damit ist ein prinzipieller Unterschied zwischen Realtausch- und Geldwirtschaft aufgedeckt.

Ein weiterer Vorteil ergibt sich aus der folgenden Überlegung. Je größer die Zahl der Güter in einer Volkswirtschaft ist, um so schwieriger wird es, einen Tauschpartner zu finden, der zur selben Zeit genau die Güter nach Art und Menge erwerben möchte, die man selbst anbietet. Einen Ausweg aus dieser Situation können gleichzeitige Tauschvereinbarungen zwischen mehr als zwei Partnern bilden, wie sie in der Praxis gelegentlich bei Wohnungen als Ringtausch auftreten. Ein anderer Weg ist der *indirekte Tausch* über Zwischentransaktionen, bei denen man zunächst Güter erwirbt, die selbst noch nicht das endgültige Ziel des Tausches sind, diesem aber näherbringen. Diese Verhaltensweise liegt etwa vor, wenn Bergarbeiter Deputatkohle im Tausch gegen andere Güter weitergeben. Besteht das Ziel des Realtauschs generell darin, von einer Ausgangssituation mit k zur Abgabe vorgesehenen Gütern in den Mengen $x_1, x_2, \ldots, x_k$ zu einer Endsituation mit m gewünschten Gütern in den Mengen $x_{k+1}, \ldots, x_{k+m}$ zu gelangen, so wird die Zahl der Zwischentransaktionen progressiv mit den Zahlen k und m steigen. Die Existenz des Geldes ermöglicht es, die Zahl der Transaktionen auf k Verkäufe und m Käufe, beide gegen Geld, zu reduzieren. Da jede Transaktion Aufwendungen verursacht, werden also auch damit Produktionsfaktoren eingespart.

Als vierter Vorteil ist die Möglichkeit zu nennen, in Gestalt von Geld abstrakt Kaufkraft zu übertragen und so dem Empfänger die Freiheit zu lassen, über diese gemäß seinen Präferenzen zu verfügen. Gütertransfers legen den Empfänger dagegen fest und zwingen ihn gegebenenfalls zu Tauschtransaktionen samt den damit verbundenen Aufwendungen, wenn er die Güter nicht selbst verbrauchen will. Standardbeispiel ist die Tabakration für den Nichtraucher in

---

[4] Er spielt jedoch eine sogar zunehmende Rolle im internationalen Handel. Besonders Entwicklungsländer vermeiden durch Tauschgeschäfte (barter), in den Besitz von Devisen zu gelangen, mit denen sie zuvörderst ihre internationalen Schulden bedienen müßten, statt Importe zu bezahlen.

der Kriegswirtschaft oder im Gefangenenlager. Es handelt sich hier auch um ein Grundsatzproblem bei manchen Sozialleistungen, die als Gütertransfers, als Geldbeträge mit Zweckbindung oder als frei verfügbare Geldtransfers gewährt werden können. Wenn von Vorteilen der Verwendung von Geld die Rede ist, so impliziert dies gesamtwirtschaftliche Werturteile. Ein solches könnte etwa so lauten: Der Übergang von der Realtausch- zur Geldwirtschaft setzt Produktionsfaktoren frei, die anderweitig eingesetzt werden können und beispielsweise bei der Herstellung von Konsum- oder Investitionsgütern mehr Nutzen stiften als bei der Abwicklung des Tauschverkehrs. Einzelwirtschaftliche Werturteile müssen damit jedoch nicht übereinstimmen. So können Arbitrageure wiederkehrende Diskrepanzen in bestimmten Tauschverhältnissen ausnutzen und verlieren daher mit deren Beseitigung eine Einkommensquelle.[5] Ähnliches gilt für die Erhöhung des Wettbewerbsgrades, da viele Anbieter gerade durch dessen Herabsetzung ihr Einkommen zu erhöhen suchen.

Geld kann schließlich dazu benutzt werden, Kredite auch unabhängig von Gütertransaktionen zu gewähren und zu tilgen. Einige Geldarten werden ferner von der Rechtsordnung als gesetzliche Zahlungsmittel mit Annahmezwang privilegiert. Dies hat manche Autoren veranlaßt, von einer besonderen *Zahlungsmittelfunktion* des Geldes zu sprechen. Da jedoch sowohl die Gewährung und Rückzahlung von Krediten als auch alle Transaktionen mit gesetzlichen Zahlungsmitteln Tausch- oder Übertragungsakte sind, gilt hier die Zahlungsmittel- als Teil der Transaktionsmittelfunktion.

Wer den Realtausch in Kauf und Verkauf spaltet, kann die zweite Transaktion zeitlich und räumlich von der ersten trennen. Das ist ein Vorteil, weil Güter verderben, veralten oder im Preis fallen können, und weil Lagerhaltung Aufwendungen verursacht. Zwar wäre eine solche Trennung auch in einer Realtauschwirtschaft möglich, sofern in ihr Kreditbeziehungen begründet werden können, aber damit entstehen Forderungen gegen einzelne Schuldner, deren Sicherheit insgesamt nicht so groß sein kann wie die Sicherheit der Haltung von Geld unter der Bedingung, daß dieses keiner oder nur geringer Entwertung unterliegt. Es existiert also auch Nachfrage nach Geld zum Zwecke der Wertaufbewahrung.

Insgesamt ist also Geld das sicherste Vermögensobjekt, das zugleich immer, überall innerhalb seines Geltungsgebiets, mit den geringsten Transaktionsaufwendungen und in beliebigen Beträgen zum Kauf anderer Wirtschaftsobjekte verwendbar ist. Auch andere derartige Objekte sind zu diesem Zweck einsetzbar, aber vielleicht nicht immer, nicht gegenüber jedermann, und häufig nur unter Hinnahme einer Werteinbuße, also in unterschiedlichem Maße eingeschränkt: Geld hat den höchsten *Liquiditätsgrad* aller Wirtschaftsobjekte. Die Haupteigenschaft des Geldes überträgt sich in der Weise auf seinen Besitzer, daß man sagt

Def. 3.1: *Ein Wirtschaftssubjekt ist in einem Zeitraum liquide, wenn es alle in diesem Zeitraum anfallenden Zahlungsverpflichtungen vertragsgemäß erfüllen kann.*

---

[5] Vgl. Mikroökonomik, S. 320–324.

3. Geldentstehung, Geldsubstitute und Geldmengen-Konzepte.

Das Kontensystem 3.1–3.3 zeigt an das Darstellungsziel angepaßte Ausschnitte aus der Bilanz der Deutschen Bundesbank, des Geschäftsbanken- und des Nichtbankensektors der Bundesrepublik per Ende 1985. Die Pfeile sollen zeigen, daß heutzutage alles Geld wirtschaftlich, wenn schon nicht rechtlich, als Forderung

Kontensystem 3.1–3.3: *Geldmengenkonzepte in der Bundesrepublik Deutschland Ende 1985*

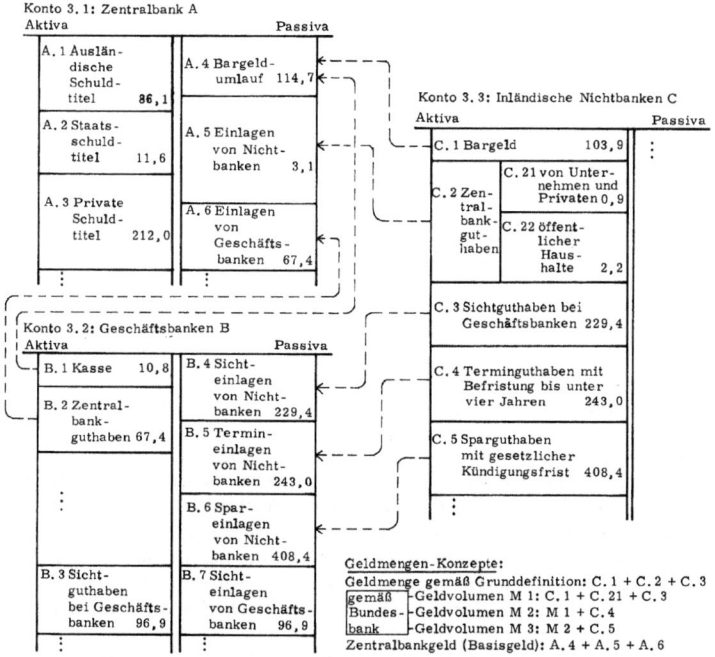

Quelle: Bbk-Monatsbericht Mai 1986, S. 4*f., 8*f., 12*, 14*.

gegen Banken gesehen wird. Aus dem System läßt sich zunächst die *Grunddefinition der Geldmenge* gemäß der

Def. 3.2: *Die Geldmenge ist gleich der Summe aus dem Bargeldumlauf bei inländischen Nichtbanken und deren Sichtguthaben bei der Zentralbank und den Geschäftsbanken* als Summe der Posten C.1, C.2 und C.3 ablesen. Wie ist diese Geldmenge von 336,4 Mrd. DM entstanden? Geld kann auf drei Arten entstehen:

- Banken kaufen von inländischen Nichtbanken Devisen, Sachgüter wie Edelmetalle, Grundstücke, Büromaterial sowie Arbeitsleistungen (ihrer Angestellten) und räumen den Verkäufern Sichtguthaben bei sich ein.

Man kann auch sagen, daß die Banken Geld, das sie im Augenblick der Transaktion schaffen, gegen eine Gegenleistung verkaufen. Wesentlich ist, daß es sich hierbei um Leistungstransaktionen handelt, mit denen sich also die Geldvermögen der Beteiligten ändern.

- Banken erwerben Forderungen gegen Nichtbanken und zahlen ebenfalls durch Schaffung von Sichteinlagen zugunsten der Verkäufer.

Hierbei wird Geld im Rahmen von Finanztransaktionen nur geliehen, da die Verkäufer ihre Schulden irgendwann einmal tilgen oder verlängern müssen. Die Geldvermögen der Transaktionspartner ändern sich nicht.

- Banken transferieren Gewinne an ihre Eigentümer, indem sie ihnen entsprechende Sichtguthaben einräumen.

Wenn nun Banken aufgrund der erst- und zweitgenannten Transaktionsart einerseits ertragbringende Vermögensobjekte erwerben, andererseits mit der Schaffung von Sichteinlagen zahlen, die ihren Inhabern keine oder nur ganz geringe Erträge bringen, dann entsteht bei den Banken ein *Geldschöpfungsgewinn*. Er kann als Differenz zwischen den Erträgen der Vermögensobjekte, mit deren Erwerb Sichteinlagen geschaffen wurden, und den anteiligen Kosten des Bankbetriebs berechnet werden. Von den Geldhaltern her gesehen ist der Verzicht auf die Erträge der den Banken abgetretenen Vermögensobjekte der Preis, den sie für den Vorteil entrichten, liquide zu sein.

Neben der Frage, aufgrund welcher Transaktionen Geld entsteht, interessiert weiterhin, mit wem sie vorgenommen werden. Konto 3.1 zeigt die drei Möglichkeiten: Eine Bank kann Schuldtitel von Ausländern, vom Staat und von Privaten erwerben. Das Konto enthält keine Sachvermögensobjekte, weil Gold in den Händen von Zentralbanken als internationales Zahlungsmittel und damit ebenfalls als Schuldtitel gilt; und weil Transaktionen mit sonstigen Sachvermögensobjekten im Geschäftsverkehr zwischen Banken und Nichtbanken nur eine sehr geringe Rolle spielen.

Wie schon angedeutet, muß nun jeder Geldhalter einen entscheidenden Nachteil in Kauf nehmen: Er verzichtet auf Einkommen in Höhe der Zinsen, die er durch eine Anlage in ertragbringenden Forderungen erhalten könnte. Von diesen gibt es heutzutage eine reiche Auswahl, und sie können Geld in einer seiner Funktionen oder nacheinander in beiden ersetzen. Man nennt sie *Geldsubstitute*, *Quasigeld* oder, da es sich im Normalfall nicht um Sachgüter handelt, *geldnahe Forderungen*. Damit läßt sich aber der in nichtempirischen Modellen scheinbar eindeutige Begriff „Geld" im Sinne eines reinen Transaktionsmittels nicht mehr ebenso eindeutig operational definieren: Einerseits können Bargeld und Sichtguthaben auch der Wertaufbewahrung dienen, andererseits kann man mit geldnahen Forderungen auch Zahlungen leisten. Das Problem fängt bei der

Statistik der Geldmenge an. Wer etwa in der Bundesrepublik im Oktober 1986 den Eingang von 50 000 DM zu verzeichnen und in fünf Wochen den gleichen Betrag zu zahlen hatte, konnte ihn in der Zwischenzeit als Terminguthaben auf einen Monat zu 3,25 v. H. anlegen und erhielt dafür 135,42 DM Zinsen. Erstreckt sich in solchen Fällen die Laufzeit über ein Monatsende, registriert der Statistiker gemäß Definition 3.2 den Betrag nicht als Geld, obwohl er nach Fristablauf als solches benutzt wird. Allgemein gilt, daß die zu jedem Zeitpunkt vorhandenen und entweder bei Bedarf mit geringen oder ohne Transaktionsaufwendungen in Geld umwandelbaren sowie die sich infolge Fristablauf von selbst umwandelnden Forderungen in gewissem Umfang auch Zahlungszwecken dienen.

Geldtheoretiker haben diese Tatsache bisher in zwei Schritten berücksichtigt. Der erste besteht darin, mit zwei oder mehr Geldmengenkonzepten zu arbeiten. Man geht von der Grunddefinition der Geldmenge 3.2 aus und gewinnt durch Addition oder auch Subtraktion bestimmter geldnaher Forderungen eine Reihe erweiterter Definitionen M x, worin $x = 1, 2, 3, \ldots$, ist (M steht für englisch „money", 1 für „engste Definition", und so weiter). Im konkreten Fall hängt die Einbeziehung bestimmter Forderungen in M 2, M 3 und so weiter sowohl von den Ergebnissen empirischer Untersuchungen über Zusammenhänge zwischen makroökonomischen Variablen als auch von institutionellen Besonderheiten des Geld- und Kreditwesens in dem untersuchten Land ab. Außerdem sind die Entscheidungen hierüber neu zu überdenken, sobald die Praxis neue Arten der Kreditgewährung entwickelt. Das Kontensystem zeigt die hierzu zur Zeit in der Bundesrepublik geltenden Konventionen. Die drei Geldvolumina werden unten in Abschnitt VI.9 näher erläutert.

Der zweite Schritt besteht in einer Verfeinerung: Man betrachtet eine Reihe wichtiger Forderungsarten einschließlich Bargeld und Sichtguthaben und teilt jeder von ihnen einen Koeffizienten zu, der zwischen null und eins liegt und das Ausmaß angibt, in dem sie in dem betrachteten Zeitraum vermutlich Transaktionszwecken dient. Der Koeffizient wird nicht einmal bei Banknoten und Münzen gleich eins sein, da Bargeld auch gehortet wird, und er liegt für längerfristige Sparguthaben nahe bei null. Die Geldmenge ist dann ein mit diesen Koeffizienten der Geldnähe gewogenes Aggregat aus Geld gemäß der Grunddefinition und geldnahen Forderungen. Die betreffende Gleichung kann als Produktionsfunktion für Gelddienste mit den gewichteten Beständen an Geld und Quasigeld als Produktionsfaktoren gesehen werden.

Im Ergebnis ist festzuhalten, daß die Frage nach dem ökonomisch relevanten Geldbestand in einer Volkswirtschaft nicht einfach durch den Hinweis auf die Statistik des Bargeldes und der Sichtguthaben zu beantworten ist. Die Antwort hängt von Hypothesen über die Geldnähe von Forderungen ab und wandelt sich mit der Entwicklung des Kreditwesens.

4. Erscheinungsformen des Geldes. Die Verwendung von Geld bietet so offensichtliche Vorteile, daß sich schon Völker auf niedriger Kulturstufe diese zunutze machen. Bestimmte Güter oder Forderungen übernehmen Geldfunktionen aufgrund einer sozialen Übereinkunft: Jeder Teilnehmer an ökonomischen Transaktionen nimmt sie als Geld an, weil und solange er so gut wie sicher ist, daß andere Teilnehmer dies ebenfalls tun. Zu solchen Übereinkünften kann es auf mehreren Wegen kommen:

- Historisch am frühesten nehmen gewisse Güter allmählich Geldfunktionen an und stellen so *Warengeld* dar, wobei nichtverderbliche, leicht teilbare, nur geringer Abnutzung unterliegende, je Einheit des Gewichts relativ wertvolle und daher leicht transportable Sachgüter bevorzugt werden. Später, aber noch vor Beginn der Zeitrechnung, werden Metallstücke zu Münzen geprägt und als Geld verwendet;
- Weitere Gegenstände übernehmen Geldfunktionen und werden damit ebenfalls zu Geld, wenn sie unbeschränkt und mit geringen oder ohne Aufwendungen in bestehendes Geld getauscht werden können. Beispiele sind Banknoten als Substitut für die bei Geldwechslern oder Kaufleuten deponierten Münzen oder Edelmetalle und Giralgeld von Geschäftsbanken als Substitut für Banknoten;
- Durch Gesetz wird ein Annahmezwang festgelegt. So sind in der Bundesrepublik die Noten der Deutschen Bundesbank das einzige unbeschränkte gesetzliche Zahlungsmittel;
- Geld kann durch Verträge geschaffen werden, in denen sich die Partner verpflichten, ein bestimmtes Objekt unter festgelegten Bedingungen als Transaktionsmittel zu akzeptieren. Beispiele sind die S. 150 genannten Sonderziehungsrechte und ECU, die mithin nicht nur Recheneinheiten darstellen.

Die Vorteile der Verwendung einer einzigen Geldart oder *Währung* kommen um so mehr Teilnehmern am Wirtschaftsverkehr zugute, je größer ihre Zahl ist, da dann die bei Existenz unterschiedlicher Währungen erforderlichen Tauschaufwendungen wegfallen.

Im Laufe der Zeit haben sich die Erscheinungsformen des Geldes erheblich gewandelt. Wurden ursprünglich nur Sachgüter als Geld benutzt, so begann mit der Prägung von Münzen eine Entwicklung, in der sich der Nominalwert der Geldzeichen immer mehr von ihrem Materialwert löste. Münzen haben heute nur noch einen geringen, Banknoten keinen Wert mehr außerhalb ihrer Verwendung als Geld.[6] Die zur Herstellung des Warengeldes benutzten Produktionsfaktoren wurden damit freigesetzt, was einen Effizienzvorteil bedeutete. Zum Ausgleich mußte allerdings an die Stelle des Materialwertes der Geldzeichen das Vertrauen in die Wertkonstanz des Papier- oder stofflosen Geldes und in die Annahmebereitschaft der anderen Bewohner des Währungsgebietes treten. Parallel dazu nahm Geld immer mehr den Charakter einer Kreditbeziehung an, über die von beiden Partnern nur noch Aufzeichnungen in unterschiedlichen Formen gemacht werden. So besteht heute ein wachsender Teil des Geldbestandes in industrialisierten Volkswirtschaften aus Eintragungen in Datenträgern von Datenverarbeitungsanlagen. Mit dieser fortschreitenden Entmaterialisierung des Geldes ging eine ständige relative Senkung der Aufwendungen für den Zahlungsverkehr einher. Der Kostenvorteil je Überweisung ist um so größer, je höher der Betrag und je weiter entfernt der Empfänger ist. Hinzu kommt beim

---

[6] Vgl. jedoch die in Rechnungswesen[6], S. 160f. genannten Erscheinungen bei Preiserhöhungen von Münzmetallen.

Umgang mit Bargeld das Problem der Sicherheit vor Verlust, Zerstörung, Fälschung, Diebstahl und Raub. Bei legalen Transaktionen mit größeren Beträgen haben Überweisungen von Sichtguthaben Barzahlungen daher so gut wie völlig verdrängt. Diese werden dagegen in der illegalen Nebenwirtschaft vermutlich bei weitem bevorzugt, da sie anonym sind, während die Transaktionspartner bei jeder Überweisung registriert werden.[7]

Auf der anderen Seite verursacht auch der bargeldlose Zahlungsverkehr angesichts seines Umfanges erhebliche Transaktionsaufwendungen. Schon 1969 schrieben die US-Amerikaner etwa 18 Mrd. Schecks über einen Gesamtwert von 4 Billionen ($= 4 \cdot 10^{12}$) US-Dollars aus, deren Handhabung Aufwendungen von etwa 3,5 Mrd. $ erforderte.[8] Nach Schätzungen der Bundesbank wurden 1984 in der Bundesrepublik etwa 5,5 Mrd. bargeldlose Zahlungen geleistet.[9] Es sind daher seit Jahren Überlegungen und Versuche im Gange, beleglose vollautomatische (elektronische) Zahlungssysteme zu installieren. Jedoch verursachen diese ebenfalls Aufwendungen und verlangen überdies vom Publikum einen hohen Grad von Kooperationsbereitschaft.

II. Kreditmärkte, Zins und Finanzsektor

1. Kreditbeziehungen und ihre Risiken. Eine moderne Volkswirtschaft ist gleichermaßen durch den Gebrauch von Geld wie durch die Existenz von *Kreditbeziehungen* gekennzeichnet. Jede solche Beziehung verbindet den *Gläubiger* einer Forderung mit ihrem *Schuldner,* und zu jedem Zeitpunkt besteht eine Vielzahl solcher Beziehungen sowohl zwischen Wirtschaftssubjekten einer Volkswirtschaft als auch zwischen In- und Ausländern. Sie entstehen als Teil von Leistungstransaktionen, wenn Produzenten oder Händler Güter liefern und die Empfänger nicht sofort bar oder durch Überweisung zahlen (Lieferantenkredit). Die Forderungen können verbrieft und dann handelbar werden, so in Form des Handelswechsels. Außerdem entstehen und verschwinden Kreditbeziehungen ständig in großer Zahl aufgrund von Finanztransaktionen. Manche von diesen stehen in unmittelbarem Zusammenhang mit Leistungstransaktionen, so die Kreditnahme bei Banken zur Finanzierung von Sachinvestitionen und der laufenden Käufe von Produktionsfaktoren sowie Konsumentenkredite.

Im Kontensystem 3.1–3.3 (S. 153) wurde auch Geld als Kreditbeziehung gesehen, aber der Umkehrschluß gilt nicht, und es kommt auch auf die Unterschiede zwischen Geld und Kreditbeziehungen im engeren Sinne an (die im folgenden immer gemeint sind). Reinliche Scheidungen sind in der Realität

---

[7] Zur Nebenwirtschaft vgl. Rechnungswesen[6], S. 280–283. Behörden können den bargeldlosen Zahlungsverkehr, ob es nun ein Bankgeheimnis gibt oder nicht, sehr viel besser kontrollieren als Barzahlungen. In Frankreich erging 1981 ein Verbot von Barzahlungen bei Käufen von Schmuck, Kunstgegenständen und Antiquitäten durch Privatpersonen im Wert von über 5000 Francs; Lohn- und Gehaltszahlungen in Beträgen über 2500 Francs hatten über Girokonten zu erfolgen.

[8] RICHARDSON [3.26], S.139.

[9] Bbk-Monatsbericht August 1985, S. 48.

selten, aber im wesentlichen unterscheidet sich Geld von anderen Kreditbeziehungen wie folgt:

- Geld ist das Vermögensobjekt mit dem höchsten Liquiditätsgrad (vgl. S. 152);
- Geld ist grundsätzlich ertragslos (wenn auch nicht vollständig, da Banken einen geringen Zins auf Sichteinlagen zahlen), Kreditbeziehungen bringen ihren Gläubigern Erträge (wenn auch nicht alle);
- Geld ist homogen, während es eine Fülle von *Kreditkonditionen* gibt. Die wichtigsten sind Laufzeit, Höhe und Art der Auszahlung des vereinbarten Entgelts (Zinssatz), Existenz und Art der Verbriefung (Schuldurkunde), Höhe und Art der Sicherheitsgestellung, Tilgungsregelung, steuerliche Behandlung der Erträge. Im weiteren Sinne gehören dazu auch Existenz und Organisationsgrad von Märkten für Schuldtitel, da von ihnen der Liquiditätsgrad abhängt; sowie die Höhe der Transaktionsaufwendungen bei Schaffung, Handel und Tilgung von Kreditbeziehungen. Nicht zuletzt hängen Angebot an und Nachfrage nach ihnen von den jeweiligen Konditionen ab.

Eminent wichtig ist schließlich die Frage der *Risiken,* mit denen Kreditbeziehungen behaftet sind, und von denen einige auch Geldhalter betreffen. Wer eine Kreditbeziehung eingehen will, hat als Gläubiger einzuschätzen und zu bewerten

- das *Ausfallrisiko,* daß der Schuldner zahlungsunfähig werden kann. Dieses Risiko besteht im Prinzip auch in bezug auf Geschäftsbanken als Schuldner von Sichtguthaben und im seltenen Fall einer Währungsreform sogar bei der Zentralbank als Schuldner des gesetzlichen Zahlungsmittels, jedoch ist das Risiko des Geldhalters klein;
- das *Kurs-* (auch: *Kapital-*)*risiko* bei manchen handelbaren Forderungen, die insoweit weniger gute Substitute für Geld sind. Eine Variante ist das *Liquiditätsrisiko:* Märkte für solche Forderungen können so eng sein, daß das betreffende Papier mitunter auch bei beträchtlichem Kursabschlag unverkäuflich ist;
- das *Zinsänderungsrisiko,* dem die Partner einer Kreditbeziehung mit feststehendem Zinssatz in entgegengesetzter Richtung unterliegen. Der Schuldner riskiert, nach Ende der Laufzeit einen neuen Kredit zwecks Anschlußfinanzierung nur zu einem höheren Zinssatz aufnehmen zu können, der Gläubiger trägt das Risiko, bei der Wiederanlage seiner Mittel weniger günstige Bedingungen vorzufinden. Handelt es sich um Produzenten und private Haushalte, steht somit ein Kosten- einem Einkommensrisiko gegenüber. Das Risiko entfällt, wenn es gelingt, die Laufzeit der Kreditbeziehung entsprechend der gewünschten Anlage- oder Verschuldungsdauer zu wählen;
- das *Kaufkraftrisiko,* dem nominell feststehende Forderungen und Geld gleichermaßen unterliegen, da ihr realer Wert oder eben ihre *Kaufkraft* bei einer unerwarteten Erhöhung des für den Forderungsgläubiger oder Geldhalter relevanten Preisniveaus abnimmt.

Die mit der Kreditgewährung verbundenen Risiken werden von den einzelnen Kreditgebern sowohl verschieden hoch eingeschätzt als auch, bei gleicher Einschätzung, unterschiedlich bewertet. Wer risikofreudig ist, wird sich mit weniger Sicherheit zufriedengeben, zum Ausgleich allerdings höhere Erträge fordern. Andere Kreditgeber begnügen sich bei geringerem Risiko mit niedrigeren Erträgen. Entsprechende Unterschiede gibt es auch auf der anderen Seite des Marktes: Wer als besonders sicherer Schuldner gilt, bietet geringere Erträge für die ihm gewährten Kredite. Einhellig streben jedoch alle Beteiligten danach, ihre Risiken zu mindern. Kreditgewährung ist eine freiwillige Angelegenheit, und wenn sie in großem Umfang funktionieren soll, müssen die Schuldtitel sowohl für Gläubiger als auch für Schuldner attraktiv sein. Der Schuldner ist unter anderem daran interessiert, daß der Gläubiger den Kreditbetrag nicht zu jedem beliebigen Zeitpunkt zurückfordern kann. Dieser wiederum trägt neben seinem vom Markt diktierten Teil des Zinsänderungsrisikos vor allem das Ausfallrisiko. Er will sein Geld entsprechend der jeweiligen Vereinbarung auch zurückerhalten und wird daher verlangen, daß ihm der Schuldner Sicherheiten bietet. Bei einem Sachinvestor sind das vor allem die mit den aufgenommenen Krediten gekauften Investitionsgüter. Diese verlieren jedoch im Augenblick ihres Kaufes und erst recht mit ihrem Einbau in eine Produktionsanlage an Wert; und daß die mit ihnen zu produzierenden Güter zu den geplanten Preisen abzusetzen sind, ist zum Zeitpunkt der Kreditgewährung lediglich eine Erwartung. Der Gläubiger wird daher zusätzliche Sicherheiten fordern, was in der Praxis auf das Verlangen hinausläuft, der Schuldner möge auch über nicht schuldbelastetes Sachkapital verfügen. Indiz hierfür ist auf der Passivseite seiner Bilanz das Eigenkapital einschließlich der Rücklagen, das beispielsweise durch Nichtausschüttung von Gewinnen aufgestockt werden kann. Die so erkennbare teilweise Selbstfinanzierung von Investitionen erhöht mithin die Kreditwürdigkeit des Investors, macht seine Schuldtitel für potentielle Gläubiger attraktiver und erhöht die Bereitschaft zur Kreditgewährung. Beispiele hierzu sind auch die Eigenleistung beim Hausbau durch private Haushalte und, obwohl es sich dabei nicht um Investition im üblichen Sinne handelt, die Anzahlung beim Kauf dauerhafter Konsumgüter.

2. Kreditmärkte in der modernen Volkswirtschaft. Die Gesamtheit der Kreditbeziehungen bildet das *volkswirtschaftliche Kreditnetz*. Es ändert sich ständig, weil bestehende Kreditbeziehungen verschwinden und neue entstehen. In *gesamtwirtschaftlichen Finanzierungsrechnungen* wird versucht, diesen Prozeß für abgelaufene Zeiträume zu erfassen. Dabei kann man Aggregate gemäß einer Sektorgliederung bilden, wie sie in dem Kontensystem 3.4–3.6 dargestellt ist. In ihm sind auch die öffentlichen Haushalte berücksichtigt und den privaten Sektoren entsprechend ihrem Verhalten auf den Kreditmärkten zugeteilt. Die Gebietskörperschaften stellen überwiegend Dienstleistungen her, treten in den meisten Ländern ständig als Netto-Kreditnehmer auf und sind daher dem Sektor Produktionsunternehmen zugeordnet. Die Sozialversicherungshaushalte bewirken lediglich eine Umverteilung des Einkommens innerhalb des Sektors Private Haushalte, haben kaum Schulden, sind in der Regel Kreditgeber und werden daher den privaten Haushalten zugerechnet. Zusammen mit dem *Finanzsektor* als Gesamtheit der Finanzunternehmen, hauptsächlich der Banken, erhält man so eine Sektoreinteilung, die den Gegebenheiten in modernen industrialisierten Volkswirtschaften entspricht.

Zwischen den Sektoren bestehen Kreditbeziehungen, die irgendwann entstanden sind, sich ändern und wieder verschwinden. Dieses Geschehen spielt

Kontensystem 3.4 – 3.6: *Kreditmärkte in einer modernen Volkswirtschaft*

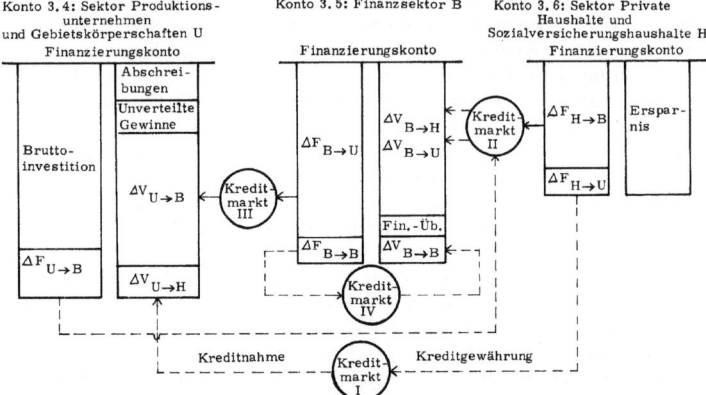

Erläuterungen: Ein von der linken Seite eines Kontos ausgehender Pfeil bedeutet Kreditgewährung und ΔF = Zunahme der Forderungen, ein zur rechten Seite weisender Pfeil Kreditnahme und ΔV = Zunahme der Verbindlichkeiten. Die tiefgesetzten Buchstaben U, B und H kennzeichnen die Sektoren. Das Symbol $\Delta F_{H \to B}$ beispielsweise ist daher als „Zunahme der Forderungen der privaten Haushalte gegen den Finanzsektor (‚Banken')" zu lesen, und so weiter. „Fin.-Üb." in Konto 3.5 lies: „Finanzierungsüberschuß".

sich auf *Kreditmärkten* ab. Die vier wichtigsten sind eingezeichnet und könnten anhand von Kriterien wie Laufzeit, Art der Verbriefung oder Zugehörigkeit von Kreditgeber und -nehmer zu Teilsektoren untergliedert werden. Bei dem gewählten Aggregationsgrad sind sie wie folgt zu charakterisieren:

– Über den *Kapitalmarkt* I gewähren private Haushalte Direktkredite an Produktionsunternehmen und Gebietskörperschaften, womit Forderungen $F_{H \to U}$ und entsprechende Verbindlichkeiten $V_{U \to H}$ entstehen. Der größte Teil dieser Kredite ist langfristig und durch Aktien oder festverzinsliche Wertpapiere verbrieft.

Aus der Tatsache längerer Laufzeiten, die beispielsweise in der Bundesrepublik bei der Mehrzahl der festverzinslichen Wertpapiere zwischen fünf und fünfzehn Jahren liegen, sollte man nicht schließen, daß alle Käufer von Kapitalmarktpapieren eine ebenso lange Festlegung ihrer Mittel beabsichtigen. Die meisten dieser Papiere sind handelbar und können daher jederzeit verkauft werden. Es existiert daher für sie ein *Emissions-* (auch: Primär-)*markt* für neue Papiere und ein *Umlauf-* (auch: Sekundär-)*markt* für früher emittierte. Der Kapitalmarkt ermöglicht damit den Wechsel des Gläubigers in weiterbestehenden Kreditbeziehungen, ohne daß der Schuldner davon berührt wird. Er macht somit die langfristige Nutzung von Krediten durch die Schuldner mit der kurzfristigen Verfügbarkeit über Mittel seitens der Gläubiger vereinbar. Jedoch ist kein Vorteil umsonst zu haben: Die Erwerber handelbarer Kapitalmarktpapiere gehen ein Kursrisiko ein, da die Emittenten entweder keinen Einfluß auf die Umlaufmärkte haben oder allenfalls versuchen, einen solchen durch *Kurspflege* auszuüben; die Kreditnehmer am Kapitalmarkt müssen den Gläubigern in der Regel höhere Erträge als bei kurzfristiger Kreditnahme zusichern.

- Der *Bankeinlagenmarkt* II ist der Markt für Forderungen $F_{H \to B}$ privater Haushalte gegen Finanzunternehmen, hauptsächlich in Form von Spar- und Terminguthaben bei Banken, Bankschuldverschreibungen, Anteilscheinen von Kapitalanlagegesellschaften, Forderungen gegen Bausparkassen und Versicherungsunternehmen; sowie für Forderungen $F_{U \to B}$ der Produktionsunternehmen und Gebietskörperschaften, überwiegend Terminguthaben. Hinzu kommen die als Geld zu betrachtenden Forderungen gegen Banken.
- Zum *Bankkreditmarkt* III gehören kurz- und langfristige Forderungen $F_{B \to U}$ des Finanzsektors gegen Produktionsunternehmen und Gebietskörperschaften. Dabei handelt es sich um Kredite in laufender Rechnung und Wechselkredite der Banken, Darlehen der Versicherungsunternehmen und Bausparkassen sowie Käufe der Finanzunternehmen der vom Sektor U emittierten Papiere;
- Auf dem *Geldmarkt* IV handeln die Unternehmen des Finanzsektors untereinander mit kurzfristigen Forderungen, wobei Hauptbeteiligte die Geschäftsbanken und die Zentralbank sind.

Dieser Markt ergibt sich aus der Notwendigkeit für jede Geschäftsbank, einerseits ständig zahlungsbereit zu sein, anderseits Mittel auf kurze Frist anzulegen. Sie leistet täglich Auszahlungen und Überweisungen in Zentralbankgeld, das sie nicht schaffen kann, erhält aber auch Zahlungseingänge in diesem Geld. Da weder Zahlungsein- noch -ausgänge voll vorhersehbar sind, muß die Bank ständig über Zentralbankgeld verfügen, um auch bei einer unvorhergesehenen Zunahme ihrer Zahlungsausgänge zahlungsbereit zu bleiben. Der kleinere Teil dieses Geldes wird für den Schalterverkehr in Form von Banknoten und Münzen, der größere für den Überweisungsverkehr mit anderen Banken als Guthaben bei der Zentralbank gehalten. Es ist Aufgabe des *Gelddisponenten* der Bank, sich laufend einen Überblick über den zu erwartenden Zahlungsverkehr zu verschaffen und die erforderlichen Beträge an Zentralbankgeld bereitzustellen, dessen Bestand aber möglichst klein zu halten, da diese Form der Vermögensanlage keinen Ertrag erbringt. Nun kommt es ständig vor, daß Banken für einige Zeit überwiegend Zahlungseingänge verzeichnen und daher Zentralbankgeld kurzfristig ertragbringend anlegen möchten, während andere überwiegend Zahlungen leisten müssen und dieses daher kurzfristig benötigen. Aus solchen Unterschieden in der Liquiditätssituation entsteht ein Markt für die kurzfristige Überlassung von Zentralbankgeld, auf dem Geschäftsbanken als Anbieter und Nachfrager auftreten. Ein weiterer Teilnehmer ist die Zentralbank, die ihr eigenes Geld nach Belieben schaffen und mit ihrem Angebot oder ihrer Nachfrage die Konditionen auf diesem Markt in Verfolgung ihrer Ziele beeinflussen kann. Dieser Markt, der im Kontensystem 3.4–3.6 einen Teil des Marktes IV bildet, wird hier und in der Praxis als Geldmarkt bezeichnet.[10]

---

[10] Im KEYNESschen Modell ist der Geldmarkt anders definiert. Dort sind die Nichtbanken Nachfrager nach und die Banken Anbieter von Geld, vgl. S. 40–45.

Das Kontensystem weist nur auf die während eines Zeitraums netto neu entstehenden Kreditbeziehungen hin. Auf allen Kreditmärkten werden jedoch auch bestehende Forderungen gehandelt, und die sich dabei aus Angebot und Nachfrage ergebenden Konditionen haben maßgeblichen Einfluß auf die Bedingungen, zu denen neue Kredite vereinbart werden. Im folgenden wird der Handel mit bestehenden Forderungen in die Betrachtung einbezogen. Zu beachten ist schließlich, daß sich in offenen Volkswirtschaften an praktisch allen Kreditmärkten auch Ausländer beteiligen, soweit dem nicht Beschränkungen des internationalen Kapitalverkehrs entgegenstehen.

3. Zins und Zinsstrukturen. Zu jedem Markt gehören Preise, und der Preis für die Gewährung von Krediten heißt Zins. Warum werden für Kredite Zinsen gezahlt? Der derzeit akzeptierte Erklärungsansatz für diese Grundfrage der *Zinstheorie* läßt sich so zusammenfassen. Kreditgeber verlangen ein Entgelt für ihren Verzicht auf Liquidität, eine Entschädigung für die Übernahme der diversen mit der Kreditgewährung verbundenen Risiken und gegebenenfalls einen Ausgleich für die erwartete Inflation. Kreditnehmer fallen in drei Kategorien: Sie können die aufgenommenen Mittel ihrerseits als Kredite zu höheren Zinssätzen weitergeben, sie können damit Sachinvestitionen finanzieren oder aber Konsumgüter kaufen. Der erstgenannte Fall bildet die Haupttätigkeit der Banken und anderen Finanzunternehmen, und es wird unten in Abschnitt II.5 erläutert, warum die Zinsdifferenz nicht infolge dieser Arbitrage verschwindet. Im zweiten Fall nimmt der Kreditnehmer eine Sachinvestition in der Erwartung vor, seine Rendite, auch *Produktivzins* genannt, werde höher sein als der zu zahlende Kreditzins. Das ist ebenfalls eine Art von Arbitrage und läßt die Frage entstehen, warum der Kreditgeber die höhere Ertragschance nicht selbst nutzt.

Zwei Antworten sind möglich. Erstens: Der Kreditgeber kennt sie nicht, und der dauerhaft höhere Produktivzins und die auf ihm beruhende Arbitrage sind eine Folge mangelnder Markttransparenz. Zweitens: Der Kreditgeber hat den gleichen Informationsstand wie der Kreditnehmer, will sich aber nicht als Sachinvestor betätigen und hat folglich andere Präferenzen hinsichtlich der Art und Weise, Einkommen zu erzielen. Sie können mit unterschiedlicher Risikoeinschätzung und -bewertung verbunden sein. Im dritten Fall zahlt der Konsument den Zins für eine gemäß seinen Präferenzen verbesserte zeitliche Verteilung seiner Güterversorgung. Der Kreditgeber ist daran nicht interessiert, weil er andere Präferenzen oder ein so hohes Einkommen oder Vermögen hat, daß er trotz zeitlicher Optimierung noch Kredite gewähren kann. Nimmt man die noch zu liefernden Argumente für den ersten Fall vorweg, dann sind es also Hypothesen über Liquiditätspräferenz, Unterschiede im Informationsstand und in den Präferenzen, die erklären, warum Kreditanbieter einen Zins haben wollen und Kreditnehmer ihn zahlen.

Die Statistik zeigt, daß die Zinssätze für Kredite je nach deren Konditionen (vgl. S. 158) unterschiedlich hoch sind: Es existiert eine Reihe von *Zinsstrukturen,* die im Zeitablauf weitgehend konstant sind oder sich in Abhängigkeit von bestimmten Einflüssen in vorhersehbarer Weise ändern. So ist in der Bundesrepublik der Zinssatz für Kontokorrentkredite im Betrag von 1 Mill. bis unter 5 Mill. DM meist um rund einen Prozentpunkt niedriger als der für kleinere

Beträge; die Banken zahlen für Dreimonats-Festgelder ab 1 Mill. DM im Durchschnitt um 0,5 bis 1,5 Prozentpunkte höhere Zinsen; und kursgepflegte festverzinsliche Wertpapiere wie Bundesanleihen haben einen höheren Liquiditätsgrad und daher eine niedrigere Effektivverzinsung als die sich selbst überlassenen Industrieobligationen.[11] Befreit der Gesetzgeber die Erträge bestimmter Wertpapiere von der Einkommensteuer, liegen ihre Renditen wesentlich unter denen sonst gleichartiger tarifbesteuerter Papiere.

Die wichtigste dieser Strukturen ergibt sich aus dem Zusammenhang zwischen Laufzeiten und Renditen, die nach aller Beobachtung nicht unabhängig voneinander sind. In der Praxis haben Kreditbeziehungen Laufzeiten, die von einem Tag bis unendlich reichen, so bei den in einigen Ländern ausgegebenen festverzinslichen Wertpapieren ohne Rückzahlungsversprechen des Emittenten. Die Zinssätze für die entsprechenden Titel sind zu jedem Zeitpunkt unterschiedlich hoch. Ihre Gesamtheit nennt man die *Fristigkeitsstruktur* der Zinssätze (im folgenden auch einfach „Zinsstruktur" genannt). Die Ausnahmen zulassende und daher vorsichtig formulierte Hypothese dazu ist

Hyp. 3.1: *Die Rendite von Krediten mit sonst gleichen Konditionen ist in der Regel um so höher, je länger die vereinbarte Laufzeit ist.*

Die Sätze für Tagesgeld lagen am Frankfurter Bankplatz im Monatsdurchschnitt April 1985[12] bei 5,70 v. H., für Monatsgeld bei 5,80 v. H. und für Dreimonatsgeld bei 6,02 v. H. Für Spareinlagen mit gesetzlicher Kündigungsfrist wurden 3 v. H., für solche mit vereinbarter Kündigungsfrist von 12 Monaten 4,49 v. H. und von 4 Jahren und darüber 5,50 v. H. gezahlt. Hypothekarkredite auf Wohngrundstücke erbrachten bei Zinsfestschreibung auf 2 Jahre 8,32 v. H., auf 5 Jahre 8,49 v. H. und auf 10 Jahre 8,72 v. H. Anderseits betrug im April 1986 der Tagesgeldsatz 4,76 v. H., der Satz für Monatsgeld 4,53 v. H., der für Dreimonatsgeld 4,49 v. H.; und von Ende 1979 bis Mitte 1982 lagen die Sätze für Dreimonatsgeld über der Umlaufsrendite öffentlicher Anleihen (vgl. Bild 3.2). Zur Erklärung solcher Phänomene benötigt man eine Theorie der Zinsstruktur.

Angenommen, es gebe in einer Volkswirtschaft nur je eine kurz- und eine langfristige Wertpapierart, die lange Frist sei das n-fache ($n > 1$, ganzzahlig) der kurzen, die Marktteilnehmer hätten in einer Ausgangssituation t Gewißheit über die zeitliche Entwicklung der kurzfristigen Zinssätze r^k_{t+i} in den Perioden $i = 1 \dots n$, und sie seien indifferent in bezug auf die Laufzeit. Die n-malige kurzfristige Anlage muß dann unter Einkommensmaximierern den gleichen Ertrag erbringen wie die einmalige langfristige zum Satz r^l, wenn Transaktionsaufwendungen fehlen. Es muß also gelten

$$(1 + r^k_{t+1}) \cdot (1 + r^k_{t+2}) \dots (1 + r^k_{t+n}) = (1 + r^l)^n. \tag{3.1}$$

Der langfristige Zinssatz errechnet sich daher unter den genannten Voraussetzungen aus dem geometrischen Mittel der kurzfristigen Sätze. Damit ist die Beobachtung vereinbar, daß die kurzfristigen Sätze stärker schwanken als die

---

[11] Angaben nach: Bbk-Monatsbericht Januar 1983, S. 19f.
[12] Angaben nach: Bbk-Monatsbericht Mai 1986, S. 51*f.; Januar 1982, S. 47*, 53*.

langfristigen. Außerdem führt die Gleichung zu der Hypothese, daß der langfristige Satz bei nach und nach sinkenden kurzfristigen Sätzen unter den anfänglichen kurzfristigen, bei steigenden darüber liegen wird. In jedem Fall sind kurz- und langfristige Papiere vollkommene Substitute.

Nun treffen die genannten Voraussetzungen in der Realität sämtlich nicht zu. Ein Vermögensanleger ist um so liquider, je kürzerfristig seine Anlagen sind, und er wird um so höhere Erträge fordern und auch erhalten, je länger er auf Liquidität verzichtet. Die beherrschende Erwägung bei der Wahl zwischen kurz- und langfristiger Anlage ist jedoch, daß es über die zukünftigen kurzfristigen Zinssätze keine Gewißheit, sondern nur unsichere Erwartungen gibt. Daraus resultieren Risiken, hinsichtlich derer Präferenzen unter den Kapitalanlegern bestehen: Es gibt unter ihnen unterschiedliche Grade von *Risikoaversion*. Übersteigt die Restlaufzeit eines handelbaren Wertpapiers die vorgesehene Anlagedauer, geht der Erwerber ein Kursrisiko ein; ist sie kürzer, trägt er ein Einkommensrisiko. Ein gänzlich risikoscheuer Anleger würde mithin nur Papiere kaufen, deren Restlaufzeit mit der gewünschten Anlagedauer übereinstimmt. Private Haushalte werden eher die langfristige Anlage vorziehen, da sie von Kursschwankungen während der Laufzeit nicht berührt werden, wenn sie nicht gerade verkaufen wollen. Institutionelle Anleger und Finanzunternehmen legen dagegen großen Wert auf Kurssicherheit, da sie Bilanzen aufstellen und bei Kursrückgängen Abschreibungen vornehmen müssen. Der Kursrückgang bei einer Zinssteigerung ist um so kleiner, je näher der Tilgungstermin liegt. Das Ausfallrisiko von Krediten nimmt mit wachsender Laufzeit zu, und allein zum Ausgleich dieses höheren Risikos müssen langfristige Kredite höhere Erträge erbringen. Ein weiterer Unsicherheitsfaktor ist der Kaufkraftverlust nominell feststehender Forderungen im Zuge der Inflation. Diese wird zunächst durch die Vereinbarung eines höheren Zinssatzes berücksichtigt, wirkt sich also auf das Zinsniveau aus. Der Kreditgeber läuft aber das zusätzliche Risiko der *Inflationsunsicherheit,* das heißt einer unvorhergesehenen Erhöhung der Inflationsrate. Allen diesen Faktoren, die das Angebot an langfristigen Krediten eher senken, steht das Interesse der Kreditnachfrager gegenüber, sich möglichst langfristig zu bekannten Bedingungen zu verschulden. Die gegebene Verteilung der Präferenzen unter den Kreditmarktteilnehmern in bezug auf diese Risiken wird insgesamt dazu tendieren, die Zinssätze für längerfristige Kredite eher über die aus Gleichung (3.1) zu errechnenden Werte steigen zu lassen. Gemäß diesem Erklärungsansatz sind es mithin die Angebots- und Nachfragekonstellationen auf lauter einzelnen, durch die Laufzeiten voneinander getrennten Kreditmärkten, die die Fristigkeitsstruktur der Sätze bestimmen.

Es bleibt zu erklären, warum die längerfristigen Sätze zwar meist über, manchmal aber auch unter den kurzfristigen liegen. Bild 3.1 zeigt dies empirisch anhand von *Zinsstrukturkurven*. Man erhält diese, indem man zu einem Zeitpunkt die Renditen einer Reihe von Wertpapieren feststellt, die sich bis auf unterschiedliche Restlaufzeiten möglichst wenig voneinander unterscheiden. Teil (a) zeigt den häufiger zu beobachtenden und insofern als normal anzusehenden Verlauf, bei dem die erwähnten Erwägungen über Liquiditätsverzicht und Risiko bei längerfristiger Kreditgewährung dominieren. In dieser Situation herrschen außerdem bei der Mehrzahl der Marktteilnehmer bestimmte Erwartungen

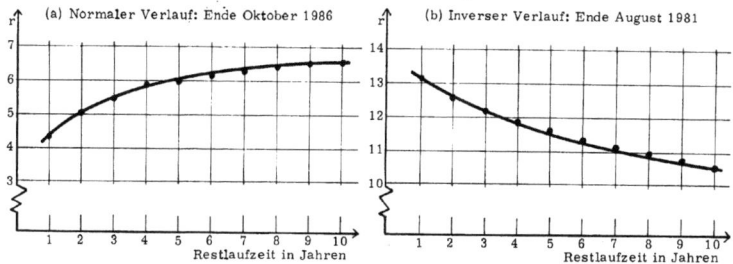

Bild 3.1 — *Renditestrukturen*[a] *in der Bundesrepublik Deutschland*

[a] Umlaufsrenditen von Bundesanleihen, von Kuponeffekten bereinigt.
Quelle: Statistische Beihefte [3.77], Dezember 1981 und Dezember 1986, Tabelle 8 d.

über die mittelfristige Entwicklung des Zinsniveaus, etwa während der nächsten zwei bis drei Jahre. Zwei relativ eindeutige Situationen sind zu unterscheiden.

Liegen die langfristigen Zinssätze insgesamt deutlich unter ihrem als normal oder durchschnittlich betrachteten Niveau,[13] dann wird eher eine Zinssteigerung erwartet. Wer dann langfristige Papiere kauft, hat ziemlich sicher Kursverluste zu erwarten, wenn er nach einigen Jahren verkaufen will oder muß. Folglich ist die Nachfrage nach solchen Papieren relativ gering. Das Angebot ist dagegen groß, da die Kreditnehmer die gleiche Erwartung hegen und bestrebt sind, sich langfristig zu für sie günstigen Zinssätzen zu verschulden. Beides zusammen senkt die Kurse und erhöht die Renditen relativ zu den Sätzen für kurzfristige Anlagen. Diese sind auch deswegen niedrig, weil die Anleger ihre Mittel nicht zinslos halten wollen, während sie auf höhere langfristige Sätze warten, und diese daher kurzfristig anlegen. Insgesamt hat sich also das Interesse der Kreditgeber in Richtung auf kürzerfristige, das Interesse der Kreditnehmer auf längerfristige Papiere verlagert. Das Ergebnis ist eine Zinsstruktur wie in Teil (a) des Bildes: Die Sätze sind um so höher, je länger die Laufzeit der Anlage ist. Eine solche Struktur mag sich auch zeigen, wenn das Niveau der Sätze im Normalbereich liegt und weder eine Senkung noch eine Steigerung erwartet wird. Es setzen sich dann die erwähnten, von Risikoüberlegungen bestimmten Präferenzen durch, die ebenfalls zu mit der Laufzeit wachsenden Renditen führen.

Die ausgeprägt gegenteilige Renditestruktur in Teil (b) des Bildes zeigte sich bei einem außergewöhnlich hohen Zinsniveau. Hier bestehen starke Erwartungen auf eine Zinssenkung. Zwar erhalten Kreditgeber bei kurzfristiger Anlage die höchsten Zinsen, aber bei sinkendem Niveau eben nur für kurze Zeit, während der etwas niedrigere Ertrag bei langfristiger Anlage sehr viel länger zufließt. Außerdem sind Kursgewinne zu erwarten. Die Nachfrage nach Papie-

---

[13] In der Bundesrepublik lagen von 1960 bis 1986: 45 v. H. der 324 (nicht inflationsbereinigten) Monatsdurchschnitte der Umlaufsrendite tarifbesteuerter festverzinslicher Wertpapiere mit mittlerer Restlaufzeit von mehr als drei Jahren im Bereich von 6,0 bis 7,4 v. H.

ren ist daher um so lebhafter, je längere Laufzeiten sie haben. Anderseits verzögern die potentiellen Emittenten eher die Ausgabe neuer Papiere, weil sie hoffen, nur kurze Zeit später Kredite zu niedrigeren Sätzen aufnehmen zu können. Einstweilen nehmen sie revolvierend kürzerfristige Kredite, was deren Sätze hochhält. Für Situationen extremer Zinsniveaus läßt sich mithin allgemein vermuten

Hyp. 3.2: *Je höher das Zinsniveau ist, um so größer ist das Interesse der potentiellen Gläubiger an längeren und das Interesse der potentiellen Schuldner an kürzeren Laufzeiten zu vereinbarender Kredite. Je niedriger das Zinsniveau ist, desto stärker sind die jeweils gegenteiligen Interessen.*

Die Hypothese erklärt damit beide Renditestrukturen des Bildes, in denen die Voraussetzung relativ extremer Zinsniveaus vorlag und bewirkte, daß die Sätze am langen Ende des Marktes einmal deutlich über, das andere Mal unter den kurzfristigen lagen. Jedoch sind die Erwartungen der Marktteilnehmer längst nicht immer so ausgeprägt und einheitlich. Sie bilden sich aufgrund einer Vielzahl von Einflüssen und führen auch zu Renditestrukturen, die horizontal verlaufen oder in der Mitte einen Buckel zeigen.

Zusammengefaßt gilt also: Gegenüber einem gedachten „reinen" Zinssatz für langfristige Anlagen als Mittelwert aus mit Sicherheit erwarteten kurzfristigen Sätzen enthalten die tatsächlichen längerfristigen Sätze Entgelte („Prämien") für den Liquiditätsverzicht und diverse, aber unterschiedlich eingeschätzte und bewertete Risiken. Die hieraus resultierende Fristigkeitsstruktur wird von den jeweiligen Erwartungen über die Bewegung des Zinsniveaus überlagert, deren Einfluß sich um so stärker bemerkbar macht und daher um so besser vorhersehen läßt, je weiter das Zinsniveau von seiner Normallage entfernt ist. Bei empirischen Untersuchungen muß versucht werden, beobachtbare Variable zu finden, anhand derer die Kreditmarktteilnehmer ihre nicht direkt beobachtbaren Erwartungen bilden.

Die in Bild 3.1 gezeigten sind wie alle anderen Zinssätze auch unter der Bedingung zustandegekommen, daß Kreditgeber und -nehmer mit Preissteigerungen rechneten. Die nominalen Zinserträge verlieren infolge der Inflation an Kaufkraft, und Kreditgeber verlangen und erhalten daher um so höhere Nominalzinssätze, je höher die Inflationsrate ist. Rechnet man sie hieraus, bleibt der *Realzins* übrig. Dies geschieht mit Hilfe der nachstehenden drei Gleichungen:

$$(I): K_0(1+r) = K_1 \quad (II): p_0(1+i) = p_1 \quad (III): \frac{K_0}{p_0}(1+r^r) = \frac{K_1}{p_1}.$$

Gleichung (I) besagt, daß ein gegebener Betrag, etwa $K_0 = 100\,\text{DM}$, von Periode 0 bis Periode 1 mit dem nominalen Zinssatz, etwa $r = 0,1$, auf $K_1 = 110$ anwächst. Die Kaufkraft werde in bezug auf ein Gut wie Brot betrachtet, dessen Preis von $p_0 = 2\,\text{DM/kg}$ gemäß Gleichung (II) mit der Inflationsrate $i = 0,05$ auf $p_1 = 2,10\,\text{DM/kg}$ steigen möge. Der Kreditgeber kann also in den beiden

Perioden die folgenden Mengen kaufen:

in Periode 0: $\dfrac{K_0}{p_0} = \dfrac{100\,\text{DM}}{2\,\text{DM}/\text{kg}} = 50\,\text{kg}$,

in Periode 1: $\dfrac{K_1}{p_1} = \dfrac{110\,\text{DM}}{2{,}10\,\text{DM}/\text{kg}} = 52{,}38\,\text{kg}$.

Diese Zunahme der Kaufkraft wird durch den Realzins r^r gemäß Gleichung (III) gemessen, sie beträgt $52{,}38:50 = 1{,}0476$ oder $4{,}76$ v.H. Dividiert man Gleichung (I) durch (II), erhält man einen Ausdruck für K_1/p_1, der mit (III) gleichgesetzt wird und nach Umformung

$$r^r = \frac{r-i}{1+i} \quad \text{oder} \quad \text{Realzins} = \frac{\text{Nominalzins minus Inflationsrate}}{1 \text{ plus Inflationsrate}}$$

ergibt, im Zahlenbeispiel $(10-5)/1{,}05 = 4{,}76$. Man nennt die Vermutung, daß sich die nominalen Zinssätze an die erwartete Inflation anpassen, *FISHER-Hypothese* und die sich aus den Gleichungen (I) bis (III) ergebende Gleichung $1 + r = (1+i)(1+r^r)$ oder $r = r^r + i + ir^r$ die *FISHER-Gleichung*.

4. Interdependenz der Kreditmärkte. Eine „Struktur" ist eine Erscheinung von einiger Dauer. Von Zinsstrukturen ist daher zu vermuten, daß sie mit Ausnahme des Einflusses der Zinsänderungserwartungen vom Zinsniveau unabhängig sind und eine Tendenz zeigen, sich nach Störungen wiederherzustellen. Dazu gilt zunächst die

Hyp. 3.3: *Die Renditen ertragbringender Forderungen mit gleichen oder ähnlichen Laufzeiten und sonstigen Konditionen gleichen sich aneinander an.*

Angenommen, es gebe in einer Volkswirtschaft mit vielen Arten ertragbringender Vermögensobjekte und freier Entscheidungsmöglichkeit über die Anlageformen des Vermögens in einer Ausgangssituation zwei festverzinsliche Wertpapiere A und B gleicher Restlaufzeit mit gleichen Risiken und gleich hohen Renditen r_A und r_B. Die Nachfrage nach Papier A möge nun steigen, etwa weil es von der Zentralbank zwecks Beeinflussung des Zinssatzes gekauft wird. Das muß bei ungeändertem Angebot den Kurs erhöhen und damit bei gleichbleibender Nominalverzinsung gemäß Satz 1.3 (S. 36) die Rendite r_A senken. Es lohnt dann für die Halter des Papiers A, dieses zu dem gestiegenen Kurs zu verkaufen und das Papier B zu kaufen. Dies muß der Tendenz nach den Kurs von A wieder senken, während die zusätzliche Nachfrage nach Papier B dessen Kurs erhöht und damit r_B senkt. Solche *Tauschoperationen* werden unter Einkommensmaximierern in Gestalt professioneller Kapitalanleger, die auch kleine Renditedifferenzen wahrnehmen, solange vorgenommen, bis sich die Renditen einander angeglichen haben. Im Prinzip erstrecken sich entsprechende Transaktionen auch auf alle anderen ertragbringenden Vermögensobjekte. Sinkender Kapitalmarktzins r bedeutet daher allgemein steigende Börsenkurse festverzinslicher Papiere und umgekehrt. Die Arbitrage als Ausnutzung gleichzeitig bestehender Kurs- und Preisdifferenzen zwecks Erzielung eines Einkommens beseitigt Renditeunterschiede um so wirksamer, je größer der Informationsstand der Anbieter und Nachfrager auf einem Markt, also die Markttransparenz, ist. Geringfügige Renditeunterschiede bleiben jedoch wie eingangs geschildert bestehen, wenn sie auf Unterschieden anderer Konditionen beruhen. Schließlich gilt

Hyp. 3.4: *Änderungen der Zinssätze einer Laufzeitkategorie übertragen sich bei ungeänderten Erwartungen in gleicher Richtung auf die anderen Sätze.*

In einem institutionellen Rahmen wie dem des Kontensystems 3.4–3.6 wirkt sich beispielsweise eine Senkung der kurzfristigen Zinssätze der Zentralbank gemäß den vorstehenden Hypothesen wie folgt aus. Sofern die Banken dies nicht als schnell vorübergehende Bewegung sehen, werden sie aus Konkurrenzgründen anfangen, ihren Kunden im Markt III niedrigere Zinsen zu berechnen. Die Unternehmen als Hauptnachfrager auf diesem Markt werden daraufhin dazu neigen, bisher langfristig genommene Kredite durch kurzfristige zu ersetzen, die Konsolidierung kurzfristiger Kredite noch hinauszuschieben und neue Vorhaben eher revolvierend kurz- statt langfristig zu finanzieren. Alles dies vermindert die Nachfrage nach langfristigen Krediten und senkt der Tendenz nach deren Zinssatz. Die Banken sehen im Zuge dieser Entwicklung, daß die für sie lebenswichtige Spanne zwischen ihren Soll- und Habenzinssätzen schrumpft und senken daher auch ihre Sätze für Termin- und Sparguthaben. Dies wird Inhaber von Terminguthaben veranlassen, angesichts des größer gewordenen Abstandes zwischen der Verzinsung dieser Guthaben und der Kapitalmarktrendite Guthaben zu kündigen und Wertpapiere nachzufragen. Damit überträgt sich die Zinssenkungstendenz von Markt II auf Markt I. Dieser hängt jedoch auch mit Markt III zusammen, da viele Produktionsunternehmen und Gebietskörperschaften Kredite in beiden Märkten nehmen können und über diese Substitutionsmöglichkeit zu der Angleichungstendenz beitragen. Schließlich stehen den Unternehmen des Finanzsektors als Alternative zur Kreditnahme und -gewährung auf Markt IV wenigstens in bezug auf einige Kreditarten die anderen Märkte offen, so daß auch hier Substitutionsmöglichkeiten wahrgenommen werden können. Diese sorgen mithin in der Hauptsache dafür, daß sich Änderungen von Zinssätzen in einem Kreditmarkt der Tendenz nach gleichsinnig auf die anderen Märkte übertragen. Bild 3.2 zeigt für die Bundesrepublik Deutschland anhand des Diskontsatzes als Richtgröße der Bundesbank und je eines ausgewählten Zinssatzes der Märkte I, III und IV des Kontensystems 3.4–3.6 diesen Gleichlauf während eines Vierteljahrhunderts. Die inverse Zinsstruktur gemäß Bild 3.1(b) in den Jahren 1973–1974 und 1979–1982 ist gut zu erkennen. Die im großen und ganzen bestehende Einheitlichkeit des Zinsniveaus rechtfertigt im übrigen die in gesamtwirtschaftlichen Modellen mit hohem Aggregationsgrad häufig vorgenommene Vereinfachung, nur eine Wertpapierart und damit einen einheitlichen Zinssatz anzunehmen.

Bereinigt man die jährlichen durchschnittlichen Werte der Umlaufsrendite festverzinslicher Wertpapiere in Bild 3.2, also den nominalen Kapitalmarktzinssatz der Bundesrepublik, von den durch den Anstieg des Preisindex für die Lebenshaltung aller privaten Haushalte gemessenen jährlichen Preissteigerungen, erhält man den Realzins. Er war in dem betrachteten Zeitraum recht stabil: 17 der 27 Jahreswerte lagen zwischen 2,5 und 4,0 v. H.

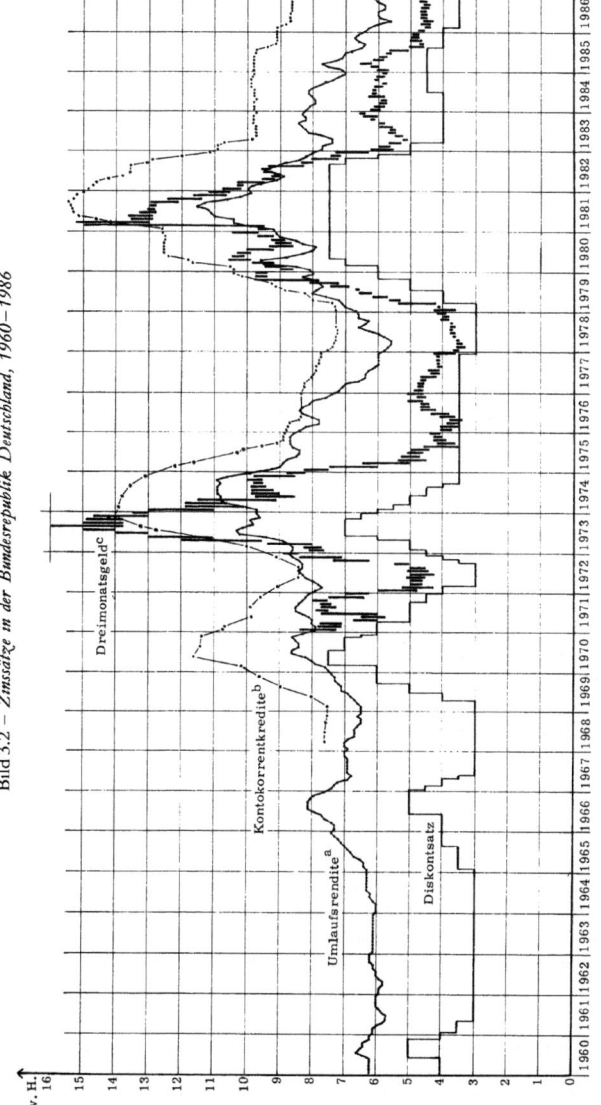

Bild 3.2 – *Zinssätze in der Bundesrepublik Deutschland, 1960–1986*

[a] Tarifbesteuerte festverzinsliche Wertpapiere, Monatsdurchschnitte.
[b] Unter 1 Mill. DM, Monatsdurchschnitte.
[c] Monatliche Schwankungsbreite.
Quelle: Monatsberichte [3.74], Statistische Beihefte [3.77].

5. Der Finanzsektor und seine Funktionen. Der Finanzsektor bildet den Mittelpunkt des Kontensystems 3.4–3.6 (S. 160). In der Statistik beispielsweise der Bundesrepublik Deutschland rechnet man zu ihm die *Geschäftsbanken* (auch: *Kreditinstitute*), die *Bausparkassen,* die *Versicherungsunternehmen,* die *Kapitalanlagegesellschaften* sowie als übergeordnete wirtschaftspolitische Instanz in Gestalt der Zentralbank die Deutsche Bundesbank.

Warum gibt es Finanzunternehmen, die in dem Kontensystem als eine Art Zwischeninstanz zwischen die Haushalte als Netto-Kreditgeber und die Produzenten als Netto-Kreditnehmer treten und davon leben, daß sie für die von ihnen genommenen Kredite im Durchschnitt niedrigere Erträge zahlen als sie für die von ihnen gewährten erhalten? Die Antwort lautet: Diese Unternehmen erbringen als Teil ihrer Kreditnahme und -gewährung gewisse Dienstleistungen, die es den Kreditgebern im Bankeinlagenmarkt vorteilhaft erscheinen lassen, sich mit den hier im Vergleich zum Kapitalmarkt niedrigeren Erträgen zu begnügen. Die Natur dieser Dienstleistungen ist wie folgt zu beschreiben.

In der Planung von Kreditgebern spielen Sicherheitserwägungen eine große Rolle, wie S. 158 f. erwähnt wurde. Die Haushalte wissen nun, daß ihre über den Bankeinlagenmarkt II zustandegekommenen Forderungen gegen die Finanzunternehmen $F_{H \to B}$ jeweils einzelwirtschaftlich durch deren Forderungen gegen die Produktionsunternehmen und Gebietskörperschaften $F_{B \to U}$ gesichert sind. Die Wirtschaftssubjekte des Finanzsektors haben darüber hinaus ein, wenn auch typischerweise geringes, Eigenkapital, was eine zusätzliche Sicherung bedeutet. In vielen Ländern unterliegen sie bei ihren Kreditengagements gesetzlichen Beschränkungen. Kreditinstitute können vor der Aufnahme von Geschäftsbeziehungen Kreditwürdigkeitsprüfungen vornehmen und danach die ökonomische Aktivität ihrer Kreditnehmer überwachen und zum Teil auch beeinflussen.

Zweitens sorgen die Finanzunternehmen bei der Anlage ihrer Mittel in Markt III für Streuung und damit Begrenzung ihres Risikos. Grundidee ist, daß die Wahrscheinlichkeit, daß ein einzelner Schuldner zahlungsunfähig wird, größer ist als die Wahrscheinlichkeit, daß zur gleichen Zeit mehrere Schuldner zahlungsunfähig werden.[14] Eine elementare Vorsichtsmaßnahme eines Kreditgebers besteht mithin darin, nicht alle Kredite einem Kreditnehmer zu gewähren, sondern sie zu verteilen und damit das Ausfallrisiko zu mindern. Jedoch haben die meisten privaten Haushalte ein so kleines Geldvermögen, daß sie bei der Direktanlage in Markt I wenig Risiko streuen und keine professionelle Beratung in Anspruch nehmen können. Demgegenüber haben viele Forderungen in Markt II kein Kursrisiko und nur ein sehr geringes Ausfallrisiko. Sie sind mit einigen Ausnahmen sowohl liquider als auch kleiner gestückelt. Hieran zeigt sich die *Kreditgrößentransformation* als wichtige Aufgabe des Finanzsektors.

Die Finanzunternehmen erzielen aufgrund der Tatsache, daß die Erträge ihrer Forderungen in Markt III im Durchschnitt höher als die Aufwendungen

---

[14] Dies läßt sich mit Hilfe des Multiplikationssatzes der Wahrscheinlichkeit nachweisen. Da ein Konkurs andere nach sich ziehen kann und überdies im Konjunkturabschwung Zahlungseinstellungen gehäuft auftreten, ist jedoch im allgemeinen nicht die für stochastisch unabhängige Ereignisse geltende Fassung dieses Satzes anwendbar.

für ihre Verbindlichkeiten in Markt II sind, eine positive Wertschöpfung. Soweit sie privatwirtschaftlich betrieben werden, sind sie daran interessiert, einen Teil davon, nämlich die Gewinne, möglichst hoch zu machen. Sie versuchen dazu, möglichst viele Verbindlichkeiten in Markt II einzugehen, um aufgrund der dadurch zufließenden Mittel Kredite in Markt III zu gewähren. Damit entsteht eine Konkurrenzsituation zwischen den Unternehmen des Finanzsektors, die besonders bei Banken und Versicherungsunternehmen die Produktdifferenzierung begünstigt, gemäß der immer wieder neue Arten von Forderungen in Markt II geschaffen werden, die sich in der Kombination von Rendite, Laufzeit, Tilgungsbedingungen und Kursrisiko jeweils geringfügig voneinander unterscheiden. Da von wesentlicher Vorteil der meisten Forderungen gegen Finanzunternehmen ihr höherer Liquiditätsgrad gegenüber den Forderungen in Markt I ist, zwingt die Konkurrenzsituation zu Versuchen, diesen Vorteil weiter auszubauen. Das hat etwa in der Bundesrepublik dazu geführt, daß Spargutha ben innerhalb großer Banknetze (Sparkassen, Volksbanken, Großbanken) freizügig gemacht wurden: Der Inhaber eines freizügigen Sparbuchs kann innerhalb des Bundesgebiets bei allen Instituten des betreffenden Banknetzes gebührenfrei Beträge einzahlen und abheben. Sie ist auch einer der Gründe für die erhebliche Zunahme der Bankstellen, deren Zahl von 26 333 Ende 1957 auf 44 737 Ende 1985 stieg.[15]

Die Forderungen der Unternehmen des Finanzsektors in Markt III sind ganz überwiegend größer, risikoreicher und weniger liquide als die gegen sie gerichteten Forderungen ihrer Kunden in Markt II. Eben deshalb erbringen sie auch höhere Erträge. Der unterschiedliche Liquiditätsgrad könnte zunächst verwundern: Müßten nicht beispielsweise die Banken als Schuldner von Forderungen mit einem bestimmten Liquiditätsgrad die daraus zufließenden Mittel ebenso liquide anlegen, um Ansprüchen ihrer Einleger etwa auf Umwandlung in Bargeld jederzeit durch Verkauf entsprechend liquider Forderungen in Markt III nachkommen zu können? Wenn dem so wäre, hätten die Unternehmen des Finanzsektors jedoch aufgrund dieser Tätigkeit keine Existenzgrundlage, da dann gleiche Bedingungen für die Forderungen in den Märkten II und III herrschen würden. Die Forderungen in Markt II können jedoch liquider sein als die in Markt III, weil beispielsweise jede Geschäftsbank im Einzelfall mehr versprechen kann, als sie insgesamt kurzfristig zu halten in der Lage ist. Sie ist zwar gegenüber jedem Inhaber eines Sichtguthabens verpflichtet, dieses auf Anforderung sofort in Bargeld umzutauschen; jedoch hält praktisch keine Bank soviel Bargeld, daß sie dem gleichzeitigen Verlangen aller Gläubiger ihrer Sichteinlagen nach einem solchen Umtausch sofort nachkommen könnte. Bankbilanzen zeigen, daß allein die Sichteinlagen rund dreimal so hoch sind wie der Bestand an Zentralbankgeld (vgl. Konto 3.2, S. 153). Eine Bank kann jedoch die genannte Verpflichtung eingehen, weil sie aus Erfahrung weiß, daß unter normalen Umständen

– sich die Zahlungseingänge und -ausgänge an Bargeld so kompensieren, daß nur ein geringer Teil der Sichteinlagen durch Bargeld gedeckt sein muß;

---

[15] Bbk-Monatsbericht Mai 1986, S. 45*.

- nur ein Teil der Überweisungen per Saldo an Kunden anderer Banken geht und damit den Bestand an Zentralbankgeld verringert. Dieser Teil ist um so kleiner, je mehr Kunden die eigene Bank hat. Daher wird eine Bank danach streben, ihren Marktanteil zu vergrößern, was unter anderem durch Erhöhung der Zahl der Bankstellen geschehen kann;
- sie sich durch Kreditnahme, Beleihung von Wertpapieren oder deren Verkauf zusätzlich Zentralbankgeld bei anderen Banken oder bei der Zentralbank beschaffen kann.

Im Prinzip gilt für alle Unternehmen des Finanzsektors, daß sie Verbindlichkeiten in Höhe eines Mehrfachen der ihnen bezüglich des Liquiditätsgrades entsprechenden Vermögensobjekte eingehen können. Da somit in den Bilanzen dieser Institute relativ kurzfristig fälligen Verbindlichkeiten relativ langfristig gebundene Vermögensobjekte gegenüberstehen, bewirken diese Institute eine *Fristentransformation* von Kreditbeziehungen. Das Beispiel der Banken zeigt aber auch, daß der Finanzsektor auf das als „normal" erkannte Verhalten seiner Gläubiger angewiesen und höchst empfindlich gegenüber wesentlichen Änderungen dieses Verhaltens ist, wie es sich etwa bei politischen oder ökonomischen Krisen zeigen kann.

Soweit die Banken längerfristige Kredite zu festen Zinssätzen gewähren, übernehmen sie schließlich das Zinsänderungsrisiko (vgl. S. 158). Dieses ist jedoch so gravierend, daß es in neuerer Zeit zu Verhaltensänderungen bei der Vereinbarung von Konditionen geführt hat. Beispielsweise werden Hypothekendarlehen häufig nur noch mit Festzins für einige Jahre vergeben; während der Restlaufzeit gilt der jeweilige Marktzins. Im internationalen Kreditgeschäft sind vielfach revolvierende Kredite mit Konditionsanpassungen nach kurzen Fristen üblich. Formell kurzfristige Kredite werden so de facto langfristig gegeben und in Anspruch genommen.

Zusammenfassend läßt sich die Tätigkeit der Finanzunternehmen mithin so beschreiben:
- Sie sind als *Geldvermittler* tätig, indem sie Kreditnehmern Geld zur Verfügung stellen, das sie beispielsweise von Sparern hereingenommen haben und das daher im Augenblick der Kreditgewährung bereits existiert. In ihren Bilanzen wirkt sich die Ausübung dieser *Weiterleitungsfunktion* als Aktivaustausch aus: An die Stelle des Geldes tritt die Forderung gegen den Kreditnehmer;
- Sie betreiben Kreditgrößentransformation, soweit sie als *Kapitalsammelstellen* fungieren und dabei auch Kleinbeträge als Einlagen annehmen und verzinsen. Das senkt Transaktionsaufwendungen und fördert vermutlich das Sparen, was Produktionsfaktoren für die Herstellung von Investitionsgütern freisetzen und so das wirtschaftliche Wachstum begünstigen kann;
- Sie betreiben Fristentransformation, indem sie über Markt II Sichteinlagen schaffen sowie relativ kurzfristige Termin- und Spareinlagen hereinnehmen und über Markt III Kredite mit im Durchschnitt längeren Laufzeiten gewähren. Damit übernehmen sie das Zinsänderungsrisiko;
- Sie setzen die ihnen über Markt II zufließenden Mittel über Markt III vermutlich effizienter als Direktanleger ihre Mittel über Markt I ein, da sie unter Konkurrenzdruck stehen, professionell vorgehen können sowie Kontroll- und Eingriffsmöglichkeiten bei ihren Kreditnehmern haben;

- Sie verteilen und mindern die Risiken der Geldanlage für ihre Einleger aus den genannten Gründen und wegen ihrer eigenen Mithaftung;
- Sie sind ständig auf mehreren Kreditmärkten tätig, nutzen die Möglichkeiten der Arbitrage und bewirken damit, daß sich Änderungen der Bedingungen auf einem Markt zügig und gleichsinnig auf die anderen Märkte ausbreiten. Sie entlasten so ihre Kunden insgesamt von einem beträchtlichen Teil der Informationsaufwendungen, die diesen als Kapitalanlegern sonst entstehen würden;
- Banken betätigen sich als *Geldschöpfer:* Sie schaffen mit dem Akt der Kreditgewährung Giralgeld, wobei sich ihre Bilanzen verlängern. Hauptbeteiligte sind angesichts der Funktionsteilung im Bankensektor der Bundesrepublik die Kreditbanken, die Sparkassen mit ihren Girozentralen und die Kreditgenossenschaften mit ihren Zentralinstituten. Ende 1985 hielten diese Institutsgruppen 93,5 v. H. aller Sichteinlagen von Nichtbanken bei den Geschäftsbanken.[16]

III. Geldangebot und Bankenliquidität

1. Die Tätigkeit einer Geschäftsbank. Angesichts der vermuteten Zusammenhänge zwischen dem Geldbestand in einer Volkswirtschaft und der Entwicklung von Angebot und Nachfrage auf ihren Gütermärkten (vgl. die Hinweise S. 150 ff.) ist nun die Rolle derjenigen Unternehmen des Finanzsektors näher zu untersuchen, die Geld schaffen können. Es sind dies neben der Zentralbank, die als wirtschaftspolitische Instanz im letzten Teil dieses Kapitels behandelt wird, die Geschäftsbanken. Im folgenden wird zunächst deren ökonomische Aktivität unter einzelwirtschaftlichen Gesichtspunkten in ihren Hauptzügen erörtert, und anschließend werden einige gesamtwirtschaftliche Wirkungen ihres Verhaltens analysiert.

Eine Geschäftsbank, im folgenden auch „Kreditinstitut" oder einfach „Bank" genannt, macht Geschäfte mit der Zentralbank und mit ihresgleichen, in der Hauptsache aber mit Nichtbanken. Handelt es sich um eine Universalbank, was in der Bundesrepublik für viele Banken zutrifft, lassen sich ihre Transaktionen mit Nichtbanken zu vier Tätigkeitsbereichen und damit Ertragsquellen zusammenfassen:
- Die Bank nimmt und gewährt Kredite, wobei sie auf die genommenen Kredite im Durchschnitt niedrigere Zinsen (*Habenzinsen*) zahlt, als sie auf die gewährten Kredite erhält (*Sollzinsen*). Die Differenz, ihre *Zinsspanne*,[17] ist das Entgelt dafür, daß sie die genommenen Kredite in bezug auf Fristen, Liquiditätsgrad, Stückelung und Risiken in die gewährten transformiert;

---

[16] Berechnet nach Angaben in: Bbk-Monatsbericht März 1986, S. 34*.

[17] Gemessen als Überschuß der Zinserträge über die -aufwendungen in v. H. des Geschäftsvolumens betrug die Zinsspanne 1985 im gesamten Kreditgewerbe der Bundesrepublik 2,06 v. H. (Bbk-Monatsbericht August 1986, S. 25; vorläufige Angaben). Eine solche globale Durchschnittszahl läßt keinen Schluß auf die einzelne Bank zu; und sie variiert auch beträchtlich nach Bankengruppen, wo sie von 0,70 v. H. bei den Kreditinstituten mit Sonderaufgaben bis zu 5,02 v. H. bei den Teilzahlungsbanken reichte.

- Die Bank verkauft gegen Entgelt („Gebühren") Dienstleistungen an ihre Kunden, indem sie unter anderem deren Zahlungsverkehr abwickelt, für sie Wertpapiere kauft, verkauft, verwahrt und verwaltet sowie Bürgschaften und Garantien übernimmt;
- Die Bank handelt für eigene Rechnung mit Vermögensobjekten wie Devisen, Wertpapieren, Edelmetallen;
- Die Bank beteiligt sich in anderen Banken oder an Unternehmen anderer Wirtschaftsbereiche.

Ziel der Bank ist es, in allen vier Bereichen dauerhaft möglichst hohe Gewinne zu erzielen. Beim Einsatz ihrer Instrumentvariablen muß sie Daten in Form gesetzlicher Vorschriften, wirtschaftspolitischer Maßnahmen der Zentralbank und der auf den Kreditmärkten herrschenden Bedingungen beachten.

Die in dieser Weise grob umrissene Tätigkeit einer Bank schlägt sich in ihrer Bilanz in charakteristischer Weise nieder. Konto 3.7 zeigt eine vereinfachte Fassung einer Bankbilanz, die sowohl in bezug auf die Art der Posten als auch auf deren Anteile an der Bilanzsumme als typisch für eine Universalbank gelten kann. Die Bilanzsumme wurde gleich 100 gesetzt, um die Struktur der Aktiva und Passiva deutlicher hervortreten zu lassen. Im einzelnen sind Kasse und Zentralbankguthaben (Aktivposten 1) die *Barreserve* der Bank. Den Hauptteil der Aktiva bilden die Kredite an Nichtbanken (Aktivposten 3 bis 6, zusammen 62 v. H. der Bilanzsumme), die überwiegend kurz- und mittelfristig gewährt sind (Aktivposten 6.1). Das Sachvermögen ist klein (Teil des Aktivpostens 7). Gut die Hälfte der Passiva sind Einlagen von Nichtbanken (Passivposten 2). Eine erhebliche Kreditverflechtung mit anderen Geschäftsbanken zeigt sich an Aktivposten 2 und Passivposten 1.

Konto 3.7: *Bilanz einer Geschäftsbank (Universalbank)*

Aktiva	v. H.	Passiva	
1. Kasse und Zentralbankguthaben	5	1. Verbindlichkeiten gegenüber Kreditinstituten	32
2. Forderungen an Kreditinstitute	30	2. Verbindlichkeiten gegenüber anderen Gläubigern	
3. Handelswechsel	2	2.1 Sichteinlagen	13
4. Geldmarktpapiere	1	2.2 Termineinlagen	23
5. Wertpapiere und Beteiligungen	10	2.3 Spareinlagen	18
6. Forderungen an Kunden		3. Grundkapital und Rücklagen	5
6.1 kurz- und mittelfristig	30	4. Rückstellungen	3
6.2 langfristig	19	5. Sonstige Passiva und Bilanzgewinn	5
7. Sachvermögen und sonstige Aktiva	3		
	100		100

Quelle: Bilanz der Deutschen Bank AG per 31. 12. 1982, abgedruckt in: Rechnungswesen[6], S. 56.

2. Der gesetzliche Rahmen des Bankgeschäfts. Jedes Kreditinstitut muß bei seiner Tätigkeit Nebenbedingungen in Gestalt gesetzlicher Vorschriften beachten. In der Bundesrepublik Deutschland sind dies im wesentlichen

- die Bestimmungen des *Gesetzes über das Kreditwesen* von 1961;[18]
- die von der Bundesbank festgelegten *Kreditrichtsätze;*
- die Vorschriften über die Haltung von *Mindestreserven* gemäß Bundesbankgesetz und den Anweisungen der Bundesbank.

Ziel des Gesetzgebers ist es, das zum größeren Teil privatwirtschaftlich organisierte Kreditwesen im Interesse der Gläubiger durch Mindestanforderungen an die leitenden Personen der Geschäftsbanken, Beschränkungen ihres Risikos und eine ständige Staatsaufsicht über ihre Tätigkeit intakt zu halten. Diese wird durch das *Bundesaufsichtsamt für das Kreditwesen* (§§ 5, 6) ausgeübt, das dabei mit der Bundesbank zusammenarbeitet (§ 7). Im einzelnen gilt, daß Bankgeschäfte nur betreiben darf, wer eine Erlaubnis des Aufsichtsamts besitzt (§ 32), zuverlässig und fachlich geeignet ist und ein angemessenes haftendes Eigenkapital nachweist (§ 33). Dieses soll der Sicherheit der der Bank anvertrauten Vermögenswerte dienen und wird in den §§ 10 und 10a ausführlich für die verschiedenen Rechtsformen der Institute definiert. Bei einer Aktiengesellschaft besteht es beispielsweise im wesentlichen aus dem Grundkapital zuzüglich der Rücklagen und des unverteilten Gewinns. Nach § 12 dürfen die Anlagen in Grundstücken, Gebäuden, Betriebs- und Geschäftsausstattung sowie Schiffen und Beteiligungen zusammen das haftende Eigenkapital nicht überschreiten. Damit wird die Liquiditätstransformation (vgl. S. 171) begrenzt: Forderungen gegen die Bank mit höherem Liquiditätsgrad als das Eigenkapital sollen nicht in die genannten Vermögensobjekte mit ausgesprochen niedrigem Liquiditätsgrad transformiert werden. Bei größerer Verschuldung eines Kunden hat sich die Bank dessen Vermögensverhältnisse offenlegen zu lassen (§ 18). Kredite an einen Kreditnehmer, die insgesamt 15 v. H. des haftenden Eigenkapitals übersteigen (Großkredite, § 13) sind ebenso wie Millionenkredite (§ 14) und Kredite oberhalb von Bagatellgrenzen an Mitarbeiter, Gesellschafter und nahestehende Unternehmen des Kreditinstituts (Organkredite, §§ 15–17) der Bundesbank zu melden. Damit sind Warnzeichen gegen die Kreditgrößentransformation (vgl. S. 170) und gegen die Risiken errichtet, die in einem zu großen Engagement bei einem einzelnen Kreditnehmer sowie in der Inanspruchnahme des Kreditinstituts durch das eigene Personal liegen.[19] Kreditinstitute unterliegen Meldepflichten über Änderungen beim leitenden Personal, der Beteiligungen, des Sitzes, der Rechtsform, des Eigenkapitals und anderem (§ 24); sie haben Publizitätspflichten hinsichtlich ihres Rechnungswesens (§§ 25a, 26); sie haben dem Bundesaufsichtsamt Aus-

---

[18] BGBl. I, S. 881, Abkürzung: Kreditwesengesetz, KWG. Die Paragraphenangaben im Text beziehen sich auf den Stand ab 1.7.1986 nach Inkrafttreten des Dritten Änderungsgesetzes, vgl. Neufassung von 1985, BGBl. I, S. 1472.

[19] Anlagevorschriften im Sinne der Risikobegrenzung und -streuung gelten in der Bundesrepublik auch für die sonstigen Finanzunternehmen. Vgl. *Gesetz über Bausparkassen* vom 16.11.1972 (BGBl. I, S. 2097), *Gesetz über die Beaufsichtigung der Versicherungsunternehmen* (Fassung vom 13.10.1983, BGBl. I, S. 1261; *Gesetz über Kapitalanlagegesellschaften* (Fassung vom 14.1.1970, BGBl. I, S. 127).

künfte zu erteilen (§ 44), das in besonderen Fällen in den Geschäftsbetrieb eingreifen kann (§§ 45–46a). Insgesamt hat der Gesetzgeber im Zuge einer Entwicklung, die mit der Weltwirtschaftskrise Anfang der dreißiger Jahre begann, bildlich gesprochen die Zäune um das Betätigungsfeld der Kreditinstitute ständig höher gemacht und enger gestellt. Er reagierte damit auf Bankzusammenbrüche, mit denen sich die damalige Krise wesentlich verschärfte, die aber auch noch in der Bundesrepublik vorkamen und das Vertrauen in das Bankwesen erschütterten. In neuester Zeit kam hinzu, daß Banken sich durch Gründung von Tochterinstituten im Ausland zunächst mit Erfolg den strengeren Vorschriften im Inland zu entziehen suchten. Das genannte Dritte Änderungsgesetz schob hier einen Riegel vor, indem es in § 10a im wesentlichen verfügte, Mutter- und Tochterinstitute als wirtschaftliche Einheit zu behandeln.

Die Kreditrichtsätze, eine Kurzbezeichnung für die „Grundsätze über das Eigenkapital und die Liquidität der Kreditinstitute", basieren auf den §§ 10 und 11 KWG. In diesen wird nur pauschal vorgeschrieben, daß Kreditinstitute ein „angemessenes haftendes Eigenkapital" haben und ihre Mittel so anlegen müssen, „daß jederzeit eine ausreichende Zahlungsbereitschaft gewährleistet ist". Einzelheiten sind in vier Grundsätzen geregelt, deren jeweils geltende Fassung in den Geschäftsberichten der Deutschen Bundesbank abgedruckt ist. Grundsatz I besagt, daß die Kredite und Beteiligungen eines Kreditinstituts das 18-fache des haftenden Eigenkapitals nicht übersteigen sollen. Grundsatz Ia wurde nach einigen fehlgeschlagenen Devisenspekulationen deutscher Banken 1974 zwecks Begrenzung des Risikos aus solchen Geschäften eingefügt. Nach ihm soll die Differenz zwischen Forderungen und Verbindlichkeiten in fremden Währungen sowie in bezug auf Gold, Silber und Platinmetalle jeweils täglich bei Geschäftsschluß 30 v. H. des haftenden Eigenkapitals nicht übersteigen. Grundsatz II begrenzt die langfristigen Anlagen auf die Summe der langfristigen Finanzierungsmittel, Grundsatz III die kürzerfristigen Anlagen auf die kürzerfristigen Finanzierungsmittel und damit die Fristentransformation, wobei die genannten Größen jeweils detailliert definiert sind. Überschreitet ein Kreditinstitut die so gezogenen Grenzen nicht nur geringfügig oder wiederholt, kann das Bundesaufsichtsamt gemäß § 45 Auflagen für den Geschäftsbetrieb machen, die bis zum Entzug der Erlaubnis zum Geschäftsbetrieb reichen.

Die *Mindestreservepflicht* ist in § 16 des Bundesbankgesetzes verankert. Danach kann die Bundesbank verlangen, und sie verlangt in der Tat, daß

„die Kreditinstitute in Höhe eines Vom-Hundert-Satzes ihrer Verbindlichkeiten aus Sichteinlagen, befristeten Einlagen und Spareinlagen sowie aus aufgenommenen kurz- und mittelfristigen Geldern mit Ausnahme der Verbindlichkeiten gegenüber anderen mindestreservepflichtigen Kreditinstituten Guthaben auf Girokonto bei ihr unterhalten (Mindestreserve)."

Einzelheiten enthält die „Anweisung der Deutschen Bundesbank über Mindestreserven (AMR)", deren jeweils geltende Fassung in den Geschäftsberichten der Bank abgedruckt ist. Befristete Einlagen und aufgenommene mittelfristige Gelder, hier zur Vereinfachung zusammen „Termineinlagen" genannt, sind solche mit Laufzeiten von mindestens einem Monat bis unter vier Jahren. Zur Berechnung des *Mindestreserve-Solls* werden auf die Monatsdurchschnitte der drei Arten reservepflichtiger Verbindlichkeiten unterschiedliche und bei den Sichteinlagen zusätzlich nach deren Höhe gestaffelte Vom-Hundert-Sätze, die *Reservesätze,* angewendet. Die Durchschnitte werden entweder aus den Endständen aller Tage vom 16. des Vormonats bis zum 15. des laufenden Monats oder aber aus den Endständen von vier *Bankwochenstichtagen* (23. und letzter Tag des Vormonats, 7. und 15. Tag des laufenden Monats) ermittelt. Der Monatsdurchschnitt der Tages-Endstände an gesetzlichen Zahlungsmitteln kann von diesem Soll abgesetzt werden. Die *Ist-Reserve* als Erfüllung des Solls ist auf Girokonto bei der Bundesbank zu halten und erbringt daher keinen Ertrag. Sie wird von der Bundesbank als Durchschnitt aus sämtlichen Tagen-Endständen des bei ihr unterhaltenen Guthabens während des laufenden Monats errechnet und dem Kreditinstitut mitgeteilt. Erweist sich das Reserve-Ist kleiner als das Soll, erhebt die Bundesbank auf den Fehlbetrag für 30 Tage einen *Sonderzins.* Da Unterschreitungen des Mindestreserve-Solls zudem noch dem Bundesaufsichtsamt für das Kreditwesen gemeldet werden, lassen es die Kreditinstitute selten dazu kommen. Übersteigt anderseits das Zentralbankguthaben das Mindestreserve-Soll, verfügt die Bank über eine *Überschußreserve.*

Konto 3.8 zeigt den Sachverhalt (nicht maßstabsgerecht) graphisch. Die linke Seite schlüsselt den Aktivposten 1 des Kontos 3.7 auf. Hat die Bank je 500 Mill. DM Sicht-, Termin- und Spareinlagen von Gebietsansässigen, dann beträgt ihr Mindestreserve-Soll 103,47 Mill. DM. Die Haltung von Mindestreserven kann also nicht die Zahlungsfähigkeit einer Bank sicherstellen, wenn ihre Kunden in größerem Umfang Einlagen abziehen wollen. Im übrigen läßt das Konto erkennen, daß die häufig benutzte Redeweise, eine Bank müsse „bestimmte Prozentsätze ihrer Einlagen als Mindestreserve halten", zumindest mißverständlich ist. Einlagen bei einer Bank sind ihre Schulden, die sie nicht bei der Zentralbank halten kann.

Konto 3.8: *Einlagen und Mindestreserve-Soll einer Geschäftsbank in der Bundesrepublik ab 1. Februar 1987*

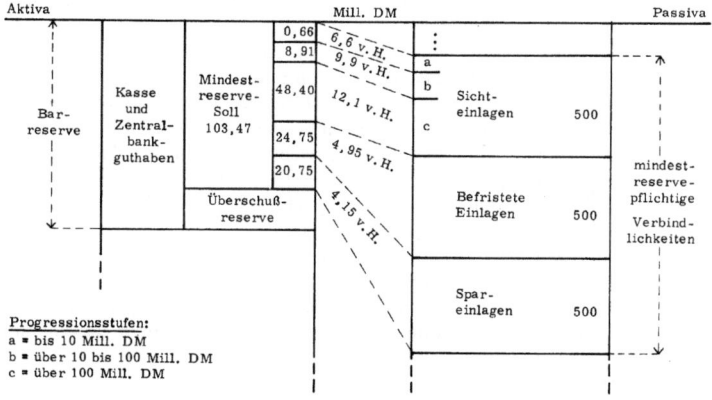

Die Handhabung der Mindestreservepflicht zeigt, daß die Mindestreserve keineswegs ein unbewegliches, von der Geschäftsbank nicht einsetzbares Guthaben ist. Da das Reserve-Soll immer nur im Durchschnitt eines Monats erfüllt sein muß, kann praktisch beliebig über dieses Zentralbankguthaben verfügt werden, wenn nur innerhalb desselben Zeitabschnitts für einen Ausgleich gesorgt wird. Da ferner die Monatsultimo-Termine mit ihren umfangreichen und schwieriger zu planenden Geldbewegungen jeweils in die Mitte der Berechnungsperiode für das Reserve-Soll fallen, lassen sich unvorhergesehene Unterschreitungen der Reservehaltung jeweils danach noch ausgleichen. Die zeitliche Verschiebung zwischen den beiden Berechnungsperioden um einen halben Monat soll dies erleichtern. Am 15. jeden Monats steht das Reserve-Soll fest, während die Berechnungsperiode für das dazugehörige Reserve-Ist noch bis zum Monatsende läuft. In dieser Zeit kann das Ist an das Soll angepaßt werden, und manche Kreditinstitute nehmen dazu den Geldmarkt in Anspruch oder verkaufen oder beleihen Vermögensobjekte bei der Bundesbank.

Gesetzliche Vorschriften können nur einen Rahmen festlegen, innerhalb dessen jede Geschäftsbank ihre Ziele unter weiteren Nebenbedingungen verfolgen muß, die sich aus dem Marktgeschehen ergeben. Die wichtigste ist, stets zahlungsfähig (liquide) zu bleiben. Die allgemeine Definition der Liquidität eines Wirtschaftssubjekts gilt auch für eine Bank, wobei sich bei ihr jedoch eine Besonderheit insofern ergibt, als sie Geld dadurch schaffen kann, daß sie eine Sichtverbindlichkeit eingeht. Sie kann etwa einen Handelswechsel kaufen und dadurch „zahlen", daß sie dem Verkäufer ein Sichtguthaben bei sich einräumt. Da Geschäftsbanken in der Bundesrepublik beispielsweise für Wechseldiskontkredite im Dezember 1985 zwischen 4,25 v. H. und 7,75 Zinsen p. a. erhielten [20] und für Sichteinlagen keine oder nur sehr niedrige Zinsen zahlen, ist dies eine gewinnerhöhende Transaktion. Es entsteht daher die Frage, warum eine Bank nicht beliebig viele Handelswechsel (bei gleichbleibender Bonität) zu kaufen sucht. Die Antwort ist, daß jede zusätzliche Sichteinlage die Bereitstellung zusätzlicher Beträge an Zentralbankgeld erfordert. Erstens nimmt das Mindestreserve-Soll zu, und zweitens muß die Bank jederzeit dem Verlangen von Inhabern ihrer Sichteinlagen entsprechen können, ihre Guthaben ganz oder teilweise in Bargeld abzuheben oder es an Kunden anderer Banken zu überweisen. Die Wahrscheinlichkeit von Abhebungen und von Defiziten im Verrechnungsverkehr mit anderen Banken, die mit Zentralbankgeld auszugleichen sind, nimmt dabei mit der Zahl und Höhe der gewährten Kredite zu, falls nicht gerade weitgehend *Gleichschritt* mit anderen Banken bei der Kreditgewährung herrscht. Eine Geschäftsbank ist somit dann liquide, wenn sie bei Bedarf Zahlungen in einer Geldart leisten kann, die sie nicht schaffen kann. Diese genauere Definition der Liquidität eines Wirtschaftssubjekts gilt auch für jede Nichtbank und für die Zentralbank in einer offenen Volkswirtschaft, die ein Liquiditätsproblem in bezug auf internationale Zahlungsmittel wie Gold und Devisen hat, wenn sie den Währungskurs innerhalb einer Bandbreite halten muß.

Weitere Nebenbedingungen für eine Bank sind Risikobegrenzung und Risikoverteilung. Sie wird Kredite nur an Kreditnehmer gewähren, die ein – im

---

[20] Bbk-Monatsbericht Mai 1986, S. 52*.

Einzelfall schwer meßbares – Mindestmaß an Bonität aufweisen, und sie wird auch abgesehen von gesetzlichen Vorschriften Höchstgrenzen für Kredite an jeweils einzelne Kreditnehmer einhalten. Im übrigen wird sie unter Beachtung dieser Bedingungen Entscheidungen über die Zusammensetzung ihrer Aktiva so treffen, daß ihre Erträge möglichst hoch werden, während gleichzeitig ihre Zahlungsbereitschaft in bezug auf Zentralbankgeld sichergestellt bleibt. Sie muß, mit anderen Worten, ständig das Abwägungsproblem zwischen Rentabilität und Liquidität lösen.

Angesichts dieser Ziele und Nebenbedingungen wird eine Bank versuchen, den nicht verzinslichen Aktivposten 1 in Konto 3.7 ebenso wie den in der Regel niedrig verzinslichen Posten 2 klein zu halten und die Anteile der Posten 3 und 6 möglichst groß zu machen, wobei der Kleinhaltung des Postens „Kasse und Zentralbankguthaben" allerdings die eben genannten Grenzen gesetzt sind. Abgesehen davon wird sie bestrebt sein, möglichst viele Einlagen an sich zu ziehen, da ihre Mindestreserveverpflichtung dadurch jeweils nur um einen Bruchteil wächst, während der überwiegende Teil der zufließenden Mittel als Grundlage neuer Kredite dienen kann. Unter diesem Gesichtspunkt wird sie besonders an Spareinlagen interessiert sein, für die der niedrigste Reservesatz gilt. Da die Wahrscheinlichkeit, daß ein Kunde sein Sichtguthaben an den Kunden einer anderen Bank überweist, geringer wird, wenn sich das eigene Bankstellennetz vergrößert, besteht eine starke Tendenz, dieses Netz auszuweiten (vgl. S. 171). Alle Geschäftsbanken zusammen haben außerdem ein Interesse daran, den bargeldlosen Zahlungsverkehr zu Lasten des Bargeldumlaufs zu vergrößern. Je mehr Zahlungen bargeldlos abgewickelt werden, um so geringer wird der Kassenbestand, den eine einzelne Bank halten muß. Bargeld ist eine ertragslose und darüber hinaus teure Anlageart, da die Kosten des Umgangs mit Noten und Münzen hoch sind. Bemühungen der Geschäftsbanken in dieser Richtung sind Einrichtung von Lohn- und Gehaltskonten für Arbeitnehmer, Ausgabe von Kreditkarten und Werbung für den bargeldlosen Zahlungsverkehr.

3. Geldschöpfung und Geldvernichtung. Die Versorgung der Volkswirtschaft mit Geld ist heutzutage zunächst Aufgabe des Staates, der einer von ihm eingerichteten Zentralbank das alleinige Recht zur Ausgabe von Banknoten und Münzen als den gesetzlichen Zahlungsmitteln überträgt. Neben dem Bargeld und den Sichtguthaben bei der Zentralbank, die zusammen das Zentralbankgeld bilden, dienen ferner gemäß der Grunddefinition 3.2 der Geldmenge (S. 153) Sichtguthaben bei Geschäftsbanken als Geld. Wie Konto 3.3 (S. 153) zeigt, machten diese beispielsweise in der Bundesrepublik Ende 1985 mit 68 v. H. den größten Teil des Geldbestandes von 336,4 Mrd. DM gemäß dieser Definition aus, während auf die Sichtguthaben bei der Zentralbank 1 v. H. und auf die Bargeldbestände 31 v. H. entfielen. Es ist offenbar von erheblicher Bedeutung für die Beeinflussung des Wirtschaftsablaufs via Regelung des Geldbestandes, daß private Unternehmen in Gestalt von Geschäftsbanken anderen Wirtschaftssubjekten Forderungen gegen sich einräumen können, die für diese Geld darstellen. Die zu Änderungen des Geldbestandes führenden Transaktionen von Geschäftsbanken mit Nichtbanken sind zunächst im einzelnen zu untersuchen.

Jede Transaktion einer Geschäftsbank mit einer Nichtbank, aufgrund derer sich der Gesamtbestand an Sichtguthaben von Nichtbanken vergrößert, ist ein Akt der *Geldschöpfung;* jede Transaktion zwischen solchen Partnern, mit der sich dieser Bestand verringert, ist eine *Geldvernichtung.* Überweisungen von einer Bank zur anderen ändern den Gesamtbestand nicht und fallen daher nicht unter diese Definitionen. Zu den eingebürgerten Begriffen ist zu bemerken, daß „Geldschöpfung" nicht dahingehend mißverstanden werden darf, es werde Geld aus einem vorhandenen Bestand wie aus einem Gefäß „geschöpft" – tatsächlich wird es aus dem Nichts „geschaffen" (und hat daher die andere Bedeutung von „schöpfen"). Geld wird vernichtet, wenn Banknoten verbrennen oder sonst zerstört werden – gemeint ist hier, daß die Kreditbeziehung „Geld" getilgt oder aufgehoben wird.

Die den Geldbestand erhöhenden Transaktionen lassen sich nach dem Einfluß, den die Bank auf sie nehmen kann, in zwei Arten einteilen. Wandelt ein Bankkunde sein Termin- oder Sparguthaben in ein Sichtguthaben um, so erhöht sich der Geldbestand. Hält sich der Kunde an die vereinbarte oder gesetzliche Kündigungsfrist, so muß die Bank in diese Transaktion einwilligen, hat also keinen Einfluß auf diese, von ihr aus gesehen *passive Giralgeldschöpfung*. Ein weiterer solcher Fall liegt vor, wenn eine Nichtbank durch Einzahlung von Zentralbankgeld bei einer Geschäftsbank ein Sichtguthaben errichtet oder vergrößert. Auch dies ist passive Giralgeldschöpfung, wobei sich jedoch im Gegensatz zu dem vorigen Fall der gesamte Geldbestand nicht ändert: Die Zunahme des Giralgeldes wird durch die gleich große Abnahme des Bargeldumlaufs außerhalb der Kreditinstitute kompensiert.

Die Konten 3.9–3.12 zeigen, wie sich die Bilanzen des Bankkunden und der Bank in den beiden Fällen ändern. Jede Transaktion berührt jede Bilanz in der

Kontensystem 3.9–3.10: *Passive Giralgeldschöpfung mit Änderung des Geldbestandes*

Konto 3.9: Nichtbank | | Konto 3.10: Geschäftsbank

⋮			Spareinlagen −100
Sparguthaben −100	⋮	⋮	Sichteinlagen +100
Sichtguthaben +100			⋮

Kontensystem 3.11–3.12: *Passive Giralgeldschöpfung ohne Änderung des Geldbestandes*

Konto 3.11: Nichtbank | | Konto 3.12: Geschäftsbank

⋮		⋮	⋮
Bargeld −100	⋮		
Sichtguthaben +100		Kasse +100	Sichteinlagen +100

Regel in bezug auf zwei verschiedene Posten.[21] Im System 3.9–3.10 verzeichnet die Nichtbank einen *Aktivtausch,* die Bank einen *Passivtausch;* im System 3.11–3.12 steht dem Aktivtausch bei der Nichtbank eine *Bilanzverlängerung* bei der Bank gegenüber. Die jeweils entgegengesetzten Transaktionen führen entsprechend im Zuge einer *passiven Giralgeldvernichtung* zur Verringerung des Giralgeldbestandes. Die Umwandlung eines Sichtguthabens in ein Sparguthaben, verbunden mit einem Aktivtausch bei der Nichtbank und einem Passivtausch bei der Bank, senkt mit dem gesamten Giralgeldbestand auch den Geldbestand gemäß der Definition 3.2; die Abhebung von Bargeld zu Lasten eines Sichtguthabens bedeutet Aktivtausch bei der Nichtbank und *Bilanzverkürzung* bei der Bank, verringert den Giralgeldbestand der Volkswirtschaft und läßt ihren Geldbestand ungeändert.

Im Gegensatz zu diesen Fällen erhöht sich der Geldbestand unter aktiver Beteiligung der Bank, wenn sie Aktiva (außer Zentralbankgeld) von Nichtbanken kauft und durch Einräumung von Sichtguthaben zahlt. Solche Transaktionen bedeuten *aktive Giralgeldschöpfung.* Man sagt auch, daß in diesen Fällen Aktiva *monetisiert,* also zu Geld gemacht werden. Dabei lassen sich zwei Fälle unterscheiden:

– Die Bank erwirbt mit dem Kauf keine Forderung gegenüber dem Verkäufer; dessen Nettoposition gegenüber der Bank nimmt infolge dieser Leistungstransaktion zu. Für den Verkäufer handelt es sich um ein *primäres Aktivum;*
– Die Bank gewährt einen Kredit und erwirbt damit eine Forderung gegenüber dem Verkäufer. Dieser hat ein *sekundäres Aktivum* monetisiert.

Die Nettopositionen der Transaktionspartner ändern sich nicht, es liegt eine Finanztransaktion vor.

Der Unterschied liegt für den Verkäufer darin, daß er beim Verkauf sekundärer Aktiva nur während der Laufzeit der damit gegen ihn entstandenen Forderung über den Kreditbetrag verfügen kann. Bei Fälligkeit der Schuld muß er im Besitz von Geld zu ihrer Tilgung sein, oder er muß erneut Kredit nehmen und dazu die Einwilligung eines Kreditgebers einholen. Beim Verkauf eines primären Aktivums besteht eine solche Verpflichtung nicht, der Verkäufer ist in seiner Handlungsfreiheit insoweit nicht beschränkt.

Die praktisch wichtigsten primären Aktiva privater Nichtbanken sind Devisen und, soweit sie nicht selbst deren Emittenten sind, festverzinsliche Kapitalmarktforderungen. Die Buchungen bei der Monetisierung solcher Aktiva sind im Kontensystem 3.13–3.14 gezeigt. Diese Art der aktiven Giralgeldschöpfung liegt auch beim Verkauf von Sachgütern einschließlich Grundstücken an Banken vor, jedoch hat dies naturgemäß nur geringe praktische Bedeutung.

Der wichtigste Fall des Verkaufs sekundärer Aktiva ist die Kreditgewährung durch Einräumung von Kontokorrentkrediten. Nimmt man an, daß ein solcher

---

[21] In einer extrem detailliert aufgestellten Bankbilanz würde jede Transaktion genau zwei Posten ändern. In der Praxis stellen viele Posten jedoch Zusammenfassungen gleichartiger Dinge dar, so daß Transaktionen innerhalb solcher Posten die Bilanz nach außen nicht ändern. Ein Beispiel ist der Tausch von Banknoten gegen Münzen, der den Betrag des Postens „Kasse" (= Banknoten und Münzen) nicht ändert.

Kontensystem 3.13–3.14: *Aktive Giralgeldschöpfung durch Kauf primärer Aktiva*

Konten 3.13: Nichtbank   Konto 3.14: Geschäftsbank

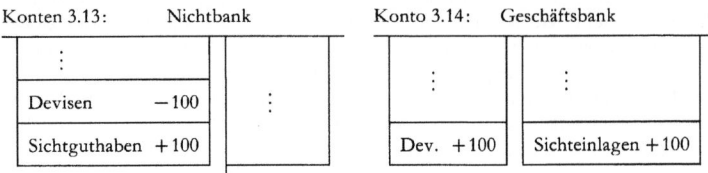

Kredit sofort nach der Gewährung unabhängig davon, wann und mit welchem Betrag er in Anspruch genommen wird, von der Bank als Zunahme der Forderungen an Kunden und der Sichteinlagen gebucht wird,[22] erhält man

Kontensystem 3.15–3.16: *Aktive Giralgeldschöpfung durch Kauf sekundärer Aktiva (englische Buchungsmethode)*

Konto 3.15: Nichtbank   Konto 3.16: Geschäftsbank

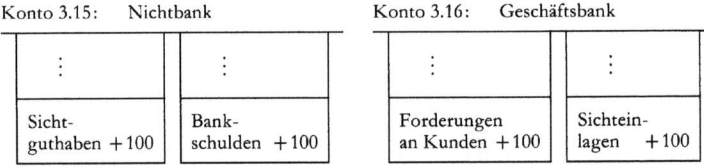

Im Unterschied zum vorhergehenden Fall erhöht sich also beim Verkauf sekundärer Aktiva auch die Verschuldung des Kunden gegenüber der Bank, der Kreditnehmer verkauft der Bank quasi einen Schuldtitel gegen sich selbst. Dies gilt auch bei der Diskontierung von Wechseln streng, wenn die Bank Solawechsel der Einreicher oder ihre eigenen Akzepte diskontiert. Es gilt weniger streng bei der Diskontierung üblicher Handelswechsel, bei der die Bank eine Forderung gegenüber dem Bezogenen erwirbt: Auch hierbei entsteht ein, wenn auch schwächeres, Obligo des Einreichers, da dieser für die Rückzahlung bei Fälligkeit des Wechsels mithaftet. Einzelwirtschaftlich bedeutet also eine aktive Giralschöpfung durch Kauf sekundärer Aktiva, daß mit der Tilgung der Schuld des Bankkunden (bei Handelswechseln: des Bezogenen) gegenüber der Bank automatisch eine Giralgeldvernichtung eintritt.

Die Unterscheidung zwischen aktiver und passiver Giralgeldschöpfung ist deswegen wichtig, weil sie zeigt, daß neben den Banken auch Nichtbanken Einfluß auf den Geldbestand der Volkswirtschaft haben.

---

[22] Dies nennt man die *englische Buchungsmethode;* sie ist in den angelsächsischen Ländern gebräuchlich. Nach kontinentaleuropäischer Praxis werden die Buchungen dagegen erst vorgenommen, wenn und insoweit der Kunde über den Kredit verfügt. Der Unterschied spielt für das hier zu betrachtende Problem keine Rolle. Die Methode würde jedoch eine Mindestreservepflicht aufgrund der Sichteinlage schon dann entstehen lassen, wenn der Bankkunde noch nicht über den Kredit verfügt hat und dieser daher noch nicht ökonomisch wirksam geworden ist. Die AMR (vgl. S. 176) erlaubt daher die Saldierung solcher Sichteinlagen mit Forderungen gegen denselben Kontoinhaber.

4. Die Geldschöpfungskapazität eines Bankensystems. Wo liegt die Grenze, bis zu der einerseits eine einzelne Bank, anderseits das Bankensystem eines Landes aus einer Ausgangssituation heraus zusätzlich aktiv und passiv Geld schaffen können?

Es ist zu vermuten, daß die Banken eines Landes durch Erfahrung herausgefunden haben, wie hoch ihre Barreserven im Verhältnis zu ihren Sichteinlagen sein müssen, damit sie den Wünschen ihrer Kunden nach Auszahlungen von Zentralbankgeld jederzeit nachkommen können. Beispielsweise halten die britischen Depositenbanken Barreserven in Höhe von 8 v. H. ihrer Einlagen.[23] Dies ist ihr *Reservesatz* s. Es sei hier angenommen, die Banken eines Landes hätten Mindestreserven wie S. 176 f. beschrieben zu halten und s $(0 < s < 1)$ sei gesetzlich oder durch die Zentralbank vorgeschrieben. Termin- und Spareinlagen seien der Einfachheit halber vorerst vernachlässigt. Es sei etwa $s = 0{,}1$. In der Ausgangssituation möge bei einer Bank A die Barreserve gerade dem genannten Erfordernis entsprechen. Die Bank möchte nun einem Unternehmen einen Kredit gewähren, und sie verschafft sich dazu zusätzliches Zentralbankgeld Z, etwa durch den Verkauf von Schatzwechseln im Betrag von $\Delta Z = 100$. Ihr Mindestreserve-Soll wird durch diese Transaktion nicht berührt, der Betrag von 100 stellt also voll Überschußreserve dar. Konto 3.17 zeigt den Aktivtausch „Schatzwechsel gegen Barreserve". Mit der Kreditgewährung verlängert sich ihre Bilanz, da dann Forderungen an Kunden und Sichteinlagen um je 100 zunehmen (Konto 3.18). Der Kreditnehmer möge nun anschließend das neu geschaffene Sichtguthaben an einen Kunden einer Bank B überweisen. Bei Bank A wird dadurch die mit der Kreditgewährung verbundene Bilanzverlänge-

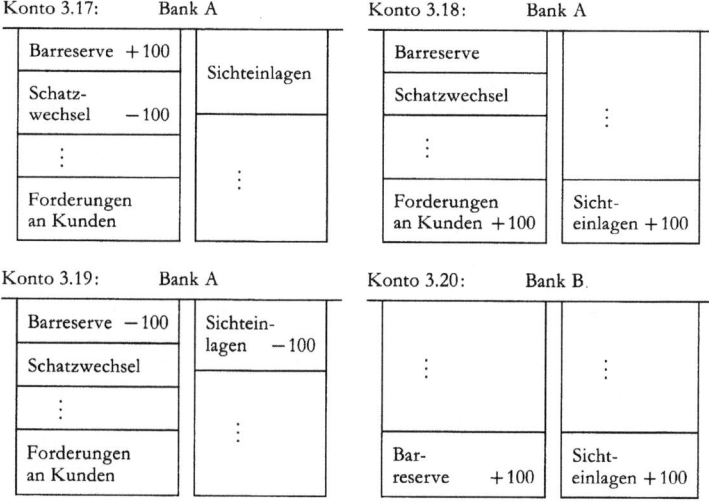

[23] STRUTHERS/SPEIGHT [3.09], S. 40.

rung rückgängig gemacht, da die zusätzliche Sichteinlage verschwindet und Bank A Zentralbankguthaben an Bank B überweist (Konto 3.19). Jedoch hat sich im Ergebnis mit dem Aktivtausch „Schatzwechsel gegen Forderungen an Kunden" die Bilanzstruktur der Bank A geändert. Wegen des höheren Ertrages der letztgenannten Anlage entspricht diese Transaktion ihrer Zielsetzung. Gesamtwirtschaftlich gesehen haben sich in diesem ersten Stadium die Kredite K an Nichtbanken und die Geldmenge M um $\Delta K_1 = \Delta M_1 = 100$ erhöht.

Bank B sieht sich im Besitz eines zusätzlichen Zentralbankguthabens von 100. Da auch ihre Sichteinlagen um 100 gestiegen sind, hat sich ihre Bilanz verlängert (Konto 3.20). Ihr Mindestreserve-Soll hat bei $s = 0,1$ um $s \Delta M_1 = 10$ zugenommen, der Rest stellt Überschußreserve in Höhe von $(1 - s) \Delta M_1 = 90$ dar. Verhält sie sich wie Bank A, so wird sie zusätzliche Kredite von 90 gewähren. Verhält sich auch der Kreditnehmer wie im ersten Fall, so überweist er sein Guthaben von 90 an den Kunden einer Bank C. Diese Bank muß hiervon 10 v. H. gleich 9 als zusätzliches Mindestreserve-Soll betrachten und kann daher in Höhe von $(1 - s) \cdot (1 - s) \cdot \Delta M_1 = 81$ zusätzliche Kredite gewähren. Der Prozeß kann als beliebig weitergehend gedacht werden. Der Gesamtbetrag $\sum \Delta K_i$ der in seinem Verlauf zusätzlich gewährten Kredite und damit die gesamte zusätzlich geschaffene Geldmenge $\sum \Delta M_i$ ergeben sich aus folgender Überlegung. Bank A gewährte einen zusätzlichen Kredit in Höhe des durch den Aktivtausch erworbenen zusätzlichen Betrages an Zentralbankgeld ΔZ. Bank B gewährte zusätzlichen Kredit von $(1 - s) \Delta Z$, Bank C in Höhe von $(1 - s)^2 \Delta Z$, und so fort. Der Gesamtbetrag ist daher

$$\sum_{i=1}^{\infty} \Delta K_i = \Delta Z + (1 - s) \Delta Z + (1 - s)^2 \Delta Z + \ldots = \frac{1}{s} \Delta Z. \qquad (3.2)$$

Da die aufgrund der zusätzlichen Überschußreserve ΔZ gewährten zusätzlichen Kredite ΔK – und damit der zusätzliche Geldbestand ΔM – wegen $s < 1$ ein Vielfaches von ΔZ sind, nennt man den beschriebenen Ablauf den *Prozeß der multiplen Giralgeldschöpfung*. Nach prinzipiell unbegrenzt vielen und dem Betrag nach ständig kleiner werdenden Kreditgewährungen ist die maximale Kreditgleich Geldschöpfungsmöglichkeit des Bankensystems realisiert. Im Zahlenbeispiel ist gemäß Gleichung (3.2) bei $Z = 100$ und $s = 0,1$ gleich 1000 Geldeinheiten und unter den bisherigen Annahmen dem im Bankensystem insgesamt vorhandenen oder von ihm beschaffbaren Betrag an zusätzlichem Zentralbankgeld ΔZ direkt und dem Reservesatz s umgekehrt proportional. Im folgenden müssen diese einfachen Annahmen in einem wichtigen Punkt modifiziert werden, und im nächsten Abschnitt ist die Bedeutung der Größe ΔZ zu erörtern.

Bankkredite werden überwiegend zu dem Zweck genommen, mit den bereitgestellten Zahlungsmitteln Gütertransaktionen abzuwickeln. Gewähren alle Banken einer Volkswirtschaft während eines Zeitraums insgesamt mehr Kredite als sie Tilgungen erhalten, findet also eine *Kreditexpansion* statt, so geht damit in der Regel eine Steigerung des Sozialprodukts einher. Damit steigt der Bedarf an Transaktionsgeld auch bei denjenigen Wirtschaftssubjekten, die nicht selbst Kreditnehmer der Banken sind. Da sich nun die Zahlungsgewohnheiten der Nichtbanken im Zeitablauf nur langsam ändern, bleibt auch der Anteil des von

Nichtbanken gehaltenen Bargeldes am Geldbestand, die *Bargeldquote,* kurzfristig weitgehend konstant. Wenn also der Geldbestand durch die Giralgeldschöpfung der Geschäftsbanken steigt, vergrößert sich der Bargeldumlauf außerhalb der Kreditinstitute. Für die einzelnen Schritte im Prozeß der multiplen Giralgeldschöpfung bedeutet dies, daß ein Teil $0 < b_i < 1$ jedes zusätzlich gewährten Kredits in bar abgezogen wird und im Nichtbankensektor verbleibt. Entsprechend ist dann der Betrag an Zentralbankgeld kleiner, der durch die Überweisung des restlichen Sichtguthabens in den Besitz der nächsten Bank kommt und dort nach Abzug des zusätzlichen Mindestreserve-Solls als Grundlage einer weiteren Kreditgewährung dienen kann. Bei dieser Verhaltensweise der Nichtbanken ist die Geldschöpfungskapazität eines Bankensystems also kleiner als durch Gleichung (3.2) angegeben. Wie groß sie ist, zeigt Tabelle 3.1 allgemein und anhand eines Zahlenbeispiels. Dabei wird angenommen, daß von jedem zusätzlichen Kredit ein gleich großer Teil b abgezogen wird. Die Tabelle ist wie

Tabelle 3.1 – *Die Geldschöpfungskapazität eines Bankensystems*

Bank	Zufluß an Zentralbankgeld	Zusätzliche Mindestreserve	Zusätzlicher Kredit ΔK_i
(1)	(2)	(3)	(4)
A	$\Delta Z = 100$	–	$\Delta K_1 = \Delta Z = 100$
B	$(1-b)\Delta K = 60$	$s(1-b)\Delta Z = 6$	$\Delta K_2 = (1-s)(1-b)\Delta Z = 54$
C	$(1-s)(1-b)^2 \Delta Z = 32{,}4$	$s(1-s)(1-b)^2 \Delta Z = 3{,}24$	$\Delta K_3 = (1-s)^2(1-b)^2 \Delta Z = 29{,}16$
⋮	...	...	...

folgt zu lesen. Bank A verschafft sich zusätzliches Zentralbankgeld in Höhe von 100 (Spalte 2). Da sich das Mindestreserve-Soll bei der angenommenen Art der Beschaffung nicht ändert, gewährt sie in gleicher Höhe zusätzliche Kredite ΔK_1 (Spalte 4). Der Kreditnehmer hebt nunmehr $b \Delta Z = 40$ in bar ab und überweist den Rest von $(1-b) \cdot \Delta Z = 60$ an einen Kunden der Bank B, die diesen Betrag als Zufluß an Zentralbankgeld und Zunahme ihrer Sichteinlagen bucht. Hiervon werden $s(1-b) \cdot \Delta Z = 6$ als zusätzliche Mindestreserve stillgelegt, in Höhe des Restes von $(1-s)(1-b)\Delta Z = 54$ werden zusätzliche Kredite ΔK_2 gewährt. Bank C fließen hiervon $(1-b)(1-s)(1-b)\Delta Z = 32{,}4$ zu, von denen der Teil s ihre Mindestreserve erhöht, der Teil $(1-s)$ der weiteren Kreditgewährung ΔK_3 dient, und so weiter. Als Maximum für den Gesamtbetrag zusätzlicher Kredite und damit an zusätzlichem Geldbestand erhält man

$$\sum_{i=1}^{\infty} \Delta K_i = \Delta Z + (1-s)(1-b)\Delta Z + (1-s)^2(1-b)^2 \Delta Z + \ldots$$

$$= \frac{1}{1-(1-s)(1-b)} \Delta Z = \frac{1}{s+b(1-s)} \Delta Z. \qquad (3.3)$$

Der bei ΔZ stehende Quotient heißt *Kredit-* (auch: *Geld-*)*schöpfungsmultiplikator*. Er ist bei realistischen Werten von s und b größer als 1. Bei den in Tabelle 3.1 angenommenen Größen hat er beispielsweise den Wert 2,174. Wegen der positiven Größe $b(1-s)$ im Nenner ist er jedoch kleiner als der in Gleichung (3.2) abgeleitete Multiplikator. Das maximale zusätzliche Kreditangebot des Systems beträgt gemäß Gleichung (3.3) 217,4 Geldeinheiten.

Der Prozeß der multiplen Giralgeldschöpfung läßt sich in der Realität nicht in der geschilderten Weise als ein von einer Bank ausgehender und von Institut zu Institut überspringender Prozeß statistisch verfolgen. Jede Bank gewährt Kredite in Abhängigkeit von ihrer Liquiditätssituation und der Kreditnachfrage, und die von vielen Banken zur gleichen Zeit ausgehenden Prozesse überlagern sich. Der dargestellte Ablauf behält jedoch seinen didaktischen Wert als theoretische Grundlage durchaus realer Prozesse der Kreditexpansion.

Die Geldschöpfungskapazität eines Bankensystems läßt sich unter den bisherigen Annahmen auch einfach komparativ-statisch mit Hilfe des nachstehenden Modells ermitteln:

Modell 3.4 – *Die Geldschöpfungskapazität eines Bankensystems*

Aufteilung des Geldbestandes: $\quad M = Z^N + D \quad$ (3.4-I)

Aufteilung des Zentralbankgeldbestandes: $\quad Z = Z^N + Z^B \quad$ (3.4-II)

Geldhaltung der Nichtbanken: $\quad Z^N = bM, \quad$ worin $0 < b < 1 \quad$ (3.4-III)

Mindestreservehaltung: $\quad Z^B = sD, \quad$ worin $0 < s < 1. \quad$ (3.4-IV)

Die erste und die zweite Gleichung definieren die Aufteilung des Geldbestandes M auf den Bargeldumlauf Z^N im Nichtbankensektor und dessen Sichtguthaben bei Geschäftsbanken D (= Depositen), sowie die Aufteilung des Zentralbankgeldes Z auf den Bestand der Nichtbanken Z^N und den der Geschäftsbanken Z^B. Die beiden anderen Gleichungen geben Verhaltenshypothesen wieder: Die Wirtschaftssubjekte des Nichtbankensektors wünschen den Teil b des Geldbestandes in Form von Zentralbankgeld zu halten, die Banken halten aus Gewohnheit oder kraft gesetzlicher Vorschrift eine Mindestreserve Z^B in Höhe des Teils s ihrer Sichteinlagen. Die Größe b heißt *Kassenhaltungskoeffizient* des Publikums, s ist der *Reservekoeffizient* der Geschäftsbanken. Durch sukzessive Eliminierung von D, Z^N und Z^B sowie Einsetzen in die jeweils verbleibenden Gleichungen erhält man aus dem Modell nach einigen Umformungen

$$M = \frac{1}{s + b(1-s)} Z \quad \text{oder} \quad M = \frac{1}{b + s(1-b)} Z. \quad (3.5)$$

Diese Gleichung geht in Gleichung (3.3) über, wenn man anstelle von Z den von den Geschäftsbanken beschaffbaren Betrag an Zentralbankgeld ΔZ setzt, die Parameter s und b auch als für den zusätzlich geschaffenen Geldbestand gültig annimmt und sich klarmacht, daß die zusätzliche Kreditschöpfungsmöglichkeit ΔK gemäß Gleichung (3.3) gleich dem zusätzlichen potentiellen Geldbestand ΔM ist. Die Konten 3.21 und 3.22 zeigen das Ergebnis im Zahlenbeispiel, wobei

Konto 3.21: Geschäftsbankensektor

Z	-100		
Z^B	$+ 13,04$	D	$+130,43$
K	$+217,39$		
Summe	$+130,43$	Summe	$+130,43$

Konto 3.22: Nichtbankensektor

D	$+130,43$	genommene	
Z^N	$+ 86,96$	Kredite	$+217,39$
Summe	$+217,39$	Summe	$+217,39$

in den Bilanzen nur die Posten des Modells aufgeführt sind. Die Überschußreserve $Z = 100$ der Banken verschwindet im Laufe des Kreditschöpfungsprozesses; an ihre Stelle tritt die Mindestreserve $Z^B = 13,04$, die wegen $s = 0,1$ ein Zehntel der Depositen $D = 130,43$ ausmacht. Der Rest von Z ist als $Z^N = 86,96$ in den Händen der Nichtbanken und macht dort wegen $b = 0,4$ vier Zehntel des Geldbestandes $M = D + Z^N = 217,39$ dieses Sektors aus. Diesem Bestand steht eine Verschuldung in gleicher Höhe gegenüber, die bei den Banken als Forderungen aus gewährten Krediten in Höhe von $K = 217,39$ erscheint.

Bei der Untersuchung der Frage, wie der Wirtschaftsprozeß über die Versorgung der Geschäftsbanken mit Zentralbankgeld zu steuern sei, wird mitunter die Beziehung zwischen dem im Bankensystem als Mindestreserve verbleibenden Teil des zusätzlich beschafften Zentralbankgeldes ΔZ^B und der zusätzlichen Kreditgewährung ΔK benötigt. Dazu setzt man die Gleichungen (3.4-III) und (3.4-IV) in (3.4-I) ein und erhält nach Umformung

$$\Delta K = \frac{1}{s(1-b)} \Delta Z^B. \tag{3.6}$$

Der Multiplikator ist hier im Zahlenbeispiel mit 16,67 wegen $\Delta Z^B < \Delta Z$ größer als in Gleichung (3.5), da sich ΔK ja nicht ändert.

Die Gleichungen (3.5) und (3.6) bilden die Grundlage für die Analyse des Geldangebots und dessen wirtschaftspolitische Steuerung, wenngleich erst mit Hilfe weiterer Hypothesen, etwa über die Geldnachfrage, festgestellt werden kann, wieviel Geld in einer gegebenen Situation im Rahmen der eben ermittelten Kapazität tatsächlich geschaffen wird. Die beiden Formen von (3.5) lassen erkennen, daß die Kreditschöpfungskapazität eines Bankensystems um so größer ist, je kleiner Kassenhaltungs- und Reservekoeffizient sind. Sie ist überhaupt nur begrenzt, wenn mindestens einer der Parameter b und s größer als null ist. Denkt man sich beide immer kleiner werdend, steigt die Kapazität über alle Grenzen. Wenn schließlich bei $b = s = 0$ keine Bank mehr Zahlungen in einem Geld leisten muß, das sie nicht zu schaffen vermag, kann sie beliebig viel Kredit gewähren. Für die einzelne Bank gilt, daß der Anteil der *Innenumsätze*, das heißt der Verfügungen von Kunden zugunsten von Kunden derselben Bank, an den Gesamtumsätzen mit der Größe der Bank zunimmt. Innenumsätze lassen im Gegensatz zu *Außenumsätzen* keinen Bedarf an Zentralbankgeld entstehen, so daß die Kreditschöpfungskapazität einer Bank mit ihrer Größe zunimmt. Die Staffelung der Mindestreservesätze für Sichteinlagen gemäß Konto 3.8 (S. 177) soll dies teilweise ausgleichen. Verfolgt man den Gedanken mit der Annahme ins Extrem, daß in einer Volkswirtschaft nur eine Geschäftsbank existiert, dann gibt es nur Innenumsätze, und die Bank muß Zentralbankgeld nur noch für Barabzüge und zur Beschaffung von Devisen bei der Zentralbank bereithalten. Ist die Volkswirtschaft geschlossen und finden alle Zahlungen bargeldlos statt, wird kein Zentralbankgeld mehr benötigt, und die Kreditschöpfungskapazität der Bank ist nicht begrenzt. Man nennt diese Konstruktion die *WICKSELLsche Idealbank*.

Anders herum gesehen sind $b < 1$ und $s < 1$ zusammen auch eine notwendige Bedingung für die Kreditschöpfungsmöglichkeit. Bei $s = 1$ müßten die Geschäftsbanken für jedes zusätzliche Sichtguthaben Zentralbankgeld in gleicher Höhe halten. Sie könnten Kredite nur noch vermitteln und müßten sich im übrigen auf den Verkauf von Dienstleistungen beschränken. Eine solche Handhabung der Mindestreservepflicht ist von Geldtheoretikern mit dem Argument gefordert worden, die private Geldschöpfung sei ein störendes Element bei der wirtschaftspolitischen Steuerung des Wirtschaftsprozesses und daher abzuschaffen.

Versucht man, die Größenordnung der Parameter des Modells 3.4 für die Bundesrepublik ex post grob zu schätzen, so zeigt sich folgendes.[24] Von 1976 bis 1985 lag b zwischen 0,32 und 0,34: Die Nichtbanken hielten konstant ein Drittel ihrer Geldbestände gemäß der Grunddefinition in Form von Bargeld und Zentralbankguthaben. Das spricht dafür, daß Bargeld und Sichtguthaben keine vollkommenen Substitute sind. Bargeld hat neben Nachteilen (vgl. S. 157) auch Vorteile (vgl. S. 234), und man muß annehmen, daß sich diese in den Augen der Wirtschaftssubjekte bei der genannten Aufteilung gerade die Waage hielten. Das Verhältnis des von den Kreditinstituten gehaltenen Zentralbankgeldes zu ihren Sichtverbindlichkeiten $Z^B/D = s$ sank praktisch monoton von 0,47 auf 0,34, so daß der Geldschöpfungsmultiplikator in Gleichung (3.5) von 1,53 auf 1,80 zunahm. Der hohe Wert von s erklärt sich daraus, daß Z^B auch die Mindestreserven für die in D nicht erfaßten Termin- und Spareinlagen enthält. Bei genauerer empirischer Analyse wäre dies zu berücksichtigen.

5. Die Liquidität eines Bankensystems. Die vorstehende Analyse zeigte die beherrschende Rolle des Zentralbankgeldes als Grundlage des Geldschöpfungsprozesses. In der Geldtheorie wird es daher häufig *Basisgeld* (auch: *Geldbasis*) genannt. Unter dem Gläubigeraspekt setzt es sich aus zwei Komponenten zusammen:

Def. 3.3: *Das Basisgeld einer Volkswirtschaft besteht aus den Kassenbeständen der Geschäftsbanken zuzüglich ihrer Mindestreserve- und Überschußguthaben bei der Zentralbank sowie aus dem Bargeldumlauf bei Nichtbanken zuzüglich ihrer Zentralbankguthaben.*

Unter dem Schuldneraspekt erscheint das Basisgeld in der Bilanz der Zentralbank als Summe aus dem um den Münzumlauf vermehrten Notenumlauf und den Sichteinlagen. Alles dies ist aus dem Kontensystem 3.1–3.3 (S. 153) abzulesen. Ist der auf die Geschäftsbanken entfallende Teil des Basisgeldes die Grundlage ihrer Geldschöpfung? Dazu muß man sich daran erinnern, daß die zu

---

[24] Berechnungen nach Angaben in: Bbk-Monatsberichte Januar 1984 und Mai 1986, S. 4*, 8*, 12*.

Beginn des vorigen Abschnitts betrachtete Geschäftsbank Schatzwechsel an die Zentralbank verkaufte. Generell gilt bei gegebenen Mindestreservesätzen

Hyp. 3.5: *Die Kreditschöpfungskapazität einer Geschäftsbank wird durch ihre Möglichkeit begrenzt, sich Zentralbankgeld zu verschaffen.*

Für eine einzelne Bank gibt es hierfür zwei Adressen: Sie kann am Geldmarkt Zentralbankgeld bei anderen Geschäftsbanken aufnehmen, und sie kann sich direkt an die Zentralbank wenden. Im ersten Fall wird ein im Geschäftsbankensektor insgesamt vorhandener Bestand lediglich umverteilt, so daß gesamtwirtschaftlich nur die zweite Möglichkeit relevant ist. Die Größen $\Delta Z =$ „zusätzlich beschaffbarer Betrag an Zentralbankgeld" in Gleichung (3.3) S. 185 und $Z =$ „Bestand an frei verfügbarem zuzüglich beschaffbarem Zentralbankgeld" in Gleichung (3.5) S. 186 lassen sich nun für alle Banken zusammen im Prinzip aus ihrer konsolidierten Bilanz ablesen (Konto 3.23), die auf andere Art als

Konto 3.23: Konsolidierte Bilanz der Geschäftsbanken (vereinfacht)

Aktiva			Passiva
Liquiditätssaldo	Gebundene Liquidität	Kasse	Einlagen von Nichtbanken
		Mindestreserve-Soll	
	Freie Liquidität	Überschußreserven	
		Zentralbankfähige Aktiva	
	Kredite an Nichtbanken (mit Entstehung nicht zentralbankfähiger Titel)		

Konto 3.2 vereinfacht wurde. Sie zeigt, daß nach Wegfall der Interbankverflechtung und bei Außerachtlassung von Sachvermögen und Eigenkapital die Gleichung

Einlagen von Nichtbanken ./. Kredite an Nichtbanken = *Liquiditätssaldo*

gilt. Dieser Saldo besteht aus zwei Teilen. Zur *gebundenen Liquidität* gehören die für Barzahlungen erforderlichen Kassenbestände und das Mindestreserve-Soll, das sich nach der Höhe und Zusammensetzung der Einlagen und den Mindestreservesätzen richtet. Die *freie Liquidität*, auch (freie) *Liquiditätsreserven* genannt, die als Grundlage weiterer Kreditgewährung dienen kann, besteht aus Überschußreserven und *potentiellem Zentralbankgeld* in Gestalt zentralbankfähiger Aktiva. Während einer Kreditexpansion vergrößert jeder zusätzlich gewährte Kredit die Einlagen und damit das Mindestreserve-Soll. Außerdem fließt Zentralbankgeld aus dem Geschäftsbankensektor ab. Hauptkomponenten dieses Mehrbedarfs sind der vermehrte Bargeldumlauf außerhalb der Kreditinstitute, vermehrte Auslandszahlungen und zunehmende Steuereingänge bei denjenigen öffentlichen Haushalten, die ihre Konten bei der Zentralbank halten. Damit sinken die Zentralbankguthaben von immer mehr Banken auf oder unter das jeweilige Mindestreserve-Soll. Zu dessen Auffüllung müssen Überschußreserven abgebaut oder zentralbankfähige Aktiva in Zentralbankgeld umgewandelt werden. Jeder zusätzliche Kredit führt also einen Teil der freien in gebundene Liquidität über, womit sich die Liquidität des Nichtbankensektors erhöht. Das Maximum der Kreditgewährung ist erreicht, wenn der gesamte Liquiditätssaldo gebunden ist. Der Gesamtbestand an freier Liquidität zu jedem Zeitpunkt ist damit ein Indikator für die jeweilige Fähigkeit des Geschäftsbankensektors zu weiterer Kreditschöpfung. Häufig setzt man ihn zu den Einlagen von Nichtbanken in Beziehung und errechnet so die *Liquiditätsquote* des Geschäftsbankensystems.

Eine nähere Untersuchung der zentralbankfähigen Aktiva in Konto 3.23 aus der Sicht der Geschäftsbanken zeigt, daß auch für diese die Einteilung in primäre und sekundäre Aktiva (vgl. S. 181) Bedeutung hat:

- Primäre Aktiva sind Wertpapiere und andere Vermögensobjekte wie Devisen, für die keine Rücknahmepflicht der Kreditinstitute besteht;
- Sekundäre Aktiva sind Wechsel wegen der Mithaftung des Kreditinstituts aus dem Indossament sowie die bei der Zentralbank lediglich beleihbaren Vermögensobjekte.

Ist der Gesamtbetrag der freien Liquiditätsreserven eine feststehende Größe und wenn ja, läßt sie sich statistisch ermitteln? Die erste Frage ist mit „nein" zu beantworten, wenn die Zentralbank unbeschränkt Devisen kaufen muß; oder wenn es keine Höchstbeträge je Bank für ihre Rediskontierung von Wechseln oder die Beleihung von Wertpapieren oder anderen Vermögensobjekten gibt. Liegen diese beiden Voraussetzungen nicht vor, dann besteht lediglich das statistische Problem, den Bestand an zentralbankfähigen Aktiva sowie die Rediskont- und Beleihungs-Kontingente je Kreditinstitut zu ermitteln.

Inwieweit die Geschäftsbanken ihre Liquiditätsreserven zu zusätzlicher Kreditgewährung nutzen, hängt von der Differenz zwischen den dabei erzielbaren Zinserträgen und den Sätzen für die Mobilisierung der Reserven ab. Ist die Differenz positiv und Kreditnachfrage vorhanden, wird das Kreditangebot ausgedehnt. Die Zentralbank kann die Differenz beeinflussen und so das Kreditangebot steuern, aber ihren Willen kann sie nur in einer Richtung durchsetzen. Erhöht sie die Differenz und die Rückgriffsmöglichkeiten der Geschäftsbanken auf Zentralbankgeld, dann hängt es von diesen und dem Publikum ab, ob die Kredite zunehmen. Das Geldangebot ist insoweit endogen. Nur in kontraktiver Richtung kann sich die Zentralbank im Prinzip immer durchsetzen, wenngleich sie unter Umständen gegen Ausweichreaktionen angehen muß.

IV. Geldnachfrage

1. Geldhaltung und Sozialprodukt. Wenn die Nachfrage nach Transaktionsgeld dem nominalen Sozialprodukt direkt proportional ist, wie S. 34 im Rahmen des einfachen KEYNES-Modells angenommen wurde, dann müßte der

Wirtschaftsablauf dadurch zu steuern sein, daß man die Erklärungsvariablen der Geldhaltung wirtschaftspolitisch beeinflußt. Beispielsweise könnte man bei einer Inflation mit der Zuwachsrate des Transaktionsgeldes auch die des Sozialprodukts in jeweiligen Preisen verringern und damit vielleicht den Inflationsgrad senken. Methodisch ist dazu anzumerken, daß mit dieser Überlegung ein Einfluß einer Geldmengenänderung auf das Sozialprodukt angenommen wird, während Gleichung (1.15) S. 34 die umgekehrte Wirkungsrichtung ausdrückt, gemäß der die Geldnachfrage vom Sozialprodukt abhängt. Das ist jedoch kein Widerspruch, sondern besagt nur, daß keine einseitig kausale, sondern eine in beiden Richtungen wirksame funktionale Beziehung zwischen den beiden Variablen vermutet wird. Wächst aus einer Gleichgewichtssituation heraus das Sozialprodukt aus Gründen, die mit der Geldmenge nichts zu tun haben, benötigen die Wirtschaftssubjekte mehr Transaktionsgeld, die Nachfrage danach nimmt zu. Steigt alternativ in der gleichen Situation der Geldbestand etwa aufgrund einer Intervention der Zentralbank, werden Reaktionen in Gang gesetzt, die mit einer Erhöhung des Sozialprodukts enden. Empirische Untersuchungen scheinen zu zeigen, daß diese zweitgenannte Richtung der Kausalität mitsamt einer gewissen Verzögerung in der Tat vorliegt.[25] Anders wäre Geldpolitik auch nicht möglich.

Für die Hypothese eines direkten Zusammenhangs zwischen der Geldhaltung für Transaktionszwecke und dem Sozialprodukt spricht auf jeden Fall die langfristige Betrachtung. So stieg in der Bundesrepublik die Geldmenge M 1 gemäß der im Kontensystem 3.1–3.3 (S. 153) angegebenen Definition von 18 Mrd. DM im Dezember 1950 auf 334 Mrd. DM im Dezember 1985[26] und damit auf das 18,6-fache, das Bruttosozialprodukt in jeweiligen Marktpreisen im gleichen Zeitraum um den Faktor 18,7 (vgl. S. 57). Die wirtschaftspolitisch wichtige Frage ist jedoch, ob der Zusammenhang auch kurzfristig hinreichend stabil ist. Dem Versuch, einen numerischen Wert für den Parameter k in Gleichung (1.14) S. 33 zu ermitteln, stellt sich jedoch eine Reihe von Schwierigkeiten entgegen. So kann statistisch nicht entschieden werden, welcher Teil der Geldmenge zu Transaktionszwecken und welcher Teil aus anderen Gründen gehalten wird. Allein dieses Argument macht die Operation fragwürdig, das Bruttosozialprodukt zu Marktpreisen eines Jahres durch die Geldmenge zu einem Zeitpunkt dieses Jahres zu dividieren und so die Transaktionshäufigkeit V^e des Geldes im Einkommenskreislauf gemäß Gleichung (1.13) S. 32 errechnen zu wollen. Wenn Geld zu einem variierenden Teil auch zu Spekulationszwecken gehalten wird, gehen die Erklärungsvariablen hierfür in unbekanntem Ausmaß in die Größe V^e ein. Aber auch wenn es keine derartige Geldhaltung geben sollte, ist der kurzfristige Zusammenhang zwischen dem Bruttosozialprodukt und der Geldhaltung für Transaktionszwecke vermutlich nur lose. Gründe dafür sind:

– Geld wird auch zur Abwicklung von Finanztransaktionen, zur Umverteilung vorhandener Sachvermögensobjekte wie bebauter und unbebauter Grundstücke, gebrauchter Sachanlagen sowie beim Umsatz von Vorleistungen und für Transferzahlungen benutzt.

---

[25] C. A. Sims: Money, Income, and Causality. AER, Vol. 62, 1972, S. 540–552. – Deutsche Bundesbank [3.78], S. 91. Dort weitere Literaturangaben.

[26] Angaben nach: Bbk-Monatsberichte Juli 1971, S. 23; Mai 1986, S. 4*.

Alle diese Transaktionen gehören nicht zu denen, deren Gesamtbetrag das Bruttosozialprodukt zu Marktpreisen bildet. Der im Einkommenskreislauf zirkulierende Geldbestand kann nicht isoliert werden. Eine Beziehung zwischen dem Bruttosozialprodukt und dem Geldbestand kann daher nur stabil sein, wenn auch die Relation dieser anderen Transaktionen zum Bruttosozialprodukt konstant ist.

– Das Sozialprodukt einer Periode ist durch Transaktionen definiert, die zum Teil in dieser Periode getätigt, zum Teil ihr zugerechnet werden und zum Teil fiktiv sind. Die dazugehörigen Zahlungen finden teilweise vorher, teilweise danach oder im drittgenannten Fall überhaupt nicht statt. Außerdem existiert eine Nebenwirtschaft unbekannten Umfangs.

Es ist nicht sicher, daß das Ausmaß dieser Diskrepanzen im Zeitablauf konstant ist.

– Der statistische Nachweis der Geldmenge wird durch die Buchungsmethode der Geschäftsbanken beeinflußt.

Wird nach kontinentaleuropäischer Methode gebucht (vgl. S. 182, Anm. 22), so erhöht sich die statistisch nachweisbare Geldmenge erst dann, wenn über zugesagte Kredite verfügt wird. Tatsächlich können die Inhaber von Kreditzusagen jedoch so disponieren, als ob sie im Besitz der betreffenden Beträge wären, und auch die Kreditinstitute müssen ihre Liquidität entsprechend planen. 1973 zeigte sich beispielsweise in der Bundesrepublik, daß die Anpassung an eine restriktive Geldpolitik dadurch verzögert wurde.[27] Das spräche dafür, unausgenutzte Kreditlinien von Nichtbanken in die Definition der Geldmenge einzubeziehen. Hierbei wären die Kreditzusagen an Produktionsunternehmen, die Kreditplafonds öffentlicher Haushalte und die vielfach bestehende Möglichkeit der Überziehung von Lohn- und Gehaltskonten durch private Haushalte zu berücksichtigen.[28] Neben der aus dem Kontensystem 3.1 – 3.3 ablesbaren realisierten existiert mithin die bereits vertraglich vereinbarte *potentielle Geldmenge*.

– Güterumsätze können finanziert werden, ohne daß sich die statistisch ausgewiesene Geldmenge ändert.

Überweist der Geschäftspartner einer Bank A einen Betrag an den Schuldner einer Bank B, indem er eine Kreditzusage der Bank A ausnutzt, so bucht Bank A bei kontinentaler Buchungspraxis einen Aktivtausch mit Zunahme ihrer Forderungen an Kunden und Abnahme ihrer Zentralbankguthaben. Bei Bank B verringert sich mit dem Eingang der Überweisung die Schuld ihres Schuldners, sie bucht daher den umgekehrten Aktivtausch. Die statistische Geldmenge wird durch diese Vorgänge auch nicht vorübergehend geändert, obwohl eine Geldtransaktion stattfand, der eine Gütertransaktion als Teil des Sozialprodukts zugrundegelegen haben kann.

---

[27] Bbk-Geschäftsbericht 1973, S. 9f.

[28] In der Bundesrepublik Deutschland veröffentlicht die Bundesbank in ihren Monatsberichten eine Statistik der Kreditzusagen an Unternehmen und Privatpersonen. Deren unausgenutzter Teil belief sich Ende 1985 auf 352 Mrd. DM gleich 105 v. H. der Geldmenge M 1.

- Güterumsätze werden auch dann ohne Geld abgewickelt, wenn im Geschäftsverkehr der Produktionsunternehmen untereinander Zahlungsziele ausgenutzt oder verlängert werden.

Die entstehenden Forderungen können durch Wechsel verbrieft, und diese können weitergegeben werden, ohne daß sich die statistische Geldmenge ändert.

- Zur statistischen Geldmenge zählen auch zerstörte, verlorengegangene, in Sammlungen aufgenommene und im Ausland befindliche Banknoten und Münzen.

Dabei handelt es sich vermutlich nicht um bedeutende Beträge, diese können aber eine Rolle spielen, sofern Ausländer Währungskursänderungen erwarten und ihre Bargeldhaltung spekulativ daran anpassen.

Schließlich wären bei einer gründlichen Analyse auch die Zahlungsgewohnheiten, von denen V^e unmittelbar beeinflußt wird (vgl. S. 33), genauer zu überprüfen. Sie hängen unter anderem vom Grad der Synchronisation zwischen Zahlungsein- und -ausgängen bei jedem einzelnen Wirtschaftssubjekt, von den Laufzeiten im Überweisungsverkehr der Banken und vom Grad der Unternehmenskonzentration ab (fusionieren zwei Unternehmen, findet zwischen ihnen nur noch Verrechnungsverkehr ohne Mitwirkung von Geld statt). Jedoch lassen die heutigen technischen Möglichkeiten auch kurzfristige Änderungen dieser Gewohnheiten in Abhängigkeit davon zu, ob Geld knapp und teuer oder reichlich vorhanden und billig ist. Hinzu kommt der Einfluß variierender Inflationserwartungen auf die Geldhaltung sowie die Tatsache, daß es für den Geldbestand eine Vielzahl enger Substitute gibt. Der Quotient aus Bruttosozialprodukt und Geldbestand M 1 schwankt daher kurzfristig,[29] und es muß nach weiteren Erklärungsvariablen für die Geldhaltung gesucht werden. Die dazu entwickelten Theorien betonen entweder die Rolle der Zinssätze oder lassen die KEYNESschen Hypothesen über die Geldhaltung in einer allgemeinen Theorie der Vermögenshaltung aufgehen.

2. Geldhaltung und Zinssatz. Hält ein Wirtschaftssubjekt Geld zu Transaktionszwecken, so entgeht ihm Einkommen in Höhe der Erträge, die es bei ertragbringender Anlage hätte erzielen können. Diese Alternativkosten sind um so größer, je mehr Geld gehalten wird und je höher die erzielbaren Erträge sind. Ein Einkommensmaximierer müßte dies berücksichtigen und bei gegebenem Gesamtwert U seiner Zahlungsausgänge je Planperiode um so weniger Geld für Transaktionszwecke halten, je höher der Zinssatz ist. Allerdings darf hieraus nicht geschlossen werden, daß es am vorteilhaftesten sei, Geld aus jedem Zahlungseingang sofort verzinslich anzulegen und erst unmittelbar vor jedem Zahlungsausgang den benötigten Betrag durch Monetisierung ertragbringender Aktiva zu beschaffen, also praktisch überhaupt kein Geld zu halten. Solche Verkäufe einschließlich der Auflösung verzinslicher Forderungen gegen Banken verursachen in der Regel Aufwendungen. Umgekehrt ist auch die Umwandlung von Zahlungseingängen in ertragbringende Forderungen in vielen Fällen mit

---

[29] Vgl. SVR-Jahresgutachten 1972/73, Ziffer 240.

Aufwendungen verbunden, und in jedem Fall erfordert die Beschäftigung mit Geldanlage und Monetisierung Arbeits- und Zeitaufwand. Das läßt vermuten, daß die entgehenden Erträge bei genügend kurzfristiger Geldhaltung kleiner sein können als die Transaktionsaufwendungen für die Anlage in ertragbringenden Forderungen und deren anschließende Monetisierung. Möglicherweise gibt es ein Optimum der Geldhaltung, das von der Höhe des Zinssatzes als Indikator der entgehenden Erträge und den Transaktionsaufwendungen abhängt.

Die Überlegung läßt sich wie folgt konkretisieren. Aufgabe sei, die Gesamtaufwendungen A der Geldhaltung und Monetisierung zu minimieren. Beläuft sich der Gesamtbetrag U der während eines Jahres zu leistenden Zahlungsausgänge beispielsweise auf 60 000 DM und ist $C = 5000$ DM der Betrag, der jeweils durch Verkauf ertragbringender Aktiva beschafft wird, dann ist die Zahl der Monetisierungen $U/C = 12$. Die Aufwendungen für jede Monetisierung mögen aus einem fixen Teil b, etwa 2 DM je Monetisierungstransaktion, und einem vom Wert dieser Transaktion abhängigen Teil $c \cdot C$ bestehen, worin $c = 0{,}015$ sei. Die Gesamtaufwendungen für alle U/C Monetisierungen je Jahr betragen dann

$$\frac{U}{C}(b + c \cdot C).$$

Im Zahlenbeispiel belaufen sie sich auf 924 DM. Nimmt man weiter an, daß der jeweils beschaffte Betrag C gleichmäßig ausgegeben wird, dann ist die durchschnittliche Geldhaltung während jedes Monats und damit auch während des ganzen Jahres gleich $0{,}5\,C$. Die aus dieser Geldhaltung entgehenden Erträge betragen beim Zinssatz r

$$r \cdot \frac{C}{2}.$$

Ist r etwa gleich 0,08 je Jahr, so beläuft sich das entgehende Zinseinkommen auf 200 DM. Damit betragen die Gesamtaufwendungen A für die Zahlungsbereitschaft einschließlich der entgehenden Zinserträge

$$A = \frac{U}{C}(b + cC) + r\frac{C}{2}. \tag{3.7}$$

Im Zahlenbeispiel sind sie gleich 1124 DM. In dieser Gleichung ist C die Instrumentvariable des Geldhalters, die anderen Größen U, b, c und r kann er nicht beeinflussen. Zur Feststellung der optimalen Größe von C muß daher Gleichung (3.7) nach C differenziert und die Ableitung gleich null gesetzt werden. Dies ergibt

$$\frac{dA}{dC} = -bC^{-2}U + \frac{r}{2} = 0 \quad \text{und nach Umformung} \quad C = \sqrt{\frac{2bU}{r}}. \tag{3.8}$$

Da die zweite Ableitung von A nach C größer als null ist, gibt Gleichung (3.8) das Minimum für A an. Im Zahlenbeispiel erhält man für C den Wert von rund 1732 DM, so daß die Zahl der Monetisierungen rund 35 beträgt und sich die Gesamtaufwendungen für die Zahlungsbereitschaft gemäß Gleichung (3.7) auf rund 1049 DM belaufen. Sie sind damit kleiner als bei der ursprünglich willkürlich angenommenen zwölfmaligen Monetisierung in Höhe von je 5000 DM. Damit erhält man die

Hyp. 3.6: *Die Nachfrage nach Geld zu Transaktionszwecken wächst nicht proportional zu den Umsätzen, sondern mit deren Quadratwurzel, und sie ist zinsabhängig.*

Die vorstehende Deduktion stammt aus der Theorie der Lagerhaltung, worauf auch der Titel ihrer Erstveröffentlichung hindeutet.[30] Bei einem Händler ist C der Wert der jeweiligen Partie an Handelsware, b sind die festen und c die vom Wert der Partie abhängigen Kosten des Einkaufs, U ist der geplante Jahresumsatz, gemessen am Einkaufswert, und r ist der Zinssatz für das durch die Lagerhaltung gebundene Umlaufvermögen. Die Bedeutung dieser Theorie für die Konjunkturtheorie ist offensichtlich: Erhöhungen des Zinssatzes machen es gemäß Gleichung (3.8) lohnend, die durchschnittliche Lagerhaltung zu verkleinern. Das bedeutet einen direkten Einfluß des Zinssatzes als einer wirtschaftspolitisch beeinflußbaren Variablen auf die Lagerinvestition.

Versuche, beobachtetes Verhalten mit Hilfe des vorstehenden Modells zu erklären, haben mitunter keine eindeutigen Ergebnisse gezeigt. Das kann daran liegen, daß es nur bei hohen Zinssätzen für kurzfristige Anlagen oder bei großem Umfang der Transaktionen lohnt, die für die Minimierung der Größe A in Gleichung (3.7) laufend erforderlichen Berechnungen anzustellen. Sind die Zinssätze niedrig, läßt die den Geldbeständen gewidmete Aufmerksamkeit nach und die Transaktionshäufigkeit geht zurück: „Geld wird träge." Dieser Effekt wird verstärkt, wenn die Preise konstant sind oder gar sinken, da dann selbst die ertragslose Geldhaltung einen Kaufkraftzuwachs erbringt. Anderseits steigt die Transaktionshäufigkeit mit der Höhe der Zinssätze. Extrem hohe Werte werden in der Hyperinflation erreicht, in der Preise von Tag zu Tag steigen und die Nominalzinssätze entsprechend hoch sind. Obwohl also Änderungen der Transaktionshäufigkeit den empirischen Nachweis des Einflusses der Zinshöhe auf die Geldhaltung erschweren, ist festzuhalten, daß die Existenz von Transaktionsaufwendungen bei der Umwandlung von Geld in ertragbringende Forderungen und umgekehrt die letzte Erklärung dafür bildet, daß Geld gehalten wird. Gäbe es sie nicht, würden Einkommensmaximierer jeden Geldbetrag sofort nach Eingang verzinslich anlegen und sich Geld nur unmittelbar vor jedem Zahlungsausgang beschaffen. Solche Aufwendungen bewirken mithin, daß eine gewisse Geldhaltung trotz ihrer Ertragslosigkeit optimal ist.

3. Geldhaltung als Teil der Vermögenshaltung.

Geld ist ein Bestandteil des Vermögens, und in einer Theorie der Vermögensanlage[31] kann man versuchen, die für beliebige Vermögensobjekte geltenden Ertrags- und Risikoüberlegungen auch auf die Geldhaltung anzuwenden. Ausgangspunkt ist die Kritik an der ursprünglichen KEYNESschen Annahme, ein Vermögensbesitzer würde

---

[30] BAUMOL [3.48].

[31] Der Wertpapierbestand eines Vermögensbesitzers ist sein *Portefeuille*, englisch: portfolio, und daher spricht man auch in deutschen Texten von der „Portfolio-Theorie" oder der „Theorie der Portfolio Selection". Der Bestand an Sachvermögen ist dabei meist eingeschlossen.

von der Vorstellung einer normalen Höhe des Zinssatzes ausgehen und je nach dessen tatsächlichem Stand entweder nur Geld oder nur festverzinsliche Wertpapiere halten. Das entspricht nicht der Realität, und eine verbesserte Theorie stellt auf das Abwägungsproblem ab, dem sich jeder Anleger gegenübersieht. Er hat eine Reihe von Anlagemöglichkeiten mit unterschiedlich hohen erwarteten Erträgen vor sich, die sich jeweils auch durch ihre Kursrisiken unterscheiden. Angesichts der prinzipiellen Unsicherheit über diese wird der typische Anleger dann im Rahmen der durch die Höhe seines Vermögens vorgegebenen Budgetbeschränkung sein Portefeuille diversifizieren, also mehrere Anlageformen so wählen, daß ein jeweils höheres Risiko auch durch einen höheren Ertrag ausgeglichen wird. Außerdem wird er sein Gesamtrisiko dadurch herabsetzen, daß er einen Teil seines Vermögens als Geld oder, wie heute überall möglich, in Gestalt extrem risikoarmer und daher auch relativ niedrig verzinslicher Forderungen hält. Geldhaltung in diesem Sinne (wie im Kontensytem 3.1 – 3.3, S. 153, und S. 155 erwähnt, schließen einige weitgespannte Gelddefinitionen solche Forderungen ein) wird damit durch die Risikoaversion (auch: *Risikoscheu*) von Vermögensbesitzern erklärt. Die Vorstellung eines normalen Zinsniveaus ist nicht mehr erforderlich, und ein steigender Zinssatz kompensiert bei ungeänderter Risikoscheu das höhere Risiko einer zusätzlichen Anlage in risikobehafteten Wertpapieren: Die Theorie erklärt, warum die Geldhaltung um so kleiner ist, je höher der Zinssatz ist. Dem absoluten Betrag nach wird die Geldhaltung vielleicht auch um so höher sein, je größer das Vermögen ist, jedoch sind die empirischen Befunde hierzu widersprüchlich.

Insgesamt besagt diese Theorie also, daß sich die Aufteilung eines gegebenen Vermögens auf Geld, Forderungen mit unterschiedlichen Laufzeiten, Liquiditätsgraden und Risiken sowie Sachgüter bei gegebener Risikopräferenz nach der Struktur der Ertragssätze richtet. Weitere Einflüsse gehen von Inflationserwartungen, dem Informationsstand und den Transaktionsaufwendungen bei Umschichtungen aus. Die Zinserwartungen sind neutral: Unabhängig von der Höhe der Zinssätze erwartet der Vermögensanleger ihr Steigen oder Sinken mit gleicher Wahrscheinlichkeit. In diesem Milieu optimieren die Wirtschaftssubjekte ihre Portefeuilles, zu denen im allgemeinen Fall auch Sachvermögen gehört. Dieses hat andere Risikoquellen als Geldvermögen, ist aber auch ein Substitut zu diesem. Steigen beispielsweise die Kapitalmarktsätze bei ungeänderter Grenzleistungsfähigkeit des Sachkapitals, werden Sachinvestitionen weniger attraktiv: Die Zinssteigerung wirkt kontraktiv auf die Güternachfrage. Geld wird nur noch zu Transaktionszwecken gehalten, da die Wirtschaftssubjekte die heutige Vielfalt von Anlageformen mit vernachlässigbar kleinem Kursrisiko und mit praktisch beliebig wählbaren Festlegungszeiten oder Kündigungsfristen nutzen. Für diese Hypothese spricht vor allem das Verhalten der Banken als derjenigen Wirtschaftssubjekte, die professionell mit Geld umgehen: Sie halten praktisch nur Transaktionsgeld und legen überschüssige Beträge auch auf kürzeste Fristen am Geldmarkt an.

4. Empirische Untersuchungen der Geldnachfrage. Die Theorie der Geldhaltung gipfelt in den Versuchen, erklärende Variable für die zu beobachtenden Geldbestände zu finden, die Parameter entsprechender Funktionen nu-

merisch zu schätzen und mit ihrer Hilfe die Geldnachfrage zu prognostizieren. Als Quintessenz einer großen Zahl solcher Versuche läßt sich etwa folgendes festhalten:
– Die Zinssätze beeinflussen die Geldhaltung. Je höher sie sind, um so weniger Geld wird ceteris paribus nachgefragt. Die kurzfristige Zinselastizität weist Werte um $-0{,}3$ auf, die langfristige liegt zwischen $-0{,}4$ und $-0{,}9$. Eine Liquiditätsfalle (vgl. S. 41) ist nicht mit der üblichen Sicherheit nachzuweisen, aber vielleicht lagen die beobachteten Zinssätze dafür nicht niedrig genug.
– In Zeiten allgemeiner Inflation sinkt die Kaufkraft des Geldes. Ein rational planendes Wirtschaftssubjekt wird dies erkennen und zwangsläufig mehr Geld halten, weil seine Zahlungsverpflichtungen nominell zunehmen. Es wird seine *reale Geldhaltung* L^T/p, worin L^T die Nachfrage nach Transaktionsgeld und p ein Preisindex ist, jedoch nicht ändern, wenn Realeinkommen und Zinssätze konstant bleiben. Geldtheoretiker vermuten im allgemeinen, anders ausgedrückt, daß die Wirtschaftssubjekte in bezug auf ihre Geldhaltung keiner *Geldillusion* unterliegen.[32] Trifft dies zu, dann wird die nominale Geldhaltung gesamtwirtschaftlich im Ausmaß der Geldentwertung zunehmen, real aber konstant bleiben, wenn sich die von Preisänderungen bereinigten Erklärungsvariablen nicht ändern. Erwartungen verstärkter Inflation lassen jedoch die Geldnachfrage zurückgehen, was analog zum Einfluß der Zinssätze mit den höheren Alternativkosten erklärt werden kann: Die *Inflationselastizität* der Geldnachfrage ist negativ.
– Bei der Frage, welche beobachtbare Größe das Transaktionsvolumen in der Volkswirtschaft und damit die wichtigste Erklärungsvariable für die Geldhaltung zu Transaktionszwecken repräsentieren soll, stehen zwei Variable zur Wahl: Das Einkommen und das Vermögen. Nun kann man mit Hilfe eines Zinssatzes jede Stromgröße in eine Bestandsgröße überführen und umgekehrt.[33] Das Volkseinkommen oder das Sozialprodukt sind unter diesem Gesichtspunkt nichts anderes als laufende Erträge des Volksvermögens, wenn man dieses unter Einschluß des Arbeitsvermögens definiert.[34] Dessen Ertrag sind die Einkommen aus unselbständiger Beschäftigung, während der Produktionsapparat die Einkommen aus Unternehmertätigkeit und Vermögen abwirft. Sofern als Erklärungsvariable das Einkommen benutzt wird, erweist es sich als zweckmäßig, nicht das von Jahr zu Jahr zu beobachtende und Konjunktur- und Zufallsschwankungen ausgesetzte, sondern das reale Dauereinkommen zu verwenden. Darunter ist, grob gesprochen, das längerfristig erwartete Durchschnittseinkommen zu verstehen. Das Konzept stammt aus der Konsumtheorie und geht auf die Beobachtung zurück, daß die privaten Konsumausgaben im Zeitablauf weniger schwanken als die laufenden Einkommen. Darauf beruht die Hypothese, daß die Konsumenten sowohl ihre Ausgaben als auch ihre Geldhaltung an einem fiktiven gleichmäßigen Dauereinkommen ausrichten. Dieses ist jedoch

---

[32] Vgl. Mikroökonomik, S. 99, zur Definition der Geldillusion bei der Konsumplanung des privaten Haushalts. In bezug auf Geld selbst bedeutet sie die Ansicht, Geld habe seine Kaufkraft im Zeitablauf trotz Preissteigerungen nicht geändert.
[33] Rechnungswesen[6], S. 51f.
[34] Ebenda, S. 80.

nicht direkt beobachtbar und muß mit einer Reihe von Hilfshypothesen aus dem statistischen Material errechnet werden. Die Elastizität der Geldnachfrage in bezug auf diese Variable liegt zwischen 0,5 und 1,0.
 — Die Geldnachfrage reagiert mit Verzögerung auf Änderungen ihrer Erklärungsvariablen. Die Wirtschaftssubjekte brauchen Zeit, um Änderungen wahrzunehmen und die Erwartung aufzubauen, daß sie dauerhaft sind und es daher lohnt, die mit Reaktionen verbundenen Aufwendungen zu tragen. Die kurzfristigen Elastizitäten, etwa innerhalb eines Vierteljahres, sind daher (absolut) nennenswert kleiner als die längerfristigen, nach Ablauf von etwa zwei Jahren gemessenen.

Unter Berücksichtigung der eben angestellten Überlegungen könnte eine Geldnachfragefunktion demnach so aussehen:

$$\lg(L_t^T/P_t) = \lg a_0 + a_1 \lg BSP_t + a_2 \lg R_t + a_3 \lg S_t + a_4 \lg(L_{t-1}^T/P_{t-1}). \quad (3.9)$$

Hierin ist BSP das tatsächliche oder als Dauereinkommen konstruierte reale Bruttosozialprodukt der betrachteten Periode t als Maß für das preisbereinigte Transaktionsvolumen, R_t ein für kurzfristige und S_t ein für längerfristige Anlagen repräsentativer Zinssatz. Auch die reale Geldhaltung der Vorperiode L_{t-1}^T/P_{t-1} dient als Erklärungsvariable, da die Wirtschaftssubjekte Zeit für ihre Reaktionen brauchen.[35] a_0 bis a_4 sind die zu schätzenden Parameter. Die Gleichung erfüllt zwei Forderungen, die an eine wirtschaftspolitisch brauchbare Hypothese über die Geldnachfrage zu stellen sind: Sie enthält relativ wenige Variable, und sie stellt eine Verbindung zwischen rein monetären Größen einerseits und realen Variablen anderseits her.

Es gelang in den Vereinigten Staaten bis 1973, die Geldnachfrage mit Hilfe einer auf zwei kurzfristige Zinssätze beschränkten Vierteljahres-Version von Gleichung (3.9) mit befriedigender Genauigkeit zu prognostizieren. In der Folgezeit überschätzte die Gleichung allerdings die Geldnachfrage, was vermutlich mit der Schaffung neuer kurzfristiger Anlageformen zusammenhing, die es ermöglichten, die Geldhaltung zu verringern. Außerdem hatte die Hochzinsperiode von 1973/74 viele Unternehmen gelehrt, ihre Geldhaltung zu rationalisieren.

Auch für die Bundesrepublik ergaben sich im großen und ganzen befriedigende Ergebnisse. Die Elastizität der Geldnachfrage M1 in bezug auf einen repräsentativen kurzfristigen Zinssatz liegt bei −0,2, die von M3 in bezug auf einen langfristigen Zinssatz zwischen −0,2 und −0,4.[36]

V. Theorie der Geld- und Kreditpolitik

1. Ausgangstatsachen der Geld- und Kreditpolitik. Die wirtschaftspolitische Steuerung des Wirtschaftsablaufs durch Eingriffe in den monetären Bereich

---

[35] Werden Reaktionsverzögerungen nicht beachtet, stehen die Werte der Variablen möglicherweise nicht in den von den Wirtschaftssubjekten angestrebten Beziehungen zueinander. Der Ökonometriker errechnet dann aus ihnen falsche Werte für die Verhaltensparameter. Vgl. zu diesem wichtigen methodischen Problem: Mikroökonomik, S. 56.
[36] Bbk-Monatsbericht Januar 1985, S. 26.

setzt die Existenz einer staatlichen, mit dem alleinigen Recht der Ausgabe von Banknoten als dem gesetzlichen Zahlungsmittel ausgestatteten Zentralbank voraus. Da diese schon mit der Geldversorgung das Verhalten der Wirtschaftssubjekte beeinflußt, treibt sie Wirtschaftspolitik selbst dann, wenn sie dies nicht wollte. Eine Analyse ihrer Tätigkeit kann man mit drei Fragekomplexen beginnen:

– Welche Aufgaben nimmt die Zentralbank wahr, welche Ziele verfolgt sie mit ihrer Politik, und in welchem Verhältnis stehen diese zu den Zielen der anderen wirtschaftspolitischen Instanzen?
– Welche Instrumente stehen der Zentralbank zur Verfügung?
– Welche Wirkungen haben ihre Eingriffe, woran sind diese abzulesen, und wie verläßlich sind sie?

Die Geld- und Kreditpolitik ist als Teil der Konjunkturpolitik in jedem Land in die allgemeinen politischen Zusammenhänge und Machtverhältnisse eingebettet. Zwei Grundsituationen sind zu unterscheiden. Räumt beispielsweise die für die Konzeption und Durchsetzung der gesamtwirtschaftlichen Ziele maßgebliche Instanz, sei es die Zentralregierung oder eine weitgehend unabhängige Zentralbank, der Preisstabilität Priorität ein, dann wird sie prinzipiell eine Politik des knappen Geldes betreiben. Damit ist sie jedoch mit einem Durchsetzungsproblem konfrontiert, da es in der heutigen Industriegesellschaft mindestens drei Gruppen von Gegenspielern mit entgegengerichteten Interessen gibt: Diejenigen Politiker in den Parlamenten und Regierungen, die zum Nachweis ihrer Tätigkeit die öffentlichen Ausgaben für Sachgüter und Dienste sowie für Subventionen und Sozialtransfers ausweiten möchten und dafür Defizite in den öffentlichen Haushalten einplanen; die Gewerkschaften, deren Funktionäre zum Nachweis ihrer Existenzberechtigung Lohnerhöhungen durchsetzen müssen; und die Arbeitgeberverbände, die zwecks Vermeidung von Arbeitskämpfen solchen Erhöhungen zustimmen, sofern die Unternehmen ihre Einkommenspositionen durch Preiserhöhungen wahren können und ihre Kreditversorgung als ausreichend betrachten. Sind diese Gegenspieler insgesamt schwach, müssen sie sich an die Situation anpassen. Die Politiker werden die öffentlichen Ausgaben zumindest ganz überwiegend aus dem Steuer- und Gebührenaufkommen finanzieren, und die Arbeitsmarktpartner werden bei ihren Tarifabschlüssen im wesentlichen im Rahmen der Zunahme der Arbeitsproduktivität bleiben. Diese Politik wird nach außen am besten durch eine Freigabe des Währungskurses abgesichert, der beispielsweise in einer Umgebung stärker inflationierender Handelspartner die wachsenden Unterschiede zwischen in- und ausländischem Preisniveau durch eine gleitende Aufwertung kompensieren kann. Im Inland bedeutet eine solche Politik, daß die Ziele Vollbeschäftigung und Wirtschaftswachstum nachrangig und unter Umständen kurzfristig gefährdet sind: Da viele Preise nach unten weniger leicht beweglich sind als nach oben, kann die Politik der Konstanthaltung des Preisniveaus über die Verknappung der Geldversorgung Arbeitslosigkeit und Stagnation induzieren.

Die andere Situation ist durch die Priorität des Ziels der Vollbeschäftigung gekennzeichnet, die in manchen Ländern gesetzlich oder durch eine Willenserklärung der Zentralregierung verankert ist. Die Tarifpartner sind autonom und bestimmen praktisch durch ihre Vereinbarungen das Lohn- und damit das Preisniveau, dessen Finanzierung durch das immer zur Kreditausweitung bereite Bankensystem und letztlich durch Anpassungsreaktionen der Geldversorgungsinstanz sichergestellt wird. Handelt es sich um eine stark außenhandelsabhängige Volkswirtschaft, dann bestimmen die internationalen Rohstoffpreise zusammen mit dem Lohnniveau letztlich die Geldmenge, und es herrscht ständig Inflation, die in westlichen Industrieländern leichte bis mittlere Grade aufweist und sich in Entwicklungsländern bis zur galoppierenden Inflation ausweiten kann. Jedoch ist auch in dieser Situation die Erreichung der Vollbeschäftigung keineswegs garantiert: Wie noch zu zeigen ist, können sich die Wirtschaftssubjekte in einer Weise auf unterschiedliche Inflationsgrade einstellen, die ebenfalls zu Arbeitslosigkeit und Stagnation führt.

Der Unterschied zwischen beiden Situationen kann auch vereinfacht durch die Aussage ausgedrückt werden, daß im ersten Fall der Geldbestand die Preise, im zweiten die Preise den Geldbestand bestimmen. Er geht letztlich auf institutionelle Unterschiede der Machtverteilung zwischen politischen Instanzen und der Zentralbank zurück.

Ist die Stabilisierung des Geldwertes das vorrangige Ziel der Zentralbank und hat sie genügend Macht, sich entsprechend zu verhalten, kann es zur Situation des *wirtschaftspolitischen Zielkonflikts* kommen, wenn andere Instanzen die Situation anders einschätzen oder andere Ziele als vorrangig ansehen.

2. Instrumente der Geld- und Kreditpolitik. Eine Zentralbank hat grundsätzlich drei Möglichkeiten, ihren Einfluß geltend zu machen:

– Durch Änderungen des Bestandes an Zentralbankgeld Z, das als Grundlage der Kreditschöpfung seitens der Geschäftsbanken dient, also durch *Geldmengenpolitik* (auch: Geldpolitik im engeren Sinne).

Aus der vereinfachten Bilanz 3.1 der Zentralbank (S. 153) ist zu erkennen, daß dem auf der Passivseite gebuchten Zentralbankgeld A.4 + A.5 + A.6 auf der Aktivseite Schuldtitel des Auslandes A.1, des Staates A.2 und der Privaten A.3 gegenüberstehen. Im marktwirtschaftlichen System variiert die Zentralbank die Größe Z, indem sie solche Schuldtitel handelt: Bei Ankauf steigt, bei Verkauf sinkt Z. Da sich dabei immer die Liquiditätssituation der Geschäftsbanken oder der Nichtbanken ändert, spricht man auch von *Liquiditätspolitik*. Die zweite Möglichkeit besteht in

– Änderungen der Zinssätze für die Kredite, die die Zentralbank Geschäftsbanken und zum Teil auch Nichtbanken gewährt. Dies ist *Zinspolitik* oder Kreditpolitik im engeren Sinne.

Der Unterschied zur Geldmengenpolitik liegt auf der Hand: Bei freier Entscheidung über ihre Käufe und Verkäufe kann die Zentralbank Z autonom und genau festlegen. Die Zinssätze beeinflussen dagegen das Angebot der Geschäftsbanken an und die Nachfrage der Nichtbanken nach Krediten, und die Wirtschaftssubjekte zusammen entscheiden mit der Schaffung und Tilgung von Kreditbeziehungen über den Bestand an Zentralbankgeld. Gleichzeitig ändern sich mit den

Zinssätzen aber auch wichtige Bestimmungsvariable für die Dispositionen der Nichtbanken auf den Gütermärkten.

Der Vollständigkeit halber ist als dritte Möglichkeit zu erwähnen:

– Mit *Nichtmarkteingriffen* werden bestimmte Transaktionen auf Kreditmärkten verboten, vorgeschrieben oder Beschränkungen unterworfen.

Beim Einsatz ihrer Instrumente muß die Zentralbank beachten, daß die ökonomischen Variablen im Geld- und Kreditbereich weitgehend interdependent sind. Beispielsweise wird jede zinspolitische Maßnahme in der Regel auch die Liquiditätssituation und jede liquiditätspolitische Maßnahme auch Zinssätze beeinflussen. Da immer die Gefahr besteht, daß die Wirkung von Eingriffen in einem Bereich durch entgegengerichtete Reaktionen im anderen Bereich beeinträchtigt wird, nehmen Zentralbanken häufig beide Arten von Eingriffen gleichzeitig vor, was gelegentlich als „Zangenpolitik" bezeichnet wird: Eine *expansive Kreditpolitik* (auch: *Politik des leichten Geldes*) bedeutet dann Senkung von Zinssätzen und Erhöhung der Bankenliquidität, eine *kontraktive Kreditpolitik* (auch: *Politik des knappen Geldes*) Eingriffe mit gegenteiliger Tendenz. Dies gilt erst recht, wenn administrative Eingriffe im dritten Bereich vorgenommen werden, da hier Umgehungsreaktionen besonders heftig zu sein pflegen. Geld- und Kreditpolitik ist ungeachtet der separaten Analyse ihrer Instrumente und deren Wirkungen daher als Einheit zu sehen.

Die Änderung der Zentralbankgeldmenge oder der Zinssätze der Zentralbank ist jeweils der erste Schritt zur Beeinflussung des Wirtschaftsablaufs. Die weitere Entwicklung ergibt sich aus einer Vielzahl von Anpassungsreaktionen der Geschäftsbanken und der Nichtbanken, mit denen diese bestrebt sind, die durch den Eingriff der Zentralbank und die anfänglichen Reaktionen aus dem Gleichgewicht gebrachten Bilanzrelationen auf die neue Situation einzustellen. Jedoch brauchen die Wirtschaftssubjekte Zeit, um ihre Entscheidungen vorzubereiten und auszuführen. Jeder geld- und kreditpolitische Eingriff wirkt daher mit einer *Verzögerung* auf die Zielvariablen, und die mit ihm in Gang gesetzte Kette von Reaktionen ist im allgemeinen Fall zwar der Richtung, nicht aber dem genauen quantitativen Ausmaß nach vorhersehbar. Die Zentralbank kann mit ihren Maßnahmen die wirtschaftspolitischen Endzielvariablen Preisniveau, Wirtschaftswachstum und Beschäftigung somit nur indirekt über ihre Wirkungen auf eine Reihe zwischengeschalteter Variabler beeinflussen. Diese heißen dementsprechend *Zwischenzielvariable*. Die damit angesprochene Wirkungskette, zu deren Nachvollzug eine Reihe der bisher entwickelten Hypothesen über Zusammenhänge zwischen makroökonomischen Variablen heranzuziehen ist, nennt man den *Transmissionsmechanismus* der Geld- und Kreditpolitik.

3. Der Transmissionsmechanismus. Der Geldtheoretiker muß versuchen, dem Geld- und Kreditpolitiker drei zentrale Fragen zur Wirkungsweise von dessen Eingriffen zu beantworten:

– Welchen Weg nimmt ein geldpolitischer Impuls durch die Märkte?
– Mit welcher Verzögerung erreicht er die Gütersphäre und beeinflußt somit die Ausgabeentscheidungen der Wirtschaftssubjekte?

- In welchem quantitativen Ausmaß wirkt er auf Güterpreise einerseits und -mengen (und damit die Beschäftigung) anderseits?

Bild 3.3 gibt einen Überblick über die Reaktionsketten, aufgrund derer sich Einflüsse der Geld- und Kreditpolitik auf die wirtschaftspolitischen Endziele ergeben können. Exogene Variable sind durch eckige Kästchen, endogene durch gerundete gekennzeichnet. Das Bild drückt folgende Hypothesen aus. Die Zentralbank verfügt über die S. 200 f. genannten drei Arten von Eingriffsmöglich-

Bild 3.3 – *Wirkungsweise der Geld- und Kreditpolitik: Der Transmissionsmechanismus*

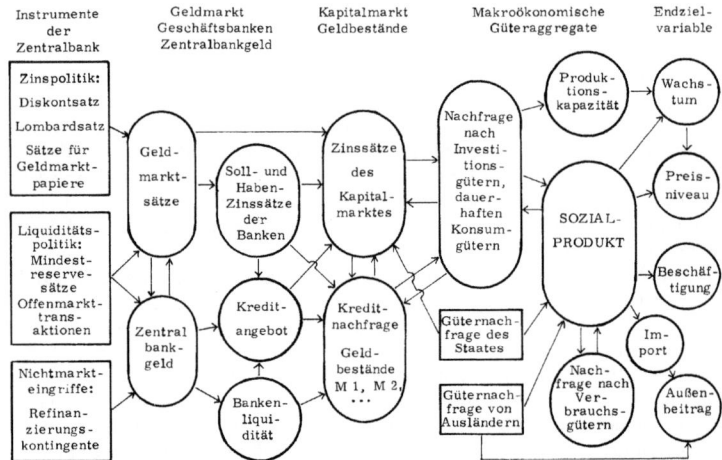

keiten, die sich hier der Bezeichnung nach an die Verhältnisse in der Bundesrepublik Deutschland anlehnen und unten in Teil VI näher erläutert werden. Betreibt die Zentralbank beispielsweise eine kontraktive Politik, dann wird sie ihre Zinssätze und die Mindestreservesätze erhöhen, Aktiva wie Geldmarktpapiere, festverzinsliche Wertpapiere oder Devisen verkaufen und die Beträge herabsetzen, bis zu denen sie bestimmte Papiere wie Handelswechsel kauft. Sie muß nicht alle Instrumente zur gleichen Zeit einsetzen, und auch die Dosierung des Einsatzes bleibt ihr überlassen. Unmittelbare Wirkung ist, daß die Refinanzierungskosten der Geschäftsbanken steigen und der Bestand an Zentralbankgeld und damit die Bankenliquidität abnimmt oder schwächer steigt als bisher. Die Banken wollen ihre Zinsspanne halten und erhöhen ihre Sollzinssätze. Sie setzen aber auch die Zinssätze für die bei ihnen gehaltenen Einlagen herauf, um sie attraktiver zu machen und so Geld anzulocken. Ihr Kreditangebot sinkt oder nimmt weniger stark zu, folgt damit der Bewegung des Zentralbankgeldes, die dessen Basis bildet, und beeinflußt die Geldbestände. Unterdessen passen sich auch andere Vermögensanleger an die neue Situation an. Der Eingriff der Zentralbank hat eine Zinssteigerungserwartung geschaffen, die Arbitrage in Gang setzt und wegen der Zusammenhänge zwischen kurz- und langfristigen Sätzen (vgl. S. 168) Wertpapierverkäufe induziert und damit auch die Kapitalmarktsätze steigen läßt. Die Aktienkurse sinken, was die Neigung der Gesellschaften beeinträchtigt, ihr Kapital zwecks Finanzierung von Investitionen zu erhöhen. Von nun an greifen die Wirkungen aus dem monetären Bereich auf die Gütersphäre über. Anleger sehen, daß Finanzaktiva nunmehr höhere Erträge erbringen, schichten ihre Portefeuilles um und beziehen dabei auch ihr Realvermögen ein. Dies geschieht wegen der im allgemeinen höheren Transaktionsaufwendungen zwar langsamer, hat aber im Prinzip den gleichen renditesteigernden Effekt. Kredite sind teurer und das Kreditangebot ist knapper geworden, was kontraktiv auf den zins- und kreditabhängigen Teil der gesamtwirtschaftlichen Endnachfrage wirkt, also vor allem auf die Nachfrage nach Investitions- und dauerhaften Konsumgütern. Wegen der gestiegenen Wertpapierrenditen und der verschlechterten Aussichten für Sachinvestitionen ziehen es Produktionsunternehmen vor, flüssige Mittel in Finanzinvestitionen anzulegen. Dies kann zusammen mit dem Rückgang der Kreditnachfrage die längerfristigen Zinssätze wieder senken: Vorgänge in der Gütersphäre wirken auf die monetäre Sphäre zurück. Dieser *Einkommenseffekt* auf die Zinssätze kann durch einen *Preiserwartungseffekt* verstärkt werden: Werden durch die kontraktive Politik Inflationserwartungen abgebaut, sinken zusätzlich die in den Zinssätzen enthaltenen Inflationsprämien. Alle diese Änderungen beeinflussen die wirtschaftspolitischen Zielvariablen zum Teil direkt – durch Preisänderungen auf den Märkten der genannten Güter und durch Beschäftigungsänderungen in den herstellenden Industrien – zum Teil indirekt, soweit sie über Multiplikator- und Akzeleratorprozesse das Sozialprodukt ändert. Dieses wird auch noch von der staatlichen Güternachfrage und dem Export beeinflußt, die hier beide als exogen angesehen werden, da sie von geld- und kreditpolitischen Maßnahmen kaum berührt werden. Die Nachfrage nach nichtdauerhaften Konsumgütern und nach Importgütern hängt vom Sozialprodukt ab. Die Produktionskapazität wird von den Investitionen beeinflußt, ist für das Güterangebot wesentlich und spielt über dieses eine Rolle bei der Preisentwicklung.

Das Bild soll im wesentlichen die Wirkungen der Geld- und Kreditpolitik darstellen und enthält daher keine Hinweise auf die sonstigen Einflüsse auf die Endzielvariablen. Deren wichtigste sind die von den Gewerkschaften und Arbeitgeberverbänden zusammen betriebene Lohnpolitik; die Finanzpolitik außerhalb der erfaßten Entscheidungen über die Güternachfrage, also vor allem die Steuer- und die Sozialpolitik; sowie außenwirtschaftliche Einflüsse in Gestalt von Währungskurs- und Preisbewegungen.

4. Das Indikatorproblem der Geld- und Kreditpolitik. Ist es in der Praxis möglich, angesichts der eben geschilderten Vielfalt von Einflüssen herauszufinden, in welcher Richtung und in welchem Ausmaß ceteris paribus die Politik der Zentralbank wirkt? Eine Variable, an der sich die Resultate bestimmter Maßnahmen ablesen lassen, heißt *Indikator,* und mit dieser Frage wird daher das *Indikatorproblem* der Geld- und Kreditpolitik aufgeworfen. Da diese letztlich die wirtschaftspolitischen Endzielvariablen beeinflussen soll, könnte man das Indikatorproblem mit dem Problem der Steuerung dieser Variablen gleichsetzen und es schematisch so darstellen:

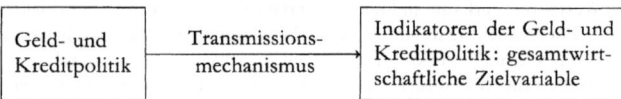

Danach müßte etwa bei hoher Arbeitslosigkeit massiv eingegriffen und der Erfolg am Rückgang der Arbeitslosenquote abgelesen werden. Dabei wird jedoch übersehen, daß diese Quote noch wie eben geschildert von vielen anderen Faktoren außerhalb der Einflußmöglichkeiten der Zentralbank abhängt, darunter auch von Maßnahmen anderer wirtschaftspolitischer Instanzen. Eine solche Politik könnte, wenn sie außerdem noch wegen vieler Wirkungsverzögerungen zu lange durchgehalten wird, zu einer erheblichen Inflation und damit zu unerwünschten Nebenwirkungen führen, die ihre beabsichtigten Folgen überkompensieren. Die Erkenntnis, daß die Geldpolitik immer nur einen Beitrag unter mehreren zur Beeinflussung der gesamtwirtschaftlichen Zielvariablen leisten kann, hat dazu geführt, daß die geldpolitischen Instanzen heute im allgemeinen eine noch im monetären Bereich des Transmissionsmechanismus liegende Zwischenzielvariable (vgl. die Erläuterung zu Bild 3.3) zu beeinflussen suchen und an ihren Bewegungen dementsprechend eine Art Zwischenerfolg ihrer Tätigkeit ablesen.

Welche Variable soll das sein? Geht man von den Endzielvariablen aus im Transmissionsmechanismus zurück, trifft man auf die Zinssätze des Kapitalmarkts als Kandidaten für die Indikatoraufgabe, und tatsächlich wurden sie auch in vielen Ländern dafür benutzt. Die Praxis hat jedoch gezeigt, daß diese Sätze aus zwei Arten von Gründen eher irreführend wirken. Erstens unterliegen sie ebenfalls noch einer Vielzahl von Einflüssen außerhalb des Machtbereichs der Zentralbank, vor allem aus dem Ausland und von seiten der öffentlichen Haushalte, die in erheblichem und kaum vorhersehbarem Umfang als Kreditnehmer auftreten. Zweitens ruft eine gegebene Politik im Zeitablauf Einflüsse auf die Kapitalmarktsätze hervor, die die Indikatorfunktion ins Gegenteil verkehren. So kann beispielsweise eine expansive Kreditpolitik mit der Absicht, die langfristigen Zinssätze zu senken und damit die Investitionen anzuregen, kurzfristig Erfolg haben und längerfristig gegenläufige Effekte hervorrufen: Die wirtschaftliche Aktivität wird so stark belebt, daß die davon induzierte verstärkte Kreditnachfrage die Zinssätze wieder steigen läßt. Vor allem aber werden Inflationserwartungen geweckt, und die Kreditgeber verlangen und erhalten im Hinblick darauf schon dann höhere Zinssätze, wenn die Geldmenge noch zunimmt. Die gegenseitigen Erscheinungen können bei einer kontraktiven Politik eintreten (vgl. S. 203). Wenn diese Sätze also mit der gleichen Bewegungsrichtung sowohl die kurzfristigen Effekte einer expansiven als auch die längerfristigen Wirkungen einer kontraktiven Geldpolitik anzeigen, ohne daß man diese wegen ihrer Wirkungsverzögerungen mit möglicherweise variabler Länge jeweils sicher identifizieren könnte, dann sind sie als Indikatoren ungeeignet.

Geht man weiter im Transmissionsmechanismus zurück, trifft man auf die freien Liquiditätsreserven der Geschäftsbanken. Sie galten beispielsweise der

Bundesbank bis Anfang der siebziger Jahre als Indikator ihrer Politik. Nahmen sie zu, war die Geldpolitik expansiv, da die Geschäftsbanken dann mehr Kredite gewähren konnten. Jedoch wurden ihre Nachteile im Laufe der Zeit unübersehbar:
- Es gab keinen zuverlässigen Zusammenhang mit den Endzielen. So nahmen beispielsweise die Liquiditätsreserven während der mit einem Konjunkturaufschwung einhergehenden Kreditexpansion ab. Ließ am Ende des Aufschwungs die Kreditnachfrage nach, stiegen sie wieder, womit eine Wirkung des beginnenden Abschwungs als expansives Zeichen mißdeutet werden konnte;
- Die Liquiditätsreserven waren quantitativ nicht bekannt, da es meist keine Lombardkontingente gab;
- Immer mehr Geschäftsbanken ließen im Vertrauen auf Refinanzierungsmöglichkeiten an den nationalen und internationalen Geldmärkten ihre Liquiditätsreserven auf unbedeutende Beträge sinken und waren gleichwohl noch bereit, mehr Kredite zu gewähren.

Nach heutiger überwiegender Auffassung sind die Geldbestände als zwischen Bankenliquidität und Zinssätzen des Kapitalmarkts angesiedelte Variable relativ am besten geeignet, als Indikatoren zu dienen. Diese Wahl stellt einen Kompromiß zwischen gegensätzlichen Anforderungen dar: Die Indikatoren sollen operational definierbar und einerseits von der Geldpolitik gut steuerbar sein, anderseits bekannte Einflüsse auf die Endzielvariablen ausüben. Wichtig für die praktische Handhabung der Geldpolitik ist schließlich, daß statistische Angaben über die Indikatoren kurzfristig verfügbar sind. Das ist bei monetären Variablen regelmäßig der Fall, kann allerdings auch zu Überreaktionen der Geldpolitik führen, wenn kurzfristigen Zufallsschwankungen zuviel Gewicht beigelegt wird.

5. Geldpolitische Konzeptionen. Gemäß den Erörterungen über den Transmissionsmechanismus und das Indikatorproblem lassen sich die Bedingungen für eine wirksame Geld- und Kreditpolitik so zusammenfassen. Deren Maßnahmen beeinflussen den gesamtwirtschaftlichen Ablauf in einer nach Art und Ausmaß mit hinreichender Genauigkeit vorhersehbaren Weise,

- wenn sie in der monetären Sphäre sowohl auf das Kreditangebot als auch auf die für die Kreditnahme der Nichtbanken relevanten Zinssätze in beiden Richtungen innerhalb nur wenig variierender Zeiträume wirken. Das setzt unter anderem voraus, daß weder Geschäftsbanken noch Nichtbanken die Maßnahmen der Zentralbank in nennenswertem Umfang durch Ausweichreaktionen unterlaufen können;
- wenn in der Gütersphäre wesentliche Teile der gesamtwirtschaftlichen Endnachfrage durch Kreditaufnahme finanziert und daher durch Änderungen des Kreditangebots beeinflußt werden oder hinreichend empfindlich auf Änderungen der Zinssätze reagieren. Dazu muß die Transaktionshäufigkeit des Geldes auch kurzfristig einigermaßen stabil sein.

Im Idealfall wäre die Frage, welche Zwischen- und Endzielvariablen in welchem Ausmaß innerhalb welcher Zeit auf den Einsatz eines bestimmten geldpolitischen Instruments gegebener Dosierung reagieren, mit hinreichender Genauigkeit zu beantworten.

Die Realität ist weit von einer solchen Situation entfernt. Bestenfalls kann man sich auf den Zusammenhang zwischen Wirkungsrichtungen verlassen: Eine kontraktive Politik wird die Inflationsrate eher senken als erhöhen. Selbst dies gilt in der kleinen offenen Volkswirtschaft nur unter der Voraussetzung, daß die außenwirtschaftlichen Einflüsse beherrschbar sind. Insgesamt ist der Zusammenhang zwischen Instrumenten und Zielen wegen der vielen Zwischenstufen des Transmissionsmechanismus und der zahlreichen sonstigen Einflüsse auf die Preise und die anderen Zielvariablen nur lose und wenig zuverlässig. Dieser ist eben kein „Mechanismus" im technischen Sinne, auf dessen Funktionieren man sich mit hoher Wahrscheinlichkeit verlassen könnte, sondern ein höchst kompliziertes, von immer nur unvollständig bekannten menschlichen Entscheidungen bestimmtes interdependentes System. Der Beobachter steht daher in jedem Zeitraum einer Situation gegenüber, in der die kurzfristigen Wirkungen gerade getroffener mit den längerfristigen Einflüssen früherer geld- und kreditpolitischer Maßnahmen zusammentreffen. Sie werden zudem von den Reaktionen auf Eingriffe anderer Instanzen, auf die gerade herrschende Konjunkturphase und auf außenwirtschaftliche Impulse überlagert sowie vom Auslastungsgrad des Produktionsapparats und von Erwartungen über zukünftige Eingriffe und Entwicklungen beeinflußt. Dies zu entwirren und die Vielzahl von Wirkungen verläßlich ihren Ursachen zuzurechnen, übersteigt derzeit die Möglichkeiten der Wirtschaftswissenschaft.

Die wirtschaftspolitischen Instanzen müssen jedoch handeln. Sie brauchen eine Theorie, und Wirtschaftswissenschaftler fühlen sich verpflichtet, ihnen diese zu liefern. Da sie sich aber nicht einig sind, hat die Unsicherheit über die Wirkungsweise des Transmissionsmechanismus zu einer inzwischen jahrzehntelangen Kontroverse geführt. Die Anhänger der beiden Richtungen sind oder nennen sich *Keynesianer,* die an den von KEYNES eingeführten und von seinen Nachfolgern weiterentwickelten Hypothesen über die Geldhaltung und die Erklärungsvariablen der gesamtwirtschaftlichen Endnachfrage festhalten; und *Monetaristen* oder Anhänger des *Monetarismus,* die sich auf ältere Ideen über den beherrschenden Einfluß der Geldmenge auf die gesamtwirtschaftlichen Aggregate stützen und sie an die heutigen Verhältnisse angepaßt haben. Der Dissens erstreckt sich sowohl auf die Theorie als Gesamtheit der Hypothesen über das Verhalten der Wirtschaftssubjekte als auch auf die daraus zu ziehenden Schlüsse über die Handhabung der Geldpolitik. Sieht man zunächst von Einzelheiten ab, lassen sich die beiden Grundpositionen wie folgt beschreiben.

Gemäß den Hypothesen der Keynesianer beeinflussen Änderungen des Bestandes an Zentralbankgeld und des davon abhängigen Geldangebots gemäß der Liquiditätspräferenzfunktion die Zinssätze, weil ertragbringende Forderungen die relativ engsten Geldsubstitute sind. Die Wirtschaftssubjekte schichten ihre Portefeuilles entsprechend um, wovon auch die Renditen von Sachvermögensobjekten berührt werden, so daß sich die ursprüngliche Zinsstruktur auf einem anderen Niveau wieder herstellt. Dies beeinflußt die Investitionstätigkeit und führt über Multiplikator- und Akzeleratorprozesse zu Änderungen des Sozialprodukts und damit der Konsumausgaben. Soweit diese direkt vom Vermögen der Konsumenten abhängen, ergibt sich ein Einfluß der Zinssätze auf die Endnachfrage auch über den gegenläufigen Zusammenhang zwischen Zinsniveau und Wert ertragbringender Vermögensobjekte und damit über den *Vermögenseffekt* der Geldpolitik. In Analysen dieses Typs werden häufig nur reale Variable betrachtet, die Preise also als konstant angenommen. Diese Betrachtungsweise geht auf die dreißiger Jahre zurück, als während und nach der Weltwirtschaftskrise das Beschäftigungsproblem theoretisch und wirtschaftspolitisch im Vordergrund stand und inflationäre Entwicklungen keine Rolle spielten.

Monetaristen meinen, daß Änderungen der Geldmenge auf kürzerem Wege zu Änderungen der Güternachfrage führen. Ihre zentralen Hypothesen beziehen sich auf die funktionalen Zusammenhänge zwischen der Geldhaltung einerseits und einer kleinen Zahl von Variablen anderseits und lauten etwa wie folgt:

– Geld besteht nicht nur aus Bargeld und Sichtguthaben, sondern zusätzlich aus einer Anzahl kurzfristiger ertragbringender Forderungen, die bis zum Ablauf der Festlegungsfrist als Wertaufbewahrungs-, danach als Transaktionsmittel dienen und so ebenfalls Geldfunktionen erfüllen;
– Das Vermögen besteht nicht nur aus Forderungen, sondern auch aus dauerhaften Produktionsmitteln und Konsumgütern sowie aus dem Humankapital als Gegenwartswert des zukünftigen Einkommens der Haushalte. Da das so definierte Vermögen schwierig zu messen ist, dient als Ersatzvariable bei empirischen Untersuchungen das Dauereinkommen als gewogener Durchschnitt aus früherem und gegenwärtigem Einkommen der Haushalte. Die Geldhaltung ist eine wachsende Funktion des Vermögens, bei empirischen Untersuchungen also des Dauereinkommens;
– Die Geldhaltung ist um so kleiner, je höher ihre Alternativkosten sind. Zu diesen zählen die Zinsen auf ertragbringende Anlagen sowie die Geldentwertung, gemessen durch die Inflationsrate;
– Die Geldhaltung ist um so höher, je höher das Preisniveau ist, da mit diesem die Transaktionswerte zunehmen. Geldillusion fehlt, die Wirtschaftssubjekte disponieren über ihre reale Geldhaltung;
– Die Transaktionshäufigkeit des Geldes ist relativ stabil, wenn sie als Beziehung zwischen Dauereinkommen und realer Geldhaltung gemessen wird. Der Effekt von Änderungen der Geldmenge wird daher nicht durch entgegengerichtete Änderungen der Transaktionshäufigkeit neutralisiert, wie dies in der KEYNESschen Analyse am krassesten in oder nahe der Situation der Liquiditätsfalle vermutet wird.

Im Ergebnis besagt diese Theorie, daß beispielsweise bei einer Erhöhung der Geldmenge viele Substitutionen mit dem Resultat einer allgemeinen Senkung des Zinsniveau stattfinden, dabei aber auch Sachgüter solange zusätzlich nachgefragt werden, bis ein neues Gleichgewicht erreicht ist. In diesem ist der zusätzliche Geldbestand voll in seiner Transaktionsfunktion absorbiert, so daß die vom Publikum gewünschte Relation zwischen Geldbestand und nominalem Sozialprodukt wiederhergestellt ist. Was Keynesianer als exogene Verschiebungen von Konsum- oder Investitionsfunktionen mit der Folge von Expansions- oder Kontraktionsprozessen betrachten, hat für Monetaristen Ursachen im monetären

Bereich und ist daher endogen. Damit existiert bei weitgehend konstanter Transaktionshäufigkeit ein ziemlich enger, direkter und weitgehend stabiler Zusammenhang zwischen der Geldmenge und der Güternachfrage, der auch dann wirkt, wenn die Zinssätze ungeändert bleiben. Letztlich sind daher Sachgüter die engeren Substitute für Geld, und die monetaristische Position läuft auf die Hypothese eines direkten Zusammenhangs zwischen Geldmenge und Sozialprodukt wie in Gleichung (1.15) S. 34 hinaus. Sie heißt daher auch *Neo-Quantitätstheorie*. Ihre Analysen berücksichtigen vor allem die nominalen Werte der makroökonomischen Variablen. Sie gelten damit für die kurze und mittlere Frist und entsprechen den Bedürfnissen der Konjunkturpolitiker der meisten Länder in der durch Inflation gekennzeichneten Situation seit Beginn der siebziger bis Mitte der achtziger Jahre.

Keynesianer wie Monetaristen ziehen aus ihren Analysen noch weitergehende Schlüsse, die unmittelbar zu ihren unterschiedlichen wirtschaftspolitischen Empfehlungen überleiten. Zentrales Ergebnis der KEYNESschen Analyse der industrialisierten Volkswirtschaft der dreißiger Jahre war die Diagnose, ihr privater Sektor sei von Natur aus instabil. Das liegt daran, daß die privaten Entscheidungen über Produktmengen, Investitionen, Preise, Güterkäufe und Ersparnis bei unvollständiger Information und unter unsicheren Erwartungen dezentral und ohne vorherige Koordination getroffen werden müssen. Insbesondere die leicht beeinflußbaren, unstetigen Investitionsentscheidungen lassen Sozialprodukt und Beschäftigung schwanken. Es mag eine Tendenz zum Gleichgewicht bei Vollbeschäftigung geben, aber unter den heutigen Bedingungen setzt sie sich zu langsam durch, um politisch tragbar zu sein. Es ist dann Aufgabe des Staates, durch Variation der Steuersätze und seiner Ausgaben sowie durch Einflußnahme auf die privaten Konsum- und Investitionsentscheidungen stabilisierend einzugreifen. Insbesondere hat der Staat bei Nachfragemangel seine eigene Güternachfrage zu erhöhen und so die Lücke zu schließen.

Demgegenüber halten Monetaristen das marktwirtschaftliche System für inhärent stabil. Seine zeitliche Entwicklung wird von Faktoren wie dem Arbeitsangebot, dem Wachstum des Kapitalstocks und dem technischen Fortschritt bestimmt, die sich in der Regel nicht sprunghaft ändern. Mit Störungen von außen wird das System leicht fertig, externe Schocks versetzen es allenfalls in gedämpfte Schwingungen. Staatliche Eingriffe in den Wirtschaftsablauf sind daher unnötig. Sie können darüber hinaus Reaktionen hervorrufen, die die beabsichtigten Wirkungen zunichte machen oder zumindest beeinträchtigen. Dies gilt etwa für die Expansionswirkung zusätzlicher Staatsausgaben, wenn die zu ihrer Finanzierung erforderliche zusätzliche Kreditaufnahme private Kreditnehmer verdrängt und so deren Ausgaben senkt. Wird dieser Verdrängungseffekt (vgl. S. 89) nicht durch eine gleichzeitige expansive Geldpolitik kompensiert, können auch die Zinssätze steigen, was den Effekt noch verstärkt, so daß sich im Ergebnis nur die Zusammensetzung der gesamtwirtschaftlichen Endnachfrage, aber nicht mehr ihre Höhe und damit die Beschäftigung ändert.

Für die Geld- und Kreditpolitik folgen aus dieser unterschiedlichen Sicht weitgehend unterschiedliche Empfehlungen:
– Keynesianer schreiben der Geld- und Kreditpolitik nur eine untergeordnete Rolle zu, da ihre Wirkungen wegen der Instabilität von Transaktionshäufig-

keit und Geldnachfrage ungewiß sind. Der Einfluß der Geldmenge ist gering, er macht sich eher über ihre Wirkung auf die Zinssätze bemerkbar, aber die Zinselastizität der Sachinvestition ist auch nur klein. Daher sollten Wirtschaftspolitiker vor allem mit den Mitteln der Finanzpolitik antizyklisch eingreifen: Keynesianer sind *Fiskalisten*.

– Monetaristen vertrauen auf die nach Richtung und Ausmaß verläßlichen Wirkungen insbesondere der Geldmengenpolitik. Sie verweisen auf Erfahrungen in den Vereinigten Staaten, nach denen sich bei gleichzeitigem, aber gegenläufigem Einsatz geld- und finanzpolitischer Maßnahmen die erstgenannten durchsetzten. Da die Geldmenge die Hauptbestimmungsvariable für die Zunahme des nominalen Sozialprodukts und damit letztlich des Preisniveaus ist, resultieren Inflation, wenn sie zu stark, und Konjunkturschwankungen, wenn sie unregelmäßig wächst. Angesichts des wirtschaftspolitischen Ziels „Stetiges Wachstum des realen Sozialprodukts bei Preisstabilität" empfehlen sie eine im Zweifel geringe, aber an das als stetig vorausgesetzte Wachstum angepaßte und auf jeden Fall gleichmäßige Ausweitung der Geldmenge. Deren Ausmaß soll im voraus bekanntgegeben werden, damit sich die Wirtschaftssubjekte darauf einrichten können. Zeithorizont ist dabei mindestens ein Jahr, besser aber noch mehrere Jahre. Zwischenzielvariable und Indikator ist das Zentralbankgeld, das in stabiler Beziehung zur Geldmenge steht. Eine *diskretionäre Geldpolitik,* die also je nach Konjunktursituation abwechselnd expansiv oder kontraktiv eingesetzt wird, lehnen sie ab, weil die Konjunkturschwankungen dadurch eher verstärkt als gemildert werden.

Das letztgenannte Argument wird mit der Beobachtung begründet, daß geldpolitische Maßnahmen wegen ihrer langen Wirkungsverzögerung jeweils früh am Beginn einer bestimmten Konjunkturbewegung getroffen werden müssen. Die Anzeichen für diese sind aber häufig nicht sicher und können fehlinterpretiert werden, da gesamtwirtschaftliche Prognosen nicht genügend zuverlässig sind. Wirtschaftspolitiker orientieren sich bevorzugt an nachhinkenden Konjunkturindikatoren wie der Arbeitslosenquote und den Konsumgüterpreisen, und manche Instanzen haben eine lange Entscheidungsverzögerung. Hinzu kommt, daß die Wirkungsverzögerung nicht nur lang, sondern auch in unvorhersehbarer Weise variabel ist. Die Gefahr ist daher groß, daß geldpolitische Maßnahmen mit der falschen Wirkungsrichtung, zur falschen Zeit oder mit falscher Dosierung getroffen werden. Sie wirken prozyklisch statt antizyklisch, verstärken also die Konjunkturschwankungen, statt sie zu dämpfen, und verursachen daher erst die Instabilität des Systems, die sie doch mildern sollen. Schließlich werden wirtschaftspolitische Fehler zum Teil dadurch hervorgerufen, daß Politiker im Hinblick auf Wahlen solche Eingriffe mit dem Ergebnis veranlassen, daß politisch bedingte Schwankungen des Sozialprodukts entstehen (*politischer Konjunkturzyklus*).

Monetaristische Ideen haben Wirtschaftswissenschaftler und -politiker seit Ende der sechziger Jahre nachhaltig beeinflußt. Sie haben die Aufmerksamkeit von den Zinssätzen als Indikatoren und Zwischenzielvariable der Geld- und Kreditpolitik auf die Geldbestände gelenkt und vermutlich den Willen und die Möglichkeiten zur Inflationsbekämpfung gestärkt. In den siebziger Jahren gingen mehrere Zentralbanken dazu über, das Ausmaß der für zukünftige Perioden vorgesehenen Änderungen der Zentralbankgeldmenge anzukündigen.[37] Jedoch bleibt der eingangs genannte Dissens bestehen. Die theoretische Fundierung der monetaristischen Position wird vielfach immer noch für unbefriedigend gehalten, und die empirischen Nachweise für die behaupteten Zusammenhänge sind methodisch nicht durchweg überzeugend. Dies gilt auch heute noch für die inzwischen berühmt gewordene Kontroverse über die empirische Frage, ob Änderungen des Konsums oder des Sozialprodukts besser durch Änderungen autonomer Ausgabekomponenten und die davon ausgelösten Multiplikatorprozesse oder gemäß monetaristischer Ansicht durch Änderungen der Geldmenge erklärt werden können. Auch die praktischen Erfahrungen mit dem Einbau monetaristischer Elemente in die Geldpolitik mahnen eher zur Vorsicht, wozu überzeugte Monetaristen allerdings einwenden, ihre Ideen seien eben noch nirgendwo konsequent verwirklicht worden, und daher seien die Erfolge auch bescheiden. Es erscheint jedoch politisch unvertretbar, sich bedingungslos auf mechanische Regeln zu verlassen und auf diskretionäre Eingriffe unabhängig von neuen Ereignissen und Informationen zu verzichten. Ebenfalls bleibt die in jedem Fall nicht wissenschaftlich entscheidbare Verschiedenheit der Standpunkte zu der Frage bestehen, ob staatliche Instanzen eher mehr oder eher weniger in den Wirtschaftsablauf eingreifen sollten. Diese selbst werden eine solche Frage im Zweifel zugunsten von Eingriffen beantworten: Es ist viel leichter zu ertragen, sich ab und zu fehlerhaftes Handeln als Untätigkeit vorwerfen zu lassen.

Obwohl also die Kontroverse nicht entschieden ist (und es vermutlich auch nie sein wird), zeichnet sich nach den bisherigen Erfahrungen überwiegend die folgende Haltung ab: Die Feinsteuerung des Wirtschaftsprozesses über die Geld- und Kreditpolitik mit der Absicht, die Zielvariablen ständig in den gewünschten Bereichen zu halten, läßt sich nicht verwirklichen. Korrigierende Eingriffe bei größeren Zielabweichungen sind unabweisbar und werden nach wie vor allgemein vorgenommen und akzeptiert.

VI. Geld- und Kreditpolitik in der Bundesrepublik Deutschland

1. Organisation und Tätigkeit der Deutschen Bundesbank. Zentralbank der Bundesrepublik Deutschland ist die *Deutsche Bundesbank*. Sie ist eine bundesunmittelbare juristische Person des öffentlichen Rechts mit dem derzeitigen Sitz Frankfurt am Main. Sie unterhält in jedem der elf Länder einschließlich Berlin (West) eine Hauptverwaltung mit der Bezeichnung *Landeszentralbank* sowie rund 200 Zweiganstalten. Die Bundesbank entstand in Ausführung des mit Art. 88 GG erteilten Auftrages, „eine Währungs- und Notenbank" zu errichten, mit Wirkung vom 1. August 1957 aus der Verschmelzung der damaligen Landeszentralbanken der Länder einschließlich der Berliner Zentralbank mit der 1948 gegründeten *Bank deutscher Länder*. Rechtsform, Organisation, Aufgaben und

---

[37] Angaben hierüber finden sich in den Jahresberichten der *Bank für Internationalen Zahlungsausgleich*. Das Zentralbanksystem der Vereinigten Staaten hat den beiden Häusern des Parlaments zweimal im Jahr über seine Geldmengenziele zu berichten.

Befugnisse der Bank sowie ihr Verhältnis zur Bundesregierung sind im *Gesetz über die Deutsche Bundesbank* von 1957 festgelegt.[38]

Organe der Bank sind der *Zentralbankrat,* das *Direktorium* und die *Vorstände der Landeszentralbanken* (§ 5). Der Zentralbankrat (§ 6) besteht aus dem Präsidenten und dem Vizepräsidenten der Bank, den sonstigen (am 1. April 1987: fünf) Mitgliedern des Direktoriums und den Präsidenten der elf Landeszentralbanken. Er bestimmt als oberstes Organ der Bank ihre Währungs- und Kreditpolitik, regelt Zuständigkeiten und kann den anderen Organen Weisungen erteilen. Seine Beschlüsse faßt er mit einfacher Mehrheit. Das Direktorium (§ 7) besteht aus dem Präsidenten, dem Vizepräsidenten und bis zu acht weiteren Mitgliedern. Die Mitglieder werden vom Bundespräsidenten auf Vorschlag der Bundesregierung bestellt, die bei ihren Vorschlägen den Zentralbankrat anzuhören hat. Die Amtszeit beträgt in der Regel acht Jahre. Das Direktorium leitet und verwaltet die Bank und führt die Beschlüsse des Zentralbankrats aus. Die Vorstände der Landeszentralbanken (§ 8) führen die Geschäfte mit dem Land, den dort ansässigen öffentlichen Verwaltungen und den Kreditinstituten ihrer Bereiche. Anfang 1987 hatte die Bank rund 15 300 Beschäftigte.

Zu den Aufgaben der Bank gehört die Ausgabe von Banknoten, die auf Deutsche Mark lauten und das einzige unbeschränkte gesetzliche Zahlungsmittel in der Bundesrepublik sind (§ 14). Deckungsvorschriften für diese existieren nicht, so daß die Deutsche Mark eine reine *Papierwährung* ist. Die Bank verwaltet die nationalen Währungsreserven; und sie wickelt einen beträchtlichen Teil des bankmäßigen Zahlungs- und Überweisungsverkehrs im Inland und mit dem Ausland ab. Beispielsweise nahm sie 1986 auf ihren Girokonten 1857 Mill. Gutschriften im Gesamtwert von 22,2 Bill. DM vor.[39] Sie kann Statistiken auf dem Gebiet des Bank- und Geldwesens bei allen Kreditinstituten anordnen und durchführen (§ 18), und sie darf im einzelnen genau bezeichnete Geschäfte mit Kreditinstituten (§ 19), öffentlichen Verwaltungen (§ 20) und jedermann (§§ 21 und 22) betreiben. Sie ist dabei ganz überwiegend als Bank des Bundes, der Länder und vor allem der Geschäftsbanken tätig; ihre Geschäfte mit anderen Nichtbanken spielen keine große Rolle. Außerdem ist sie nach § 7 KWG an der Bankenaufsicht beteiligt.

Das Grundkapital der Bundesbank von 290 Mill. DM steht dem Bund zu (§ 2), und daher hat sie ihren Gewinn nach Dotierung von Rücklagen und einer Zuführung an den Fonds zur Tilgung von Ausgleichsforderungen an diesen abzuführen (§ 27). Diese Ausschüttungen lagen in den Jahren 1957 bis 1959 zwischen 40 und 60 Mill. DM und entfielen in den sechziger und siebziger Jahren zumeist, da die Bank infolge von DM-Aufwertungen Bewertungsminderungen in ihrer Bilanz ausgleichen mußte. Seit 1980 weist die Bundesbank die als normal anzusehenden erheblichen Gewinne aus und führte für 1981 bis 1985 jährlich zwischen 10 und 13 Mrd. DM, für 1986: 7,3 Mrd. DM an den Bund ab.

---

[38] BGBl. I, S. 745, Abkürzung: BBankG. Alle Paragraphenangaben in diesem Teil beziehen sich auf dieses Gesetz, wenn nichts anderes gesagt wird. Es wurde bis Ende 1986 rund 20mal geändert. Die Anfang 1987 geltende Fassung ist abgedruckt in: Die Deutsche Bundesbank [3.78].

[39] Bbk-Geschäftsbericht 1986, S. 139.

2. Die Deutsche Bundesbank als wirtschaftspolitische Instanz. Die Deutsche Bundesbank ist befugt, geld- und kreditpolitische Maßnahmen zu beschließen und auszuführen und so als wirtschaftspolitische Instanz zu fungieren. Dazu heißt es in § 3 BBankG:

> „Die Deutsche Bundesbank regelt mit Hilfe der währungspolitischen Befugnisse, die ihr nach diesem Gesetz zustehen, den Geldumlauf und die Kreditversorgung der Wirtschaft mit dem Ziel, die Währung zu sichern, und sorgt für die bankmäßige Abwicklung des Zahlungsverkehrs im Inland und mit dem Ausland."

Hinter dieser insgesamt notwendig vagen Formulierung verbirgt sich die Ansicht, die Bank sei in der Lage, sowohl den im Gesetz nicht näher definierten Geldumlauf als auch die Kreditversorgung zu regeln, mit der vermutlich das Kreditangebot gemeint ist. Was unter „Sicherung der Währung" zu verstehen ist, kann dem Wortsinn nicht entnommen und daher nur aus den bei der Beratung des BBankG entstandenen Protokollen sowie aus dem Verhalten und den Äußerungen der Bank erschlossen werden. So schrieb sie beispielsweise,[40] „Sicherung der Währung" habe die beiden Aspekte „Stabilität des Preisniveaus im Inland" und „Stabilität nach außen", wobei letzteres in einem System fester Währungskurse mit einer ausgeglichenen Zahlungsbilanz identisch sei. Nachdem diese Interpretation mit der Freigabe des DM-Kurses gegenüber dem US-Dollar 1973 im wesentlichen hinfällig geworden war, gilt als außenwirtschaftliche Stabilität der D-Mark nunmehr die Konstanz ihrer Kaufkraft im Ausland. Das impliziert Aufwertungen der D-Mark, wenn die Preise dort schneller steigen als im Inland. Jedoch fällt die Festsetzung von Kursen der D-Mark gegenüber anderen Währungen nicht in die Kompetenz der Bundesbank, sondern ist der Bundesregierung vorbehalten.

Die Bundesbank hat seit Beginn ihrer Tätigkeit immer wieder betont, daß die Geldwertstabilität das „Endziel der Geldpolitik" sei, deren Erhaltung sie als ihre „vorrangige Aufgabe"[41] ansehe. Letzter Erfolgsindikator dieser Politik ist die Inflationsrate.[42] Dabei gibt die Bank unter den beiden Aspekten dem Inlandsziel Priorität und unterstützt dies durch die Hypothese, daß Preisstabilität „auf längere Sicht eine wichtige Voraussetzung für das reibungslose Funktionieren der Marktwirtschaft und damit ein gedeihliches Wirtschaftswachstum und hohe Beschäftigung" sei.[43] Hiermit werden die beiden anderen wirtschaftspolitischen Hauptziele angesprochen, die sachlich eng zusammengehören und von denen anzunehmen ist, daß sie in den Augen der Regierung gegenüber der Preisstabilität Vorrang genießen, besonders wenn hohe Arbeitslosigkeit herrscht. Damit tritt hier ein Koordinierungsproblem zutage, das allgemein so lautet: In einem Land mit mindestens zwei zentralen wirtschaftspolitischen Instanzen können Konflikte zwischen diesen auftreten, und zwar in bezug auf

---

[40] BBk-Geschäftsbericht 1967, S. 29f.; Die Deutsche Bundesbank [3.78], S. 11.
[41] Die Deutsche Bundesbank [3.78], S. 9.
[42] Bbk-Monatsbericht Januar 1985, S. 14, 20.
[43] Die Deutsche Bundesbank [3.78], S. 9; ähnlich in: Bbk-Monatsbericht Januar 1985, S. 14.

- die Beurteilung der gerade herrschenden wirtschaftlichen Situation (Konjunkturdiagnose);
- die Erwartungen hinsichtlich der mittelfristigen wirtschaftlichen Entwicklung (Konjunkturprognose);
- die Rangordnung der wirtschaftspolitischen Ziele und damit Art, Richtung und Ausmaß der jeweils zu treffenden wirtschaftspolitischen Maßnahmen (Konjunkturpolitik).

Das Koordinierungsproblem wird in § 12 BBankG angesprochen, wonach die Bundesbank „unter Wahrung ihrer Aufgabe die allgemeine Wirtschaftspolitik der Bundesregierung zu unterstützen" hat. Dies wurde zehn Jahre später durch § 13 Abs. 3 des Stabilitätsgesetzes unterstrichen, nach dem die bundesunmittelbaren Körperschaften des öffentlichen Rechts und damit auch die Bundesbank im Rahmen ihrer Aufgaben die Ziele des § 1 dieses Gesetzes „berücksichtigen sollen". Die einschränkende Bedingung „unter Wahrung ihrer Aufgabe" im BBankG sowie die ausdrückliche weitere Bestimmung des § 12, die Bank sei bei der Ausübung ihrer Befugnisse „von Weisungen der Regierung unabhängig", verleihen der Bundesbank jedoch eine im internationalen Vergleich bemerkenswerte Selbständigkeit.[44] Allerdings macht sich politischer Einfluß zwangsläufig bei der Besetzung der leitenden Posten bemerkbar, wie sich aus den Regelungen der §§ 7 und 8 über die Bestellung der Direktoriumsmitglieder und der Vorstände der Landeszentralbanken ergibt. In jedem Fall ist die Zusammenarbeit mit der Bundesregierung erforderlich, und so besagt § 13, daß die Bank die Regierung, auch ungefragt, in Angelegenheiten von wesentlicher währungspolitischer Bedeutung zu beraten und auf Verlangen Auskünfte zu erteilen hat. Mitglieder der Bundesregierung dürfen ohne Stimm-, aber mit Antragsrecht an den Sitzungen des Zentralbankrats teilnehmen; auf ihr Verlangen sind Beschlußfassungen bis zu zwei Wochen auszusetzen (ein Fall, der bisher nicht vorgekommen ist). Anderseits soll die Bundesregierung den Präsidenten der Bank bei ihren Beratungen über Angelegenheiten von währungspolitischer Bedeutung hinzuziehen.

Die Unabhängigkeit einer Zentralbank hat einen weiteren Aspekt, dem angesichts der historischen Erfahrungen gerade in Deutschland besondere Bedeutung zukommt. Eine Inflation gleich welchen Grades kann sich nur entwickeln und andauern, wenn eine Instanz das als Basis der Geldschöpfung dienende Zentralbankgeld bereitstellt. Neben der wirtschaftspolitischen Eigenständigkeit der Bundesbank hat der Gesetzgeber daher auch strikte Begrenzungen der Schaffung solchen Geldes aufgrund der Initiative staatlicher Stellen vorgesehen. Da die Bundesbank zweckmäßigerweise als Hausbank der zentralen öffentlichen Stellen fungiert, räumt § 20 BBankG diesen die Möglichkeit ein, Überziehungskredite in Anspruch zu nehmen. Diese *Kreditplafonds* betragen beim Bund 6 Mrd. DM; bei Bundesbahn, Bundespost, Ausgleichsfonds und ERP-Sondervermögen in dieser Reihenfolge 600, 400, 200 und 50 Mill. DM; und bei den Ländern, soweit sie Flächenstaaten sind, 40 DM je Einwohner; bei den Stadtstaaten

---

[44] R. S. SAYERS: Modern Banking. 7th ed. Oxford 1967, S. 78, nennt sie „the most autonomous (central bank) in the world."

80 DM je Einwohner. Diese Rückgriffsmöglichkeiten von insgesamt knapp 10 Mrd. DM sind also den Beträgen nach begrenzt; und sie dienen nur der kurzfristigen Überbrückung von Kassenfehlbeträgen und nicht der Finanzierung von Haushaltsdefiziten. Zudem werden Schatzwechsel angerechnet, die von den genannten Stellen begeben und von der Bundesbank übernommen wurden. Die Bundesbank kauft öffentliche Schuldverschreibungen, jedoch nur auf eigene Initiative und gemäß § 21 ausdrücklich zur Regelung des Geldmarktes. Kurspflege für diese Papiere betreibt sie für Rechnung der Emittenten. Es gibt jedoch eine Lücke in diesen Vorkehrungen gegen die Schaffung von Zentralbankgeld gegen den Willen der Bundesbank zugunsten öffentlicher Stellen: Diese könnten sich im Ausland in Währungen verschulden, für die der Bund aufgrund internationaler Abkommen eine Ankaufspflicht durch die Bundesbank konstituiert hat, und sich durch Verkauf der Devisen an die Bank unkontrolliert Zentralbankgeld verschaffen. Ein solches Verhalten müßte als Mißbrauch erscheinen, es wurde in dieser Form bisher nicht beobachtet. Jedoch kauften Ausländer Mitte der achtziger Jahre zunehmend DM-Staatsschuldtitel; 1986 entfielen 86 v. H. der Nettokreditaufnahme der Gebietskörperschaften auf das Ausland (Bbk-Monatsbericht April 1987, S. 18 f.).

Es bedarf keiner näheren Erläuterung, daß die vorstehend geschilderten Regelungen ein Mißtrauensvotum gegen die im System der parlamentarischen Demokratie tätigen Politiker darstellen. Diese stehen unter einem solchen Wettbewerbsdruck, daß sie das Geldwesen, so lautet die Befürchtung, vielleicht ein weiteres Mal ruinieren würden. Die Schöpfer des Bundesbankgesetzes, immerhin auch Politiker, wie anzuerkennen ist, wollten dieses Risiko nicht eingehen und zeigten sich gewillt, aus einer Vergangenheit zu lernen, in der die Reichsbank als Vorgängerin der Bundesbank im Deutschen Reich die zweimalige Zerrüttung des Geldwesens in diesem Jahrhundert nicht verhindern konnte oder wollte. Politisch gesehen sind institutionelle Vorkehrungen der geschilderten Art das einzige Mittel dagegen, und sie haben sich bisher als haltbar und zuverlässig erwiesen. Natürlich schützen sie nicht vor fehlerhaften Maßnahmen der Geld- und Kreditpolitik, und sie sind änderbar.

3. Theorie und Instrumente der Bundesbank.
Wie jede wirtschaftspolitische Instanz sollte auch die Bundesbank aufgrund eines Systems untereinander widerspruchsfreier Hypothesen über die Einflüsse ihrer Maßnahmen auf den Wirtschaftsablauf und dessen Wirkungszusammenhänge tätig werden.[45] Diese Theorie, die sich auch ändern kann, ist zusammen mit ihren wirtschaftspolitischen Grundsätzen aus ihren Berichten und Kommentaren zur wirtschaftlichen Situation und zu wirtschaftspolitischen Maßnahmen sowie aus Äußerungen ihres leitenden Personals zu erschließen. Zusammengefaßt lautet sie etwa so:

---

[45] Dies gilt heute als selbstverständlich. Dagegen meinte M. NORMAN, Gouverneur der Bank von England von 1920 bis 1944, zu wiederholten Malen, er besäße keine Theorie, sondern habe es mit Marktsituationen zu tun, die sich niemals völlig glichen. Heute würde eine solche Aussage eher als Eingeständnis beruflicher Inkompetenz erscheinen. Vgl. S. POLLARD (Hg.): The Gold Standard and Employment Policies between the Wars. London 1970, S. 9 f.

- Die Geschäftsbanken gewähren Kredite an inländische Nichtbanken und erhöhen damit die Geldmenge in Abhängigkeit von ihrer Liquiditätssituation und von den bei anderweitigen Anlagen, etwa auf dem Geldmarkt oder im Ausland, erzielbaren Zinserträgen;
- In der (west)deutschen Bevölkerung fehlt traditionell jegliche Geldillusion;[46]
- Die Wirtschaftssubjekte reagieren mit ihrer Geldhaltung gegenläufig auf die Bewegungen der kurzfristigen Zinssätze.[47] Dies gilt besonders für M1;
- Auf mittlere Sicht wächst die Geldnachfrage „im Einklang" mit der Zunahme des realen Produktionspotentials, jedoch steigt mit dessen Auslastungsgrad auch die Transaktionshäufigkeit des Geldes;[48]
- Die Zunahme der Ausgaben für Sachgüter und Dienste in der Volkswirtschaft und damit die Möglichkeit für Preissteigerungen der Anbieter wird auf längere Sicht durch die Zunahme der Geldmenge beschränkt;[49] oder anders herum: Eine Inflation „kann sich auf die Dauer nicht ohne eine entsprechende Ausweitung der Geldmenge entwickeln".[50] In einer dritten Formulierung lautet die Hypothese: Zwischen Geldmengen- und Preisniveauentwicklung besteht auf längere Sicht ein „enge(r) empirische(r) Zusammenhang";[51]
- Die Investitionstätigkeit wird durch niedrige Realzinssätze gefördert und durch hohe beeinträchtigt;[52]
- Wenn bei zurückgehender Konjunktur Lohnsteigerungen nicht mehr überwälzt werden können, sinken die Gewinne. Die Unternehmer reagieren darauf mit Investitionszurückhaltung und Entlassungen;[53]
- Ein höherer Beschäftigungsgrad kann nicht über mehr Inflation gesichert werden. Im Gegenteil ist die Stabilität des Geldwertes auf längere Sicht eine wichtige Voraussetzung für hohe Beschäftigung (vgl. das Zitat S. 212);
- Die Aufgabe der Geldmengensteuerung liegt bei der Bundesbank, da es keine Deckungsvorschrift für den Geldumlauf gibt;
- Die Bundesbank kann über ihren Einfluß auf den Bestand an Zentralbankgeld die Liquiditätssituation der Geschäftsbanken und damit deren Kreditangebot und die Geldschöpfung steuern, da „das Bankensystem insgesamt keine größere Geldmenge schaffen kann, als mit der von der Zentralbank geschaffenen Zentralbankgeldmenge vereinbar ist".[54] Das gilt jedoch nur, wenn die Zentralbank nicht eine unbeschränkte Ankaufspflicht in bezug auf Devisen oder Staatsschuldtitel hat. Muß sie hohe Gewinne an den Bund abführen, wird dieser Einfluß geschwächt;
- Die Geldpolitik hat „keinen bestimmenden Einfluß darauf, inwieweit der von ihr gesteckte monetäre Rahmen für eine Ausweitung der Produktion oder

---

[46] Bbk-Monatsbericht Januar 1983, S. 16.
[47] Bbk-Monatsbericht Januar 1985, S. 21 f.
[48] Die Deutsche Bundesbank [3.78], S. 96 f.
[49] Die Deutsche Bundesbank [3.78], S. 11.
[50] Bbk-Monatsbericht Januar 1985, S. 14.
[51] Die Deutsche Bundesbank [3.78], S. 84.
[52] Bbk-Geschäftsbericht 1965, S. 1; 1969, S. 23.
[53] Bbk-Geschäftsbericht 1969, S. 30 f.; 1974, S. 2, 15.
[54] Bbk-Monatsbericht Juli 1971, S. 18.

lediglich für Preis- und Kostenerhöhungen genutzt wird";[55] daher ist „die Kontrolle der Geldbestände eine notwendige, wenn auch nicht in jedem Fall hinreichende Bedingung für die Erhaltung der Geldwertstabilität".[56] Gleichwohl gilt, daß die Bank „mit der Steuerung der Zentralbankgeldmenge auf längere Sicht die Entwicklungstendenzen des nominellen Sozialprodukts und des gesamtwirtschaftlichen Preisniveaus ... in dem gewünschten Sinne beeinflussen kann";[57]

– „Auf kürzere Sicht, etwa von Jahr zu Jahr, kann die Inflationsrate mehr oder weniger deutlich von den Geldmengenvorgaben der Bundesbank abweichen,"[58] weil sie letztlich vom Verhalten des Staates, der Unternehmer, der Gewerkschaften sowie vom Währungskurs und den internationalen Rohstoffpreisen abhängt;
– Die Bundesbank kann die Soll- und Habenzinssätze der Geschäftsbanken sowie die Kapitalmarktsätze mittels Variationen ihrer eigenen Zinssätze über deren Wirkung auf die Geldmarktsätze in ihrem Sinne beeinflussen;
– Die Bundesbank kann den Wirtschaftsablauf auf den Gütermärkten und damit die wirtschaftspolitischen Zielvariablen gemäß dem Stabilitätsgesetz nur indirekt über die Geschäftsbanken und mit zeitlicher Verzögerung steuern. Ihre Einflußmöglichkeiten in kontraktiver Richtung sind stärker als in expansiver.

Gemäß diesen Hypothesen, deren Richtigkeit auch die Bundesbank selbst nicht ständig über jeden Zweifel erhaben sieht, kann sie den Wirtschaftsablauf im wesentlichen über ihren Einfluß auf zwei Arten ökonomischer Variabler steuern: Die Zinssätze und die Liquiditätssituation der Kreditinstitute. Dabei kann sie sich aufgrund der Interdependenz der Kreditmärkte im wesentlichen auf die Zinssätze des Geldmarktes beschränken. Folgt man dem durch den Transmissionsmechanismus der Geldpolitik vorgegebenen Ablauf (vgl. S. 202 f.), dann sind zunächst die Instrumente der Bundesbank mitsamt ihrem institutionellen Rahmen zu untersuchen, mit denen sie ihre Politik zu verwirklichen sucht. Man teilt sie häufig wie folgt nach ihren unmittelbaren Wirkungen auf die beiden genannten Kategorien von Variablen ein, sollte jedoch im Auge behalten, daß eine reinliche Einteilung wegen der engen Preis-Mengen-Zusammenhänge auf den Kreditmärkten kaum möglich ist:

Instrumente der Zinspolitik:	*Instrumente der Liquiditätspolitik:*
Diskontsatz	Mindestreservesätze
Satz für Lombardkredite	Rediskont- und Lombardkontingente
(Lombardsatz)	Offenmarktoperationen
Sonstige Zinssätze	Verlagerung öffentlicher Einlagen
	Devisenmarktgeschäfte

Unter anderem Aspekt läßt sich der Einsatz dieser Instrumente danach einteilen, ob ein einmal festgelegtes Niveau jeweils für längere Zeit Bestand haben und

---

[55] Die Deutsche Bundesbank [3.78], S. 94.
[56] Bbk-Monatsbericht Januar 1985, S. 14.
[57] Ebenda, S. 22.
[58] Ebenda, S. 20.

damit den geldpolitischen Kurs signalisieren oder nur kurzfristig wirken soll. Die Bundesbank spricht bei längerer Wirkungsdauer von *Grobsteuerung* und zählt hierzu Änderungen des Diskont- und des Lombardsatzes, der Mindestreservesätze, der Limite für die Refinanzierung der Kreditinstitute sowie den Handel mit Wertpapieren längerer Laufzeit. Maßnahmen der *Feinsteuerung* sind vor allem Offenmarktoperationen mit einer Wirkungsdauer von wenigen Wochen. So wurde der Diskont- zusammen mit dem Lombardsatz seit seiner erstmaligen Festsetzung am 1.7.1948 bis Ende 1986 insgesamt 77mal geändert, im Durchschnitt also etwa zweimal jährlich. Die Mindestreservesätze wurden etwa 80mal und damit praktisch ebenso häufig geändert. Dagegen bot die Bundesbank den Kreditinstituten allein 1985 mehr als vierzigmal Wertpapierpensionsgeschäfte zu mehrfach variierten Zinssätzen an.

Weitere Einflußmöglichkeiten ergeben sich für die Bundesbank bei der Beratung der Bundesregierung (S. 213) sowie durch ihre Mitwirkung bei der Bankenaufsicht (S. 175), in Gremien wie dem Bundesanleihe-Konsortium, dem Zentralen Kapitalmarktausschuß, dem Konjunkturrat für die öffentliche Hand und der konzertierten Aktion nach § 3 Stabilitätsgesetz. Der Sachverständigenrat zur Begutachtung der gesamtwirtschaftlichen Entwicklung kann nach § 5 des entsprechenden Gesetzes (BGBl. I, 1963, S. 685) den Präsidenten der Bundesbank hören, und dieser kann sich dort Gehör verschaffen. Gelegentlich trifft die Bank freiwillige Vereinbarungen mit Kreditinstituten über ein bestimmtes Verhalten; und schließlich betreibt sie Informationspolitik, indem sie durch Veröffentlichung ihrer Ansichten in ihren Pressenotizen, Monats- und Geschäftsberichten sowie mittels Äußerungen ihrer leitenden Mitarbeiter Einfluß auf die öffentliche Meinung nimmt.

Festzuhalten ist, daß die Bundesbank ihre Eingriffe im Inland im wesentlichen als Marktteilnehmer vornimmt. Außer ihren eigenen kann sie keine Zinssätze festsetzen, und sie kann den Kreditinstituten keine absoluten, sondern in Gestalt der Kreditrichtsätze (S. 176) nur relative Höchstbeträge für ihre Kreditgewährung vorschreiben. Ihre außenwirtschaftlichen Handlungsmöglichkeiten sind insoweit beschränkt, als ihr die Bundesregierung die Pflicht zu Interventionen am Devisen-Kassamarkt mit dem Ziel auferlegen kann, die DM-Kurse bestimmter Währungen innerhalb festgelegter Bandbreiten zu halten. Auch die praktisch beliebigen Eingriffsmöglichkeiten in außenwirtschaftliche Transaktionen aufgrund des *Außenwirtschaftsgesetzes* stehen nicht der Bundesbank zu.

4. Zinspolitik. Die Bundesbank macht ihren Einfluß auf Zinsniveau und -struktur in der Bundesrepublik dadurch direkt geltend, daß sie nach § 15 BBankG „die für ihre Geschäfte jeweils anzuwendenden Zins- und Diskontsätze" autonom festsetzt, zu denen sie Kreditinstituten gemäß § 19 BBankG Kredite gewährt. Dies geschieht auf zwei Wegen. Die Kreditinstitute reichen Handelswechsel, die sie von Unternehmen angekauft („diskontiert") haben, oder Schatzwechsel des Bundes, seiner Sondervermögen wie Bundesbahn, Bundespost, Lastenausgleichsfonds, sowie der Länder bei der Bundesbank zum Rediskont ein. Diese berechnet als Preis für den Kredit den *Diskontsatz* (auch: *Bankrate*) und räumt dem Kreditinstitut als Gegenwert ein entsprechendes Zentralbankguthaben ein. Der zweite Weg ist die Aufnahme von Darlehen bei der Bundesbank gegen Hinterlegung von Pfändern in Gestalt von Wertpapieren. Dies ist der jeweils auf drei Monate befristete *Lombardkredit,* der mit dem *Lombardsatz* zu verzinsen ist. Da es in beiden Fällen für die Kreditinstitute darum geht, das im Wege der Kreditgewährung an Nichtbanken verausgabte Zentralbankgeld zu ersetzen, spricht man auch von *Refinanzierungspolitik* der Bundesbank.

Die Bundesbank will Verluste aus diesen Geschäften vermeiden und stellt daher Mindestanforderungen an die Qualität der ihr eingereichten Papiere. Handelswechsel müssen *bundesbankfähig* sein: Aus ihnen müssen drei als zahlungsfähig bekannte Verpflichtete haften; sie müssen zur Finanzierung von Warenlieferungen oder Leistungen zwischen Unternehmen oder wirtschaftlich Selbständigen begeben und innerhalb von drei Monaten nach Ankauf fällig sein. Sonderformen sind *Bankakzepte* als auf eine Bank gezogene Wechsel, bei denen mithin die zweite Unterschrift neben der des Ausstellers die einer Bank ist, sowie *Privatdiskonten.* Bei diesen handelt es sich um Akzepte einer kleinen Gruppe von zum Privatdiskontmarkt zugelassenen Banken. Diese Wechsel dienen der Finanzierung von Außenhandelsgeschäften, müssen auf mindestens 100 000 DM lauten und einen Hinweis auf das finanzierte Geschäft tragen. Die Bundesbank handelt Privatdiskonten nicht direkt mit Geschäftsbanken, sondern über die 1959 gegründete *Privatdiskont-AG,* die dabei als Makler tätig ist. Im Lombardgeschäft eingereichte Wechsel können bis zu neun Zehnteln ihres Nennwertes; unverzinsliche Schatzanweisungen, Anleihen und Schuldbuchforderungen zu höchstens drei Vierteln ihres Kurs- oder Nennwertes beliehen werden. Ein „Verzeichnis der bei der Deutschen Bundesbank beleihbaren Wertpapiere (Lombardverzeichnis)" nennt die Papiere im einzelnen.

Die Bundesbank würde die Zentralbankgeldmenge nicht wirklich steuern können, wenn die Entscheidungen über den Gesamtbetrag der im Diskont- und Lombardgeschäft gewährten Kredite den Kreditinstituten überlassen bliebe. Qualitätsanforderungen an Refinanzierungspapiere der eben genannten Art können nicht so hoch angesetzt werden, daß daraus eine hinreichende Beschränkung der Kreditaufnahme resultieren würde. Zur *Diskontpolitik* gehört daher neben der Handhabung des Diskontsatzes eine mengenmäßige Beschränkung des auf diese Weise zu gewährenden Kredits. Die Bundesbank setzt für jedes Kreditinstitut ein *Rediskontkontingent* fest, dessen Höhe sich am Betrag der haftenden Mittel sowie am Anteil der kurz- und mittelfristigen Kredite an Nichtbanken am Geschäftsvolumen des Instituts orientiert. Der Gesamtbetrag dieser Kontingente, der eine Instrumentvariable der Geldpolitik ist, belief sich Ende 1986 auf 59,4 Mrd. DM.[59] Daneben gibt es für bestimmte Wechsel Sonderkontingente.[60]

Lombardkredite gewährt die Bundesbank ebenfalls nur begrenzt zur kurzfristigen Überbrückung eines Liquiditätsbedarfs. Sie werden technisch wie Kontokorrentkredite in Anspruch genommen, sind also beliebig rückzahlbar, was für die kreditnehmende Geschäftsbank häufig ein Vorteil gegenüber dem Diskont-

---

[59] Laufende Bekanntgabe in den Monatsberichten der Bank, hier nach Bbk-Monatsbericht Mai 1987, S. 9*.

[60] Einzelheiten in: Bbk-Geschäftsbericht 1986, S. 105 f.

kredit mit seiner vorgegebenen Laufzeit ist. Der Lombardsatz ist immer höher als der Diskontsatz, in der Regel um einen Prozentpunkt, überstieg diesen Ende 1969 aber auch schon um drei Prozentpunkte. Die Bundesbank handhabt das Instrument auch in bezug auf die Mengenbeschränkung flexibel. So wurde die Gewährung 1973 für einige Zeit ausgesetzt, zu anderen Zeiten stellte sie einen *Sonderlombardkredit* zur Verfügung, dessen Gewährung jederzeit eingestellt werden konnte und dessen Zinssatz bis zu viereinhalb Prozentpunkte über dem Diskontsatz lag und täglich geändert werden konnte. Zeitweilig gab es Kontingente („Lombardlinien"), deren Höhe sich an den Rediskontkontingenten ausrichtete. Sinn dieser insgesamt sehr restriktiven Handhabung ist es, die Aufnahme von Lombardkrediten möglichst zu erschweren und diese den Kreditinstituten nur als letzten Ausweg bei Liquiditätsschwierigkeiten erscheinen zu lassen. Jede Auflockerung dieser Politik würde den Zugriff der Kreditinstitute auf den Zentralbankkredit praktisch beliebig erweitern, da sie über lombardfähige Papiere in mehrfacher Höhe ihrer Rediskontkontingente verfügen.

Sonstige Zinssätze der Bundesbank sind der Satz für Kassenkredite an öffentliche Haushalte (vgl. S. 213 f.), der immer so hoch ist wie der Diskontsatz; und der Sonderzins für Kreditinstitute bei Unterschreitung des Mindestreserve-Solls (vgl. S. 177), der seit 1951 drei Prozentpunkte über dem Lombardsatz liegt.

Neben diesen längere Zeit konstanten Sätzen gibt es Zinssätze mit selbständiger Bedeutung und entsprechender Signalwirkung im Offenmarktgeschäft. Die Bundesbank setzt An- und Verkaufssätze für ihren Handel mit Geldmarktpapieren, für Pensionsgeschäfte mit festverzinslichen Wertpapieren und Devisen sowie Sätze für Swap- und Termingeschäfte mit Devisen fest. Da hierbei jedoch die Beeinflussung der Bankenliquidität im Vordergrund steht, werden Einzelheiten dazu unten im Abschnitt „Offenmarktpolitik" behandelt. Der enge Zusammenhang zwischen Zins- und Liquiditätspolitik zeigt sich hieran ebenso wie an der Tatsache, daß die Kontingentierungen im Diskont- und Lombardgeschäft in erster Linie die Liquiditätssituation der Banken beeinflussen.

Unmittelbares Eingriffsgebiet der Zinspolitik der Bundesbank ist der Geldmarkt der Bundesrepublik. Seine Teilnehmer sind neben Geschäftsbanken und der Bundesbank staatliche Stellen samt Bundesbahn und Bundespost sowie in gewissem Umfang auch private Großunternehmen, soweit sie im Geschäftsverkehr mit Kreditinstituten geldmarkttypische Kredite nehmen oder gewähren. Diese sind unverbrieft oder verbrieft und haben Laufzeiten von einem Tag bis zu zwei Jahren. Ihre Zinssätze heißen *Geldmarktsätze*. Bild 3.4 gibt eine Übersicht über die wichtigsten Kreditarten am Geldmarkt der Bundesrepublik nach dem heutigen Stand.

Für die unverbrieften Geldmarktkredite haben sich nach Laufzeit und Kündigungsbedingungen in der Hauptsache folgende Arten herausgebildet:

– *Tagesgeld*. Die kreditgebende Bank stellt der kreditnehmenden einen Betrag an Zentralbankgeld zur Verfügung, der am folgenden Tag zurückzuzahlen ist. Solche Kredite können verlängert werden, sie bedeuten dann praktisch eine Kreditgewährung mit unbestimmter Laufzeit, wobei jeder Partner mit eintägiger Frist kündigen kann. Wird dies von vornherein so vereinbart, spricht man auch von *täglichem Geld*.

Bild 3.4 – *Kreditarten am Geldmarkt der Bundesrepublik*

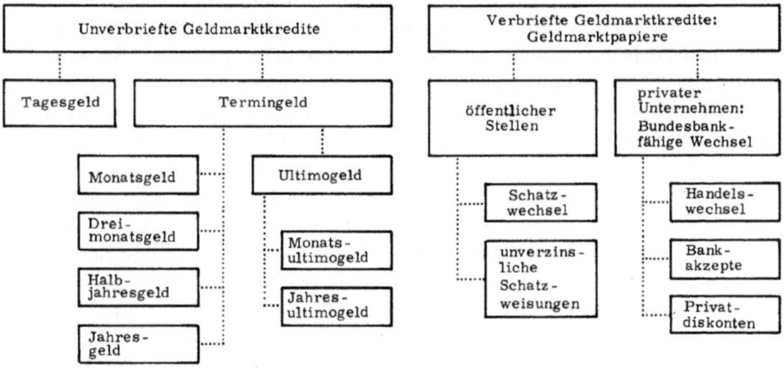

```
                    ┌─────────────────────────────┐       ┌─────────────────────────────┐
                    │ Unverbriefte Geldmarktkredite│       │ Verbriefte Geldmarktkredite:│
                    │                             │       │      Geldmarktpapiere       │
                    └─────────────────────────────┘       └─────────────────────────────┘
          ┌─────────────┐   ┌─────────────┐         ┌─────────────┐   ┌─────────────────┐
          │  Tagesgeld  │   │ Termingeld  │         │ öffentlicher│   │    privater     │
          │             │   │             │         │   Stellen   │   │  Unternehmen:   │
          │             │   │             │         │             │   │   Bundesbank-   │
          │             │   │             │         │             │   │  fähige Wechsel │
          └─────────────┘   └─────────────┘         └─────────────┘   └─────────────────┘
               ┌─────────────┐   ┌─────────────┐       ┌─────────────┐   ┌─────────────┐
               │ Monatsgeld  │   │ Ultimogeld  │       │   Schatz-   │   │  Handels-   │
               │             │   │             │       │   wechsel   │   │   wechsel   │
               └─────────────┘   └─────────────┘       └─────────────┘   └─────────────┘
               ┌─────────────┐   ┌─────────────┐       ┌─────────────┐   ┌─────────────┐
               │   Drei-     │   │  Monats-    │       │ unverzins-  │   │    Bank-    │
               │ monatsgeld  │   │ ultimogeld  │       │   liche     │   │  akzepte    │
               └─────────────┘   └─────────────┘       │   Schatz-   │   └─────────────┘
               ┌─────────────┐   ┌─────────────┐       │ weisungen   │   ┌─────────────┐
               │   Halb-     │   │  Jahres-    │       └─────────────┘   │   Privat-   │
               │ jahresgeld  │   │ ultimogeld  │                         │  diskonten  │
               └─────────────┘   └─────────────┘                         └─────────────┘
               ┌─────────────┐
               │  Jahres-    │
               │    geld     │
               └─────────────┘
```

– *Monatsgeld, Dreimonatsgeld, Halbjahresgeld, Jahresgeld.* Die Bezeichnungen nennen die Laufzeiten. Diese Kredite decken einen jeweils im voraus bekannten Liquiditätsbedarf, etwa zu den Steuerzahlungsterminen;
– *Ultimogeld.* An jedem Monatsende und erst recht an jedem Jahresende steigt die Zahl der Kassentransaktionen und der Überweisungen abrupt an. Gehälter und andere monatlich fällige Einkommen werden gezahlt, Rechnungen aller Art sowie Mieten und andere wiederkehrende Zahlungen fällig, Wertpapiererträge fallen an und Sparbeträge werden angelegt. Mit der Zahl der Transaktionen wächst bei vielen Geschäftsbanken auch deren Saldo in Gestalt eines Auszahlungsüberschusses und die Unsicherheit über dessen Größe, so daß sie über das Monatsende, den Ultimo, verstärkt als Nachfrager am Geldmarkt auftreten. Andere Banken haben während dieser Zeit Einzahlungsüberschüsse, die sie am Geldmarkt anbieten. Hieraus ergibt sich ein Markt für Kredite, die jeweils einige Tage vor einem Monatsende genommen und einige Tage nach diesem getilgt und nach *Monats-* und *Jahresultimogeld* unterschieden werden. Manche Geschäftsbanken nehmen am Jahresende auch zusätzlich Kredite im Interesse der *Bilanzoptik* auf: Der Anteil des Zentralbankgeldes an den Aktiva soll höher als sonst sein.

Unverbriefte Geldmarktkredite werden unter den Geschäftsbanken per Telefon oder Fernschreiben gehandelt und schriftlich bestätigt; Sicherheiten werden für sie nicht gestellt.

Die zweite Kategorie der Geldmarktkredite wird durch *Geldmarktpapiere* verbrieft. Über den Handel mit ihnen, ihre Hereinnahme als Pfand oder mit der Vereinbarung kurzfristigen Rückkaufs beteiligt sich die Bundesbank am Geldmarkt. Es wäre jedoch nicht angebracht, alle von der Bundesbank gemäß § 21 BBankG „zur Regelung des Geldmarktes" in dieser Weise akzeptierten Wertpapiere zu den Geldmarktpapieren zu rechnen, da dazu auch festverzinsliche Wertpapiere mit längeren Laufzeiten zählen. Als Geldmarktpapiere mögen daher hier nur die in Bild 3.4 erfaßten gelten. Ihr gemeinsames Kennzeichen ist, daß ihre Laufzeiten zwei Jahre nicht übersteigen und daß der Zins für die mit ihnen verbrieften Kredite in Form eines Diskonts gezahlt wird. Sie sind im Bild nach öffentlichen und privaten Emittenten geschieden. Da sie in erster Linie als Vehikel liquiditätspolitischer Eingriffe dienen, werden sie unten in Abschnitt VI.6 näher beschrieben.

Die Bundesbank übt mit ihrer Zinspolitik maßgeblichen Einfluß auf die Geldmarktsätze aus, sofern sie mit den Kreditinstituten als Geldanbieter oder -nachfrager im Geschäft ist. Das ist meist der Fall, da in der Regel Kreditinstitute über ihr Wechselobligo oder Lombardkredite bei der Bundesbank verschuldet sind. Generell wird keine Geschäftsbank Geld zu einem niedrigeren Satz ausleihen, als sie ihn von der Bundesbank erhalten kann; noch Geld zu einem höheren Satz aufnehmen, als sie bei der Bundesbank bezahlen muß. Steht diese jedoch nicht als Geldgeber zur Verfügung, können die Geldmarktsätze über den Diskont- und sogar den Lombardsatz steigen; bietet sie keine Anlagemöglichkeiten, können die Sätze sehr tief sinken. Im einzelnen gilt:

– Der Tagesgeldsatz liegt meist zwischen dem Diskont- und dem Lombardsatz, vor allem dann, wenn der Lombardkredit wenig in Anspruch genommen ist. Sind die Kreditinstitute dagegen schon stark bei der Bundesbank verschuldet, vermeiden sie eher die weitere Aufnahme von Lombardkrediten, so daß der Tagesgeldsatz dann über den Lombardsatz steigen kann;
– Der Lombardsatz ist anderseits die untere Grenze für den Tagesgeldsatz, wenn die Lombardverschuldung der Banken hoch ist. Kommen sie dann in den Besitz von Zentralbankgeld, treten sie nicht als Anbieter am Geldmarkt auf, was dessen Sätze senken würde, sondern tilgen zunächst ihre Lombardschulden.

Die unmittelbaren Einflüsse speziell der Diskontpolitik ergeben sich aus dem Vergleich des Diskontsatzes mit den Sätzen für Geldmarktkredite ähnlicher Laufzeiten, also 1–3 Monate:

– Der Diskontsatz bildet die Obergrenze für die Verzinsung von Monats- und Dreimonatskrediten am Geldmarkt, solange es noch unausgenutzte Rediskontkontingente gibt. Lägen die Geldmarktsätze über dem Diskontsatz, würden die Kreditinstitute vermehrt Wechsel einreichen, um ihre Verschuldung am Geldmarkt abzubauen oder dort Kredite zu gewähren. Die nächsthöhere Schwelle dieser Art ist der Lombardsatz;
– Der Diskontsatz ist eine Untergrenze für die Geldmarktsätze, solange die Kreditinstitute noch Rediskontverschuldung abbauen können und dazu Kredite am Geldmarkt aufnehmen, was dessen Sätze stabilisiert. Ist das (weitgehend) geschehen, sind die Abgabesätze der Bundesbank für Geldmarktpapiere die nächste Untergrenze, falls sie solche anbietet.

Da sich Rediskontkredite innerhalb von drei Monaten von selbst abbauen, wirken sich Änderungen des Diskontsatzes auch schnell auf die anderen Kreditmärkte aus. Institutionelle Beschränkungen für seine Höhe gibt es nicht, er bewegte sich bisher zwischen einem Minimum von 2,75 v. H. 1959 und einem Maximum von 7,5 v. H. 1970 und 1980–1982. De facto wird die Zinspolitik der Bundesbank jedoch durch den Umfang ihrer Verpflichtung begrenzt, bestimmte Devisen zu von der Bundesregierung festgesetzten Kursen zu kaufen und zu verkaufen. Bei hohen Geldmarktsätzen im Ausland setzt *Zinsarbitrage* ein: Die Kreditinstitute kaufen Devisen von der Bundesbank und legen die Beträge im Ausland an. Ist der Diskontsatz im Inland relativ zu den Zinssätzen im Ausland hoch, führt dies zu Kreditaufnahme im Ausland.

5. Mindestreservepolitik. Die Mindestreservepolitik wird gemäß § 16 BBankG „zur Beeinflussung des Geldumlaufs und der Kreditgewährung" eingesetzt. Als Teil der Liquiditätspolitik zielt sie darauf ab, durch Bindung oder Freisetzung von Zentralbankgeld bei den Kreditinstituten deren Kreditschöpfungskapazität zu beeinflussen.

Mindestreservepflichtig sind alle Kreditinstitute, seit 1984 auch wieder solche mit überwiegend langfristigem Geschäft, sowie die Bausparkassen, wenn auch nicht hinsichtlich solcher Bauspareinlagen, über die die Sparer erst mit der Zuteilung der Bausparsumme verfügen dürfen. Die interne Kreditverflechtung des Geschäftsbankensektors ist von der Mindestreservepflicht ausgenommen (vgl. das Zitat S. 176), da die Guthaben von Banken bei Banken den Güter- und Einkommenskreislauf nicht berühren. Jedoch sind ab 1986 neu emittierte Schuldverschreibungen von Kreditinstituten mit Laufzeiten bis unter zwei Jahren mit den Sätzen für befristete Verbindlichkeiten in die Mindestreservepflicht einbezogen. Mit dieser Regelung gab die Bundesbank ihren Widerstand gegen die Ausstellung solcher *Einlagenzertifikate* auf, mit denen Kreditinstitute bis dahin ihr Mindestreserve-Soll hätten verringern können, da sie nicht als reservepflichtige Verbindlichkeiten galten. Die internationale Wettbewerbsfähigkeit der Kreditinstitute wurde gleichzeitig dadurch verbessert, daß Verbindlichkeiten in fremder Währung gegenüber Gebietsfremden in Höhe ebensolcher Forderungen des Kreditinstituts mit Befristung von unter vier Jahren von der Reservepflicht freigestellt wurden. Diese Kompensationsregelung soll den Wettbewerbsvorteil von Banken mit Sitz oder Niederlassungen im Ausland ohne Mindestreservepflicht vermindern.

Die Bundesbank darf den Satz für Sichteinlagen nicht über 30 v. H., für befristete Verbindlichkeiten nicht über 20 v. H. und für Spareinlagen nicht über 10 v. H. festsetzen; jedoch haben diese Höchstgrenzen bisher keine Rolle gespielt. Für Verbindlichkeiten gegenüber Gebietsfremden können Sätze bis zu 100 v. H. angeordnet werden. Die derzeit gegenüber Einlagen von Gebietsansässigen geltenden Sätze zeigt Konto 3.8 (S. 177). Für Sichteinlagen von Gebietsfremden gilt ein einheitlicher Satz von 12,1 v. H., die beiden anderen Sätze sind die gleichen wie bei Inländern.

Die Größenordnungen der Mindestreservepflicht werden aus den folgenden Angaben deutlich.[61] Im Monatsdurchschnitt Dezember 1986 hatten die Kreditinstitute 1040,8 Mrd. DM reservepflichtige Verbindlichkeiten, von denen 32,9 Mrd. DM gleich 3,2 v. H. auf Gebietsfremde entfielen. Rund 23 v. H. waren Sichteinlagen, 26 v. H. befristete Verbindlichkeiten und 51 v. H. Spareinlagen. Das Reserve-Soll betrug 55,7 Mrd. DM, welches sich durch Anrechnung der Kassenbestände von 10,7 Mrd. DM auf 45,0 Mrd. DM ermäßigte und damit 4,3 v. H. der gesamten reservepflichtigen Verbindlichkeiten entsprach. Als Ist-

---

[61] Berechnet nach: Bbk-Monatsbericht Mai 1987, S. 47*.

Reserven wurden 45,5 Mrd. DM ermittelt. Die Überschußreserven betrugen demnach 0,5 Mrd. DM und erreichten mit 1,2 v. H. des Netto-Reserve-Solls den im Dezember meist zu beobachtenden jahreszeitlichen Höchststand (vgl. die Bemerkung über die Bilanzoptik S. 220).

Die Höhe der Mindestreserven des Bankensystems wird von zwei Einflüssen bestimmt: Aus dem Marktgeschehen ergibt sich die Kreditgewährung der Geschäftsbanken, damit die Höhe der Einlagen und der Reservehaltung. Ferner disponieren die Nichtbanken innerhalb der Einlagearten um, beeinflussen so wegen der unterschiedlichen Höhe der Sätze das Reserve-Soll und entscheiden außerdem über ihre Kassenhaltung. Der zweite Einfluß geht von der Bundesbank aus, sofern sie die Sätze variiert. Senkt sie diese, so verwandelt sich ein Teil der Zentralbankguthaben der Geschäftsbanken in Überschußreserven. Für diese Beträge werden sofort Anlagemöglichkeiten gesucht, wobei die Geschäftsbanken in erster Linie ihre Refinanzierung bei der Bundesbank abbauen, um ihre Zinsaufwendungen zu senken. Dies betrifft vor allem Lombardkredite. Wechselrediskontkredite können dagegen nicht durch Rückkauf der Wechsel vor Fälligkeit getilgt werden, so daß diese Kredite langsamer zurückgehen. Soweit Geschäftsbanken nach Abbau ihrer kurzfristig tilgbaren Verschuldung bei der Bundesbank noch über Überschußreserven verfügen, versuchen sie diese am Geldmarkt anzulegen. Hieraus ergibt sich eine Zinssenkungstendenz am Geldmarkt sowie eine vermehrte Nachfrage nach Geldmarktpapieren bei der Bundesbank.

Eine Erhöhung der Sätze erfordert eine vermehrte Mindestreservehaltung. Beispielsweise wurde durch die Erhöhung der Reservesätze um 10 v. H. ab 1. Februar 1987 ein Betrag von rund 5,5 Mrd. DM von freier in gebundene Liquidität überführt.[62] Solche Beträge liegen in der Regel weit über den insgesamt vorhandenen Überschußreserven. Eine einzelne Bank kann jedoch zufällig über eine ausreichende Überschußreserve verfügen, die mit der Reservesatzerhöhung ganz oder teilweise in Mindestreserve verwandelt wird. Die Bank kann auch dann noch zusätzliche Kredite gewähren, wenn sie über zentralbankfähige Aktiva verfügt, jedoch muß sie dann auf die Bundesbank zurückgreifen und damit deren Bedingungen akzeptieren. Dies gilt erst recht für alle Banken, deren Überschußreserven für die Erhöhung der Reserveguthaben nicht ausreichen. Sie werden zu einer Änderung ihrer Bilanzstruktur gezwungen, für die es folgende Möglichkeiten gibt:

- Aufnahme von Krediten auf dem Geldmarkt, was in der Regel zu einer Zinssteigerung auf diesen Markt führt;
- Vorzeitige Rückgabe von Geldmarktpapieren an die Bundesbank, wodurch sich die freien Liquiditätsreserven und damit die Kreditschöpfungsmöglichkeiten vermindern;
- Rediskontierung von Handelswechseln, sofern die Rediskontkontingente noch nicht ausgeschöpft sind, mit der gleichen Folge wie eben;
- Abbau von Geldmarktanlagen im Ausland;
- Aufnahme von Lombardkrediten;

---

[62] Bbk-Monatsbericht Februar 1987, S. 10.

– Kündigung gewährter Kredite, um so die Bilanz zu verkürzen und damit das Reserve-Soll zu verringern.

Die zuletzt genannte Reaktion kann sich auch in weniger krassen Formen als Nichtverlängerung oder Einschränkung von Kreditverträgen oder Ablehnung neuer Kreditanträge äußern. Darüber hinaus verschlechtert eine Erhöhung des Mindestreserve-Solls die Ertragslage, da Guthaben bei der Bundesbank zinslos sind. Sie kann daher die Geschäftsbanken auch aus diesem Grund veranlassen, die Sollzinssätze und andere Preise zu erhöhen.

Insgesamt geht also von einer kontraktiven Mindestreservepolitik ein direkter und erheblicher Einfluß auf die Liquiditätssituation der Geschäftsbanken aus. Die Kreditschöpfungskapazität wird je nach der Größe des Kreditschöpfungsmultiplikators (vgl. S. 183–187) um ein Mehrfaches des Betrages verringert, um den die freien Liquiditätsreserven zurückgehen. Die Bundesbank kann zudem die Bedingungen für ihre erhöhte Inanspruchnahme diktieren und so den klassischen Fall der Zangenpolitik realisieren (vgl. S. 201).

Soweit die Bundesbank verpflichtet ist, bestimmte Devisen zu Mindestkursen zu kaufen, kann sie sich des Mindestreserveinstruments auch bedienen, unerwünschte Änderungen der Liquiditätssituation der Geschäftsbanken aufgrund kurzfristiger internationaler Kapitalbewegungen zu kompensieren. Versuche der Kreditinstitute, eine kontraktive Mindestreservepolitik durch Kreditaufnahme im Ausland zu unterlaufen, konterkarierte sie beispielsweise, indem sie die Zuwächse an Auslandsverbindlichkeiten 1968/69 mit einem Zuwachsreservesatz von 100 v. H., 1978 von 80 v. H. belegte.

6. Offenmarktpolitik. Offenmarktoperationen gehören zur Liquiditätspolitik, wenn die Bundesbank Wertpapiere oder andere Vermögensobjekte ohne Zusage ihrer jederzeitigen Rücknahme handelt. Kauft sie solche Objekte, liegt *expansive Offenmarktpolitik* vor, weil sich dann der Bestand der Geschäftsbanken an Zentralbankgeld erhöht. Verkäufe bedeuten *kontraktive Offenmarktpolitik*. Die Wirkung auf die Liquidität der Geschäftsbanken ist unabhängig davon, ob Geschäftsbanken oder Nichtbanken Geschäftspartner der Bundesbank sind. Verkauft sie beispielsweise Obligationen an einen privaten Haushalt, nehmen bei diesem die Sichtguthaben bei einer Geschäftsbank und bei dieser die Zentralbankguthaben entsprechend ab. Die Liquiditätswirkung von Wertpapierverkäufen bleibt über deren Fälligkeitstermin hinaus erhalten, falls ihr Schuldner nicht die Bundesbank selbst ist. Der Schuldner muß dann Geld beschaffen, so daß der vorhandene Bestand an Zentralbankgeld bei der Tilgung lediglich umverteilt wird. Eine expansive Offenmarktpolitik erhöht die Bankenliquidität dagegen nur bis zur Fälligkeit der Papiere, da sie der Schuldner dann mit Zentralbankgeld einlösen muß. Soll der expansive Effekt erhalten bleiben, muß die Bundesbank revolvierend Papiere kaufen.

Gemäß § 21 BBankG darf die Bundesbank „zur Regelung des Geldmarktes am offenen Markt zu Marktsätzen kaufen und verkaufen":

(1) Bundesbankfähige Wechsel;
(2) Schatzwechsel und Schatzanweisungen des Bundes, seiner Sondervermögen und der Länder;

(3) Schuldverschreibungen und Schuldbuchforderungen der eben genannten öffentlichen Stellen;
(4) Andere zum amtlichen Börsenhandel zugelassene Schuldverschreibungen.

Im Offenmarktgeschäft angekaufte bundesbankfähige Wechsel (vgl. S. 218) werden nicht auf die Rediskontkontingente der verkaufenden Kreditinstitute angerechnet. Für den Erwerb von Privatdiskonten gilt seit Mai 1987 eine Obergrenze von 3,5 Mrd. DM.[63]

Die unter (2) genannten Geldmarktpapiere öffentlicher Emittenten sind in Tabelle 3.2 nach Entstehungsgrund und Handhabung bei der Offenmarktpolitik

Tabelle 3.2 – *Geldmarktpapiere öffentlicher Emittenten in der Bundesrepublik Deutschland nach Entstehungsgrund und Handhabung*

Entstehungs-grund	In die Geldmarktregulierung	
	einbezogen	nicht einbezogen (N-Titel)
Finanzierungs-papiere	Schatzwechsel von Bund und Bundesbahn, Laufzeiten 30–59 oder 60–90 Tage; U-Schätze von Bund, Bundespost, Laufzeiten $\frac{1}{2}$, 1 Jahr; $1\frac{1}{2}$, 2 Jahre	U-Schätze von Bund, Bundesbahn, Bundespost; Finanzierungs-Schätze des Bundes, Laufzeiten 1 Jahr; $1\frac{1}{2}$, 2 Jahre
Mobilisierungs- und Liquiditäts-papiere	Schatzwechsel und U-Schätze des Bundes	

eingeteilt. Finanzierungspapiere werden vom Bund, seinen Sondervermögen und den Ländern zur kurzfristigen Deckung ihres Kreditbedarfs begeben. Die Bundesbank bietet sie in deren Auftrag zu von ihr festgelegten *Abgabesätzen* am offenen Markt an und löst sie bei Fälligkeit ein. Will die Bank kontraktiv auf die Bankenliquidität wirken, muß sie solche Papiere verkaufen. Da die Initiative zu ihrer Begebung jedoch nicht bei ihr liegt, könnte es vorkommen, daß ihr Bestand dafür nicht ausreicht. Für diesen Fall räumt § 42 BBankG der Bank die Möglichkeit ein, ihre Ausgleichsforderung gegen den Bund ganz oder teilweise in Schatzwechsel oder U-Schätze umzutauschen. Die nicht handelbare Ausgleichsforderung wird auf diese Weise beweglich gemacht, und das Gesetz spricht daher von *Mobilisierungspapieren*. Da die Ausgleichsforderung Ende 1966 jedoch nur 8,1 Mrd. DM betrug und dieser Betrag nicht ausreichend erschien, wurde mit § 29 des Stabilitätsgesetzes 1967 der § 42a in das BBankG eingefügt, nach dem der Bund der Bundesbank auf deren Verlangen weitere Papiere der genannten Art bis zum Betrag von 8 Mrd. DM zur Verfügung zu stellen hat, sofern bereits Mobilisierungspapiere in Höhe des Nennwertes der Ausgleichs-

---

[63] Bbk-Geschäftsbericht 1986, S. 107 f.

forderung in Umlauf sind. Diese zusätzlich geschaffenen Papiere heißen *Liquiditätspapiere,* sie wurden erstmals 1971 emittiert. Der Gegenwert darf nur zu ihrer Rücknahme verwendet werden und stellt somit keine Finanzierungsquelle für den Bund dar. Die Bundesbank weist den Umlauf an Mobilisierungs- und Liquiditätspapieren in ihren Wochenausweisen und in ihrer Bilanz nach. Ende 1986 betrug er 4,8 Mrd. DM.

Die Bundesbank kann nun alle oder einen Teil der über sie oder von ihr begebenen Geldmarktpapiere mit der Zusage ausstatten, sie vor Fälligkeit zurückzukaufen, wofür sie *Rücknahmesätze* nennt. Papiere mit dieser Eigenschaft sind mithin jederzeit in Zentralbankgeld umwandelbar, ihr Umlauf bildet einen Teil der Bankenliquidität. Der Handel mit ihnen gehört daher nicht zur Liquiditäts-, sondern zur Zinspolitik. Man sagt, sie seien in die Geldmarktregulierung einbezogen. Soweit keine Rücknahmezusage vorliegt und die Papiere mithin erst bei Fälligkeit eingelöst werden, spricht man von N-Papieren („N" steht für „nicht").

Geldmarktpapiere spielen in der Praxis der Offenmarktpolitik die größte Rolle. Jedoch können auch die oben unter (3) und (4) genannten Kapitalmarkttitel mit längeren Laufzeiten für Offenmarktkäufe und -verkäufe eingesetzt werden. Aus ihrer umfassenden Zuständigkeit für den Handel mit Devisen einschließlich auf Auslandswährung lautender Forderungen und Wertpapiere sowie mit Gold, Silber und Platin gemäß § 19, Abs. 1 Nr. 8 BBankG leitet die Bundesbank schließlich die Befugnis her, auch mit diesen Vermögensobjekten Offenmarktpolitik zu betreiben. So gehören *Devisenswapgeschäfte* schon seit 1958 zu ihrem Instrumentarium. Dabei kauft oder verkauft die Bank Devisen, vereinbart mit den Kreditinstituten gleichzeitig das Gegengeschäft zu einem festen Kurs und nimmt ihnen so das Kursrisiko ab. Seit 1979 bilden solche Geschäfte einen Teil der Feinsteuerung des Geldmarktes. Seit 1968 nimmt die Bundesbank auch direkte Termingeschäfte vor, hauptsächlich zur Abwehr von Währungskursspekulationen.

Damit steht der Offenmarktpolitik einerseits eine breite Palette von Möglichkeiten zur Verfügung, anderseits sind wichtige Beschränkungen zu beachten:

- Die Vorschrift „zur Regelung des Geldmarktes" schließt den Handel mit Wertpapieren – hinzuzufügen ist: Für eigene Rechnung der Bundesbank – zu anderen Zwecken als zur Beeinflussung der Bankenliquidität aus;
- Die Formulierung „am offenen Markt" verbietet die Kreditgewährung der Bundesbank an öffentliche Stellen durch Direktkauf neu emittierter Schuldtitel.

Die Bundesbank übernimmt in ihrer Eigenschaft als Hausbank öffentlicher Stellen (vgl. S. 211) zwar die Plazierung solcher Titel am Kapitalmarkt, schreibt den Emittenten den Gegenwert der Papiere aber stets erst nach Eingang der Erlöse gut.

- Zu „Marktsätzen" zu kaufen und zu verkaufen bedeutet, daß die Offenmarktpolitik keine Zinspolitik wie etwa die Diskont- und Lombardpolitik sein soll, bei der die Änderung von Sätzen in der Regel das Zinsniveau beeinflussen soll.

Das schließt nicht aus, daß auch von der Offenmarktpolitik Zinswirkungen ausgehen, und zwar aus zwei Gründen. Erstens hängen die Liquiditätssituation der Geschäftsbanken und die Zinssätze am Geldmarkt eng zusammen; und zweitens kann die Bundesbank bei manchen Offenmarktgeschäften nicht umhin, die Höhe der Zinssätze zu nennen, zu denen sie diese Geschäfte abschließen will. Angesichts ihrer beherrschenden Stellung am Geldmarkt hat dies immer auch eine Signalwirkung: Die Bank beeinflußt damit die Erwartungen der Geldmarktteilnehmer über die Zinsentwicklung und ruft entsprechende Reaktionen hervor.

In den letzten Jahren hat die Bundesbank ihre Offenmarktpolitik durch *Pensionsgeschäfte* (auch: *Offenmarktgeschäfte mit Rückkaufsvereinbarung*) erweitert, die aus einem Kassa- und einem Termingeschäft bestehen: Die Bundesbank kauft Wertpapiere, seit 1979 auch Devisen, und vereinbart gleichzeitig den Rückkauf durch das verkaufende Kreditinstitut zu einem bestimmten Termin und einem Kurs, der um den *Pensionssatz* höher ist als der Kaufkurs. Seit 1973 hat die Bank mehrfach bundesbankfähige Inlandswechsel für 10 oder 20 Tage mit Rückkaufsvereinbarung gekauft, ohne sie auf die Rediskontingente anzurechnen. Seit 1979 tätigt sie solche Geschäfte auch mit lombardfähigen festverzinslichen Wertpapieren. Technisch gibt es dafür zwei Verfahren:

- *Mengentender*[64]: Die Bundesbank nennt einen festen Zinssatz, zu dem sie solche Geschäfte abschließen will, die Kreditinstitute geben mit der Summe ihrer Einzelgebote ihre Gesamtnachfrage nach Zentralbankgeld bekannt. Übersteigt diese den von der Bundesbank beabsichtigten Gesamtumfang des Pensionsgeschäfts, teilt sie den Kreditinstitituten Liquidität im Verhältnis ihrer Gebote zu;
- *Zinstender:* Die Bundesbank nennt einen Mindestzins, der von den Kreditinstituten je nach der Dringlichkeit ihres Bedarfs an Zentralbankgeld überboten werden kann. Die Summe der Gebote bildet eine Nachfragekurve mit normalem Verlauf. Die Bundesbank teilt den von ihr gewollten Gesamtbetrag zu einem einheitlichen Zinssatz zu, der von dem gerade geltenden Marktzinssatz abweichen kann.

1985 wurden 14mal Wertpapierpensionsgeschäfte mit Festzins, 29mal mit Mindestzins angeboten. Die Laufzeiten betrugen zwischen 27 und 65 Tagen, lagen jedoch überwiegend zwischen 28 und 35 Tagen. Die Kreditinstitute nahmen diese Kredite revolvierend in Höhe von insgesamt 387 Mrd. DM in Anspruch.[65] Vorteile dieser Offenmarktgeschäfte auf Zeit sind aus der Sicht der Bundesbank, daß sie wenig öffentliche Beachtung finden und daher keine unerwünschten Signalwirkungen haben; daß der zeitliche Einfluß auf die Liquidität der Geschäftsbanken von vornherein feststeht, es also keiner eigenen Operationen zu ihrer Rückgängigmachung bedarf; und daß die Kurse der in Pension genommenen festverzinslichen Wertpapiere im Unterschied zu Offenmarktkäufen oder -verkäufen unberührt bleiben. Für die Wahl zwischen Mengen- und Zinstender gilt, daß sich bei letzterem ein Hinweis auf den Marktzins ergibt, was als Signal

---

[64] Englisch „tender" = Lieferungsangebot, Offerte.
[65] Berechnet nach Angaben der Tabelle V.3 in: Bbk-Monatsbericht Mai 1986, S. 50*.

wirken kann. Aus der Sicht der Kreditinstitute sind Wertpapierpensionsgeschäfte dieser Art bezüglich der Geldbeschaffungskosten zwischen dem relativ billigen Rediskontkredit, der aber nur begrenzt zur Verfügung steht, und dem teuren und ungern in Anspruch genommenen Lombardkredit angesiedelt.

Die Pensionsgeschäfte der Bundesbank mit Wechseln, festverzinslichen Wertpapieren und Devisen sind inzwischen zum wichtigsten Instrument ihrer Feinsteuerung des Geldmarktes geworden. Offenmarktgeschäfte mit langfristigen Wertpapieren, vornehmlich Anleihen und verzinsliche Schatzanweisungen öffentlicher Stellen, spielen daneben bisher nur eine geringe Rolle. Sie wurden in erster Linie unternommen, um einer erwünschten Zinstendenz, die sich wegen besonderer Einflüsse nicht schnell genug vom Geld- auf den Kapitalmarkt übertrug, zum Durchbruch zu verhelfen. „Outright"-Geschäfte dieser Art ohne Rückkaufsvereinbarung werden im übrigen gelegentlich auch mit Devisen vorgenommen. Insgesamt kann die Bundesbank jedoch Offenmarkttransaktionen zur Verringerung der Liquidität nur beschränkt einsetzen, da ihre Mobilisierungs- und Liquiditätspapiere Laufzeiten von höchstens zwei Jahren haben, zur Zeit nur im Gesamtbetrag von 16,1 Mrd. DM zur Verfügung stehen, und die Bank längerfristige Papiere weder in größerem Umfang hält noch beschaffen kann. Es wurde daher auch schon gefordert, ihr ein eigenes Emissionsrecht für Wertpapiere zu verleihen.[66]

Im übrigen kann jede Offenmarktpolitik durch kompensierende Auslandstransaktionen unterlaufen werden. Bei freiem Kapitalverkehr und Ankaufspflicht der Bundesbank für Devisen zu Mindestkursen kann der Liquiditätseffekt insbesondere einer kontraktiven Offenmarktpolitik jederzeit durch Geldimport neutralisiert werden. Geschäftsbanken nehmen dann kurzfristige Devisenkredite an ausländischen Geldmärkten auf, verkaufen die Devisen an die Bundesbank und gelangen so in praktisch beliebiger Höhe in den Besitz von zusätzlichem Zentralbankgeld.

7. Einlagenpolitik. Nach § 17 BBankG haben der Bund, das ERP-Sondervermögen, der Ausgleichsfonds und die Länder ihre flüssigen Mittel als Einlagen bei der Bundesbank – und damit zinslos – zu halten. Die Einleger würden bei anderweitiger Anlage Zinsen erhalten und sind somit an einer solchen interessiert, bedürfen dazu aber der Zustimmung der Bundesbank. Die Verlagerung solcher Guthaben von der Bundesbank zu Geschäftsbanken und umgekehrt auf Veranlassung der Bundesbank heißt *Einlagenpolitik* und stellt für diese ein weiteres Instrument zur Feinsteuerung der Bankenliquidität dar. Es ist allerdings nur unter Beschränkungen einsetzbar: Es müssen gerade Kassenüberschüsse in ausreichenden Beträgen und während der benötigten Zeitspanne zur Verfügung stehen, die betreffenden öffentlichen Stellen müssen mit der Verlagerung einverstanden sein, und die Bundesbank soll laut Gesetz das Interesse der Länder an der Erhaltung ihrer Staatsbanken berücksichtigen. Die Einlagenpolitik dient daher nur der tageweisen Einflußnahme auf den Geldmarkt.

Wenig Bedeutung hat daneben die in § 7 des Stabilitätsgesetzes vorgesehene *Konjunkturausgleichsrücklage* erlangt. Ihre Bildung ist eine kontraktive Maßnahme:

---

[66] SVR-Jahresgutachten 1972/73, Ziff. 400.

Steuereingänge führen dann nicht zur Erhöhung der staatlichen Güternachfrage und verringern zudem noch die Bankenliquidität. Entsprechend unterstützt ihre Auflösung eine expansive Politik. Nicht aktuell ist auch die den Rentenversicherungsträgern und der Bundesanstalt für Arbeit gemäß § 30 Stabilitätsgesetz auferlegbare Verpflichtung, bestimmte Teile ihrer liquiden Mittel in Geldmarktpapieren anzulegen.

8. Die Liquidität des Geschäftsbankensektors. Es war S. 188–190 gezeigt worden, in welcher Weise die Geldschöpfungskapazität eines Bankensystems von dem Betrag an Zentralbankgeld abhängt, über den die Geschäftsbanken insgesamt zu einem Zeitpunkt verfügen oder den sie sich beschaffen können. Unter den institutionellen Gegebenheiten der Bundesrepublik besteht die freie Liquiditätsreserve zur Zeit aus folgenden Komponenten:

- Überschußreserven;
- Geldmarktpapiere, soweit die Bundesbank diese in die Geldmarktregulierung einbezogen hat, sie also jederzeit zurücknimmt (vgl. S. 225 f.);
- Unausgenutzte Rediskontkontingente, soweit die Geschäftsbanken über bundesbankfähige Wechsel verfügen;
- Unausgenutzte Möglichkeiten zur Inanspruchnahme von Lombardkredit;
- Vorhandene oder beschaffbare Devisen, für die eine Interventionspflicht der Bundesbank besteht.

(Daneben stellt die Bundesbank gelegentlich im Rahmen von Sonderaktionen Liquiditätshilfen zur Verfügung.) Auf diese Posten gehen einerseits von Transaktionen der Geschäftsbanken, andererseits von Maßnahmen der Bundesbank Einflüsse aus. Die Bank versucht, mit Hilfe von *Liquiditätsrechnungen* für jeweils abgelaufene Zeiträume – Monate, Vierteljahre und Jahre – nachzuvollziehen, welche Vorgänge die Liquidität des Geschäftsbankensektors in welcher Weise beeinflußt haben.

Tabelle 3.3 zeigt eine solche Rechnung für das Jahr 1985. Sie ist in vier Teile A bis D gegliedert. Teil A nennt die Einflüsse, die sich aus dem Verhalten der Nichtbanken und der Geschäftstätigkeit der Kreditinstitute auf deren Bestände an frei verfügbarem Zentralbankgeld ohne Berücksichtigung von Maßnahmen der Bundesbank ergeben haben. So sind der Bargeldumlauf bei Nichtbanken und das Mindestreserve-Soll auf Inlandsverbindlichkeiten bei den geltenden Reservesätzen gestiegen (Posten A.1 und A.2), was die Bestände senkte. Ein Devisenzugang bei der Bundesbank würde Zufluß an Zentralbankgeld bei der verkaufenden Bank bedeuten. 1985 verkaufte die Bundesbank jedoch netto Devisen, was die Liquiditätsposition der Geschäftsbanken ensprechend verringerte (Posten A.3). Öffentliche Stellen verlagerten Guthaben zur Bundesbank und entzogen den Geschäftsbanken damit Liquidität (Posten A.4), während sich die sonstigen Nichtbanken umgekehrt verhielten (Posten A.5). Schwebende Verrechnungen („Float") ergeben sich aus zeitlichen Diskrepanzen beim Überweisungsverkehr; die „sonstigen Einflüsse" resultieren aus den restlichen Posten des Ausweises der Bundesbank und enthalten vor allem ihre laufenden Zinserträge.

Teil B nennt die liquiditätspolitischen Operationen der Bundesbank, mit denen sie die Zentralbankguthaben der Geschäftsbanken 1985 fast ausnahmslos

Tabelle 3.3 – *Liquiditätsrechnung für den Geschäftsbankensektor*[a]
der Bundesrepublik Deutschland 1985

	Mill. DM
A. Zu-(+) oder Abfluß (−) von Zentralbankguthaben durch Änderungen bei	
1. Bargeldumlauf bei Nichtbanken	−3893
2. Mindestreserven auf Inlandsverbindlichkeiten	−2730
3. Devisenzu-(+) oder -abgänge (−) bei der Bundesbank	− 670
4. Nettoguthaben von Bund, Ländern und Lastenausgleichsfonds bei der Bundesbank	−4173
5. Nettoguthaben sonstiger Nichtbanken	+ 62
6. Schwebende Verrechnungen und sonstige Einflüsse	−1024
Summe A	−12428
B. Liquiditätspolitische Maßnahmen der Bundesbank	
1. Änderung der Mindestreservesätze	+ 85
2. Änderung von Refinanzierungslinien	+3313
3. Offenmarktoperationen in langfristigen Titeln	−272
4. Offenmarktoperationen mit Rückkaufsvereinbarung	+16478
5. Offenmarktoperationen in N-Papieren und sonstige	−357
6. Devisenswap- und -pensionsgeschäfte	+161
7. Verlagerung von Bundesguthaben gemäß § 17 BBankG	+1210
Summe B	+20618
C. Summe A + B	+8190
D. Deckung des Defizits (+) oder Absorption des Überschusses (−) der Kreditinstitute durch	
1. Mehr- (+) oder Minderinanspruchnahme (−) von Refinanzierungslinien	−3094
2. Zu- (+) oder Abnahme (−) von Lombardkrediten	−4997
3. Zu- (−) oder Abnahme (+) der Überschußreserven	− 99
Summe D	−8190

[a] Ohne Geldinstitute der Bundespost.
Quelle: Bbk-Monatsbericht Mai 1986, S. 6* f. Durch Zusammenfassungen und Textänderungen vereinfacht.

erhöhte. Sie überkompensierte damit den Liquiditätsentzug aus dem Wirtschaftsprozeß, wie der Vergleich von Summe B mit Summe A zeigt. Die Mindestreservesätze blieben 1985 unverändert, jedoch werden die durch Änderungen von Auslandseinlagen bedingten Reserveänderungen hier unter Posten B.1 erfaßt. *Refinanzierungslinien* unter B.2 sind die Rediskont- und gegebenenfalls Lombardkontingente sowie die Gesamtbeträge ankaufsfähiger Geldmarktpapiere. Unter B.3 bis B.6 sind die Offenmarktoperationen erfaßt; B.7 gibt im Gegensatz zu A.4 die auf Veranlassung der Bundesbank erfolgten Verlagerungen öffentlicher Mittel an.

Der Nettoeffekt der sich aus dem Wirtschaftsprozeß ergebenden und der von der Bundesbank liquiditätspolitisch veranlaßten Transaktionen ist mit + 8,19 Mrd. DM unter C erfaßt. Um diesen Betrag hätten die nicht als Mindestreserve gebundenen Zentralbankguthaben des Geschäftsbankensektors zugenommen, wenn die Kreditinstitute nicht weiter über sie disponiert hätten. Die Summe der Ausgleichsoperationen mit entgegengesetztem Vorzeichen unter D zeigt die Verwendung dieser Guthaben: Die Kreditlinien wurden weniger beansprucht, Lombardkredite abgebaut und in geringem Maße Überschußreserven aufgestockt, nämlich von 507 Mill. DM Ende 1984 auf 606 Mill. DM Ende 1985.[67] Hieran ist generell zu erkennen, wie sich die Banken angesichts ihrer Zielsetzung (vgl. S. 179) verhalten: Sie sind ständig bemüht, zufließendes Zentralbankgeld, das sie nicht als Mindestreserve oder unumgänglichen Kassenbestand halten müssen, umgehend ertragbringend anzulegen. Sind keine hochverzinslichen Anlagemöglichkeiten vorhanden, etwa weil ihre Kunden nicht genügend Kredite nachfragen, bietet sich dazu neben dem Erwerb von Kapitalmarktpapieren der Geldmarkt an. Ist eine Geschäftsbank anderseits bei der Zentralbank oder bei anderen Kreditinstituten verschuldet, kann sie dieses Obligo abbauen. In jedem Fall wird sie versuchen, die Überschußreserven angesichts ihrer Ertragslosigkeit klein zu halten. Im Bankensystem der Bundesrepublik lagen diese Reserven beispielsweise von Januar bis Dezember 1985 monatsdurchschnittlich zwischen 205 und 798 Mill. DM und machten damit lediglich zwischen 0,4 und 1,7 v. H. des jeweiligen Reserve-Solls aus.[68] Ergibt sich anderseits wie beispielsweise 1983 aus den Vorgängen unter A und B ein Fehlbetrag an Zentralbankgeld, so müssen die Kreditinstitute Ausgleichsoperationen in entgegengesetzter Richtung vornehmen, wie sie unter D erfaßt sind.

Die Bundesbank veröffentlicht Liquiditätsrechnungen wie vorstehend erläutert als Tabelle I.3 im statistischen Teil ihrer Monatsberichte. Ihr Zweck ist es, für jeweils abgelaufene Zeiträume zu zeigen, mit welchen Transaktionen den Kreditinstituten insgesamt Zentralbankgeld entzogen oder zugeführt wurde und mit welchen Ausgleichsoperationen sie darauf reagiert haben. Allerdings läßt sich aus ihr nicht ablesen, wie groß die Rückgriffsmöglichkeiten der Banken auf die Bundesbank am Ende des jeweiligen Berichtszeitraums sind. Die Tabelle enthält daher zusätzliche Angaben hierüber außerhalb ihrer buchhalterischen Zusammenhänge. Im Monatsdurchschnitt Dezember 1985 waren dies:

– Unausgenutzte Refinanzierungslinien von 7,4 Mrd. DM.

In dieser Höhe hätten sich die Kreditinstitute zusätzlich Zentralbankgeld verschaffen können;

– Verschuldung aus Lombardkrediten in Höhe von 0,4 Mrd. DM.

Dieser Betrag ist im Vergleich zu früheren Jahren sehr niedrig, läßt jedoch nicht erkennen, wie groß die Rückgriffsmöglichkeiten auf die Bundesbank aufgrund dieser Kreditart sind;

---

[67] Auch ablesbar in Tabelle IV.2 – Reservehaltung insgesamt, vgl. Bbk-Monatsbericht Mai 1986, S. 47*.
[68] Bbk-Monatsbericht März 1986, S. 47*.

– Nettoforderungen der Bundesbank gegenüber Kreditinstituten aufgrund kurzfristiger Geldmarkttransaktionen 40,5 Mrd. DM.

Die Zahl zeigt, in welchen Umfang die Bundesbank jeweils am Geldmarkt tätig gewesen ist und inwieweit sie die Kreditinstitute, hauptsächlich durch Geschäfte mit Rückkaufsvereinbarungen, verpflichtet hat, sich im Zuge der kurzfristigen Fälligkeiten Zentralbankgeld zu beschaffen.

9. Zentralbankgeldmenge und Geldmengenpolitik.

Das Indikatorproblem der Geldpolitik (vgl. S. 203 ff.) stellt sich auch der Bundesbank: Woran soll sie die Wirkungen ihrer Politik messen? Wäre sie allein für die Wirtschaftspolitik in der Bundesrepublik verantwortlich, müßte die Antwort lauten: An der zeitlichen Entwicklung der gesamtwirtschaftlichen Zielvariablen, und zwar wegen der Aufgabe der Bank, die Währung zu sichern (vgl. S. 212), vor allem an der des Preisniveaus. Jedoch betreiben noch andere Instanzen Wirtschaftspolitik, und die Bank muß vermeiden, sich die Wirkungen von deren Maßnahmen zurechnen zu lassen. Es kommen daher für die Indikatorfunktion nur Geldbestandsgrößen in Frage. Zu ihren aus dem Kontensystem 3.1–3.3 (S. 153) ablesbaren Definitionen ist zu bemerken, daß M 1 die Zentralbankguthaben C.22 der öffentlichen Haushalte nicht enthält.[69] Über sie wird auch zu geldpolitischen Zwecken disponiert, und die Bundesbank rechnet sie auch dann nicht zu M 1, wenn sie gemäß § 17 BBankG zu den Geschäftsbanken verlagert sind (vgl. S. 228).

Ein Problem stellen angesichts der weitgehenden internationalen wirtschaftlichen Verflechtung der Bundesrepublik sowohl die Guthaben von Ausländern als auch die von Inländern in Auslandswährungen dar. Die Definition stellt ausdrücklich auf die Inländereigenschaft der Banken und der Guthabengläubiger ab. DM-Sichtguthaben von Ausländern gehören demnach nicht zu M 1, obwohl sie ebenso wie die von Inländern in der Bundesrepublik nachfragewirksam werden können; und Fremdwährungsguthaben von Inländern bei inländischen Banken bilden einen, wenn auch kleinen, Teil von M 1, obwohl sie nicht zu Zahlungen im Inland taugen. Beides gilt auch für die Bargeldbestände an D-Mark im Ausland, die nur der Größenordnung nach grob geschätzt und nicht aus M 1 herausgerechnet werden können.

Indiz für die Geldnähe der Termingelder inländischer Nichtbanken mit Laufzeiten bis unter vier Jahren als Bestandteil von M 2 ist die Tatsache, daß rund zwei Drittel mit Laufzeiten von unter drei Monaten und nur 2 v. H. mit solchen von über einem Jahr festgelegt sind. Dies könnte dafür sprechen, nur Termingelder mit ursprünglich vereinbaren Laufzeiten bis zu einem Jahr in M 2

---

[69] Die ursprüngliche Begründung für die Nichteinbeziehung dieser Guthaben in M 1 lautete, der Staat sei „nicht ein Wirtschaftssubjekt wie andere", sondern für den Wirtschaftsablauf insgesamt verantwortlich (Bbk-Monatsbericht Juli 1971, S. 13). Dazu ist zu sagen: Wenn sich der Staat entsprechend verhielte, müßte die Bundesbank nicht, wie etwa im April 1982, besondere Feinsteuerungsmaßnahmen treffen, um dem Liquidisierungseffekt der Ausschüttung des Bundesbankgewinns an den Bund entgegenzuwirken (Bbk-Monatsbericht Juni 1982, S. 11). Inzwischen ist der Bund immerhin bereit, den Betrag ratenweise entgegenzunehmen, jedoch muß die Bank weiterhin ihre Offenmarktpolitik daran anpassen.

einzubeziehen. Dagegen erscheint die Beschränkung auf Sparguthaben mit gesetzlicher Kündigungsfrist als Komponente von M 3 gerechtfertigt, da die Vereinbarung einer anderen Kündigungsfrist oder der Kauf von Sparbriefen eher auf die Absicht einer Daueranlage hindeuten.

Die Bundesbank benutzt nun als Hauptindikator ihrer Geldpolitik die *Zentralbankgeldmenge* gemäß der

Def. 3.4: *Die Zentralbankgeldmenge als geldpolitischer Indikator ist gleich den Bargeldbeständen der Nichtbanken zuzüglich dem Mindestreserve-Soll der Kreditinstitute auf ihre Verbindlichkeiten gegenüber Inländern, berechnet zu den im Januar 1974 geltenden Reservesätzen.*

Die Reservesätze betrugen damals 16,6 v. H. für Sichteinlagen, 12,4 v. H. für Termin- und 8,1 v. H. für Spareinlagen. Sie geben nach Ansicht der Bundesbank auch heute ungefähr die Unterschiede im Liquiditätsgrad dieser Guthaben wieder.[70] Ist Z^N der Bargeldumlauf bei Nichtbanken, entspricht die Definition demnach der Gleichung

Zentralbankgeldmenge =
Z^N + 0,166 Sichteinlagen + 0,124 Termineinlagen + 0,081 Spareinlagen.

Ende 1986 betrug sie 220,0 Mrd. DM, wovon auf die Bargeldbestände der Nichtbanken 51 v. H. und auf das Mindestreserve-Soll für die drei Arten von Verbindlichkeiten in der obigen Reihenfolge 19, 14 und 16 v. H. entfielen.[71]

Die so definierte Zentralbankgeldmenge kann nicht unmittelbar von der Bundesbank festgelegt werden. Die Nichtbanken bestimmen selbst, welchen Teil ihrer Aktiva sie in Gestalt von Bargeld halten wollen, und das Mindestreserve-Soll der Kreditinstitute richtet sich nach ihren Einlagen, deren Höhe von ihrem Kreditangebot und deren Zusammensetzung vom Publikum mitbestimmt wird, beispielsweise über die passive Giralgeldschöpfung (vgl. S. 180) oder über Umschichtungen zwischen den Einlagearten. Die Zentralbankgeldmenge ist daher keine Instrument-, sondern eine Zwischenzielvariable im zeitlichen Ablauf des Transmissionsmechanismus der Geldpolitik gemäß Bild 3.3 (S.202). Als solche attestiert ihr die Bundesbank vier Eigenschaften, wegen derer sie sie als „wichtigsten monetären Indikator"[72] betrachtet:

– Die Zentralbankgeldmenge steht im Ablauf der Transmissionsmechanismus den Instrumentvariablen der Bundesbank sachlich und zeitlich so nahe, daß die Bank sie als gut beherrschbar ansehen kann.

– Die Indikatoreigenschaft wird dadurch begründet, daß die Größe bereits wichtige Reaktionen der Kreditinstitute und Nichtbanken auf Maßnahmen der Bundesbank absorbiert hat und somit anzeigt. Die Änderung einer Instrumentvariablen enthält dagegen keine solchen Informationen, da sie Reaktionen ja erst in Gang setzen soll. Aus dieser Überlegung folgt auch der Grund für die Ent-

---

[70] Bbk-Monatsbericht Januar 1985, S. 15. Nach Auskunft der Bundesbank gilt dies nur im Verhältnis der drei Guthabenarten zueinander und nicht in Relation zum Bargeld. Gleichwohl erscheint es bemerkenswert, daß Sichtguthaben nur doppelt so liquide sein sollten wie Sparguthaben mit gesetzlicher Kündigungsfrist.

[71] Berechnet nach Angaben in: Bbk-Monatsbericht Mai 1987, S. 4*.

[72] Bbk-Monatsbericht Januar 1985, S. 15.

scheidung, das Mindestreserve-Soll mit den konstanten Reservesätzen vom Januar 1974 zu berechnen: Würde man das Soll anhand der jeweils geltenden Sätze ermitteln, würde deren Änderung die Zentralbankgeldmenge ändern, so den direkten Einfluß einer Instrumentvariablen wiedergeben und die Indikatoreigenschaft beeinträchtigen.

– Die Zentralbankgeldmenge reflektiert die mit den Mindestreservesätzen gewichtete Geldmenge M 3 und damit Umfang und Struktur sowohl der Geldschöpfung der Kreditinstitute als auch der Anlagedispositionen der Nichtbanken. Sie enthält daher im Unterschied zu den üblichen Definitionen der Geldbasis (vgl. S. 188) weder die Überschußguthaben der Kreditinstitute, da diese lediglich potentielle Grundlage für die Geldschöpfung sind, noch das Mindestreserve-Soll auf Guthaben von Ausländern, da dies von der Geldmenge in den Händen von Inländern nicht berührt wird.

– Die Bargeldkomponente der Zentralbankgeldmenge wird als Durchschnittswert der Tagesendstände des Monats, die Reservekomponente aus den Beständen an reservepflichtigen Verbindlichkeiten an vier Bankwochenstichtagen berechnet (vgl. S. 177). Die Werte liegen damit früher vor als etwa Angaben für M 3, und sie sind weniger von Stichtagszufälligkeiten abhängig als die Ultimowerte von M 1 bis M 3.

Inwieweit sind auch M 1 bis M 3 als Indikatoren der Geldpolitik brauchbar? Ein Blick in die konsolidierte Bilanz des Bankensystems der Bundesrepublik [73] zeigt die bilanztechnischen Bestimmungsfaktoren der drei Geldbestände: Die Kreditgewährung an inländische Nichtbanken sowie deren Geldkapitalbildung bei den Kreditinstituten, die Bestände an Auslandsaktiva und -passiva bei Geschäftsbanken und Bundesbank sowie einige weniger bedeutende Einflüsse. Bei Untersuchungen über Zusammenhänge zwischen geldpolitischen Maßnahmen und den Bewegungen der Geldbestände zeigt ein längerfristiger Überblick, daß alle drei Bestände im Zuge des wirtschaftlichen Wachstums zugenommen haben, wenn auch in unterschiedlichem Maße: M 1 stieg in 15 Jahren von 1970 bis 1985 um 205 v. H., M 2 um 227 v. H., M 3 um 230 v. H.[74] Etwas schwächer nahm demgegenüber mit 182 v. H. der Bargeldumlauf außerhalb der Kreditinstitute zu, so daß sein Anteil an M 1, die *Bargeldquote,* in dem betrachteten Zeitraum von 34 v. H. auf 32 v. H. geringfügig zurückging. Die in den sechziger Jahren zu beobachtende Ausweitung des bargeldlosen Zahlungsverkehrs dürfte mithin zum Abschluß gekommen sein, da sich seine Vorteile (vgl. S. 156 f.) nunmehr mit denen des Barzahlungsverkehrs wie Zeitersparnis, Wegfall von Bankgebühren, Wahrung der Anonymität von Zahler und Empfänger, die Waage halten.

Bei näherer Betrachtung erweist sich ferner, daß von den vier Komponenten von M 3 die kürzerfristigen Terminguthaben am stärksten expandierten und daß sich vornehmlich Privatpersonen dieser Art der Vermögensanlage zuwandten. Dabei zeigte sich eine erhebliche Zinsreagibilität: In den Hochzinsjahren 1971/1973 und 1979/1981 (vgl. Bild 3.2, S. 169) nahmen diese Guthaben zu

---

[73] Vgl. Rechnungswesen[6], Abschnitt II.6 des vierten Kapitels.

[74] Berechnet aufgrund der Jahresendstände nach Angaben in: Bbk-Monatsbericht Januar 1985, S. 16, 18; Mai 1986, S. 4* ; ohne die Geldbestände der seit Dezember 1985 zusätzlich berichtspflichtigen Kreditgenossenschaften.

Lasten der anderen Komponenten mit weit überdurchschnittlichen Raten zu. Dieses Verhalten hat Folgen für die Interpretation der Bewegungen von M 1, M 2 und M 3 als Indikatoren der Geldpolitik. Normalerweise erwartet man von einer Hochzins- und damit kontraktiven Politik auch eine verringerte Zuwachsrate der Geldbestände gleich welcher Definition. Das gilt bei dem beobachteten Verhalten jedoch nur für M 1, wobei ökonometrische Untersuchungen eine Elastizität in bezug auf die Geldmarktzinsen von $-0,2$ ergaben.[75] M 2 nimmt dagegen bei steigenden Zinssätzen zu, da Bargeldbestände und Sichtguthaben kurzfristig verzinslich angelegt und Sparguthaben in diese Anlageform überführt werden. Damit bleibt lediglich die Geldmenge M 3, innerhalb derer sich diese Umschichtungen ausgleichen, als geldpolitischer Indikator übrig. Wegen der genannten Gewichtung der einzelnen Arten von Bankeinlagen reagiert auch die Zentralbankgeldmenge auf Zinsänderungen, und zwar wegen des gegenüber M 3 höheren Anteils des Bargeldumlaufs noch stärker als M 3. Zusammengefaßt arbeitet die Bundesbank mit

Hyp. 3.7: *Die Zentralbankgeldmenge und die Geldmenge M 3 reagieren innerhalb von etwa 3 bis 6 Monaten in vorhersehbarer Weise auf den Instrumenteneinsatz der Bundesbank; nach 6 bis 12 Monaten zeigt sich ein Einfluß auf die Kreditexpansion.*[76]

Die Elastizität beider Bestände in bezug auf den Kapitalmarktzins liegt zwischen $-0,2$ und $-0,4$, die langfristigen Einkommenselastizitäten liegen bei eins,[77] was mit der S. 191 mitgeteilten Beobachtung übereinstimmt.

Die wichtigste Frage der Geldpolitik ist jedoch: Inwieweit sind die Änderungen der Indikatorvariablen eine Folge von Reaktionen, die ihrerseits im anschließenden Transmissionsverlauf weitere Reaktionen nach sich ziehen, die schließlich die wirtschaftspolitischen Hauptzielvariablen in der jeweils gewünschten Richtung beeinflussen? Die zentrale Hypothese der Bundesbank, um nicht zu sagen ihre Hoffnung, wurde S. 216 genannt: Änderungen der Zentralbankgeldmenge führen mit Verzögerung zu gleichsinnigen Änderungen des nominalen Bruttosozialprodukts. Ein solcher Vorlauf steht im Einklang mit der Vorstellung einer im Zeitablauf von einer Variablengruppe zur nächsten überspringenden Kette von Reaktionen, die mit einem wirtschaftspolitischen Eingriff beginnt und mit der Änderung der Zielvariablen in der gewünschten Richtung endet. Im Idealfall wäre auch noch das jeweilige Ausmaß der Änderungen planbar, jedoch sind Wirtschaftswissenschaft und Wirtschaftspolitik von einem derartigen Grad der Kenntnis und Beherrschung des Wirtschaftsprozesses im Rahmen der Globalsteuerung weit entfernt.

Bild 3.5 zeigt die jährlichen prozentualen Änderungen der Zentralbankgeldmenge in der Bundesrepublik während des letzten Vierteljahrhunderts (gepunktete Linie) zusammen mit den entsprechenden Änderungen des Bruttosozialprodukts zu jeweiligen Marktpreisen (durchgezogene Linie). In erster Annäherung wurde eine Wirkungsverzögerung von einem Jahr unterstellt, um so für jedes

---

[75] Bbk-Monatsbericht Januar 1985, S. 26.
[76] Ebenda, S. 23 f.
[77] Ebenda, S. 26.

Jahr t ($t = 1961 \ldots 1985$) einen unmittelbaren graphischen Eindruck von dem Zusammenhang zwischen der relativen Änderung der Zentralbankgeldmenge Z gegenüber dem Vorjahr $t-1$ und der gemäß Hypothese damit bewirkten relativen Änderung des Bruttosozialprodukts im Jahre $t+1$ gegenüber dem Jahr t zu erhalten. Beispielsweise ging der Zuwachs der Zentralbankgeldmenge von

Bild 3.5 – *Jährliche Änderungen der Zentralbankgeldmenge* [a] *und des nominalen Bruttosozialprodukts ein Jahr später in der Bundesrepublik Deutschland, 1961 – 1985*

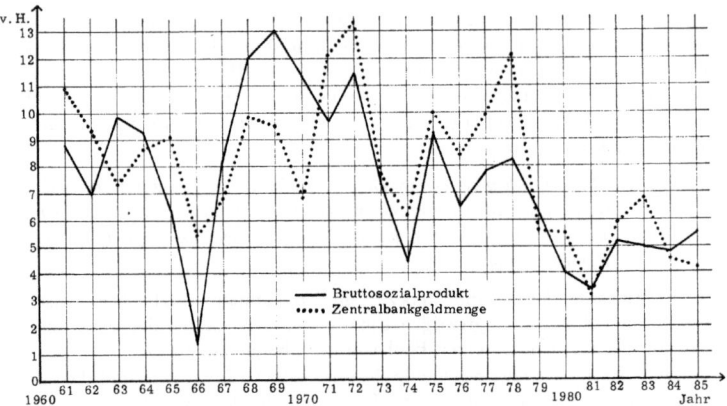

[a] Gemäß Bundesbank-Definition, saisonbereinigte Dezember-Monatsdurchschnitte, statistisch bereinigt um die Einbeziehung der Kassenbestände der Kreditinstitute und um die nach § 17 BBankG vorübergehend zu ihnen verlagerten Bundesguthaben.

Quelle: Wie Bild 1.2 (S. 11); WiSta September 1986, S. 672; Zentralbankgeldmenge nach von der Bundesbank zur Verfügung gestellten Angaben.

7,7 v. H im Monatsdurchschnitt Dezember 1973 auf 6,2 v. H. 1974 zurück (gepunktete Linie). Die Zuwachsrate des Bruttosozialprodukts betrug 1974: 7,3 v. H., 1975: 4,4 v. H. Diese beiden Sätze sind im Bild ebenfalls bei 1973 und 1974 eingetragen, um so den unmittelbaren Vergleich zu ermöglichen. Die gesamte durchgezogene Linie wurde also gegenüber ihrer wahren Lage um ein Jahr nach links verschoben. Wenngleich immer der Fehlschluß des „Danach, also deswegen" möglich ist, deutet das Bild darauf hin, daß seit 1972 eine größere oder kleinere Zunahme der Zentralbankgeldmenge etwa ein Jahr später zu einer ebensolchen Zunahme des Bruttosozialprodukts führt. In den sechziger Jahren gab es dagegen häufiger gegenläufige Bewegungen, was mit der Dominanz außenwirtschaftlicher Einflüsse im damaligen System fester Währungskurse zusammenhängen könnte.[78] Ökonometrische Untersuchungen zeigen, daß sich das Bruttosozialprodukt zu jeweiligen Marktpreisen mit einer Verzöge-

---

[78] Bbk-Monatsbericht Januar 1985, S. 27.

rung von drei bis sechs Monaten in gleicher Richtung wie die Zentralbankgeldmenge gemäß Definition 3.4 und wie der Geldbestand M 3 und in schwächerem Maße wie M 1 bewegt. Diese Zusammenhänge werden gelegentlich durch Störeinflüsse überlagert, erscheinen der Bundesbank aber zumindest auf etwas längere Sicht soweit gesichert und verläßlich, daß sie in ihrer geldpolitischen Konzeption auf der Basis einer Steuerung der Zentralbankgeldmenge „mehr als nur ein ‚Experiment' ... sehen" möchte.[79]

Die Bundesbank macht von dem vorstehend geschilderten Konzept der Geldmengenpolitik seit Dezember 1974 dadurch Gebrauch, daß sie jeweils am Jahresende eine Zielvorgabe über die Änderung der Zentralbankgeldmenge im kommenden Jahr bekanntgibt, die sie auch als „Mittel der Selbstbindung" betrachtet.[80] Tabelle 3.4 zeigt, daß in den ersten vier Jahren dieser Politik ein Punktziel genannt und in keinem Jahr erreicht wurde. Die Bank machte damit verspätet die gleiche Erfahrung wie die Bundesregierung, gemäß der es unrealistisch ist, den Wirtschaftsablauf mit einer derartigen Präzision steuern zu wollen. Seit 1979 gibt die Bank Zielbereiche an und orientiert sich dabei an Änderungsraten, die jeweils erreichbar scheinen. Sie werden unter Berücksichtigung der erwarteten Zunahme des Produktionspotentials und seines normalen Auslastungsgrades, des für unvermeidlich gehaltenen Preisanstiegs und der erwarte-

Tabelle 3.4 – *Zielvorgaben und Zielerfüllung der Geldmengenpolitik der Bundesbank, 1975–1987*

Jahr	Zunahme der Zentralbankgeldmenge in v. H. gegenüber dem Vorjahr			
	angestrebt		realisiert	
	im Jahres-verlauf[a]	im Jahres-durchschnitt	im Jahres-verlauf	im Jahres-durchschnitt
1975	8	·	10	·
1976	·	8	·	9
1977	·	8	·	9
1978	·	8	·	11
1979	6 bis 9		6	
1980	5 bis 8		5	
1981	4 bis 7		4	
1982	4 bis 7		6	
1983	4 bis 7		7	
1984	4 bis 6		5	
1985	3 bis 5		5	
1986	3½ bis 5½		8	
1987	3 bis 6			

[a] Erstmalig vom Dezember 1974 bis Dezember 1975, später jeweils vom letzten Quartal des Vorjahres bis zum letzten Quartal des laufenden Jahres.
Quelle: Die Deutsche Bundesbank [3.78], S. 95.

---

[79] Bbk-Monatsbericht Januar 1985, S. 22.
[80] Ebenda, S. 25.

ten Änderung der Transaktionshäufigkeit des Geldes festgelegt.[81] Ein Steuerungselement liegt dabei darin, daß der „unvermeidliche" Preisanstieg unterhalb des prognostizierten angesetzt wird.

Mit der Bekanntgabe der jeweils für das folgende Jahr angesteuerten Ausweitung der Geldmenge sollen die Wirtschaftssubjekte ein deutliches Signal für ihre Ausgabeentscheidungen erhalten. Die Ausgabe eines Bereiches für die Geldmengenexpansion verwässert dies, jedoch nimmt die Bundesbank die Möglichkeit wahr, im Laufe des Jahres zu präzisieren, welche Stelle in dem angegebenen Bereich, etwa eher die obere oder die untere Grenze, angesteuert werden soll. So wurden 1979 und 1980 die Untergrenze des Korridors, 1981 die untere Hälfte und 1982 und 1983 die obere Hälfte angestrebt und jeweils auch erreicht. Im Prinzip soll die Geldmenge weniger stark schwanken als das Sozialprodukt und so verstetigend auf dieses wirken. Für die in Bild 3.5 dargestellte Periode trifft das nicht zu: Die durchschnittliche jährliche Zuwachsrate beim Bruttosozialprodukt betrug 7,6 v. H. und war damit niedriger als die der Zentralbankgeldmenge mit 8,0 v. H. Im übrigen läßt die Angabe von Jahreswerten die Möglichkeit offen, vorübergehende Abweichungen von der Zielvorgabe zu gestalten. Es entsteht immer wieder kurzfristig und unvorhersehbar Liquiditätsbedarf bei den Kreditinstituten, und es würde zu heftigen und erratischen Schwankungen der Geldmarktsätze führen, wenn die Bundesbank die Geschäftsbanken dann auf den Lombardkredit verweisen oder sie zur Nichterfüllung des Mindestreserve-Solls nötigen würde. Statt dessen paßt sie sich ganz kurzfristig an den Liquiditätsbedarf der Institute an, gibt der Stabilität der Geldmarktsätze Priorität und sorgt so für das Funktionieren des Kreditmärkte.[82]

Der jährliche Zuwachs der Zentralbankgeldmenge blieb bis 1985 innerhalb der vorgegebenen Bereiche. 1986 zeigte sich dann erstmals seit dem Übergang zu Zielbereichen 1979, daß die Bundesbank die Entwicklung der Zentralbankgeldmenge auch von Jahr zu Jahr nicht immer in der Hand hat: Mit einer tatsächlichen Erhöhung von 8 v. H. wurde die mit $5\frac{1}{2}$ v. H. festgelegte obere Grenze des Zielkorridors nennenswert überschritten. Angesichts der auch von der Bundesbank akzeptierten gegenläufigen Beziehung zwischen Geldnachfrage und Zinsniveau (vgl. S. 215) hätte die Bank folglich die Zinssätze heraufsetzen müssen, um die Zunahme von M 3 und damit der Zentralbankgeldmenge zu bremsen. 1986 war aber dank außenwirtschaftlicher Einflüsse (starke Rückgänge des Rohölpreises und des Dollarkurses) das Jahr mit der am Preisindex der Lebenshaltung gemessenen relativ größten Preisstabilität seit 1953 bei befriedigendem Wirtschaftswachstum. Die Bundesbank ließ die Geldmengenausweitung zu und enthüllte so ihre wahre Priorität: Sie treibt diskretionäre Zinspolitik, wobei sie nicht willens oder nicht in der Lage ist, absehbare Fehlentwicklungen im Bereich der Geldmenge bereits im Ansatz zu erkennen und im vorhinein zu verhindern. Statt dessen bekämpft sie allenfalls solche Entwicklungen, wenn sie bereits eingetreten sind. Für 1987 wurde ein Korridor von 3–6 v. H. festgelegt, dessen untere Grenze in den Augen eines Monetaristen angesichts des Überhangs aus 1986 eine im Zweifel zu reichliche Geldversor-

---

[81] Die Deutsche Bundesbank [3.78], S. 95 f.
[82] Bbk-Geschäftsbericht 1974, S. 26; 1975, S. 12 f.

gung und dessen Breite praktisch den Verzicht auf die genannte Signalfunktion bedeutete. Der Monetarist mußte angesichts der Entwicklung 1986 und dieser Zielerklärung für 1987 sagen: Die Bundesbank hatte ihre Geldmengenpolitik 1986 verfehlt und durfte für 1987, um die Situation wieder in den Griff zu bekommen, praktisch keine Ausweitung der Geldmenge mehr zulassen. Ein Keynesianer[83] hätte darauf hingewiesen, daß 1986 die Alternativkosten der Geldhaltung wegen der Preisstabilität gering waren, die Liquiditätspräferenz auch wegen der unsicheren Konjunkturentwicklung zunahm, Ausländer wegen der Aufwertung „in die DM gingen" und sich also wiederum zeigte, wie instabil die Geldnachfrage ist. Da der von Monetaristen behauptete kausale Zusammenhang „Ausdehnung der Geldmenge abzüglich Zunahme des realen Sozialprodukts ergibt die Inflationsrate" ohnehin nicht besteht, hätte die Bundesbank mit der Festlegung von Geldmengenzielen fortfahren mögen, jedoch bei den ersten Anzeichen von Preissteigerungstendenzen die Zinssätze erhöhen sollen.

Die Politik der Bundesbank Mitte der achtziger Jahre stellte sich somit als eine Mischung dar. Monetaristische Elemente waren die Zuerkennung einer wichtigen Rolle für die Zentralbankgeldmenge als Zwischenziel und Indikator anstelle von Zinssätzen und die jährliche Verkündigung eines Geldmengenziels. Im Grunde vertraute die Bank jedoch eher auf die Wirkungen ihrer Zinspolitik und griff diskretionär ein. Dies geschah vermutlich in der Erkenntnis, daß sie eine Selbstbindung über mehrere Jahre hinweg mitsamt dem Verzicht auf Reaktionen, beispielsweise auf außenwirtschaftliche Schocks wie die Ölpreissteigerungen 1973 und 1979 oder die Ölpreissenkung 1986, nicht glaubwürdig ankündigen kann. Im übrigen mußte die Bank auch deswegen von Fall zu Fall eingreifen, weil die außenwirtschaftliche Flanke der Geld- und Kreditpolitik nach wie vor offen war. Die Bank war im Rahmen des Europäischen Währungssystems zu kursstützenden Interventionen gegenüber sechs Währungen verpflichtet, und sie griff von sich aus gelegentlich in die Kursbildung des US-Dollar ein. Da über die Richtung der jeweiligen Eingriffe meist kaum Zweifel bestehen, kann man die Bundesbank als eingebauten Stabilisator begreifen, der wenigstens der Absicht nach die endogenen Schwankungen des marktwirtschaftlichen Systems ebenso wie die Wirkungen exogener Schocks im Sinne seines Hauptziels mildert, das Preisniveau möglichst wenig steigen zu lassen. Fatalerweise destabilisieren aber eben diese Eingriffe den Wirtschaftsablauf, soweit er von Änderungen der Geldmenge beeinflußt wird.

Literatur zum dritten Kapitel

Allgemeines:

Zusammenfassende Darstellungen und Lehrbücher zu den drei Bereichen Theorie, Politik und Institutionen des Geld- und Kreditwesens sind

---

[83] Vgl. zur Darstellung der geldpolitischen Positionen von Monetaristen und Keynesianern S. 206–210.

[3.01] S. M. Goldfeld/L. V. Chandler: The Economics of Money and Banking. 1948, 9. Aufl. New York u. a. 1986. XII, 660 S.
[3.02] C. Köhler: Geldwirtschaft. 1. Bd – Geldversorgung und Kreditpolitik. 1970, 2. Aufl. Berlin 1977. XXII, 415 S.
[3.03] H.-J. Jarchow: Theorie und Politik des Geldes. I. Geldtheorie. 1973, 6. Aufl. Göttingen 1984. 359 S. – II. Geldmarkt, Bundesbank und geldpolitisches Instrumentarium. 1974, 4. Aufl. 1983. 243 S.
[3.04] O. Issing: Einführung in die Geldtheorie. 1974. 6. Aufl. München 1987. IX, 228 S.
[3.05] D. Duwendag u. a.: Geldtheorie und Geldpolitik. Eine problemorientierte Einführung mit einem Kompendium bankstatistischer Fachbegriffe. 1974, 3. Aufl. Köln 1985. 384 S.
[3.06] D. G. Pierce/P. J. Tysome: Monetary Economics: Theories, Evidence and Policy. 1974, 2. Aufl. London 1985. VIII, 300 S.
[3.07] M. F. J. Prachowny: Money in the Macroeconomy. Cambridge u. a. 1985. XX, 339 S.
[3.08] K. Cuthbertson: The Supply and Demand for Money. Oxford u. a. 1985. XII, 295 S.
[3.09] J. Struthers/H. Speight: Money. Institutions, Theory and Policy. London u. a. 1986. XIV, 386 S.

Anspruchsvoller und für Fortgeschrittene geeignet sind

[3.10] D. Patinkin: Money, Interest, and Prices. An Integration of Monetary and Value Theory. 2. Aufl. New York 1965. XXI, 708 S.
[3.11] E.-M. Claassen: Grundlagen der Geldtheorie. 1970, 2. Aufl. Berlin u. a. 1980. XII, 437 S.
[3.12] J. Niehans: Theorie des Geldes. Synthese der monetären Mikro- und Makroökonomie. Bern u. a. 1980. 352 S.
[3.13] R. Richter: Geldtheorie. Vorlesung auf der Grundlage der Allgemeinen Gleichgewichtstheorie und der Institutionenökonomik. Berlin u. a. 1987. XV, 390 S.

Aus der großen Zahl der Sammelwerke seien genannt

[3.14] W. E. Gibson/G. G. Kaufman (Hg.): Monetary Economics: Readings on Current Issues. New York u. a. 1971. XIV, 509 S.
[3.15] K. Brunner/H. G. Monissen/M. J. M. Neumann (Hg.): Geldtheorie. Köln 1974. 407 S.
[3.16] T. M. Havrilesky/J. T. Boorman (Hg.): Current Issues in Monetary Theory and Policy. 1976, 2. Aufl. Arlington Heights 1980. XII, 590 S.
[3.17] J. Badura/O. Issing (Hg.): Geldtheorie. Stuttgart u. a. 1979. 149 S.
[3.18] J. Thieme (Hg.): Geldtheorie. Entwicklung, Stand und systemvergleichende Anwendung. Baden-Baden 1985. 312 S.

Die jeweils aktuelle Diskussion ist den Fachzeitschriften zu entnehmen, von denen sich einige speziell dem Bereich „Geld und Kredit" widmen:

[3.19] Kredit und Kapital. Berlin, 1968 ff.
[3.20] Journal of Money, Credit and Banking. Columbus, 1969 ff.
[3.21] Journal of Monetary Economics. Amsterdam, 1975 ff.

Allgemeine Nachschlagewerke zum Bereich Geld, Kredit und Währung sind

[3.22] Obst/Hintner: Geld-, Bank- und Börsenwesen. Ein Handbuch. 1900, 37. Aufl. hg. von N. Kloten/J. H. v. Stein. Stuttgart 1980. XXVII, 978 S.
[3.23] Bank-Lexikon. Handwörterbuch für das Bank- und Sparkassenwesen mit Bankenverzeichnis. 1953, 9. Aufl. Wiesbaden 1983. XIII S., 2476 Spalten.
[3.24] Handbuch des gesamten Kreditwesens. Gegr. von W. Hofmann. 1935, 8. Aufl. bearbeitet von H. Delorme u. a. Frankfurt 1987. 999 S.

Zu Teil I:

Eine elementare Darstellung von Geldfunktionen und Kreditmärkten ist

[3.25] T. SCITOVSKY: Money and the Balance of Payments. Chicago 1969. IX, 188 S.

Zur technischen Weiterentwicklung in Richtung auf die Automatisierung des Zahlungs- und Verrechnungsverkehrs vgl.

[3.26] D. W. RICHARDSON: Electric Money: Evolution of an Electronic Funds-Transfer System. Cambridge, Mass. u. a. 1970. XIII, 181 S.
[3.27] M. J. FLANNERY/D. M. JAFFEE: The Economic Implications of an Electronic Monetary Transfer System. Lexington u. a. 1973. XVI, 209 S.
[3.28] A. BEQUAI: The Cashless Society. EFTS at the Crossroads. New York u. a. 1981. XI, 289 S. (EFTS = Electronic Funds Transfer System.)
[3.29] H. T. C. GODSCHALK: Computergeld. Entwicklungen und ordnungspolitische Probleme des elektronischen Zahlungsverkehrssystems. Frankfurt 1983. XVIII, 352 S.

Zu Teil II:

Eine systematische modelltheoretische Untersuchung von Kreditmärkten und Finanzsektor ist

[3.30] J. G. GURLEY/E. S. SHAW: Money in a Theory of Finance. Washington, D.C. 1960. XIV, 371 S.

Zur Theorie der Zinsstrukturen vgl.

[3.31] B. G. MALKIEL: The Term Structure of Interest Rates. Expectations and Behavior Patterns. Princeton 1966. XX, 271 S.
[3.32] D. KATH: Die verschiedenen Ansätze der Zinsstrukturtheorie. Versuch einer Systematisierung. Kredit und Kapital, 5. Jg. 1972, S. 28–71.
[3.33] R. STEINBRING: Die Fristigkeitsstruktur der Zinssätze. Ein portfoliotheoretischer Ansatz für inflationsfreie und inflationäre Wirtschaften. Frankfurt 1985. 142 S.

Zu Teil III:

Das Verhalten der Geschäftsbanken wird in der *Bankbetriebslehre* erforscht. Viele institutionelle und technische Aspekte des Geldwesens behandelt

[3.34] H.-D. DEPPE: Betriebswirtschaftliche Grundlagen der Geldwirtschaft. Bd 1: Einführung und Zahlungsverkehr. Stuttgart 1973. XVI, 480 S.

Zum gesetzlichen Rahmen für die Tätigkeit der Kreditinstitute vgl. die Kommentare zum KWG, etwa

[3.35] M. SCHNEIDER: KWG-Kommentar. Kreditwesengesetz mit den wichtigsten Ausführungsvorschriften. 3. Aufl. München 1986. XV, 565 S.

sowie die laufenden Stellungnahmen der Bundesbank zum KWG, zu den Kreditrichtsätzen und den Mindestreservevorschriften, so in den Bbk-Monatsberichten März 1969, April 1973, April 1983, März 1985, Januar 1986.

Das Liquiditätsproblem der Banken behandeln

[3.36] R. Fuchs: Die geldpolitische Bedeutung der freien Liquiditätsreserven und der Interbankgeschäfte. Würzburg 1981. XII, 367 S.
[3.37] A. Oberhauser: Der Charakter der frei verfügbaren Liquiditätsreserven. Kredit und Kapital, 15. Jg. 1982, S. 411–428.

Neuere theoretische und empirische Untersuchungen des Geldangebots sind

[3.38] M. Neldner: Die Bestimmungsgründe des volkswirtschaftlichen Geldangebots. Berlin u. a. 1976. 335 S.
[3.39] J. Schober: Der Geldangebotsprozeß in der Bundesrepublik Deutschland. Hamburg 1979. 311 S.
[3.40] J. Spreter: Theoretische und empirische Analyse der Determinanten des Geldschöpfungsmultiplikators. Krefeld 1983. V, 221 S.

Eine kurze Übersicht gibt:

[3.41] M. Willms: Geldangebotstheorie. In: Thieme [3.18], S. 11–40.

Zu Teil IV:

Übersichten über die Theorie der Geldnachfrage als Baustein des Keynes-Modells finden sich in den Lehrbüchern der Makroökonomik (vgl. Anhang I) sowie in den oben unter „Allgemeines" aufgeführten Monographien und Sammelwerken. Als Standardwerk zum Thema kann gelten

[3.42] D. E. W. Laidler: The Demand for Money. Theories, Evidence, and Problems. 1969, 3. Aufl. New York u. a. 1985. X, 178 S.

Kurzübersichten geben

[3.43] J. T. Boorman: The Evidence on the Demand for Money: Theoretical Formulations and Empirical Results. In: Havrilesky/Boorman [3.16], S. 315–360.
[3.44] J. P. Judd/J. L. Scadding: The Search for a Stable Money Demand Function: A Survey of the Post–1973 Literature. JELit, Vol. 20, 1982, S. 993–1023.
[3.45] J. Siebke: Geldnachfragetheorie. In: Thieme [3.18], S. 41–70.

Ausführlichere Untersuchungen mit Betonung empirischer Ergebnisse sind

[3.46] Demand for Money in Major OECD Countries. OECD Economic Outlook, Occasional Studies. Paris, Januar 1979, S. 35–57.
[3.47] H.-E. Loef: Geldnachfrage in einer offenen Volkswirtschaft: Bundesrepublik Deutschland 1970–1979. Kredit und Kapital, 15. Jg. 1982, S. 517–537.

Das Lagerhaltungsmodell wurde in den folgenden beiden Aufsätzen auf die Geldhaltung angewendet und heißt danach *BAUMOL-TOBIN-Modell:*

[3.48] W. J. Baumol: The Transactions Demand for Cash: An Inventory Theoretic Approach. QJE, Vol. 66, 1952, S. 545–556.
[3.49] J. Tobin: The Interest-Elasticity of Transactions Demand for Cash. REStat, Vol. 38, 1956, S. 241–247.

Eine zusammenfassende Darstellung der Theorie unter Betonung einzelwirtschaftlicher Fragestellungen, die aber auch eine Übersicht über gesamtwirtschaftliche Anwendungen enthält und die Unsicherheit über zukünftige Geldbewegungen berücksichtigt, ist

[3.50] D. ORR: Cash Management and the Demand for Money. New York u.a. 1971. XII, 212 S.

Die Geldnähe von Forderungen untersuchen

[3.51] E. L. FEIGE/D. K. PEARCE: The Substitutability of Money and Near-Monies: A Survey of the Time-Series Evidence. JELit, Vol. 15, 1977, S. 439–469.

Eine Anzahl neuester empirischer Untersuchungen zur Geldnachfrage in der Bundesrepublik Deutschland ist in Bbk-Monatsbericht Januar 1985, S. 28, genannt.

Zu Teil V:

Die nachstehenden Titel behandeln im wesentlichen allgemeine Probleme der Geldpolitik, berücksichtigen aber auch institutionelle Besonderheiten:

[3.52] W. NEUBAUER: Strategien, Techniken und Wirkungen der Geld- und Kreditpolitik. Eine theoretische und empirische Untersuchung für die Bundesrepublik Deutschland. Göttingen 1972. 337 S.
[3.53] V. CHICK: The Theory of Monetary Policy. London 1973. V, 163 S.
[3.54] J. SIEBKE/M. WILLMS: Theorie der Geldpolitik. Berlin u.a. 1974. X, 201 S.
[3.55] A. WOLL/G. VOGL: Geldpolitik. Stuttgart 1976. XI, 160 S.
[3.56] W. EHRLICHER/A. OBERHAUSER (Hg.): Probleme der Geldmengensteuerung. Berlin 1978. 195 S.
[3.57] J. BADURA/O. ISSING (Hg.): Geldpolitik. Stuttgart u.a. 1980. V, 151 S.
[3.58] O. ISSING: Einführung in die Geldpolitik. 1981, 2. Aufl. München 1987. X, 254 S.
[3.59] A. ROHDE: Mengensteuerung und Zinssteuerung. Eine Analyse monetärer Steuerungsstrategien. Berlin u.a. 1985. 191 S.

Zum Ziel-, Indikator- und Transmissionsproblem der Geldpolitik vgl.

[3.60] K. BRUNNER (Hg.): Targets and Indicators of Monetary Policy. San Francisco 1969. XIII, 335 S.
[3.61] E. DÜRR (Hg.): Geld- und Bankpolitik. 1969, 2. Aufl. Köln u.a. 1971. 498 S.
[3.62] B. M. FRIEDMAN: Targets, Instruments, and Indicators of Monetary Policy. Journal of Monetary Economics, Vol. 1, 1975, S. 443–473.
[3.63] R. POHL: Die Transmissionsmechanismen der Geldpolitik. JNÖStat, Bd 190, 1975/76, S. 1–28.
[3.64] B. GRIFFITHS/G. E. WOOD (Hg.): Monetary Targets. London 1981. X, 238 S.

Der Hauptinitiator des Monetarismus hat seine Beiträge zusammengefaßt veröffentlicht in

[3.65] M. FRIEDMAN: The Optimum Quantity of Money and Other Essays. Chicago 1969. VI, 296 S.
Deutsch: Die optimale Geldmenge und andere Essays. München 1970. 319 S.

Die beiden großen empirischen Untersuchungen, mit denen der Nachweis des Einflusses der Geldmenge auf die Gütersphäre geführt werden sollte, sind

[3.66] M. FRIEDMAN/A. J. SCHWARTZ: A Monetary History of the United States 1867–1960. Princeton 1963. XXIV, 860 S.
[3.67] M. FRIEDMAN/A. J. SCHWARTZ: Monetary Trends in the United States and the United Kingdom. Their Relation to Income, Prices, and Interest Rates, 1867–1975. Chicago u.a. 1982. XXXI, 664 S.

Monographien und Sammelwerke sind

[3.68] P. KALMBACH (Hg.): Der neue Monetarismus. München 1973. 303 S.
[3.69] J. L. STEIN (Hg.): Monetarism. Amsterdam u. a. 1976. VIII, 342 S.
[3.70] W. SCHRÖDER: Theoretische Grundstrukturen des Monetarismus. Baden-Baden 1978. 217 S.
[3.71] W. EHRLICHER/W.-D. BECKER (Hg.): Die Monetarismus-Kontroverse. Eine Zwischenbilanz. (= Beihefte zu Kredit und Kapital, H. 4.) Berlin 1978. 279 S.
[3.72] T. MAYER u. a.: The Structure of Monetarism. New York 1978.
[3.73] G. MACESICH: Monetarism. Theory and Policy. New York 1983. XI, 269 S.

Vgl. auch Aufsätze von D. LAIDLER und J. TOBIN mit anschließenden Kommentaren in: EJ, Vol. 91, 1981, S. 1–57.

Zu Teil VI:

Wichtige Quelle für die Beurteilung der Geld- und Kreditpolitik in der Bundesrepublik Deutschland sind zunächst die laufenden Publikationen der Deutschen Bundesbank:

[3.74] Monatsberichte der Deutschen Bundesbank. Frankfurt am Main, Januar 1949 ff.
[3.75] Geschäftsbericht der Deutschen Bundesbank für das Jahr ... Frankfurt am Main, 1948/49 ff.

sowie ihre sonstigen Verlautbarungen, in denen sie das jeweilige Geschehen beschreibt und ihre Maßnahmen begründet. Diesen Änderungen sind die Hypothesen der Bank über den Wirtschaftsablauf und die Wirkungsweise ihrer Maßnahmen, ihr Selbstverständnis und ihr Problembewußtsein sowie andeutungsweise ihr Verhältnis zu anderen wirtschaftspolitischen Instanzen, kurz ihre Sicht des Wirtschaftsprozesses, zu entnehmen. Kritik findet sich vor allem in den SVR-Gutachten und in den Publikationen der im Bereich Geld und Kredit arbeitenden Wissenschaftler.

An statistischen Quellen der Bank wurden für den Text zusätzlich herangezogen:

[3.76] Statistische Beihefte zu den Monatsberichten der Deutschen Bundesbank, Reihe 1: Bankstatistik nach Bankengruppen. Frankfurt am Main, September 1969 ff.
[3.77] Statistische Beihefte zu den Monatsberichten der Deutschen Bundesbank, Reihe 2: Wertpapierstatistik. Frankfurt am Main, September 1968 ff.

Die Bank hat den institutionellen Rahmen ihrer Geldpolitik mitsamt ihrem Instrumentarium beschrieben in

[3.78] Die Deutsche Bundesbank. Geldpolitische Aufgaben und Instrumente. (= Sonderdrucke der Deutschen Bundesbank Nr. 7.) 4. Auflage Frankfurt 1987. 141 S.

Untersuchungen über die Rolle der Bundesbank sind

[3.79] D. DUWENDAG (Hg.): Macht und Ohnmacht der Bundesbank. Frankfurt 1973. 230 S.
[3.80] R. ROBERT: Die Unabhängigkeit der Bundesbank. Analyse und Materialien. Kronberg 1978. X, 165 S.
[3.81] R. H. KAISER: Bundesbankautonomie – Möglichkeiten und Grenzen einer unabhängigen Politik. Frankfurt 1980. XXVI, 81 S.

Das unmittelbare Eingriffsgebiet der Bundesbank wird beschrieben in:

[3.82] A. HERRMANN: Die Geldmarktgeschäfte. 1979, 3. Aufl. Frankfurt 1986, X, 248 S.
[3.83] H.-D. DEPPE: Geldmarkt und Geldmarktkonzepte. Kredit und Kapital, 13. Jg. 1980, S. 289–320.

Neben den nachstehend genannten Spezialschriften über die Geldpolitik in der Bundesrepublik sind auch die entsprechenden Teile der eingangs genannten Gesamtdarstellungen zu beachten. Eine gründliche Untersuchung nach dem neuesten Stand mit vielen Literaturhinweisen ist

[3.84] D. DICKERTMANN/A. SIEDENBERG: Instrumentarium der Geldpolitik. 1973, 4. Aufl. Düsseldorf 1984, XII, 245 S.
[3.85] S. F. FROWEN/A. S. COURAKIS/M. H. MILLER (Hg.): Monetary Policy and Economic Activity in West Germany. London 1977. XVIII, 268 S.
[3.86] H. SCHLESINGER: Die Geldpolitik der Deutschen Bundesbank 1967–1977. Kredit und Kapital, 11. Jg. 1978, S. 3–28.
[3.87] H. BOOMS: Geldtheoretische und -politische Konzepte der Deutschen Bundesbank: Ermittlung und Kritik. Bochum 1980.
[3.88] W. EHRLICHER/D. B. SIMMERT (Hg.): Geld- und Währungspolitik in der Bundesrepublik Deutschland. (= Beihefte zu Kredit und Kapital, H. 7.) Berlin 1982. X, 538 S.
[3.89] C. KÖHLER: Geldwirtschaft. 3. Bd: Wirtschaftspolitische Ziele und wirtschaftspolitische Strategien. Berlin 1983. XV, 270 S.
[3.90] H.-J. DUDLER: Geldpolitik und ihre theoretischen Grundlagen. Frankfurt 1984. 138 S.
[3.91] H. SCHLESINGER: Zehn Jahre Geldpolitik mit einem Geldmengenziel. In: W. GEBAUER (Hg.): Öffentliche Finanzen und monetäre Ökonomie. Festschrift für Karl Häuser. Frankfurt am Main 1985, S. 123–147.
[3.92] A. GUTOWSKI (Hg.): Geldpolitische Regelbindung: Theoretische Entwicklungen und empirische Befunde. Berlin u. a. 1987. 191 S.

Viertes Kapitel

Theorie und Politik der Beschäftigung

In diesem Kapitel wird das Problem der Beschäftigung der Erwerbspersonen behandelt, das in den westlichen Industrieländern seit den siebziger Jahren wirtschaftspolitisch in einem Ausmaß in den Vordergrund getreten ist, das davor kaum erwartet worden war. In Teil I werden zunächst die Zusammenhänge zwischen Sozialprodukt und Beschäftigung entwickelt, sodann die Eigenarten des Arbeitsmarktes mitsamt seinen Akteuren beschrieben und die Arten der Arbeitslosigkeit untersucht. Frühere Ideen über die Funktionsweise der Marktwirtschaft in bezug auf die Beschäftigung spielen immer noch eine Rolle, und Teil II führt daher die Modelle der nationalökonomischen Klassiker und von MARX vor. Die Reaktion auf diese erfolgte in Gestalt des KEYNESschen Modells, das in Teil III in einer gegenüber dem ersten und zweiten Kapitel erweiterten Fassung mitsamt seinen wirtschaftspolitischen Konsequenzen diskutiert wird. Die darauf beruhende Makroökonomik wurde seitdem jedoch von der Realität wiederum in Frage gestellt: Inflation bei Voll- und bei Unterbeschäftigung wurde zum Hauptproblem, und in Teil IV wird über neuere Versuche berichtet, es theoretisch in den Griff zu bekommen, wobei auch wieder Hypothesen der Klassiker herangezogen werden. Teil V schließlich ist dem Arbeitsmarkt der Bundesrepublik Deutschland gewidmet, bei dem die Fülle der staatlichen Eingriffe beeindruckt. Ihre Aufführung und skizzenhafte Erläuterung soll hier zu verstehen helfen, warum eine nach den Maßstäben der fünfziger und sechziger Jahre unerhört hohe Arbeitslosigkeit nunmehr schon seit Jahren ohne Aussicht auf baldigen nennenswerten Rückgang andauert.

I. Beschäftigung und Arbeitsmarkt

I. Sozialprodukt, Beschäftigung und Arbeitsproduktivität. Der Arbeitsmarkt wird in die bisherige gesamtwirtschaftliche Analyse integriert, indem man Hypothesen über den Zusammenhang zwischen dem realen Sozialprodukt und den zu seiner Herstellung eingesetzten Faktoren sowie über Angebot an und Nachfrage nach Arbeitsleistungen aufstellt. Die Faktoren werden bei makroökonomischer Betrachtung zu den beiden Kategorien Arbeitsleistung A und Sachkapitalnutzung K zusammengefaßt, und es gilt die Produktionsfunktion

$$Y^r = f(A, K), \quad \text{worin} \quad \frac{\partial Y^r}{\partial A} > 0, \quad \frac{\partial Y^r}{\partial K} > 0. \qquad (4.1)$$

Sie besagt, daß das reale Sozialprodukt Y^r steigt, wenn der Einsatz eines Produktionsfaktors bei konstantem Einsatz des jeweils anderen zunimmt. Wirtschaftspolitisch liegt dann der Umkehrschluß nahe: Sind nicht alle Erwerbspersonen beschäftigt, herrscht also *Arbeitslosigkeit* (auch: Unterbeschäftigung), so kann diese verringert oder beseitigt werden, wenn für eine Zunahme des realen Sozialprodukts gesorgt wird. So können öffentliche Haushalte private Wirtschaftssubjekte zur Erhöhung ihrer Nachfrage anregen oder aber selbst mehr Güter nachfragen. Unterbeschäftigung in einzelnen oder allen Wirtschaftszweigen einer Volkswirtschaft wird dabei in erster Annäherung mit einem *Nachfragedefizit* gleichgesetzt und durch dessen Verringerung bekämpft.

Allerdings ist dabei zu beachten, daß es praktisch in jeder Volkswirtschaft einen ständigen Prozeß gibt, der negativ auf die Beschäftigung wirkt: Die Zunahme der Arbeitsproduktivität. Bezeichnet man die in einer Volkswirtschaft etwa während eines Jahres erbrachte Arbeitsleistung wie eben mit A und berücksichtigt, daß diese gleich dem mathematischen Produkt aus der Zahl B_e der Erwerbstätigen und der von diesen im Durchschnitt je Jahr geleisteten Zahl a der Arbeitsstunden ist:

$$A = a B_e,$$

dann erhält man das durchschnittliche Produktionsergebnis je Einheit des Arbeitseinsatzes oder die *durchschnittliche Arbeitsproduktivität* zu:

$$\pi = \frac{\text{Sozialprodukt}}{\text{Arbeitseinsatz}} = \frac{Y^r}{A} = \frac{Y^r}{a B_e}. \qquad (4.2)$$

In der statistischen Praxis verwendet man als genaueres Maß der inländischen Produktionstätigkeit anstelle des Sozialprodukts häufig das reale Bruttoinlandsprodukt. Der Arbeitseinsatz wird durch die Zahl der jahresdurchschnittlich Erwerbstätigen oder wie in Gleichung (4.2) genauer durch die Zahl der jährlich geleisteten Arbeitsstunden gemessen, womit auch Änderungen der Wochenarbeitszeit und Ausfälle infolge von Feiertagen, Urlaub, Krankheiten und Unfällen erfaßt werden.[1] Für das Beschäftigungsproblem ist nun die Tatsache von zentraler Bedeutung, daß der ständige technische Fortschritt bei Maschinen und Anlagen, Verbesserungen der Arbeitsorganisation sowie teilweise der Strukturwandel die Arbeitsproduktivität erhöhen. In der Bundesrepublik stieg die Zahl der Erwerbstätigen von 19,6 Mill. Personen im Jahresdurchschnitt 1950 auf 26,1 Mill. 1960, hält sie seitdem unter leichten Schwankungen auf diesem Niveau und geht in den letzten Jahren etwas zurück.[2] Die nach Gleichung (4.2) gemessene Arbeitsproduktivität nahm dagegen von 1950 bis 1985 jährlich um durchschnittlich 5,0 v. H. zu (vgl. S. 57).

Die Wirkungen der Produktivitätsentwicklung auf die Beschäftigung sind aus Gleichung (4.2) abzulesen:

– Steigt das reale Sozialprodukt Y^r im gleichen Ausmaß wie die durchschnittliche Arbeitsproduktivität π, dann bleibt die Beschäftigung A konstant;
– Steigt die Arbeitsproduktivität bei konstantem Sozialprodukt, oder steigt π stärker als Y^r, dann muß A zurückgehen;

---

[1] Einzelheiten zur statistischen Messung der Arbeitsproduktivität in: Rechnungswesen[6], S. 314–316.
[2] WiSta Juni 1985, S. 433.

- Die Beschäftigung A kann auf zwei Arten zurückgehen: Entweder sinkt bei konstanter durchschnittlicher Arbeitszeit a die Zahl B_e der Erwerbstätigen, oder die Arbeitszeit wird bei Erhaltung der Arbeitsplätze verringert. Beliebige Kombinationen sind möglich und schließen den Fall ein, daß bei sinkendem A die Arbeitszeit a so stark herabgesetzt wird, daß B_e noch zunehmen kann.

Die Größe a kann in der Hauptsache durch Herabsetzung der regulären wöchentlichen Arbeitszeit verkleinert werden. Weitere Möglichkeiten sind die Abnahme von Überstunden und längerer Urlaub. Herabsetzung von B_e bedeutet Arbeitslosigkeit; Ausscheiden aus der Erwerbstätigkeit durch Verlassen des Landes (etwa von Ausländern) oder Rückzug vom Arbeitsmarkt wegen Beschränkung auf häusliche Tätigkeit wie Kinderpflege; früherer Bezug von Altersrente und damit Verkürzung der Lebensarbeitszeit.

Zu beachten ist, daß die Steigerung der Arbeitsproduktivität ein ständiger Prozeß ist, der sich aus unzähligen einzelnen Vorgängen zusammensetzt. Er beruht letztlich auf dem ständigen gemeinsamen Bestreben von Unternehmen und abhängig Beschäftigten, Kosten zu senken und Einkommen zu erhöhen. Der Prozeß läßt sich wirtschaftspolitisch kaum bremsen; und seine Verlangsamung wäre auch denkbar unerwünscht, da er die Hauptquelle der Wohlstandssteigerung ist. Er muß daher als Datum für jede beschäftigungspolitische Maßnahme gelten.

Das monetäre Äquivalent des realen Sozialprodukts Y^r, das Volkseinkommen Y, wird mit seiner Entstehung auf zwei Einkommensarten verteilt: Das Einkommen aus unselbständiger Beschäftigung L („Löhne") und das Einkommen aus Unternehmertätigkeit und Vermögen G („Gewinne"). Man mißt diesen Aspekt der Einkommensverteilung durch den Anteil der Lohnsumme am Volkseinkommen, die *gesamtwirtschaftliche Lohnquote* α:

$$\alpha = \frac{L}{Y}. \tag{4.3}$$

Nun ist die Lohnsumme L gleich dem mathematischen Produkt aus der Zahl der während der betrachteten Periode von den unselbständig Beschäftigten geleisteten Arbeitsstunden A_L und ihrem durchschnittlichen Stundenlohnsatz l, während das Volkseinkommen bei Abwesenheit des Staates gleich dem mathematischen Produkt aus dem realen Sozialprodukt Y^r und so etwas wie dem Durchschnittspreis p von dessen Mengen ist. Es gelten also die Gleichungen

$$L = l \cdot A_L \quad \text{und} \quad Y = p \cdot Y^r.$$

Setzt man beide in (4.3) ein und definiert als gesamtwirtschaftliche durchschnittliche Arbeitsproduktivität π_L der unselbständig Beschäftigten den Quotienten $\pi_L = Y^r/A_L$, erhält man

$$\alpha = \frac{l \cdot A_L}{p\, Y^r} = \frac{l}{p \cdot \pi_L} = \frac{\text{Stundenlohnsatz}}{\text{Preis mal Arbeitsproduktivität der Arbeitnehmer}}. \tag{4.4}$$

Es bestehen somit die folgenden Zusammenhänge zwischen den betrachteten gesamtwirtschaftlichen Durchschnittsgrößen:

(1) Steigende Arbeitsproduktivität senkt den Lohnanteil und erhöht damit den Gewinnanteil am Volkseinkommen, falls sich Preise und Lohnsätze nicht ändern.

Hier und bei den folgenden Aussagen sind die Fälle jeweils hinzuzudenken, in denen sich alle Größen ändern, aber ungleichmäßig stark und in der Weise, daß die jeweilige Schlußfolgerung gültig bleibt.

Definiert man als Reallohnsatz den Quotient $l^r = l/p$ aus Nominallohnsatz und Güterpreis, wird Gleichung (4.4) zu $\alpha = l^r/\pi_L$, und man erhält

(2) Steigt der Reallohn ebenso stark wie die Arbeitsproduktivität der Arbeitnehmer, dann bleibt die Einkommensverteilung konstant.

Jede Zunahme der Arbeitsproduktivität bedeutet mehr Wohlstand. Die Frage ist, wie die Früchte der dahinterstehenden Anstrengung verteilt werden:

(3) Steigt die Arbeitsproduktivität und bleibt die Einkommensverteilung ungeändert, gibt es zwei Wege, die Zunahme des realen Sozialprodukts an die Einkommensbezieher zu verteilen: Über sinkende Preise bei ungeänderten Nominallöhnen, so daß der Nenner in Gleichung (4.4) ungeändert bleibt; oder über steigende Lohnsätze bei konstanten Preisen.

In der Praxis kommt nur der zweite Weg in Frage. Ständig sinkende Preise würden die heimischen Güter im Ausland fortlaufend billiger machen und daher gleitende Anpassungen der Währungskurse erfordern; sie würden vermutlich die Investitionstätigkeit beeinträchtigen und vor allem die Gewerkschaften zum Verzicht auf ihre Lohnpolitik zwingen. Für diese bilden jedoch Lohnsatzsteigerungen den Hauptteil ihrer Forderungen, sie geben ihnen einen wesentlichen Teil ihrer Existenzberechtigung; und Arbeitnehmer nehmen ihren Einfluß auf den Lebensstandard leichter wahr als Preissenkungen.

Ferner gilt:

(4) Werden die Lohnsätze im Ausmaß der erwarteten Zunahme der Arbeitsproduktivität erhöht, bleiben bei konstanter Einkommensverteilung auch die Preise ungeändert.

Wird absichtlich so verfahren, spricht man von *produktivitätsorientierter Lohnpolitik*. Die Gewerkschaften lehnen eine solche Politik im allgemeinen ab, da sie die Verteilung des Volkseinkommens auf Löhne und Gewinne ungeändert läßt, ihnen Betätigungsspielraum nimmt und ihnen insbesondere den Verzicht auf das Ziel einer Erhöhung des Lohnanteils am Volkseinkommen abverlangt.

In der Realität steigen die Preise stärker oder schwächer als die Arbeitsproduktivität. Entscheidend für preisändernde Reaktionen der Unternehmen hierauf ist der Nettoeffekt beider Änderungen auf ihre Kostensituation. Man mißt diesen gesamtwirtschaftlich, indem man die Lohnsumme durch das reale Sozialprodukt dividiert, in dem entstehenden Quotienten die Lohnsumme $L = l \cdot A_L$ setzt und die Definition $\pi_L = Y^r/A_L$ berücksichtigt. Man erhält so die *Lohn-*

kosten je Produkteinheit oder

Lohnstückkosten: $\quad \dfrac{L}{Y^r} = \dfrac{l \cdot A_L}{Y^r} = \dfrac{l}{\pi_L}$ \hfill (4.5)

und den Satz

(5) Die Lohnstückkosten bleiben konstant, wenn Lohnsatz und Arbeitsproduktivität der Arbeitnehmer gleich stark zunehmen.

Sinkende Lohnstückkosten, die bei gegebenen Lohnsätzen infolge des ständigen technischen Fortschritts insgesamt die Regel sind, würden bei konstanten Preisen gemäß Gleichung (4.5) den Gewinnanteil erhöhen. Eines der Hauptziele der Gewerkschaften besteht darin, dies mittels Durchsetzung ihrer Lohnforderungen zu verhindern und so ihre Mitglieder am technischen Fortschritt teilhaben zu lassen.

2. Der Arbeitsmarkt. In einem Land wie der Bundesrepublik Deutschland gibt es heute gut zwei Millionen Unternehmen, die Arbeitsplätze zur Verfügung stellen und daher *Arbeitgeber* sind. Ihnen stehen rund 22 Millionen Personen gegenüber, die Arbeitsplätze einnehmen und *Arbeitnehmer* heißen.[3] Ständig werden Arbeitsplätze aus den verschiedensten Gründen frei, sollen aber wieder besetzt werden. Auch werden neue Arbeitsplätze geschaffen, weil Unternehmen gegründet oder bestehende vergrößert werden. Aus allen diesen Gründen werden ständig Arbeitsplätze als *offene Stellen* angeboten. Dem steht die Nachfrage nach Arbeitsplätzen von Personen gegenüber, die nach Abschluß ihrer Ausbildung oder einer Periode häuslicher Tätigkeit erstmals einen Arbeitsplatz suchen; die ihren Arbeitsplatz anderweitig verloren oder aufgegeben haben; die aus dem Ausland zugewandert sind. Angebot an und Nachfrage nach Arbeitsplätzen oder, alternativ ausgedrückt, nach Arbeitsleistungen, konstituieren den *Arbeitsmarkt* eines Landes. Er weist gewisse gemeinsame Züge mit den Märkten für Sachgüter und Dienstleistungen auf. Die wichtigste Gemeinsamkeit ist, daß es zwischen dem Preis der Arbeit, also dem Stundenlohnsatz oder dem Monatsgehalt, und zumindest der nachgefragten Arbeitsmenge den für praktisch alle Gütermärkte geltenden Zusammenhang gibt: Unter sonst gleichen Umständen wird um so weniger Arbeitsleistung nachgefragt, je höher ihr Preis ist. Liegt dieser bei null oder nur wenig darüber, ist die Nachfrage praktisch grenzenlos. Das wird häufig durch die Aussage ausgedrückt, daß an Arbeit(sgelegenheit) Überfluß herrscht: Straßen könnten sauberer gehalten werden; Millionen privater Haushalte würden unbezahlte Hilfskräfte beschäftigen; Warteschlangen vor

---

[3] Diese Bezeichnungen dienen gelegentlich als Anknüpfungspunkt für Systemkritik. So wird gesagt, ein „Arbeitnehmer" gebe doch eigentlich die Arbeit, die der „Arbeitgeber" nimmt, und ein solch pervertierter Sprachgebrauch sei wohl nur in einem gleichermaßen perversen Wirtschaftssystem möglich. Tatsächlich liegt nur eine Verwechslung von „Arbeitsleistung" mit „Arbeitsplatz" vor. Der „Arbeitgeber" gibt einen Arbeitsplatz, den der „Arbeitnehmer" nimmt, während die Arbeitsleistung Gegenstand einer kontinuierlichen Transaktion in umgekehrter Richtung ist. Gemäß dieser Redeweise nimmt ein Unternehmer keinen Arbeitsplatz ein, obwohl er gewiß arbeitet und statistisch als Erwerbstätiger gilt.

Schaltern und Kassen könnten bei entsprechender Mehrbeschäftigung verschwinden; Wartezeiten in Restaurants, ärztlichen Wartezimmern und bei öffentlichen Verwaltungen wegfallen; Reparaturhandwerker wären nicht mehr knapp. Es kann daher die These nicht zutreffen, in einer Periode raschen technischen Fortschritts wie etwa im letzten Drittel des 20. Jahrhunderts würden die Arbeitsgelegenheiten immer seltener und Massenarbeitslosigkeit sei daher eine unausweichliche Folge. Der zentrale ökonomische Fehler dieses Arguments liegt in der Nichtbeachtung der Funktion des Preises im allgemeinen und des Preises der Arbeit im besonderen. Was in Abhängigkeit von diesem knapp sein kann, ist mithin nicht die Zahl der Arbeitsplätze schlechthin, sondern Gelegenheit zur *Erwerbsarbeit,* zur Arbeit gegen Entgelt zu den gerade herrschenden Bedingungen. Sie ist von der Arbeit aus freien Stücken, der freiwillig und unentgeltlich geleisteten *Tätigkeit,* zu unterscheiden, die vermutlich ein angeborenes Bedürfnis des nicht für das Schlaraffenland geschaffenen Menschen ist. Der Unterschied liegt auch darin, daß Erwerbsarbeit überwiegend fremdbestimmt (heteronom), Tätigkeit selbstbestimmt (autonom) ist. Kein Zweifel besteht, daß der individuelle wie gesellschaftliche Idealfall vorliegt, wenn es Menschen gelingt, das, was sie gern und bei Abwesenheit ökonomischer Zwänge ohnehin tun würden, als Arbeitsleistung gegen Entgelt zu verkaufen. Manche Künstler, Schriftsteller, Wissenschaftler, Handwerker, Politiker sind vermutlich in dieser Lage. Im folgenden ist jedoch nur von Erwerbsarbeit und der ihr entsprechenden Erwerbsarbeitslosigkeit die Rede, auch wenn beide nicht ausdrücklich so benannt sind.

Eine weitere Gemeinsamkeit läßt sich anhand der Beobachtung festellen, daß die Qualität angebotener Sachgüter und Dienste nachläßt, wenn die Situation des Verkäufermarkts[4] länger anhält. Die Parallele auf dem Arbeitsmarkt ist die Erscheinung, daß bei andauernder Vollbeschäftigung der Krankenstand, unentschuldigtes Fernbleiben vom Arbeitsplatz, Unpünktlichkeit, Nachlässigkeit bei der Arbeitsverrichtung zunehmen.

Neben gemeinsamen Zügen mit Produktmärkten weist der Arbeitsmarkt jedoch auch eine Reihe von Besonderheiten auf, die es verbieten, das allgemeine Modell des freien Marktes mit atomistischem Wettbewerb ohne weiteres auf ihn anzuwenden. Wesentliche Eigenarten des Arbeitsmarktes sind:

(1) Arbeitsleistung ist untrennbar an Menschen gebunden und eine ihrer Lebensäußerungen. Sie unterliegt einer breiten Skala persönlicher Einschätzung, die von einem sinnstiftenden Bedürfnis bis zu einem widerwillig akzeptierten Zwang reicht. Ihre Qualität hängt außerdem von dem im Zeitablauf variierenden persönlichen Zustand ab, der seinerseits einer Vielzahl von Einflüssen unterliegt.

(2) Da Arbeitsleistungen nicht losgelöst von der Person des Anbieters erbracht werden können, erfordern sie ganz überwiegend seine persönliche Anwesenheit an einer Arbeitsstätte außerhalb seiner Wohnung. Das wirft das Problem des täglichen Weges zur Arbeitsstätte und des Wohnsitzwechsels bei Annahme eines ferngelegenen Arbeitsplatzes auf, also die Frage der *Nah-* und der *Fernmobilität* (auch: *interregionale Mobilität*). Anders ausgedrückt: Da Menschen feste

---

[4] Vgl. zu Verkäufer- und Käufermarkt: Mikroökonomik, S. 394.

Wohnsitze haben und nicht beliebig beweglich sind, ist der Arbeitsmarkt räumlich segmentiert.

(3) Der Lohn als Preis der Arbeitsleistung hat eine doppelte Funktion: Er beeinflußt als im gesamtwirtschaftlichen Maßstab wichtigster Kostenfaktor die Wahl der Produktionstechnik sowie die Investitionen und damit die Struktur der Beschäftigung unter ihren verschiedenen Aspekten; und er stellt die wichtigste Einkommensquelle für den größeren Teil der Bevölkerung dar. Mit der Festsetzung von Löhnen wird zudem über die Verteilung des Volkseinkommens auf Einkommensarten und damit über ein wichtiges soziales Problem entschieden. Bei atomistischer Struktur würde der Markt dieses Problem vermutlich in einer Weise lösen, die viele Menschen als ungerecht ansehen. Entstehen Lohnsätze als Ergebnis von Verhandlungen zwischen Arbeitgeberverbänden und Gewerkschaften, scheint die Verteilung für die Arbeitnehmer günstiger auszufallen. Staatliche Instanzen einschließlich der Gerichte regeln in den meisten westlichen Ländern nur das Verfahren dieser Art von Lohnfindung. Sie beeinflussen die Ergebnisse etwa hinsichtlich Lohnhöhe und Arbeitszeit also nicht direkt, sondern allenfalls indirekt durch ihre Wirtschaftspolitik, jedoch wird ihre Aufgabe der Konjunktursteuerung damit zweifellos erschwert.

(4) Der Verkauf von Arbeitsleistung ist für die Mehrzahl der Erwerbstätigen die überwiegende oder alleinige Einkommensquelle. Nichterwerbstätige Familienangehörige sind zusätzlich von ihr abhängig. Das wirft die Frage nach Ersatzquellen für ein Einkommen in Fällen von Arbeitsunfähigkeit bei Krankheit, Unfall, Behinderung und Alter sowie bei Arbeitslosigkeit auf: Das Problem der *sozialen Sicherung*.

(5) Über den Zusammenhang zwischen Lohnhöhe und Angebot an Arbeitsleistungen und damit über das Vorzeichen der Elastizität des *Arbeitsangebots* gibt es widerstreitende Hypothesen. Dieses kann mit wachsendem Lohn im Gegensatz zur Standardhypothese über den Verlauf einer Angebotskurve auch abnehmen, weil dann in einer zunehmenden Zahl von Haushalten das Einkommen eines Mitglieds als ausreichend betrachtet wird und sich bisher erwerbstätige Mitglieder vom Arbeitsmarkt zurückziehen. Den gegenteiligen Effekt hat das Streben besonders von Frauen nach wirtschaftlicher Unabhängigkeit.

(6) In der weitgehend arbeitsteiligen Wirtschaft von heute ist Arbeit ganz überwiegend eine in unterschiedlichem Grade spezialisierte Faktorleistung. Es ist daher eine für viele Probleme unzulässige Verallgemeinerung, von „dem" Arbeitsmarkt zu sprechen. Ein Erwerbstätiger kann nicht heute als Bäcker, in drei Monaten als Baggerführer und im nächsten Jahr als Sachbearbeiter in der Kriegsopferversorgung arbeiten. Der Arbeitsmarkt besteht aus einer großen Zahl von Teilmärkten für Arbeitsleistungen unterschiedlicher Art und Qualifikation, er ist auch beruflich und qualitativ segmentiert. Ein Wechsel von einem Teilmarkt in einen anderen, die *interberufliche Mobilität,* erfordert in der Regel eine mit Aufwendungen an Geld, Zeit und Lernbereitschaft verbundene *Umschulung.*

(7) Mit den Segmentierungen des Arbeitsmarktes geht die Existenz von *Lohn-*(und Gehalts-)*hierarchien* einher: Die Arbeitnehmereinkommen sind nach Berufen, Qualifikationen, Wirtschaftszweigen, Regionen, nach dem Lebensalter sowie früher häufig und zum Teil auch noch heute nach dem Geschlecht diffe-

renziert. Die Differenzierung nach der Qualifikation gilt als *Leistungsanreiz*, jedoch steht dem die Ansicht gegenüber, daß eine geringere oder im Extremfall keine Differenzierung besser der Forderung nach Gerechtigkeit der Einkommensverteilung entspräche.

(8) Die zur Ausübung eines Berufs erforderlichen Fähigkeiten und Kenntnisse werden erst bei ihrer praktischen Anwendung am Arbeitsplatz voll erworben, vertieft und abgerundet, erfordern aber vorher meist eine jahrelange Vorbereitung auf allgemeinbildenden sowie Berufs- oder höheren Schulen. Es besteht somit das Problem der *Berufsausbildung* und ihrer Abstimmung auf die Erfordernisse des Arbeitsmarkts.

(9) Auf einem gegebenen Teilarbeitsmarkt stehen sich im Einzelfall ein Unternehmen als Nachfrager nach einer spezialisierten Arbeitsleistung und ihr Anbieter gegenüber. Beide wollen einen Arbeitsvertrag schließen und müssen sich dazu über dessen Bedingungen einigen. Für die entstehende, durch einen fundamentalen Interessengegensatz gekennzeichnete Verhandlungssituation ist die *ökonomische Ungleichheit* der Partner typisch: Der Arbeitsplatz-Nachfrager ist regelmäßig dringender auf das Zustandekommen des Vertrages angewiesen als der Anbieter und daher in einer schwächeren Position. Er braucht lebensnotwendig ein Einkommen und kann weniger lange warten als der Unternehmer mit seinem laufenden Betrieb; er hat in der Regel eine geringere Auswahl und mehr Konkurrenten als dieser und steht zusätzlich dem Problem seiner räumlichen Mobilität gegenüber. Er ist in bezug auf seinen Informationsstand unterlegen, da die Aufwendungen zur Beschaffung von Informationen über den Arbeitsmarkt für ihn schwerer wiegen als für das Unternehmen, das sich, wenn es größer ist, hierfür Spezialkräfte halten kann. Ausnahmen von dieser allgemeinen Unterlegenheitssituation liegen vor, wenn auf einem Teilmarkt Mangel an Spezialkräften herrscht oder wenn eine allgemeine Vollbeschäftigungssituation vorliegt. Das ist jedoch, historisch gesehen, nicht die Regel.

(10) In einem Arbeitsvertrag verpflichtet sich der Arbeitnehmer im wesentlichen, die ihm zugewiesenen Tätigkeiten auszuführen, wofür er ein Entgelt erhält. Er ordnet sich in die *Hierarchie* des Unternehmens ein, die eine Organisation nach Art einer Pyramide darstellt. Ganz oben stehen einige Personen, die Anweisungen geben, aber keine empfangen. Unterhalb dieser Führungsspitze befindet sich eine Schicht von Personen, die in unterschiedlichem Umfang Anweisungen sowohl geben als auch empfangen; und die Basis bilden viele Beschäftigte, die Anweisungen nur empfangen. Unterstellt man, daß es zu den sozialen Grundbedürfnissen gehört, von anderen Menschen beachtet, anerkannt und respektiert zu werden und daß die Ausübung von Macht eine für alle Beteiligten offenkundige und dauerhafte Möglichkeit ist, dieses Bedürfnis zu befriedigen, dann gibt es hierfür im Arbeitsleben für die Mehrzahl der Menschen nur eingeschränkte oder keine Möglichkeiten. Der Sachverhalt wird auch durch die Aussage ausgedrückt, der Arbeitnehmer unterliege im Betrieb der *Fremdbestimmung*. Hieraus wird vielfach der Schluß gezogen, er sei relativ zum Unternehmer schutzbedürftig und es sei eine staatliche Aufgabe, sich seiner Interessen bevorzugt anzunehmen.

(11) Arbeit bildet für die meisten Menschen einen wesentlichen Teil ihres Lebens, zu der sie eine Einstellung finden müssen. Sie erfordert in der Regel ein

Mindestmaß an Bereitschaft zur Einordnung in eine Befehlshierarchie und zur Zusammenarbeit mit anderen Menschen bis hin zur Identizierung mit den Zielen des jeweiligen Unternehmens; sie verlangt Disziplin, Pünktlichkeit, Zuverlässigkeit, Ausdauer, Selbstbeherrschung, Einsatzbereitschaft und eine Reihe weiterer sozialer Tugenden, ohne die auch in anderen Lebensbereichen schlecht auszukommen ist. Man faßt sie unter der Bezeichnung *Arbeitsmoral* zusammen. Ihr Stand hat offensichtlich großen Einfluß auf den Ablauf des Produktionsprozesses und damit auf die Arbeitsproduktivität. Wichtige Quellen der *Arbeitszufriedenheit* sind das Gefühl, von seinem Gebiet etwas zu verstehen, seine Fähigkeiten anwenden und auf das Arbeitsergebnis stolz sein zu können; im Vergleich zur eigenen Qualifikation und zu Arbeitskollegen angemessen bezahlt zu werden; über einen sicheren Arbeitsplatz, Dispositionsfreiheit und Aufstiegsmöglichkeiten zu verfügen.

(12) Da Arbeit einen so bedeutenden Teil des Lebens ausmacht, stellen und erhöhen Arbeitnehmervertreter ständig Mindestanforderungen an ihre äußeren Umstände. Die tägliche, wöchentliche, Jahres- und Lebensarbeitszeit soll möglichst kurz und von Pausen unterbrochen; Nacht- und Schichtarbeit beschränkt sein. Lästige und schädliche Einwirkungen (Lärm, Schmutz), Gesundheits- und Unfallgefahren sind so gering wie möglich zu halten. Der Monotonie der Arbeitsverrichtung soll entgegengewirkt, Verantwortungsbereich und damit Selbstbestimmung am Arbeitsplatz ausgedehnt, Gelegenheit zur Weiterbildung gegeben und das Betriebsklima verbessert werden. Die Arbeit soll interessant sein, Arbeitnehmer sollen umfassend über Vorgänge in Betrieb und Unternehmen informiert und an möglichst vielen Entscheidungen beteiligt werden. Die Gesamtheit der Bestrebungen, solche Arbeitsbedingungen herzustellen oder ihre Qualität zu verbessern, faßt man unter den Bezeichnungen *Humanisierung der Arbeit* und Einführung der betrieblichen und unternehmerischen *Mitbestimmung* zusammen.

(13) Über den beiden den Arbeitsmarkt konstituierenden Gruppen steht der Staat mit seinen Gesetzgebungs- und sonstigen Eingriffsbefugnissen. Diese werden von Politikern gehandhabt, die sich in Abständen Wahlen stellen müssen, in denen Arbeitnehmer die weit überwiegende Stimmenmehrheit haben. In der parlamentarischen Demokratie besteht daher als Folge der Konkurrenz unter den politischen Parteien um die Stimmen eine Tendenz, in den Arbeitsmarkt einzugreifen und dabei Gesetze und Institutionen in einer Weise einzurichten, die den Interessen der Arbeitnehmer als förderlich gilt. Bemerkenswerterweise läuft dies vielfach darauf hinaus, daß Politiker die meisten Arbeitnehmer allein wegen dieser Eigenschaft für ungeeignet bis unfähig halten, ihre Interessen selbst wahrzunehmen. Sie verwehren ihnen im Arbeitsleben weitgehend den Gebrauch der Vertragsfreiheit und lassen übergeordnete Instanzen wie Gewerkschaften, Gesetzgeber und Gerichte für sie im Namen eines „wohlverstandenen Eigeninteresses" handeln, das im Einzelfall von dem abweichen kann, was Arbeitnehmer selbst für richtig halten würden. Unter dem Gesichtspunkt der Marktfunktionen bewirken öffentliche Eingriffe, daß Preise und Mengen noch langsamer reagieren, als dies die Vereinbarungen der Marktpartner ohnehin vorsehen: Mindestlohnvorschriften machen die Lohnsätze nach unten vollends unbeweglich, Einstellungshemmnisse und Kündigungsschutzvorschriften be-

hindern die rasche Anpassung der eingesetzten Arbeits- an die absetzbaren Produktmengen.

Einige dieser Besonderheiten liegen den Problemen zugrunde, die der Arbeitsmarkt heute der Wirtschaftspolitik stellt. Bei deren Erörterung wird hier generell von der Hypothese ausgegangen, daß die Akteure des Arbeitsmarktes rationale Individualisten sind und daher nicht freiwillig ihren Interessen zuwiderhandeln, auch wenn dies im Namen des Gemeinwohls von ihnen gefordert wird. Unternehmen wollen Einkommen erzielen, sind kostenbewußt und suchen zu vermeiden, daß Sozialpolitik zu ihren Lasten betrieben wird. Arbeitnehmer wollen Einkommen erzielen, suchen über ihre Organisationen ihre Arbeitsbedingungen günstiger zu gestalten, und einige von ihnen haben ein Abwägungsproblem zwischen Erwerbsarbeit und Inanspruchnahme von Sozialleistungen. Beide sind auf Zusammenarbeit mit Mitgliedern der anderen Gruppe angewiesen und stehen mit Angehörigen der eigenen Gruppe sowohl im Verhältnis der Solidarität als auch der Konkurrrenz.

3. Arbeitsmarktorganisationen und Tarifverträge. Die Verhältnisse auf den Arbeitsmärkten haben sich in den westeuropäischen Ländern seit dem Ende des 18. Jahrhunderts markant geändert. In den Anfängen der Industrialisierung kamen die individuellen Arbeitsverträge in der Regel unter den Bedingungen extremer ökonomischer Ungleichheit zustande. Vermögenslose Arbeiter ohne ökonomischen Rückhalt mußten angesichts der Konkurrenz ihrer aus der Landwirtschaft in die wachsende Industrie strömenden und das Arbeitsangebot vermehrenden Kollegen praktisch jede von Arbeitgebern gebotene Bedingung akzeptieren. Die nach heutigen Maßstäben vielfach unerträglichen Verhältnisse erzeugten einen starken Änderungsdruck, der seinen wichtigsten institutionellen Ausdruck in der Bildung von Arbeitnehmervereinigungen, den *Gewerkschaften,* fand. Deren erstes Hauptziel war es, kollektive Arbeitsverträge an die Stelle der individuellen zu setzen und auszuhandeln und deren Konditionen unter Streikdrohung zu verbessern. In der ersten Hälfte des 19. Jahrhunderts noch vielfach verboten, erkämpften sie sich in der zweiten Hälfte das Existenzrecht und haben sich bis heute im Rahmen des marktwirtschaftlich-kapitalistischen Systems zu einflußreichen Großorganisationen entwickelt.

Unter den gegenwärtigen Verhältnissen wird ein großer Teil der Arbeitsbedingungen, unter ihnen vor allem die Lohnsätze, als Ergebnis von Verhandlungen der Gewerkschaften mit *Arbeitgeberverbänden* festgelegt. Vereinigungen von Unternehmen mit dem Ziel, gemeinsame Interessen vor allem auf dem Arbeitsmarkt, aber auch gegenüber dem Staat, wahrzunehmen, entstanden ebenfalls im 19. Jahrhundert als Reaktion auf die aufkommenden Gewerkschaften. Historisch gesehen haben sie Vorläufer in der vorindustriellen Zeit in Gestalt der *Zünfte* und *Innungen* als regional begrenzte Zwangskorporationen besonders von Handwerkern und Kaufleuten. Schon die ersten Arbeitgeberverbände bildeten Fonds zur Unterstützung ihrer von Streiks betroffenen Mitglieder und versuchten, Einfluß auf die Gesetzgebung zu nehmen. Heute sind sie in der Regel regional und in bezug auf Wirtschaftszweige abgegrenzt, bilden aber zur Vertretung ihrer übergreifenden Interessen nationale Dachverbände. Die Zusammenschlüsse sind meist freiwillig und haben dann, soweit sie wie Anbieterkartelle gemeinsame wirtschaftliche Interessen durchsetzen wollen, ein Außenseiterproblem.[5]

Gewerkschaften beeinflussen Produktionstätigkeit, Lohnhöhe und Einkommensverteilung in einer Volkswirtschaft ganz unterschiedlich je nach ihrem Organisationsprinzip:

– *Berufsgewerkschaften* sind Vereinigungen von Angehörigen jeweils eines Berufsstandes unabhängig von dem Wirtschaftszweig, in dem sie tätig sind;
– In *Industriegewerkschaften* schließen sich die in einem Wirtschaftszweig oder -bereich unselbständig Beschäftigten unabhängig von ihren Berufen zusammen.

Im erstgenannten Fall sind die Arbeitnehmer jedes größeren Unternehmens Mitglieder Dutzender von Berufsgewerkschaften, die alle separat und zu unterschiedlichen Zeitpunkten Tarifverträge kündigen und Lohnforderungen stellen können. Damit wird eine Unruhesituation erzeugt, die sich sowohl auf die unternehmerischen Dispositionen als auch auf die Beziehungen der Arbeitnehmer untereinander nachteilig auswirkt. Da sich die Kalkulationsgrundlagen häufig ändern oder ändern können, erhöht sich das unternehmerische Risiko. Die Beziehungen der Arbeitnehmer untereinander werden von der Frage beherrscht, wie groß und wie gerechtfertigt die Lohnunterschiede zwischen den einzelnen Berufsgruppen sind und welche Gruppe als nächste Lohnforderungen stellen und durchsetzen wird. Eine solche ständige Konkurrenz- und Neidatmosphäre muß sich ungünstig auf Arbeitsfreude und Betriebsklima und damit auf die individuelle Arbeitsproduktivität auswirken. Berufsgewerkschaften pflegen ferner streng darauf zu achten, daß ihre Angehörigen nur genau entsprechend ihrem Berufsbild eingesetzt werden und daß anderseits keine Angehörigen anderer Gewerkschaften oder Nichtmitglieder Arbeiten verrichten, für die sie nicht „zuständig" sind. Das ist insofern verständlich, als die Existenz der Berufsgewerkschaften auf der Fiktion beruht, ihre Angehörigen hätten kraft ihrer Ausbildung und Kenntnisse eine Monopolstellung für die Ausübung ihrer speziellen Tätigkeit. Durch solche Verhaltensweisen werden jedoch sowohl der tägliche Arbeitsablauf als auch innerbetriebliche Umorganisations- und Rationalisierungsprozesse stark behindert. Sie tendieren ferner dazu, überflüssig werdende Berufsbilder zu konservieren und damit die Durchsetzung des technischen Fortschritts zu behindern. Die als „featherbedding" bezeichnete Praxis gehört hierher, beispielsweise nach der Umstellung von der Dampf- auf die Elektrolokomotive den ehemaligen Heizer weiterhin auf dieser mitfahren zu lassen und zu entlohnen. Da schließlich der moderne Großbetrieb auf möglichst reibungsarmes Zusammenarbeiten aller Beteiligten angewiesen ist, erhält jede einzelne Berufsgewerkschaft mit oft nur relativ wenigen Angehörigen je Betrieb insofern eine Schlüsselstellung, als eine Arbeitsniederlegung ihrer Mitglieder allein den Betrieb lahmlegen oder doch schwerstens beeinträchtigen kann. Das bedeutet potentiell häufigere Streiks mit schwerwiegenderen Folgen als bei anderen gewerkschaftlichen Organisationsformen.

---

[5] Vgl. Mikroökonomik, S. 454–456.

Diese und andere Nachteile wirken sich auch auf die Gewerkschaft und ihre Mitglieder aus und haben gezeigt, daß das Prinzip der Berufsgewerkschaft unter den modernen Bedingungen industrieller Massenproduktion ein fortschrittshemmender Faktor ist. In vielen Ländern herrschen daher heute Industriegewerkschaften vor. Diese schließen entweder

- mit einzelnen Unternehmen *Firmentarifverträge* (auch: Haustarifverträge); oder
- mit Arbeitgeberverbänden als Repräsentanten der Unternehmen eines Wirtschaftszweiges *regionale* oder *nationale Branchentarifverträge*.

Firmentarifverträge erlauben die Berücksichtigung der Tatsache, daß in jedem Wirtschaftszweig die einzelnen Unternehmen in bezug auf Merkmale differieren, die für ihre Ertragskraft und damit die Verteilung ihrer Wertschöpfung auf Löhne, Gewinne und sonstige Einkommen maßgebend sind. Es liegt für eine Gewerkschaft nahe, Differentialgewinne mit Hilfe von Haustarifverträgen individuell abzuschöpfen. In manchen Ländern existieren als institutionelle Grundlage solcher Verträge *Betriebsgewerkschaften,* die nur aus Beschäftigten des betreffenden, in der Regel größeren, Unternehmens bestehen.

Eine betriebsindividuelle (auch: betriebsnahe) Lohnpolitik berücksichtigt die jeweilige Ertragslage und schont damit den oder die Grenzproduzenten.[6] Konsequent durchgeführt nivelliert sie die Ertragssituation innerhalb der Branche und beeinträchtigt damit die gesamtwirtschaftliche Funktion unterschiedlich hoher Gewinnraten, Indikator für die Ausdehnung der Produktion zu sein. Es besteht zwar bei unterschiedlichen Lohnsätzen innerhalb einer Industrie ein Anreiz für die Arbeiter, schlechter zahlende Unternehmen zu verlassen und sich bei besser zahlenden zu bewerben, was bei Vollbeschäftigung im Hinblick auf die Effizienz des Faktors Arbeitsleistung auch gesamtwirtschaftlich erwünscht ist. Jedoch ist es für die Weiterentwicklung einer Branche im gesamtwirtschaftlichen Wachstumsprozeß entscheidend, welche Investitionspolitik in ihr verfolgt wird. Differentialgewinne zeigen einerseits die (wahrscheinliche) Rentabilität zusätzlicher Investionen an und ermöglichen andererseits ihre (teilweise) Finanzierung. Werden sie dagegen schon nach kurzer Zeit durch individuelle Lohnforderungen abgeschöpft, können sie diese Funktion nur unvollkommen erfüllen, was das Wirtschaftswachstum negativ beeinflußt. Selbst wenn es sich bei den Unternehmen um ruhende Monopolisten handelt, die ihre Differentialgewinne nicht zur Ausdehnung der Produktion einsetzen würden, bedeutet deren Abschöpfung, daß der Anreiz für potentielle Konkurrenten geschwächt wird, in den betreffenden Markt einzubrechen. Zu dieser wettbewerbsmindernden Wirkung kommt der Einfluß auf das Verhalten auf den Absatzmärkten: Eine strikt durchgeführte Abschöpfung aller Differentialgewinne läßt für Preissenkungen etwa mit dem Ziel, den Marktanteil zu erhöhen, kaum noch Raum. Auf der anderen Seite dürften Firmentarifverträge die Tendenz zur Unternehmenskonzentration zumindest nicht begünstigen und auch eine weniger preissteigernde Wirkung als brancheneinheitliche Verträge haben. Jedes Unternehmen muß die

---

[6] Vgl. Mikroökonomik, S. 237, 252, 440. Dort auch Erläuterungen zur Entstehung von Differentialgewinnen.

Frage der Überwälzung der Lohnkostenerhöhung auf die Preise für sich allein entscheiden, und bei jeder individuellen Preiserhöhung besteht die Gefahr, daß Konkurrenten nicht mitziehen, womit sich die Situation des betrachteten Unternehmens verschlechtern würde.

Das letztgenannte Argument ist der Hauptgrund dafür, daß Arbeitgeber durchweg Gegner von Firmentarifverträgen sind. Aber auch die Gewerkschaften halten im allgemeinen nicht viel von solchen Verträgen. Ihr Haupteinwand beruht auf dem Solidaritätsargument „gleicher Lohn für gleiche Arbeit": Wer zufällig bei einem rentabler arbeitenden Unternehmen beschäftigt ist, soll nicht allein deshalb mehr verdienen. Jedoch ist die Stellung der Gewerkschaften dazu international nicht einheitlich.

Im System der heute weit verbreiteten regionalen Branchentarifverträge befinden sich relativ wenige und daher große Gewerkschaften als Partner von Lohnverhandlungen in einer Situation, die sowohl Monopol- als auch Oligopolelemente enthält. Gegenüber der jeweiligen Arbeitgeberorganisation können sie als Monopolist auftreten, wobei sie je nach dem Stand ihrer Reserven, der Reaktion der öffentlichen Meinung und dem von der Konjunkturlage abhängigen Widerstand des ebenfalls monopolistisch handelnden Partners das Arbeitsangebot mehr oder weniger lange zurückhalten können. Gegenüber den anderen Gewerkschaften befinden sie sich in einer Art von Oligopolsituation: Deren Erfolge dienen als Anreiz, ebenfalls Lohn- oder andere Forderungen zur Verbesserungen der sozialen Lage der Arbeitnehmer zu erheben. Dabei können analog der Preisführerschaft Elemente von *Lohnführerschaft* auftreten: Die Erfolge einer besonders starken oder von einer Branchenkonjunktur begünstigten Gewerkschaft werden von anderen Gewerkschaften als Richtschnur für ihre eigenen kurzfristigen Ziele benutzt. Die Gewerkschaften befinden sich bei dieser Organisationsform somit in einer Konkurrenzsituation, die so stark ist, daß die angesichts unterschiedlichen Produktivitätswachstums zu erwartende Änderung der interindustriellen Lohnstruktur nur sehr langsam eintritt. Die Konkurrenzsituation erklärt auch, warum Appelle an die Gewerkschaften, „gesamtwirtschaftliches Verantwortungsbewußtsein" zu zeigen oder das „Gemeinwohl" im Auge zu behalten, an dieser Organisationsform scheitern: Selbst wenn die Führer einer Gewerkschaft der Ansicht sind, eine allgemeine Zurückhaltung bei Lohnforderungen sei angebracht, so besteht die Gefahr, daß andere Gewerkschaften diese Ansicht nicht teilen und ihrerseits Lohnforderungen durchsetzen, so daß die Mitglieder der zurückhaltenden Gewerkschaft benachteiligt werden: Die Last der gesamtwirtschaftlichen Verantwortung bleibt auf ihnen liegen und ihr Opfer ist nutzlos, da lohnpolitische Zurückhaltung nur einer Gewerkschaft praktisch wenig Wirkung hat.

Das Verfahren, Lohnsätze nach Verhandlungen mit einem einzigen Kartell zumindest regional einheitlich festzulegen, hat für die Arbeitgeberseite Vorteile:

– Die Wettbewerbsbedingungen werden von der Kostenseite her vereinheitlicht.

Kein Konkurrent kann sich einen Wettbewerbsvorteil dadurch verschaffen, daß er der Gewerkschaft seine schlechte wirtschaftliche Lage glaubhaft macht und mit ihr niedrigere Löhne vereinbart. Anderseits hat jedes Unternehmen die

Möglichkeit, freiwillig übertariflich zu entlohnen, und tatsächlich finden die Angebots- und Nachfragebedingungen auf dem Arbeitsmarkt ihren Ausdruck in Aufschlägen auf die Tariflohnsätze, die von Unternehmen zu Unternehmen, der Bezeichnung nach und im Zeitablauf variieren.

- Die Fixierung der Lohnsätze bedeutet wenigstens bis zur nächsten Lohnrunde eine feste Kalkulationsgrundlage.

Unternehmen müssen mit vielen Aspekten der Unsicherheit über die Zukunft fertig werden, besonders in bezug auf Absatzmengen, erzielbare Preise, Wettbewerbshandlungen anderer Anbieter, Währungsschwankungen, wirtschaftspolitische Eingriffe, und sind daher an jeder Vereinbarung interessiert, die diese Unsicherheit wenigstens im Bereich ihrer Kosten verringert.

- Die Überwälzung einer Lohnkostenerhöhung auf die Preise wird erleichtert.

Einheitliche Tariflohnerhöhungen lassen, wenn sie effektiv werden und nicht durch Verringerung freiwilliger übertariflicher Bezahlung kompensiert werden, den weniger rentablen Unternehmen einer Branche oft keine andere Wahl, als die Überwälzung auf die Preise zu versuchen. Eine solche Reaktion wird unabhängig von der konjunkturellen Situation durch zwei Gründe wesentlich erleichtert. Einmal findet eine generelle Lohntariferhöhung für eine ganze Branche regelmäßig soviel Beachtung in der Öffentlichkeit, und das Lohnkostenargument gilt dort so viel, daß die Lohnerhöhung auch gleichzeitig die Begründung für die Preiserhöhung liefert. Zum anderen erhöhen sich die Lohnkosten für alle Unternehmen unterschiedslos und zur gleichen Zeit, so daß die Wahrscheinlichkeit dafür, daß es zu Preiserhöhungen durch alle beteiligten Unternehmen kommt, vergleichsweise größer ist als bei Lohnerhöhungen aufgrund von Firmentarifverträgen. Diese Tendenz wird noch verstärkt, wenn sich die Unternehmen der Branche oligopolistisch verhalten, Preisänderungen also nach Möglichkeit einheitlich vornehmen.

Schließlich ist festzuhalten, daß ein Unternehmen bei brancheneinheitlichen Lohnsätzen wesentlich mehr Bewegungsfreiheit hat, seinen Marktanteil etwa durch vermehrten Werbeeinsatz oder durch Preissenkungen auszuweiten. In diesem Fall kommen die Früchte der Massenproduktion, der Rationalisierung oder was immer die Differentialgewinne ermöglicht hat, den Nachfragern zugute. Die Kehrseite ist, daß die brancheneinheitliche Lohnpolitik bei rigorosem Vorgehen und bei stagnierender Nachfrage den oder die Grenzproduzenten zum Ausscheiden zwingen kann und damit den Konzentrationsprozeß fördert.

4. Arbeitslosigkeit. Unter dem Gesichtspunkt der Erwerbstätigkeit gibt es in einer Volkswirtschaft zu jedem Zeitpunkt Menschen, die

- erwerbstätig sind, entweder als unselbständig Beschäftigte wie Arbeiter, Angestellte, Beamte, Lehrlinge; oder als Selbständige wie Unternehmer und freiberuflich Tätige einschließlich mithelfender Familienangehöriger;
- noch nicht, aus Gesundheitsgründen zeitweilig nicht oder nicht mehr erwerbstätig sind; in dieser Reihenfolge also Kinder, Schüler, Studierende; Kranke und Verletzte; Behinderte und Alte;

– im erwerbsfähigen Alter und weder krank noch verletzt oder behindert sind;
aber keiner ein Einkommen abwerfenden Erwerbstätigkeit nachgehen.

Diese dritte Kategorie ist näher zu untersuchen, weil eine ihrer Teilgruppen zum wirtschaftspolitischen Problem werden kann. Zu unterscheiden sind

(1) Personen, deren Lebensunterhalt durch das Einkommen mindestens eines anderen Haushaltsmitgliedes, Zuwendungen anderer Personen oder Vermögenserträge sichergestellt ist und die auch dann keinen Arbeitsplatz nachfragen würden, wenn sich die Bedingungen des Arbeitsmarktes wesentlich zu ihren Gunsten ändern würden.

Hierzu gehören viele Hausfrauen, vielleicht auch schon Hausmänner, mit kleinen Kindern; Kapitalrenter; mit ehrenamtlicher Tätigkeit beschäftigte Personen sowie Menschen, die gemäß ihren Präferenzen die mit einem Arbeitsvertrag verbundenen Pflichten weder kurzzeitig noch ständig auf sich nehmen wollen.

(2) Personen mit sichergestelltem Lebensunterhalt, die die gerade am Arbeitsmarkt herrschenden Verhältnisse als für sich ungünstig betrachten und daher nicht als Arbeitsplatzsucher in Erscheinung treten;
(3) Personen, die zu den herrschenden Bedingungen eine Arbeitsplatz suchen.

Unter (2) und (3) ist die Gruppe der *Arbeitslosen* in weiterem Sinne erfaßt, die je nach ihrer zahlenmäßig Stärke ein wirtschaftspolitisches Problem bilden kann. Jedoch ist nicht ohne weiteres zu entscheiden, wer zu ihr gehört, weil ein Arbeitsloser durch mindestens sechs Bedingungen definiert ist, von denen nur drei einigermaßen gut beobachtbar sind: Er (oder sie) muß ohne Arbeitsplatz sein, einen solchen suchen und eine Arbeitserlaubnis haben (was für Ausländer nicht selbstverständlich ist); und er muß arbeitswillig, -fähig und -bedürftig sein. Kriterien solcher Art sind heranzuziehen, wenn in einem Land festgelegt wird, wer statistisch als arbeitslos gelten soll.

Die an einem Stichtag vorhandenen Arbeitslosen lassen sich nach dem unmittelbaren Grund für diesen Zustand in drei Kategorien einteilen:

– Sie wurden entlassen oder gaben ihre selbständige Erwerbstätigkeit auf;
– Sie kündigten von sich aus;
– Sie kamen neu auf den Arbeitsmarkt.

Bezüglich der beiden erstgenannten Gruppen kann man nach Ursachen der Arbeitslosigkeit fragen; in bezug auf alle drei, warum sie als Arbeitsucher noch keinen (neuen) Arbeitsplatz gefunden haben.

Nach ihren Ursachen wird Arbeitslosigkeit gewöhnlich wie folgt eingeteilt:

– *Konjunkturelle Arbeitslosigkeit*. Sie wird durch gleichzeitige Nachfragedefizite auf vielen Märkten verursacht, wie sie im Laufe konjunktureller Abschwünge und Depressionen auftreten, und zeigt sich daher in vielen oder allen Wirtschaftszweigen.

– *Saisonale Arbeitslosigkeit*. Ursachen hierfür sind im Jahresablauf wiederkehrende Schwankungen beispielsweise der Witterung, derzufolge die Bautätigkeit und damit die Beschäftigung im Winter zurückgeht. Auch während der sommerlichen Urlaubszeit sinkt die Nachfrage nach Arbeitskräften, da dann manche

Betriebe ihre gesamte Produktionstätigkeit ruhen lassen und in dieser Zeit auch keine Arbeitslosen einstellen. Wirtschaftszweige mit saisonbedingter Arbeitslosigkeit sind neben dem Baugewerbe die Land- und Forstwirtschaft, einige von ihr unmittelbar abhängende weiterverarbeitende Branchen wie die Zucker- und Konservenindustrie; ferner die Fremdenverkehrswirtschaft sowie Wirtschaftszweige, die Saisonartikel anläßlich von Festen wie Weihnachten und Silvester herstellen.

– *Strukturelle Arbeitslosigkeit*. Sie ist als Folge des ständigen Strukturwandels häufig partiell und betrifft dann einzelne Wirtschaftszweige, Berufe oder Regionen. Läßt die Nachfrage nach den Erzeugnissen eines Wirtschaftszweiges dauerhaft nach, beispielsweise wie beim Kohlenbergbau infolge des Vordringens der Substitute Erdöl, Erdgas und Kernenergie, und kann die Beschäftigungswirkung nicht durch einen Einstellungsstopp oder schnelleres Ausscheiden älterer Arbeitnehmer aus dem Arbeitsleben aufgefangen werden, so entsteht strukturelle Arbeitslosigkeit in diesem Wirtschaftszweig. Damit verringert sich auch die Zahl der Arbeitsplätze für bestimmte Berufe, so in diesem Beispiel für Bergarbeiter. Partielle strukturelle Arbeitslosigkeit zeigt sich häufig an der gleichzeitigen Existenz von als arbeitslos erfaßten Personen und freien Stellen, für die sich keine oder nur ungeeignete Bewerber finden. Ausmaß und Dauer dieser Art von Arbeitslosigkeit hängen im wesentlichen von der interindustriellen und gegebenenfalls räumlichen Mobilität der betroffenen Arbeitnehmer ab. Sie kann durch Erwerb höherer oder anderer Qualifikationen verringert werden, weshalb ungeachtet der jeweiligen statistischen Definition auch solche Arbeitskräfte zu ihr zu zählen sind, die gerade an Umschulungskursen teilnehmen. Strukturelle Arbeitslosigkeit ist Ausdruck der ständig erforderlichen Reallokation des Faktors Arbeitsleistung in einem von technischem Fortschritt gekennzeichneten Produktionsprozeß.

Neben solchen Formen partieller gibt es auch eine generelle strukturelle Arbeitslosigkeit, die durch den Mangel an komplementären Produktionsfaktoren gekennzeichnet ist. Sie entstand beispielsweise Anfang der fünfziger Jahre in der Bundesrepublik im Zusammenhang mit der Zuwanderung von Erwerbspersonen aus der DDR und den Ostgebieten, die hier auf einen weitgehend zerstörten Produktionsapparat trafen. Sie verschwand angesichts weitgehender räumlicher Mobilität mit dessen rascher Wiederherstellung. Eine ähnliche und schnell vorübergehende Erscheinung zeigte sich Anfang 1974 in Großbritannien, wo die Regierung als Reaktion auf einen Streik eine Energieverknappung feststellte und die Zahl der Arbeitstage je Woche in vielen Wirtschaftszweigen zeitweilig auf drei herabsetzte.

– *Rationalisierungs-Arbeitslosigkeit*. Lohnkosten sind unter Berücksichtigung der Nebenkosten im Vergleich zu den Kapitalkosten hoch und steigen unbegrenzt, so daß ein ständiger Anreiz zu Rationalisierungsinvestitionen besteht. Entsprechend ist der technische Fortschritt bei Maschinen, Anlagen und Arbeitsorganisation auf Arbeitsersparnis ausgerichtet, und es werden ständig Arbeitsplätze abgeschafft. Bei der Suche nach den Urhebern dieser Entwicklung sind vor allem die Gewerkschaften zu nennen, die direkt durch den Abschluß von Tarifverträgen und indirekt über den Gesetzgeber im Sinne ihrer Ziele in vieler Hinsicht mit dem Ergebnis erfolgreich waren, daß sich der Lebensstandard der Arbeitnehmer hob und die Arbeitskosten der Unternehmen stiegen. Sie wurden so zum wichigsten Motor des arbeitsparenden technischen Fortschritts. Dieser kann sich besonders stark in einzelnen Branchen zeigen und führt zu *technologischer Arbeitslosigkeit,* wie man auch sagt, wenn sein Einfluß nicht oder nicht hinreichend durch Nachfragesteigerungen kompensiert wird. Früher wurde dies als „Freisetzung des Arbeiters durch die Maschine" bezeichnet; es führte zur Hypothese über die industrielle Reservearmee bei MARX (vgl. unten, Abschnitt II.3) und veranlaßte Arbeiter gelegentlich zur Zerstörung von Maschinen. Jedoch ist die Einschränkung zu beachten, da es auch heute Wirtschaftszweige mit raschem technischem Fortschritt und entsprechender Steigerung der Arbeitsproduktivität gibt, die so stark expandieren, daß sie ihren Arbeitseinsatz noch vergrößern.

– *Arbeitsmarktpolitisch bedingte Arbeitslosigkeit.* Bei öffentlichen Eingriffen in den Arbeitsmarkt kann sich zeigen, daß sie Mitglieder der als begünstigt gedachten Gruppe im Endeffekt benachteiligen. Standardbeispiel ist der *gesetzliche Mindestlohn.* Er trifft zunächst die Unternehmer, deren Kosten bei ungeänderter Beschäftigung steigen. Solange jedoch keiner von ihnen gezwungen werden kann, auf Dauer Arbeitsplätze bestehen zu lassen, die ihn mehr kosten als sie ihm einbringen, ist von dem Eingriff die in der Preistheorie vorausgesagte Wirkung einer Preissetzung oberhalb des Gleichgewichtspreises zu erwarten:[7] Ein Teil des Angebots wird nicht mehr nachgefragt, der Mindestlohn führt zur Abschaffung geringwertiger Arbeitsplätze und macht damit niedrig oder nicht qualifizierte Arbeitnehmer arbeitslos, er verursacht *Mindestlohn-Arbeitslosigkeit.* Auch Vereinbarungen von Tarifpartnern über Mindestarbeitsbedingungen können diese Wirkung haben. Allerdings haben die bisher dazu vorliegenden empirischen Untersuchungen noch keine absolut eindeutigen Ergebnisse erbracht; und es gibt auch Meinungen, nach denen Vorschriften über Mindestlöhne so selbstverständlich sind wie das Verbot der Kinderarbeit oder der Erlaß von Unfallverhütungsvorschriften. Unstrittig bleibt freilich, daß allgemein Schutzvorschriften zugunsten bestimmter Arbeitnehmergruppen die Kosten ihrer Beschäftigung erhöhen und einen Anreiz für Unternehmer schaffen, sich im Zweifel von ihnen zuerst zu trennen.

– *Persönlich bedingte Arbeitslosigkeit.* Es gibt eine Vielzahl immer wieder auftretender subjektiver Gründe für einen Beschäftigten, nicht ständig eine gleichbleibende Qualität seiner Arbeitsleistung aufrechtzuerhalten. Das reicht von zeitweiliger Unaufmerksamkeit und Unpünktlichkeit bis zum Fernbleiben vom Arbeitsplatz unter Vortäuschung einer Krankheit mit oder ohne Entschuldigung. Innerhalb von Grenzen ist ein solches Verhalten als normal anzusehen, aber es erhöht die Kosten des Unternehmens. Wird es zum beherrschenden Verhaltensmerkmal des Arbeitnehmers, wird sich das Unternehmen von ihm trennen. Hinzu kommen die Fälle, in denen sich das Unternehmen über die Qualifikation oder sonstige für den betreffenden Arbeitsplatz wesentliche Eigenschaften des Arbeitnehmers getäuscht hatte.

Die oben an zweiter Stelle genannte Kategorie bilden Arbeitnehmer, die ein höheres Einkommen, bessere Aufstiegschancen, ein freundlicheres Betriebs-

---

[7] Vgl. Mikroökonomik, S. 521–523.

klima suchen. Hinzu kommen Personen, die aus einer Vielzahl von Gründen, die nichts mit dem Arbeitsleben zu tun haben, ihren Wohnort oder Betrieb wechseln. Dies ist *Fluktuationsarbeitslosigkeit* im engeren Sinne und eine normale Begleiterscheinung des Rechts auf freie Wahl des Arbeitsplatzes. Die dritte Gruppe bilden Personen, die nach Abschluß ihrer Ausbildung oder ihres Wehrdienstes ihre erste Stelle suchen, zu einem späteren Zeitpunkt die Aufnahme einer unselbständigen Beschäftigung beschließen oder nicht mehr selbständig arbeiten wollen.

Schließlich gibt es zwei Arten von Arbeitslosigkeit, die in der Statistik nicht in Erscheinung tritt und daher *verdeckte Arbeitslosigkeit* zu nennen ist. Sie liegt einmal vor, wenn in einem Betrieb mehr Personen als Arbeitnehmer Einkommen beziehen als für seine gesamte Aktivität erforderlich sind. Sie ist in Ländern verbreitet, in denen es laut offizieller Sprachregelung keine Arbeitslosigkeit gleich welcher Art gibt. Man erkennt sie an der wesentlich niedrigeren durchschnittlichen Arbeitsproduktivität im Vergleich zu Betrieben gleicher Produktionsrichtung in anderen Ländern. Verdeckte Arbeitslosigkeit ist auch für Entwicklungsländer typisch, denen es an Sachkapital fehlt. Ein Teil der in der Landwirtschaft tätigen Personen könnte ohne Verringerung der Produktmengen aus dieser abgezogen werden. Sie ist ferner überall in Organisationen wie öffentlichen Verwaltungen anzutreffen, die keinem von Absatzmärkten ausgehenden Druck zur Kostensenkung ausgesetzt sind. Die zweite Art wird von Personen der oben genannten Kategorie (3.1) gebildet, die Arbeit suchen, sich aber statistisch nicht zu erkennen geben. Das kann daran liegen, daß sie von einer solchen Meldung keine Vorteile erwarten oder sie angesichts der Lage auf dem Arbeitsmarkt für aussichtslos halten. Die verdeckte Arbeitslosigkeit stellt zusammen mit den Personen der Kategorie (2) die *stille Reserve* des Arbeitsmarktes dar: Ändern sich die Verhältnisse auf diesem zugunsten der Arbeitnehmer, dann verwandeln sich Nichterwerbstätige der Kategorie (2) in Arbeitsucher und treten statistisch in Erscheinung; bisher schon Arbeitsuchende melden sich ebenfalls arbeitslos; und Mitarbeiter übersetzter Verwaltungen suchen anderswo befriedigendere Tätigkeiten. Es kann dann vorkommen, daß die statistische Arbeitslosigkeit trotz Besserung der Arbeitsmarktlage und Zunahme der Beschäftigtenzahl nicht abnimmt oder sogar noch steigt.

Eine Spielart der *Unterbeschäftigung* tritt schließlich auf, wenn die wöchentliche Arbeitszeit infolge eines vom Unternehmen als vorübergehend angesehenen Auftragsrückgangs herabgesetzt und *Kurzarbeit* eingeführt wird. Unternehmen und Arbeitnehmer erbringen dann gemeinsam eine Anpassungsleistung, indem sie Umsatz- und Lohneinbußen hinnehmen, anderseits aber auch die mit Entlassung und Wiedereinstellung einhergehenden Transaktionsaufwendungen vermeiden. In der Bundesrepublik existiert zusätzlich im Baugewerbe die Möglichkeit, Arbeitsverträge selbst bei gänzlichem Arbeitsausfall infolge schlechter Witterung aufrechtzuerhalten.

In der Praxis lassen sich die vorstehend aufgezählten Arten der Arbeitslosigkeit nicht so sauber trennen, wie dies unter Gesichtspunkten wie Ursachenforschung und Bekämpfung wünschenswert wäre. Der Statistiker kann zunächst nur pauschal die Zahl der Arbeitslosen zur Erwerbsbevölkerung oder den abhängigen Erwerbspersonen in Beziehung setzen und so eine *Arbeitslosenquote* berechnen. Diese ist jedoch international nicht einheitlich definiert, was Vergleiche erschwert. In der Bundesrepublik wird als Arbeitsloser erfaßt, wer sich als solcher beim Arbeitsamt gemeldet hat, während in den Vereinigten Staaten als arbeitslos gilt, wer bei monatlichen Stichprobenbefragungen von Haushalten unter anderem angibt, er sei während der Berichtswoche nicht erwerbstätig und für eine Arbeitsaufnahme mit Ausnahme vorübergehender Krankheit verfügbar gewesen und habe während der letzten vier Wochen konkrete Bemühungen zur Erlangung einer abhängigen Beschäftigung unternommen. Solche Definitionen erschweren in vielen Fällen die Entscheidung darüber, ob jemand als arbeitsuchend oder nicht zur Erwerbsbevölkerung zählend erfaßt werden soll. Im Nenner der Arbeitslosenquote steht in den Vereinigten Staaten die gesamte Erwerbsbevölkerung einschließlich der Selbständigen, in der Bundesrepublik nur die Summe aus abhängig Beschäftigten und Arbeitslosen. Die Quote ist mithin zwischen diesen beiden Ländern allenfalls nach Umrechnungen vergleichbar.

Arbeitslosigkeit hat, soweit sie nicht überwiegend oder gänzlich freiwillig ist oder als Befreiung von einer Belastung empfunden wird, einzel- wie gesamtwirtschaftlich nachteilige ökonomische und psychische Folgen für die Betroffenen. Private Haushalte stellen sich mit ihren Ausgaben in der Regel auf ein bestimmendes laufendes Nettoeinkommen ein und geraten mit dessen Rückgang in Anpassungsschwierigkeiten. Längere Arbeitslosigkeit kann bedeuten, den Anschluß an die sich ständig weiter entwickelnden Anforderungen zu versäumen, die der Arbeitsplatz stellt. Viele Menschen würden aber selbst dann arbeiten, wenn sie es sich ökonomisch leisten könnten aufzuhören. Arbeitslosigkeit beeinträchtigt das Selbstwertgefühl und die sozialen Beziehungen, bedeutet häufig Verlust von Status, sozialen Kontakten und persönlichen Entwicklungsmöglichkeiten und kann bei Menschen, die sich mit ihrer Arbeit identifiziert hatten, Gesundheitsstörungen verursachen. Finden Jugendliche nach Abschluß ihrer Ausbildung keine Stelle, können sie die im Arbeitsleben nützlichen Eigenschaften wie Disziplin, Kooperationsbereitschaft und andere Aspekte einer positiven Arbeitsmoral von vornherein nicht entwickeln und einüben und bleiben daher unter Umständen lebenslang benachteiligt und frustiert. Leistungen der sozialen Sicherung können solche Nachteile nicht ausgleichen, und unter den Aspekten des wirtschaftlichen Wachstums und des effizienten Einsatzes der Ressourcen bedeutet Arbeitslosigkeit auch geringeren Ausmaßes, daß Möglichkeiten zur Erhöhung der Wohlfahrt ungenutzt bleiben. Dieser Effekt wird verstärkt, sofern Arbeitslosigkeit oder die Furcht vor ihr Widerstand gegen die Realisierung arbeitsparenden technischen Fortschritts erzeugen und so das wirtschaftliche Wachstum behindern.

II. Beschäftigungstheorie bei den Klassikern und bei MARX

1. Grundzüge des klassischen Modells. Der im folgenden beschriebene Komplex von Verhaltensweisen und institutionellen Bedingungen gibt in wesentlichen Zügen und unter besonderer Berücksichtigung des Beschäftigungsproblems die Ansichten wieder, die sich die nationalökonomischen *Klassi-*

ker vom Funktionieren einer kapitalistischen Marktwirtschaft gebildet hatten. Allerdings hat keiner dieser Nationalökonomen ein so ausgearbeitetes Modell entwickelt, wie es nachstehend in seinen Grundzügen skizziert wird. Es handelt sich hier eher um den Versuch einer Zusammenfassung dieser Ideen einschließlich einiger Weiterentwicklungen zu einem widerspruchsfreien Modell, wie es heute weitgehend akzeptiert und in vielen Lehrbüchern dargestellt ist. Als historischen Hintergrund kann man sich die Zeit der beginnenden Industrialisierung Ende des 18. und Anfang des 19. Jahrhunderts in den westeuropäischen Ländern vorstellen.

Mit dieser Darstellung wird nicht nur ein Ausflug in die Geschichte volkswirtschaftlicher Theorien unternommen. Das Modell bildete die Grundlage der herrschenden Meinung bei Nationalökonomen und Wirtschaftspolitikern bis in die vierziger Jahre des 20. Jahrhunderts, und obwohl sich inzwischen viele Verhaltensweisen und institutionelle Einzelheiten gewandelt haben, werden wichtige Hypothesen der Klassiker heute immer noch oder schon wieder verwendet. Da das Modell auch die theoretische Basis der Wirtschaftspolitik in der Zeit zwischen den beiden Weltkriegen abgab, können viele damalige wirtschaftspolitische Entscheidungen, die zum Teil katastrophale Folgen hatten und aus denen man noch heute Lehren ziehen muß, nicht ohne seine Kenntnis verstanden werden. Schließlich sind sowohl das MARXsche Modell, auf dem ein wesentlicher Teil der heutigen Kapitalismuskritik basiert, als auch das KEYNESsche Modell, dessen Weiterentwicklung einen großen Teil der heutigen Makroökonomik ausmacht, als Modifikationen des klassischen Modells in wesentlichen Punkten entstanden. Beide können unter diesem Aspekt besser verstanden werden.

Gegenstand der klassischen Analyse ist eine Marktwirtschaft mit Privateigentum an Produktionsmitteln, in der staatliche Eingriffe in den Wirtschaftsablauf keine Rolle spielen. Akteure sind einerseits Unternehmer als Produzenten und Anbieter von Sachgütern und Dienstleistungen, als Nachfrager nach Produktionsfaktoren und als Investoren; anderseits private Haushalte als Nachfrager nach Konsumgütern und Sparer sowie als Anbieter von Produktionsfaktoren und Krediten. Betrachtet werden der Güter-, der Geld- beziehungsweise Wertpapier- sowie der Arbeitsmarkt. Auf allen Märkten herrscht atomistischer Wettbewerb, so daß weder Anbieter noch Nachfrager Preise beeinflussen können, sondern sie als gegeben akzeptieren müssen.

Die klassische Analyse kann mit einer Betrachtung des Arbeitsmarkts beginnen. Zentrale Hypothese ist hier die gesamtwirtschaftliche Produktionsfunktion, die das Güterangebot mit der Nachfrage nach Arbeit verknüpft. Nach ihr werden die angebotenen Güter mit Hilfe der bei ihrer Herstellung eingesetzten und daher nachgefragten Arbeitsleistung A^N und des Kapitalstocks K erzeugt, der kurzfristig konstant ist. Wichtigste Eigenschaft der Produktionsfunktion ist, daß für sie das *Gesetz vom abnehmendem Grenzertrag* gilt. Wird von einem beliebigen Produktionsniveau aus bei konstantem Kapitalstock eine Arbeitseinheit mehr eingesetzt, so ist die daraus resultierende zusätzliche Produktmenge, das *physische Grenzprodukt* der Arbeit $\partial Y^r/\partial A^N$, positiv und um so kleiner, je mehr Arbeitsleistung bereits eingesetzt ist. Entsprechend steigt es, wenn die Arbeitsmenge von einer Ausgangssituation aus verringert wird. Das gilt unter der

Voraussetzung, daß keine Änderungen in der Produktionstechnik eintreten. Auch unter diesem Aspekt ist die Analyse daher auf die kurze Frist beschränkt: In der Realität ändert der technische Fortschritt ständig die Einsatzbedingungen der Produktionsfaktoren, und die Nettoinvestition ist normalerweise positiv, was den Kapitalstock vergrößert.

Aus den Eigenschaften der Produktionsfunktion und weiteren Annahmen über Verhalten und Ziele der Unternehmer-Produzenten ergibt sich ihre Nachfrage nach Arbeitsleistungen wie folgt. Der typische Unternehmer kauft Produktionsgüter einschließlich Arbeitsleistungen, stellt Güter her und verkauft sie. Er steht auf allen Märkten im Wettbewerb, so auf den Märkten für Produktionsgüter mit anderen Nachfragern nach diesen und auf seinen Absatzmärkten mit anderen Anbietern gleicher oder ähnlicher Güter. Sein Marktanteil ist unbedeutend, so daß er keinen Spielraum für eine eigene Preispolitik hat und daher die herrschenden Marktpreise akzeptieren muß. Er möchte möglichst hohe Gewinne erzielen und fragt daher solange zusätzliche Arbeitsleistungen (und jeden anderen Produktionsfaktor) nach, wie die Kosten jeder damit zusätzlich hergestellten Produktmengeneinheit kleiner sind als der Erlös aus ihrem Verkauf. Da mit fortschreitendem Mehreinsatz an Arbeitsleistung deren physisches Grenzprodukt und damit wegen des konstanten Verkaufspreises auch der zusätzliche Erlös sinkt, die Kosten des Mehreinsatzes bei konstantem Nominallohnsatz aber gleichbleiben, muß einmal eine Produktmenge erreicht werden, bei der der Mehrerlös ebenso groß ist wie die Mehrkosten. In dieser Situation erzielt der Unternehmer den höchsten Gewinn (der auch der kleinstmögliche Verlust sein kann). Der Sachverhalt läßt sich an einem Zahlenbeispiel wie folgt zeigen. Angenommen, in einem Produktionsprozeß könnten vier nacheinander zusätzlich eingestellte Arbeiter A, B, C und D jeweils 17, 16, 15 und 14 Stück eines Produkts je Tag zusätzlich herstellen. Dies sind die Grenzprodukte GP der vier Arbeiter. Der Nominallohnsatz sei $l = 30$ DM/Tag, die Materialkosten 2 DM/Stück und der Verkaufspreis 4 DM/Stück. Offenbar lohnt es, den Arbeiter A einzustellen, da der Wert seines Grenzprodukts nach Abzug der Materialkosten $p \cdot GP_A = 34$ DM/Tag beträgt, während sich die zusätzlichen Lohnkosten bei konstantem Kapitaleinsatz auf 30 DM/Tag belaufen. Auch die Einstellung des Arbeiters B erhöht noch den Gewinn, während beim Einsatz von C die zusätzlichen Lohnkosten ebenso groß sind wie der zusätzliche Erlös. Daraus ergibt sich die Gewinnmaximierungsbedingung für den Unternehmer: Er setzt solange mehr Einheiten an Arbeitsleistung ein, bis der Nettoerlös aus der zusätzlich hergestellten Produktmenge auf den Nominallohnsatz gesunken ist, bis also die Gleichung

$$p \cdot GP_A = l \quad \text{oder:} \quad \text{Wert des Grenzprodukts} = \text{Nominallohnsatz} \quad (4.6)$$

gilt. An dieser Entscheidung ändert sich nichts, wenn sich die relevanten Preise einschließlich des Nominallohnsatzes um gleiche Prozentsätze in gleicher Richtung ändern. Man sieht dies an dem Zahlenbeispiel, wenn man etwa l auf 60 DM/Tag, den Materialpreis auf 4 DM/Stück und den Produktpreis auf 8 DM/Stück verdoppelt. Daher beruhen die Entscheidungen der Unternehmer über die herzustellenden Produktmengen und die dazu einzusetzenden Faktormengen auf Preisvergleichen. Anders ausgedrückt: Güterangebot und Faktornachfrage hängen von *Preisverhältnissen,* auch *relative Preise* genannt, und nicht von der absoluten Höhe der Preise ab. Zieht man die Definition des Reallohnsatzes l^r (S. 249) heran, so läßt sich die Bedingung (4.6) auch als

$$GP_A = l/p = l^r, \quad \text{oder:} \quad \text{Grenzprodukt} = \text{Reallohnsatz} \quad (4.7)$$

schreiben. Der Unternehmer wird die dieser Bedingung entsprechende Gütermenge herstellen und anbieten und seine Nachfrage nach Arbeit A^N daher vom Reallohnsatz abhängig machen.

Lieferanten von Arbeitsleistungen sind die privaten Haushalte. Sie bieten bei gegebenem Nominallohnsatz solange mehr Arbeitsleistung an, wie ihnen die Konsumgüter, die sie für das zusätzliche Einkommen kaufen können, wertvoller erscheinen als die verlorengehende Freizeit. Die Haushalte vergleichen mithin den Nominallohnsatz mit den Konsumgüterpreisen, und ihre Kaufentscheidungen bleiben ebenfalls unberührt, wenn sich diese Größen in gleicher Weise ändern. Daher hängt auch das Angebot an Arbeit vom Reallohnsatz ab: $A^A = A^A(l^r)$, wobei $dA^A/dl^r > 0$. Das impliziert die wichtige Annahme, daß die privaten Haushalte nicht nur als Konsumenten, sondern auch als Arbeitsanbieter keiner Geldillusion unterliegen. Diese läge vor, wenn sie ihr Angebotsverhalten vom Nominallohnsatz abhängig machten: $A^A = A^A(l)$, und beispielsweise bei dessen Erhöhung auch dann mehr Arbeit anböten, wenn die Konsumgüterpreise gleichzeitig in gleichem Ausmaß steigen.

Bild 4.1 bietet in der linken Hälfte eine graphische Version der Produktionssphäre unter klassischen Annahmen. Teil (a) zeigt die Produktionsfunktion mit Arbeit als variablem und Kapital als konstantem Produktionsfaktor und einem

Bild 4.1 – *Makroökonomisches Gleichgewicht unter klassischen Annahmen*

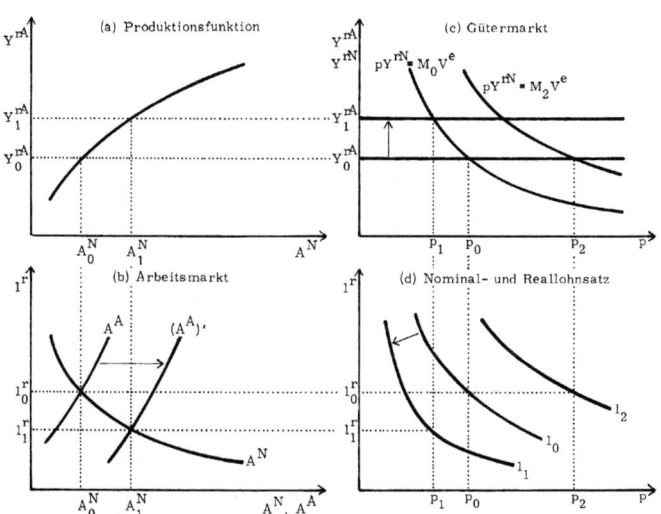

Verlauf gemäß dem Gesetz vom abnehmenden Grenzertrag. Auf dem Arbeitsmarkt in Teil (b) ist die Arbeitsnachfragekurve direkt aus der Produktionsfunktion abgeleitet. Da deren Steigung in jedem Punkt gleich dem Grenzprodukt der Arbeit bei einer – streng genommen infinitesimalen – Erhöhung des Arbeitseinsatzes ist und die Unternehmer gemäß Gleichung (4.7) soviel Arbeitsleistung nachfragen, bis der Reallohnsatz gleich dem Grenzprodukt ist, gibt die Arbeitsnachfragekurve in jedem Punkt die Steigung der Produktionsfunktion an, ist also mathematisch ihre erste Ableitung. Steigt der Reallohnsatz, etwa indem der Nominallohnsatz l bei Konstanz des Produktpreises p zunimmt, so steigen die Herstellungskosten des Produkts der zuletzt eingesetzten Einheit an Arbeitsleistung, während der Erlös aus dem Verkauf dieses Grenzprodukts konstant bleibt. Die Unternehmer reagieren darauf, indem sie solange weniger Arbeit nachfragen, bis der Erlös aus dem bei abnehmendem Arbeitseinsatz steigenden Grenzprodukt gleich dem gestiegenen Nominallohnsatz ist. Die Arbeitsnachfragekurve hat also den in Teil (b) gezeigten und allgemein für Nachfragekurven als typisch geltenden Verlauf: Mit steigendem Reallohnsatz geht die Nachfrage zurück. Das ist ein wichtiger Punkt: Verringerter Arbeitseinsatz, sei es durch Zunahme der Arbeitslosigkeit, Auswanderung, Rückkehr von Ausländern in ihre Heimat oder Realisierung arbeitsparenden technischen Fortschritts, kommt immer den beschäftigt bleibenden Arbeitern zugute, weil ihr Grenzprodukt steigt und sie daher höhere Löhne erhalten können.

In bezug auf das Arbeitsangebot wird in dem hier relevanten Bereich angenommen, daß es mit steigendem Reallohn zunimmt. Aus dem Schnittpunkt von Arbeitsangebots- und -nachfragekurve ergibt sich der Gleichgewichts-Reallohnsatz l_0^r, bei dem die Arbeitsmenge A_0^N nachgefragt wird. Diese wird nach Teil (a) übertragen und bestimmt das reale Sozialprodukt Y_0^{rA}, das von den Unternehmen hergestellt und angeboten wird. In dieser Situation herrscht *Vollbeschäftigungsgleichgewicht* in dem Sinne, daß jedermann, der bei dem zugehörigen Reallohnsatz arbeiten möchte, auch beschäftigt ist. Wer als Arbeitsuchender einen höheren Nominallohnsatz verlangt, als es dem Reallohn l_0^r entspricht, gilt als freiwillig arbeitslos, da er mehr haben will als den Wert seines Grenzprodukts. Ein Unternehmer, der ihn einstellt, würde seinetwegen Verluste auf sich nehmen, was als freiwillige Verhaltensweise vorkommen mag, jedoch nicht den Regelfall bilden kann. Vollbeschäftigung muß dabei in dem Sinne pragmatisch verstanden werden, daß es zu jedem Zeitpunkt Personen gibt, die gerade einen Arbeitsplatz suchen (Fluktuationsarbeitslosigkeit, vgl. S. 263).

Man kann sich nun vorstellen, daß in diesem Modell, soweit bisher beschrieben, allgemeines Gleichgewicht herrscht: Auf allen Gütermärkten haben die Wirtschaftssubjekte durch Preisvergleiche herausgefunden, bei welchen produzierten und konsumierten Mengen sie ihre Gewinne oder ihren Nutzen maximieren. Sie produzieren, kaufen und verkaufen entsprechend und finden, daß sich ihre Wirtschaftspläne erfüllen. Jedoch ist das Modell noch unvollständig: Die Wirtschaftssubjekte richten sich an den relativen Preisen aus, aber es bleibt offen, wie hoch diese absolut sind. Würde man sie alle verdoppeln oder halbieren, blieben die Preisverhältnisse und damit die Dispositionen der Wirtschaftssubjekte ungeändert, aber in der Realität haben alle Preise eine bestimmte absolute Höhe, und das Modell muß erkennen lassen, wovon diese abhängt. Die Analyse ist daher mit der Einführung von Hypothesen über die Rolle des Geldes, die absolute Höhe der Preise und die Aufteilung des Sozialprodukts auf Konsum und Investition zu vervollständigen.

Die Klassiker gingen davon aus, daß der in der Volkswirtschaft vorhandene Geldbestand M ausschließlich dazu benutzt wird, die mit Transaktionen aller Art einhergehenden Zahlungen abzuwickeln. Ist T die Zahl der Transaktionen während eines Zeitraums, p der je Transaktion im Durchschnitt benötigte Geldbetrag (der „Preis" je Transaktion) und V die Transaktionshäufigkeit des Geldes, so gilt die *Quantitätsgleichung:*

$$M \cdot V = p \cdot T. \qquad (4.8)$$

Wählt man als Untersuchungszeitraum ein Jahr, so wird jede einzelne Geldeinheit im Durchschnitt mehrmals zur Abwicklung von Transaktionen eingesetzt, V ist daher größer als eins. Entsprechend ist der Geldbestand kleiner als der Gesamtwert $p \cdot T$ aller Transaktionen. Die Gleichung ist immer erfüllt und enthält daher keine Hypothese. Sie kann als Definitionsgleichung für die Transaktionshäufigkeit V dienen und würde erlauben, diese auch zu messen, wenn M, p und T alle meßbar wären.

Nun sind in der Quantitätsgleichung alle Transaktionen erfaßt, die mit Geld abgewickelt werden (vgl. S. 33). Sie ist daher nicht geeignet, einen Zusammenhang zwischen dem Geldbestand M und den Preisen für Endnachfragegüter allein herzustellen. Dieser Zusammenhang läßt sich zeigen, wenn man nur die im Wirtschaftskreislauf mit der Erzeugung und Verteilung des Sozialprodukts einhergehenden Transaktionen betrachtet. Nimmt man als Indikator für deren Gesamtwert das nominale Sozialprodukt von der Nachfrageseite $Y^N = p Y^{rN}$ an, worin p als Preis für die Einheit des realen Sozialprodukts aufzufassen ist, so erhält man ähnlich wie Gleichung (1.13) S. 32:

$$M \cdot V^e = p \cdot Y^{rN}, \qquad (4.9)$$

worin V^e wieder die Transaktionshäufigkeit des Geldes im Einkommenskreislauf ist. Wird nun die Geldmenge M geändert, so muß sich mindestens eine der drei anderen Größen in Gleichung (4.9) entsprechend ändern. Mit einer Hypothese über die Art dieser Änderung wird die Quantitätsgleichung zur *Quantitätstheorie*. Die Hypothese der Klassiker lautet: Die Transaktionshäufigkeit des Geldes hängt von der Länge der Einkommenszahlungsperioden, den Zahlungsgewohnheiten bei Gütertransaktionen und institutionellen Gegebenheiten wie der Ausgestaltung des Bankensystems ab, die sich alle kurzfristig wenig ändern. Die Größe V^e kann dann als Verhaltensparameter und damit zumindest kurzfristig als konstant angesehen werden. Ist M gegeben, so ist auch das (mathematische) Produkt $M \cdot V^e$ konstant, und in Gleichung (4.9) besteht ein gegenläufiger Zusammenhang zwischen p und Y^{rN}. Er ist in Teil (c) von Bild 4.1 wiedergegeben und liefert einen Schnittpunkt der gesamtwirtschaftlichen Nachfragekurve Y^N mit der Angebotskurve für das reale Sozialprodukt, das wie erläutert allein von Entscheidungen in der Gütersphäre abhängt, so daß die Y^{rA}-Kurve parallel zur p-Achse verläuft. Der unter den angegebenen Voraussetzungen allein von M

bestimmte Preis p_0 wird nach Teil (d) übertragen, wo der definitorische Zusammenhang $l = p \cdot l^r$ zwischen Nominal- und Reallohnsatz die Form einer gleichseitigen Hyperbel hat. In der Ausgangssituation herrscht Gleichgewicht beim Reallohnsatz l_0^r auf dem Arbeitsmarkt; angebotenes und nachgefragtes Sozialprodukt stimmen beim Preisniveau p_0 überein; und die im Einkommenskreislauf zirkulierende Geldmenge M_0 reicht gerade zur Abwicklung der dort anfallenden Transaktionen aus. Wesentliches Kennzeichen des Modells ist mithin

Satz 4.1: *Im klassischen Modell ist das gesamtwirtschaftliche Angebot in bezug auf die Preise völlig unelastisch; die von der Geldmenge abhängige nominale gesamtwirtschaftliche Nachfrage bestimmt allein die Preise und hat keinen Einfluß auf das reale Sozialprodukt.*

Anhand von Bild 4.1 lassen sich die Wirkungen von Änderungen exogener Variabler oder von Verhaltensweisen auf die Gleichgewichtswerte der endogenen Variablen zeigen. Die komparativ-statische Analyse wird mit Hilfe von Kurvenverschiebungen vorgenommen, und zusätzliche Hypothesen über die Reaktionen von Wirtschaftssubjekten auf Ungleichgewichtszustände erklären den Weg von der Ausgangssituation zum neuen Gleichgewicht. Was geschieht beispielsweise, wenn das Arbeitsangebot zunimmt? Beschließt etwa eine Anzahl bisher Nichterwerbstätiger zu arbeiten oder wandern Arbeiter aus dem Ausland zu, so verschiebt sich die Angebotskurve für Arbeit in Bild 4.1(b) nach rechts: Bei jedem Reallohnsatz wird jetzt mehr Arbeitsleistung angeboten, aber mit jedem zusätzlich eingestellten Arbeiter sinkt auch das Grenzprodukt der Arbeit. Da nach Annahme auf dem Arbeitsmarkt Konkurrenz herrscht und die Nominallohnsätze nach beiden Richtungen beweglich sind, werden die zusätzlichen Anbieter von Arbeitsleistungen jedoch bereit sein, zu niedrigeren Nominallohnsätzen zu arbeiten und daher die herrschenden Sätze zu unterbieten. Da unterschiedliche Lohnsätze bei Konkurrenz nicht bestehen können, bedeutet dies deren Senkung auch in den bestehenden Arbeitsverträgen (die man sich unter den damaligen Bedingungen als kurzfristig kündbar vorstellen kann). Bei dem niedrigeren Reallohn aber finden Unternehmer, daß es lohnt, mehr Arbeiter einzustellen und mehr Güter zu produzieren. Überträgt man A_1^N nach Teil (a) und Y_1^{rA} nach Teil (c), so zeigt sich, daß bei ungeänderter Geldversorgung M_0 und Transaktionshäufigkeit die Preise auf p_1 sinken müssen, wenn die größere Gütermenge verkauft werden soll. In Teil (d) verschiebt sich die Kurve entsprechend in die Lage $l_1 = p_1 \cdot l_1^r$: Der Nominallohnsatz ist auf l_1, damit stärker als p gesunken und hat so den gemäß Teil (b) erforderlichen Reallohn l_1^r zustandegebracht. Eine als Folge des Mehrangebots an Arbeit auftretende Arbeitslosigkeit ist also nur vorübergehend, sie wird mit dem sinkenden Reallohn beseitigt.

Weitere Änderungen auf dem Arbeitsmarkt sind in Bild 4.1 nicht eingezeichnet, um die Darstellung nicht zu überladen, lassen sich aber leicht vorstellen. Erhöht sich infolge technischen Fortschritts das Grenzprodukt der Arbeit bei jedem Arbeitseinsatz, so verschiebt sich die Produktionsfunktion nach oben und wird in jedem Punkt steiler, so daß sich auch die Arbeitsnachfragekurve in Teil (b) nach oben dreht. Bei ungeändertem Arbeitsangebot steigen Reallohn und Beschäftigung. Die erhöhte Produktmenge kann bei konstantem $M_0 V^e$ nur bei einem niedrigeren Preis abgesetzt werden, und der steigende Reallohn ergibt sich aus sinkendem Preis und weniger stark sinkendem, gleichbleibendem oder steigendem Nominallohnsatz. Technischer Fortschritt ist jedoch eine längerfristige Entwicklung, bei der auch ein etwaiges Bevölkerungswachstum berücksichtigt werden muß. Die mit diesem einhergehende Zunahme des Arbeitsangebots senkt den Reallohn nur dann nicht, wenn sie durch den Einfluß des technischen Fortschritts auf das Grenzprodukt der Arbeit mindestens kompensiert wird. Es folgt ferner, daß ein wachsendes Sozialprodukt nur dann nicht mit sinkenden Preisen einhergeht, wenn der Geldbestand entsprechend erhöht wird.

Welche Wirkungen resultieren aus Änderungen in der Geldsphäre? Steigt beispielsweise der Geldbestand auf M_2, so verschiebt sich die MV^e-Kurve in Teil (c) nach rechts in die Lage $M_2 V^e$. Zu jeder Geldmenge gehört also eine gesamtwirtschaftliche Nachfragekurve mit der überall gleichen Elastizität des nachgefragten Sozialprodukts in bezug auf den Preis von eins (und damit der Gestalt einer gleichseitigen Hyperbel). Da Y_0^A festliegt, weil alle Produktionsfaktoren voll beschäftigt sind und das reale Sozialprodukt daher kurzfristig nicht zunehmen kann, muß das Preisniveau auf p_2 steigen. Die dazu führenden Verhaltensweisen lassen sich wie folgt beschreiben. Generell gilt, daß Wirtschaftssubjekte, die aus einer Gleichgewichtssituation heraus in den Besitz zusätzlichen Geldes geraten, dies entweder zu Güterkäufen benutzen oder es ertragbringend in Wertpapieren anlegen. Steigt beispielsweise der Geldbestand im Zuge einer Erhöhung der Bankkredite an Unternehmer, so bedeutet dies Mehrnachfrage nach Investitions- oder anderen Produktionsgütern. Da Vollbeschäftigung herrscht, kann die Produktion kurzfristig nicht ausgedehnt werden, die Preise müssen steigen. Steigt in einem anderen Fall die Geldmenge dadurch, daß eine geldschöpfende Stelle, etwa die Zentralbank, Wertpapiere vom Publikum erwirbt, so kann sie das nur tun, indem sie höhere Kurse bietet und damit den Zinssatz senkt. Ein niedrigerer Zins aber induziert zusätzliche Investitionen mit den eben geschilderten Folgen. Sobald sich höhere Preise auf den Gütermärkten durchgesetzt haben, hat sich ihre Relation zu den Nominallohnsätzen geändert: Der Reallohn ist gesunken, was das Arbeitsangebot verringert. Gleichzeitig aber lohnt es für die Unternehmer, mehr zu produzieren und daher mehr Arbeitsleistungen nachzufragen. Die Konkurrenz um die Arbeitskräfte muß daraufhin die Nachfrage nach Arbeit und damit die Nominallohnsätze solange steigern, bis sich das frühere Lohnsatz-Preis-Verhältnis bei absolut höheren Nominallöhnen und Preisen wieder hergestellt hat. Dies ist in Teil (d) abzulesen: Dem Preisniveau p_2 entspricht der Nominallohn l_2 bei ungeändertem Reallohn l_0^r.

Schließlich ist die Frage zu klären, was im klassischen Modell geschieht, wenn die Sparneigung steigt, also unabhängig von den erklärenden Variablen der Ersparnis bei jeder ihrer möglichen Konstellation mehr gespart wird. Das bedeutet zunächst Ausfall an Konsumgüternachfrage. Die zusätzlich ersparten Beträge werden jedoch sofort ertragbringend angelegt, weil keine Veranlassung besteht, über den Bedarf für Transaktionszwecke hinaus Geld zu halten. Geldhaltung zwecks Wertaufbewahrung wird im klassischen System nicht berücksichtigt, weil sie Verzicht auf Zinseinkommen bedeutet und Erwartungen über die zukünftige Zinsentwicklung in der Analyse nicht beachtet werden. Für die

Anlage gibt es zwei Möglichkeiten:

- Entweder ist der Sparer ein Unternehmer, der die ersparten Beträge im eigenen Unternehmen durch Kauf von Produktionsmitteln direkt investiert. Dieser Fall der Identität von Sparer und Investor wurde ähnlich schon erwähnt (S. 139);
- Oder der Sparer kauft auf dem Kreditmarkt ertragbringende Titel, wodurch der Zins sinkt und damit an anderer Stelle Investitionen induziert.

Vermehrtes Sparen bedeutet also keinen Nachfrageausfall insgesamt, sondern nur eine Verlagerung der Nachfrage von Konsum- auf Investitionsgüter. Es gilt die in Bild 4.2 dargestellte Hypothese, daß der Zins für den Ausgleich zwischen Angebot an und Nachfrage nach Krediten sorgt. Je niedriger der Zinssatz, um so höher ist danach die geplante Nachfrage nach Krediten zur Finanzierung von

Bild 4.2 – *Gleichgewicht zwischen Investition und Ersparnis auf dem Kreditmarkt*

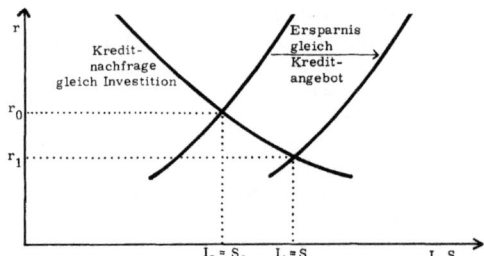

Investitionen. Anderseits ist die geplante Ersparnis und damit das Kreditangebot in Gestalt von Nachfrage nach ertragbringenden Forderungen um so höher, je höher der Zinssatz ist. Im Gleichgewicht ist die beim Zinssatz r_0 geplante kreditfinanzierte Investition I_0 gleich der bei r_0 geplanten Ersparnis S_0, soweit sie zu Angebot auf dem Kreditmarkt wird. Eine Verschiebung der Sparkurve nach rechts führt zu einem niedrigeren Gleichgewichtszinssatz r_1, bei dem die höhere geplante Investition I_1 der höheren geplanten Ersparnis S_1 entspricht. Real gesehen setzt die vermehrte Ersparnis Produktionsfaktoren frei, die aber umgehend zur Herstellung der zusätzlich nachgefragten Investitionsgüter eingesetzt werden. Es wird hier klar, warum die Konsumausgaben im klassischen Modell nicht vom Volkseinkommen abhängen. Dieses liegt kurzfristig fest, und mit der zinsabhängigen Sparentscheidung wird zwangsläufig auch der Konsum bestimmt: Es ist $C^r = C^r(r)$ und nicht $C^r = C^r(Y^r)$.

Die Hypothese, daß das gesamte durch die Güterherstellung geschaffene Einkommen voll in Güternachfrage umgesetzt wird, ist als *SAYsches Gesetz* bekannt. Es gilt fraglos für die Realtauschwirtschaft: Dort bedeutet jeder Tauschakt, daß der Güternachfrage ein Güterangebot entspricht und umgekehrt. Die Existenz von Kreditbeziehungen ändert daran nichts: Liefert ein Anbieter jetzt und begnügt sich mit einem Versprechen seines Geschäftspartners auf spätere Gegenlieferung, so wird die dem heutigen Angebot entsprechende Nachfrage später ausgeübt, ist aber von Anfang an vorhanden und geht in die Wirtschaftspläne beider Tauschpartner ein. Was in der Realtauschwirtschaft also nicht mehr als eine Selbstverständlichkeit ist, wird in der Geldwirtschaft zu einer Hypothese, und zwar gleich zu einer der wichtigsten Hypothesen des klassischen Modells. Sie lautet in einer bekannten Fassung

Hyp. 4.1: *Jede Produktion schafft sich selbst ihren Absatz,*

gilt auch für den Fall, daß ein Teil des Einkommens gespart wird, und führt zu der Folgerung, daß es keine allgemeine Überproduktion, das heißt kein bei den herrschenden Preisen auf allen Märkten zu großes Güterangebot und daher auch keine allgemeine Unterbeschäftigung oder einen generellen Mangel an Nachfrage geben kann. Wer Güter anbietet, fragt mit dem Erlös entweder selbst ohne nennenswerte Verzögerung Güter nach, oder er bietet die infolge Sparens nicht von ihm zur Güternachfrage verwendeten Beträge auf dem Kreditmarkt an und ermöglicht es dadurch seinen Kreditnehmern, Güter nachzufragen. Jedem Angebot an Gütern entspricht also praktisch gleichzeitig eine gleich große Nachfrage nach ihnen. Es kann zwar partielle Überproduktion geben, wenn etwa die Nachfrage nach einem bestimmten Gut zurückgeht. Es bilden sich dann unfreiwillige Lagerbestände, der Preis fällt, die Unternehmer schränken die Produktion ein und einige Anbieter scheiden aus, bis das Angebot soweit verringert ist, daß es bei dem gesunkenen Preis wieder voll von den Nachfragern aufgenommen wird. Da jedoch das gesamte Güterangebot überhaupt nur auf die Märkte gebracht wird, um mit der erworbenen Kaufkraft Güter nachzufragen, geht der Nachfragerückgang auf einem Markt mit Nachfragezuwächsen auf anderen Märkten einher. Dort steigen die Preise, und es wird mehr produziert. Die Nachfrageverschiebung ändert die Preisstruktur, was das Problem der partiellen Überproduktion aus der Welt schafft. Entsprechende Vorgänge lösen auch das Problem einer plötzlich auftretenden Mehrnachfrage nach einem Gut. Da auch eine hinreichende Mobilität der Produktionsfaktoren unterstellt wird, zieht die Änderung der Preisstruktur eine Umverteilung der Produktionsfaktoren nach sich. Nebenbei wird hieran deutlich, welch wichtige Aufgabe den Preisen im klassischen Modell zugeschrieben wird. Wichtige Voraussetzungen hierfür ist, daß sie in beiden Richtungen voll flexibel sind. Unter dem Aspekt der Geldfunktionen gesehen bedeutet das SAYsche Gesetz die Hypothese, daß Geld nur Transaktionszwecken dient. Darüber hinaus Geld zu halten, zu horten, bedeutet Einkommensverlust und gilt als irrational. Im übrigen ändert Horten nichts an der Vollbeschäftigung: Sinkt die aktive, in der Zirkulation befindliche Geldmenge, müssen Güterpreise und später auch die dadurch zunächst gestiegenen Reallöhne sinken, so daß sich die ursprüngliche Preisstruktur auf niedrigerem absolutem Niveau wieder herstellt.

Die strikte Trennung zwischen einer Theorie zur Erklärung von Angebot und Nachfrage auf den Gütermärkten sowie der relativen Preise, der *Werttheorie* oder *Wertlehre* einerseits und der Quantitäts- oder Geldtheorie andererseits zur Erklärung der absoluten Preise wird häufig als die *klassische Dichotomie* bezeichnet. Da sich ihrzufolge Änderungen der Geldmenge nur auf die absolute Höhe der Preise auswirken und daher die von Preisverhältnissen abhängigen Entscheidungen in der Gütersphäre nicht beeinflussen, ist Geld im klassischen Modell *neutral:* Es liegt wie ein Schleier über dieser, der nichts verbirgt und nichts ändert.

2. Zusammenfassung und wirtschaftspolitische Folgerungen.

Die zentralen Hypothesen der Klassiker beziehen sich auf

– die Eigenschaften der Produktionsfunktionen, für die substituierbare Produktionsfaktoren und für jeden solchen Faktor fallender Ertragszuwachs angenommen wird;
– das Verhalten und die Zielsetzung der Unternehmer bei ihren Entscheidungen über die Nachfrage nach Produktionsgütern und das Angebot an Fertiggütern: Sie stehen in atomistischer Konkurrenz miteinander und streben nach Gewinnmaximierung, so daß die Güterpreise frei beweglich sind;
– das Verhalten der privaten Haushalte beim Angebot von Arbeitsleistungen: Sie stehen in Konkurrenz miteinander, so daß die Nominallohnsätze frei beweglich sind;
– die Funktion des Geldes, das nur zu Transaktionszwecken gehalten wird und daher neutral ist, dessen Gesamtbetrag angesichts konstanter Transaktionshäufigkeit die absolute Höhe der Preise bestimmt, und dessen Existenz weder den Zinssatz noch die Entscheidungen in der Gütersphäre berührt, so daß diese von der Geldsphäre isoliert ist;
– die Funktion des Zinssatzes, der für ein Gleichgewicht zwischen Angebot an und Nachfrage nach Krediten zur Investitionsfinanzierung und damit für die Aufteilung des Sozialprodukts auf Konsum und Investition sorgt;
– die Höhe des realen Sozialprodukts, das allein vom Angebot an Produktionsfaktoren und der gerade verfügbaren Produktionstechnik bestimmt wird und sich so einstellt, daß alle Faktoren voll beschäftigt sind. Die gesamtwirtschaftliche Angebotskurve verläuft mithin in bezug auf das Preisniveau völlig unelastisch.

Die in Bild 4.1 (S. 267) ausgedrückte Hypothese über den Verlauf der Arbeitsangebotskurven gehört nicht in diese Aufzählung. Man kann daran zweifeln, ob viele Arbeiter unter den Bedingungen des 19. Jahrhunderts die Wahl zwischen der Abgabe von Arbeitsleistungen und dem Genuß von Freizeit hatten und bei sinkendem Reallohn ihr Arbeitsangebot einschränken konnten. Es ist eher anzunehmen, daß sie ihre Arbeitsleistungen unabhängig von der Höhe des Reallohnsatzes anbieten mußten. Damit würden die Arbeitsangebotskurven in Bild 4.1 senkrecht verlaufen, ohne daß sich jedoch an den Schlußfolgerungen etwas änderte. Im übrigen waren die Ansichten der Klassiker über die Rolle des Geldes durchaus realitätsnah: Geld war in Gestalt von Gold ein Sachgut und wurde wie andere solche Güter unter Einsatz von Produktionsfaktoren hergestellt. Sein Wert ergab sich entsprechend aus dem Angebot der Goldminen und der Nachfrage nach ihm wegen seiner Eigenschaften als Transaktionsmittel und Industrierohstoff.

Die Schöpfer des klassischen Modells und ihre Nachfolger zogen aus dem Modell eine Reihe wirtschaftspolitischer Folgerungen. Sie lassen sich in bezug auf das Beschäftigungsproblem wie folgt zusammenfassen:

(1) Entscheidend für die Nachfrage der Unternehmer nach Arbeitsleistungen ist jeweils der Vergleich zwischen dem Wert des Grenzprodukts und dem Nominallohnsatz. Die Unternehmer müssen Gewinne erzielen, um zu überleben und stellen daher keinen Arbeiter ein, der mehr kostet als er einbringt. Arbeitslosigkeit kann dann immer durch Senkung der Reallöhne überwunden werden, und zwar durch Senkung der Nominallohnsätze, durch Erhöhung der Preise als Folge einer Geldvermehrung bei nachhinkenden Nominallöhnen, oder durch beides zugleich.

(2) Da auf allen Märkten einschließlich des Arbeitsmarktes Konkurrenz mit frei beweglichen Preisen herrscht, Produktionsfaktoren beliebig gekauft und Arbeitskräfte eingestellt, aber auch jederzeit wieder entlassen werden können, findet jedermann einen Arbeitsplatz, der zum herrschenden Lohnsatz arbeiten möchte. Dem Wirtschaftssystem wohnt die Tendenz zu einem stabilen Gleichgewicht bei Vollbeschäftigung inne. Abweichungen hiervon kommen vor, induzieren aber Reaktionen der Beteiligten, die innerhalb kurzer Zeit zur Vollbeschäftigung zurückführen. Staatliche Maßnahmen zur Beseitigung von Unterbeschäftigung sind daher überflüssig.

(3) Sparen bedeutet Nachfrageausfall nach Konsumgütern. Die ersparten Beträge werden jedoch entweder vom Sparer selbst oder über ihre ertragbringende Anlage auf dem Kreditmarkt zu vermehrter Nachfrage nach Investitionsgütern benutzt. Eine Änderung der Spareigung bewirkt daher lediglich eine andere Aufteilung des Sozialprodukts auf Konsum und Investition. Da mehr Investitionen ein größeres Sozialprodukt in der Zukunft ermöglichen, ist Sparen immer eine soziale Tugend.[8]

(4) Investitionen können nur zunehmen, wenn vorher oder gleichzeitig mehr gespart wird, da eine Erhöhung der Investitionsgüterproduktion bei kurzfristig nicht ausdehnbarem realem Sozialprodukt nur durch einen Rückgang der Konsumgüterproduktion ermöglicht wird.

(5) Das Preisniveau wird durch die Geldmenge bestimmt. Wird diese erhöht, so steigen die Preise; sinkt sie, müssen auch sie zurückgehen. Der Beschäftigungsgrad wird durch Änderungen der Geldmenge jedoch nicht beeinflußt: Weder läßt sich eine (vorübergehende) Unterbeschäftigung durch eine Erhöhung der Geldmenge beseitigen, noch ist sie Folge einer Geldverknappung.

(6) Üben öffentliche Haushalte zusätzliche Nachfrage aus, verdrängen sie private ökonomische Aktivität. Finanzieren sie ihre Nachfrage durch Erhöhung von Steuern, fällt private Nachfrage direkt aus; die konstante Gesamtnachfrage wird zugunsten der öffentlichen Haushalte umverteilt. Das gleiche gilt bei der Finanzierung durch Kreditaufnahme oder Geldschöpfung. In keinem Fall ändert sich etwas an der Gesamtbeschäftigung.

---

[8] Zu den Motiven der herrschenden Gruppen, den beherrschten die Zügelung ihrer Bedürfnisse zu empfehlen und so auch den generellen Steuerwiderstand herabzusetzen, zählte sicher schon immer die Freisetzung von Produktionsfaktoren. Das ermöglichte höhere öffentliche Investitions- und Konsumausgaben, in früheren Zeiten hauptsächlich für profane und kirchliche Bauten, die persönliche Unterhaltung der Herrscher und nicht zuletzt für das Militär. Noch im Sparkassengesetz für Baden-Württemberg vom 4. Juli 1967 heißt es in bezug auf die Aufgaben der Sparkassen in § 5: „Sie pflegen den Sparsinn der Bevölkerung, insbesondere durch Erziehung der Jugend zum Sparen."

Die Wirkungen der beiden zuletzt genannten Finanzierungsarten sind in Bild 4.3 gezeigt. Teil (a) reproduziert Bild 4.2 und nimmt an, daß nunmehr bei jedem Zinssatz zu der privaten Investitionsgüternachfrage die zusätzliche Nachfrage des Staates ΔG tritt. Sie wird durch Kreditaufnahme am Kapitalmarkt finanziert und verschiebt daher die Investitions- gleich Kreditnachfragekurve in die Lage

Bild 4.3 – *Verdrängungseffekte zusätzlicher öffentlicher Ausgaben im klassischen Modell*

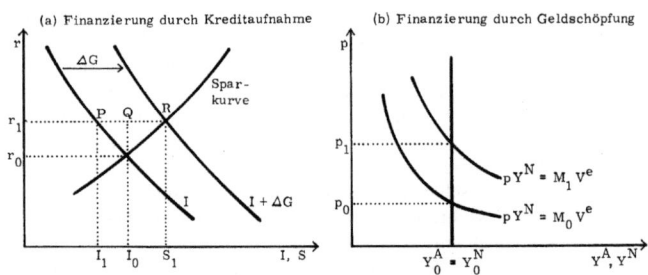

$I + \Delta G$. Der Zinssatz steigt von r_0 auf r_1, da der Staat die herrschenden Wertpapierkurse unterbieten muß. Das läßt die private Investition auf I_1 sinken und die Ersparnis auf S_1 steigen, was den privaten Konsum entsprechend reduziert. Der Rückgang der Investition (Strecke PQ) und des Konsums (Strecke QR) ist zusammen so groß wie ΔG: Der Staat verdrängt über den Zinseffekt gerade soviel private Nachfrage, wie er selbst zusätzlich Nachfrage ausübt. Die Preise ändern sich nicht, da Geldmenge und Gesamtnachfrage konstant bleiben. Das ist anders, wenn der Staat seine zusätzliche Nachfrage durch Kredite der Zentralbank finanziert. Teil (b) des Bildes entspricht mit vertauschten Achsen Teil (c) des Bildes 4.1. Die mit Hilfe des zusätzlichen Geldes ausgeübte Nachfrage steigert die Preise, die Kaufkraft in den Händen der Privaten sinkt, der Staat zieht über die Inflation einen Teil des realen Sozialprodukts an sich. Ein Zahlenbeispiel zeigt dies: Besteht Y^r in den Ausgangssituation aus 400 Mengeneinheiten (ME) zum Preis $p_0 = 2\,\text{GE}/\text{ME}$, dann ist das nominale Sozialprodukt $Y = 800\,\text{GE}$. Zusätzliche Nachfrage ΔG in Höhe von 200 treibt Y auf 1000 und p auf $p_1 = 2{,}5$, ohne daß sich an Y^r wegen der Vollbeschäftigung etwas ändert. Der Staat zieht 200 GE : 2,50 GE/ME = 80 ME zusätzlich an sich, den Privaten (einschließlich der staatlichen Nachfrage in der Ausgangssituation) verbleiben 320 ME.

Solche Effekte kamen in den Analysen des zweiten Kapitels nicht zustande, weil dort generell Unterbeschäftigung angenommen wurde. Das Problem der Verdrängung stellte sich nicht. In der Praxis spielt es eine extreme Rolle im Kriegsfall. Die Umstellung auf Rüstungsproduktion erfordert die Zurückdrängung privater Nachfrage in großem Ausmaß, und viele Staaten bewirkten das, wie die Geschichte zeigt, mit entsprechend hoher Geldwertverschlechterung.

Die generelle wirtschaftspolitische Schlußfolgerung aus den Analysen der Klassiker lautet: Der Staat sollte keine Konjunktur- und Beschäftigungspolitik treiben, da allein die Wirtschaftssubjekte durch ihr Verhalten für eine Tendenz des Systems zum Gleichgewicht bei Vollbeschäftigung sorgen. Die stabilisierenden Variablen sind die frei beweglichen Güterpreise, Nominallohnsätze und Zinssätze.

Die Kritik am Modell der Klassiker und an ihren wirtschaftspolitischen Folgerungen kann von zwei Fragestellungen ausgehen: Inwieweit trafen Hypothesen der Klassiker für ihr eigenes damaliges Wirtschaftssystem nicht zu? und: Welche von ihnen sind inzwischen infolge von Änderungen in den Verhaltensweisen und Institutionen ungültig geworden? Beide Aspekte der Kritik werden im folgenden dadurch behandelt, daß zwei weitere wichtige gesamtwirtschaftliche Modelle, das von KARL MARX und das von J. M. KEYNES, unter besonderer Berücksichtigung des Beschäftigungsproblems vorgestellt werden. Beide wurden explizit als Kritik am Modell der Klassiker entwickelt, wie aus dem Untertitel des Hauptwerks von MARX und dem Vorwort des Hauptwerks von KEYNES zu ersehen ist. MARX ging dabei von den Verhältnissen in den am weitesten industrialisierten Ländern um die Mitte des 19. Jahrhunderts aus, wobei ihm England als Vorbild diente; KEYNES von den Verhältnissen in diesen Ländern um etwa 1930.

3. Grundzüge des MARXschen Beschäftigungsmodells. Die Lehren der Klassiker blieben schon während ihrer Entstehung und Ausarbeitung nicht unbestritten. Mit den Änderungen der Wirtschaftsstruktur im Verlauf der Industrialisierung der westeuropäischen Länder und der Vereinigten Staaten („Industrielle Revolution") traten wiederholt wirtschaftliche Krisen auf, bei denen sich auch Arbeitslosigkeit von nennenswertem Ausmaß und nicht geringer Dauer zeigte, die mit der klassischen Annahme einer Tendenz zur Wiederherstellung der Vollbeschäftigung innerhalb kurzer Frist nicht zu vereinbaren war. Es wurde daher schon zu jener Zeit vorgeschlagen, die Vollbeschäftigung durch vermehrte Nachfrage des Staates wiederherzustellen.[9] Der bekannteste Vertreter der Ansicht, daß Unterbeschäftigung und nicht Vollbeschäftigung der Arbeiter die Regel sei, war damals MALTHUS.[10]

Die Kritik am klassischen Modell blieb jedoch vereinzelt und konnte sich lange Zeit nicht durchsetzen. Eine Gegenposition auf der Grundlage anderer Voraussetzungen und mit entsprechend anderen Folgerungen, die bis heute erheblichen Einfluß hat, baute erst MARX[11] auf. Die Grundlagen seines Modells

---

[9] Vgl. CORRY [4.26].

[10] THOMAS ROBERT MALTHUS (1766–1834), englischer Pfarrer und später Professor für Geschichte und Politische Ökonomie, wurde zuerst durch seinen „Essay on the Principle of Population" (1798) bekannt. In dieser Bevölkerungstheorie stellte er die These auf, daß die Menschen die Tendenz hätten, sich schneller zu vermehren als die Nahrungsmittelproduktion. Er machte damit in krassem Gegensatz zu den herrschenden Überzeugungen seiner Zeitgenossen auf die Gefahren eines ungehemmten Bevölkerungswachstums aufmerksam. Zu seiner Beschäftigungstheorie vgl. MALTHUS [4.27].

[11] KARL MARX (1818–1883), deutscher politischer Publizist und Privatgelehrter.

sind nachstehend kurz dargestellt, soweit sie für das Beschäftigungsproblem wichtig sind. Dabei werden die dem Modell zugrundeliegenden Sachverhalte so geschildert, wie sie sich MARX in England um die Mitte des 19. Jahrhunderts darstellten und von denen er in seiner Analyse ausdrücklich ausging.[12] Nun ist für die von MARX und seinen Nachfolgern verwendete Methode charakteristisch, daß ökonomische und gesellschaftliche Analysen mit Hilfe eines feststehenden Wortschatzes vorgenommen werden, dessen zentrale Begriffe bewußt positiv oder negativ werthaltig sind. Mit solchen Analysen werden daher auch immer sowohl eindeutige Bewertungen von Sachverhalten als auch Handlungsanweisungen mitgeliefert. Die wichtigsten MARXschen Begriffe und Wendungen werden im folgenden genannt, aber sein Modell wird wie im vorigen Abschnitt das klassische im wesentlichen in der heutigen Fachsprache vorgeführt, um Vergleiche zu erleichtern. Wer an dem in den Bezeichnungen steckenden Wertgehalt des MARXschen Modells festhalten möchte, wird hierin vermutlich eine Verfälschung seiner Gedanken erblicken.[13] Dies wird in Kauf genommen, da es offenbar möglich sein muß, die von MARX beschriebenen und kritisierten Sachverhalte auch mit anderen als den von ihm benutzten Wörtern zu beschreiben und zu kritisieren. Dies folgt aus der hier vertretenen Wissenschaftsauffassung, gemäß der für keine Fachsprache, für kein Modell und für kein Werturteilssystem ein Ausschließlichkeitsanspruch geltend gemacht werden kann und eine Beeinflussung von Adressaten per Wortwahl abgelehnt wird. Im übrigen kommt es bei der Darstellung älterer und neuerer Modelle wie des KEYNESschen nicht auf die Ansichten eines Menschen an. Diese enthalten prinzipiell immer Unklarheiten, Widersprüche und Fehler und sind notwendig zeitbedingt. Statt dessen wird hier versucht, diese Modelle entsprechend dem heutigen Stand der Erkenntnis im Hinblick auf die zu untersuchenden Probleme darzustellen.

Das MARXsche Modell geht von einer sozial wichtigen Einteilung der Wirtschaftssubjekte aus, und zwar der in „Arbeiter" und „Kapitalisten". Diese beiden gesellschaftlichen „Klassen" unterscheiden sich im wesentlichen in drei Punkten. Erstens sind die an Zahl geringen Kapitalisten private Eigentümer der Produktionsmittel, die Arbeiter dagegen vermögenslos. Diesen Sachverhalt, von dem auch die Klassiker ausgingen, nennt MARX ein „gesellschaftliches Verhältnis". In heutiger Fachsprache ist dies ein Kennzeichen für ein Wirtschaftssystem. Da Produktionsmittel in Privateigentum, mit denen unter Einsatz unselbständig Beschäftigter produziert wird, im MARXschen Modell „Kapital" heißen, nennt man ein solches Wirtschaftssystem *Kapitalismus*. Zweitens nehmen die Angehörigen der beiden Klassen unterschiedliche Funktionen wahr. Die Kapitalisten organisieren und leiten Produktionsprozesse, in denen Vorleistungen, Nutzungen dauerhafter Produktionsmittel und Arbeitsleistungen zur Erzeugung von Konsum- und Investitionsgütern zusammenwirken. Jeder Kapitalist will möglichst hohe Gewinne erzielen und daher möglichst niedrige Löhne zahlen. Die Arbeiter verkaufen den Kapitalisten ihre Arbeitsleistungen. Sie

---

[12] Vgl. MARX [4.29], 1. Bd (= MEW, Bd 23), Vorwort S. 12.

[13] Als Beispiel mag die Bezeichnung „Ware" dienen: Die für den Kenner der Schriften von MARX und seiner Nachfolger damit verbundenen Assoziationen werden von dem hier als Synonym benutzten Wort „Sachgut" nicht wachgerufen.

müssen dies zu den Bedingungen tun, die sich auf dem Arbeitsmarkt aus Angebot und Nachfrage ergeben, da sie vermögenslos sind und sich im Laufe der fortschreitenden Industrialisierung immer weniger auf andere Quellen für den Lebensunterhalt, etwa Betätigung in der Landwirtschaft, zurückziehen können. Die Arbeiter haben im Produktionsprozeß die Anweisungen der Kapitalisten oder ihrer Beauftragten auszuführen, unterliegen also insoweit deren Herrschaft. Im Rahmen des Wirtschaftssystems sind sie an hohen Löhnen und niedrigen Konsumgüterpreisen interessiert. Es besteht somit ein Interessengegensatz zwischen Arbeitern und Kapitalisten, aufgrund dessen sich jeweils ein eigenes *Klassenbewußtsein* bildet. Damit wird die Tatsache beschrieben, daß der Platz eines Menschen in der Gesellschaft seine Interessenlage und damit in der Regel seine Ansichten und Werturteile mitbestimmt, vor allem in bezug auf soziale einschließlich wirtschaftlicher Sachverhalte. Das dritte Unterscheidungsmerkmal ist die unterschiedliche Höhe des Durchschnittseinkommens. Die Löhne der Arbeiter reichen allenfalls aus, das Existenzminimum zu gewährleisten, während die Einkommen der Kapitalisten im Durchschnitt sehr viel höher sind.

Arbeiter und Kapitalisten treten im wirtschaftlichen Kreislauf über den Arbeitsmarkt und an zwei weiteren Stellen zueinander in Beziehung: Bei der Güterproduktion und beim Absatz der Konsumgüter. Der Kapitalist verwendet Geldmittel, die aus Güterverkäufen in früheren Perioden stammen oder von einer Bank als Kredit gewährt wurden, zum Kauf von Vorleistungen und dauerhaften Produktionsmitteln sowie zur Zahlung von Löhnen. Die so erworbenen Produktionsgüter setzt er im Produktionsprozeß ein und verkauft die hergestellten Erzeugnisse. Diese Tätigkeit läßt sich in einem Produktionskonto oder in einer Gleichung erfassen, nach der der Bruttoproduktionswert w gleich der Summe aus Vorleistungen und Abschreibungen c, den Löhnen v und der Summe aus Gewinn, Besitzeinkommen und (indirekten) Steuern m ist:

$$w = c + v + m. \qquad (4.10)$$

In MARXscher Sprache ist w gleich „Wert", c heißt „constantes Kapital", v ist „variables Kapital" und m ist der „Mehrwert".[14] Diese Begriffe sind wie folgt zu interpretieren. Die zum konstanten Kapital gehörenden Güter gehen mit ihren Einkaufspreisen als Kosten in die Fertigungserzeugnisse ein. Ihr Wert bleibt also „constant". Löhne heißen variables Kapital, weil durch die Arbeitsleistung Wert geschaffen wird, der über v hinausgeht und sich in m ausdrückt. Insofern ist dieser Teil der eingesetzten Mittel „variabel".[15] Was nach Abzug der Kosten verbleibt, ist der Mehrwert, den sich die Kapitalisten kraft ihres Eigentums an den Produktionsmitteln aneignen. Unter heutigen Bedingungen werden aus ihm zunächst die indirekten Steuern gezahlt, der Rest besteht aus Besitzein-

---

[14] In Rechnungswesen[6] (S. 107) wären in Konto 3.18 die Posten 1 und 2 auf der linken Seite gleich c, Posten 4.1 wäre gleich v und die Posten 3, 4.2, 4.3 und 4.4 wären zusammen gleich m.

[15] Dies ist eine mögliche Sicht. Ebenso ließe sich argumentieren, daß durch den Einsatz von Vorleistungen und dauerhaften Produktionsmitteln Wert über den Betrag von c hinaus geschaffen wird. Da es sich hierbei um eine definitorische Festlegung auf der Basis des Werturteils „Alle Güter werden durch Arbeit geschaffen" handelt, gibt es kein wissenschaftliches Verfahren, sich für eine Betrachtungsweise zu entscheiden.

kommen wie Zinsen sowie verteilten und unverteilten Gewinnen und unterliegt wie die Arbeitslöhne noch der direkten Besteuerung.

Eine zentrale Hypothese des MARXschen Modells bezieht sich auf die Erklärung der Güterwerte w. Sie lautet: Die Werte w werden durch die Produktionskosten bestimmt. Gemäß Gleichung (4.10) bestehen diese einzelwirtschaftlich aus den Löhnen, den Vorleistungen und den Nutzungsentgelten der dauerhaften Produktionsmittel. Vorleistungen sind jedoch die von anderen Unternehmen hergestellten und im Produktionsprozeß eingesetzten nichtdauerhaften Produktionsgüter, bei deren Erzeugung ebenfalls Kosten in Form von Vorleistungen, Löhnen und Entgelten für Sachkapitalnutzung entstanden sind. Führt man den Gedanken weiter, kommt man zu dem Schluß, daß die Produktionskosten gesamtwirtschaftlich nur aus Löhnen, Entgelten für die Nutzung dauerhafter Produktionsmittel und im Ausland gekauften Vorleistungen bestehen. Betrachtet man eine geschlossene Volkswirtschaft, so fällt der zuletzt genannte Posten weg. Aber auch die im Untersuchungszeitraum eingesetzten dauerhaften Produktionsmittel sind früher mit Hilfe von Arbeitsleistungen, Vorleistungen und Sachkapitalnutzung hergestellt worden. Geht man gedanklich immer weiter in die Vergangenheit zurück, kommt man zu dem Schluß, daß auch die Realkosten aller dauerhaften Produktionsmittel letztlich allein aus Arbeitsleistungen bestehen. Der in Privateigentum übergegangene Bestand an dauerhaften Produktionsmitteln, das „Kapital" im MARXschen Sinne, ist also weiter nichts als „geronnene Arbeitsleistung", „vergegenständlichte" oder „vergangene Arbeit": Das Sozialprodukt jeder Periode ist letztlich das Ergebnis gleichzeitig und früher eingesetzter menschlicher Arbeitsleistungen.

Der Gedankengang kann in unterschiedlicher Weise weitergeführt werden:

- Man kann die Einheit des Arbeitsgehalts aller Güter als Recheneinheit benutzen, um beispielsweise das Sozialprodukt zu ermitteln;
- Wenn alle Produktionskosten letztlich entlohnte Arbeitsleistungen sind, kann man schließen, daß sich die Preisverhältnisse der Güter nach den relativen Arbeitsmengen richten müssen, die im gesamtwirtschaftlichen Durchschnitt zu ihrer Herstellung erforderlich sind, nach der „gesellschaftlich notwendigen Arbeitszeit". Diese Schlußfolgerung stützt sich auf Beobachtungen primitiver Gesellschaften, in denen Güter bei Produktion ohne Einsatz von Sachkapital in den Verhältnissen getauscht werden, in denen Arbeitszeit zu ihrer Herstellung aufgewendet wurde.[16] Der von den Klassikern entwickelte und von MARX übernommene Gedanke war, daß dies auch bei Produktion mit Einsatz von Sachkapital gelten müsse, da dieses ebenfalls nichts anderes als in früheren Perioden eingesetzte Arbeitsleistung sei. Man nennt diese Sicht die *Arbeitswertlehre*.
- Wenn das Sozialprodukt allein durch menschliche Arbeit entsteht, kann gefordert werden, daß es nur denjenigen zufallen solle, die es geschaffen haben.

Für das hier zu behandelnde Problem ist eine weitere Folgerung wichtig. Die These, daß sich der Wert eines Gutes nach seinen Produktionskosten richtet, gilt

---

[16] Eine Zusammenstellung von Belegen findet sich bei E. MANDEL: Marxistische Wirtschaftstheorie, Frankfurt 1972, S. 67 ff.

nach MARX auch für das Gut „menschliche Arbeitsleistung". Seine Anbieter sind die Arbeiter. Um einen gleichbleibenden Strom von Arbeitsleistungen abgeben zu können, brauchen sie Konsumgüter wie Nahrungsmittel, Kleidung und Wohnungsnutzung – man nennt diese Güter daher in der älteren Theorie häufig *Lohngüter*. Von diesen benötigen die Arbeiter soviel, daß sie ihre Arbeitsfähigkeit und ihren Gesundheitszustand aufrechterhalten und ihre Kinder aufziehen können. Wenn die Arbeitswertlehre auch für menschliche Arbeitsleistung gilt, richtet sich also der Lohnsatz nach dem Existenzminimum der Arbeiter.

Insgesamt sind die Arbeiter täglich eine bestimmte Zahl von Stunden beschäftigt. Die dabei hergestellten Güter gehen in das Privateigentum der Kapitalisten über. Obwohl also der Produktionsprozeß arbeitsteilig im Zusammenwirken vieler Menschen vonstatten geht, wird sein Ergebnis privat angeeignet: Das ist der „Grundwiderspruch" des Systems. Kern der Marxschen Analyse ist die Tatsache, daß die Arbeiter täglich nicht nur solange arbeiten, bis die Konsumgüter für ihren eigenen Bedarf („notwendige Arbeitszeit") sowie die Investitionsgüter hergestellt sind, die das durch die Produktionstätigkeit verschlissene Sachkapital ersetzen. Sie arbeiten länger und stellen während dieser Zeit („Surplusarbeitszeit") Güter her, die ihnen weder als Konsumgüter zugute kommen noch Reinvestition sind: Sie produzieren Mehrwert, und daher ist das kapitalistische Wirtschaftssystem durch „Ausbeutung" der Arbeiter durch die Kapitalisten gekennzeichnet.

Die Kapitalisten verkaufen die in ihr Eigentum übergegangenen Güter auf den Märkten für Konsum- und Investitionsgüter. Sie verwandeln auf diese Weise den zunächst nur potentiell vorhandenen Mehrwert in seine Geldform, den Gewinn: Sie „realisieren" den Mehrwert. Für die Beschäftigungstheorie von MARX ist es daher als erstes zu klären, wer Nachfrage auf den genannten Märkten ausübt. Es sind dies die Arbeiter, die Konsumgüter, und die Kapitalisten, die Konsum- und Investitionsgüter nachfragen. Dabei wird insgesamt in der Regel mehr investiert, als zum Ersatz der verschlissenen Produktionsmittel nötig wäre: Dieses MARXsche Modell dient der Analyse einer wachsenden Wirtschaft. Der Sachverhalt ist in einer Kreislaufdarstellung mit drei Konten nachstehend mit Hilfe eines Zahlenbeispiels wiedergegeben.

Das Sozialprodukt der Volkswirtschaft beträgt 800 Geldeinheiten (GE). Es möge real gesehen aus 400 Mengeneinheiten (ME) eines homogenen Gutes bestehen, die zum Preis von 2 GE/ME abgesetzt werden. Der Konsum der Arbeiter, die wegen ihres niedrigen Einkommens je Kopf nicht sparen können und daher die gesamte Lohnsumme für Konsumgüter ausgeben müssen, besteht dann real aus 250 ME. Die Kapitalisten konsumieren 25 ME und investieren 125 ME. Die Verteilung des Sozialprodukts bestimmt sich nach der von den beiden Gruppen ausgeübten monetären Nachfrage. Würden etwa allein die Arbeiter Nachfrage in Höhe ihrer Löhne ausüben, so würde sich bei gegebenem realem Sozialprodukt ein Preis von 1,25 GE/ME einstellen, und das Sozialprodukt würde voll an sie fallen. Die Tatsache, daß die Kapitalisten zusätzlich Nachfrage geltend machen, muß bei konstanter Gütermenge den Preis erhöhen, wodurch zweierlei bewirkt wird. Erstens wird ein Teil des realen Sozialprodukts in die Verwendungszwecke „Konsum der Kapitalisten" und „Nettoinvestition" umgelenkt, da die Arbeiter mit der ungeänderten Lohnsumme bei gestiegenem

Konto 4.1: Gesamtwirtschaftliches Produktionskonto

Löhne	$L = 500$	Konsum der Arbeiter	$C_L = 500$
Gewinne	$G = 300$	Konsum der Kapitalisten	$C_G = 50$
		Nettoinvestition	$I = 250$

Konto 4.2: Einkommenskonto der Arbeiter

Konsum	$C_L = 500$	Löhne	$L = 500$

Konto 4.3: Einkommens- und Vermögensänderungskonto der Kapitalisten

Konsum	$C_G = 50$	Gewinne	$G = 300$
Nettoinvestition	$I = 250$		

Preis nicht mehr das gesamte reale Sozialprodukt kaufen können. Zweitens schaffen die Kapitalisten durch ihre Nachfrage erst ihr Einkommen in Gestalt von Gewinnen. Würden sie etwa insgesamt statt für 300 GE für 500 GE Konsum- und Investitionsgüter nachfragen, so müßte dies bei Konstanz der Lohnsumme und des realen Sozialprodukts den Preis auf 2,50 GE/ME erhöhen, den realen Konsum der Arbeiter auf 200 ME senken und die Gewinne auf 500 erhöhen. Das Problem der Kapitalisten, den Mehrwert zu realisieren, läuft also auf das Problem der monetären Nachfrage nach Konsum- und Investitionsgütern im Vergleich zum jeweiligen realen Angebot hinaus.

Auf den ersten Blick scheint es, als sei nichts leichter, als dieses Problem zu lösen: Warum sorgen die Kapitalisten nicht einfach für – im Prinzip beliebig hohe – Gewinne, wenn sie nur ihre monetäre Nachfrage zu erhöhen brauchen? Die Antwort ist, daß sie nicht aus einem zentralen Willen heraus handeln, sondern in Konkurrenz miteinander stehen. Wer als einzelner Kapitalist mehr konsumiert oder investiert, kann nicht darauf vertrauen, daß die anderen Kapitalisten dies gleichzeitig ebenfalls tun. Nur dann würde auch die Nachfrage nach den von ihm produzierten Gütern und damit sein Gewinn steigen. Es gibt kein Wirtschaftssubjekt „Kapitalisten (-klasse)" ebensowenig wie ein Wirtschaftssubjekt „Arbeiterklasse".

Die hieraus folgende Erkenntnis, daß die Verteilung des Volkseinkommens auf Löhne und Gewinne entscheidend von der Höhe der gesamtwirtschaftlichen Endnachfrage abhängt, die aber in einer dezentralen Marktwirtschaft von keiner Instanz gesteuert wird, ist bis heute grundlegend. Sie gilt modifiziert auch dann, wenn der Realität entsprechend angenommen wird, daß Nachfrageänderungen auch die Höhe des realen Sozialprodukts beeinflussen. Sie ist für die Theorie der Einkommensverteilung und für die Beurteilung der gewerkschaftlichen Lohnpolitik ebenso wichtig wie für die Frage der Umverteilungswirkungen einer

Inflation und das Problem des Staatsanteils am Sozialprodukt. Sie liefert aber auch den Schlüssel zum Problem der Beschäftigung im MARXschen Modell. Dazu muß untersucht werden, welches die erklärenden Variablen für die Komponenten der Endnachfrage und damit für die Nachfrage nach Arbeitsleistungen sind, und wie sich der technische Fortschritt auf diese Nachfrage auswirkt.

Die gesamtwirtschaftliche Endnachfrage besteht im MARXschen Modell laut Konto 4.1 aus der Konsumgüternachfrage der Arbeiter und der Kapitalisten sowie aus der Nachfrage nach Investitionsgütern; Außenhandel und staatliche Nachfrage werden vernachlässigt. Die Konsumgüternachfrage der Arbeiter ist aus dem genannten Grund ebenso hoch wie die Lohnsumme. Die Konsumgüternachfrage der Kapitalisten ist trotz ihres wesentlich höheren Lebensstandards wegen der kleinen Zahl der Angehörigen dieser Klasse unbedeutend. Der typische Kapitalist ist nach MARX zudem nicht in erster Linie darauf aus, seinen persönlichen Lebensstandard zu erhöhen. Statt dessen zwingt ihm das System „bei Strafe des Untergangs" auf, möglichst viel und möglichst gewinnbringend zu investieren: Er muß sich ständig der Konkurrenz anderer Kapitalisten erwehren, die ihre Marktanteile auszuweiten und andere Anbieter aus dem Markt zu drängen trachten. Verzicht auf die Wahrnehmung von Gewinnchancen bedeutet Verschlechterung der Wettbewerbsposition bis hin zur Aufgabe des Unternehmens. Das wichtigste Mittel, im Konkurrenzkampf nicht zu unterliegen, ist die Senkung der Produktionskosten. Dazu kann der Kapitalist versuchen, die Lohnsätze zu drücken, und zwar sowohl bei den erwachsenen männlichen Arbeitern als auch durch vermehrte Heranziehung billigerer Arbeitskräfte. Das führt zur Erscheinungen wie Kinder- und niedriger bezahlter Frauenarbeit, Akkordlohn und Versuchen, die tägliche und wöchentliche Arbeitszeit zu verlängern sowie Ansprüche auf Mindestlöhne und bezahlten Urlaub abzuwehren.[17] Der beste Weg zur Senkung der Produktionskosten ist jedoch die Erhöhung der durchschnittlichen Arbeitsproduktivität durch vermehrten Einsatz dauerhafter Produktionsmittel. Die laufende Mechanisierung von Produktionsprozessen führt dann zu „ständiger Freisetzung" von Arbeitern. Dieser Mechanismus erklärt also, warum sich die Kapitalisten nicht jederzeit um die Arbeiter geradezu reißen, da doch jeder von ihnen ausgebeutet wird und daher den Mehrwert erhöht: Das Problem ist immer, diesen zu realisieren, sich also am Markt gegenüber der Konkurrenz anderer Kapitalisten zu behaupten. Im Ergebnis wohnt damit dem System eine Tendenz zur Unterbeschäftigung inne, durch die auch die Lohnsätze niedrig gehalten werden. Das Heer der Arbeitslosen, die „industrielle Reservearmee", wird durch den Zustrom ehemaliger kleiner Kapitalisten verstärkt, die wie Handwerker, Einzelhändler und kleine Landwirte dem Konkurrenzdruck erliegen, ihr Kapital verlieren und sich der Arbeiterklasse anschließen müssen.

Typisch für das Investitionsverhalten der Kapitalisten ist jedoch, daß sie nicht in einem gleichmäßigen Strom, sondern stoßweise investieren. Auch das

---

[17] MARX hütete sich ganz generell, in diesem Zusammenhang moralische Verdammungsurteile zu fällen. Er „zeichne die Gestalten von Kapitalist und Grundeigentümer ... keineswegs in rosigem Licht", aber: „Weniger als jeder andere kann mein Standpunkt ... den einzelnen verantwortlich machen für Verhältnisse, deren Geschöpf er sozial bleibt ..." Vgl. MARX [4.29], 1. Bd (= MEW, Bd 23), Vorwort, S. 16.

liegt am System: Da es keinen Gesamtplan gibt, orientieren sich die Kapitalisten an der im großen und ganzen für alle gleichen Konjunktursituation und neigen daher dazu, in ihrer Mehrheit entweder viel oder wenig zu investieren. Werden bestehende Märkte ausgeweitet oder wie beim Eisenbahnbau im 19. Jahrhundert neue erschlossen, gibt es Investitionsstöße. Diese erhöhen die Güternachfrage auf vielen Märkten und führen damit auch zu vermehrter Nachfrage nach Arbeitsleistungen. Ermöglicht wird diese „plötzliche und ruckweise Expansion" durch das Vorhandensein von Arbeitslosen, deren Zahl im weiteren Verlauf der Expansion, während die „Produktion unter Hochdruck" läuft, zurückgeht. Der Prozeß kann jedoch nicht unbegrenzt durchgehalten werden, und zwar aus zwei Gründen. Erstens wächst die Konsumgüternachfrage der Arbeiter nur in dem Ausmaß, in dem die Lohnsumme steigt. Die Kapitalisten neigen jedoch dazu, die Produktionsmöglichkeiten für Konsumgüter über die Nachfrage hinaus auszudehnen. Das liegt daran, daß jede zusätzliche Investition, die zunächst die Beschäftigung erhöht, gleichzeitig zusätzliche Produktionskapazität schafft. Kurz- und mittelfristig kann man annehmen, daß die marginale Kapitalproduktivität, also die Zunahme der Produktionskapazität und damit des Güterangebots je Einheit des netto zusätzlich investierten Sachkapitals, konstant bleibt. Da die Investition jedoch arbeitsparend ist, wächst die Lohnsumme und damit die Konsumgüternachfrage nicht im gleichen, sondern in einem kleineren Verhältnis. Da auch die Kapitalisten die fehlende Nachfrage nicht ausüben, gehen die bei der Konsumgüterproduktion erzielbaren Gewinne im späteren Verlauf des Expansionsprozesses zurück. Hinzu kommt, daß die Gewinne während dieses Prozesses schneller steigen als die Löhne, eine Erscheinung, die auch heute statistisch nachweisbar ist. Die marginale Konsumquote der Bezieher von Gewinneinkommen ist jedoch gemäß einer schon von MARX verwendeten Hypothese erheblich kleiner als die der Arbeiter. Die Umverteilung der Einkommen bewirkt damit das Zurückbleiben der Konsumgüternachfrage. Der zweite Grund ist, daß im Verlauf des Expansionsprozesses die Preise der Vorleistungen und der Investitionsgüter steigen. Dies bedeutet einerseits für deren Produzenten zunehmende Gewinne, anderseits steigen damit aber auch die Kosten bei den Abnehmern dieser Güter. Hinzu kommt, daß die zunehmende Produktion zur „Absorption" von Arbeitslosen in den Produktionsprozeß führt, wobei die Konkurrenz der Kapitalisten um die knapper werdenden Arbeitskräfte zu Lohnsteigerungen führt. Jedoch werden „die Krisen jedesmal gerade vorbereitet ... durch eine Periode, worin der Arbeitslohn allgemein steigt ...":[18] Einige Unternehmen können die gestiegenen Kosten nicht mehr tragen, die betreffenden Kapitalisten müssen aufgeben. Steigende Produktionskosten und im Vergleich zum Angebot zurückbleibende Nachfrage nach Konsumgütern lassen also allgemein die Gewinne sinken. Darauf geht auch die Nachfrage nach Investitionsgütern zurück, der Mehrwert kann nicht mehr voll realisiert werden, die Produktion wird eingeschränkt, Arbeiter werden entlassen, die Krise ist da. Im Ergebnis hat also das Streben jedes einzelnen Kapitalisten, seinen Gewinn zu erhöhen und dazu mehr zu investieren, gesamtwirtschaftlich das Gegenteil bewirkt.

---

[18] MARX [4.29], 2. Bd (= MEW, Bd 24), S. 409. Vgl. auch ebenda, S. 410.

Eine andere Ursache für Krisen können Disproportionalitäten im Aufbau des Produktionsapparates sein: Immer wieder kommt es vor, daß Anbieter in einzelnen Wirtschaftszweigen die Nachfrage zu hoch einschätzen. Die partielle Überproduktion muß zu Preissenkungen und Produktionseinschränkungen in den betreffenden Wirtschaftszweigen führen. Da es keinen Mechanismus gibt, der zwangsläufig eine gleichzeitige kompensierende Mehrnachfrage auf anderen Märkten auslöst – das SAYsche Gesetz gilt im MARXschen Modell nicht [19] – kann sich der Produktionsrückgang wegen der interindustriellen Verflechtung ausbreiten, wenn der Wirtschaftszweig bedeutend genug ist, und zu einer allgemeinen Krise führen.

Das MARXsche Modell enthält damit folgende Ursachen für das periodische Auftreten von Krisen. Das Nachfragedefizit kann eintreten

– weil die Kapitalisten dazu neigen, das Konsumgüterangebot stärker zu erhöhen, als die Nachfrage zunimmt: „Der letzte Grund aller wirklichen Krisen bleibt immer die Armut und Konsumtionsbeschränkung der Massen gegenüber dem Trieb der kapitalistischen Produktion, die Produktivkräfte so zu entwickeln, als ob nur die absolute Konsumtionsfähigkeit der Gesellschaft ihre Grenze bilde"; [20]
– weil sinkende Gewinne infolge nachlassender Nachfrage die Kapitalisten zur Einschränkung der Investitionen veranlassen, wobei es mangels gesamtwirtschaftlicher Planung zu starken Schwankungen der Investitionstätigkeit kommt;
– weil die Kapitalisten die Nachfrageentwicklung in einzelnen Wirtschaftszweigen falsch einschätzen und sich Branchenkrisen auf die Volkswirtschaft ausdehnen.

Die Krise ist durch Massenentlassungen gekennzeichnet; kleine Kapitalisten geben auf und treten in die Arbeiterklasse über; größere Unternehmen gliedern sich kleinere an, was eine Tendenz zur Betriebs- und Unternehmenskonzentration bedeutet; Produktionskapazitäten werden stillgelegt, und die Preise gehen zurück. Das Gleichgewicht zwischen Konsumtions- und Produktionskraft der kapitalistischen Gesellschaft wird gewaltsam wiederhergestellt. Nach Abschluß der Umstellungen kommt dann wieder ein Zeitpunkt, von dem ab es den Kapitalisten lohnend erscheint zu investieren, es tritt eine Phase der „Belebung" ein, woraufhin sich der Ablauf wiederholt.

MARX hielt aus den geschilderten Gründen solche Abläufe für eine mit dem kapitalistischen Wirtschaftsprozeß zwangsläufig verbundene Erscheinung:

„Der charakteristische Lebenslauf der modernen Industrie, die Form eines durch kleinere Schwankungen unterbrochenen zehnjährigen Zyklus von Perioden mittlerer Lebendigkeit, Produktion unter Hochdruck, Krise und Stagnation, beruht auf der beständigen Bildung, größern oder geringern Absorption und Wiederbildung der industriellen Reservearmee oder Übervölkerung." [21]

---

[19] MARX [4.29], 1. Bd (= MEW, Bd 23), S. 127.
[20] MARX [4.29], 3. Bd (= MEW, Bd 25), S. 501.
[21] MARX [4.29], 1. Bd (= MEW, Bd 23), S. 661.

Er teilte damit den Konjunkturablauf unter Benutzung anderer Begriffe ebenso ein wie die heutige Konjunkturtheorie (vgl. S. 55). Nach seiner Überzeugung mußten die Konjunkturschwankungen immer heftiger werden und zusammen mit der fortschreitenden „Verelendung" der Arbeiterklasse schließlich zum Zusammenbruch des kapitalistischen Systems führen.

MARX ging von den gleichen tatsächlichen Verhältnissen aus wie die Klassiker, interpretierte sie jedoch anders und betonte vor allem, daß der Wirtschaftsablauf in den am weitesten industrialisierten Ländern durch ständige Ungleichgewichte mit entsprechenden Beschäftigungsschwankungen gekennzeichnet sei. Er erkannte mithin das mit der Industrialisierung entstehende soziale Problem der Arbeitslosigkeit von Arbeitern, die den Lebensunterhalt für sich und ihre Familien ohne sonstigen ökonomischen Rückhalt nur durch den laufenden Verkauf ihrer Arbeitskraft bestreiten konnten und unter dem ständigen Risiko des Arbeitsplatzverlustes leben mußten. Neben dieser Analyse besteht sein Verdienst vor allem darin, nachdrücklich auf die mit der Industrialisierung einhergehenden sozialen Mißstände aufmerksam gemacht zu haben. Mit seiner Kritik trug er zu einer Entwicklung bei, die in der zweiten Hälfte des 19. Jahrhunderts einsetzte und mit der Bildung von Gewerkschaften, dem Verbot der Kinderarbeit, der Einrichtung der Sozialversicherung, der Arbeitszeitverkürzung und anderem das marktwirtschaftlich-kapitalistische System in seine heutige Gestalt umwandelte.

III. Theorie und Politik der Beschäftigung im KEYNES-Modell

1. Die historische Ausgangssituation. Der Wirtschaftsablauf in den am weitesten industrialisierten Ländern entsprach im 19. und Anfang des 20. Jahrhunderts in bezug auf das Beschäftigungsproblem im großen und ganzen eher den Vorstellungen von MARX als denen der Klassiker. Es zeigten sich ausgeprägte Schwankungen der wirtschaftlichen Aktivität, eben die Konjunkturzyklen, die sich in der von MARX geschilderten Weise gliedern und als ein dem kapitalistischen Wirtschaftsprozeß eigentümliches Phänomen begreifen ließen. Gleichwohl wurden die von MARX und seinen Nachfolgern gelieferten Ansätze von der Mehrheit der Nationalökonomen nicht weiterverfolgt. Um 1870 begannen mehrere Forscher unabhängig voneinander, sich mit dem Prinzip des nutzenmaximierenden Individuums zu beschäftigen, und die Ausarbeitung der darauf aufbauenden Lehren wie der Grenznutzen- und der Grenzproduktivitätstheorie sowie der Theorie des allgemeinen mikroökonomischen Gleichgewichts nahm bis zum Beginn des ersten Weltkrieges die meisten ökonomischen Theoretiker in Anspruch. Makroökonomische Fragestellungen wurden vernachlässigt.

Dann aber traten nach dem ersten Weltkrieg in vielen Ländern ökonomische Katastrophen bis dahin unbekannten Ausmaßes ein – die Hyperinflationen in mehreren europäischen Ländern Anfang der zwanziger Jahre (vgl. unten, Abschnitt IV.2), die Weltwirtschaftskrise Anfang der dreißiger Jahre und der darauf folgende Zusammenbruch der internationalen Wirtschaftsbeziehungen samt der teilweise noch erhalten gebliebenen Goldwährung. Vor allem aber kam es in den westlichen Industrieländern zu massiver Arbeitslosigkeit, wie Tabelle 4.1 zeigt. Diese sank beispielsweise in den Vereinigten Staaten auch in den folgenden Jahren nicht unter 14 v. H. und stieg im Verlauf einer erneuten Depression 1938 wieder auf 19,1 v. H.[22] Im Deutschen Reich wurde als Höhepunkt der Arbeits-

Tabelle 4.1 – *Arbeitslosigkeit in acht Industrieländern, 1930–1934*
jahresdurchschnittliche Arbeitslosenquoten[a] in v. H.

	1930	1931	1932	1933	1934
Deutsches Reich	15,7	23,9	30,5	26,5	15,1
Frankreich	1,6	3,1	5,6	5,6	7,2
Großbritannien	12,0	12,8	13,3	10,8	9,5
Italien	3,3	5,0	5,6	5,6	.
Niederlande	4,3	9,6	12,8	14,3	14,3
Schweiz	1,2	2,6	4,2	4,9	4,6
Kanada	13,4	14,8	17,0	14,5	10,9
Vereinigte Staaten	15,5	20,5	24,6	22,0	24,6

[a] Die Quoten sind wegen unterschiedlicher Definitionen und Erhebungsverfahren nicht ohne weiteres vergleichbar.
Quelle: Deutsches Reich berechnet nach E. WAGEMANN (Hg.): Konjunkturstatistisches Handbuch 1936. Berlin 1935, S. 12, 16. Andere Länder nach: WiSta 1932, S. 242; 1933, S. 212; 1934, S. 318; 1936, S. 45.

losigkeit die Zahl von 6 013 612 Ende Januar 1933 bei den Arbeitsämtern gemeldeten Personen bei 11 487 211 beschäftigten Arbeitnehmern angegeben.[23] Das entspricht einer Arbeitslosenquote von 34,4 v. H., die 1985 in der Bundesrepublik 7,1 Mill. Arbeitslose statt der tatsächlich registrierten 2,3 Mill. bedeutet hätte.

Die Folgen der Massenarbeitslosigkeit waren politische Umbrüche, Mißtrauen in das marktwirtschaftlich-kapitalistische System, Diskussionen über die Notwendigkeit staatlicher Eingriffe in den Wirtschaftsablauf und eine Krise der Volkswirtschaftslehre. Auf der Basis der damaligen Mikroökonomik konnte man eine Arbeitslosigkeit dieses Ausmaßes weder erklären noch Ratschläge zu ihrer Bekämpfung oder zukünftigen Vermeidung geben. Es blieb der Rückgriff auf die makroökonomische Theorie der Klassiker, welche die Ansichten der damaligen Wirtschaftspolitiker überwiegend bestimmte und auf deren Grundlage vermutlich auch falsche wirtschaftspolitische Maßnahmen getroffen wurden. So vertrat im Frühjahr 1929 W. S. CHURCHILL als Schatzkanzler bei der Einbringung des Staatshaushalts im britischen Unterhaus die Meinung, die Erfahrung habe gezeigt, daß der Staat durch zusätzliche kreditfinanzierte Ausgaben nur sehr wenig zusätzliche Beschäftigung schaffen könne, die zudem nicht

---

[22] R. A. GORDON: The Goal of Full Employment. New York u. a. 1967, S. 47.
[23] Statistisches Reichsamt (Hg.): Statistisches Jahrbuch für das Deutsche Reich, 55. Jg. 1936, S. 323, 335.

von Dauer sei.[24] Auch als 1931 die Arbeitslosenquote in Großbritannien schon auf über 12 v. H. gestiegen war, sah sich eine Kommission nicht in der Lage, Ausgaben für öffentliche Arbeiten zu empfehlen, da sie in der Regel, für die Nation als Ganzes gesehen, unökonomisch seien.[25] Auch in anderen Ländern schienen kreditfinanzierte Erhöhungen der Staatsausgaben nach den Erfahrungen mit den Hyperinflationen der zwanziger Jahre der sicherste Weg zu sein, das Geldwesen (erneut) zu ruinieren. Anderseits zeigte sich die nach den klassischen Hypothesen zu erwartende Tendenz zur selbsttätigen Rückkehr zur Vollbeschäftigung nicht oder jedenfalls nicht so stark, daß sie die damalige jahrelange Massenarbeitslosigkeit bei einer nach heutigen Maßstäben unzulänglichen sozialen Sicherung verhindert hätte.

Trotz mancher früher veröffentlichter richtiger Ansätze anderer Autoren gelang es erst KEYNES 1936, in einer zunächst viele Nationalökonomen und später auch Wirtschaftspolitiker überzeugenden Weise, eine Alternative zum Modell der Klassiker zu entwickeln. Wie MARX unternahm er den Versuch, das klassische Modell durch Änderung wesentlicher Verhaltenshypothesen mit dem Ziel zu modifizieren, anhaltende Arbeitslosigkeit größeren Umfangs zu erklären. Er nannte sein Buch „The General Theory ...", um auszudrücken, daß in der klassischen Theorie nur der Spezialfall der Vollbeschäftigung behandelt worden sei, während seine Theorie auch den Fall der Unterbeschäftigung umfasse.

2. Das vervollständigte KEYNES-Modell. Das im ersten Kapitel erarbeitete Grundmodell 1.20 (S. 47) ist angesichts der folgenden Fragestellungen zunächst in drei Punkten zu vervollständigen. KEYNES schrieb unter dem Eindruck der Weltwirtschaftskrise Anfang der dreißiger Jahre, er wollte das Problem der Arbeitslosigkeit analysieren sowie eine Handhabe zu seiner wirtschaftspolitischen Bewältigung bieten und nannte die Beschäftigung im Titel seines Buches als ersten Sachbereich. Das folgende Modell enthält daher neben dem Markt für produzierte Güter, kurz Gütermarkt, und dem Geld- als Spiegelbild des Wertpapiermarktes noch den Arbeitsmarkt. Damit sind die bei gesamtwirtschaftlichmakroökomischer Analyse auf höchstem Aggregationsniveau relevanten drei Märkte erfaßt. Zweitens wird die Variable „Preisniveau" eingeführt. Das ermöglicht es, explizit zwischen realen Variablen und nominalen Größen zu unterscheiden. Da die Wirtschaftssubjekte zweifellos tatsächlich und erwartete Preisänderungen in ihre Kalküle einbeziehen, lassen sich so deren Ursachen und Wirkungen berücksichtigen. Drittens wird das Modell durch die Einbeziehung von Staatsnachfrage, Steuern und Außenhandel komplettiert, um so den Anschluß an die tatsächlichen Verhältnisse in der Nachkriegszeit zu gewinnen, in der diese Komponenten in vielen Ländern eine so bedeutende Rolle spielten und noch spielen. Außerdem lassen sich dann in groben Zügen die Wirkungen von Geld-, Fiskal- und Außenhandelspolitik analysieren.

---

[24] Vgl. House of Commons, Parliamentary Debates: Official Report. 5. Series, Vol. 227, London 1929, Sp. 54.

[25] Vgl. Committee on National Expenditure: Report. Cmd. 3920, London 1931, § 358.

In dem folgenden Modell 4.11 sind die realen Variablen mit einem hochgestellten „r" versehen. Der Konsum hängt, wie schon in Bild 1.2 (S. 11) angenommen, vom verfügbaren Einkommen Y^v ab, das mit Gleichung (V) definiert wird. Die Steuern T sind als Nettotransfers an den Staat zu verstehen. Der Außenhandel wird mit der Importfunktion (IV) und der Annahme eingeführt, die Exporte Ex seien autonom (VIII). Dies gilt auch für die Staatsausgaben für Sachgüter und Dienste G (VII).

Auf dem Geldmarkt muß realistischerweise zwischen nominaler und realer Geldhaltung L und L' unterschieden werden (vgl. S. 197). Bei höheren Preisen sind zwangsläufig auch die Transaktionswerte und damit der nominale Geldbedarf höher. Die Form $L' = L/p$ der Gleichung (XI) zeigt, wie die reale Geldhaltung zu ermitteln ist.

Modell 4.11 – *Das vervollständigte KEYNES-Modell*

Gütermarkt

Konsumfunktion:	$C^r = C^r(Y^v)$,	worin $dC^r/dY^v > 0$	(4.11-I)
Investitionsfunktion:	$I^r = I^r(Y^{rN}, r)$,	worin $\partial I^r/\partial Y^{rN} > 0$,	
		$\partial I^r/\partial r < 0$	(4.11-II)
Steueraufkommensfunktion:	$T = T(Y)$,	worin $dT/dY > 0$	(4.11-III)
Importfunktion:	$Im^r = Im^r(Y^{rN})$,	worin $dIm^r/dY^{rN} > 0$	(4.11-IV)
Definition des verfügbaren Einkommens:	$Y^v = Y - T$		(4.11-V)
Gesamte Endnachfrage:	$Y^{rN} = C^r + I^r + G^r + Ex^r - Im^r$		(4.11-VI)
Staatsausgaben sind	$G^r = G^a$		(4.11-VII)
Exporte autonom:	$Ex^r = Ex^a$		(4.11-VIII)
Zusammenhang zwischen Volkseinkommen und realem Sozialprodukt:	$Y = pY^{rA}$		(4.11-IX)
Gleichgewichtsbedingung auf dem Gütermarkt:	$Y^{rA} = Y^{rN}$		(4.11-X)

Geldmarkt

Zusammenhang zwischen nominaler und realer Geldnachfrage:	$L = pL'$,	worin $dL/dp > 0$	(4.11-XI)
Geldnachfragefunktion:	$L' = L'(Y^{rN}, r)$,	worin $\partial L'/\partial Y^{rN} > 0$,	
		$\partial L'/\partial r < 0$	(4.11-XII)
Geldangebot ist autonom:	$M = M^a$		(4.11-XIII)
Gleichgewichtsbedingung auf dem Geldmarkt:	$L = M$		(4.11-XIV)

Arbeitsmarkt

Produktionsfunktion:	$Y^{rA} = Y^{rA}(A^N, K)$,	(4.11-XV)
	worin $\partial Y^{rA}/\partial A^N > 0$,	
	$\partial^2 Y^{rA}/\partial (A^N)^2 < 0$	
Kapitalstock ist konstant:	$K = K^a$	(4.11-XVI)
Definition des Reallohnsatzes:	$l^r = l/p$	(4.11-XVII)
Arbeitsnachfragefunktion:	$A^N = A^N(l^r)$, worin $dA^N/dl^r < 0$	(4.11-XVIII)
Arbeitsangebotsfunktion:	$A^A = A^A(l^r)$, worin $dA^A/dl^r > 0$	(4.11-XIX)
Gleichgewichtsbedingung: auf dem Arbeitsmarkt:	$A^A = A^N$.	(4.11-XX)

Bei der Einfügung des Arbeitsmarktes in das Modell griffen die KEYNES-Nachfolger im ersten Ansatz auf klassische Vorstellungen zurück und nahmen eine gesamtwirtschaftliche Produktionsfunktion mit substitutiven Faktoren und abnehmenden Ertragszuwächsen an. Das bedeutet, wie noch zu zeigen sein wird, daß das gesamtwirtschaftliche Güterangebot bei konstantem Nominallohnsatz *l* angesichts des abnehmenden Grenzprodukts der Arbeit nur steigen kann, wenn höhere Preise erzielbar sind. Die Gleichungen (XV) bis (XX) sind daher die algebraische Version der in den Teilen (a) und (b) des Bildes 4.1 (S. 267) dargestellten Hypothesen. Im folgenden wird mit graphischen Darstellungen gearbeitet, jedoch muß zuvor geklärt werden, wie sich die Erweiterung um Staat und Ausland auf das IS-LM-Schema auswirkt.

Wie aus dem Volkswirtschaftlichen Rechnungswesen bekannt, gilt in der offenen Volkswirtschaft mit Staat die *Ex* post-Gleichheit von Investition und Ersparnis in der Form

$$I + Ex - Im = S_H + S_U + S_{St},$$

worin die drei Komponenten rechts die Ersparnis der privaten Haushalte, der Unternehmen und des Staates bedeuten.[26] Setzt man $S_H + S_U = S$ und berücksichtigt, daß die Ersparnis des Staates gleich der Differenz aus seinen Steuereinnahmen T und seinen Ausgaben für Sachgüter und Dienste G ist: $S_{St} = T - G$, was Gleichung (2.28-Va) S. 87 entspricht, wenn man T als Saldo aus Steuereinnahmen und Transferausgaben und daher als Nettotransfers an den Staat auffaßt, erhält man

$$I + G + Ex = S + T + Im. \quad (4.12)$$

Der Schritt zur *Ex* ante-Analyse bedeutet wieder, daß man (4.12) als Gleichgewichtsbedingung und die sechs Variablen als Plangrößen auffaßt. Nettoinvestition, Exporte und Staatsausgaben sind dann autonome „Injektionen" in den Wirtschaftskreislauf, denen drei Arten von „Lecks" (vgl. S. 93) gegenüberste-

---

[26] Rechnungswesen⁶, S.138.

hen. Bild 1.6(b) S. 24 wird zu Bild 4.4 erweitert, und das gesamtwirtschaftliche Gleichgewicht liegt nicht mehr an der Stelle $S = I$, sondern dort, wo Gleichung (4.12) erfüllt ist (was zufällig bei dem gleichen Wert von Y der Fall sein kann). Damit wird auch IS-LM-Modell erweitert: In Bild 1.8 (S. 28) tritt in Teil (a) die $(S + T + Im)$-Kurve an die Stelle der Sparkurve, in Teil (c) die $(I + G + Ex)$-Kurve an die Stelle der Investitionskurve. Die IS-Kurve enthält damit alle diese Variablen, bleibt aber wegen der Abhängigkeit der Investition vom Zinssatz weiterhin negativ geneigt (und behält der Einfachheit halber auch ihren Namen).

Bild 4.4 – *Makroökonomisches Gleichgewicht in der offenen Volkswirtschaft mit Staat*

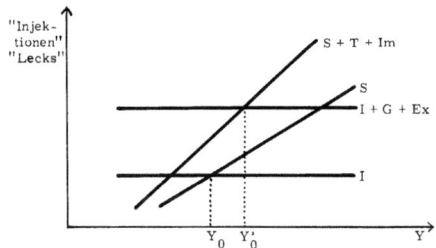

Die Angaben über Ursachen und Wirkungen ihrer Verschiebungen bleiben gültig, wenn man sich klarmacht, daß Änderungen von G und Ex wie Änderungen von I und Änderungen von T und Im wie Änderungen von S wirken. Die IS-Kurve verschiebt sich also auch dann nach rechts, wenn

- die Staatsausgaben zunehmen und T konstant bleibt. Dieser Effekt tritt gemäß dem HAAVELMO-Theorem (S. 83) auch ein, wenn beide Variablen um gleiche Beträge zunehmen;
- sich die $(S + T + Im)$-Kurve nach unten verschiebt, etwa weil Steuern gesenkt werden oder die staatlichen Transferausgaben stärker zunehmen als die Steuereinnahmen;
- die Exporte bei konstantem Import zunehmen oder stärker wachsen als dieser.

Für den Verlauf der IS-Kurve gilt, daß sie um so steiler ist, je höher die marginale Steuer- oder Importquote ist, da dann alle Multiplikatoren entsprechend kleiner sind (vgl. S. 84, 95).

Bei einer realitätsnahen Analyse mit Hilfe des IS-LM-Modells ist ferner zu beachten, daß die Investition nicht allein vom Zinssatz, sondern gemäß Hypothese 1.3 (S. 19) auch von den Erwartungen über die Entwicklung des Sozialprodukts abhängt. Schon eine optimistischere Einschätzung der Konjunkturaussichten kann also die I- und damit die IS-Kurve nach rechts verschieben. Stellt sich ein solcher Optimismus im Zuge eines Konjunkturaufschwungs ein, verstärkt er diesen. Entsprechend können pessimistische Erwartungen eine aus anderen Gründen eintretende Rechtsverschiebung teilweise, ganz oder mehr als kompensieren.

Bild 4.5 zeigt die graphische Fassung des vervollständigten KEYNES-Modells. Sie reproduziert in Teil (a) das HICKS-Diagramm 1.14 (S. 44), wobei jetzt explizit das reale Sozialprodukt zum Zinssatz in Beziehung gesetzt ist. Die IS-Kurve enthält die in Bild 4.4 gezeigten Komponenten. Das mit Gleichgewichten auf Güter- und Geldmarkt vereinbare Sozialprodukt Y_0^r wird in Teil (b) an der 45°-

Bild 4.5 – *Makroökonomisches Drei-Märkte-Gleichgewicht*

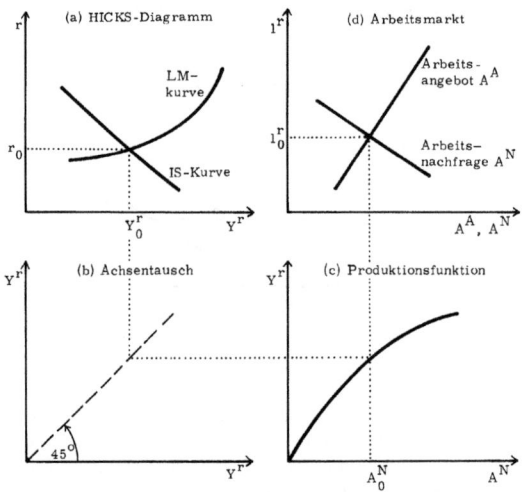

Linie reflektiert und erscheint so als an der Ordinate abgetragene Variable in Teil (c). Dieser bildet zusammen mit dem Arbeitsmarkt in Teil (d) den klassischen Teil des Modells; er stimmt mit der linken Hälfte von Bild 4.1 (S. 267) überein. Bild 4.5 zeigt ein simultanes Gleichgewicht auf allen drei Märkten: Güter- und Geldmarkt sind im HICKS-Diagramm bei Y_0^r und r_0 im Gleichgewicht, woraus eine bestimmte Nachfrage nach Arbeitsleistungen resultiert, die in Teil (d) zufällig gleich dem Arbeitsangebot beim realen Gleichgewichts-Lohnsatz l_0^r ist. Hebt man die Gleichgewichtsbedingung auf dem Arbeitsmarkt (4.11-XX) auf und ersetzt die dann fehlende Gleichung durch eine Hypothese über den Zusammenhang zwischen Lohn- und Preisniveau oder eine äquivalente Beziehung, ergeben sich weitere Einsichten, die unten in Abschnitt IV.4 behandelt werden.

Da in diesem Modell KEYNESsche Ideen über Zusammenhänge zwischen makroökonomischen Variablen und die Bestimmung des Sozialprodukts mit klassischen Hypothesen über die Produktionsfunktion und frei bewegliche Preise vereint sind, hat man es die *neoklassische Synthese* genannt.

3. Beschäftigungswirksame Einflüsse im KEYNES-Modell. Bei der Untersuchung von Expansions- und Kontraktionsprozessen im zweiten Kapitel wurde meist unterstellt, daß sich diese in bezug auf die realen Variablen abspielen, die Preise nicht berühren und von der Nachfrageseite her determiniert werden. Das setzt Unterbeschäftigung auf allen Stufen des Produktionsprozesses voraus und wird auch als KEYNESsche *Situation* bezeichnet, da seine Überlegungen sich vornehmlich auf diese bezogen. In ihr gilt so etwas wie das Gegenteil des SAYschen Gesetzes (vgl. S 272 f.): In der KEYNESschen Situation schafft sich die Nachfrage ihr eigenes Angebot, da die Anbieter nur zu gern bereit sind, mehr zu produzieren und zu liefern. Nun mag das für die Depression und auch noch die Rezession typisch sein, aber für andere Konjunktursituationen besagt eine realistische Hypothese vor allem, daß bei einer Zunahme der gesamtwirtschaftlichen Nachfrage nicht nur Gütermengen, sondern auch Preise steigen. Diese beiden Arten von Variablen sind daher in gleicher Weise simultan determiniert wie der Zinssatz und das reale Sozialprodukt im IS-LM-Modell.

Was ändert sich an diesem Modell, wenn das Preisniveau eine seiner explizit betrachteten Variablen bildet? Wird wie bisher Freiheit von Geldillusion angenommen, dann ändert sich die Lage der IS-Kurve nicht, wenn das Preisniveau steigt oder fällt. Mit Gleichung (4.11-XI) wurde jedoch ein Zusammenhang zwischen realer und nominaler Geldhaltung und damit eine für eine realistische Analyse äußerst wichtige Beziehung eingeführt. Steigen allgemein die Preise, nimmt der Bedarf an Transaktionsgeld zu. Bei ungeändertem Geldangebot muß die Geldhaltung für Spekulationszwecke herabgesetzt werden, was den Zinssatz erhöht. Das bedeutet auch, daß die LM-Kurve in Bild 4.5 (a) bei jedem gegebenen Zinssatz mit einem kleineren realen Sozialprodukt assoziiert ist, oder: Mit steigendem Preisniveau verschiebt sich die LM-Kurve nach links. Entsprechend verlagert sie sich nach rechts, wenn das Preisniveau sinkt: Transaktionsgeld wird freigesetzt und solange zu zinssenkenden Wertpapierkäufen benutzt, bis der für spekulative Geldhaltung verfügbare Betrag mit dem gewünschten übereinstimmt.

Preise werden nun ihrerseits von anderen Variablen mitbestimmt, und hierüber gibt es zwei unterschiedliche Annahmen. Die eine ist die der Klassiker (vgl. S. 274) und besagt, daß alle Preise einschließlich der Nominallohnsätze in beiden Richtungen ohne nennenswerte Verzögerungen auf Verschiebungen von Angebots- oder Nachfragekurven reagieren. Die Folgen eines solchen Verhaltens für die Beschäftigung sind in Bild 4.6 gezeigt. Hat sich in Teil (a) ein IS-LM-

Bild 4.6 – *KEYNES-Effekt und PIGOU-Effekt*

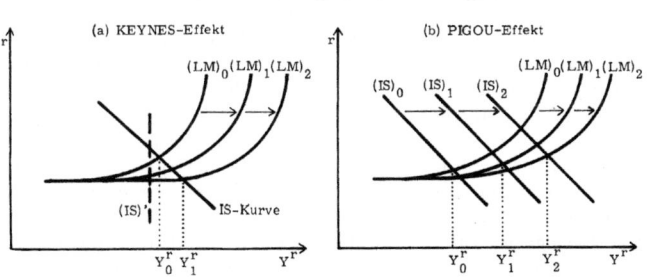

Gleichgewicht bei Y_0^r eingestellt und herrscht dabei Unterbeschäftigung, so erzwingt dies Preissenkungen, die den realen Wert der Geldbestände erhöhen und die LM-Kurve aus der Lage $(LM)_0$ sukzessive nach rechts verschieben. Ist bei der Lage $(LM)_2$ das Vollbeschäftigungs-Sozialprodukt Y_1^r erreicht, kommt der Prozeß zum Stillstand. Dieser Ablauf heißt *KEYNES-Effekt*. Während unter klassischen Annahmen eine Zunahme der verfügbaren Geldmenge entweder direkt zu mehr Güternachfrage führt oder über den zinssenkenden Einfluß zusätzlicher Wertpapierkäufe die Investitionen anregt, wirkt sich der KEYNES-Effekt nur indirekt über Zinssenkungen aus. Damit sind aber auch die beiden Situationen in Betracht zu ziehen, bei denen er nicht zum Tragen kommt, das heißt nicht oder nur eingeschränkt beschäftigungswirksam ist. Herrscht in Bild 4.6 (a) beim Sozialprodukt Y_1^r noch nicht Vollbeschäftigung, so kann dieses auch bei fortgesetzten Preis- und Lohnsenkungen nicht mehr zunehmen, da weitere Rechtsverschiebungen der LM-Kurve ihren Schnittpunkt mit der IS-Kurve nicht mehr verlagern: Der Zinssatz kann wegen der Liquiditätsfalle nicht weiter sinken. In der zweiten Situation ist der KEYNES-Effekt von vornherein unwirksam, wenn nämlich die IS-Kurve (gestrichelt) senkrecht verläuft: Bei völlig zinsunelastischer Investition hat die Lage der LM-Kurve keinen Einfluß auf das Sozialprodukt. Als bemerkenswert ist festzuhalten, daß in diesen beiden Grenzsituationen auch völlig flexible Preise und Lohnsätze nicht ausreichen, ein verlorengegangenes Vollbeschäftigungsgleichgewicht wiederherzustellen.

Welche praktische Bedeutung hat der KEYNES-Effekt, wenn seine Voraussetzungen vorliegen, er also an sich wirken müßte? Hier ist vor allem die Ceteris paribus-Annahme in bezug auf die Lage der IS-Kurve zweifelhaft. Ebenso wie die Erwartung von Zinsänderungen die Entscheidungen über das Ausmaß der Geldhaltung beeinflußt, beeinflussen Erwartungen über Preisänderungen die zeitliche Verteilung der Güternachfrage. Wer mit Preissenkungen rechnet, wird vermutlich Güterkäufe aufschieben, um später billiger kaufen zu können. Da eine bestehende Deflation solche Erwartungen weckt, bestätigt und verstärkt, ergibt sich ein sich selbst beschleunigender Deflationsprozeß, in dessen Verlauf Produktion und Beschäftigung zurückgehen und mit Verzögerung Preise und Geldlohnsätze sinken. Da dies die Absatzerwartungen der potentiellen Investoren gemäß Hypothese 1.3 (S. 19) ungünstig beeinflußt, ist anzunehmen, daß während dieses Prozesses auch die Investition zurückgeht. Dieser Rückgang kann einer Mehrinvestition infolge der Zinssenkung entgegenwirken, so den KEYNES-Effekt schwächen, neutralisieren oder überkompensieren und im letzteren Falle die Deflation noch verstärken. Gemessen an dem Idealfall, daß eine Abweichung vom Gleichgewicht bei Vollbeschäftigung Reaktionen auslöst, die innerhalb kurzer Zeit zu ihm zurückführen, sendet der Deflationsprozeß also die falschen Signale aus und bewirkt Reaktionen, die weiter von der Ausgangssituation wegführen. Irgendwann wird es zwar zum unteren Wendepunkt kommen, und so kann auch eine von den geschilderten Verhaltensweisen geprägte Volkswirtschaft schließlich zu einem Vollbeschäftigungsgleichgewicht zurückkehren, aber sie müßte dabei lange Deflationsperioden mit erheblicher Arbeitslosigkeit durchmachen.

Teil (b) zeigt den Fall, daß nicht nur die LM-, sondern auch die IS-Kurve im Zuge einer allgemeinen Preis- und Lohnsenkung nach rechts wandert. Die privaten Haushalte nehmen im Verlauf dieses Prozesses wahr, daß sich der reale Wert ihrer Bestände an Geld und sonstigen nominell fixierten Vermögensobjekten erhöht, und es gilt die Hypothese, daß der private Konsum auch eine wachsende Funktion des Realvermögens sei. So kann es vorkommen, daß Haushalte aufgrund eines Sparplans ein bestimmtes Vermögen ansammeln wollen und angesichts einer allgemeinen Preissenkung feststellen, daß sie ihr Sparziel mit kleineren monatlichen Sparraten erreichen können. Folglich setzen sie ihre Konsumausgaben herauf. Die Sparkurve in Bild 1.8 (S. 28) verschiebt sich nach unten, die IS-Kurve nach rechts. Die Idee ist logisch einwandfrei, und es gibt auch keine obere Grenze für die damit induzierte Nachfragesteigerung, den *PIGOU-Effekt,* aber selbst ihr Schöpfer sah in ihr nicht mehr als eine beiläufige theoretische Verfeinerung. Die wesentlichen Einwände gegen die praktische beschäftigungswirksame Bedeutung des Effekts beziehen sich auch hier vor allem auf die negativen Wirkungen einer allgemeinen Deflation auf die Investitionstätigkeit, zumal dabei Erwartungen auf weitere Preisrückgänge geweckt werden, die auch die Konsumenten zur Kaufzurückhaltung veranlassen. Hinzu kommt, daß die Erhöhung des Realwertes der nominell feststehenden Forderungen, die ohnehin nur einen Teil des Gesamtvermögens in einer Volkswirtschaft ausmachen, für deren Schuldner in gleichem Ausmaß eine Zunahme ihrer realen Belastung durch die Amortisation bedeutet, die sie zur Einschränkung ihrer Konsum- und Investitionsausgaben veranlassen kann. Auch unter diesem Aspekt ist die Nettowirkung des PIGOU-Effekts also ungewiß.

4. Unterbeschäftigung im KEYNES-Modell.

Im vorigen Abschnitt wurden mit dem KEYNES- und dem PIGOU-Effekt Reaktionsketten unter der Voraussetzung flexibler Preise und Nominallöhne gezeigt. Nun kommt es für die Frage der Beschäftigungswirkungen solcher Reaktionen entscheidend auf deren Schnelligkeit an, und ein Beobachter müßte unter den heutigen Verhältnissen typischerweise unterschiedliche Anpassungsgeschwindigkeiten der relevanten Variablen wahrnehmen, etwa gemäß der

Hyp. 4.2: *Angebotene und nachgefragte Gütermengen sowie Zinssätze und Wertpapierkurse reagieren schneller auf Ungleichgewichtssituationen als Güterpreise und Nominallohnsätze.*

Viele Güterpreise bilden sich nicht täglich unter atomistischen Bedingungen aus Angebot und Nachfrage, sondern werden von Anbietern unter längerfristigen Gesichtspunkten festgelegt. Tariflohnsätze entstehen als Ergebnis von Verhandlungen zwischen Organisationen der Arbeitgeber und -nehmer und werden dabei nur in Ausnahmefällen und nach lange andauernden Krisen von Unternehmen oder Wirtschaftszweigen auch herabgesetzt. Zwar werden die im Konjunkturaufschwung zunehmenden freiwilligen übertariflichen Sätze schneller abgebaut, so daß das effektive Nominallohnniveau selbst unter den heutigen Verhältnissen eine gewisse Elastizität in beiden Richtungen aufweist, aber die hieraus resultierenden Möglichkeiten der Anpassung an wechselnde Situationen auf dem Arbeitsmarkt sind begrenzt. In erster Annäherung wird daher im folgenden angenommen, das Nominallohnniveau sei von den sonst im Modell betrachteten Entwicklungen unabhängig und konstant.

Als Ausgangssituation sei ein Gleichgewicht bei Vollbeschäftigung angenommen, das in beiden Teilen von Bild 4.7 bei Y_0^r liegt und sich aus dem Schnittpunkt P_0 der (LM)$_0$- mit der (IS)$_0$-Kurve ergibt. Es möge nun eine Störung insofern eintreten, als die Investitionsneigung zurückgeht oder die Sparneigung zunimmt, so daß sich die IS-Kurve nach links in die Lage (IS)$_1$

Bild 4.7 – *Unterbeschäftigung im HICKS-Diagramm*

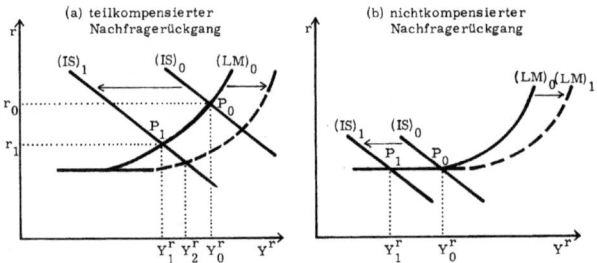

verschiebt. Gleiche Wirkungen hätten ein autonomer Rückgang der Exporte oder eine Zunahme der Importe. Die Änderung senkt zunächst im Zuge eines kontraktiven Multiplikatorprozesses das reale Sozialprodukt. Es entsteht Arbeitslosigkeit, da auch auf dem Arbeitsmarkt Mengen schneller reagieren als die in Tarifverträgen festgeschriebenen Nominallohnsätze. Die Haushalte passen ihre Konsumausgaben an ihre sinkenden Einkommen an, und in Abwesenheit weiterer Reaktionen würde der Prozeß beim Sozialprodukt Y_1^r enden. Hierbei ist jedoch auch der Zinssatz gesunken, da Transaktionsgeld freigesetzt wurde, das nur bei dem niedrigeren Wert r_1 als Spekulationsgeld gehalten wird. Damit wurde zunächst der Rückgang des Sozialprodukts gebremst, weil der niedrigere Zinssatz Investitionen induziert hat. Wie stark, hängt von der Gestalt der LM-Kurve und der Zinselastizität der Investitionen im relevanten Bereich ab. Im weiteren Verlauf bleiben schließlich auch die Güterpreise nicht unberührt. Der Nachfragerückgang zwingt die Anbieter in eine verschärfte Konkurrenzsituation, und da mit dem Beschäftigungsrückgang das physische Grenzprodukt der Arbeit gestiegen ist, können die Produzenten trotz gleichgebliebener Nominallohnsätze ihre Angebotspreise senken, ohne ihre Gewinne zu gefährden. Preissenkungen aber verschieben die LM-Kurve wiederum nach rechts. Nach Ablauf aller Anpassungsreaktionen ergibt sich ein neues Gleichgewicht bei Y_2^r mit geringerer Beschäftigung und höheren Reallöhnen als in der Ausgangssituation. Auch wenn man von dem möglichen negativen Einfluß der Preissenkungen auf die Investitionstätigkeit absieht, zeigt der KEYNES-Effekt hier also eine geringere Wirkung als in Bild 4.4(a), weil die Nominallöhne nicht sinken.

Gegenreaktionen aufgrund verzögerter Preisanpassungen wirken sich dagegen auf das Sozialprodukt von vornherein nicht aus, wenn eine Ausgangssituation wie in Bild 4.7(b) vorliegt. Die IS-Kurve verschiebt sich hier im völlig elastischen Bereich der LM-Kurve. Erstens wird jetzt das gesamte freigesetzte

Transaktionsgeld beim herrschenden Zinssatz zusätzlich freiwillig gehalten, und zweitens ändert die Rechtsverschiebung der LM-Kurve in die Lage $(LM)_1$ nichts an ihrem Schnittpunkt P_1 mit der $(IS)_1$-Kurve. Da hier die Situation der Liquiditätsfalle vorliegt, auf die KEYNES als erster aufmerksam machte, nennt man den Teil der LM-Kurve links von P_0 in Bild 4.7(b) ihren *KEYNES-Bereich*.

Man kann einwenden, daß der Fall einer völlig elastischen Geldnachfrage in bezug auf den Zinssatz unrealistisch sei. Vom Problem einer automatischen Rückkehr zum Vollbeschäftigungsgleichgewicht her gesehen verbessert sich die Situation jedoch nicht wesentlich, wenn diese Elastizität bei niedrigem Zinssatz endlich, aber (absolut) eben sehr groß ist. Es müssen dann sehr hohe Beträge an Transaktionsgeld freigesetzt werden, um geringe Zinssenkungen zu bewirken. Das bedeutet eine sehr erhebliche Senkung der Preise und gegebenenfalls der Lohnsätze, ohne daß sichergestellt wäre, daß die geringe Zinssenkung genügend Mehrinvestition induziert – ganz abgesehen vom Einfluß der Deflation auf die Ausgabeneigung der Konsumenten und Investoren.

Die vorstehenden Erörterungen können als Verallgemeinerung des klassischen Modells via Einführung einer unteren Schranke für den Zinssatz gesehen werden. Was läßt sich unter diesem Gesichtspunkt über den anderen Endbereich der LM-Kurve sagen? In Bild 4.8(a) gibt der senkrecht verlaufende Ast der LM-Kurve die Hypothese der Klassiker wieder, daß keine zinsabhängige Geldnachfrage existiert: In einem unter dieser Voraussetzung gezeichneten IS-LM-

Bild 4.8 – *Investitionsrückgang ohne und mit Wirkung auf das Sozialprodukt*

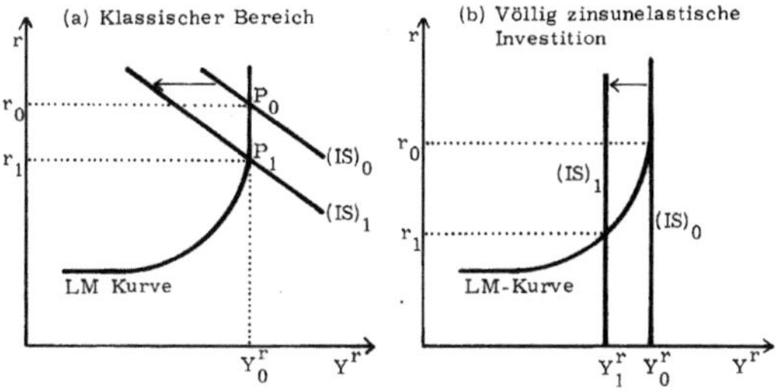

Schema würde die LM-Kurve gänzlich senkrecht verlaufen, da der Geldbedarf allein vom Sozialprodukt abhängt. Wird die LM-Kurve in diesem Bereich von einer IS-Kurve, im Bild von $(IS)_0$ bei P_0, geschnitten, so ändert sich das Sozialprodukt bei Vollbeschäftigung Y_0^r nicht, wenn etwa die Sparneigung zunimmt und sich die IS-Kurve daher nach links in die Lage $(IS)_1$ verschiebt, der neue Schnittpunkt P_1 jedoch im senkrecht verlaufenden Teil der LM-Kurve bleibt. Man nennt diesen daher auch ihren *klassischen Bereich*. Die Vollbeschäftigung bleibt erhalten, es sinkt lediglich der Zinssatz, der für das neue Gleichgewicht zwischen Investieren und Sparen sorgt (vgl. S. 272).

Auch für diesen Bereich läßt sich jedoch ein KEYNESscher Einwand gegen die Lehre von der Tendenz zum Vollbeschäftigungsgleichgewicht konstruieren. Bisher war fast immer eine von null verschiedene Investitions-Zinselastizität angenommen worden: Mit fallendem Zins nimmt die Investition gemäß Hypothese 1.2 (S. 18) zu. Es ist jedoch nicht sicher, ob in jeder Konjunktursituation und in bezug auf alle Arten von Sachinvestitionen eine solche Elastizität vorliegt. Im Extremfall ist die gesamte Investition vom Zinssatz unabhängig: Die $(IS)_0$-Kurve in Bild 4.8(b) verläuft senkrecht. Erhöht sich in dieser Situation die Sparneigung, so sinkt zwar der Zinssatz, und das Gleichgewicht zwischen geplanter Investition und geplanter Ersparnis bleibt erhalten, aber die Zinssenkung führt nicht zu einer Ausdehnung der Investitionsgüternachfrage. Unabhängig von Anpassungsvorgängen im Bereich der Preise und Löhne reicht die gesamte Endnachfrage dann nicht mehr aus, die vorhandenen Arbeiter zu beschäftigen. Das neue Gleichgewicht auf den Gütermärkten bei Y_1^r geht mit Unterbeschäftigung einher.

5. Gesamtwirtschaftliche Angebots- und Nachfragekurven. Die bisherigen Überlegungen gewinnen an Realitätsgehalt, wenn man die Situation auf dem Arbeitsmarkt direkt unter der Voraussetzung konstanter Nominallohnsätze betrachtet und dabei die Zusammenhänge zwischen dem Preisniveau einerseits und den Aggregaten „gesamtwirtschaftliche Güternachfrage" und „gesamtwirtschaftliches Güterangebot" explizit in die Analyse einführt. In Bild 4.9 zeigen die

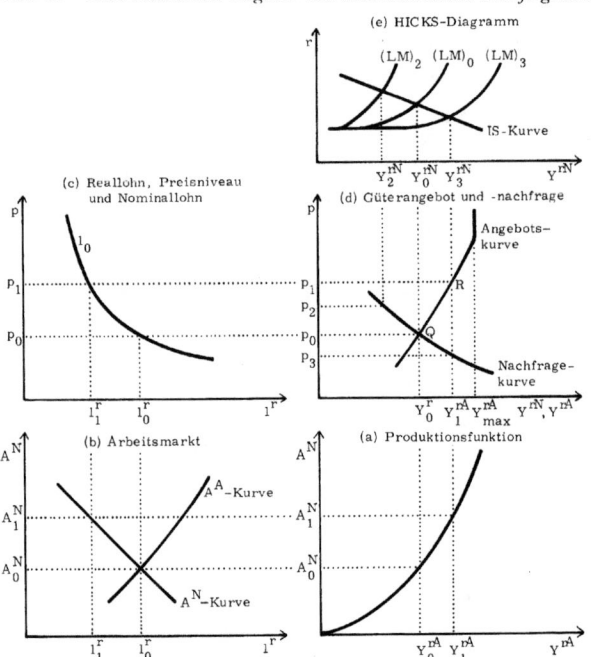

Bild 4.9 – *Makroökonomische Angebots- und makroökonomische Nachfragekurve*

Teile (a) und (b) Produktionsfunktion und Arbeitsmarkt unter klassischen Annahmen von Bild 4.5 (S. 292) mit vertauschten Achsen. Die gleichseitige Hyperbel in Teil (c) verbindet gemäß der Definition $p \cdot l^r = l_0$ alle Kombinationen zwischen Preis p und Reallohn l^r bei gegebenem Nominallohnsatz l_0. In Teil (d) folgen daraus diejenigen Kombinationen von Preisniveau und gesamtwirtschaftlichem Güterangebot, bei denen die Unternehmer ihre Gewinne maximieren. Liegt beispielsweise der Preis in (c) bei p_0, dann entspricht dem bei gegebenem l_0 der Reallohnsatz l_0^r, bei dem nach (b) die Arbeitsmenge A_0^N nachgefragt und damit gemäß (a) das Sozialprodukt Y_0^{rA} erzeugt und angeboten wird. In Teil (d) führen daher p_0 und Y_0^{rA} zu dem Punkt Q. Ist p höher, etwa gleich p_1, ist die Situation für die Anbieter günstiger, weil dann bei ungeändertem Nominallohn der Reallohnsatz niedriger liegt. Bei l_1^r fragen sie mehr Arbeit nach und produzieren mehr, so daß sich in Teil (d) Punkt R ergibt. Man erhält so die *makroökonomische Angebotskurve* für das reale Sozialprodukt Y^A (zur Vereinfachung ohne das hochgestellte r) in Abhängigkeit vom Preis p bei gegebenem Geldlohnsatz l_0, konstanter Technik und Gewinnmaximierung der Produzenten. Sie verläuft wie eine mikroökonomische Angebotskurve: Je höher der Preis, um so niedriger ist der Reallohn und daher um so höher die Arbeitsnachfrage und das hergestellte und angebotene Sozialprodukt. Jedoch gilt es eine obere Grenze bei Y_{max}^A: Hier ist entweder der Kapitalstock voll genutzt, alle Erwerbspersonen einschließlich der stillen Reserve (vgl. S. 263) sind beschäftigt, oder das Grenzprodukt eines Faktors ist auf null gesunken, so daß die Angebotskurve zur Senkrechten wird. Während hier also die Angebotskurve so etwas wie einen klassischen Bereich aufweist, kann man bei starker Unterbeschäftigung einen waagerechten Verlauf und damit einen KEYNES-Bereich für sie annehmen. Hier wären die Grenzprodukte aller Faktoren konstant.

In Teil (e) ist die LM-Kurve für drei Preisniveaus $p_2 > p_0 > p_3$ bei gegebenem Geldangebot eingezeichnet. Bei der Erörterung des KEYNES-Effekts (S. 293 f.) war gezeigt worden, daß zu jedem Preisniveau eine bestimmte Lage der LM-Kurve gehört, und zwar so, daß Preissenkungen sie nach rechts verschieben. Das zu p_0 gehörende Preisniveau führt daher zum Gleichgewichts-Sozialprodukt Y_0^N, das in Teil (d) den Punkt Q der *makroökonomischen Nachfragekurve* bildet. Das höhere nachgefragte Sozialprodukt Y_3^N ist mit dem niedrigeren Preis p_3, das kleinere Sozialprodukt Y_2^N mit dem höheren Preis p_2 assoziiert, womit sich weitere Punkte dieser Kurve ergeben. Auch sie verläuft wie die gleichnamige mikroökonomische Kurve, aber aus ihrer Herleitung aus dem IS-LM-Schema folgt, daß ihre Punkte lauter gesamtwirtschaftliche Gleichgewichtszustände wiedergeben. Diese sind jeweils auch mit unterschiedlich hohen Zinssätzen verbunden, und hinter ihrer Gestalt verbergen sich Hypothesen über die Zinselastizität der Investitionen, die Größe der gesamtwirtschaftlichen marginalen Konsumquote und damit des Multiplikators, die Steuersätze und die marginale Importquote. Die makroökonomische Nachfragekurve ist also ein wesentlich komplizierteres Konstrukt als die mikroökonomische. Dogmenhistorisch gesehen gehört sie wie die entsprechende Angebotskurve in den Bereich der neoklassischen Makroökonomik, weil sie eine Synthese aus den Hypothesen der Klassiker über einzelwirtschaftliches Produktions- und Angebotsverhalten und dem Verfahren von KEYNES und seinen Nachfolgern darstellt, mit makroökonomischen Aggregaten und Beziehungen zwischen ihnen zu arbeiten. Die makroökonomische Analyse mit Hilfe dieser beiden Kurven stellt gegenüber dem IS-LM-Schema eine Weiterentwicklung dar: Mit dem Preisniveau wird die zweite wichtige wirtschaftspolitische Zielvariable (neben dem realen Sozialprodukt) explizit berücksichtigt, und der Arbeitsmarkt ist integriert.

Wie wirken sich die im vorigen Abschnitt erwähnten Sonderfälle auf den Verlauf der makroökonomischen Nachfragekurve aus? Schneidet die IS- die LM-Kurve wie in Bild 4.7(b) S. 296 von vornherein in deren KEYNES-Bereich, kann eine Preissteigerung zwar die LM-Kurve nach rechts verschieben, aber die Lage des Schnittpunktes nicht ändern: Die makroökonomische Nachfragekurve verläuft vom Ausgangspreis an senkrecht. Entsprechend ist sie in ihrem gesamten Bereich völlig unelastisch, wenn die IS-Kurve völlig zinsunelastisch verläuft. Damit wird der Unterschied zu der ähnlichen Y^N-Kurve in Teil (c) von Bild 4.1 (S. 267) klar. Die dortige Kurve ist eine gleichseitige Hyperbel, daher einheitselastisch, und zeigt die als Folge von Geldmengenänderungen angesichts gegebener Gütermengen zwangsläufig in entgegengesetzter Richtung resultierenden Preisänderungen: Den *Cambridge-Effekt*. Die Gestalt der makroökonomischen Nachfragekurve im KEYNES-Modell ergibt sich dagegen aus dem Zusammenwirken von KEYNES- und PIGOU-Effekt (wenn man diesen hier integriert, was naheliegt), sie kommt indirekt über den Zinseinfluß auf die Investition zustande, ist nicht einheitselastisch und kann auch einen völlig unelastischen sowie einen völlig elastischen Teil aufweisen.

Warum verläuft die makroökonomische Angebotskurve steigend, obwohl bisher immer ein in bezug auf das Preisniveau bis zur (hier ebenfalls eingezeichneten) Kapazitätsgrenze Y^A_{max} völlig elastisches Angebot angenommen wurde und der Nominallohnsatz konstant ist? Das liegt an der sinkenden Grenzproduktivität: Jeder zusätzliche Arbeiter erbringt ein geringeres Grenzprodukt, und wenn es lohnen soll, ihn zum herrschenden Nominallohn zu beschäftigen, muß sein Grenzprodukt zu einem höheren Preis absetzbar sein. Warum spielt das sinkende Grenzprodukt im klassischen Modell nicht diese Rolle, so daß dort die gesamtwirtschaftliche Angebotskurve überall senkrecht verläuft, siehe Bild 4.1, Teil (c)? Weil dort auch der Nominallohn nach unten beweglich ist und daher immer denjenigen Reallohn zustandebringen kann, bei dem alle Arbeiter beschäftigt sind. Was geschieht mit der Angebotskurve, wenn der Nominallohnsatz in Teil (c) ceteris paribus steigt, sich die Hyperbel also vom Nullpunkt entfernt? Jede gegebene Produktmenge ist nur dann weiterhin gewinnbringend absetzbar, wenn der Preis entsprechend steigt: Die Angebotskurve verschiebt sich nach oben.

Aus dem Schnittpunkt Q der makroökonomischen Angebots- mit der Nachfragekurve ergibt sich ein Gleichgewicht: Hier wird ein reales Sozialprodukt bei einem Preisniveau angeboten und nachgefragt, das einerseits den Unternehmen als Güterproduzenten und Nachfragern nach Arbeitsleistungen ausreichende Gewinne sichert, anderseits ein Gleichgewicht in der Sphäre der Nachfrage nach Konsum- und Investitionsgütern sowie der Geldhaltung ermöglicht. Die zusätzlich eingezeichnete Arbeitsangebotskurve in Teil (b) schneidet nun die Arbeitsnachfragekurve gerade beim Reallohnsatz l^r_0, womit das Gleichgewicht in diesem Modell komplett ist. Es ist ein Gleichgewicht bei Vollbeschäftigung gemäß dem Konzept, daß kein Arbeiter mehr verlangen kann als den Wert seines Grenzprodukts.

Jedoch ist klar, daß eine solche Situation nur zufällig eintreten kann. Bild 4.10 zeigt zwei Situationen, in denen die Arbeitsangebotskurve die Nachfragekurve nicht im Gleichgewichts-Reallohnsatz l_0^r schneidet. Beide Teile reproduzieren zunächst insoweit Teil (b) des Bildes 4.9, als sie den aus der dort mit dem Subskript 0 gekennzeichneten Situation stammenden Reallohnsatz l_0^r enthalten. In Bild 4.10 (a) schneidet nun die Arbeitsangebotskurve die Nachfragekurve in der Weise, daß bei l_0^r ein Nachfrageüberschuß nach Arbeitsleistungen in Höhe der Differenz $A_0^N - A_0^A$ besteht. Überläßt man eine solche Situation sich selbst, wird sie von Marktkräften beseitigt: Da Nominallohnsätze allenfalls nach unten

Bild 4.10 – *Ungleichgewichte auf dem Arbeitsmarkt*

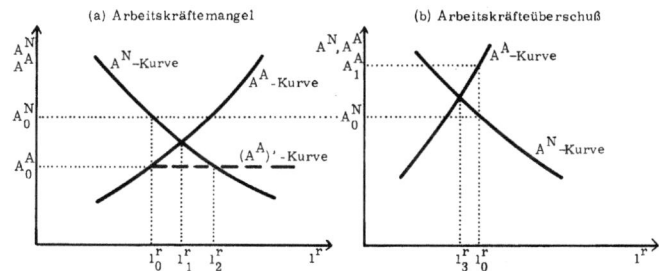

unbeweglich (rigide, starr, inflexibel) sind, treibt die Konkurrenz der Unternehmen die Nominallohnsätze nach oben und erhöht so den Reallohn auf l_1^r. In Bild 4.9 verschieben sich die *l*-Kurve in Teil (c) und entsprechend die makroökonomische Angebotskurve in Teil (d) nach oben, und das System erreicht ein neues Gleichgewicht bei etwas niedrigerem Sozialprodukt und höherem Reallohn.

Was geschieht, wenn die Arbeitsangebotskurve in Teil (a) von l_0^r ab den gestrichelten waagerechten Verlauf aufweist? Das würde bedeuten, daß das Arbeitsangebot strikt limitiert ist – keine noch so große Steigerung des Reallohns kann Nichterwerbspersonen dazu bewegen, einen der vielen freien Arbeitsplätze einzunehmen. Es herrscht so etwas wie *absolute Vollbeschäftigung*. Auch diese Situation löst sich jedoch marktwirtschaftlich: Bei dem noch höheren Reallohn l_2^r und wiederum kleinerem Sozialprodukt wird ein neues Gleichgewicht erreicht.

Beide Fälle sind in den achtziger Jahren für so gut wie alle Länder irrelevant, aber sie hatten erhebliche praktische Bedeutung in der Bundesrepublik Deutschland, als Ende der fünfziger Jahre die Arbeitslosenquote rasch sank und dann in neun der elf Jahre 1961 bis 1971 unter 1 v. H. blieb. Die Regierung mochte zur Behebung des Arbeitskräftemangels offenbar weder die Steigerung des Reallohns zulassen noch von der Nachfrageseite her kontraktive Maßnahmen ergreifen und verfiel auf die dritte Möglichkeit: Sie verschob die Arbeitsangebotskurve nach oben, indem sie Ausländer ins Land holte.

Heute relevant ist dagegen die in Teil (b) gezeigte Situation. Nach wie vor wird beim Reallohn l_0^V die Arbeitsmenge A_0^N nachgefragt, aber die größere Arbeitsmenge A_1^A angeboten: Es herrscht Unterbeschäftigung. Der Rückgriff auf Bild 4.9 erleichtert die Antwort auf die Frage, warum nicht von der Ungleichgewichtssituation auf dem Arbeitsmarkt Impulse auf die anderen Märkte ausgehen und dort Reaktionen erzwingen, die das gesamte System zum Gleichgewicht zurückführen. Der Schlüssel liegt beim Nominallohnsatz l_0 in Teil (c): Ihn müssen die Unternehmen im wesentlichen als nach unten unbewegliches Datum hinnehmen und danach Preise, Produktionsmengen und Beschäftigung kalkulieren. Daraus ergibt sich das Güterangebot, das in Teil (d) mit der aus (e) stammenden Nachfrage zusammentrifft und den Preis determiniert. Solange also l_0 als Mindestgröße konstant bleibt, kann sich an der Unterbeschäftigung nichts ändern. Vielleicht kommt es nach Jahren zu der marktwirtschaftlichen Lösung einer Senkung des Reallohns auf l_5^V; aber weit eher ist zu erwarten, daß die Arbeitsmarktorganisationen gemeinsam dafür sorgen, daß insbesondere die Nominallohnsätze nicht sinken und bei steigenden Preisen ebenfalls steigen, so daß l_0^V im wesentlichen dauerhaft erhalten bleibt. Die Situation kann durch einen Nominallohnschub zustandegekommen sein, der in Teil (c) von Bild 4.9 die l_0-Kurve, in Teil (d) die Angebotskurve nach oben drückte und keine oder nur schwächere Preisreaktionen der Unternehmen nach sich zog. Sie ist mit Gleichgewichten auf den anderen Märkten vereinbar.

6. Ergebnisse und Schlußfolgerungen. Die KEYNESsche Analyse zeigte in den dreißiger Jahren und danach eine Reihe von Möglichkeiten, die Existenz anhaltender Arbeitslosigkeit zu erklären. Sie ging von einer Welt mit freien Produktionskapazitäten und Unterbeschäftigung aus, in der das gesamtwirtschaftliche Angebot in bezug auf die Güterpreise völlig elastisch war und der Wert des Sozialprodukts daher allein von der Nachfrageseite bestimmt wurde. Zu den hauptsächlichen Abweichungen von den klassischen Hypothesen zählt die Erkenntnis, daß Geld auch zu anderen als Transaktionszwecken gehalten wird und daher mehr ist als ein bloßes Transaktionsmittel. Entscheidungen über Geldbeträge sind daher nicht nur Reflexe von Entscheidungen über Güter, sondern werden selbständig getroffen, beeinflussen Zinssätze und damit ihrerseits Dispositionen über Güter, so daß die klassische Dichotomie nicht gilt. Auch das SAYsche Gesetz versagt: Nicht jeder, der Güter anbietet, fragt damit automatisch in gleicher Höhe ohne nennenswerte Verzögerung auch Güter nach. Jede zusätzliche Produktion bedeutet zwar ebensoviel zusätzliches Einkommen, aber weder führt dies zu ebenso hoher zusätzlicher Konsumgüternachfrage, noch werden zusätzlich ersparte Einkommensteile zwangsläufig in Wertpapieren angelegt, so daß sie eine Zinssenkung bewirken und damit zusätzliche Investitionsgüternachfrage induzieren. Jedermann kann zusätzliche Ersparnis ganz oder teilweise in Form von Geld halten und damit in bezug auf seine Person eine Diskrepanz zwischen Güterangebot- und -nachfrage herbeiführen, die durch den

Einfluß des Zinssatzes auf Investition und Ersparnis gemäß Bild 4.2 (S. 272) nicht beseitigt werden kann. Arbeitslosigkeit kann bei Gleichgewichten auf Güter- und Geldmarkt eintreten und dauerhaft bestehen bleiben, weil Nominallohnsätze nach unten kaum beweglich sind. Sie wird selbst bei frei beweglichen Preisen und Löhnen nicht beseitigt, wenn der Zinssatz sein Mindestniveau erreicht hat oder die Investitionen völlig zinsunelastisch sind. Es zeigt sich, daß Schlußfolgerungen wie die, daß die Investition bei kurzfristig nicht ausdehnbarem realem Sozialprodukt nur auf Kosten des Konsums erhöht werden kann und daher gleichzeitiges zusätzliches Sparen voraussetzt (vgl. S. 275), eben nicht bei Unterbeschäftigung gilt: Da hier Produktionsfaktoren brachliegen, können Investition und Konsum gleichzeitig zunehmen. Methodisch war wichtig, konsequent gesamtwirtschaftliche Aggregate wie Gesamtangebot, Gesamtnachfrage, Konsum, Investitionsausgaben und funktionale Zusammenhänge zwischen ihnen zu betrachten; das simultane Gleichgewicht auf Güter- und Geldmarkt unter Heranziehung von Zinssatz und Geldmenge sowie auf dem Arbeitsmarkt zu bestimmen und damit den Grundstein für die komparativstatische und dynamische Analyse von Problemen wie Konjunkturbewegungen, Wachstum, Einkommensverteilung, Arbeitslosigkeit zu legen.

Die KEYNESsche Analyse zerstörte mithin auch von der theoretischen Seite her das Vertrauen in die Fähigkeit des marktwirtschaftlich-kapitalistischen Systems, unter den Bedingungen des 20. Jahrhunderts von sich aus mit genügender Sicherheit und Schnelligkeit für Vollbeschäftigung zu sorgen. Sie führte unvermeidlich zu den Schluß, der Nutzungsgrad des Produktionspotentials und damit die Beschäftigung hänge von der Gesamtnachfrage ab, Konjunkturpolitik sei mit deren Steuerung gleichzusetzen; und es sei Aufgabe des Staates, die bei Unterbeschäftigung fehlende private Güternachfrage durch zusätzliche öffentliche Ausgaben zu ersetzen und dabei auch vermehrte staatliche Verschuldung in Kauf zu nehmen. Da zudem der Zinssatz sowohl in der Geld- als auch in der Gütersphäre eine wichtige Rolle spielt und einerseits wirtschaftspolitisch beeinflußbar ist, anderseits die Investitionen und damit die Gesamtnachfrage beeinflußt, bildet Kreditpolitik nach KEYNESschem Verständnis einen Bestandteil der Beschäftigungspolitik. Eine solche Politik mit dem Ziel, für Vollbeschäftigung der Erwerbspersonen zu sorgen, gilt seit den vierziger Jahren international fast unbestritten als wirtschaftspolitische Hauptaufgabe jeder Regierung. Es wird daher auch in vielen offiziellen Dokumenten genannt. So erklärte die britische Koalitionsregierung 1944 im Namen der beiden großen Parteien des Landes in einem Weißbuch,[27] die Erhaltung der Vollbeschäftigung sei eines ihrer wichtigsten Ziele; die Regierung der Vereinigten Staaten wurde durch das Beschäftigungsgesetz von 1946 auf dieses Ziel verpflichtet;[28] und in der Charta der Vereinten Nationen[29] wird es ebenso genannt wie im Abkommen über den

---

[27] Employment Policy. Presented by the Minister of Reconstruction to Parliament by Command of His Majesty. May 1944, London, Cmd. 6527.

[28] Employment Act of 1946. Public Law 304, 79th Congress of the United States. United States Statutes at Large, 1946, Vol. 60, Part. 1. Washington, D.C., 1947, S. 23.

[29] Charta der Vereinten Nationen, 1945, Artikel 55; mit der Verpflichtung in Artikel 56, das Ziel anzustreben.

Internationalen Währungsfonds[30] und im Vertrag über die Europäische Wirtschaftsgemeinschaft.[31]

7. Wirtschaftspolitik im KEYNES-Modell. Bei Verwendung des KEYNES-schen Denkinstrumentariums ergeben sich für wirtschafts-, insbesondere beschäftigungspolitische Eingriffe zwei Ansatzpunkte: Über die Geldpolitik kann die Lage der LM-Kurve, über die Finanz- oder die Außenhandelspolitik die Lage der IS-Kurve beeinflußt werden. Die mit dem IS-LM-Modell erreichte Integration der Güter- und Geldsphäre erlaubt dabei, die genannten Eingriffe mit einem einheitlichen Begriffsapparat zu analysieren und dabei ständig ihre Interdependenz im Auge zu behalten.

Die Diskussion des Transmissionsmechanismus der Geldpolitik (S. 201–203) und der geldpolitischen Konzeptionen (S. 205 ff.) zeigte, daß nach Auffassung von KEYNES-Anhängern Maßnahmen in diesem Bereich vornehmlich über die Zinssätze wirken. Da diese vermutlich die Staatsausgaben und den Außenhandel kaum und die Konsumausgaben nur marginal beeinflussen, wirken sie hauptsächlich über die Investitionen. Maßnahmen der Geldpolitik sind daher um so wirkungsvoller, je zinselastischer die Investitionen sind. Bild 4.11 zeigt das Grundmodell zur Beeinflussung des Wirtschaftsablaufs mit dem Ziel, ein verlorengegangenes Vollbeschäftigungsgleichgewicht wiederherzustellen. In der Ausgangssituation herrsche beim Sozialprodukt Y_0^r oder $(Y_0^r)'$ Gleichgewicht bei Unterbeschäftigung. Teil (a) zeigt stilisiert die drei Möglichkeiten, das Sozialprodukt bei Vollbeschäftigung Y_1^r zu erreichen:

- Allein durch Fiskalpolitik. Dazu muß die IS-Kurve in die Position $(IS)_2$ gebracht werden. Das kann direkt durch eine kreditfinanzierte Heraufsetzung der Staatsausgaben für Sachgüter und Dienstleistungen; indirekt durch Steuersenkung oder Erhöhung der Transferausgaben mit der Absicht geschehen, den privaten Konsum anzuregen. Auch Exportförderung oder Importdrosselung wirken in diese Richtung;
- Allein durch Geldpolitik. Die LM-Kurve muß in die Position $(LM)_2$ geraten, vornehmlich durch Heraufsetzung der Geldmenge mit der Folge einer Zinssenkung auf r_1;
- Durch eine Mischung von Fiskal- und Geldpolitik. Die IS-Kurve braucht dann nur bis zur Lage $(IS)_1$, die LM-Kurve nur bis $(LM)_1$ verschoben zu werden.

Das Bild macht deutlich, daß es für die Wirkung auf das Sozialprodukt nicht gleichgültig ist, welche der beiden Kurven sich nach rechts verschiebt und welche Politik daher gewählt wird. Die Rechtsverschiebung der IS-Kurve allein erhöht mit der zusätzlichen Kreditnachfrage und dem vermehrten Bedarf an Transaktionsgeld den Zinssatz, im Bild auf r_2, wodurch die expansive Wirkung

---

[30] Articles of Agreement of the International Monetary Fund, 1944, Art. I. Text mit deutscher Übersetzung in: Gesetz zu dem Übereinkommen über den Internationalen Währungsfonds in der Fassung von 1976 (IWF-Gesetz) vom 9. Januar 1978. BGBl. II, S. 13.
[31] Vertrag zur Gründung der Europäischen Wirtschaftsgemeinschaft, 1957, Art. 104.

Bild 4.11 – *Geld- und Fiskalpolitik im IS-LM-Modell*

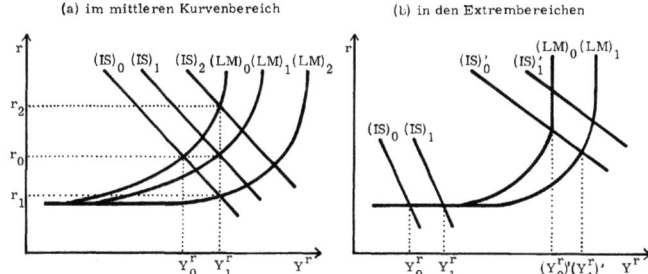

(a) im mittleren Kurvenbereich   (b) in den Extrembereichen

des staatlichen Eingriffs zum Teil durch den Rückgang der privaten Investitionen neutralisiert wird. Dieser Effekt wurde bei den Multiplikatoranalysen in Teil III des zweiten Kapitels nicht berücksichtigt. Er bewirkt auch, daß der Multiplikator eines steuerfinanzierten Zusatzbudgets unter eins bleibt. Die Rechtsverschiebung der LM-Kurve senkt dagegen den Zinssatz ohne Gegenreaktion, wenngleich zu beachten ist, daß ein Teil der zusätzlichen Geldmenge bei dem niedrigeren Zinssatz zu Spekulationszwecken gehalten wird und nur der Rest als Transaktionsgeld für das erhöhte Sozialprodukt zur Verfügung steht. Eine entsprechende Kombination von Fiskal- und Geldpolitik läßt den Zinssatz ungeändert, womit wieder die Multiplikatorwerte des zweiten Kapitels gelten. Bemerkenswert ist hier im übrigen der Unterschied zum klassischen Modell: Gäbe es in diesem eine (senkrechte, vgl. S. 297) LM-Kurve, würde sie durch eine Geldmengenerhöhung zwar nach rechts, durch die folgende Preiserhöhung aber wieder nach links verschoben, die Geldpolitik hätte keine Beschäftigungswirkung.

Die Gültigkeit der eben gezogenen Schlüsse hängt entscheidend von der Tatsache ab, daß der mittlere Bereich der LM-Kurve betrachtet und die IS-Kurve mit einer von null verschiedenen Elastizität angenommen wurde. Wie schon in den beiden vorangegangenen Abschnitten ist jedoch auch die Möglichkeit extremer Lagen beider Kurven in Betracht zu ziehen. Schneidet in Teil (b) in der Ausgangssituation bei Unterbeschäftigung die IS-Kurve die LM-Kurve wie in Bild 4.7 (b) S. 296 in deren KEYNES-Bereich, so würde eine expansive Geldpolitik die LM-Kurve zwar in die Lage $(LM)_1$ verschieben, aber den Zinssatz nicht senken und daher ohne Wirkung bleiben. Verallgemeinert: Während eine kontraktive Geldpolitik immer bis zum Punkt ihrer Wirksamkeit getrieben werden kann, weil es keine Obergrenze für den Zinssatz gibt, kann eine expansive an der Liquiditätsfalle scheitern. Eine expansive Fiskalpolitik mit Rechtsverschiebung der IS-Kurve in die Lage $(IS)_1$ entfaltet hier dagegen ihre maximale Wirkung, da die eben beschriebene, teilweise neutralisierende Effekt der Zinssteigerung fehlt. Das reale Sozialprodukt steigt bei voller Wirksamkeit des Multiplikatoreffekts von Y_0^r auf Y_1^r. Eben wegen der Möglichkeit dieser Situation sind KEYNES-Anhänger „Fiskalisten" (vgl. S. 209). Hier ist im übrigen auch unwichtig, ob und inwieweit die Investitionsgüternachfrage zinselastisch ist: Da die Staatsausgaben G einen Teil der erweiterten IS-Kurve bilden, verschiebt ihre Erhöhung die Kurve auch dann nach rechts, wenn sie senkrecht verläuft. Gerade umgekehrt sind die relativen Effekte von Geld- und Fiskalpolitik, wenn sich in einer alternativen Ausgangssituation mit dem Unterbeschäftigungs-Sozialprodukt $(Y_0'')'$ IS- und LM-Kurve in deren klassischem Bereich schneiden. Eine expansive Fiskalpolitik, die nunmehr die IS-Kurve aus der Lage $(IS)_0'$ in die Lage $(IS)_1'$ verschiebt, bleibt in Relation zur $(LM)_0$-Kurve in bezug auf die Höhe des Sozialprodukts $(Y_0'')'$ wirkungslos und erhöht lediglich den Zinssatz. Die zusätzliche Nachfrage bei ungeändertem realem Angebot muß auch die Preise erhöhen und so die reale Geldhaltung reduzieren. Zins- und Preissteigerungen verdrängen zusammen private Nachfrage in dem Ausmaß, in dem die staatliche zugenommen hat. Bild 4.3(b) S. 276 zeigte dies bereits auf andere Weise.

Expansive Geldpolitik hat dagegen in der alternativen Ausgangssituation ihren maximalen Effekt: Da hier kein Spekulationsgeld gehalten wird, sinkt der Zinssatz, und das Sozialprodukt steigt auf $(Y_1'')'$ und damit im vollen Ausmaß der Rechtsverschiebung der LM-Kurve als Folge einer Erhöhung der Geldmenge – vorausgesetzt, daß die Zinselastizität der Investition von null verschieden ist. Dies wurde im klasssischen Modell als selbstverständlich angenommen, aber erfahrungsgemäß kann es unter den heutigen Bedingungen vorkommen, daß auch erhebliche Zinssenkungen die potentiellen Investoren nicht aus ihrer abwartenden Haltung locken. Offenbar müssen dann neben dem Zinssatz und der Konjunkturentwicklung weitere Faktoren wirksam sein.

Die Analyse der Wirkungen von Fiskal- und Geldpolitik auf das reale Sozialprodukt anhand des IS-LM-Modells läßt als Nebenergebnis die Wirkungen auf den Zinssatz erkennen. Das in Bild 4.9 (S. 298) abgeleitete makroökonomische Angebots-Nachfrage-Modell ist hierzu komplementär, da es die Nebeneffekte auf das Preisniveau zeigt. Wie aus der Herleitung der makroökonomischen Nachfragekurve in Bild 4.9 hervorgeht, hat sie den angegebenen Verlauf bei gegebenen Staatsausgaben G und gegebener Geldmenge M. Werden G, M oder beide geändert, muß sich die Nachfragekurve verschieben. Expansive Fiskalpolitik verschiebt die IS-Kurve in Teil (e) und damit in gleichem Umfang die Nachfragekurve in Teil (d) nach rechts. Expansive Geldpolitik verschiebt die LM-Kurve in Teil (c) nach rechts, senkt den Zins und erhöht das Sozialprodukt, so daß bei ungeändertem Preisniveau mehr Güter nachgefragt werden: Auch in diesem Fall wandert die Nachfragekurve nach rechts, und zwar um so mehr, je zinselastischer die Investitionsgüternachfrage ist. Damit wird klar, daß die Wirkung einer gegebenen Rechtsverschiebung der Nachfragekurve auf das Preisniveau, mag sie nun auf eine expansive Fiskal- oder Geldpolitik zurückgehen, von der Lage und Gestalt der makroökonomischen Angebotskurve in der Ausgangssituation abhängt. Liegen alter und neuer Schnittpunkt in ihrem KEYNES-Bereich, ändert sich das Preisniveau nicht oder wenig; liegen beide im klassischen Bereich, wirkt sich die Expansion nur oder fast nur in steigenden Preisen aus. Im Zwischenbereich erhöht jeder expansive Eingriff sowohl die Beschäftigung als auch das Preisniveau und konfrontiert die Wirtschaftspolitiker daher mit einem Zielkonflikt.

Insgesamt zeigte die KEYNESsche Analyse, daß staatliche Eingriffe zu einem verlorengegangenen Vollbeschäftigungsgleichgewicht oder doch in dessen Nähe zurückführen können. Das war die KEYNESsche Botschaft, die nach dem zweiten Weltkrieg von den Politikern aufgenommen wurde und dazu führte, daß in wichtigen westlichen Ländern auch formell dem Staat die Verantwortung für die Erhaltung und gegebenenfalls Wiederherstellung der Vollbeschäftigung übertragen wurde.

Bei der Anwendung dieser Politik zeigten sich jedoch auch nachteilige Nebenwirkungen. Vollbeschäftigung ist nicht das einzige wirtschaftspolitische Ziel; Preisstabilität ist ein weiteres. Wie aus der Herleitung der makroökonomischen Angebots- und Nachfragekurve in Bild 4.9 folgt, zerfällt in ihrem mittleren und vermutlich relevanten Bereich jede gesamtwirtschaftliche Angebots- und Nachfrageänderung in eine Mengen- und eine Preiskomponente. Nur für die KEYNESsche Extremsituation (vgl. S. 293) war angenommen worden, daß sich eine Expansion des Sozialprodukts allein in den Gütermengen auswirkt. In der relevanten Situation steigen bei expansiver Konjunkturpolitik auch die Preise und gefährden das Ziel der Preisstabilität, und konjunkturdämpfende Maßnahmen in der Hochkonjunktur verringern bestenfalls den Preisauftrieb, können aber die Gütermengen und damit die Beschäftigung sehr viel schneller und stärker senken. Probleme dieser Art sind seit den siebziger Jahren in den Vordergrund getreten.

IV. Neuere Probleme der Beschäftigungstheorie und -politik

1. Wirtschaftliche Probleme der Nachkriegszeit. So wie die Weltwirtschaftskrise und das mit ihr in den Vordergrund getretene Beschäftigungsproblem die KEYNESsche Makroökonomik hervorbrachte, so zeichnen sich in der Nachkriegszeit neue Probleme und Lösungsversuche ab. In den fünfziger und auch noch in den sechziger Jahren war allenthalben starkes wirtschaftliches Wachstum zu beobachten, besonders in den kriegszerstörten Ländern Westeuropas; der Welthandel wuchs in historisch bis dahin nicht verzeichnete Dimensionen; staatliche Eingriffe in den Wirtschaftsablauf wurden national wie international eher abgebaut. Die krassen Unterschiede im Lebensstandard zwischen den Nationen wurden wahrgenommen; mit der Abschaffung der Kolonialherrschaft entstanden Dutzende selbstständiger, aber ökonomisch unentwickelter Staaten, die in großem Maßstab zu Empfängern von Entwicklungshilfe vor allem seitens der westlichen Industrieländer wurden. In der Wirtschaftswissenschaft wurde entsprechend die Wachstumstheorie ausgebaut, und es entstanden Arbeiten über die Theorie und Politik der Entwicklungshilfe. Rezessionen wurden bis weit in die sechziger Jahre hinein mit KEYNESschen Rezepten bekämpft, vor allem mit Mischungen aus Fiskal- und Zinspolitik. In der Bundesrepublik fand diese Entwicklung ihren Höhepunkt im *Gesetz über die Bildung eines Sachverständigenrates zur Begutachtung der gesamtwirtschaftlichen Entwicklung* von 1963 (BGBl. I, S. 685), dem Stabilitätsgesetz von 1967 (vgl. S. 59, Anm. 6) und dem erfolgreichen Versuch, die erste Nachkriegsrezession 1967 mit einem öffentlichen Ausgabenprogramm zu bekämpfen.

Gegen Ende der sechziger Jahre begann sich dann ein Phänomen abzuzeichnen, das in den dreißiger Jahren keine Rolle gespielt hatte und mit den Instrumenten der KEYNESschen Makroökonomik nicht recht in den Griff zu bekommen war: Die Inflation. Sie zeigte sich vielfach nacheinander in zwei Stufen mit wachsendem wirtschaftspolitischem Problemgehalt: Als Inflation bei Vollbeschäftigung und als Inflation bei Unterbeschäftigung, auch Stagflation genannt, bei der eine Stagnation des realen Sozialprodukts, häufig begleitet von nennenswerter Arbeitslosigkeit, mit einer fühlbaren Inflation einhergeht. Während man noch hoffen konnte, die erstgenannte Art durch kontraktive Maßnahmen bei allenfalls geringen Beschäftigungseinbußen mit Erfolg zu bekämpfen, stellt eine Stagflation die wirtschaftspolitischen Instanzen vor die Situation des Zielkonflikts: Die Inflation gebietet kontraktive, die Unterbeschäftigung expansive Maßnahmen.

Die Antwort der Wirtschaftswissenschaftler auf das Inflationsproblem war zunächst eine Rückbesinnung auf Vorstellungen der Klassiker über die Zusammenhänge zwischen Geldmenge und Preisniveau, die seit den sechziger Jahren als Neo-Quantitätstheorie oder Monetarismus bekannt ist (S. 206 ff.). Wirtschaftspolitisch war an dieser „Gegenrevolution" gegen die KEYNESsche, ihrerseits als „Revolution"[32] gegen die Ansichten der Klassiker bezeichnete Denkrichtung kennzeichnend, daß auf Maßnahmen der Feinsteuerung eher verzichtet wurde, da ihre Wirkungen nicht mit hinreichender Sicherheit vorhersehbar waren, und daß der Gedanke Boden gewann, den Wirtschaftsablauf eher längerfristig anhand gewisser Regeln zu steuern. Der Zusammenhang zwischen Inflationsrate und Arbeitslosenquote wurde untersucht und das Abwägungsproblem gestellt.

In den siebziger Jahren verstärkte sich allenthalben die Inflation, begünstigt vor allem durch zwei eher externe Ursachen: Die Aufgabe des Systems bandfixierter Währungskurse im Frühjahr 1973 sowie die beiden massiven Preiserhöhungswellen für Rohöl Ende 1973 und 1979. Die KEYNESsche Steuerung versagte nunmehr weitgehend, und bei der Suche nach den Ursachen stieß man auf die Idee, daß der aufgeklärte Arbeitnehmer, Konsument, Kreditgeber, Produzent und Investor durch wirtschaftspolitische Maßnahmen nicht mehr zu beeinflussen sei: Er sieht sie kommen, kennt ihre beabsichtigten Wirkungen, stellt sich auf diese ein und vereitelt so ihren Erfolg.[33] Dies wurde von einigen

---

[32] Die Übernahme journalistischer Extrem- und Katastrophensprache zur Kennzeichnung von Änderungen herrschender Ansichten in Wirtschaftstheorie und -politik hat schon eine gewisse Tradition. Die oben genannten Ausdrücke entstammen dem Artikel von H. G. JOHNSON: The Keynesian Revolution and the Monetarist Counter-Revolution. AER, Bd. 61, Mai 1971, S. 1–14. Es lohnt, die bereits 1950 erschienene Persiflage dieses Sprachgebrauchs bei D. H. ROBERTSON nachzulesen (QJE, Vol. 64, 1950, S. 1–14), der schon damals acht „Revolutionen" dieser Art „an den Fingern aufzählte".

[33] Ein literarisches Vorbild für diesen säkularen Lernprozeß lieferte 1945 der amerikanische Humorist JAMES THURBER. In seiner Fassung des Märchens von Rotkäppchen und dem bösen Wolf entnimmt dieses, als es den als Großmutter verkleideten Wolf erkennt, seinem Körbchen eine automatische Pistole und schießt ihn tot. Das Motto des Märchens lautet daher: „It is not so easy to fool little girls nowadays as it used to be". – Vgl. auch TINBERGENS Vermutung, langfristig könne es keine systematischen Abweichungen zwischen Erwartungen und Tatsachen geben, in: QJE, Vol. 61, 1947, S. 433.

Autoren mit klassischen Vorstellungen über die ständige Räumung aller Märkte einschließlich der Annahme einer automatischen Tendenz zur Vollbeschäftigung samt der Existenz einer „natürlichen" Arbeitslosigkeit verbunden und führte zu dem Schluß, daß wirtschaftspolitische Maßnahmen zur Konjunktursteuerung kurz- wie langfristig bestenfalls nutzlos sind und ungünstigstenfalls prozyklisch wirken. Gleichzeitig wurde mit diesem Ansatz auch die Möglichkeit in Frage gestellt, die Wirkungen wirtschaftspolitischer Eingriffe mit Hilfe makroökonometrischer Modelle zu prognostizieren (vgl. S. 118).

Kritik an der vorstehend genannten Hypothese der *rationalen Erwartungen* erwachte auf Seiten von Keynesianern, die sich mit der Annahme der ständigen Markträumung nicht befreunden konnten und dagegenhielten, daß eine solche Annahme zwar für Forderungsmärkte im weitesten Sinne, nicht aber für alle Güter- und Faktormärkte zutrifft. Besonders auf den Arbeitsmärkten sind die Informations- und Transaktionsaufwendungen so hoch, daß nicht geräumte Märkte die Regel bilden. Hypothesen solcher Art werden inzwischen unter der zusammenfassenden Bezeichnung „Neue KEYNESsche Makroökonomik" diskutiert.

2. Inflation und ihre Wirkungen. Das Wort „Inflation" bezeichnete ursprünglich wohl die „Aufblähung" der Geldmenge zusammen mit den damit einhergehenden Preissteigerungen. Nun können Definitionen zwar nicht falsch, wohl aber zweckmäßig oder unzweckmäßig sein; und generell ist zu fordern, daß die Definition eines Phänomens keine Hypothesen über seine Ursachen oder Wirkungen enthalten soll, da diese falsch sein können. Es gilt daher hier

Def. 4.1: *Inflation ist die fortgesetzte Erhöhung des Preisniveaus eines volkswirtschaftlich bedeutenden Gütersortiments.*

Damit wird nur noch ein Symptom genannt und keine Vermutung über einen Zusammenhang zwischen Preissteigerungen und Änderung der Geldmenge ausgedrückt. Es bleibt offen, ob eine Zunahme der Geldmenge mit der Erhöhung des Preisniveaus etwa der Konsumgüter in einer Volkswirtschaft einhergeht (was häufig zu beobachten ist), ihre notwendige Bedingung darstellt (was nicht zwangsläufig ist) oder das Preisniveau nicht beeinflußt (was vorkommt).

Die Definition enthält ferner keine numerische Angabe und schließt daher auch kleine Preissteigerungen ein. Verbindet man mit dem Begriff der Inflation die Vorstellung eines sozialen Problems, dann muß man fragen, welche Preissteigerungsrate so geringfügig ist, daß sie den Namen „Inflation" noch nicht verdient. Diesen Weg ging die Deutsche Bundesbank, als sie wegen unvermeidbarer Ungenauigkeiten der Messung gutachtete, eine Zunahme des Preisindex für die Lebenshaltung einer mittleren Verbrauchergruppe von bis zu 2 v. H. jährlich sei im Grunde noch kaum eine Geldwertminderung[34]. Jedoch ist auch der Einbau von Werturteilen und wirtschaftspolitischen Folgerungen in eine Definition wissenschaftlich unsauber und gilt daher nicht für den folgenden Text. Der hier geübte Sprachgebrauch schließt im übrigen auch Wortbildungen wie „zurückgestaute Inflation" aus. Mit dieser meint man, daß wirksame staatliche

---

[34] So dem Sinne nach in: Bbk-Monatsbericht März 1968, S. 12.

Preiskontrollen, etwa im Zusammenhang mit einer Rationierung von Konsumgütern während eines Krieges, zwar vorübergehend die Preise konstant halten können, diese nach Aufhebung der Kontrollen aber um so mehr steigen werden. Auch dies ist nur eine eingebaute, wenngleich gut bestätigte, Hypothese und hat daher in einer Definition nichts zu suchen.

Zwei Gütersortimente gelten in der Praxis als volkswirtschaftlich so bedeutend im Sinne der Definition 4.1, daß ihre Preisentwicklung als Maß für die Inflation in einem Lande dient: Die Gesamtheit der Konsumgüter und das Bruttosozialprodukt zu Marktpreisen. Die entsprechenden Preisindizes sind in der Bundesrepublik Deutschland der Preisindex für die Lebenshaltung aller privaten Haushalte und der Preisindex für das Sozialprodukt.[35] Im folgenden wird der Preisindex für Konsumgüter herangezogen, da jedermann zur Gruppe der Konsumenten gehört und deren Interessen gemäß einem weithin akzeptierten Werturteil Vorrang gegenüber denen anderer Gruppen genießen.

Tabelle 4.2 zeigt die mit diesem Index gemessene Inflation in ausgewählten Ländern in der Nachkriegszeit. Genereller Eindruck ist, daß ständig Inflation

Tabelle 4.2 – *Preissteigerungsraten in ausgewählten Ländern, 1950–1986*

Land	jahresdurchschnittliche Änderung des Preisindex für die Lebenshaltung in v. H.			
	1950–1960	1960–1970	1970–1980	1980–1986
Industrieländer:				
Bundesrepublik Deutschland	1,9	2,7	5,1	3,2
Frankreich	5,5	4,2	9,7	8,4
Großbritannien	4,1	4,0	13,7	6,5
Italien	3,0	3,9	13,8	12,4
Niederlande	3,2	4,3	7,4	3,5
Schweiz	1,4	3,4	5,0	3,7
Japan	4,0	5,8	9,0	2,4
Kanada	2,2	2,7	8,0	6,9
Vereinigte Staaten	2,1	2,7	7,8	4,9
Entwicklungsländer:				
Ägypten	0,4	3,6	9,4	14,4[a]
Argentinien	27,7	21,2	94,2	269,9
Brasilien	21,0	44,0	35,3	148,0
Ghana	3,2	7,7	40,3	55,5[a]
Indien	3,1	6,1	7,8	9,0
Israel	12,3	5,5	41,6	163,3
Mexiko	7,5	2,7	16,6	60,7[a]
Türkei	9,4	6,2	33,4	37,3
Venezuela	1,8	0,9	8,4	11,2[a]

[a] 1980–1985.
Quelle: Stat. Jb. BRD 1967, S. 130*f.; 1971, S. 104*f.; 1983, S. 712f.; 1987, S. 722f.

---

[35] Einzelheiten in: Rechnungswesen⁶, S. 138–145 und 335–346.

Tabelle 4.3 – *Hyperinflationen in Europa zwischen 1921 und 1946*

Land	Beginn	Ende	Verhältnis des Preisniveaus am Ende zum Preisniveau am Beginn
	der Inflation		
Österreich	Oktober 1921	August 1922	70
Rußland/Sowjetunion	Dezember 1921	Januar 1924	$1{,}24 \cdot 10^5$
Deutsches Reich	August 1922	November 1923	$1{,}01 \cdot 10^{10}$
Polen	Januar 1923	Januar 1924	670
Ungarn	März 1923	Februar 1924	44
	August 1945	Juli 1946	$3{,}8 \cdot 10^{27}$
Griechenland	November 1943	November 1944	$4{,}7 \cdot 10^8$

Quelle: P. CAGAN: The Monetary Dynamics of Hyperinflation. S. 25 f. in: M. FRIEDMAN (Hg.): Studies in the Quantity Theory of Money. Chicago 1956.

herrschte; daß sie in den drei Dekaden zugenommen hat; und daß sie in Entwicklungsländern ungleich stärker ist als in Industrieländern. Das lädt zu einer Klassifikation nach dem Grad der Inflation ein, gemessen an der durchschnittlichen jährlichen Preissteigerung, der *Inflationsrate,* über einen längeren Zeitraum hinweg. Grenzen können dabei nur willkürlich festgesetzt werden, und so könnte man unterscheiden:

– *Schleichende Inflation:* Die jährliche Preissteigerungsrate liegt oberhalb von null, überschreitet aber nicht 8 bis vielleicht 10 v. H.;
– *Mittlere Inflation:* In diesem sehr breiten Bereich „trabt" bis „galoppiert" die Inflation und kann bis zu mehreren hundert Prozent pro Jahr erreichen;
– *Hyperinflation* umfaßt die Fälle der höchsten bisher beobachteten Geldentwertungen. In einer Untersuchung solcher Inflationen in Europa sei dem Ende des ersten Weltkrieges wurde als ihr jeweiliger Beginn der Monat festgelegt, in dem der als maßgebend angesehene Preisindex erstmals um mehr als 50 v. H gegenüber dem Vormonat stieg.

Tabelle 4.3 zeigt die Grade der sieben so definierten Hyperinflationen. Hinter solchen Zahlen stehen Ereignisse des täglichen Lebens, die von der betroffenen Bevölkerung nur als ökonomische Katastrophe erlebt werden können. Einige Einzelangaben mögen dies illustrieren. Während der Einzelhandelspreis für Butter 1913/14 im Deutschen Reich bei 2,70 Mark je kg lag[36], betrug er 1922 im Januar 92 Mark, im Juli 204 Mark, im Dezember 3000 Mark. Auf dem Höhepunkt der Hyperinflation kosteten am 26. November 1923 in Berlin 1 kg Kartoffeln 84 Mrd. Mark, 1 Ei 320 Mrd. Mark, 1 Liter Vollmilch 280 Mrd. Mark. Die

---

[36] Diese und die folgenden Angaben zur Inflation nach: WiSta, 3. Jg. 1923, S. 46, 148, 726; 4. Jg. 1924, S. 1, 12, 25.

damalige Reichsindexziffer für die Lebenshaltungskosten mit der Basis 1913/14 = 1 erreichte am 26. November 1923 ihren Höchststand mit 1,535 · 10^{12}. Einkommen und Geldmenge folgten dieser Entwicklung: Der tarifliche Wochenlohn von Maurern und Zimmerern betrug im November 1923 im Reichsdurchschnitt 19,61 Bill. Mark; der Papiergeldumlauf einschließlich Notgeld erreichte Ende dieses Monats rund 520 · 10^{18} (520 Trillionen) Mark. Die Banknote mit der bisher höchsten Denomination wurde 1946 in Ungarn ausgegeben und lautete auf 100 Trillionen (= 10^{20}) Pengö.[37] Tabelle 4.2 zeigt bei Argentinien, Brasilien und Mexiko starke Inflationen von heute.

Das Gegenteil einer Inflation ist eine *Deflation:* Der beständige Rückgang des Preisniveaus eines Gütersortiments. Deflationen sind im gesamtwirtschaftlichen Maßstab seltener zu beobachten als Inflationen, kamen jedoch im 19. Jahrhundert mehrfach in einigen Ländern vor. Im Verlauf der Weltwirtschaftskrise sanken die Preise im Deutschen Reich, gemessen an der damaligen Indexziffer der Großhandelspreise mit der Basis 1913 = 100 von 137,2 im Jahresdurchschnitt 1929 auf 93,3 im Jahre 1933, was einer jahresdurchschnittlichen Deflationsrate von 9,2 v. H. entsprach. Die Reichsindexziffer der Lebenshaltungskosten ging im selben Zeitraum mit einer jahresdurchschnittlichen Rate von 6,4 v. H. zurück.[38]

Die soziale Bedeutung einer Inflation muß an ihren Wirkungen abzulesen sein. Nun ändert sich in einer Volkswirtschaft, in der jedermann die Inflationsrate korrekt antizipiert und in alle seine Verträge einbauen kann, gegenüber einer Situation mit konstanten Preisen nichts – mit Ausnahme der Tatsache, daß Geldhalter Verluste erleiden, weil der Realwert ihrer Bestände sinkt. Dem steht der (zusätzliche, vgl. S. 154) Gewinn der Geldschöpfer gegenüber. In der Praxis ist jedoch die korrekte Antizipation eine Ausnahme, zumal Inflationsraten schwanken, und Verträge lassen sich häufig nur verzögert und angesichts der unterschiedlichen Verteilung ökonomischer Machtpositionen nur unvollkommen anpassen. Damit entstehen Inflationswirkungen, und zwar vor allem in bezug auf die Einkommens- und Vermögensverteilung, das wirtschaftliche Wachstum, die außenwirtschaftlichen Beziehungen und die öffentlichen Haushalte.

Am Beispiel der Einkommens- und Vermögensverteilung scheint wie in keinem anderen Bereich evident, daß eine Inflation einige Wirtschaftssubjekte begünstigt und andere benachteiligt. Steigen die Preise eines Gütersortiments, dann sind deren Hersteller ceteris paribus begünstigt, die Käufer benachteiligt. Handelt es sich dabei um Produktionsgüter, dann sind deren Käufer benachteiligt, weil ihre Produktionskosten steigen; werden Konsumgüter teurer, sinkt das Realeinkommen der Verbraucher. Damit sind jedoch nur die unmittelbaren Wirkungen der Inflation erfaßt. Die Wirtschaftssubjekte passen sich an diese an und setzen damit Reaktionsketten in Gang, mit denen sich die positiven und negativen Effekte ausbreiten und in einer letzlich nicht erfaßbaren Weise vertei-

---

[37] Sie ist abgebildet bei M. H. SPENCER: Contemporary Economics, New York 1971, S. 197.

[38] Indexwerte nach E. WAGEMANN (Hg.): Konjunkturstatistisches Handbuch 1936. Berlin 1935, S. 99, 107.

len. So ist die Ceteris paribus-Klausel in der Praxis nie erfüllt. Steigende Produktionskosten betreffen in der Regel die meisten oder alle Anbieter, und diese werden versuchen, die Steigerungen in ihren Verkaufspreisen weiterzugeben, sie zu *überwälzen*. Benachteiligungen bleiben, soweit dies nur mit Verzögerung durchgesetzt werden kann. Bei den Konsumenten lassen sich in erster Annäherung die folgenden Gruppen unterscheiden:

- Unternehmerhaushalte, die in Gestalt zunehmender Gewinne unmittelbar von Preissteigerungen profitieren;
- Haushalte von Arbeitnehmern, die durch Gewerkschaften vertreten werden.

Diese bemühen sich in der Regel, die Zunahme der durchschnittlichen Arbeitsproduktivität abzuschöpfen und zusätzlich den inflationsbedingten Kaufkraftverlust auszugleichen. Die von ihnen vertretenen Arbeitnehmerhaushalte bleiben jedoch benachteiligt, sofern die Inflationsrate zunimmt. In einer ähnlichen Situation befinden sich die Angehörigen freier Berufe, sofern sie wie Ärzte und Rechtsanwälte in der Bundesrepublik ihre Einkommen aufgrund von Gebührenordnungen beziehen, die nur mit staatlicher Genehmigung und in der Regel verzögert angepaßt werden. Gleiches gilt für Empfänger von Sozialrenten und anderen Übertragungseinkommen sowie Bezieher von Einkommen aus Vermögen. Je nach Anlageform (Haus- und Grundbesitz, Aktien, festverzinsliche Wertpapiere) finden sich hier bevorzugte und benachteiligte Teilgruppen.

Für die Vermögensverteilung gilt unter der Voraussetzung, daß die teurer werdenden Güter für die Vermögensbesitzer von Belang sind,

Satz 4.2: *Die Inflation mindert den realen Wert nominell feststehender Forderungen. Bei gefestigten Erwartungen auf ihren Fortbestand bildet sie einen Anreiz zu Vermögensumschichtungen in Richtung auf Gegenstände des Sachvermögens.*

Ein nominell feststehendes Geldvermögen verlor beispielsweise zwischen 1970 und 1980 in der Bundesrepublik, gemessen an dem in diesem Jahrzehnt von 71,5 auf 116,0 gestiegenen Preisindex für die Lebenshaltung[39], 38,4 v. H. seines realen Wertes. Sein Inhaber konnte folglich mit ihm 1980 nur noch 61,6 v. H. des Warenkorbes von 1970 kaufen. Gesamtwirtschaftlich ergeben sich auf diese Weise rechnerisch erhebliche Beträge. So verminderte sich der reale Wert des Ende 1970 vorhandenen Geldvermögens (ohne Aktien) der privaten Haushalte von 470 Mrd. DM[40] während des genannten Zeitraums um 180 Mrd. DM. Die Rechnung darf allerdings hierbei nicht stehenbleiben. Ein Teil dieser Forderungen ist ertragbringend angelegt, und die Zinssätze steigen, sobald sich Kreditanbieter und -nachfrager auf die Inflation einstellen. Die Nachfrager kalkulieren die Wertminderung ihrer Schulden ein und sind bereit, höhere Zinssätze zu bieten; die Anbieter verlangen einen Ausgleich für die Geldentwertung. Außerdem vermindert sich das Angebot festverzinslicher Kredite wegen des allgemeinen Bestrebens, in sachwertgesicherte Anlagen überzuwechseln. Soweit also

---

[39] 1976 = 100.
[40] Zahlenübersichten und methodische Erläuterungen zur gesamtwirtschaftlichen Finanzierungsrechnung der Deutschen Bundesbank 1960 bis 1982. Frankfurt, 4. Aufl. 1983, S. 27.

Kreditgeber in den Genuß inflationsbedingt höherer Zinssätze kommen, gleicht dies einen Teil des Kaufkraftverlustes ihrer Forderungen aus. Anderseits sinken mit der Zinssteigerung die Kurse handelbarer festverzinslicher Wertpapiere, so daß deren Inhaber Verluste erleiden, soweit sie die Papiere vor einer inflationsbedingten nachhaltigen Zinssteigerung gekauft haben und sie vor Fälligkeit verkaufen. Dieser Effekt verschwindet, sobald sich Inflationsrate und Zins stabilisiert haben.

Wenn der Gläubiger eines Kredits durch eine Inflation einen Verlust erleidet, muß dem ein Gewinn des Schuldners gegenüberstehen. Wie aus der Geldvermögensrechnung etwa der Bundesrepublik hervorgeht, sind die Produktionsunternehmen und die Gebietskörperschaften in erheblichem Umfang Nettoschuldner, während die Nettoposition des Finanzsektors unbedeutend ist. Die privaten Haushalte sind Nettogläubiger. Diese Sektorgliederung ist jedoch für eine Analyse der Wirkungen einer Inflation auf die Vermögensverteilung ungeeignet. Die Unternehmen gehören zum größten Teil den privaten Haushalten, und diese profitieren daher von der Inflation, wenn der reale Wert der Schulden der ihnen gehörenden Unternehmen sinkt. Dies gilt insbesondere auch für die mit dem Haus- und Grundbesitz der privaten Haushalte verknüpften Verbindlichkeiten; und die Inflation und andere Einflüsse ließen die Werte dieser Vermögensobjekte daher zumindest in den ersten drei Jahrzehnten der Bundesrepublik beträchtlich steigen. Schließlich ist bei der Feststellung der endgültigen Inzidenz der Inflationswirkungen zu berücksichtigen, daß manche Schuldner ihre Inflationsgewinne nicht halten können:

- Der Wettbewerb auf den Gütermärkten kann bewirken, daß inflationsinduzierte Preiserhöhungen geringer als bei ungehinderter Überwälzung ausfallen;
- Die Gewerkschaften schöpfen Inflationsgewinne zugunsten der Arbeitnehmer durch höhere Lohnforderungen ab;
- Der Staat lenkt einen Teil der Inflationsgewinne über das progressive Steuersystem in seine Kassen.

Insgesamt ist aus diesen Überlegungen zu schließen, daß sich die Wirkungen einer Inflation infolge der allgemeinen Interdependenz im Zeitablauf breit verteilen, viele Wirtschaftssubjekte oder Gruppen sowohl positiv wie negativ betreffen und hinsichtlich ihrer Nettoeffekte vielfach gering und schwierig festzustellen sind.

Für die Wirkung der Inflation auf das wirtschaftliche Wachstum ist angesichts der zentralen Rolle der Investitionen ihr Einfluß auf diese ausschlaggebend. Hierfür wurde die *Gläubiger-Schuldner-Hypothese* aufgestellt:

Hyp. 4.3: *Da die Inflation den realen Wert aller nominell feststehenden Kreditbeziehungen senkt, deren Schuldner hauptsächlich Produktionsunternehmen sind, nehmen infolge dieser Umverteilung die Gewinne und damit die Investitionen zu.*

Die ökonomische Situation der Gebietskörperschaften wird durch eine Inflation zunächst von der Einnahmeseite her beeinflußt:

Hyp. 4.4: *Das Steueraufkommen steigt bei Inflation stärker als bei wirtschaftlichem Wachstum mit stabilem Preisniveau.*

Dieser Effekt zeigt sich beispielsweise bei der Lohnsteuer auf zweierlei Art: Da mit den Preisen auch die meisten Einkommen steigen, verringert sich erstens die steuermindernde Wirkung konstanter Freigrenzen und Freibeträge, und zweitens wachsen immer mehr Einkommen von der unteren Proportionalzone in die erste Progressionszone hinein oder steigen in den Progressionszonen auf. Bei den Unternehmen ergeben sich *Scheingewinne*: Da Produktionsprozesse Zeit erfordern, ist das Preisniveau beim Verkauf der Erzeugnisse höher als beim Einkauf der Produktionsfaktoren. Da diese mit ihren Einstandspreisen in die steuerliche Gewinnberechnung eingehen, steigt das Aufkommen an Unternehmenssteuern. Diesen Effekten stehen auf der Ausgabenseite der öffentlichen Haushalte höhere zu zahlende Preise und Einkommen gegenüber. Es kann daher nicht allgemein gesagt werden, daß diese Haushalte allein aufgrund einer Inflation einen höheren Teil des realen Sozialprodukts an sich ziehen.

3. Inflationsursachen. Als unmittelbare Ursache für eine fortschreitende, am Preisindex für Konsumgüter gemessene Geldentwertung kommen einzeln oder gemeinsam in Frage:

(1) Ein anhaltender Nachfrageüberhang auf den Konsumgütermärkten. Dies nennt man eine *nachfrageinduzierte Inflation* (auch: *Nachfrageinflation*).
(2) Ständige Steigerungen der Stückkosten bei der Mehrzahl der Hersteller von Konsumgütern. Diese Situation tritt ein, wenn die Preise einzelner Produktionsfaktoren stärker steigen als ihre Produktivität und kein Ausgleich durch Preissenkungen anderer Faktoren stattfindet. Es liegt dann eine *kosteninduzierte Inflation* vor.

Solche Kostensteigerungen können von den Lohnsätzen (*lohninduzierte Inflation*) oder von den Importpreisen (*importierte Kosteninflation*) ausgehen. Zeitlich begrenzte Inflationsschübe können von den Zinssätzen oder den Sätzen überwälzbarer Steuern (und damit von so gut wie allen Steuern) her erfolgen. Daneben erscheint es eher irreführend, eine Erhöhung der Geldmenge in demselben Sinne als direkte Inflationsursache zu nennen wie die oben genannten Erscheinungen. Eine gegebene Geldmenge kann je nach der Transaktionshäufigkeit zu ganz unterschiedlichen Transaktionsvolumina führen. Bezieht man die Transaktionshäufigkeit jedoch in die Definition ein, etwa als die während eines Zeitraums wirksame Geldmenge, erhält man eine mit der monetären Nachfrage nach allen Gütern und Forderungen identische Größe. Bei konstanter Transaktionshäufigkeit ist eine Zunahme der Geldmenge jedoch häufigste Begleiterscheinung jeder Inflation und wird insofern von vielen Autoren als eine notwendige Bedingung für diese angesehen.

Ein Urteil über die Frage, ob in einem Land zu einer gegebenen Zeit eine nachfrage- oder eine kosteninduzierte Inflation vorliegt, läßt sich eindeutig nur in den Fällen geben, in denen eine Ursache vorherrscht. Demnach ließe sich eine Nachfrageinflation diagnostizieren, wenn während längerer Zeit einige oder alle Komponenten der Endnachfrage bei steigendem Kapazitätsauslastungsgrad zunehmen, wobei die Importpreise und Tariflohnsätze konstant bleiben oder nach Ausschaltung der Produktivitätsänderungen wesentlich weniger steigen als die Preise der Endnachfragegüter. Steigen andererseits die Importpreise, die Tariflohnsätze oder beide stärker als die jeweilige Produktivität der Importgüter und Arbeitskräfte, während die Endnachfrage mengenmäßig stagniert, liegt kosteninduzierte Inflation vor. Beide Extremfälle sind selten. In der überwiegenden Zahl aller Fälle steigen Endnachfrage und Tariflohnsätze gleichzeitig oder folgen so kurzfristig aufeinander, daß Erwartungen über ihre Steigerung in die Kalküle einbezogen werden. Es ist dann keine Unterscheidung zwischen nachfrage- und kosteninduzierter Inflation möglich, und Bezeichnungen wie „Lohn-Preis-Spirale" und „Preis-Lohn-Spirale" drücken nur noch die jeweilige Interessenlage der Beobachter des Inflationsprozesses aus.

Inflation läßt sich unter den heutigen Bedingungen am besten verstehen, wenn sie als Ergebnis von Konflikten zwischen Gewerkschaften und Unternehmen betrachtet wird, die beide versuchen, die Verteilung des zuwachsenden Sozialprodukts marginal zu ihren Gunsten zu ändern. Sie berücksichtigen dabei die bereits herrschende Inflation, haben Erwartungen über deren weitere Entwicklung und sind sich darüber im klaren, daß die relative Stärke ihrer Positionen vom Grad der Arbeitslosigkeit abhängt. Diese Idee steht im Mittelpunkt vieler neuerer Untersuchungen des Inflationsproblems. Im erweiterten KEYNES-Modell 4.11 (S. 289 f.) bedeutet dies, an die Stelle der Gleichgewichtsbedingung auf dem Arbeitsmarkt eine Hypothese über den Zusammenhang zwischen Arbeitslosigkeit und Inflationsgrad zu setzen.

4. Der Zusammenhang zwischen Inflation und Arbeitslosigkeit.

Ein früher Versuch, einen Zusammenhang zwischen der Inflationsrate und der Arbeitslosenquote zunächst empirisch für Großbritannien herzustellen, wurde 1958 veröffentlicht. Bild 4.12 zeigt für die Bundesrepublik Deutschland eine Zusammenstellung der statistischen Angaben über die jährliche Arbeitslosenquote mit den durchschnittlichen Lohnkosten je Produkteinheit sowie mit einem Preisindex für die Lebenshaltung, beide berechnet als Änderungen gegenüber dem Vorjahr. Die Wahl der Lohnkosten anstelle etwa der Nominallohnsätze beruht auf der Überlegung, daß die Stückkosten der Unternehmen bei Erhöhungen der Nominallohnsätze zwar steigen, infolge der ständig wachsenden Arbeitsproduktivität aber auch zurückgehen. Die Lohnkosten je Produkteinheit zeigen den Nettoeffekt beider Einflüsse, wie aus Gleichung (4.5) S. 250 hervorgeht, und sind damit die maßgebende Variable für etwaige Entscheidungen der Unternehmen, Lohnerhöhungen in den Preisen weiterzugeben. Der Preisindex für die Lebenshaltung von Arbeitnehmerhaushalten mit mittlerem Einkommen in Teil (b) wurde gewählt, weil dies vermutlich am ehesten die von den Gewerkschaften mit ihrer hier entscheidend involvierten Lohnpolitik vertretene Bevölkerungsgruppe ist.

Die Kurven sind von freier Hand eingezeichnet. Sie heißen *PHILLIPS-Kurven* und legen die folgende Vermutung nahe:

Hyp. 4.5: *Zwischen der Zunahme der Lohnstückkosten oder der Inflationsrate einerseits und der Arbeitslosenquote besteht ein gegenläufiger Zusammenhang.*

Die Beziehung läßt sich etwa wie folgt formalisieren. Es seien p_t und AL_t der Stand des Preisindex und die Arbeitslosenquote in der Ausgangssituation t, p_{t-1} der Preisindex der Vorperiode. Wegen der S. 260 ff. erörterten Ursachen der

Bild 4.12 – *Zusammenhänge gemäß dem Konzept der PHILLIPS-Kurve für die Bundesrepublik Deutschland, 1959–1986*

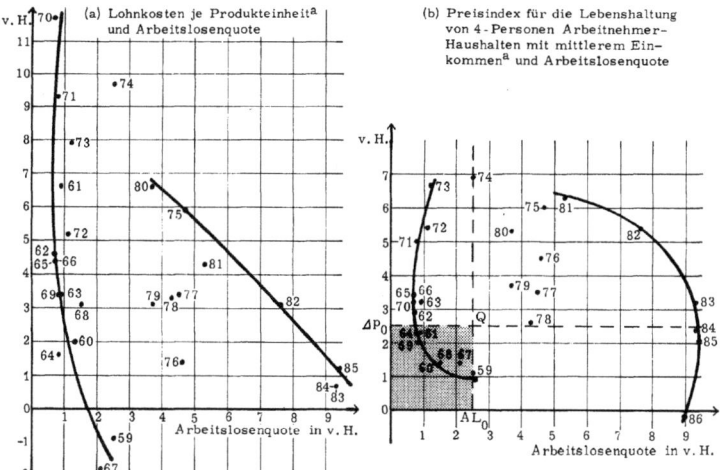

[a] Änderungen gegenüber Vorjahr in v. H.
Quelle: SVR-Gutachten 1973/74, S. 215, 268; 1986/87, S. 216, 226, 286.WiSta, März 1987, S. 70, 108.

Arbeitslosigkeit muß es immer eine gewisse *Mindestarbeitslosigkeit* AL_{min} geben, gemessen durch die *natürliche Arbeitslosenquote*. Ist die tatsächliche Quote höher, geht davon ein eher depressiver Einfluß auf die Preise aus; ist sie niedriger, herrscht eine die Inflation anheizende Überbeschäftigung. Dies wird durch die Gleichung

$$\frac{p_t}{p_{t-1}} = 1 - k(AL_t - AL_{min}) \qquad (4.13)$$

ausgedrückt, in der $k > 0$ ein Reaktionsparameter ist, der die Differenz der Arbeitslosenquoten je nach ihrem Vorzeichen positiv oder negativ auf das Preisniveau überträgt. Ist sie gleich null, dann gehen von der Arbeitsmarktsituation keine Einflüsse auf die Preise aus. AL_{min} ist von Land zu Land verschieden und hat in der Bundesrepublik vermutlich längerfristig zugenommen; k müßte empirisch bestimmt werden. Dabei könnte sich herausstellen, daß sein Wert niedriger ist, wenn $AL_t - AL_{min} > 0$ gilt, und umgekehrt: Preise steigen schneller bei Überbeschäftigung, als sie bei Unterbeschäftigung sinken.

Zur Erklärung dieses Zusammenhangs kann man davon ausgehen, daß die Gewerkschaften in der Hochkonjunktur und daher bei (annähernder) Vollbeschäftigung eine starke Position bei Lohnverhandlungen haben. Sie brauchen Entlassungen nicht zu fürchten, versuchen die in dieser Situation noch hohen Gewinne abzuschöpfen, um den gesunkenen Lohnanteil am Volkseinkommen wieder zu erhöhen, und stellen hohe, über das Produktivitätswachstum hinausgehende Lohnforderungen. Die Arbeitgeberverbände als Verhandlungspartner setzen dem in der Erwartung wenig Widerstand entgegen, die Kostensteigerungen auf die Preise überwälzen zu können. Dies wirkt wiederum kumulativ auf die gewerkschaftlichen Lohnforderungen zurück, mit denen die Reallöhne der Mitglieder gesichert werden sollen. Außerdem sind Arbeitskräfte knapp, und die Konkurrenz der Unternehmen erhöht die freiwillige übertarifliche Bezahlung. Je größer anderseits die Arbeitslosigkeit ist, um so zurückhaltender sind die Gewerkschaften mit ihren Lohnforderungen, da sie nicht Arbeitsplätze gefährden und Unternehmen zur Aufgabe zwingen wollen, während der Nachfragemangel den Unternehmen die Durchsetzung von Preiserhöhungen erschwert. Wirtschaftspolitisch hätte man anhand beider Teile des Bildes in den Jahren 1959 bis 1973 aus dem Verlauf der Kurven in der Bundesrepublik etwa folgende Schlüsse ziehen können:

- Es besteht ein nicht besonders stark ausgeprägter Zielkonflikt zwischen Vollbeschäftigung und Preisstabilität und damit ein Abwägungsproblem: Mehr Preisstabilität ist nur bei höherer Arbeitslosenquote zu haben, weniger Arbeitslosigkeit nur bei mehr Inflation;
- Wird das Ziel der Preisstabilität als erfüllt angesehen, wenn der betrachtete Preisindex um höchstens 1,5 v. H. steigt, dann ist eine Arbeitslosenquote von etwa 1,5 bis 2,5 v. H. in Kauf zu nehmen;
- Eine Arbeitslosenquote von unter 1,0 v. H. ist nur bei Preissteigerungsraten ab etwa 2,0 v. H. erreichbar.

Die numerischen Angaben erscheinen nach den Maßstäben der Mitte der achtziger Jahre unerreichbar anspruchsvoll, entsprachen damals aber der Realität. Setzt man die Ansprüche etwas herab und akzeptiert je zweieinhalb v. H. Inflation und Arbeitslosigkeit, dann sind mit den im schattierten Bereich von Bild 4.12 (b) liegenden Kombinationen beide Ziele gleichzeitig erfüllt. Befindet sich eine Volkswirtschaft in diesem Bereich, liegt insoweit kein Handlungsbedarf vor, und die wirtschaftspolitischen Instanzen können sich anderen Problemen widmen. Das war in der Bundesrepublik seit 1959 nur in sieben Jahren der Fall. Drei weitere Bereiche sind zu unterscheiden:

- Die Arbeitslosigkeit bleibt innerhalb von AL_0 und ist mithin tolerabel, aber die Inflation übersteigt Δp_0. Dies trat in 9 der 28 Jahre 1959 bis 1986 ein;
- Die Inflation ist nicht höher als Δp_0, aber die Arbeitslosigkeit überschreitet die Quote AL_0. Diese Situation liegt seit 1984 vor und dauert an;
- Die Kombinationen liegen innerhalb des im Punkt Q beginnenden Koordinatensystems. In dieser Situation befand sich die Bundesrepublik seit der Mitte der siebziger Jahre bis 1983.

Haben dergestalt beide Zielvariablen ihre tolerablen Limite gleichzeitig verlassen, dann liegt Stagflation als wirtschaftspolitisches Problem vor. Man kann das Ausmaß des Problems numerisch angeben, indem man die Prozentsätze der Arbeitslosigkeit und der Inflation addiert. Das ergibt ein *Stagflationsmaß* (englisch: „misery index"). Dies ist offenbar die schwierigste der eben genannten

Bild 4.13 — *Die PHILLIPS-Kurve*

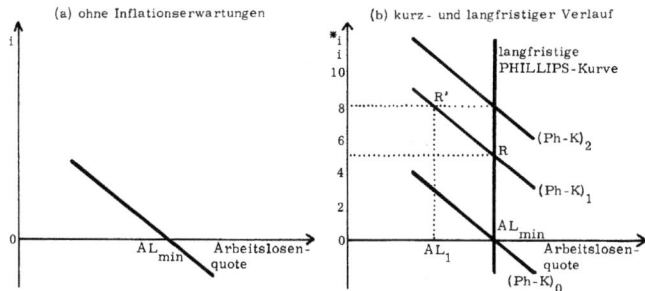

drei Situationen, sie tritt in der Bundesrepublik bei den eben vorgeschlagenen Größenordnungen ein, sobald das Stagflationsmaß 5 v. H. überschreitet.

Bild 4.13 zeigt in Teil (a) die ursprüngliche Idee der PHILLIPS-Kurve als stilisiertes Konstrukt des beispielsweise in Bild 4.12 (a) für die Jahre 1959 bis 1975 oder 1980 bis 1985 ermittelten Zusammenhangs. Die negativ geneigte Gerade ist eine graphische Wiedergabe von Gleichung (4.13) und ordnet jedem Inflationsgrad i eine bestimmte Arbeitslosenquote AL zu. Bei $i = 0$ ist die tatsächliche gleich der Mindestarbeitslosigkeit. Ist $AL_t > AL_{min}$, herrscht Deflation, es ist $i < 0$. In der Steigung der Geraden drückt sich die Größe des Reaktionsparameters k aus: Je kleiner er (absolut) ist, um so größer ist die Zunahme der Arbeitslosigkeit, die für eine gegebene Verringerung der Inflationsrate in Kauf zu nehmen ist.

Ende der sechziger Jahre erhob sich nun eine Grundlagenkritik gegen dieses einfache Konzept der PHILLIPS-Kurve und gewann angesichts der Preisentwicklung in den siebziger Jahren rasch Anhänger, bei der etwa wie folgt argumentiert wurde. Der von PHILLIPS für fast ein Jahrhundert und noch in den sechziger Jahren in anderen Ländern nachgewiesene, längerfristig relativ stabile Zusammenhang ist eine historisch überwundene Erscheinung. Er konnte sich nur zeigen, solange die Arbeitnehmer und ihre Vertreter bei Lohnverhandlungen der Geldillusion unterlagen oder keine Preissteigerungen erwarteten. Die unablässige schleichende Inflation seit Kriegsende und besonders ihre Beschleunigung seit Beginn der siebziger Jahre aber hat diese Illusion zerstört und eine permanente Preissteigerungserwartung geschaffen. Bei Lohnverhandlungen wird nunmehr die Erhöhung oder zumindest Wahrung des Reallohns angestrebt und durchgesetzt und daher die für die Dauer der Tarifverträge erwartete Inflationsrate in die Nominallohnforderung einbezogen. Treffen die wirtschaftspolitischen Instanzen also Maßnahmen, um die Arbeitslosigkeit zu senken, mit denen aber gleichzeitig eine stärkere Inflation zugelassen wird (die Senkung der Reallöhne begünstigt die Unternehmer und soll so Investitionen induzieren), werden entsprechend höhere Forderungen auf Erhöhung der Nominallohnsätze durchgesetzt. Die Maßnahmen verfehlen ihre Wirkung, ihr Ergebnis ist lediglich eine Zunahme der Inflationsrate. Die einzige Möglichkeit wäre, die Inflationsrate jeweils höher als erwartet ausfallen zu lassen. Die Differenz zwischen der tatsächlichen und der niedrigeren erwarteten Rate kann dann vorübergehend den gewünschten Effekt herbeiführen. Jedoch sind auch hier Lernprozesse bei den Gewerkschaften und Unternehmen zu erwarten, und in jedem Fall müßte eine solche Politik in der Zerrüttung des Geldwesens enden, wie sie heute unter anderem in südamerikanischen Ländern zu beobachten ist.

Tatsächlich zeigt ein Blick auf beide Teile von Bild 4.12, daß die Beobachtungspunkte in den siebziger Jahren regellos verstreut erscheinen: Die Hypothese eines einigermaßen stabilen Zusammenhangs zwischen einer die Preisentwicklung repräsentierenden Variablen und der Arbeitslosenquote schien zusammengebrochen. Es waren dies die Jahre starker Preiserhöhungen, hervorgerufen durch die Heraufsetzungen der Rohölpreise 1973 und 1979; hinzu kam die Freigabe vieler Währungskurse gegenüber dem US-Dollar 1973.

Es gelang jedoch, das Konzept der PHILLIPS-Kurve durch den expliziten Einbau der Inflationserwartungen in die Theorie zu retten. Man nimmt dazu an, daß es für jede erwartete Preissteigerungsrate $^*(p_{t+1}/p_t)$ eine eigene Kurve gibt, während die sonstigen Überlegungen über ihren Verlauf ungeändert bleiben. Gleichung (4.13) wird zu

$$\frac{p_t}{p_{t-1}} = {}^*\!\left(\frac{p_{t+1}}{p_t}\right) - k\,(AL_t - AL_{\min}). \tag{4.14}$$

Dies ist die Gleichung der *inflationserwartungserweiterten PHILLIPS-Kurve*. Während $(Ph - K)_0$ in Bild 4.13 (b) die Kurve aus Teil (a) reproduziert, für die eine Inflationserwartung von null angenommen wurde, liegt dem Verlauf von $(Ph - K)_1$ eine solche Erwartung von 5 v. H. zugrunde. Das ist an Punkt R abzulesen: Hier ist die tatsächliche Arbeitslosenquote nach wie vor gleich der Mindestarbeitslosigkeit, so daß vom Arbeitsmarkt kein Einfluß auf die Inflation ausgeht, aber für diese wird aus anderen Gründen eine Jahresrate von 5 v. H. erwartet und in beiderseitigem Einvernehmen der Tarifpartner in die Lohnsätze eingebaut: Die Gewerkschaften wollen die Reallöhne sichern, die Arbeitgeber können dies wegen der erwarteten, ihnen direkt zugutekommenden Preissteigerungen gewähren. Die $(Ph - K)_2$-Kurve zeigt die Situation bei einer erwarteten 8-prozentigen Inflation.

Wie passen sich die Wirtschaftssubjekte an eine zunächst ihrer Höhe nach nicht erwartete Inflationsrate an, so daß sich die PHILLIPS-Kurve etwa aus der Lage $(Ph - K)_1$ nach $(Ph - K)_2$ verschiebt? Angenommen, das System befinde sich bei 5 v. H. Inflation in der durch den Punkt R markierten Ausgangssituation. Die Regierung möchte die Arbeitslosenquote senken und initiiert ein Ausgabenprogramm, das die Arbeitslosenquote auf AL_1 senkt, aber die Inflation gemäß $(Ph - K)_1$ auf 8 v. H. erhöht. Diese durch R' gekennzeichnete Situation kann jedoch nicht andauern: Sie weckt Erwartungen auf eine fortwährende Inflation von nunmehr 8 v. H. und läßt die Nominallohnsätze entsprechend steigen, so daß nach vielleicht zwei bis drei Jahren die Reallöhne zu ihrer früheren Höhe zurückkehren, während die Arbeitslosigkeit wieder zunimmt. Im Ergebnis hat sich die PHILLIPS-Kurve in die Lage $(Ph - K)_2$ verschoben. Entsprechend hat man sich ihre Wanderung nach unten vorzustellen. Eine Anti-Inflationspolitik erhöht zunächst die Arbeitslosigkeit, weil die Nominallohnsätze langsamer reagieren als Güterpreise und ihr Anstieg schwieriger zu bremsen ist. Höhere Arbeitslosigkeit als AL_{min} aber senkt mit der Inflationsrate auch die Erwartungen über diese und führt zur Rückkehr auf die Senkrechte über AL_{min} auf niedrigerem Niveau.

Die geschilderte Dynamik hat die Hypothese entstehen lassen, dem System wohne eine Tendenz zu einem stabilen Gleichgewicht bei Existenz einer Mindestarbeitslosigkeit inne, das von der Inflationsrate unabhängig ist. Das läuft auf die Unterscheidung zwischen einer Schar negativ geneigter kurzfristiger PHILLIPS-Kurven und einer senkrecht verlaufenden langfristigen PHILLIPS-Kurve hinaus, wie sie in Bild 4.13 (b) gekennzeichnet ist.

Die wirtschaftspolitischen Folgerungen der Analyse lassen sich etwa so zusammenfassen. Die Mindestarbeitslosigkeit kann durch expansive Maßnahmen für einige Zeit verringert werden, jedoch passen die Akteure des Arbeitsmarkts ihre Inflationserwartungen hieran an, so daß diese Politik hohe soziale Kosten in Gestalt von Perioden gleichzeitig zunehmender Inflationsrate und Arbeitslosigkeit erfordert. Mit der Inflation lassen sich auch die Erwartungen über sie reduzieren, jedoch ist während der Übergangsperiode erhöhte Arbeitslosigkeit in Kauf zu nehmen. Langfristig gibt es kein oder kein nennenswertes Abwägungsproblem zwischen Inflation und Arbeitslosigkeit, weil die PHILLIPS-Kurve unter diesem Zielaspekt (praktisch) senkrecht verläuft. Bei gegebener Arbeitslosigkeit ist dann jeder Inflationsgrad möglich, weil Lohnerhöhungen immer auf die Preise durchschlagen und umgekehrt. Statt also zuerst und möglicherweise wiederholt expansive Politik mit jeweils nur vorübergehendem Erfolg zu betreiben, deren negative Nebenwirkungen in Gestalt zunehmender Inflation später doch unter massiver Zielverletzung rückgängig gemacht werden müssen, ist möglicherweise eine Förderung der Arbeitsmarkteffizienz zwecks Herabsetzung der Mindestarbeitslosigkeit langfristig die bessere Politik. Diese Art von Effizienz würde etwa mit der räumlichen und beruflichen Mobilität zunehmen.

5. Die Rolle der Erwartungen im Wirtschaftsablauf. Als in den siebziger Jahren in vielen Ländern Inflation und Arbeitslosigkeit zusammen anstiegen, setzte eine verstärkte Suche nach Erklärungen ein, die sich vor allem auf das Versagen der bis dahin dominierenden nachfrageorientierten Wirtschaftspolitik konzentrierten. Als eine der zentralen Ideen kristallisierte sich dabei die Hypothese heraus, daß die Wirtschaftssubjekte in ihrer Mehrheit wirtschaftspolitische Maßnahmen nicht unvermutet hinnehmen und in der gewünschten und mit einiger Sicherheit vorhersehbaren Weise auf sie reagieren, sondern Erwartungen über sie haben, sich mit ihren Reaktionen auf sie einstellen und sie konterkarieren, wenn sie ihren Interessen zuwiderlaufen.

Erwartungen liegen jeder ökonomischen Entscheidung zugrunde, und seien sie noch so rudimentär.[41] Sie sind nicht direkt beobachtbar, jedoch versuchen Wirtschaftswissenschaftler auf mehreren Wegen, sie dennoch greifbar zu machen und in ihre Modelle einzubauen. Das einfachste Verfahren ist offenbar, die Wirtschaftssubjekte direkt zu befragen. In vielen Ländern gibt es Wirtschaftsforschungsinstitute, die Konsumenten nach ihren Meinungen über ihre Einkom-

---

[41] Vgl. die dem Zukunftsaspekt wirtschaftlichen Handelns gewidmeten Teile des wirtschaftswissenschaftlichen Denkansatzes in: Mikroökonomik, S. 10–12.

menserwartungen, Unternehmer über das Geschäftsklima und ihre Investitionsabsichten befragen.

Eine grundsätzlich andere Methode beruht auf folgenden Überlegungen. Es erscheint unstrittig, daß Wirtschaftssubjekte ihre Erwartungen über zukünftige Abläufe im wesentlichen aufgrund ihrer bis zum Planungszeitpunkt vorliegenden Erfahrungen bilden – wo sollten sie sie sonst hernehmen? Wirtschaftswissenschaftler versuchen daher, den Prozeß der Erwartungsbildung bei den Wirtschaftssubjekten mit beobachtbaren Werten von Variablen zu verknüpfen. Ist V die betrachtete Variable, t der Zeitpunkt oder Zeitraum der Planung und $*V_t$ der in t für die kommende Periode erwartete Wert von V, dann sind die drei wichtigsten Hypothesen:

– *Stationäre Erwartungen:* Die Wirtschaftssubjekte nehmen an, daß sich die Variable nicht ändern wird: $*V_t = V_t$. Diese Hypothese liegt dem Spinngewebe-Modell zugrunde,[42] sie vernachlässigt Lernprozesse, die doch ein wichtiger Erklärungsgrund für wirtschaftliches Verhalten sind.

– *Adaptive Erwartungen:* Die Wirtschaftssubjekte vergleichen in der Periode t den in $t-1$ für die damalige Planperiode t erwarteten Wert, also $*V_{t-1}$, mit seinem tatsächlichen Wert V_t und gelangen zu $*V_t$ als dem in t für $t+1$ erwarteten Wert, indem sie $*V_{t-1}$ additiv um einen Bruchteil k ($0 < k < 1$) ihres in t festgestellten Irrtums $V_t - *V_{t-1}$ korrigieren:

$$*V_t = *V_{t-1} + k(V_t - *V_{t-1}) = (1-k)*V_{t-1} + kV_t. \qquad (4.15)$$

Das klingt kompliziert, ist aber leicht zu verstehen, wenn man gemäß der Gleichung den Wert für $*V_{t-1} = (1-k)*V_{t-2} + kV_{t-1}$ bildet und in (4.15) einsetzt. Man erhält:

$$*V_t = (1-k)^2 *V_{t-2} + k(1-k)V_{t-1} + kV_t.$$

Setzt man beispielsweise $k = 0{,}6$, dann geht bei der Erwartungsbildung in t der Wert V_t mit diesem Gewicht in $*V_t$ ein, der eine Periode zurückliegende Wert V_{t-1} nur noch mit $0{,}6 \cdot 0{,}4 = 0{,}24$. Das Verfahren läßt sich mit der Eliminierung von $*V_{t-2}$ und so weiter fortsetzen und bedeutet, daß der Wirtschaftswissenschaftler gemäß der

Hyp. 4.6: *Der für einen Zeitraum oder Zeitpunkt $t+1$ erwartete Wert einer Variablen ergibt sich als gewogenes Mittel seiner beobachteten Werte in t, $t-1$, $t-2,\ldots$, wobei die Gewichte mit zunehmendem zeitlichem Abstand progressiv abnehmen*

arbeitet. Das Verfahren erbringt häufig befriedigende Ergebnisse, versagt aber gerade in den besonders wichtigen Fällen, in denen Variable ihre Bewegungsrichtung ändern. Sie wurde durch eine andere Hypothese abgelöst, nämlich durch die Annahme, die Wirtschaftssubjekte hätten

---

[42] Mikroökonomik, S. 381–388. Dort gilt eine andere Symbolik, gemäß der $*p_t$ (S. 384) den für die Periode t erwarteten Preis bedeutet. Eindeutig wäre die Schreibweise $_{t+1}^{*}V_t$ = In t für $t+1$ (wie der Stern links) erwarteter Wert der Variablen.

– *Rationale Erwartungen.* Diesem Ansatz liegt die auch sonst in der Wirtschaftswissenschaft häufig verwendete Basisannahme zugrunde, Wirtschaftssubjekte verhielten sich bei der Verfolgung ihrer Ziele rational, handelten gemäß dem ökonomischen Prinzip, lösten Optimierungsprobleme.[43] Auf das hier anstehende Problem übertragen bedeutet das in diesem Sinne zweckgerichtete Verhalten, daß Wirtschaftssubjekte ihre Erwartungen über den zukünftigen Wert einer Variablen nicht allein aufgrund ihrer bisherigen Werte bilden, sondern sämtliche dazu vorliegenden Informationen heranziehen und optimal verwerten. Frühere Irrtümer versuchen sie zu erkennen und zu vermeiden. Das schließt nicht aus, daß sie auch weiterhin Fehler machen, aber es wird angenommen, daß diese nicht wie bei adaptiver Erwartungsbildung systematisch in einer Richtung verzerrt sind, etwa indem die Inflationsrate immer wieder unterschätzt wird.

Die Hypothese klingt bis hierher nicht besonders aufregend, weil man sich fragen kann, warum die Wirtschaftssubjekte bisher auf die Verwertung relevanter Informationen verzichtet haben sollten. Sie gewinnt ihre Bedeutung jedoch aus der Übertragung auf die Wirtschaftspolitik. Als Wirtschaftssubjekt und damit Objekt wirtschaftspolitischer Eingriffe rationale Erwartungen zu haben heißt, Vermutungen über Maßnahmen, Absichten und Vorstellungen der wirtschaftspolitischen Instanzen über den Wirtschaftsablauf in die Erwartungsbildung einzubeziehen. Die Informationen hierüber sind öffentlich und jedermann mit geringen Aufwendungen zugänglich, die angestrebten Ergebnisse bekannt, und die Wirtschaftssubjekte können sich mit ihrem Verhalten darauf einstellen. Das führt aber gerade im Problembereich „Inflation und Arbeitslosigkeit" dazu, daß wirtschaftspolitische Eingriffe ihre Wirkung weitgehend verlieren können.

Als Beispiel diene ein Konjunkturprogramm in Gestalt einer Zunahme der öffentlichen Ausgaben für Bauinvestitionen mit dem Ziel, die Arbeitslosigkeit zunächst im Baugewerbe und danach wegen der sich ausbreitenden expansiven Effekte auch in anderen Branchen zu verringern. Man braucht kein ausgebildeter Ökonom zu sein, um diese beabsichtigten Folgen und damit das wirtschaftspolitische Modell zu kennen, da ja die Regierung selbst sich alle Mühe gibt, ihre Absichten bekanntzumachen. Die Erfahrung hat aber auch jedermann gelehrt, daß solche Programme die Inflation eher verstärken. Angesichts von deren Verteilungswirkungen finden Abwehrreaktionen statt: Die Gewerkschaften erhöhen ihre Lohnforderungen um die erwartete zusätzliche Inflation, die Unternehmen wollen dies ausgleichen sowie von der erwarteten zusätzlichen Nachfrage profitieren und setzen ihre Preise herauf, die Kreditgeber wollen die vorausgesehene zusätzliche Kaufkrafteinbuße ihrer Forderungen ausgleichen und verlangen höhere Zinssätze. Im Ergebnis sind Inflationsgrad, Zinssätze und öffentliche Verschuldung gestiegen, und die Arbeitslosigkeit hat nicht abgenommen.

Ein noch wesentlich schädlicherer Effekt ergibt sich aus der berechtigten Erwartung, man könne sich auf antizyklische Maßnahmen des Staates geradezu verlassen. Man weiß, daß auch die Regierungsökonomen von der Bedeutung der Investitionen für den Konjunkturablauf überzeugt sind. Also lohnt es, am Be-

---

[43] Vgl. zu diesem wichtigen Teil des wirtschaftswissenschaftlichen Denkansatzes: Mikroökonomik, S. 6–9.

ginn des Abschwungs mit Investitionen in der Erwartung zurückzuhalten, der Staat werde zwecks Wiederbelebung der Konjunktur beispielsweise steuerliche Abschreibungserleichterungen anordnen. Dieses Verhalten verstärkt den Abschwung und führt die Situation herbei, die ohne die Erwartung staatlicher Eingriffe vielleicht nicht eingetreten wäre: Die bloße Existenz der Wirtschaftspolitik wirkt prozyklisch. Nur wenn es den wirtschaftspolitischen Instanzen gelingt, die Wirtschaftssubjekte mit ihren Maßnahmen zu überraschen, können diese erst danach reagieren, und die Maßnahmen erbringen die gewünschte Wirkung. Es ist jedoch nicht möglich, immer wieder unerwartete Wirtschaftspolitik zu treiben, da ja deren Ziele und Mittel bekannt sein müssen. Wird das Publikum genügend verunsichert, sind auch seine Reaktionen schließlich nicht mehr vorhersehbar: Konjunkturpolitik wird unmöglich.

Diese radikale Schlußfolgerung und damit die Hypothese rationaler Erwartungen sind von mehreren Seiten her kritisiert worden. Die ökonomische Bildung der meisten Arbeitnehmer reicht vermutlich nicht weit, und die Modelle der wirtschaftspolitischen Instanzen sind ihnen unbekannt. Jedoch ist dem entgegenzuhalten, daß es darauf nicht ankommt. Die Akteure im Spiel um Inflation und Arbeitslosigkeit sind lauter Professionelle: Gewerkschafts- und Arbeitgebervertreter; Unternehmen als Preissetzer; Banken, Versicherungsunternehmen und wohlinformierte Privatpersonen als Kapitalanleger. Diese Minderheit hat zusammengenommen genügend Entscheidungsbefugnis, staatliche Eingriffe zu unterlaufen. Auch der Einwand der Kritiker, Informationen seien kein freies Gut und jedes Wirtschaftssubjekt müsse die Aufwendungen für zusätzliche Informationen gegen die Erträge aus der verbesserten Zielerreichung abwägen, schlägt bei der betrachteten Personengruppe nicht durch: Für diese sind Informationen das Lebenselement, und insbesondere Konjunkturprognosen sind jedermann praktisch kostenfrei zugänglich. Ganz sicher schreitet der Lernprozeß über ökonomische Zusammenhänge in der breiten Masse der Bevölkerung weit langsamer voran als bei den Professionellen, aber es gibt ihn, und es ist sehr gut möglich, daß er nunmehr zusammen mit einer geschärften Wahrnehmung von Unterschieden in der Einkommensverteilung und Arbeitsplatzsicherheit, der Wirkungen der Inflation sowie der Steuer- und Abgabenbelastung erlaubt, Ursachen und Folgen wirtschaftlicher Eingriffe zu durchschauen. Schließlich hätten die Kritiker der Hypothese recht, wenn es sich bei den relevanten Ereignissen auf makroökonomisch-gesamtwirtschaftlicher Ebene jeweils um einmalige, sich nicht wiederholende Vorgänge handeln würde. Die Wirtschaftssubjekte hätten dann Entscheidungen unter Unsicherheit zu treffen, während rationale Erwartungen nur gebildet werden und als Grundlage von Entscheidungen dienen können, wenn sich Bedingungskonstellationen und daraus resultierende Vorgänge wiederholen. Die Wirtschaftssubjekte können sich dann ein Urteil über Eintrittswahrscheinlichkeiten bilden und entsprechend Entscheidungen unter Risiko treffen.[44] Der Punkt ist strittig, aber es ist gewiß schwer zu leugnen, daß angesichts der Zielsetzung von Politikern ebenso wie der von politisch unabhängigen wirtschaftspolitischen Instanzen Wirtschaftspolitik heute soweit endogen und damit jedenfalls bei größeren Änderungen der wirtschaftlichen Situation

---

[44] Vgl. zum Unterschied: Mikroökonomik, S. 11 f.

und vor Wahlen voraussehbar ist, daß rationale Erwartungen über jeweils anstehende Eingriffe gebildet werden können.

V. Arbeitsmarkt und Arbeitsmarktpolitik in der Bundesrepublik Deutschland

1. Bevölkerung, Erwerbstätigkeit und Arbeitslosigkeit in der Bundesrepublik. Die Bevölkerung eines Landes wächst durch Geburten und Zuwanderung, sie verringert sich durch Sterbefälle und Abwanderung. Das Nettoergebnis dieser vier Bestimmungsfaktoren läßt ihre Zahl Jahr für Jahr wachsen, gleichbleiben oder schrumpfen.

Auf dem Gebiet der heutigen Bundesrepublik Deutschland lebten im Mai 1939 etwa 43,0 Mill. Menschen.[45] Im Laufe des Krieges kamen Millionen von ihnen um, neben der natürlichen Bevölkerungsbewegung gab es Umsiedlungen zum Schutz vor und als Folge von Luftangriffen; und bei Kriegsende setzte eine millionenfache Fluchtbewegung, nicht nur von Deutschen, hauptsächlich in Ost-West-Richtung ein. Nach der ersten Volkszählung in der Bundesrepublik, die im September 1950 und damit ein Jahr nach ihrer Gründung stattfand, hatte sie 46,9 Mill. Einwohner. Diese Zahl wuchs in der Folgezeit stark an, erreichte ihren Höhepunkt mit 62,1 Mill. im Jahre 1974 und ging bis 1985 auf 61,0 Mill. zurück.

Die Erwerbstätigkeit in der Bundesrepublik seit 1950 ist durch den großen Sprung während der fünfziger Jahre gekennzeichnet, mit dem die Zahl der Erwerbstätigen von rund 20 Mill. um ein knappes Drittel auf gut 26 Mill. 1960 (einschließlich Saarland und Berlin) zunahm. Seitdem stagniert diese Zahl, sie hat bis 1985 auf 25,5 Mill. leicht abgenommen. Relativ stabil blieb der Anteil der Erwerbspersonen (im Unterschied zu den Erwerbstätigen) an der Wohnbevölkerung (vgl. S. 57). Dahinter verbirgt sich jedoch ein erheblicher Strukturwandel in bezug auf die Verteilung der Berufe und Qualifikationen, die Anteile der Wirtschaftszweige, der Frauen und der Ausländer. Die *Arbeitnehmerquote* als Anteil der abhängig Beschäftigten an den Erwerbstätigen nahm ständig zu, sie stieg von rund 68 v. H. 1950 auf 87,2 v. H. 1985.

In der Bundesrepublik enthält § 101 des *Arbeitsförderungsgesetzes* (AFG) von 1969 die maßgebende

Def. 4.2: *„Arbeitslos ... ist ein Arbeitnehmer, der vorübergehend nicht in einem Beschäftigungsverhältnis steht oder nur eine geringfügige Beschäftigung ausübt."*

Was „vorübergehend" heißt, ist angesichts des Vorhandenseins von Dauerarbeitslosigkeit nicht klar. Eine Beschäftigung ist nach § 102 geringfügig, wenn

---

[45] Jahresdurchschnitte. Die Angaben beziehen sich auf die Wohnbevölkerung und schließen die im Bundesgebiet gemeldeten Ausländer ein, die Angehörigen der ausländischen diplomatischen und konsularischen Vertretungen sowie der ausländischen Streitkräfte aus. Quelle auch für die folgenden Angaben: Stat Jb. BRD 1983, S. 52; WiSta März 1987, S. 70*, 82*; sowie die S. 57, Anm. 5 genannte Quelle, S. 118.

Tabelle 4.4 – *Arbeitslosigkeit in der Bundesrepublik Deutschland, 1950–1986*

Jahr	Arbeits- lose[a] 1000	Arbeits- losen- quote v. H.	Jahr	Arbeits- lose[a] 1000	Arbeits- losen- quote v. H.	Jahr	Arbeits- lose[a] 1000	Arbeits- losen- quote v. H.
1950	1580	10,4	1963	186	0,9	1976	1060	4,6
1951	1432	9,1	1964	169	0,8	1977	1030	4,5
1952	1379	8,5	1965	147	0,7	1978	993	4,3
1953	1259	7,6	1966	161	0,7	1979	876	3,7
1954	1221	7,1	1967	459	2,1	1980	889	3,7
1955	928	5,2	1968	323	1,5	1981	1272	5,3
1956	761	4,2	1969	179	0,8	1982	1833	7,6
1957	662	3,5	1970	149	0,7	1983	2258	9,3
1958	683	3,6	1971	185	0,8	1984	2266	9,1
1959	476	2,5	1972	246	1,1	1985	2304	9,3
1960	271	1,3	1973	273	1,2	1986	2228	9,0
1961	181	0,9	1974	582	2,5	1987		
1962	155	0,7	1975	1074	4,7	1988		

[a] Jahresdurchschnitte. Ab 1960 einschließlich Saarland und Berlin (West).
Quelle: SVR-Gutachten 1986/87, S. 216; WiSta März 1987, S. 70*. Ab 1985 vorläufige Ergebnisse.

sie 20 Stunden in der Woche nicht überschreitet. Nicht als arbeitslos gilt, wer diese Grenze dadurch überschreitet, daß er mehrere geringfügige Tätigkeiten ausübt oder als Selbständiger oder mithelfender Familienangehöriger tätig ist. Gesetzliche Grundlage der Arbeitslosenstatistik ist § 6 AFG, nach dem die *Bundesanstalt für Arbeit* (BA) „aus den in ihrem Geschäftsbereich anfallenden Unterlagen Statistiken insbesondere über Beschäftigung und Arbeitslosigkeit der Arbeitnehmer aufzustellen" hat. Aufgrund der Meldungen der Arbeitsämter gibt die BA monatlich die Zahl der Arbeitslosen original und saisonbereinigt bekannt. Die Monatsangaben werden zur jahresdurchschnittlichen Arbeitslosenzahl zusammengefaßt, deren Entwicklung seit 1950 Tabelle 4.4 zeigt. Ebenfalls dargestellt ist die zeitliche Entwicklung der Arbeitslosenquote gemäß der

Def. 4.3: *Die Arbeitslosenquote ist der Quotient aus der Zahl der Arbeitslosen und der Zahl der abhängigen Erwerbspersonen als Summe aus Arbeitslosen und abhängig Beschäftigten.*

Alle Arbeitslosen gelten als arbeitsuchend, aber nicht umgekehrt. Nur arbeitsuchend ist, wer weniger als 20 Stunden pro Woche arbeiten möchte und älter als 65 Jahre ist, oder wer eine Beschäftigung hat und eine andere sucht. Beispielsweise waren im Jahresdurchschnitt 1984: 2,266 Mill. Personen als arbeitslos gemeldet, weitere 412 000 galten nur als arbeitsuchend. Die Zweckmäßigkeit der Definition ist strittig, da sie suggeriert, es gebe eine wohl abgrenzbare Bevölkerungsgruppe „abhängige Erwerbspersonen", von der ein variierender Teil nicht beschäftigt ist. Übergänge zur Gruppe der Selbständigen und mithelfenden Familienangehörigen kommen jedoch ebenso vor wie von und zu den Nichterwerbspersonen. Die in anderen Ländern übliche Quote „Arbeitslose in v. H. der Erwerbspersonen" würde diesem Einwand begegnen und hätte auch noch für Politiker den optischen Vorteil, kleiner zu sein. Die Tabelle zeigt, daß es in der Bundesrepublik bisher drei Phasen der Arbeitslosigkeit gab: Im ersten Jahrzehnt nahm sie von einem hohen, durch den Flüchtlingszustrom bedingten Ausgangsstand an kontinuierlich ab. Von 1960 bis 1973 war sie, auch beim internationalen Vergleich, überaus niedrig und stellte kein Problem dar. Sie verlockte jedoch die verantwortlichen Politiker, Millionen von Ausländern ins Land zu holen und damit einen der folgenschwersten wirtschaftspolitischen Fehler in der Geschichte der Bundesrepublik zu begehen.[46] Seitdem hat die Arbeitslosigkeit in zwei Schüben 1974/75 und 1981/82 massiv zugenommen und droht, ob von Inflation begleitet oder 1986/87 bei Preisstabilität, auf dem sehr hohen Niveau von über 2 Mill. Personen chronisch zu werden.

Die BA schlüsselt ihre Angaben weitgehend auf, um Analysen des Arbeitsmarkts zu erleichtern. Nachgewiesen werden Beschäftigung und Arbeitslosigkeit von Männern und Frauen nach Altersklassen, Berufen, Regionen, Wirtschaftszweigen und Dauer; erfaßt werden Arbeiter und Angestellte, Jugendliche unter 20 Jahren, In- und Ausländer, Behinderte, ältere Arbeitnehmer sowie Kurzarbeit und die Suche nach Teilzeitarbeit. Die Zugänge zum Bestand an Arbeitslosen werden danach registriert, ob die betreffenden Personen eine betriebliche Ausbildung absolviert haben und vorher erwerbstätig waren oder nicht. Kaum zu ermitteln ist die Zahl der am Arbeitsmarkt nicht in Erscheinung tretenden, bei günstigerer Arbeitsmarktlage jedoch die stille Reserve (vgl. S. 263) verlassenden und daher potentiell zusätzlich arbeitsuchenden Personen. Sie wurde für 1985 auf 1,2 Mill. geschätzt.[47]

Den Arbeitsplatzsuchern steht die Nachfrage nach Arbeitskräften gegenüber. Ein Teil wird statistisch als offene Stellen ausgewiesen, 1986 beispielsweise 154 000, womit auf jede offene Stelle rechnerisch mehr als 14 Arbeitslose entfielen. Jedoch besteht für diese Stellen keine Meldepflicht, so daß die Zahl nichts über die Situation auf dem Arbeitsmarkt aussagt.

Bemerkenswert ist, daß selbst bei einer nach den Maßstäben der sechziger Jahre so hohen Arbeitslosigkeit wie der zu Beginn der achtziger Jahre noch strukturelle Arbeitslosigkeit bestand: Bei bestimmten Fachrichtungen und Qua-

---

[46] Dieses Urteil kann hier nicht näher begründet werden; es beruht auf einer Bewertung der langfristigen Folgen der praktisch nicht rückgängig zu machenden Einwanderung, die absehbar gewesen wären. Die Arbeitsmarktsituation hat sich inzwischen grundlegend gewandelt; und die Folgekosten hinsichtlich der Infrastruktur; die mit der Menschenzahl in der seinerzeit schon viel zu dicht besiedelten Bundesrepublik progressiv wachsenden Umweltprobleme sowie die Reibungen zwischen den auf engstem Raum zusammenlebenden, kulturell und sprachlich unterschiedlichen Bevölkerungsgruppen haben inzwischen fast jeden möglichen Vorteil des damals angestrebten zusätzlichen Wirtschaftswachstums bei weitem aufgezehrt. Dafür haben die damaligen Politiker der Bundesrepublik für Jahrzehnte ein Problem aufgebürdet, von dem sie im Gegensatz zu Ländern wie Frankreich oder den Niederlanden mit einer länger fortgesetzten Kolonialtradition verschont geblieben war.

[47] Jahresdurchschnitt. Quelle: Institut für Arbeitsmarkt- und Berufsforschung (Hg.): Zahlenfibel. Ergebnisse der Arbeitsmarkt- und Berufsforschung in Tabellen. Nürnberg 1986, S. 29.

lifikationen lag ein erheblicher Nachfrageüberschuß nach Arbeitskräften vor, während der Angebotsüberschuß in anderen Bereichen nicht absorbierbar erschien.

2. Akteure und Institutionen des Arbeitsmarktes.

Die dominierenden Akteure des Arbeitsmarktes der Bundesrepublik sind die Gewerkschaften, die Arbeitgeberverbände, der Gesetz- und Verordnungsgeber, der einen Teil seiner Eingriffe über die Bundesanstalt für Arbeit vornimmt, und die Arbeitsgerichte.

Gewerkschaften entstanden in Deutschland mit der Industrialisierung im Laufe des 19. Jahrhunderts, wobei zunächst heftiger Widerstand bis hin zu staatlichen Verboten zu überwinden war. 1854 wurde die Auflösung aller Arbeitervereine angeordnet und ein Koalitionsverbot erlassen, das jedoch mit der *Gewerbeordnung* 1869 aufgehoben wurde. Im Anschluß an eine weitere Verbotsperiode 1878 bis 1890 konnte sich die Gewerkschaftsbewegung weiter entwickeln, bis dann die *Weimarer Verfassung* 1919 die *Koalitionsfreiheit* brachte. In den zwanziger Jahren waren die meisten Gewerkschaften parteipolitisch orientiert, es gab eine sozialdemokratische, eine liberale und eine christliche Ausrichtung unter ihnen. Nach ihrer Auflösung 1933 und einer Periode der Einflußnahme der Besatzungsmächte nach 1945 konstituierte sich in der Bundesrepublik Deutschland 1949 der *Deutsche Gewerkschaftsbund* (DGB) mit dem Sitz in Düsseldorf. Dabei wurde der Gedanke der weltanschaulich und parteipolitisch nicht festgelegten *Einheitsgewerkschaft* und das Industrieprinzip (vgl. S. 256) zugrundegelegt und in der Satzung verankert. Der DGB besteht seit 1978 aus 17 Einzelgewerkschaften, deren Mitgliederzahlen Ende 1985 zwischen 2,55 Mill. bei der Industriegewerkschaft Metall und 27 000 bei der Gewerkschaft Kunst lagen. Insgesamt waren an diesem Stichtag rund 7,7 Mill. Arbeitnehmer im DGB organisiert;[48] der *Organisationsgrad* des DGB als Anteil der Gewerkschaftsmitglieder an den unselbständig Erwerbstätigen lag damit bei einem Drittel. Die ebenfalls 1949 gegründete *Deutsche Angestelltengewerkschaft* (DAG) ist nach dem Berufsprinzip aufgebaut und wurde daher und aus Gründen der Konkurrenz um Mitglieder nicht Mitglied des DGB. Sie besteht aus 8 Berufsgruppen wie kaufmännische, technische, Versicherungsangestellte, Meister, und ist in Landesverbänden und Ortsgruppen organisiert. 1985 hatte die DAG 0,5 Mill. Mitglieder. Im *Christlichen Gewerkschaftsbund* (CGB) sind 17 Berufsgewerkschaften in drei Gesamtverbänden für Arbeiter, Angestellte und den Öffentlichen Dienst zusammengeschlossen. Er entstand 1959 und hatte Ende 1983 etwa 0,3 Mill. Mitglieder.

Institutionelle Grundlage der Bildung von Gewerkschaften ist in der Bundesrepublik das Grundrecht der Koalitionsfreiheit gemäß Art. 9 Abs. 3 des Grundgesetzes, dessen Satz 1 lautet: „Das Recht, zur Wahrung und Förderung der Arbeits- und Wirtschaftsbedingungen Vereinigungen zu bilden, ist für jedermann und für alle Berufe gewährleistet."

Auch die Arbeitgeber machen von der Koalitionsfreiheit Gebrauch. In der 1949 gegründeten *Bundesvereinigung der Deutschen Arbeitgeberverbände* sind 43 Fach- und 13 Landesverbände zusammengeschlossen. Jedoch liegt auch hier der Orga-

---

[48] Angaben nach: Stat. Jb. BRD 1986, S. 583.

nisationsgrad unter 100 v. H., da beispielsweise ein so bedeutendes Unternehmen wie die Volkswagenwerk AG nicht Mitglied des Arbeitgeberverbandes der Metallindustrie ist.

Die eingangs als weiterer Akteur des Arbeitsmarktes genannte BA ist die wichtigste einzelne Institution, mit deren Hilfe der Staat in der Bundesrepublik Deutschland in den Arbeitsmarkt eingreift. Sie wurde 1952 unter dem Namen „Bundesanstalt für Arbeitsvermittlung und Arbeitslosenversicherung" errichtet und trat die Nachfolge der früheren „Reichsanstalt" gleichen Namens an. Rechtsgrundlage für beide Institutionen war das *Gesetz über Arbeitsvermittlung und Arbeitslosenversicherung* (AVAVG) von 1927. Die heutige Bezeichnung geht auf das AFG zurück, das die Aufgaben der BA umfassend neu definierte und erweiterte.

Die BA besteht aus der Hauptstelle in Nürnberg, 9 Landesarbeitsämtern mit Zuständigkeit für je ein Bundesland oder zwei (Bayern hat anderseits zwei solche Ämter) und insgesamt 146 Arbeitsämtern mit Neben- und Hilfsstellen. Die Aufgaben der BA sind im wesentlichen:

- Arbeitsberatung und Arbeitsvermittlung, womit via Übermittlung von Informationen an Anbieter von und Nachfrager nach Arbeitsplätzen die Transparenz auf dem Arbeitsmarkt erhöht werden soll;
- Berufsberatung für Schulabgänger und Vermittlung von Ausbildungsplätzen;
- Inkasso der Beiträge zur Arbeitslosenversicherung und Auszahlung von Lohnersatzleistungen wie Arbeitslosengeld, Arbeitslosenhilfe, Kurzarbeiter- und Schlechtwettergeld, mit denen der Lebensunterhalt der von Arbeitslosigkeit und Arbeitseinschränkungen betroffenen Personen sichergestellt werden soll.

Diesen sozusagen klassischen Aufgaben, die auch schon von der Vorgängerin der BA wahrgenommen wurden, hat das AFG weitere Bereiche hinzugefügt:

- Gewährung finanzieller Hilfen zur Arbeitsaufnahme (Zuschüsse zu Bewerbungs- und Umzugskosten, Trennungsbeihilfen) sowie beruflichen Fortbildung und Umschulung, um die Anpassung an die technische Entwicklung zu erleichtern und so die berufliche Mobilität zu fördern;
- Arbeits- und Berufsförderung Behinderter sowie anderer Bevölkerungsgruppen mit geminderten Chancen auf dem Arbeitsmarkt wie älterer Arbeitnehmer und ehemaliger Strafgefangener;
- Durchführung von Arbeitsbeschaffungsmaßnahmen (ABM) gemäß §§ 91–99 AFG;
- Sammlung von Informationen und laufende Berichterstattung über den Arbeitsmarkt sowie Arbeitsmarkt- und Berufsforschung;
- Schließlich wirkt die BA bei anzeigepflichtigen Entlassungen nach dem Kündigungsschutzgesetz mit, sie zahlt das Kindergeld an gewerbliche Arbeitnehmer, überwacht die gewerbsmäßige Arbeitnehmerüberlassung und fördert die Arbeitsaufnahme in Berlin (West).

Insgesamt soll die BA mit ihrer Tätigkeit die Wirtschaftspolitik der Bundesregierung unterstützen und insbesondere auch vorbeugend eingreifen, um unliebsame Erscheinungen nicht erst eintreten zu lassen. Da ihr konjunkturpolitische Instrumente nicht zur Verfügung stehen, sucht sie anderen Formen der Arbeitslosigkeit zu begegnen, so der Friktions- und der strukturellen Arbeitslosigkeit.

Arbeitsvermittlung und -beratung bedeuten, daß die BA die Suchaufwendungen beider Arbeitsmarktpartner verringert. Sie soll diese Aktivitäten unparteiisch und unentgeltlich ausüben (wenngleich unter bestimmten Bedingungen von Arbeitgebern Gebühren verlangt werden können). Sie soll am Zustandekommen von Arbeitsverhältnissen zu tarifwidrigen Bedingungen und unter Verstoß gegen Mindestarbeitsbedingungen nicht mitwirken (§ 16 AFG), und sie hat für ihre Vermittlungstätigkeit ein Monopol (§ 4). Das geht so weit, daß nach § 13 Abs. 2 selbst die „Herausgabe und der Vertrieb sowie der Aushang von Listen über Stellenangebote und Stellengesuche einschließlich ... Bekanntgabe ... im Ton- und Fernsehrundfunk" verboten sind, wenn auch nicht die Aufgabe von Anzeigen in der Presse. Als Ausnahme kann die BA andere Stellen mit der Arbeitsvermittlung für einzelne Berufe oder Personengruppen beauftragen, die sie beaufsichtigt und die ihren Weisungen unterliegen. Bei der Suche nach einem Arbeitsplatz bestehen also zur Zeit fünf Möglichkeiten, zum Teil allerdings nur für einige Berufsgruppen:

- Eigene Initiative des Arbeitsplatzsuchers;
- Private unentgeltliche Gelegenheitsempfehlungen;
- Nicht auf Gewinnerzielung gerichtete private Arbeitsvermittlung;
- Gewinnorientierte private Arbeitsvermittlung, wie sie beispielsweise von etwa 170 Künstleragenturen ausgeübt wird;
- Unentgeltliche staatliche Vermittlung durch die Arbeitsämter.

Das Monopol der staatlichen Arbeitsvermittlung wurde im Deutschen Reich schon 1927 mit dem AVAVG eingeführt. Es leuchtet jedoch nicht ein, warum ein freier Markt für Informationen über den Arbeitsmarkt nicht zulässig sein soll. Solche Informationen sind für einen höheren Transparenzgrad auf diesem Markt und damit für dessen besseres Funktionieren erforderlich; sie sind ein Gut und könnten daher von privaten Unternehmern gegen Entgelt und gewinnbringend verkauft werden. Es gibt zudem eine ständige Kritik an den Arbeitsämtern, sie seien bei der Vermittlung von Arbeitskräften wenig effizient und bedrohten zum Schutz ihres Monopols auch solche privaten Vermittlungstätigkeiten mit Bußgeldern, die offensichtlich uneigennützig und mit Erfolg vorgenommen werden. Manche Personalchefs ziehen Bewerber, die nicht über das Arbeitsamt kommen, schon wegen der damit gezeigten Eigeninitiative vor. Außerdem besteht die Erwartung, daß diese Bewerber tatsächlich an einer Arbeitsaufnahme interessiert sind, was bei den vom Arbeitsamt geschickten nur mit geringerer Wahrscheinlichkeit zu vermuten ist.

Die Argumente für die Einrichtung und Beibehaltung des Monopols stellen auf seine Uneigennützigkeit und damit auf die Schutzfunktion für die Arbeitsuchenden ab. Eine unbeaufsichtigte private Vermittlungstätigkeit würde danach zu Mißbräuchen führen: Erhebung von Vermittlungsgebühren ohne Gegenleistung oder zu hoher Gebühren; Vermittlung zu untertariflichen Bedingungen oder in illegale Arbeitsverhältnisse (zum Beispiel ohne Abführung von Lohnsteuer und Sozialabgaben) einschließlich der von Ausländern ohne Arbeits-

oder Aufenthaltserlaubnis; kurz Zustandekommen von Arbeitsverhältnissen unter Verletzung sozialer oder arbeitsrechtlicher Schutzvorschriften. Die BA hält außerdem dagegen, daß sie jährlich zwischen 1 und 2 Millionen Stellen vermittelt. Dem steht gegenüber, daß sie bei der Hälfte aller Arbeitsplatzwechsel nicht eingeschaltet wird und daß beispielsweise 1980 nur 10 v. H. der damaligen Arbeitnehmer angaben, sie hätten ihren Arbeitsplatz durch Vermittlung des Arbeitsamts erhalten.[49]

Vermutlich würde jedoch eine Freigabe der Vermittlungstätigkeit Ideen, Initiativen, Detailkenntnisse und ein durch das Streben nach Gewinn bedingtes Engagement an den Vermittlungsmarkt bringen, die von den Bediensteten der Arbeitsverwaltung nicht erbracht werden können. Das Arbeitsvermittlungsmonopol zeigt in dieser Hinsicht die bekannten Nachteile einer zentralistischen Lösung mikroökonomischer und damit durch ihre Vielfalt ausgezeichneter Probleme. Vielleicht würden sich private Vermittler bevorzugt der leichter vermittelbaren Fachkräfte annehmen und Problemfälle den Arbeitsämtern überlassen. Jedoch könnten sich diese dann, von Arbeit entlastet, um so intensiver diesen Fällen widmen. Zudem ist die BA bei über 2 Millionen Arbeitslosen personell überfordert. Überhöhte Gebührenforderungen sind angesichts der beizubehaltenden gebührenfreien Vermittlung durch die Arbeitsämter wenig wahrscheinlich. Generell erscheinen Arbeitslose 60 Jahre nach Erlaß jenes Gesetzes auch nicht mehr so schutzbedürftig wie damals. In Anerkennung solcher Überlegungen wies die BA denn auch im Mai 1983 die Arbeitsämter an, das Vermittlungsmonopol „flexibler auszulegen", von der Verhängung von Bußgeldern bei privaten Vermittlungsaktionen möglichst abzusehen und diese eher zu unterstützen.

3. Tarifverträge und Arbeitskämpfe. Gewerkschaften und Arbeitgeberverbände fungieren für ihre Mitglieder als Anbieter von und Nachfrager nach Arbeitsleistungen auf dem Arbeitsmarkt. Beide haben sich als Kartelle zum Zweck der Abschaffung des Wettbewerbs unter den jeweiligen Mitgliedern gebildet, und man könnte fragen, wieso dies in der Bundesrepublik angesichts des *Gesetzes gegen Wettbewerbsbeschränkungen* (GWB) von 1957 zulässig ist. Das Gesetz gilt jedoch laut § 1 nur für Unternehmen oder Vereinigungen von ihnen und betrifft daher nicht die Gewerkschaften; und es erklärt Verträge und Beschlüsse für unwirksam, die den Wettbewerb im Verkehr mit Waren oder gewerblichen Leistungen beeinflussen. Da Arbeitsleistungen nicht hierunter fallen, ist das Gesetz gemäß der Intention des Gesetzgebers auf den Arbeitsmarkt nicht anwendbar.

Verträge zwischen Gewerkschaften und Arbeitgebern über die Arbeitsbedingungen einschließlich der Höhe der Arbeitsentgelte heißen *Tarifverträge*. Ihr Recht zum Abschluß solcher Verträge folgt gemäß der Rechtsprechung des Bundesverfassungsgerichts aus Art. 9, Abs. 3 GG und heißt Tarifautonomie. Weitere gesetzliche Grundlage ist das *Tarifvertragsgesetz* (TVG) von 1949 für das damalige Vereinigte Wirtschaftsgebiet. Gemäß seiner Fassung von 1969 (BGBl. I, S. 1323) können Gewerkschaften, einzelne Arbeitgeber oder Arbeitge-

---

[49] Angaben nach: SVR-Gutachten 1984/85, S. 69; 1985/86, S. 66.

bervereinigungen als *Tarifvertragsparteien* Tarifverträge schließen, die aus zwei Teilen bestehen:

- Der schuldrechtliche (auch: obligatorische) Teil regelt die arbeitsrechtlichen Pflichten und Rechte der Unterzeichner des Vertrages;
- Der normative Teil enthält Rechtsnormen über Abschluß, Inhalt und Beendigung von Arbeitsverträgen („Arbeitsverhältnissen") sowie über betriebliche und betriebsverfassungsrechtliche Fragen.

Adressaten des obligatorischen Teils sind die vertragschließenden Verbände, die sich über Kündigungsfrist des Vertrages, die Friedenspflicht während seiner Laufzeit, die Einrichtung einer Schiedsstelle zu einigen haben. Adressaten des normativen Teils sind die Mitglieder der Verbände, also die Gewerkschaftsmitglieder und die Unternehmen als Arbeitgeber, denen Einzelheiten der Arbeitsverträge vorgeschrieben werden. Tarifverträge stellen Regeln für Dritte auf und haben insoweit den Charakter von Gesetzen, und es ist bemerkenswert, daß der Gesetzgeber Verträgen zwischen privatrechtlichen Vereinigungen eine solche Qualität zuerkennt. Jedoch scheiterten Bemühungen der Gewerkschaften, tarifliche Verbesserungen nur für ihre Mitglieder wirksam werden zu lassen, vor dem Bundesarbeitsgericht am Recht der negativen Koalitionsfreiheit. Ist ein Arbeitnehmer Mitglied der vertragschließenden Gewerkschaft, dann ist er tarifgebunden und muß zu den Bedingungen arbeiten, die die Gewerkschaft für ihn ausgehandelt hat. Ist er kein Mitglied, kann er mit dem Arbeitgeber vereinbaren, daß die Bedingungen des Tarifvertrages auch für ihn gelten sollen, und zwar entweder die des zum Zeitpunkt des Arbeitsbeginns in Kraft befindlichen oder die des jeweils geltenden Vertrages, wobei letzteres vermutlich für den Arbeitnehmer günstiger ist.

Wer genau darf Tarifverträge abschließen, und welchen Geltungsbereich haben sie? *Tariffähig* sind nach § 2 TVG auf der Arbeitnehmerseite Gewerkschaften und deren Vereinigungen, nicht aber einzelne Arbeitnehmer; auf der Arbeitgeberseite jeder einzelne Arbeitgeber, Vereinigungen von diesen und deren Dachverbände einschließlich der Handwerksinnungen. Tariffähige Vereinigungen müssen die Wahrung oder Förderung der wirtschaftlichen Interessen ihrer Mitglieder bezwecken und vom Staat, politischen Parteien und vor allem vom Tarifgegner unabhängig sein. Der Tarifvertrag gilt zunächst nur für die vertragschließenden Parteien, jedoch können ihn der Bundesarbeitsminister oder in dessen Auftrag die Landesarbeitsbehörden unter bestimmten Voraussetzungen durch eine *Allgemeinverbindlicherklärung* nach § 5 TVG auch für nicht tarifgebundene Arbeitnehmer und -geber verbindlich machen. Hieran sind wegen gleicher Lohnkosten für alle auch Arbeitgeber interessiert. Liegt eine solche Erklärung nicht vor, kann ein Arbeitgeber, der nicht Mitglied seines zuständigen Verbandes ist, Arbeitnehmer zu individuell frei ausgehandelten Bedingungen beschäftigen. Tarifverträge regeln Mindestarbeitsbedinungen, und tatsächlich haben sie das *Gesetz über die Festsetzung von Mindestarbeitsbedingungen* von 1952 (BGBl. I, S. 17) überflüssig gemacht. Dieses definierte, daß mit Mindestarbeitsbedingungen „die unterste Grenze der Entgelte und sonstigen Arbeitsbedingungen in einem Wirtschaftszweig oder einer Beschäftigungsart festgelegt" wird (§ 4) und sah deren Festsetzung in Fällen vor, in denen dies zur Befriedigung der notwendigen sozialen und wirtschaftlichen Bedürfnisse der Arbeitnehmer erforderlich erschien, Gewerkschaften oder Arbeitgebervereinigungen nicht oder nur für eine Minderheit bestanden und keine Allgemeinverbindlicherklärung eines Tarifvertrags vorlag (§ 1). Tarifvertragliche Bestimmungen sollten jedoch den gesetzlichen Mindestarbeitsbedingungen vorgehen (§ 8) und solche sind daher bis heute nicht festgesetzt worden.

Die Tatsache, daß von Tarifverträgen nicht zuungunsten der Arbeitnehmer abgewichen werden darf, günstigere Regelungen dagegen immer zulässig sind, nennt man ihren *Sperrklinkeneffekt:* Sie ändern sich praktisch nur zugunsten der Arbeitnehmer. Ein Tarifvertrag darf nicht gegen Gesetze verstoßen, etwa entgegen dem Diskriminierungsverbot des Art. 3, Abs. 3 GG niedrigere Arbeitslöhne für Frauen vereinbaren; und er darf nicht in die Privatsphäre der Arbeitnehmer eingreifen. Effektivklauseln, nach denen als Berechnungsbasis für Lohnerhöhungen nicht die gerade geltenden Tariflöhne, sondern freiwillig gewährte übertarifliche Löhne dienen würden, sind ebenso unwirksam wie Vereinbarungen über die Bevorzugung von Gewerkschaftsmitgliedern. Jedoch bemühen sich die Gewerkschaften, freiwillige übertarifliche Leistungen in Tarifverträgen verbindlich zu machen.

Ein Tarifvertrag hat Geltungsbereiche unter folgenden Aspekten:

- zeitlich: Er endet bei Befristung durch Zeitablauf, anderenfalls durch Kündigung oder Aufhebungsvertrag;
- räumlich: Ist der DGB Vertragspartner, erstreckt sich die Geltung auf jeweils einen der neun Landesbezirke, die in etwa mit den Ländern der Bundesrepublik übereinstimmen;
- fachlich: Bei der Einheitsgewerkschaft gehören hierzu alle Betriebe des Wirtschaftszweiges, für den die Gewerkschaft zuständig ist; bei der Berufsgewerkschaft alle Angehörigen des betreffenden Berufs;
- persönlich: Der Vertrag gilt für Arbeiter oder Angestellte.

Nach dem Inhalt unterscheidet man Manteltarifverträge, in denen allgemeine Arbeitsbedingungen festgelegt werden, Lohn- und Gehaltstarifverträge sowie Verträge über Ausbildungs- und sonstige Vergütungen, wobei auch Überschneidungen vorkommen.

Aus der vorstehenden Differenzierung und der Tatsache, daß etwa ein Drittel aller Tarifverträge Firmenverträge sind, ergeben sich in der Bundesrepublik etwa 3000 räumliche Tarifbereiche. Jeder Tarifvertrag ist gemäß § 7 TVG dem Bundesministerium für Arbeit und Sozialordnung bekanntzugeben, das ihn in das Tarifregister einträgt. 1986 wurden so rund 6200 neue Verträge erfaßt. Vom Inkrafttreten des TVG bis Ende 1986 wurden rund 221 000 Tarifverträge vereinbart und eingetragen, von denen zur Zeit rund 44 000 gültig sind, darunter 14 000 Firmentarifverträge.[50]

Daseinszweck der Gewerkschaften ist die ständige Verbesserung der Arbeitsbedingungen ihrer Mitglieder. Die Durchsetzung einer gewerkschaftlichen Forderung läuft in der Bundesrepublik wie folgt ab. Die Gewerkschaft kündigt

---

[50] Quelle: Mitteilung des Bundesministeriums für Arbeit und Sozialordnung vom 22. 5. 1987.

fristgerecht den geltenden Tarifvertrag, meist am Jahresanfang, und erhebt konkrete Forderungen nach Verbesserung der Arbeitsbedingungen. Häufig geht es um eine Erhöhung des *Ecklohns* um einen bestimmten Prozentsatz, bei dem es sich um den Stundenlohnsatz eines typischen Facharbeiters handelt und zu dem die anderen Lohnsätze in einem festen Verhältnis stehen. Der zuständige Arbeitgeberverband bietet in der Regel eine wesentlich geringere Erhöhung an. Die Tarifpartner verhandeln und einigen sich in den meisten Fällen auf einen Erhöhungssatz, der zwischen der Forderung und dem Angebot liegt. Kommt keine Einigung zustande, ist häufig ein *Schlichtungsverfahren* vorgesehen. Es bedeutet, die Tarifverhandlung nunmehr zusammen mit einem Dritten, der eine Schlichtungsstelle oder ein einzelner Schlichter sein kann, mit der Absicht auf eine Einigung fortzusetzen. Die Einschaltung eines solchen Dritten kann generell in einem *Schlichtungsabkommen* vorgesehen sein, sie kann im Tarifvertrag oder ad hoc vereinbart werden. Während der Laufzeit des Tarifvertrags und des Schlichtungsverfahrens besteht *Friedenspflicht:* Keine der beiden Parteien darf Arbeitskampfmaßnahmen treffen.

Scheitert die Schlichtung, endet die Friedenspflicht. Über die Frage, ob gestreikt werden soll, entscheiden die Gewerkschaftsmitglieder in einer *Urabstimmung.* Ob eine solche für die Rechtmäßigkeit des Streiks erforderlich ist und welche Stimmenmehrheit bei einer Abstimmung für einen Streik ausreicht, unterliegt der Satzungsautonomie der Gewerkschaft und ist nicht abschließend rechtlich geklärt. In der Regel müssen mindestens 75 v. H. der Gewerkschaftsmitglieder für einen Streik stimmen. Angesichts der ständigen Forderung der Gewerkschaften nach Mitbestimmung der Arbeitnehmer in allen Bereichen des Wirtschaftslebens könnte verlangt werden, Urabstimmungen obligatorisch zu machen, um die Macht von Verbandsfunktionären zu begrenzen. Gegenargument ist, daß die Arbeitgeber ohne eine entsprechende Prozedur aussperren können. Bemerkenswert ist auf jeden Fall, daß an Abstimmungen über Streiks nur die Gewerkschaftsmitglieder, nicht jedoch die ebenfalls unmittelbar betroffenen Nichtorganisierten teilnehmen. Angesichts des Organisationsgrades (vgl. S. 328) trifft somit regelmäßig eine Minderheit der Betriebsangehörigen weitreichende Entscheidungen für deren Mehrheit.

Wird gestreikt oder ausgesperrt, zahlt die Gewerkschaft an ihre Mitglieder *Streikgeld,* dessen Höhe sich nach dem Gewerkschaftsbeitrag des Mitgliedes und der Dauer seiner Gewerkschaftszugehörigkeit richtet. Das Nettoeinkommen vor dem Streik wird in der Regel nicht erreicht, und Streikgeld ist lohnsteuerpflichtig. Der Krankenversicherungsschutz bleibt beitragsfrei drei Wochen lang erhalten, bei längeren Streiks übernimmt die Gewerkschaft die Beiträge. Der Schutz der gesetzlichen Unfallversicherung entfällt. Gewerkschaften stellen gewöhnlich Posten vor die bestreikten Betriebe, um auf den Streik aufmerksam und ihn so effektiv zu machen. Illegal wäre es, Arbeitswillige am Betreten ihrer Arbeitsstätte zu hindern.

Wer weiterarbeitet, erhält weiterhin Lohn, es sei denn, er werde ausgesperrt. Lehrlinge dürfen weder streiken noch ausgesperrt werden. Zum Schutz der Maschinen und Anlagen wird bei Bedarf ein Notdienst eingerichtet, der am Arbeitskampf nicht teilnimmt und dessen Bezahlung zu Lasten des Arbeitgebers geht.

Das Recht zum Arbeitskampf leitet sich in der Bundesrepublik aus dem Grundgesetz her, dessen Art 9, Abs. 3 seit 1968 in Satz 3 ausdrücklich Arbeitskämpfe erwähnt und Eingriffe in diese aufgrund von Maßnahmen im Verteidigungsfall, zur Aufrechterhaltung der öffentlichen Ordnung oder ähnlichem, allgemein also aufgrund der 1968 in das Grundgesetz eingefügten Notstandsverfassung verbietet. Weitergehende gesetzliche Normierungen des Arbeitskampfes gibt es nicht. Die zentrale Frage ist offenbar, nach welchen Regeln Arbeitskämpfe ablaufen sollen und auf welche Weise sichergestellt werden kann, daß sich die streitenden Parteien an diese halten. Kann man es nicht den Tarifparteien selbst überlassen, solche Regeln festzulegen? Dagegen sprechen zwei Gründe. Gewerkschaften und Arbeitgeberverbände könnten sich auf Regeln einigen, die den Schaden für die anderen Bürger nicht minimieren und damit gemäß der üblichen Ausdrucksweise „das Gemeinwohl gefährden". Von der Koalitionsfreiheit darf aber nicht kraß zu Lasten anderer Gebrauch gemacht werden. Der zweite und wichtigere Grund ist, daß die Arbeitsmarktparteien mit der Festlegung solcher Regeln prinzipiell überfordert und daher nicht einigungsfähig sind. Jeder Regelsatz determiniert die Machtverteilung zwischen ihnen und entscheidet damit langfristig über den Erfolg der einen oder der anderen Seite. Oder: Über die Gestaltung der Regeln müßte angesichts ihrer zentralen Bedeutung ein Arbeitskampf ausbrechen, dessen Ausgang von der gerade herrschenden Machtverteilung abhinge und damit vielleicht ein dauerhaftes Ungleichgewicht auf dem Arbeitsmarkt festlegen würde.

Angesichts dieser Situation gab es nur noch eine Instanz im Staate, die mit der Aufstellung und Durchsetzung von Arbeitskampfregeln betraut werden konnte: Die Rechtsprechung in Gestalt der Arbeitsgerichte, an ihrer Spitze als oberste Instanz das *Bundesarbeitsgericht* in Kassel. In seinem Urteil vom 28. 1. 1955 stellte sein Großer Senat in der Hauptsache folgende Grundsätze auf:

(1) Streiks müssen von einer Gewerkschaft geführt werden, sich gegen einen oder mehrere Arbeitgeber richten und auf die tarifvertragliche Regelung von Arbeitsbedingungen abzielen. Streiks mit politischer Zielsetzung sind mithin unzulässig;

(2) Streik und Aussperrung sind nur als letzte Mittel zulässig, nachdem alle Versuche zur friedlichen Einigung fehlgeschlagen sind (*Ultima ratio-Prinzip*). Damit soll der Schaden durch Arbeitskämpfe so gering wie möglich gehalten werden;

(3) Die einzusetzenden Kampfmittel können frei gewählt werden, müssen aber dem Grundsatz der *Verhältnismäßigkeit,* auch *Übermaßverbot* genannt, untereinander und zum angestrebten Erfolg entsprechen;

(4) Zwischen den streitenden Parteien muß *Kampfparität* herrschen;

(5) Der Staat hat sich bei Arbeitskämpfen neutral zu verhalten.

Das Recht zur Aussperrung ist im Gegensatz zum Streikrecht umstritten. Die Verfassung des Landes Hessen verbietet die Aussperrung. Jedoch bricht Bundesrecht nach Art. 31 GG Landesrecht, hessische Arbeitgeber sperrten aus und verwiesen auf die bundeseinheitlich geltende Rechtsprechung des Bundesarbeitsgerichts[51] und dessen Grundsatz der Kampfparität, nach dem ein generelles Verbot der Aussperrung unzulässig sein muß. Die Gewerkschaften verlangen seit jeher mit dem Argument ein Verbot der Aussperrung, sie treffe die Arbeitnehmer in ihrem wirtschaftlichen Existenzrecht und sei grundgesetzwidrig. Das Bundesarbeitsgericht stellte nun 1980 detaillierte Grundsätze für die Aussperrung auf, nach denen diese nicht beliebig angewandt werden darf:

- Angemessener Bereich für einen Arbeitskampf ist das Tarifgebiet;
- Eine Aussperrung ist nur als Abwehrmaßnahme zum Ausgleich sonst drohender gewerkschaftlicher Übermacht zulässig, beispielsweise bei einem eng begrenzten Streik, da sich dieser die Konkurrenzsituation der Arbeitgeber untereinander als Anbieter auf ihren Absatzmärkten zunutze macht und deren Solidarität untergräbt;
- Für das Ausmaß der Aussperrung gilt eine *Quotenregelung* wie folgt: Streikt bis zu einem Viertel der Arbeitnehmer, darf bis zu einem weiteren Viertel ausgesperrt werden. Wird mehr als ein Viertel zum Streik aufgerufen, darf zusätzlich höchstens insoweit ausgesperrt werden, als die Zahl der im Arbeitskampf stehenden Arbeitnehmer höchstens die Hälfte aller Arbeitnehmer des Tarifgebiets umfaßt;
- Streikt die Hälfte oder mehr, ist keine Aussperrung mehr zulässig. Insbesondere wäre eine bundesweite Aussperrung als Antwort auf einen regional begrenzten Streik im allgemeinen unverhältnismäßig.

Die Aussperrung war in der Bundesrepublik auch bis dahin kein dem Streik gleichrangiges Kampfmittel – man versuche nur, sich eine Angriffsaussperrung mit dem Ziel der Lohnsenkung vorzustellen. Insgesamt wird sie jedoch durch diese Regelung erheblich beeinträchtigt. Nun würde in der Tat eine unbegrenzte Aussperrung jede Gewerkschaft bald zur Aufgabe des Arbeitskampfes zwingen, da sie Streikgelder auch an ausgesperrte Mitglieder zahlen muß. Nach der Quotenregelung kann sie aber eine Abwehraussperrung schon dadurch verhindern, daß sie die Hälfte der Arbeitnehmer eines Tarifgebiets zum Streik aufruft. Je stärker also der Angriff der Gewerkschaft, um so geringer die Abwehrmöglichkeit der Arbeitgeber. Dabei kommt es nur auf den Aufruf zum Streik, nicht aber auf seine Befolgung und damit auf die tatsächliche Belastung mit Streikgeldzahlungen an. Außerdem begünstigt die Quotenregelung die nicht vom Streik betroffenen Arbeitgeber insofern, als ihnen die solidarische Abwehraussperrung verwehrt ist: Sie produzieren weiter und verbessern ihre Marktsituation zu Lasten ihrer bestreikten Konkurrenten, dürfen also keine Solidarität mehr zeigen.

Dem Bestreben des Bundesarbeitsgerichts, ein Machtgleichgewicht zwischen Gewerkschaften und Arbeitgebern aufrechtzuerhalten, dient auch die Bestimmung, daß eine auf Gewerkschaftsmitglieder beschränkte Aussperrung als eine

---

[51] Ob der damit gezogene Schluß zutrifft, daß auch Bundesrichterrecht Landesrecht bricht, ist angesichts Art. 142 GG strittig, nach dem Bestimmungen der Landesverfassungen insoweit in Kraft bleiben, als sie in Übereinstimmung mit den Artikeln 1 bis 18 GG Grundrechte gewährleisten.

gegen die positive Koalitionsfreiheit gerichtete Maßnahme rechtswidrig sei. Das hilft den Gewerkschaften in ihrem ständigen Kampf gegen Trittbrettfahrer und bestraft diejenigen Arbeitnehmer, die vom Grundrecht der negativen Koalitionsfreiheit Gebrauch machen.

Hinter allen diesen richterlichen Festlegungen steht die Idee, daß mit der Zubilligung der Tarifautonomie ein annäherndes Gleichgewicht zwischen den Arbeitsmarktparteien einhergehen muß und daß dem Gemeinwohl so am besten gedient werde. Ob dies zutrifft, ist schon wegen der Unmöglichkeit unentscheidbar, Macht zu messen und das Gemeinwohl ohne Rückgriff auf Werturteile operational zu definieren. Wo die Kampfparität im Detail liegt, muß daher jeweils politisch durch den Gesetzgeber oder die Rechtsprechung bestimmt werden, und sie wird offenbar entscheidend von der Haltung des Staates im Arbeitskampf mitbestimmt. Konsequenterweise verlangt das Bundesarbeitsgericht in seinem oben unter (5) genannten Grundsatz, der Staat solle sich im Arbeitskampf neutral verhalten. Das muß wohl heißen, daß er keine Kampfmaßnahme verbieten und keine Seite unterstützen oder benachteiligen darf. Ist dies möglich, da er doch ständig massiv in den Arbeitsmarkt eingreift? Das Problem tritt zutage, sobald Arbeitnehmer infolge von Streiks oder Aussperrungen Arbeit und Anspruch auf Einkommen verlieren. Technisch gesehen sind sie arbeitslos und haben Anspruch auf Lohnersatzleistungen aus der staatlichen Arbeitslosenversicherung. Der Gesetzgeber sah das Problem und regelte es in der Neufassung des AVAVG von 1957 (BGBl. I, S. 322). Dessen § 84 Abs. 1 stellt den Grundsatz der Neutralität der BA auf: „Durch die Gewährung von Arbeitslosengeld darf nicht in Arbeitskämpfe eingegriffen werden." Nach Abs. 2 ruht der Anspruch auf Arbeitslosengeld während der Dauer eines Streiks oder einer Aussperrung, wenn die Arbeitslosigkeit durch eine solche Kampfmaßnahme verursacht wurde.

Das AFG von 1969 traf in § 116 Abs. 1 wörtlich und in Abs. 2 sinngemäß die gleiche Regelung. Ohne sie könnten sich die Gewerkschaften auf die Zahlung der Differenz zwischen Arbeitslosengeld und Nettolohn an ihre Mitglieder beschränken oder nichts zahlen und ihnen zumuten, die relativ erträglichen Einkommenseinbußen im Hinblick auf die zu erstreikenden Verbesserungen der Arbeitsbedingungen selbst zu tragen.

Das Problem hat jedoch noch einen weiteren Aspekt. Ist ein Unternehmen Haupt- oder gar alleiniger Käufer der Erzeugnisse seiner Zulieferer, dann kann es diese im Falle eines Streiks nicht mehr abnehmen und zwingt die Lieferanten zur Einstellung ihrer Produktion, da sie nicht unbegrenzt auf Vorrat produzieren können. Ist das bestreikte Unternehmen seinerseits Lieferant spezialisierter Vorleistungen, müssen über kurz oder lang auch seine Abnehmer stillegen. Standardbeispiel sind Einbauteile bei der Automobilherstellung wie elektrische Einrichtungen, Benzinpumpen und Kühler, für die es kurzfristig keine Ersatzlieferanten gibt. Die so etablierte gegenseitige Abhängigkeit von Vorleistungslieferungen hat sich in der neueren Zeit verstärkt, da man mit modernen Verfahren der Produktionsplanung bemüht ist, die Lagerhaltung an Vor- und Endprodukten so klein wie möglich zu halten. Dies senkt Kosten, erhöht aber auch die gegenseitige Abhängigkeit und führt dazu, daß sich Störungen gleich welcher Art an einer Stelle dieses Produktionsverbunds rasch und nachhaltig ausbreiten.

Die Gewerkschaften können sich diese enge interindustrielle Verflechtung in der Weise zunutze machen, daß sie beispielsweise die Zulieferbetriebe eines Industriezweiges für ein unerläßliches und kurzfristig nicht substituierbares Produkt bestreiken und so als *indirekte Streikfolge* die Betriebe des gesamten Industriezweigs zur Einschränkung oder Stillegung der Produktion zwingen. Der Vorteil dieses Vorgehens liegt für die Gewerkschaft darin, daß sie Streikgelder nur für ihre Mitglieder in den bestreikten Unternehmen zahlen muß, deren Zahl sie relativ klein halten kann. Die in der Regel sehr viel größere Zahl der Arbeitnehmer in dem lahmgelegten Industriezweig kann nicht weiterarbeiten. Der Effekt ist der gleiche wie beim Streik der Mitglieder einer Berufsgewerkschaft in einem größeren Betrieb (vgl. S. 256). Das Bundesarbeitsgericht urteilte am 22. 12. 1980,[52] daß die Arbeitgeber in solchen Fällen abweichend von § 615 BGB[53] keine Löhne zahlen müssen. Das eröffnet ihnen die Möglichkeit, das Vorliegen von Fernwirkungen zu behaupten und durch Betriebsstillegungen Druck auf die Gewerkschaften auszuüben. Diese nennen das „kalte Aussperrung" und protestieren dagegen. Die Arbeitnehmer könnten sich jedoch an das Arbeitsamt wenden und Arbeitslosen- oder Kurzarbeitergeld verlangen. Eine derartige Ausnutzung des gestiegenen Interdependenzgrades durch die Gewerkschaften stärkt mithin deren Macht im Arbeitskampf erheblich. Streiks gemäß dieser Strategie heißen *Schwerpunktstreiks*. Sie können sich auch auf Betriebe oder Betriebsteile eines Unternehmens beschränken.

Verlauf und Argumentation des Streits können hier nicht nachgezeichnet werden. Er endete mit einer Neufassung des § 116 AFG (BGBl. I, 1986, S. 740), nach der mittelbar von einem Arbeitskampf betroffene Arbeitnehmer keine Lohnersatzleistungen erhalten,

- wenn sie innerhalb des räumlichen und fachlichen Geltungsbereichs des umkämpften Tarifvertrags tätig sind;
- wenn sie außerhalb des räumlichen, aber innerhalb des fachlichen Geltungsbereichs dieses Tarifvertrags tätig sind, und wenn in ihrem räumlichen Bereich eine nach Art und Umfang annähernd gleiche Forderung wie in dem umkämpften Bereich erhoben und das Arbeitskampfergebnis „aller Voraussicht nach" übernommen wird.

Außerhalb des fraglichen fachlichen Bereichs tätige und mittelbar betroffene Arbeitnehmer erhalten Leistungen, die BA zahlt also für gewerkschaftsüberspringende Fernwirkungen.

4. Politische Eingriffe in den Arbeitsmarkt. Der Arbeitsmarkt unterliegt in der Bundesrepublik wie andere Märkte generellen Regelungen des Rechtsstaates, so den Prinzipien von Treu und Glauben und der Vertragsfreiheit. Diese ist in § 105 der Gewerbeordnung so festgehalten:

„Die Festsetzung der Verhältnisse zwischen den selbständigen Gewerbetreibenden und den gewerblichen Arbeitnehmern ist, vorbehaltlich der durch

---

[52] Urteil vom 22. 12. 1980, 1 ABR 2/79, 76/79.
[53] § 615 BGB regelt die Vergütungspflicht bei Annahmeverzug: Nimmt der Unternehmer die vertragsgemäße Arbeitsleistung nicht an, kann der Arbeitnehmer trotzdem Lohn verlangen und ist nicht zur Nachleistung verpflichtet.

Bundesgesetz begründeten Beschränkungen, Gegenstand freier Übereinkunft."

Die erste Beschränkung bringt jedoch schon § 105a, und tatsächlich ist der Arbeitsmarkt Ziel eines im Laufe der Jahrzehnte so dicht gewordenen Netzes von Sonderregelungen, daß von Vertragsfreiheit im Arbeitsrecht für die überwiegende Mehrheit der Arbeitnehmer praktisch keine Rede mehr sein kann. Die Eingriffe basieren auf Art. 74 Ziff. 12 GG, nach dem „das Arbeitsrecht einschließlich der Betriebsverfassung, des Arbeitsschutzes und der Arbeitsvermittlung sowie der Sozialversicherung einschließlich der Arbeitslosenversicherung" Gegenstand der konkurrierenden Gesetzgebung sind. Das bedeutet gemäß deren Definition in Art. 72 Abs. 1 GG, daß die Länder die Befugnis zur Gesetzgebung haben, solange und soweit der Bund keinen Gebrauch von ihr macht. Tatsächlich stammt der überwiegende Teil der arbeitsrechtlichen Vorschriften aus Gründen der Einheitlichkeit vom Bundesgesetzgeber, wenn auch einige wie die über die Feiertage und den Bildungsurlaub für Arbeitnehmer auf Landesebene und damit unterschiedlich geregelt sind.

Die Sonderregelungen des Arbeitsmarktes lassen sich formell in zwei Kategorien einteilen:

- Grundsätze der Rechtsordnung im allgemeinen oder des Wirtschaftsrechts im besonderen werden für den Bereich des Arbeitsmarktes außer Kraft gesetzt (vgl. den Hinweis auf das GWB, S. 331);
- für den Arbeitsmarkt und nur für ihn gelten besondere Vorschriften.

Die Fülle der Sondervorschriften bildet heute ein eigenes Rechtsgebiet, das *Arbeitsrecht*. Bei der Erörterung politischer Eingriffe ist es zweckmäßig, immer die einzelwirtschaftliche Tatsache im Auge zu behalten, daß die Beschäftigung in einer Volkswirtschaft zu jedem Zeitpunkt das Ergebnis von Millionen individueller Entscheidungen von Unternehmen einerseits und Arbeitnehmern andererseits ist, jeweils einen Arbeitsvertrag zu schließen, fortzusetzen oder zu beenden. Insbesondere für den Beginn eines Arbeitsverhältnisses gilt: Jemand muß einen Arbeitsplatz zu bestimmten Bedingungen, auf die es entscheidend ankommt, anbieten; und jemand muß ihn an dem betreffenden Ort haben wollen und dabei die Bedingungen akzeptieren. Bei makroökonomischer Betrachtung gerät diese elementare Tatsache leicht aus dem Blickfeld mit der Folge, daß untaugliche Rezepte beispielsweise zur Verringerung von Arbeitslosigkeit angeboten werden.

Das Ausmaß der Eingriffe läßt sich am besten abschätzen, wenn man von einer fiktiven Situation ausgeht: Es existiert ein Staat, der für die Einhaltung allgemeiner Regeln sorgt und sich durch Erhebung von Steuern finanziert, aber nicht in den Arbeitsmarkt eingreift. Die Unternehmer stehen als Anbieter an Arbeitsplätzen, die Arbeitskräfte als Nachfrager nach diesen auf ihrer jeweiligen Marktseite in Konkurrenz miteinander. Ein Unternehmen habe Bedarf an einer zusätzlichen Arbeitskraft bestimmter Qualifikation. Die Hypothese ist, daß es

- bereit ist, einen Lohn zu zahlen, der höchstens so hoch ist wie die aufgrund des Beitrages dieser Arbeitskraft zum Produktionsergebnis zu erwartende Ertragszunahme;

wobei gilt, daß

- Lohn nur für tatsächlich geleistete Arbeit gezahlt wird;
- der von dem Unternehmen gezahlte und zu seinen Produktionskosten zählende Lohn ebenso hoch ist wie der dem Arbeitnehmer zufließende und bei diesem Einkommen darstellende Betrag, aus dem er gegebenenfalls Steuern zu entrichten hat;
- das Unternehmen den Arbeitnehmer entlassen kann, wenn er die Erwartungen über seine Arbeitsleistung nicht erfüllt oder diese nicht mehr gebraucht wird;
- der Arbeitnehmer kündigen kann, ohne daß er Nachteile zu befürchten hat.

Das Unternehmen wird außerdem seine Vorstellungen über die zu leistende Arbeitszeit in den Arbeitsvertrag einzubringen versuchen, und es wird sich gegen das Risiko der Haftung für Unfälle versichern, die der Arbeitnehmer in seinem Betrieb erleiden könnte.

Auch der Arbeitnehmer wird Vorstellungen über die Höhe seines Lohns, die Arbeitszeit und die sonstigen Arbeitsbedingungen haben und sie im Arbeitsvertrag zu verwirklichen suchen. Da er im Normalfall kaum Vermögen besitzt und auf den laufenden Verkauf seiner Arbeitsleistung angewiesen ist, stellt sich ihm vor allem das Problem, ein Einkommen auch in Zeiten zu erzielen, in denen er nicht arbeiten kann oder möchte. Dazu muß er

- sich gegen Krankheit versichern, und zwar so, daß er sowohl seine Aufwendungen für Ärzte, Medikamente und sonstige Hilfsmittel, Krankenhausaufenthalte und Kuren erstattet als auch eine Lohnersatzleistung zur Bestreitung des Lebensunterhalts für sich und seine Familie erhält;
- eine Unfallversicherung abschließen, die die gleichen Leistungen wie eben bietet und ihm bei dauerhafter Invalidität eine Rente zahlt;
- eine Altersrentenversicherung abschließen;
- für den Fall der Arbeitslosigkeit vorsorgen, wenn er entlassen wird oder gekündigt hat und eine neue Stelle sucht;
- für arbeitsfreie Tage wie gesetzliche Feiertage, Urlaub und Arbeitsversäumnis aus besonderen Anlässen (Eheschließung, Trauerfälle) vorsorgen.

Die vorstehend geschilderten Überlegungen der potentiellen Partner eines Arbeitsvertrages unter den Bedingungen eines politikfreien Arbeitsmarktes sind wie gesagt fiktiv und im Lichte der Tatsache zu modifizieren, daß der Staat heute in vielfältiger Weise in den Arbeitsmarkt eingreift. Als Gliederungsprinzip für diese Eingriffe bieten sich drei Bereiche an: Der Abschluß, der Vollzug und die Beendigung eines Arbeitsvertrages. Im folgenden können die in der Bundesrepublik Deutschland zur Zeit in Kraft befindlichen politischen Eingriffe gemäß dieser Grobgliederung lediglich genannt werden.

Bereich (1): Suche nach einem Vertragspartner und Abschluß des Arbeitsvertrages.

Der staatliche Eingriff besteht hier darin, daß die BA unentgeltlich ihre Vermittlungsdienste bei der Suche nach einem Vertragspartner anbietet, daß sie an arbeitslose Arbeitsucher bei Erfüllung gewisser Voraussetzungen Arbeitslosengeld oder im Auftrag des Bundes Arbeitslosenhilfe zahlt; daß sie Umschulungen und Arbeitsbeschaffungsmaßnahmen finanziert; und daß sie Beschäftigte, Arbeitslose und offene Stellen statistisch erfaßt.

Bereich (2): Vollzug des Arbeitsvertrages.

Der Gesetz- und Verordnungsgeber greift in die laufende Erfüllung der Ende 1986 in der Bundesrepublik bestehenden etwa 22,5 Mill. Arbeitsverträge auf dreierlei Art ein:

(2.1) Er hat Vorschriften für Rahmenbedingungen erlassen, unter der abhängige Arbeit zu leisten ist. Sie sind nicht Gegenstand individueller Arbeitsverträge und betreffen in der Hauptsache die unternehmerische und die betriebliche Mitbestimmung der Arbeitnehmer, die Arbeitssicherheit, die Unfallversicherung sowie die Pflicht des Arbeitgebers, Lohnsteuer und Sozialbeiträge einzubehalten und abzuführen.

(2.2) Er legt eine Vielzahl von Bedingungen fest, gegen die kein Arbeitsvertrag verstoßen darf. Sie betreffen die Arbeitszeit, die Zahlungen an Sozialversicherungsträger und den Lohn für nicht geleistete Arbeit an Feiertagen, bei Erholungs- und bei Bildungsurlaub, bei Krankheit und bei Mutterschaft.

(2.3) Er hat Schutzvorschriften für Sondergruppen erlassen, so für Jugendliche, Heimarbeiter, Behinderte sowie Frauen vor und nach Geburten.

Bereich (3): Beendigung des Arbeitsvertrages.

Will das Unternehmen einen auf unbestimmte Zeit geschlossenen Arbeitsvertrag beenden, muß es die Zustimmung des Betriebsrats einholen, die Kündigungsschutzbestimmungen beachten und eine *Kündigungsfrist* einhalten. Bei gleichzeitiger Kündigung mehrerer Mitarbeiter ist von einer bestimmten Zahl an ein *Sozialplan* vorzulegen. Bei Vergleich oder Konkurs des Unternehmens muß ein neuer Inhaber zunächst in die bestehenden Arbeitsverhältnisse eintreten; Kündigungen wegen des Übergangs sind unwirksam. Diese Eingriffe laufen darauf hinaus, auch die Beendigung eines Arbeitsvertrages mit Transaktionsaufwendungen zu belasten, was die kurzfristige Anpassung des Unternehmens an Schwankungen des Produktionsniveaus erschwert und Rückwirkungen auf seine Bereitschaft zu Neueinstellungen hat.

Dem Arbeitnehmer entstehen Transaktionsaufwendungen, falls er selbst kündigt, da er dann eine Sperrzeit für den Bezug von Arbeitslosengeld und damit einen Einkommensentgang hinnehmen muß. Er wird daher in der Regel erst kündigen, wenn er schon zumindest begründete Aussicht auf einen neuen Arbeitsvertrag hat; oder er wird den Arbeitgeber zu bewegen versuchen, daß dieser ihm kündigt. Im Ergebnis verringert diese Regelung die Mobilität der Arbeitnehmer.

Ein Teil der Eingriffe in den Arbeitsmarkt begünstigt die Inhaber von Arbeitsplätzen und erschwert gleichzeitig die Einstellung von Arbeitsuchern. Das kann die Arbeitslosigkeit fördern und wäre angesichts des Vollbeschäftigungsziels von einem Beobachter, der das jedem Eingriff zugrundeliegende Abwägungsproblem anders lösen würde, als Politikfehler zu bewerten. Auf der anderen Seite besteht ein ungedeckter Eingriffsbedarf: Für einen so wichtigen Bereich wie den Arbeitskampf fehlen gesetzliche Regelungen, obwohl sie wegen der Stärke der Interessengegensätze gerade hier dringend erforderlich wären. Der Gesetzgeber verstößt damit gegen das *Wesentlichkeitsgebot* des Bundesverfassungsgerichts, nach welchem er die wesentlichen Regeln für das Zusammenleben bereitzustellen hat. Er stellt mithin den ordnungsgemäßen rechtsstaatlichen Zustand nicht her, für einen regelungsbedürftigen Bereich möglichst präzise Vorschriften zu schaffen, nach denen jeder Rechtsunterworfene sein Verhalten von vornherein einrichten kann, so daß weitgehende Rechtssicherheit herrscht und die Gerichte nur ausnahmsweise im Streitfall für Klarheit sorgen müssen. Angesichts des ständigen Regelungsbedarfs gibt es dann nur noch eine Instanz, an die sich die streitenden Parteien wenden können: Die Gerichte. Diese jedoch als Ersatzgesetzgeber fungieren zu lassen, bedeutet Politikversagen in einem wichtigen Bereich. Richterrecht steht rückwirkend am Ende mitunter mehrjähriger Prozeßläufe durch die Instanzen, während derer Rechtsunsicherheit herrscht; es ist nicht vorhersehbar; und es bedeutet, vom Prinzip der Gewaltenteilung her gesehen, Regelsetzung durch die falsche Instanz.

Als Quintessenz der politischen Eingriffe in den Arbeitsmarkt lassen sich gewisse Prinzipien nennen, von denen sich der Gesetz- und Verordnungsgeber offensichtlich leiten läßt:

- Er hat sich eine Fürsorgepflicht gegenüber Arbeitnehmern auferlegt, die er in beträchtlichem Umfang an die Arbeitgeber delegiert;
- Er erlegt die Finanzierung eines Teils seiner Sozialpolitik den Unternehmen auf;
- Er verwirklicht eine Regelungsdichte, in der Platz für Vorschriften über die Anbringung von Lichtschaltern, die vermeidbare Zugluft und das Recht des Arbeitnehmers ist, über die Aufgaben informiert zu werden, die sein Arbeitsplatz mit sich bringt;
- Er gibt der Versuchung nach, von Unternehmen als Folge der Konkurrenz um Arbeitskräfte in guten Zeiten gewährte freiwillige zusätzliche Leistungen in gesetzlich garantierte Ansprüche der Arbeitnehmer umzuwandeln. Paradefall ist die betriebliche Altersversorgung;
- Er sieht wie die Arbeitsgerichtsbarkeit das Dauerarbeitsverhältnis als die anzustrebende Norm an und stattet die bestehenden Arbeitsverhältnisse daher mit einem wachsenden Bestandsschutz aus. Ideal und extrem ist das Beamtenverhältnis auf Lebenszeit, aber auch der in der privaten Wirtschaft nur mögliche wesentlich geringere Bestandsschutz kommt vermutlich den Bedürfnissen der Mehrheit der Arbeitnehmer entgegen. Kehrseite ist seine Eigenschaft, als Einstellungshemmnis zu wirken.

5. Personalkosten und Personalzusatzkosten. Die meisten der vorstehend geschilderten staatlichen Eingriffe in den Arbeitsmarkt wirken sich bei den Unternehmen kostensteigernd aus. Man könnte nun die Personalkosten eines Unternehmens, der Unternehmen eines Wirtschaftszweigs oder der gesamten Volkswirtschaft gemäß der fiktiven Ausgangssituation S. 339 f. in vier Kategorien einteilen:

- Entgelte für tatsächlich geleistete Arbeit unter der Annahme, es gäbe weder staatliche Eingriffe in den Arbeitsmarkt noch Tarifverträge zwischen Gewerkschaften und Arbeitgeberverbänden;

– Gesetzlich bedingte Personalzusatzkosten;
– In Tarifverträgen vereinbarte Personalzusatzkosten;
– Freiwillig vom einzelnen Unternehmen gewährte zusätzliche Leistungen ohne Rechtsanspruch der Begünstigten.

Da die meisten Produzenten und Anbieter Preissetzer sind, haben sie ein gemeinsames Interesse, in Statistiken über die Personalkosten gemäß dieser Gliederung einen möglichst hohen Anteil gesetzlich angeordneter Zusatzkosten auszuweisen. Deren Heraufsetzung kann dann der Öffentlichkeit gegenüber als Rechtfertigung von Preiserhöhungen dienen. Jedoch sind solche Aufgliederungen fiktiv und erlauben insbesondere nicht den Schluß, die Kostenbelastung der Unternehmen sei ohne diesen oder jenen staatlichen Eingriff niedriger. Beispielsweise werden die Pflichtbeiträge der Arbeitgeber zur gesetzlichen Sozialversicherung auch in der amtlichen Statistik als *Personalnebenkosten* bezeichnet und dem „Entgelt für geleistete Arbeit" gegenübergestellt. Das Statistische Bundesamt folgt dabei Empfehlungen der *Internationalen Arbeitsorganisation* und des *Statistischen Amtes der Europäischen Gemeinschaften*. Diese Beiträge dienen jedoch zusammen mit den Arbeitnehmeranteilen gemäß dem Katalog S. 340 der Finanzierung des Lebensunterhalts in Zeiten, in denen die Begünstigten nicht arbeiten können. Ohne den staatlichen Eingriff müßten die Arbeitnehmer aus ihrem Direkteinkommen für diese Situationen vorsorgen, und vermutlich wäre dann das Entgelt für geleistete Arbeit höher. Mit diesem Argument ließen sich auch die Beiträge zur gesetzlichen Unfallversicherung dem Direktentgelt zurechnen. Der Normalfall ist das Dauerarbeitsverhältnis, und zu diesem gehört ein mehrwöchiger Urlaub, der auch nach Auffassung des Gesetzgebers der Erholung zu dienen hat, daher auch dem Käufer der Arbeitsleistung zugutekommt und von diesem zu bezahlen ist. Dasselbe Argument gilt für bezahlte Feiertage. Die Lohnfortzahlung im Krankheitsfall bedeutet jedoch angesichts der alternativen und vom Gesetzgeber verworfenen versicherungsrechtlichen Lösung, daß Arbeitgebern die Finanzierung eines Teils der Sozialpolitik auferlegt ist. Hinzu kommt das hier besonders hohe moralische Wagnis [54]. Solche Überlegungen sind mithin bei der Beurteilung von Tabellen wie der folgenden zu beachten.

Zu den Gratifikationen unter 4.1 zählen Weihnachtsgeld, Gewinnbeteiligungen und Jubiläumsgeschenke, zusätzliche Monatsgehälter; unter 5. werden Familien- und Wohnungszuschüsse, Beihilfen bei Krankheit und ähnliches erfaßt. Die Statistik zeigt im übrigen, daß die Personalkosten je Arbeitnehmer mit der Größe der Unternehmen steigen und daß damit auch der Anteil der Nebenkosten zunimmt. Da gerade solche Unternehmen häufig über Produktionsstandorte im Ausland verfügen oder sie dorthin verlagern können, erzeugen hohe Personalkosten im Inland einen Anreiz, sich wesentlich niedrigere Lohnkosten im Ausland zunutze zu machen, „Arbeitsplätze zu exportieren". Nicht zu den Personalzusatzkosten rechnet man im allgemeinen die Aufwendungen für die Berechnung der Lohnsteuer und der Sozialbeiträge samt ihrer Abführung an den Staat, obwohl sie bei anderer Konstruktion von den Arbeitnehmern zu tragen wären. Auch in anderer Hinsicht sind eindeutige Zuordnungen nicht möglich,

---

[54] Vgl. Mikroökonomik, S. 465–467, 576.

Tabelle 4.5 — *Personalkosten im Produzierenden Gewerbe*[a] *der Bundesrepublik Deutschland 1984*

Kostenart	Je Arbeitnehmer	Verhältnis zu A.	Anteil an A. + B.
	DM	v. H.	
A. Entgelt für geleistete Arbeit	30 131	100	55,8
B. Personalnebenkosten	23 857	79,2	44,2
1. Arbeitgeberbeiträge zur Sozialversicherung	7 299	24,2	13,5
2. Vergütung arbeitsfreier Tage	7 247	24,1	13,4
2.1 Urlaubsvergütung	4 229	14,0	7,8
2.2 Vergütung für Krankheitstage	1 433	4,8	2,7
2.3 Gesetzliche Feiertage und sonstige Ausfallzeiten	1 590	5,3	2,9
3. Betriebliche Altersversorgung	2 357	7,8	4,4
4. Sonderzahlungen	4 643	15,4	8,6
4.1 Gratifikationen	2 696	8,9	5,0
4.2 Urlaubsgeld	1 450	4,8	2,7
4.3 Vermögenswirksame Leistungen	500	1,7	0,9
5. Übrige Personalnebenkosten	2 310	7,7	4,3
5.1 Aufwendungen für berufliche Aus- und Weiterbildung	850	2,8	1,6
5.2 Verpflegungszuschüsse, Auslösungen	370	1,2	0,7
5.3 Entlassungsentschädigungen, Sozialpläne	330	1,1	0,6
Gesamte Personalkosten = A. + B.	53 987	179,2	100

[a] Unternehmen mit 10 Arbeitnehmern und mehr.
Quelle: WiSta August 1986, S. 653 f., 660, 337*.

so hinsichtlich der mancherorts zu zahlenden Lohnsummensteuer; der Aufwendungen für Arbeitsschutzmaßnahmen, sanitäre Anlagen und Parkplätze sowie der Lehrlingsvergütungen. Das in der Tabelle für 1984 mit 79,2 v. H. ausgewiesene Verhältnis der Nebenkosten B. zum Entgelt für geleistete Arbeit A. lag 1972 erst bei 56 v. H., 1978 bei 70 v. H.

Unabhängig von allen Zuordnungen bleibt jedoch die Tatsache bestehen, daß die Diskrepanz zwischen den Kosten des Arbeitgebers einerseits und dem Nettoeinkommen des Arbeitnehmers je Einheit der Arbeitsleistung anderseits nach Abzug der auch von ihm noch zu entrichtenden Abzüge beträchtlich ist. Nach dem Stand von 1986 erhielt ein verheirateter Alleinverdiener mit zwei Kindern von je 100 DM zusätzlichem Einkommen etwa 62,50 DM ausgezahlt, während sein Arbeitgeber zusätzlich etwa 16,50 DM Arbeitgeberanteile zu entrichten hatte.[55] Der Arbeitgeber mußte für die entsprechende Arbeitsleistung

---

[55] Nach Angaben in: Bbk-Monatsbericht Januar 1986, S. 23.

einen Preis kalkulieren, der über die 116,50 DM hinaus auch noch die sonstigen Lohnnebenkosten, die übrigen Gemeinkosten und einen Gewinn enthielt. Es liegt auf der Hand, daß sich hieraus für viele Arbeitnehmer ein starker Anreiz für Nebenbeschäftigungen bei sinkender Motivation für reguläre Arbeit ergibt. Das führt zu Eigen- statt bezahlter Handwerkerarbeit sowie Nachbarschaftshilfe bis hin zu illegaler Schwarzarbeit besonders von Handwerkern, die ihre Leistungen direkt an Konsumenten verkaufen können.

Eine Kostenkategorie ist tariflich, wenn sie das Ergebnis von Vereinbarungen zwischen Gewerkschaft und Arbeitgeberverband ist und sich daher in dieser Hinsicht nicht von einem Stundenlohnsatz oder einem Monatsgehalt unterscheidet. Sie spiegelt wie der Satz einer Lohnerhöhung das Kräfteverhältnis der beiden Kartelle am Arbeitsmarkt zum Zeitpunkt des Vertragsabschlusses wider und hat ökonomisch die gleiche Funktion wie der Lohn. Im wesentlichen handelt es sich um Sonderzahlungen wie zusätzliche Monatsgehälter, Weihnachts- und Urlaubsgeld, vermögenswirksame Leistungen, Familienbeihilfen.

Betriebliche Personalaufwendungen sind freiwillig, werden ohne Rechtsanspruch gewährt und sind nicht durch Tarifvereinbarungen geschützt. Anwesenheits- und Treueprämien sollen die Arbeitskräftefluktuation und damit Transaktionsaufwendungen senken, und auch die erhöhte Reputation des wegen hoher freiwilliger Sozialaufwendungen bekannten Unternehmens dient letztlich diesem Zweck. Zu ihnen gehören Verpflegungszuschüsse, Personal- und Sachaufwendungen für betriebliche Gesundheitsfürsorge, Aus- und Weiterbildung; für Erholungsheime, Werksorchester, Werksbibliotheken und andere kulturelle Einrichtungen; Wohnungsfürsorge; die Differenz zu den Marktbedingungen bei Arbeitgeberdarlehen; Gewinnbeteiligungen und bis zum Eingriff des Gesetzgebers 1974 die betriebliche Altersversorgung. In Zeiten der Voll- oder Überbeschäftigung sind solche Zuwendungen Wettbewerbshandlungen am Arbeitsmarkt, mit denen Arbeitskräfte angeworben oder gehalten werden sollen. Die Statistik zeigt dementsprechend, daß diese Personalnebenkosten in überdurchschnittlich wachsenden Wirtschaftszweigen nennenswert höher liegen als in eher stagnierenden.[56] Vielleicht erhöhen sie auch die Arbeitsproduktivität. Bei der permanenten Arbeitslosigkeit seit Beginn der achtziger Jahre besteht eine Tendenz zu ihrem Abbau.

Zu einer abschließenden Beurteilung der Beschäftigungswirkungen der Personalzusatzkosten gehört schließlich das Kreislaufargument. Soweit sie nicht Entgelte für Vorleistungen in Produktionsprozessen sind, werden alle Zahlungen, aus denen sich die Diskrepanz zwischen Lohnkosten der Arbeitgeber und Nettoeinkommen der Arbeitnehmer zusammensetzt, irgendwo zu Einkommen. Sie sind damit potentiell nachfragewirksam und erhöhen folglich die Erträge der Unternehmen. Anders ausgedrückt: Ungeachtet der einzelwirtschaftlichen Klage über hohe Personalzusatzkosten, von denen ja auch ein nennenswerter Teil freiwillig geleistet wird, kommen sie den Unternehmen im Kreislauf auch wieder zugute. Dabei sind die kleineren und mittleren Unternehmen wegen niedrigerer Kosten gegenüber den Großunternehmen begünstigt. Jedoch bleiben negative Beschäftigungseffekte wegen der relativen Verteuerung der

---

[56] WiSta Mai 1981, S. 332.

Arbeits- gegenüber den Kapital- und der inländischen gegenüber den ausländischen Kosten bestehen.

6. Gründe für fortbestehende Arbeitslosigkeit. Was läßt sich angesichts der vorangegangenen Erörterungen über die in der Bundesrepublik seit Anfang der achtziger Jahre andauernde (vgl. Tabelle 4.4, S. 326) und von Konjunkturbewegungen weitgehend unabhängige Arbeitslosigkeit sagen?

Ein Teil der Arbeitslosigkeit ist immer *Sucharbeitslosigkeit*. Sie ist als Folge der grundsätzlich unvollkommenen Informationen über das Arbeitsplatzangebot nicht abschaffbar und heißt auch *Friktionsarbeitslosigkeit*. Neben den S. 260 an erster Stelle genannten Entlassenen betrifft sie auch Personen, die ihren Arbeitsplatz ohne Zusage eines neuen aufgegeben haben. Sie bildet eine Erklärung dafür, daß es neben Arbeitslosen auch immer offene Stellen gibt. Nun suchen Arbeitslose einen Arbeitsplatz nur sehr selten ohne jede einschränkende Bedingung. Es gibt arbeitsfähige Personen, die

- nicht in einem anderen als dem erlernten oder bereits ausgeübten Beruf arbeiten wollen und daher nicht zu einer Umschulung bereit sind;
- nicht einen Arbeitsplatz einnehmen wollen, der eine niedrigere Qualifikation als die von ihnen erworbene erfordert und daher in der Regel auch schlechter bezahlt wird;
- nicht an einem weiter entfernten Ort arbeiten, also die dafür erforderliche Mobilität (Umzug oder längerer täglicher Weg zur Arbeit) nicht erbringen wollen;
- nicht zu ungewöhnlichen Zeiten (Schichtarbeit, Feiertagsarbeit) arbeiten wollen oder nur Teilzeitarbeit suchen;
- nicht zu erschwerten Bedingungen arbeiten wollen, auch wenn damit ein höheres Einkommen verbunden ist (Untertagearbeit im Bergbau; Arbeit in Metallgießereien unter erhöhter Schmutz- und Lärmeinwirkung; gefährliche Arbeit im Hochbau, bei der Erdölgewinnung, als Taucher);
- nicht zu Arbeit entgegen bestimmten Präferenzen bereit sind, so als Hilfe im Privathaushalt, als Toilettenwärter(in), im Hotel- und Gaststättengewerbe;
- nicht die mit der Einnahme eines Arbeitsplatzes einhergehende Anpassungsleistung in bezug auf Ein- und Unterordnung, Pünktlichkeit, Lernwilligkeit bis hin zu ihrem äußeren Erscheinungsbild erbringen mögen;
- nicht zu dem für ihre Qualifikation geltenden Lohnsatz arbeiten wollen, weil er ihnen zu niedrig erscheint;[57]
- nicht zur Arbeitsaufnahme bereit sind, auch wenn keine einschränkende Bedingung vorliegt, weil ein ausreichender Lebensunterhalt anderweitig sichergestellt ist und sie lediglich Sozialleistungen und andere Vorteile des Arbeitslosenstatus wahrnehmen wollen.

Der zuletzt genannte Fall bildet das Extrem der restlos freiwilligen Arbeitslosigkeit. Die hierunter fallenden Personen gehören unter die S. 260 unter (1) genannte Kategorie, legen aber auch aus dem genannten Grund Wert darauf, als

---

[57] Nimmt man an, der geltende Lohnsatz sei gleich dem Wert des Grenzprodukts, liegt freiwillige Arbeitslosigkeit nach KEYNES [1.13], S. 6, vor.

arbeitslos zu gelten. Man spricht bei ihnen von *Arbeitsunwilligkeit*. Dagegen enthält die Arbeitslosigkeit der anderen eben aufgeführten Gruppen lediglich ein Element der Freiwilligkeit, da die betreffenden Personen Arbeitsplätze akzeptieren würden, die ihren individuellen Vorstellungen entsprechen. Es ist zu vermuten, daß für diese Personen die Arbeitslosigkeit als Alternative zur Annahme eines nicht akzeptablen Arbeitsplatzes nicht eine unmittelbare Notlage bedeutet. Ihre Arbeitslosigkeit ist erträglich, weil sie sich entweder privat auf andere Menschen stützen können, beispielsweise als (Ehe-)Partner eines Einkommensbeziehers; weil sie in der Nebenwirtschaft Beschäftigung gefunden haben, etwa als Schwarz- oder Gelegenheitsarbeiter; oder weil sie im Rahmen des Systems der sozialen Sicherung Ansprüche auf öffentliche Mittel haben.

Der Arbeitsmarkt ist Zielgebiet der Sozialpolitik (unter der Eingriffe von Politikern in den Wirtschaftsablauf zugunsten von Gruppen zu verstehen sind, die in irgendeiner Hinsicht als benachteiligt gelten). Im Laufe der Zeit wurde dabei ein soziales Netz geknüpft, dessen Leistungen einerseits Arbeitslosigkeit überhaupt erst sozial erträglich machen, anderseits um so eher eine Alternative zu bezahlter Arbeit sind, je großzügiger sie bemessen sind. Das kann die Allokationseffizienz des Faktors Arbeitsleistung erhöhen: Lohnersatzleistungen ermöglichen längere Suchzeiten samt Ablehnung unpassender Arbeitsplätze. Sie erleichtern die Substitution von Arbeit durch Freizeit und erhöhen das Lohnniveau, da eine positive Differenz zwischen diesem und dem Sozialleistungsniveau als Leistungsanreiz erhalten bleiben muß. Jedoch kommt es vor, daß Lohnersatzleistungen für niedrig qualifizierte Arbeitskräfte mit Familie nicht wesentlich niedriger, ebenso hoch oder höher sind als Einkommen aus Erwerbstätigkeit. Zudem erscheint bei einem Vergleich zwischen dem Nettoeinkommen mit Arbeit und dem niedrigeren Nettoeinkommen aufgrund von Sozialleistungen ohne Arbeit mit Freizeit und der Möglichkeit legaler oder illegaler freiwilliger Tätigkeit die zweite Möglichkeit vielfach attraktiver. Schließlich ermöglichen es das soziale Netz und der allgemein hohe Lebensstandard vielen jüngeren Menschen, sich nominell im Ausbildungssystem aufzuhalten und von den dort erhältlichen sowie von privaten Unterstützungen zu leben, wobei ein niedriger Lebensstandard in Kauf genommen wird. Auch dies kann als eine Art freiwilliger Arbeitslosigkeit gesehen werden, wenngleich sie in der Statistik nicht erscheint.

Besondere Aufmerksamkeit verdient bei diesen Überlegungen das Problem der Mobilität. Ein Grund für den raschen Rückgang der Arbeitslosenquote in den fünfziger Jahren und ihr anschließendes jahrelanges Verharren unterhalb von 1 v. H. war sicher, daß der *Mobilitätsbedarf* der Volkswirtschaft durch Einwanderung gedeckt wurde. Wo etwas produziert werden soll, müssen dauerhafte Produktionsmittel und Arbeitskräfte räumlich zusammenkommen. Bei rasch wachsendem Produktionsapparat können neue Betriebe auch dort entstehen, wo es Arbeitslose gibt, aber den Hauptteil der räumlichen Anpassung haben Menschen zu erbringen, indem sie in die Nähe ihres Arbeitsplatzes ziehen. Kommen nun in Millionenzahl zusätzliche Arbeitskräfte ins Land, wie unmittelbar nach dem Kriege Ostvertriebene, später Kriegsgefangene, Flüchtlinge aus der DDR und Umsiedler aus Osteuropa, noch später Ausländer, dann sind sie zunächst mit keinem Wohnort festgelegt und gehen dahin, wo sie Arbeit finden. Dies hat den gleichen Effekt wie die räumliche Umverteilung einer bereits vorhandenen und unterbeschäftigten Bevölkerung, wird aber geräuschlos und ohne soziale Kosten erbracht. Demgegenüber würde heute ein hypothetisches Wirtschaftswachstum, das zwei Millionen Arbeitslose absorbieren könnte, auf die *Immobilitätspräferenz* einer festansässigen Bevölkerung stoßen, lokal zu Überbeschäftigung und akutem Arbeitskräftemangel bei fortdauernder Arbeitslosigkeit an anderen Stellen führen und somit nicht zu realisieren sein.[58] Mobilität wird auch unter ihren anderen Aspekten, also in bezug auf Wirtschaftszweige, Berufe, Qualifikationen im Vergleich zu früher weniger bereitwillig und langsamer erbracht.

Evident ist, daß die Arbeitslosenzahlen in den Industrieländern Mitte der achtziger Jahre nicht allein mit dem Hinweis auf in unterschiedlichem Grade freiwillige Arbeitslosigkeit erklärbar sind. Es muß eine erhebliche Zahl von Arbeitslosen geben, die die herrschenden Arbeitsmarktbedingungen akzeptieren würden, aber vergeblich suchen. Für die Bundesrepublik sind als eher gesamtwirtschaftliche Gründe hierfür zu nennen, daß das wirtschaftliche Wachstum im Gegensatz zur Situation in den fünfziger und sechziger Jahren nicht ausreicht, die durch die laufende Zunahme der Arbeitsproduktivität freigesetzten Arbeitskräfte zu absorbieren. Hinzu kommen als demographische Faktoren die hohe Zahl jüngerer Arbeitsucher aufgrund des Geburtenhochs Anfang der sechziger Jahre; das Zusatzangebot ausländischer Arbeitskräfte, dem keine Entlastung des Arbeitsmarkts durch Auswanderung oder entsprechende Dauerbeschäftigung von Deutschen im Ausland gegenübersteht; sowie die zunehmende Bereitschaft von Frauen, eine Erwerbstätigkeit aufzunehmen.

Mindestens ebenso große Bedeutung haben daneben einzelwirtschaftliche Ursachen. Der Facharbeitermangel und die zunehmende Akademikerarbeitslosigkeit sind Indizien für die mangelnde Übereinstimmung zwischen Arbeitsangebot und -nachfrage in bezug auf Art und Grad der Qualifikation auf den Elementärmärkten, aus denen der Arbeitsmarkt besteht. Das hat zwei Gründe. Erstens ist das soziale Subsystem „Ausbildung" nicht mehr gut auf das Subsystem „Erwerbstätigkeit" abgestimmt, weil die seit Ende der sechziger Jahre betriebene Bildungspolitik wenig Rücksicht auf den absehbaren Bedarf des Arbeitsmarktes nahm. Zweitens wird die berufliche Qualifikation vieler Arbeitskräfte durch den raschen technischen Fortschritt entwertet. Daher gibt es eine fortdauernde Arbeitslosigkeit von Personen, deren potentielle Arbeitsleistung nach Art und Qualifikation nicht oder nicht mehr den Anforderungen des Produktionsprozesses entspricht.

Häufige Abwesenheit eines Arbeitnehmers vom Arbeitsplatz erhöht die Kosten des Unternehmens ebenso wie die nur kurzzeitige Beschäftigung auf Dauerarbeitsplätzen, da mit jedem Wechsel der Person Transaktionsaufwendungen entstehen. Unternehmen zahlen daher Treue- und sogar Anwesenheitsprämien. Entsprechend haben Menschen mit fragiler Gesundheit, Behinderte sowie solche, die wegen ihres Alters oder Gesundheitszustandes kurz vor dem Ausschei-

---

[58] Die Arbeitslosenquote in ausgewählten Randbezirken Bayerns und Niedersachsens war schon von 1964 bis 1972 vier- bis fünfmal so hoch wie im Bundesdurchschnitt, während sie in den Ballungsräumen ebenso systematisch darunter lag. Vgl. SVR-Gutachten 1972/73, Ziff. 158.

den aus dem Erwerbsleben stehen, nur geringe oder keine Chancen, eingestellt zu werden. Dies gilt um so eher, je größer die Arbeitslosigkeit allgemein ist. Da diese Art von Arbeitslosigkeit schwervermittelbarer Personen praktisch nicht zu beseitigen ist, nennt man sie *Bodensatz-Arbeitslosigkeit*. Neben den genannten objektiven gibt es jedoch auch die S. 262 genannten subjektiven Gründe. Häufiger Arbeitsplatzwechsel wegen mangelnder Arbeitsdisziplin führt auf die Dauer ebenfalls in den Bodensatz. Unternehmen kennen das Risiko, das mit der Einstellung eines Arbeitnehmers verbunden ist. Sie informieren sich über das vorangegangene Arbeitsleben des Bewerbers und stellen ihn bei einer unter diesem Aspekt ungünstigen Vorgeschichte selbst dann nicht ein, wenn er zu einem niedrigeren Lohn als ein gleich qualifizierter Beschäftigter arbeiten würde.

Arbeitslosigkeit trägt zu ihrer eigenen Verlängerung bei. Wenn sie wie in der Bundesrepublik jahrelang in Millionenhöhe andauert, wächst die Zahl der Personen überproportional, die lange Zeit ununterbrochen beschäftigungslos sind. So stieg der Anteil der ein Jahr oder länger Arbeitslosen an deren Gesamtzahl in der Bundesrepublik von 13,0 v. H. im September 1981 kontinuierlich auf 31,0 v. H. im September 1985 an.[59] Das muß besonders in Zeiten raschen technischen Fortschritts Kompetenz, Kenntnisstand und Qualifikation dieser Menschen mindern, die nur durch ständigen Kontakt mit den Anforderungen am Arbeitsplatz auf dem laufenden gehalten werden können. Die Akteure auf beiden Seiten des Arbeitsmarktes stellen sich darauf ein: Bei Arbeitslosen geht die Motivation, sich um eine neue Stelle zu bemühen, mit der Dauer der Arbeitslosigkeit zurück; Unternehmen bevorzugen Arbeitsucher, die sich aus ungekündigter Stellung heraus bewerben oder erst seit kurzem arbeitslos sind. Auch Schwarzarbeit wirkt sich positiv auf die Einstellungschance aus, da sie Arbeitswillen und Initiative erwarten läßt. Anders ausgedrückt: Dauert hohe Arbeitslosigkeit lange Zeit an, so findet mit dem normalen Prozeß millionenfacher Einstellungen und Entlassungen eine Art Durchsiebung statt, in deren Verlauf solche Erwerbspersonen häufiger arbeitslos werden und es länger bleiben, von denen eine unterdurchschnittliche Arbeitsproduktivität erwartet wird. Dazu gehören Ältere wie auch Berufsanfänger und Jugendliche, Personen ohne Berufsausbildung oder mit gesundheitlichen Problemen, Ausländer sowie Teilzeitarbeitsucher, unter denen besonders viele Frauen zu finden sind. Im Ergebnis dieses Ausleseprozesses ist der Arbeitsmarkt mit *Problemgruppen* belastet, zu denen auch noch Behinderte, Personen mit Alkohol- und Drogenproblemen, Frauen ohne frühere oder nur mit unständiger Erwerbstätigkeit zählen. Zum Ausgleich hat sich die Arbeitsproduktivität im Produktionsprozeß erhöht, weil jeweils nur die effizienteren Mitarbeiter gehalten werden und auch der Krankenstand wegen geringerer Arbeitsplatzsicherheit gesunken ist. Wirtschaftspolitische Konsequenz ist, daß Arbeitslosigkeit um so schwieriger zu bekämpfen ist, je länger sie andauert.

Der sozialpolitische Eingriff in die Arbeitsverträge belastet in nennenswertem Umfang auch die Beendigung von Arbeitsverträgen von seiten der Unternehmen mit Transaktionsaufwendungen. Besondere Kündigungsschutzbestimmungen für bestimmte Arbeitnehmergruppen kommen hinzu. Zwangsläufig

---

[59] SVR-Gutachten 1986/87, Ziff. 103.

weichen Unternehmen daher bei als vorübergehend angesehenen Nachfragesteigerungen auf Überstunden- oder Übergang zu Mehrschichtarbeit aus, und dies kann selbst dann vorteilhafter als die Einstellung neuer Arbeitskräfte sein, wenn die Nachfragezunahme dauerhaft erscheint. Im Ergebnis läßt der Bestandsschutz die Arbeit immer mehr zum Bestandsfaktor werden. Er macht vorhandene Arbeitsplätze sicherer, erschwert aber die Schaffung neuer und beeinträchtigt zusätzlich deren Besetzung mit Angehörigen besonders geschützter Gruppen. Insbesondere wirkt sich der Kündigungsschutz bei älteren Arbeitnehmern ab etwa 50 Jahren in der Weise aus, daß sie bei unterdurchschnittlichem Risiko, ihren Arbeitsplatz zu verlieren, nur geringe Chancen haben, einen neuen zu finden.

Zur Frage der tatsächlichen Arbeitslosigkeit in der Bundesrepublik ist schließlich zu bemerken, daß sie einerseits höher, anderseits niedriger als die statistisch ausgewiesene ist. Resignierende Arbeitsucher ziehen sich vom Arbeitsmarkt zurück, wenn sie sich von ihrer statistischen Erfassung keine Vorteile mehr versprechen. Nicht als arbeitslos werden Personen ausgewiesen, für die die BA Arbeitsbeschaffungs- oder Fortbildungsmaßnahmen finanziert. Es gibt in nennenswertem Umfang Kurzarbeit, und in allerdings geringerem Maße als früher verlassen Ausländer die Bundesrepublik, wenn sie keine Arbeit mehr finden. Auf der anderen Seite existiert ein legaler bis illegaler inoffizieller Markt besonders für Dienstleistungen, auf dem sich Anbieter und Nachfrager die wegfallenden Steuern, Sozialabgaben und sonstigen Nebenkosten teilen, dessen Beschäftigungseffekt aber statistisch nicht erfaßt wird.

Literatur zum vierten Kapitel

Beschäftigungstheorie wird meist makroökonomisch, Arbeitsmarkttheorie mikroökonomisch gesehen. Mit der seit den siebziger Jahren zunehmenden Arbeitslosigkeit wandten sich auch Wirtschaftswissenschaftler verstärkt diesen Themenbereichen zu. Einige neuere Titel dazu sind

[4.01] H. GERFIN: Einige neuere Entwicklungen und Perspektiven der Arbeitsmarkttheorie. ZgS, 134. Bd 1978, S. 410–441.
[4.02] H. J. RAMSER: Die Kontrakttheorie als Beitrag zu einer ökonomischen Theorie des Arbeitsmarktes. ZgS, 134. Bd 1978, S. 628–659.
[4.03] G. BOMBACH/B. GAHLEN/A. E. OTT (Hg.): Neuere Entwicklungen in der Beschäftigungstheorie und -politik. Tübingen 1979. IX, 456 S.
[4.04] S. ROSEN (Hg.): Studies in Labor Markets. Chicago u.a. 1981. VIII, 395 S.
[4.05] P. HERDER-DORNEICH (Hg.): Arbeitsmarkt und Arbeitsmarktpolitik. Berlin 1982.
[4.06] C. FISCHER/D. HEIER: Entwicklungen der Arbeitsmarkttheorie. Frankfurt 1983. 219 S.
[4.07] G. BUTTLER (Hg.): Arbeitsmarktanalyse. (= Allgemeines Statistisches Archiv, Sonderheft 22). Göttingen 1984. 119 S.
[4.08] W. FRANZ: Neuere mikroökonomische Analysen des Arbeitsmarktgeschehens: Ein Überblick. S. 7–70 in: H. SCHELBERT-SYFRIG u.a. (Hg.): Mikroökonomik des Arbeitsmarktes. Theorien, Methoden und empirische Ergebnisse für die Schweiz. Bern u.a. 1986.

Speziell mit dem Problem der Arbeitslosigkeit befassen sich

[4.09] G. D. N. WORSWICK (Hg.): The Concept and Measurement of Involuntary Unemployment. London 1976. 327 S.
[4.10] G. STANDING: The Notion of Voluntary Unemployment. International Labour Review, Vol. 120, 1981, S. 563–579.
[4.11] M. BUHBE: Makroökonomische Bestimmungsgründe der Arbeitslosigkeit. Konjunktur, Außenwirtschaft, Inflation, Mengenrationierung. Regensburg 1985. VIII, 267 S.
[4.12] J. McCALLUM: Unemployment in OECD Countries in the 1980s. EJ, Vol. 96, 1986, S. 942–960.
[4.13] K. G. KNIGHT: Unemployment: An Economic Analysis. London u. a. 1987. 411 S.

Zur Frage der statistischen Erfassung der Arbeitslosigkeit vgl.

[4.14] H. HITZ: Erwerbsstatistische Praxis und die Ermittlung von Arbeitslosenquoten im internationalen Vergleich. Bundesrepublik Deutschland, USA, Irland und Vereinigtes Königreich. (= Beiträge zur Arbeitsmarkt- und Berufsforschung, 97.) Nürnberg 1986. XV, 237 S.
[4.15] M. RIESE: Die Messung der Arbeitslosigkeit. Berlin 1986. 199 S.

Aspekte politischer Eingriffe in den Arbeitsmarkt behandeln

[4.16] S. MASTERS/I. GARFINKEL: Estimating the Labor Supply Effects of Income-maintenance Alternatives. New York u. a. 1977. XX, 289 S.
[4.17] H. G. Grubel/M. A. WALKER (Hg.): Unemployment Insurance. Global Evidence of its Effects on Unemployment. Vancouver 1978.

(Hierin auch eine empirische Untersuchung von H. KÖNIG/W. FRANZ über die Bundesrepublik.)

[4.18] J. SCHRÖDER: Lohnnebenkosten und Beschäftigung. JNÖStat, Bd 195, 1980, S. 289–301.
[4.19] G. STARR: Minimum Wage Fixing: An International Review of Practices and Problems. International Labour Organisation, Geneva 1981.
[4.20] C. BROWN/C. GILROY/A. KOHEN: The Effect of the Minimum Wage on Employment and Unemployment. JELit, Vol. 20, 1982, S. 487–528.

Zu Teil II:

Als die klassische Periode der Nationalökonomie kann man mit

[4.21] J. A. SCHUMPETER: Epochen der Dogmen- und Methodengeschichte. In: Grundriß der Sozialökonomik, I. Abteilung – Historische und theoretische Grundlagen. 1914, 2. Aufl. Tübingen 1924, S. 53

die Zeit von 1776, in welchem Jahr

[4.22] A. SMITH: An Inquiry into the Nature and the Causes of the Wealth of Nations. 1776, viele Nachdrucke. Standardausgabe hg. von E. CANNAN, London 1904, ebenfalls viele Nachdrucke.
Deutsch: Der Wohlstand der Nationen. Eine Untersuchung seiner Natur und seiner Ursachen. Hg. von H. C. RECKTENWALD. München 1974. LXXIX, 859 S.

erstmals erschien, bis 1848 ansehen:

[4.23] J. S. MILL: Principles of Political Economy with Some of Their Applications to Social Philosophy. 1848, viele Nachdrucke.
Deutsch: Grundsätze der politischen Ökonomie mit einigen ihrer Anwendungen auf die Sozialphilosophie. 2 Bde, Jena 1913, 1921. XXVIII, 739 S.; XVIII, 737 S.

Das dritte Hauptwerk der Klassik ist

[4.24] D. RICARDO: On the Principles of Political Economy and Taxation. 1817, viele Nachdrucke. Standardausgabe ist P. SRAFFA (Hg.): The Works and Correspondence of David Ricardo. Cambridge 1953. 9 Bde. Hierin bilden die „Principles" den 1. Bd.
Deutsch: Grundsätze der politischen Ökonomie und der Besteuerung. Der hohe Preis der Edelmetalle, ein Beweis für ihre Entwertung. Hg. von F. NEUMARK. Frankfurt 1972. 350 S.

Die klassische Theorie wurde im 20. Jahrhundert von A. MARSHALL (1842−1924), A. C. PIGOU (1877−1959) und anderen zur *Neoklassik* weiterentwickelt, deren bedeutendster Vertreter heute P. A. SAMUELSON (1915−) ist.

Die Beschäftigungstheorie der Klassiker wird wegen ihrer nachwirkenden Bedeutung und der Wiederaufnahme mancher ihrer Ideen in vielen modernen Lehrbüchern dargestellt. Kurze Abrisse finden sich bei HANSEN [1.18], PETERSON [1.06] und SHAPIRO [1.07]. Eine gründliche Darstellung auf elementarem Niveau zusammen mit einer Gegenüberstellung der Hypothesen der Klassiker und von KEYNES bietet

[4.25] G. ACKLEY: Macroeconomics: Theory and Policy. New York u.a. 1978. XIV, 738 S.

Eine Übersicht über die von klassischen Annahmen und Folgerungen abweichenden zeitgenössischen Ansichten gibt

[4.26] B. A. CORRY: The Theory of the Economic Effects of Government Expenditure in English Classical Political Economy. Economica, Vol. 25, 1958, S. 34−48.

Die Beschäftigungstheorie des bedeutendsten Theoretikers vor MARX, der von der Klassik abweichende Ansichten vertrat, erschien in Buch 2 von

[4.27] Th. R. MALTHUS: Principles of Political Economy. London 1820. Neudruck New York 1951.
Deutsch: Grundsätze der Politischen Ökonomie mit Rücksicht auf ihre praktische Anwendung. Berlin 1910. XVI, 578 S.

Eine zusammenfassende Würdigung der klassischen Ideen gibt

[4.28] J. STARBATTY: Die englischen Klassiker der Nationalökonomie. Lehre und Wirkung. Darmstadt 1985. VII, 151 S.

Das Hauptwerk von KARL MARX erschien in drei Bänden 1867, 1885 und 1894. Eine neue Ausgabe ist

[4.29] K. MARX: Das Kapital. Kritik der Politischen Ökonomie. 3 Bde, erschienen als Bde 23, 24 und 25 von K. MARX/F. ENGELS: Werke. Berlin 1962−1964 (abgekürzt: MEW).

Einige Darstellungen des MARXschen Modells, in denen jeweils auch die Beschäftigungstheorie ausführlich behandelt wird, sind

[4.30] P. M. SWEEZY: The Theory of Capitalist Development. Principles of Marxian Political Economy. New York 1942. XIV, 398 S.
Deutsch: Theorie der kapitalistischen Entwicklung. Eine analytische Studie über die Prinzipien der Marxschen Sozialökonomie. Köln 1959. XVIII, 302 S.

[4.31] J. ROBINSON: An Essay on Marxian Economics. 1942, 2. Aufl. London 1966. XXIV, 103 S.

[4.32] M. WOLFSON: A Reappraisal of Marxian Economics. New York u.a. 1966. XII, 220 S.
[4.33] A. BALINKY: Marx's Economics. Origin and Development. Lexington 1970. XIV, 178 S.

Zu Teil III:

Eine ausgezeichnete Schilderung der Entwicklung der ökonomischen Theorie in der mikroökonomischen Periode der Nationalökonomie gibt

[4.34] T. W. HUTCHISON: A Review of Economic Doctrines 1870–1929. Oxford 1953. XIV, 456 S.

Einführungen in die KEYNESsche Theorie aus heutiger Sicht finden sich in allen Lehrbüchern der Makroökonomik. Sie fassen den zweiten Schub von KEYNES-Interpretationen zusammen (zum ersten vgl. die Titel [1.15] bis [1.20]), die seit Mitte der sechziger Jahre auf dem Markt erscheinen und versuchen, KEYNESsche Ideen zu modifizieren und auf die neuen Verhältnisse anzuwenden. Einige herausragende Beiträge sind

[4.35] R. CLOWER: The Keynesian Counterrevolution: A Theoretical Appraisal. S. 103–125 in: F. H. HAHN/F. P. R. BRECHLING (Hg.): The Theory of Interest Rates. New York 1965.
[4.36] A. LEIJONHUFVUD: On Keynesian Economics and the Economics of Keynes. A Study in Monetary Theory. New York u.a. 1968. XIV, 431 S.
Deutsch: Über Keynes und den Keynesianismus. Eine Studie zur monetären Theorie. Hg. von G. GÄFGEN. Köln 1973. 384 S.
[4.37] J. HICKS: The Crisis in Keynesian Economics. Oxford 1974. 85 S.
[4.38] J. FENDER: Understanding Keynes. An Analysis of „The General Theory". Brighton 1981. IX, 160 S.
[4.39] A. H. MELTZER: Keynes's General Theory: A Different Perspective. JELit, Vol. 19, 1981, S. 34–64.
[4.40] V. CHICK: Macroeconomics After Keynes. A Reconsideration of the General Theory. Oxford u.a. 1983. X, 374 S.
[4.41] A. CODDINGTON: Keynesian Economics: The Search for First Principles. London u.a. 1983. XIV, 129 S.
[4.42] G. A. FLETCHER: The Keynesian Revolution and its Critics. Issues of Theory and Policy for the Monetary Production Economy. Houndsmills 1987. XXIII, 348 S.

Die folgende fünfbändige Darstellung gibt unter besonderer Berücksichtigung Deutschlands und der Bundesrepublik, auch anhand zeitgenössischer Dokumente und wissenschaftlicher Beiträge, Informationen über die Beschäftigungstheorie und -politik in der Zwischen- und Nachkriegszeit, die Auseinandersetzung mit der Weltwirtschaftskrise, das KEYNESsche Gedankengebäude und seine Rezeption sowie Ausblicke auf die heutige wirtschaftspolitische und -theoretische Diskussion:

[4.43] G. BOMBACH/H.-J. RAMSER/M. TIMMERMANN (Hg., zum Teil mit anderen): Der Keynesianismus. I, Berlin u.a. 1976; II, 1976; III, 1981; IV, 1983; V, 1984.

Zur Kritik vgl.

[4.44] K. BORCHARDT: Zur Aufarbeitung der Vor- und Frühgeschichte des Keynesianismus in Deutschland. Zugleich ein Beitrag zur Position von W. Lautenbach. JNÖStat, Bd 197, 1982, S. 359–370.

Zu Teil IV:

Neuere zusammenfassende Darstellungen theoretischer und empirischer Untersuchungen des Inflationsproblems einschließlich des Phänomens der Stagflation als „neuer" Inflation sind

[4.45] D. LAIDLER/M. PARKIN: Inflation. A Survey. EJ, Vol. 85, 1975, S. 741–809.
[4.46] W. STRÖBELE: Inflation. Einführung in Theorie und Politik. 1979, 2. Aufl. München u. a. 1984. 208 S.
[4.47] A. WOLL (Hg.): Inflation. Definitionen, Ursachen, Wirkungen und Bekämpfungsmöglichkeiten. München 1979. IX, 163 S.
[4.48] H. FRISCH: Die Neue Inflationstheorie. Göttingen 1980. 224 S.
[4.49] R. POHL: Theorie der Inflation. Grundzüge der monetären Makroökonomik. München 1981. IX, 316 S.
[4.50] M. BRUNO/J. D. SACHS: Economics of Worldwide Stagflation. Cambridge, Mass., 1985. VII, 315 S.
[4.51] H. RIESE: Theorie der Inflation. Tübingen 1986. VI, 303 S.

Die Deutsche Bundesbank hat zur Frage der Geldentwertung vor allem unter dem Aspekt ihrer Wirkung auf die Geldvermögen Stellung genommen. Vgl. die Beiträge in: Bbk-Monatsbericht März 1968, April 1971, August 1979.

Zur Frage des Zusammenhangs zwischen Inflation und Arbeitslosigkeit vgl.

[4.52] K. BRUNNER/A. H. MELTZER (Hg.): The Phillips Curve and Labor Markets. Amsterdam u. a. 1976. 164 S.
[4.53] H. J. RAMSER/B. ANGEHRN (Hg.): Beschäftigung und Inflation. Stuttgart u. a. 1977. 163 S.

Zwei empirische Untersuchungen für die Bundesrepublik sind

[4.54] W. FRANZ: Eine empirische Überprüfung des Konzepts der „natürlichen Arbeitslosenquote" für die Bundesrepublik Deutschland. ZgS, 134. Bd 1978, S. 442–463.
[4.55] W. FRANZ: Wohin treibt die Phillipskurve? Theoretische und empirische Überlegungen zur inflationsstabilen Arbeitslosenquote in der Bundesrepublik Deutschland. Zeitschrift für Wirtschafts- und Sozialwissenschaften, 104. Jg. 1984, S. 603–629.

Die Hypothese rationaler Erwartungen hat in wenigen Jahren eine umfangreiche Literatur angeregt. Eine Auswahl ist

[4.56] H. J. RAMSER: Rationale Erwartungen und Wirtschaftspolitik. ZgS, 134. Bd 1978, S. 57–72.
[4.57] B. KANTOR: Rational Expectations and Economic Thought. JELit, Vol. 17, 1979, S. 1422–1441.
[4.58] S. FISCHER (Hg.): Rational Expectations and Economic Policy. Chicago u. a. 1980. IX, 293 S.
[4.59] B. T. MCCALLUM: Rational Expectations and Macroeconomic Stabilization Policy. An Overview. Journal of Money, Credit and Banking, Vol. 12, 1980, S. 716–746.
[4.60] D. K. H. BEGG (Hg.): The Rational Expectations Revolution in Macroeconomics: Theories and Evidence. Oxford 1982. XII, 291 S.
[4.61] R. MADDOCK/M. CARTER: A Child's Guide to Rational Expectations. JELit, Vol. 20, 1982, S. 39–51.
[4.62] M. TIETZEL: Was kann man von der „Theorie rationaler Erwartungen" rationalerweise erwarten? Kredit und Kapital, 15. Jg. 1982, S. 492–515.
[4.63] R. FRYDMAN/E. S. PHELPS (Hg.): Individual Forecasting and Aggregate Outcomes. „Rational Expectations" Examined. Cambridge u. a. 1983. IX, 238 S.

[4.64] H.-W. SINN: Rationale Erwartungen, Rationierung und Rezession – Braucht keynesianische Politik dumme Bürger? JNÖStat, Bd 199, 1984, S. 158–178.
[4.65] C. L. F. ATTFIELD/D. DEMERY/N. W. DUCK: Rational Expectations in Macroeconomics. An Introduction to Theory and Evidence. Oxford 1985. XII, 211 S.

Zu Teil V:

Ein Zentrum der Arbeitsmarktforschung ist in der Bundesrepublik das *Institut für Arbeitsmarkt- und Berufsforschung der Bundesanstalt für Arbeit* in Nürnberg, abgekürzt IAB. Ergebnisse werden monatlich in der Zeitschrift

[4.66] Mitteilungen aus der Arbeitsmarkt- und Berufsforschung. Stuttgart, 1970 ff.

sowie in der Schriftenreihe

[4.67] Beiträge zur Arbeitsmarkt- und Berufsforschung

veröffentlicht. Einen Einblick in die Arbeit des IAB bietet der Sammelband

[4.68] D. MERTENS (Hg.): Konzepte der Arbeitsmarkt- und Berufsforschung. Eine Forschungsinventur des IAB. (= Beiträge zur Arbeitsmarkt- und Berufsforschung, 70.) Nürnberg 1982. 714 S.

Eine umfassende Dokumentation aus dem IAB zum Thema Arbeitslosigkeit ist

[4.69] U. KRESS: Arbeitslosigkeit. (= Literaturdokumentation zur Arbeitsmarkt- und Berufsforschung, Sonderheft 14.) Nürnberg, Ausgabe 1986.

Untersuchungen der deutschen Gewerkschaften sind

[4.70] A. KLÖNNE/H. REESE: Die deutsche Gewerkschaftsbewegung. Von den Anfängen bis zur Gegenwart. Hamburg 1984. 232 S.
[4.71] A. S. MARKOVITS: The Politics of the West German Trade Unions. Strategies of class and interest representation in growth and crisis. Cambridge u. a. 1986. XX, 599 S.

Details der arbeitsrechtlichen Eingriffe sind Kommentaren und Lehrbüchern des Gebiets zu entnehmen:

[4.72] G. SCHAUB: Arbeitsrechts-Handbuch. Systematische Darstellung und Nachschlagewerk für die Praxis. 1972, 5. Aufl. München 1983. XLVIII, 1514 S.
[4.73] W. ZÖLLNER: Arbeitsrecht. Ein Studienbuch. 1977, 3. Aufl. München 1983. XVI, 532 S.

Eine Auswahl der Ergebnisse empirischer Arbeitsmarktforschung für die Bundesrepublik ist

[4.74] K. SCHLOENBACH: Ökonometrische Analyse der Lohn- und Arbeitsentwicklung in der Bundesrepublik Deutschland 1957–1968. Eine Erweiterung des „Bonner Prognosemodells". Meisenheim 1972. 392 S.
[4.75] W. FRANZ: Neuere Ergebnisse einer makroökonometrischen Analyse des Arbeitsmarktes der Bundesrepublik Deutschland. In: Institut für Arbeitsmarkt- und Berufsforschung der Bundesanstalt für Arbeit (Hg.): Beiträge zur Arbeitsmarkt- und Berufsforschung Nr. 31 – Probleme bei der Konstruktion soziökonomischer Modelle. Nürnberg 1978, S. 1–38.
[4.76] H. KÖNIG: Zur Dauer der Arbeitslosigkeit: Ein Markov-Modell. Kyklos, Vol. 31, 1978, S. 36–52.
[4.77] P. PAULY: Theorie und Empirie des Arbeitsmarktes. Eine ökonometrische Analyse für die Bundesrepublik Deutschland 1960–1974. Frankfurt 1978. 564 S.

[4.78] G. KIRKPATRICK: Real Factor Prices and German Manufacturing Employment: A Time Series Analysis, 1960 I – 1979 IV. Weltwirtschaftliches Archiv, Bd 118, 1982, S. 79–103.
[4.79] W. FRANZ/H. KÖNIG: The Nature and Causes of Unemployment in the Federal Republic of Germany since the 1970s: An Empirical Investigation. Economica, Vol. 53, Supplement 1986, S. S219–S244.
[4.80] R. SCHMIDT: Offene und verdeckte Arbeitslosigkeit in der Bundesrepublik. Der Einfluß der Meldequote auf die Arbeitslosenstatistik. Tübingen 1986. VIII, 124 S.
[4.81] H.-J. KRUPP (Hg.): Wege zur Vollbeschäftigung. Konzepte einer aktiven Bekämpfung der Arbeitslosigkeit. Freiburg 1986. 304 S.
[4.82] G. BOMBACH/B. GAHLEN/A. E. OTT (Hg.): Arbeitsmärkte und Beschäftigung – Fakten, Analysen, Perspektiven. Tübingen 1987. IX, 410 S.
[4.83] H.-L. MAYER: Definition und Struktur der Erwerbslosigkeit. Ergebnisse des Mikrozensus 1985. WiSta 1987, S. 453–466.

Anhang I

Allgemeine Literatur zur Makroökonomik

Dieser Anhang nennt unter Beschränkung auf deutsch- und englischsprachige Titel einige Lehrbücher, Gesamtdarstellungen und Sammelwerke zur Makroökonomik. Als erste Einführung in diese eignen sich außerdem Lehrbücher der gesamten Volkswirtschaftslehre, von denen einige im Literaturanhang zum ersten Kapitel der „Volkswirtschaftslehre I – Volkswirtschaftliches Rechnungswesen" genannt sind.

1. Einführungen in die Makroökonomik, deutschsprachig

[I.01] H. HELMSTÄDTER: Wirtschaftstheorie. Band II: Makroökonomische Theorie. 1976, 3. Aufl. München 1986. X, 282 S.
[I.02] R. RETTIG/D. VOGGENREITER: Makroökonomische Theorie. 1977, 5. Aufl. Düsseldorf 1985. IX, 285 S.
[I.03] M. NEUMANN: Theoretische Volkswirtschaftlichslehre I. Makroökonomische Theorie: Beschäftigung, Inflation und Zahlungsbilanz. 1973, 2. Aufl. München 1984. VI, 383 S.
[I.04] J. HEUBES: Makroökonomie. Eine Einführung in die Beschäftigungstheorie und -politik. München 1982. VIII, 126 S.
[I.05] W. CEZANNE: Grundzüge der Makroökonomik. 1982, 3. Aufl. München 1986. 208 S.

2. Einführungen in die Makroökonomik, englischsprachig

Drei ausgezeichnete amerikanische Lehrbücher auf elementarem bis mittlerem Niveau, von denen das zuletzt genannte inzwischen auch in deutscher Sprache vorliegt, sind

[I.06] W. C. PETERSON: Income, Employment, and Economic Growth. 1962, 5. Aufl. New York u. a. 1984. XX, 648 S.
[I.07] E. SHAPIRO: Macroeconomic Analysis. 1966, 5. Aufl. New York u. a. 1982. XIX, 632 S.
[I.08] R. DORNBUSCH/S. FISCHER: Macroeconomics. 1978, 3. Aufl. Auckland u. a. 1984. XI, 723 S. (4. Aufl. für 1987 angekündigt.)
Deutsch: Makroökonomik. 3. Aufl. München u. a. 1985. IX, 782 S.

3. Weiterführende Gesamtdarstellungen der Makroökonomik

[I.09] M. K. EVANS: Macroeconomic Activity. Theory, Forecasting, and Control. New York u. a. 1969. XVIII, 627 S.

(Stark empiriebetontes Lehrbuch, das vor allem Probleme der Konjunkturtheorie, -prognose und -stabilisierung behandelt und sich auf ein makroökonometrisches Modell der Vereinigten Staaten stützt.)

[I.10] R. Richter/U. Schlieper/W. Friedmann: Makroökonomik. Eine Einführung. 1973, 4. Aufl. Berlin u. a. 1981. XV, 717 S.
[I.11] E.-M. Claassen: Grundlagen der makroökonomischen Theorie. München 1980. XII, 452 S.
[I.12] R. J. Barro: Macroeconomics. 1984, 2. Aufl. New York u. a. 1987. XIV, 608 S. Deutsch: Makroökonomie. Regensburg 1986. XVII, 701 S.

4. Sammelwerke

[I.13] G. Bombach/B. Gahlen/A. E. Ott (Hg.): Makroökonomik heute. Gemeinsamkeiten und Gegensätze. Tübingen 1983. X, 481 S.
[I.14] J.-P. Fitoussi (Hg.): Modern Macroeconomic Theory. Oxford 1983. VIII, 209 S.
[I.15] T. M. Havrilesky (Hg.): Modern Concepts in Macroeconomics. Arlington Heights 1985. X, 515 S.

(Die Beiträge dieser auch als Lehrbuch gedachten Sammlung vermitteln einen ausgezeichneten Überblick über die neueste Entwicklung.)

5. Die neueste Entwicklung

Die nachstehenden Titel vermitteln Überblicke über die derzeitigen, als *Neue klassische Makroökonomik* und *Neue Keynessche Makroökonomik* bezeichneten Forschungsrichtungen.

[I.16] R. J. Gordon: Output Fluctuations and Gradual Price Adjustment. JELit, Vol. 19, 1981, S. 493–530.
[I.17] H. Hagemann/H. D. Kurz/W. Schäfer (Hg.): Die Neue Makroökonomik. Marktungleichgewicht, Rationierung und Beschäftigung. Frankfurt u. a. 1981. 325 S.
[I.18] D. Fisher: Macroeconomic Theory. A Survey. London u. a. 1983. IX, 407 S.
[I.19] U. Meyer: Neue Makroökonomik. Ungleichgewichtsanalyse mit Hilfe der Methode des temporären Gleichgewichts. Berlin u. a. 1983. VIII, 326 S.
[I.20] B. Felderer/S. Homburg: Makroökonomik und neue Makroökonomik. 1984, 3. Aufl. Berlin u. a. 1987. IX, 455 S.
[I.21] H.-J. Ramser: Perspektiven einer Neuformulierung der makroökonomischen Theorie. S. 1–100 in: Bombach/Ramser/Timmermann [4.43], Bd V, 1984.
[I.22] H.-J. Ramser: Beschäftigung und Konjunktur. Versuch einer Integration verschiedener Erklärungsansätze. Berlin u. a. 1987. VIII, 329 S.

Nachtrag: In die Reihe der Titel [I.06] bis [I.08] gehört ebenfalls

[I.23] R. T. Froyen: Macroeconomics. Theories and Policies. 1983. 2. Aufl. New York u. a. 1986. XXIV, 661 S.

Anhang II

Fachausdrücke aus der Makroökonomik

Die folgende Zusammenstellung enthält Definitionen und Erläuterungen wichtiger Begriffe aus der Makroökonomik. Sie soll den Text von Begriffsdiskussionen entlasten und ist auch für den eiligen Benutzer gedacht, der an einer Stelle zusammengefaßt Informationen zu den Stichwörtern finden möchte. Die im Text numerierten und graphisch herausgesetzten Definitionen, Hypothesen und Sätze sind nicht wiederholt; auf sie wird mit Angabe der Seitenzahl verwiesen. Englischsprachige Fachwörter sind unter den Synonymen angegeben, wenn sie in deutschen Texten häufiger vorkommen. Für die konventionelle Zuschreibung von Hypothesen, Effekten, Theoremen zu Autoren gilt, daß die betreffenden Ideen häufig schon früher geäußert wurden, aber unbeachtet blieben. Für die Benutzung gilt:

– *Definitionen sind kursiv, Erläuterungen in Normalschrift gedruckt;*
– *Jedes Stichwort wird im dazugehörigen Text mit seinem oder seinen Anfangsbuchstaben abgekürzt, beispielsweise „Gesetz, SAYsches" mit „S. G.";*
– *Das Zeichen → verweist nur auf Stichwörter in diesem Anhang;*
– *Alphabetische Anordnung gemäß Vorbemerkung zum Sachverzeichnis, S. 387;*
– *Seitenzahlen verweisen auf Textstellen, in denen der Fachausdruck erarbeitet oder näher erläutert ist. Weitere Belegstellen nennt das Sachverzeichnis;*
– *Ist ein Stichwort hier nicht zu finden, suche man es im Sachverzeichnis und konsultiere gegebenenfalls das Synonym.*

Absoluteinkommenshypothese = *Wichtigste Erklärungsvariable für die Konsumausgaben der privaten Haushalte ist in jeder Periode ihr verfügbares Einkommen derselben Periode.* Einfachste Hypothese über die → makroökonomische Konsumfunktion. Sie ist angesichts von Reaktionsverzögerungen um so weniger plausibel, je kürzer die betrachteten Perioden sind. Die erste Modifikation besteht daher in der Annahme, die Konsumausgaben hingen – auch oder gänzlich – vom Einkommen der Vorperiode oder, mit abnehmendem Gewicht, mehrerer früherer Perioden ab. Die A. bildet einen Eckpfeiler des → KEYNES-Modells, sie wird heute noch zu didaktischen Zwecken in einfachen makroökonomischen Modellen verwendet. In der Forschung wurde sie seit den fünfziger Jahren durch die → Relativeinkommens-, die → Dauereinkommens- und die → Lebenszyklushypothese abgelöst. Synonym: absolute Einkommenshypothese. S. 7–9.

Aggregat = *Ergebnis der Zusammenfassung von Wirtschaftssubjekten oder -objekten* (einschließlich Transaktionen, geplanter Größen und ähnlichem) *zu Gesamtgrößen.* Die Tätigkeit der Zusammenfassung heißt **Aggregation,** ihr Ergebnis sind meist makroökonomische Variable, deren Verwendung erst die Makroökonomik ermöglicht. Die Aufgliederung vorhandener A.e heißt **Disaggregation**. Art und Umfang der Bildung von A.en hängen von der Fragestellung, bei empirischer Arbeit auch von den Möglichkeiten der Beschaffung statistischer Angaben ab. Die bekanntesten A.e sind die Komponenten der makroökonomischen Gleichgewichtsbedingung (1.2) S. 4. Fehlerquellen bei der Bildung von A.en sind: A.e werden als homogen betrachtet und Änderungen ihrer Struktur daher vernachlässigt; gemeinsame Eigenschaften der Bestandteile von A.en werden ohne weitere Prüfung auf das A. übertragen; A.e werden personifiziert („repräsentatives Unternehmen") und wie (rational) handelnde Individuen der Mikroökonomik behandelt. Die Frage, ob die Zusammenfassung der heterogenen dauerhaften Produktionsmittel zu dem A. „Kapitalstock", dessen Verwendung in makroökonomischen Produktionsfunktionen und die Übertragung mikroökonomischer Ergebnisse auf diese sinnvoll und zulässig sei, führte zu der *Cambridge-Kontroverse* zwischen Nationalökonomen der Universitäten Cambridge, England und Cambridge, Mass. Versuche, Bewegungen makroökonomischer Variabler mikroökonomisch zu begründen, haben bisher wenig Erfolg gehabt; vgl. etwa G. C. HARCOURT (Hg.): The Microeconomic Foundations of Macroeconomics (1977); J. van DAAL/A. H. Q. M. MERKIES: Aggregation in Economic Research. From Individual to Macro Relations (1984). S. 2.

Akzeleratorprinzip = *Im Verlauf expansiver oder kontraktiver → Multiplikatorprozesse reagieren die Güterproduzenten gemäß der → Bestandsanpassungshypothese mit ihren Investitionen zwecks Anpassung ihrer Produktionskapazitäten an die sich ändernde Nachfrage. Sind die Kapazitäten ausgelastet, betragen die Wachstumsraten der Nettoanlage- oder Lagerinvestition zunächst ein Vielfaches der Wachstumsraten der Nachfrage.* Mit dem A. lassen sich Multiplikator-Akzeleratorprozesse konstruieren und so endogene Schwankungen des Sozialprodukts erklären. Synonyme: Akzelerationsprinzip; Beschleunigungsprinzip. S. 101–104.

Angebotsökonomik = *Theorie über die Funktionsweise der modernen Marktwirtschaft, in der im Gegensatz zur Betonung der Nachfrageseite in der → KEYNESschen Makroökonomik die Bedeutung der Bestimmungsfaktoren des gesamtwirtschaftlichen Angebots wie Investitionstätigkeit, technischer Fortschritt, Qualität der Produktionsfaktoren hervorgehoben wird.* Wirtschaftspolitisch sehen die Vertreter der A. die Fülle der staatlichen Eingriffe in den Wirtschaftsprozeß als Bremse für Initiative, Risikobereitschaft und Arbeitswillen an und treten für die Zurückdrängung der staatlichen wirtschaftlichen Aktivität ein. Hauptthesen sind: (1) Es existiert eine Tendenz zur Vollbeschäftigung, weil das → SAYsche Gesetz gilt, Wachstum also im wesentlichen vom Angebot an Produktionsfaktoren und dem technischen Fortschritt determiniert wird. Unterbeschäftigung geht daher auf den Mangel an Angebot, nicht an Nachfrage zurück; (2) Wichtigster Faktor, der die Produktions-, Investitions- und Spartätigkeit und damit das wirtschaftliche Wachstum hemmt sowie Arbeitslosigkeit und Inflation verursacht, ist die Besteuerung. Allgemein schaden staatliche Eingriffe den Zielen Vollbeschäftigung und Wachstum mehr als sie nützen, weil sie die Anreize zu arbeiten, zu investieren und zu sparen unterdrücken. Die A. greift daher in bezug auf Theorie und wirtschaftspolitische Folgerungen auf die → klassische Makroökonomik zurück. Zentrale wirtschaftspolitische Empfehlung sind Maßnahmen zur Erhöhung der gesamtwirtschaftlichen Effizienz, Deregulierung, Förderung des Arbeitswillens und vor allem Einkommen- einschließlich Körperschaftsteuersenkungen, da es Investoren und Arbeitnehmern ausschließlich auf Renditen und Löhne nach Steuerabzug ankommt und sich die ihre wirtschaftliche Aktivität bremsenden progressiven marginalen Steuersätze inflationsbedingt bereits in Bereichen bewegen, in denen ihre Senkung das Steueraufkommen erhöhen würde. Die Anhänger der A. verweisen auch auf die erhebliche Spanne (den „Keil") zwischen den Kosten einer zusätzlich geleisteten Arbeitsstunde für den Unternehmer und dem zusätzlichen Nettoeinkommen des Arbeitnehmers sowie auf die → Verdrängungseffekte der staatlichen Aktivität. Die A. entstand Ende der siebziger Jahre in den Vereinigten Staaten, heißt dort „supply-side economics" und diente 1981 als theoretische Grundlage eines massiven Steuersenkungsprogramms zur Belebung der Wirtschaft, das dem Land niedrige Arbeitslosenquoten und eine historisch beispiellose Erhöhung der Staatsverschuldung brachte. Eine ausgezeichnete Übersicht über theoretische Grundlagen und wirtschaftspolitische Empfehlungen der A. sowie ihre Umsetzung in die Praxis in den Vereinigten Staaten („Reaganomics") gibt FROYEN [I.23], S. 470–511. Vgl. zur Darstellung und Kritik ferner B. BARTLETT/T. P. ROTH (Hg.): The Supply-Side Solution (1983); M. K. EVANS: The Truth About Supply-Side Economics (1983); P. C. ROBERTS: The Supply-Side Revolution. An Insider's Account of Policymaking in Washington (1984).

Außengeld = *Geld, durch dessen Schaffung sich die Verschuldung privater Wirtschaftssubjekte nicht erhöht.* A. entsteht mithin durch Verkauf (Monetisierung) von Vermögensobjekten an Banken, die wie Devisen, Sachgüter, Arbeitsleistungen oder aber Staatsschuldtitel keine privaten Schuldtitel sind; sowie durch Ausschüttung von Bankgewinnen. A. bildet mithin einen Teil des Nettovermögens des privaten Sektors. Gegensatz: **Innengeld** = *Geld, mit dessen Schaffung die Verschuldung privater Wirtschaftssubjekte (bei Banken) zunimmt.* Die Unterscheidung ist für die Reaktion der Geldhalter auf Preisänderungen wichtig, da beispielsweise bei einer Preiserhöhung dem negativen → Vermögenseffekt beim Inhaber von I. der positive Vermögenseffekt bei dessen Schuldner gegenübersteht. Beide können sich gesamtwirtschaftlich kompensieren, da bei der Bildung des → Aggregats „Privater Sektor" die Kreditbeziehungen innerhalb dieses Sektors verschwinden. Die Einteilung in A. und I. geht auf GURLEY/SHAW [3. 30] zurück. Synonyme: Für A. (englisch): outside money. Für I. (englisch): inside money.

BAUMOL-TOBIN-Modell = *Modell zur Erklärung der Geldhaltung für Transaktionszwecke unter der Annahme, daß die Monetisierung ertragbringender Vermögensobjekte Transaktionsaufwendungen verursacht.* Ergebnis: Die Nachfrage eines Einkommensmaximierers nach Transaktionsgeld ist negativ zinselastisch und nimmt mit der Quadratwurzel der zu leistenden Zahlungen zu. Die Einkommenselastizität der Transaktionsgeldnachfrage der privaten Haushalte wäre dann positiv und kleiner als eins. Vgl. Hypothese 3.6 (S. 195). Synonym: Quadratwurzelgesetz der Transaktionsgeldhaltung. S. 194 f., 242 f.

Bestandsanpassungshypothese = *Vermutung, daß Wirtschaftssubjekte die von ihnen zu einem Zeitpunkt wahrgenommene Diskrepanz zwischen dem erwünschten und dem* *tatsächlichen Wert einer in ihrem Einflußbereich liegenden Bestandsgröße in den folgenden Perioden schrittweise abbauen.* Zur Vereinfachung wird häufig angenommen, daß die Diskrepanz um einen konstanten Bruchteil je Periode verringert wird. Die B. ist eine der zentralen Hypothesen der dynamischen Wirtschaftstheorie, sie wird häufig auf den Kapitalstock angewendet, heißt dann *Kapitalanpassungshypothese* und besagt, daß Unternehmer in Abhängigkeit von der Differenz zwischen den erwarteten Renditen von Sachinvestitionen und ihrem Kalkulationszinssatz eine Vorstellung über die optimale Größe ihres Kapitalstocks haben und bei einer Diskrepanz zwischen diesem und dem tatsächlichen Kapitalstock in der Weise investieren, daß sich die Diskrepanz je Periode um einen gleichbleibenden Bruchteil verringert. S. 18, 112.

Cambridge-Gleichung = *Nachfragefunktion für Transaktionsgeld, gemäß der die Geldnachfrage L über den konstanten Geldhaltungskoeffizienten k vom Preisniveau P und dem realen Sozialprodukt Y^r abhängt: $L = kPY^r$*; s. Gleichung (1.16), S. 34. L/P wäre die *reale Geldnachfrage.* Bezeichnung nach Cambridge, England, wo Nationalökonomen wie A. MARSHALL, A. C. PIGOU, D. H. ROBERTSON und J. M. KEYNES mit der C.-G. arbeiteten. Sie ist die neuere (neoklassische, MARSHALLsche) und weniger strikte Fassung der → Quantitätsgleichung; mit ihr wird nur noch eine Tendenz des Preisniveaus behauptet, sich in gleicher Richtung wie die → Geldmenge zu bewegen, da auch noch andere Einflüsse auf die Preise wirken. Jedoch wird ein Zinseinfluß auf die Geldhaltung in der C.-G. nicht explizit berücksichtigt. Formal besteht der Unterschied in der Verwendung des Geldhaltungskoeffizienten anstelle der Transaktionshäufigkeit (Umlaufgeschwindigkeit) des Geldes. Die C.-G. bildet eine der zentralen Hypothesen des → Monetarismus. Synonyme: MARSHALL-Gleichung; Geldnachfragefunktion; Kassenhaltungsgleichung (irreführend, da nicht nur Kasse = Bargeld betrachtet wird). S. 34.

Dauereinkommenshypothese = *Erklärungsvariable für die Konsumausgaben ist nicht das jeweilige schwankende, sondern das über einen längeren Zeitraum im Durchschnitt erwartete Einkommen. Einkommen und Konsum bestehen aus je einem permanenten und einem transitorischen Teil. Die transitorischen Teile fluktuieren und können auch negativ sein. Der permanente Konsum ist ein konstanter Teil k des permanenten oder Dauereinkommens; k bestimmt das langfristig erstrebte Verbrauchsniveau.* Die D. geht auf die Beobachtung zurück, daß die privaten Konsumausgaben im Zeitablauf weniger stark schwanken als die laufenden Einkommen: Weder erhöht ein Lottogewinn den Konsum, noch senkt ihn der Verlust der Brieftasche mit dem Monatsgehalt. Verhalten gemäß der D. stabilisiert den Wirtschaftsablauf und dämpft die Konjunkturbewegungen, jedoch würde dann auch eine vorübergehende Steuersenkung oder -erhöhung zwecks Anregung oder Verringerung der Konsumgüternachfrage, wie sie beispielsweise in der Bundesrepublik in § 15 Stabilitätsgesetz vorgesehen ist, wenig oder keine Wirkung zeigen. Auch in der Theorie der Geldnachfrage wird mit der Hypothese gearbeitet, daß die Konsumenten ihre Geldhaltung an einem fiktiven gleichmäßigen Dauereinkommen ausrichten. Die D. geht auf M. FRIEDMAN: A Theory of the Consumption Function (1957) zurück. Bei empirischen Überprüfungen der D. nahm er als Zeithorizont drei Jahre an. Da das Dauereinkommen eine erwartete Größe und daher nicht direkt beobachtbar ist, muß es mit einer Reihe von Hilfshypothesen aus dem statistischen Material errechnet werden, beispielsweise als Durchschnitt vergangener Einkommenswerte mit abnehmender Gewichtung des weiter zurückliegenden Einkommens. Synonyme: Permanente Einkommenshypothese. Statt Dauereinkommen: Permanentes Einkommen; Normaleinkommen. Statt Dauerkonsum: Permanenter Konsum. S. 48, 197, 207.

Dichotomie, klassische = *Strikte Trennung zwischen einer Theorie zur Erklärung der relativen Güterpreise aufgrund von Angebot und Nachfrage einerseits und der → Quantitätstheorie zur Erklärung der absoluten Höhe der Preise andererseits.* Die k. D. ist ein Problem der Theorie des gesamtwirtschaftlich-mikroökonomischen Gleichgewichts, sie folgt aus den Hypothesen der → klassischen Makroökonomik und ist der Aussage äquivalent, Geld sei → neutral. Die k. D. wird durch die Annahme einer positiven → Liquiditätspräferenz aufgehoben: Wenn Geldhaltung Nutzen verschafft, muß dieser gegen den Nutzen anderer Güter abgewogen werden; und eine Erhöhung der → Geldmenge beeinflußt über den → Realgeldeffekt die Nachfrage nach Sachgütern und damit deren relative Preise. Oder: Eine Erhöhung der nominalen Geldmenge erhöht bei ungeänderten Preisen die reale Geldhaltung, stört das Portfoliogleichgewicht bei einigen oder allen Wirtschaftssubjekten und ändert die Güternachfrage. S. 273.

Echoeffekt = *Sind in einem Kapitalstock einige benachbarte Jahrgänge infolge eines früheren Nettoinvestitionsstoßes überdurchschnittlich stark vertreten, so werden nach Ablauf der Lebensdauer der betreffenden Investitionsgüter entsprechend gehäufte Ersatzinvestitionen vorgenommen.* Das „Echo" der Investitionstätigkeit wiederholt sich im Prinzip beliebig oft, ist aber immer schwieriger nachzuweisen, weil die Lebensdauer von Investitionsgütern nicht starr festliegt, sondern Gegenstand ökonomischer Entscheidungen und damit innerhalb weiter Grenzen variabel ist. Zudem überlagern sich andere Einflüsse. Synonyme: Echoprinzip; Reinvestitionszyklus. S. 105.

Einkommen-Ausgaben-Modell = *Makroökonomisches Modell mit wenigen großen → Aggregaten zur Bestimmung des Gleichgewichts-Sozialprodukts. Das gesamtwirtschaftliche Angebot ist gleich dem Volkseinkommen und bis zur Kapazitätsgrenze in bezug auf die Preise völlig elastisch; das Volkseinkommen bestimmt über die → makroökonomische Konsumfunktion die Konsumgüternachfrage, die zusammen mit der Investitionsgüternachfrage das Gleichgewichtseinkommen determiniert.* Das E.-A.-M. bildet einen Bestandteil des → KEYNES-Modells. Es weicht in zentralen Punkten von der → klassischen Makroökonomik ab: Das Gleichgewichtseinkommen wird allein von der effektiven Nachfrage bestimmt und stellt sich nicht notwendig bei Vollbeschäftigung der Erwerbspersonen ein. Synonym: (englisch) Income-expenditure approach. S. 23–25 mit Bildern 1.5 und 1.6.

Erwartung, adaptive: Hyp. 4.6 (S. 322); oder = *Wirtschaftssubjekte bilden ihre Erwartungen über zukünftige Werte von Variablen aufgrund ihrer bisherigen Erfahrungen, wobei sie ihren Beobachtungen umso weniger Gewicht beimessen, je weiter diese zurückliegen.* Die Hypothese der a.n E.en ist ein Versuch des Wirtschaftswissenschaftlers, die nicht beobachtbaren Erwartungen mit beobachtbaren Variablen zu verknüpfen; mit ihr wird in vielen ökonometrischen Modellen gearbeitet. Übersicht über a. E.en und andere bei K. HOLDEN/D. A. PEEL/J. L THOMPSON: Expectations: Theory and Evidence (1985).

Erwartung, rationale – *Ein Wirtschaftssubjekt bildet seine Erwartungen über zukünftige Werte von Variablen nicht allein aufgrund ihrer vergangenen Werte (→ adaptive Erwartung), sondern unter Heranziehung sämtlicher Informationen;* oder = *Wirtschaftssubjekte handeln auch bei Erwerb, Verarbeitung und Verwertung von Informationen und der darauf basierenden Bildung von Erwartungen rational.* R. E.en können fehlgehen, aber ihre Fehler sind nicht systematisch in einer Richtung verzerrt, sondern um den Wert null zufallsverteilt. In einer anspruchsvolleren Version werden r. E.en mit korrekten Erwartungen gleichgesetzt (R. E. LUCAS, JPE 1975, S. 1117). Wichtige Schlußfolgerungen sind: (1) Die Wirtschaftssubjekte haben r. E.en über wirtschaftspolitische Maßnahmen und richten ihr Verhalten danach aus. Staatliche Stabilisierungspolitik ist weder nützlich, wie von Vertretern der → KEYNESschen Makroökonomik behauptet; noch schädlich, wie von Anhängern des → Monetarismus geglaubt, sondern selbst kurzfristig einfach wirkungslos. Expansive Politik erhöht allenfalls die Inflationsrate und stellt insofern einen Störungsfaktor dar. Sie kann nur bei Informationsvorsprüngen der wirtschaftspolitischen Instanzen oder überraschenden Maßnahmen Erfolg haben. (2) Makroökonometrische Modelle sind zur Vorhersage der Wirkungen wirtschaftspolitischer Maßnahmen ungeeignet, weil jede solche Maßnahme die Erwartungen der Wirtschaftssubjekte, damit ihr Verhalten und folglich die Parameter des Modells ändert (Prinzip der politikabhängigen Strukturparameter). Die Diskussion der r. E.en geht auf J. F. MUTH: Rational Expectations and the Theory of Price Movements (Econometrica 1961) zurück, der die Idee dort zunächst auf Kreditmärkte anwandte. Die Verbindung mit klassischen preistheoretischen Hypothesen und damit die Schaffung der → neuen klassischen Makroökonomik geschah vor allem durch R. E. LUCAS, T. J. SARGENT, N. WALLACE, R. J. BARRO. Literaturangaben S. 354f., ferner M. J. M. NEUMANN: Rationale Erwartungen in Makromodellen. Ein kritischer Überblick. Zeitschrift für Wirtschafts- und Sozialwissenschaften, 99. Jg. 1979; G. K. SHAW: Rational Expectations: An Elementary Exposition (1984). Synonym: Optimale Erwartung. S. 323 f.

FISHER-Gleichung = *Der Nominalzinssatz ist gleich der Summe aus Realzinssatz und erwarteter Inflationsrate.* Grundlage ist die **FISHER-Hypothese** = *Wenn Kreditnachfrager und -anbieter eine Inflation erwarten, wobei sie sich nach der in der jüngsten Vergangenheit beobachteten Inflation richten, kalkulieren sie diese in die Zinssätze zu vereinbarender Kredite ein.* Empirisch zeigt sich in der Tat ein enger Zusammenhang zwischen Nominalzins und Inflationsgrad bei nur wenig schwankendem Realzins, der beispielsweise in der Bundesrepublik 1960–1980 im wesentlichen zwischen 3 und 4 v. H. lag (Bbk-Monatsbericht Januar 1983, S. 16). Benennung nach I. FISHER (1867–1947): The Theory of Interest (1930, S. 427). S. 167.

Geld, neutrales = *Änderungen der Geldmenge veranlassen die Wirtschaftssubjekte nicht zu Änderungen ihrer Dispositionen über Gütermengen;* oder = *Änderungen der Geldmenge beeinflussen weder Zinssätze noch relative Preise, sondern nur die absolute Höhe der Preise;* oder = *Der Übergang von der Real- zur Geldtauschwirtschaft läßt die* *relativen Gleichgewichtspreise und die Zinssätze ungeändert* (PATINKIN [3.10], S. 75). Geld hat gemäß dieser Hypothese also nur eine Transaktionsmittelfunktion, Änderungen seiner Kaufkraft haben keinen Einfluß auf die Gleichgewichtswerte der Variablen in der Güterspäre. Die Hypothese des n.en G.es gehört zum Kern der → klassischen Makroökonomik. Aus ihr folgt, daß eine Inflation ohne Einfluß auf das reale Sozialprodukt durch Erhöhung der Geldmenge hervorgerufen und durch ihre Herabsetzung beendet werden kann. De facto ist Geld nicht neutral, da der Tauschverkehr Transaktions- und Informationskosten verursacht und der Übergang zur Geldwirtschaft diese senkt. Außerdem ist Geld selbständiges Objekt wirtschaftlicher Entscheidungen aufgrund von Motiven wie → Liquiditätspräferenz. Die Ablehnung der Hypothese des n.en G.es ist ein zentrales Element der → KEYNESschen Makroökonomik. Synonym: Geld ist „nur ein Schleier" über der Gütersphäre. S. 274.

Geldangebotsfunktion, makroökonomische = *Hypothese in Gleichungsform über den Zusammenhang zwischen dem tatsächlichen oder maximal möglichen Geldangebot in einer Volkswirtschaft und erklärenden Variablen.* Deren wichtigste ist die → Liquidität der Kreditinstitute, definiert als Bestand an → Zentralbankgeld einschließlich der beschaffbaren Beträge. Da das Geldschaffungspotential in der Regel ein Vielfaches des als Basisgeld fungierenden Zentralbankgeldes ist, heißt die Relation zwischen beiden Größen Geldschöpfungsmultiplikator. Dessen Wert hängt von den Kassenhaltungsgewohnheiten des Publikums und von der von den Kreditinstituten eingehaltenen Relation zwischen Zentralbankgeldbestand und Einlagen ab. Eine Übersicht gibt R. H. RASCHE: A Review of Empirical Studies of the Money Supply Mechanism, in: HAVRILESKY/BOORMAN [3.16]. S. 296–312.

Geldillusion = *Wirtschaftssubjekte sind sich nicht im klaren darüber, daß die Kaufkraft der Geldeinheit zu- oder abnehmen kann.* So sinngemäß die Formulierung bei I. FISHER: The Money Illusion (1928), dem Schöpfer des Ausdrucks. Andere Formulierungen: Der Wert eines Geld- oder nominalen Einkommensbetrages wird als unabhängig von der Entwicklung der Güterpreise gesehen; oder: Ein Wirtschaftssubjekt reagiert auf Änderungen des Preisniveaus mit Dispositionen über reale Größen, auch wenn diese von den Änderungen nicht betroffen sind. Freiheit von G. bedeutet entsprechend: Wirtschaftssubjekte orientieren sich bei ihren Entscheidungen an realen, das heißt preisbereinigten, Größen; die absolute Höhe der Güterpreise einschließlich der Lohnsätze spielt keine Rolle. S. 197.

Geldmarkt hat zwei ganz unterschiedliche Bedeutungen. (1) = *Markt für Zentralbankgeldkredite.* Teilnehmer sind (in der Bundesrepublik Deutschland) Geschäftsbanken, die untereinander Zentralbankguthaben mit Laufzeiten von einem Tag (Tagesgeld) bis zu einem Jahr (Monats-, Dreimonats-, Sechsmonats-, Jahresgeld) handeln; die Bundesbank, die Geldmarktpapiere mit Laufzeiten bis zu zwei Jahren handelt; in geringem Umfang auch Nichtbanken. Über den G. vollzieht sich der Liquiditätsausgleich innerhalb des Geschäftsbankensektors, die Bundesbank versorgt die Geschäftsbanken über den G. mit → Liquidität und benutzt ihn als hauptsächlichen Eingriffsbereich ihrer Geldpolitik. – (2) **G.** = *Gesamtheit der Transaktionen, mit denen in einfachen → KEYNES-Modellen die*

Zentralbank als autonomer Geldanbieter und die anderen Wirtschaftssubjekte als Geldnachfrager und -anbieter miteinander in Verbindung treten, um die jeweils vorhandenen Geldbestände an die von ihnen gewünschten anzupassen. (Im dritten und weitesten Sinne findet in einer Geldwirtschaft jeder Handel mit Sachgütern, Dienst- und Faktorleistungen sowie Forderungen auch auf einem „G." statt, weil bei jedem Tauschakt auch Geld angeboten und nachgefragt wird.) Synonym zu (1): Interbanken-Geldmarkt. S. 40, 161, 219 f.

Geldmenge = *Summe aus Bargeld und gewissen Forderungen, die Nichtbanken einer Volkswirtschaft zu einem Zeitpunkt zur Verfügung stehen und Geldfunktionen erfüllen.* In diesem Buch wird von der Grunddefinition der G. = Def. 3.2 (S. 153) ausgegangen, aus der sich gemäß den Definitionen der Deutschen Bundesbank weitere G.nkonzepte ergeben: **G. M 1** = *G. gemäß Grunddefinition abzüglich Zentralbankguthaben öffentlicher Haushalte;* **G. M 2** = *G. M 1 plus Terminguthaben mit Befristung von unter vier Jahren;* **G. M 3** = *G. M 2 plus Sparguthaben mit gesetzlicher Kündigungsfrist (*von drei Monaten). Statistik der G. monatlich in: Bbk-Monatsbericht, Tabelle I.2. Synonyme: Geldbestand; Geldvolumen (Deutsche Bundesbank). S. 153.

Geldnachfragefunktion, makroökonomische = *Hypothese in Gleichungsform über den Zusammenhang zwischen der von den Wirtschaftssubjekten insgesamt gewünschten realen Geldhaltung und erklärenden Variablen.* Erklärungsvariable für die Nachfrage nach Geld zu Transaktionszwecken sind die Umsätze, als deren Repräsentant das jeweilige reale Sozialprodukt oder das Dauereinkommen gelten. Die Geldhaltung zu sonstigen Zwecken, etwa aufgrund der → Liquiditätspräferenz, wird auf ihre Alternativkosten, repräsentiert durch Zinssätze, sowie die (erwartete) Inflation zurückgeführt. Bei den zahlreichen empirischen Untersuchungen wird mit unterschiedlichen Definitionen der → Geldmenge, Zinssätzen und Repräsentanten der Inflationserwartung gearbeitet. Zur Standardform der m.n G. s. Gleichung (3.9), S. 198. Hauptursache für Vorhersagefehler beim Einsatz empirischer m.r G.en sind unvorhergesehene Änderungen der Transaktionshäufigkeit. S. 38 f. mit Bild 1.10.

Geldschöpfungsgewinn entsteht, wenn Banken ertragbringende Vermögensobjekte von Nichtbanken erwerben und den Verkäufern als Gegenleistung (praktisch) unverzinsliche Sichtguthaben einräumen, die für diese Geld darstellen. In der Folgezeit stehen den laufenden Erträgen der Banken (praktisch) keine Aufwendungen gegenüber. Bei Zentralbanken entsteht ein Teil des G.s in Form des **Banknotengewinns,** da die Herstellungskosten von Banknoten zuzüglich der Aufwendungen für die Pflege des Bestandes kleiner sind als ihre Nennwerte. **Münzgewinn** entsteht bei positiver Differenz zwischen dem Nennwert von Münzen und ihren Herstellungskosten mit ihrer Übergabe in den Verkehr. Synonyme: Geldemissionsgewinn; Münzgewinn in weiterem Sinne; Seigniorage. S. 154.

Gesetz, SAYsches = Hyp. 4.1 (S. 273). Dahinter stehende Vorstellungen sind: Die Benutzung von Geld ändert nichts daran, daß in Wirklichkeit Güter gegen Güter getauscht werden; es ist irrational, das im Tausch gegen Güter erworbene Geld nicht wieder für Güter auszugeben; auch gesparte Einkommensteile werden via Anlage auf dem Kapitalmarkt zu Güternachfrage; als Folge solchen Verhaltens kann es keine allgemeine Überproduktion an Gütern geben, und die Produzenten nutzen ihre Kapazitäten daher insgesamt immer voll aus. Bezeichnung nach dem französischen Nationalökonomen J. B. Say (1767–1832), der die Hypothese in seinem Hauptwerk „Traité d'Economie Politique" (1803) einführte. Say erwähnte die Möglichkeit, daß Geld gehortet wird, hielt dies aber bei rational handelnden Wirtschaftssubjekten für wenig wahrscheinlich. In der Realtauschwirtschaft ein Truismus, wird das S. G. in der Geldwirtschaft zur Hypothese, die in bestimmten Konjunktursituationen nicht zutrifft, da aus Güterverkäufen zufließendes Geld im Prinzip beliebig lange gehalten werden kann. Die umgekehrte Behauptung: „Jede Nachfrage schafft sich ihr Angebot selbst" ist für die → Keynessche Situation kennzeichnend. Synonyme: Saysches Theorem; Theorie der Absatzwege. S. 272 f.

Gläubiger-Schuldner-Hypothese: Hypothese 4.3 (S. 314); oder = *Da sich die Nominalzinssätze mit Verzögerung an eine zunehmende Inflationsrate anpassen und potentielle Investoren insgesamt eher Schuldner als Gläubiger sind, senkt eine zunehmende Inflation den Realzins und begünstigt daher die Investitionstätigkeit.* In ihrer kürzesten Fassung besagt die G.-S.-H., daß Inflation das Wachstum fördert. S. 314.

HAAVELMO-Theorem = *Ein durch zusätzliche Steuern finanziertes staatliches Zusatzbudget hat einen expansiven Effekt auf das Sozialprodukt.* Dieser beruht darauf, daß ein Teil des Einkommens, das als Steuer erhoben und über den Staatshaushalt voll in Nachfrage umgewandelt wird, gespart worden wäre und insoweit zu Nachfrageausfall geführt hätte, wenn es in den Händen der Privaten geblieben wäre. Unter gewissen Voraussetzungen ist der → Multiplikator eines steuerfinanzierten Zusatzbudgets gleich eins, und zwar wenn (1) die von Steuer- und Nachfrageerhöhungen betroffenen Haushalte eine einheitliche marginale Konsumquote haben; (2) die zusätzlichen Ausgaben für inländische Sachgüter und Dienste (und nicht für Transferzahlungen oder Importe) getätigt werden; (3) die sonstigen gesamtwirtschaftlichen Ausgabekomponenten von den Steuer- und Ausgabenerhöhungen unberührt bleiben. Benennung nach dem norwegischen Nationalökonomen T. Haavelmo (geb. 1911), der die Idee 1945 veröffentlichte, vgl. [2.23]. Synonym: (englisch) balanced budget multiplier. S. 83.

HARROD-DOMAR-Modell = *Wachstumsmodell mit einer Produktionsfunktion mit limitativen Produktionsfaktoren ohne technischen Fortschritt und der Keynesschen Annahme, daß es keinen Mechanismus zur Anpassung der Investitionstätigkeit an das Sparverhalten gibt.* Das Modell zeichnet einen Wachstumspfad mit labilem Gleichgewicht vor: Jede Abweichung von diesem, der → erforderlichen Wachstumsrate, setzt Reaktionen in Gang, die ständig weiter von ihm wegführen. Die ursprünglichen und voneinander unabhängigen Beiträge der beiden Autoren erschienen 1939 und 1946–1948; sie sind jeweils zusammengefaßt veröffentlicht in R. F. Harrod: Towards a Dynamic Economics (1948); E. D. Domar: Essays in the Theory of Economic Growth (1957). S. 128.

HICKS-Diagramm = *Graphische Darstellung des einfachen* → *Keynes-Modells* (ohne Arbeitsmarkt) *zwecks Ermittlung des makroökonomischen Gleichgewichts als Schnittpunkt der* → *IS- mit der* → *LM-Kurve*. Bezeichnung nach dem englischen

Nationalökonomen J. R. HICKS (geb. 1904), auf dessen Interpretation des
KEYNES-Modells die Darstellung zurückgeht. Synonym: IS-LM-Diagramm. S.
44 mit Bild 1.14.

Investitionsfunktion, makroökonomische = *Hypothese über den Zusammenhang zwischen der Investitionstätigkeit in einer Volkswirtschaft und erklärenden Variablen.* In der → klassischen wie in der → KEYNESschen Makroökonomik ist der Zinssatz, genauer die Differenz zwischen der erwarteten Rendite von Sachinvestitionen (auch: Grenzleistungsfähigkeit des Kapitals) und dem Zinssatz des Kapitalmarkts, die wichtigste Erklärungsvariable. Die erwartete Rendite hängt ihrerseits von den Absatzerwartungen bezüglich der mit der zu schaffenden zusätzlichen Kapazität herzustellenden Produkte ab. Dabei spielen die Konjunkturaussichten, die Größe des vorhandenen Kapitalstocks und sein Auslastungsgrad sowie Erwartungen über wirtschaftspolitische Eingriffe eine Rolle. S. 19.

IS-Kurve = *Geometrischer Ort (Graph) aller Kombinationen des Sozialprodukts Y und des Zinssatzes r, bei denen makroökonomisches Gleichgewicht zwischen der vom Zinssatz abhängigen Investition I und der vom Sozialprodukt abhängigen Ersparnis S herrscht.* Die IS-K. verläuft in einem (Y, r)-Koordinatensystem mit zunehmendem Y oder r fallend, weil beispielsweise bei einem niedrigeren Zinssatz mehr investiert wird, was das Sozialprodukt über einen expansiven → Multiplikatorprozeß auf ein höheres Gleichgewichtsniveau bringt. Die IS-K. verläuft um so steiler, je kleiner die marginale Konsumquote ist und je weniger elastisch die Investition auf Zinsänderungen reagiert. Erhöhungen autonomer Ausgabekomponenten verschieben die IS-K. nach rechts, Senkungen nach links. In der graphischen Fassung des → KEYNES-Modells repräsentiert die IS-K. die Güter- oder reale Sphäre. Im vervollständigten KEYNES-Modell kann sie durch die Staatsausgaben für Sachgüter und Dienste und den Export einerseits, die öffentlichen Transfereinnahmen und den Import andererseits erweitert werden. S. 28, 291.

KEYNES-Effekt = *Sind Preise und Nominallohnsätze nach unten voll beweglich, erhöht die bei Unterbeschäftigung einsetzende Preissenkung den realen Wert der nominell ungeänderten Geldbestände. Damit wird Transaktionsgeld freigesetzt, was den Zinssatz solange senkt und daher die Investitionsgüternachfrage erhöht, bis das Sozialprodukt seinen Vollbeschäftigungswert erreicht hat.* Voraussetzung ist, daß die → Liquiditätsfalle nicht wirksam und die Investitionsgüternachfrage nicht völlig zinsunelastisch ist. Die Benennung des Prozesses als K.-E. stammt von HABERLER [2.34], S. 491, und bezieht sich auf KEYNES [1.13], Kapitel 19, der jedoch auch auf gegenläufige Einflüsse wie die Erhöhung der realen Schuldenlast der Unternehmer hinwies und eine Vermehrung der Geldmenge bei konstantem Preis- und Lohnniveau befürwortete. S. 293 f. mit Bild 4.6 (a).

KEYNES-Modell = *Formal exakte Darstellung in Form eines Systems von Gleichungen oder Graphiken der Zusammenhänge zwischen makroökonomischen Variablen aufgrund der in der* → KEYNES*schen Makroökonomik festgelegten Sicht des Wirtschaftsprozesses.* In der einfachen Fassung werden ein Markt für produzierte Güter gemäß dem → Einkommen-Ausgaben-Modell und ein Geld-Wertpapier-Markt zusammengefügt (verkürztes oder gestutztes K.-M.); in der erweiterten (auch: vervollständigten) Version tritt der Arbeitsmarkt hinzu. Zentrale Bausteine der graphischen Analyse sind die →IS- und die →LM-Kurve, die zusammen im →Hicks-Diagramm die Gleichgewichtslösung des Systems ergeben. S. 47, 289 f.

Konsumfunktion, makroökonomische = *Hypothese über den Zusammenhang zwischen den Konsumausgaben der privaten Haushalte und erklärenden Variablen.* Im einfachsten Fall werden die Konsumausgaben allein als vom gleichzeitigen verfügbaren Einkommen abhängig angesehen (→ Absoluteinkommenshypothese). In realistischeren Modellen berücksichtigt man Reaktionsverzögerungen sowie weitere Erklärungsvariable, vor allem andere Einkommenswerte, vgl. → Relativeinkommens-, → Dauereinkommens-, → Lebenszyklushypothese. Außerdem werden die laufenden Käufe an nichtdauerhaften Konsumgütern vielfach um Lagerbestandsänderungen bei den privaten Haushalten bereinigt und anstelle der Käufe dauerhafter Konsumgüter deren Nutzung als Konsum betrachtet, gemessen durch die Abschreibungen zuzüglich der entgangenen Erträge der in diesen Gütern angelegten Mittel. Wichtigster Parameter ist die makroökonomische marginale Konsumquote, die bei Berücksichtigung verzögerter Einkommenswerte auch als Quotensumme auftreten kann. M. K.en bilden Bestandteile aller makroökonomischen Modelle. Hypothesen über ihre Verläufe sind für konjunkturpolitische Eingriffe wichtig, da der Ablauf von → Multiplikatorprozessen von ihrer Gestalt abhängt. Synonym für marginale Konsumquote: Grenzneigung (auch: Grenzhang) zum Konsum. S. 7.

Lebenszyklushypothese = *Private Haushalte machen ihre Konsumausgaben vom laufenden Einkommen, dem durchschnittlichen diskontierten zukünftigen Arbeitseinkommen bis zum Ausscheiden aus dem Arbeitsleben sowie ihrem Reinvermögen zu Beginn der Planperiode abhängig;* oder = *Private Haushalte berücksichtigen bei der Konsumplanung die gesamten ihnen während ihrer Lebenszeit voraussichtlich zur Verfügung stehenden, auf den Planungszeitpunkt diskontierten ökonomischen Ressourcen,* wobei sich ihre Zeitpräferenz in dem Diskontierungsfaktor ausdrückt. Die L. kann als erster Versuch gelten, das beobachtbar unterschiedliche Konsumverhalten während des Lebensablaufs zu erklären und so gesamtwirtschaftlich die Einflüsse einer sich ändernden Altersstruktur einer Bevölkerung zu berücksichtigen. Die L. stammt von F. Modigliani/R. Brumberg: Utility Analysis and the Consumption Function: An Interpretation of Cross-Section Data, in: Kurihara [1.19]. Die bekannteste Untersuchung ist A. Ando/F. Modigliani: The „Life Cycle" Hypothesis of Saving: Aggregate Implications and Tests (AER 1963).

Liquidität (eines Wirtschaftssubjekts): Def. 3.1 (S. 152). Die L. ist keine Frage des Grades: Das Wirtschaftssubjekt kann seinen Zahlungsverpflichtungen entweder nachkommen oder nicht. Jedoch ist nicht erforderlich, daß das Wirtschaftssubjekt von Beginn der betrachteten Periode an bis zu jedem Zahlungstermin Geld hält: Es genügt, sich jeweils rechtzeitig Geld beschaffen zu können. Die obige Definition der L. gilt auch für jede Bank mit der Besonderheit, daß Banken ein L.sproblem in bezug auf Geld haben, das sie nicht schaffen können. Die L. eines Geschäftsbankensystems wird in Geldeinheiten gemessen und eingeteilt in **gebundene L.** = *Summe aus Kassenbestand und Mindestreserve-Soll;* **freie L.** = *Summe aus Überschußreserven und zentralbankfähigen Aktiva.* Synonym (für L. eines Bankensystems): Liquiditätsreserve(n). S. 188–190, 229–232.

Liquiditätsfalle = *Sehr niedriges Zinsniveau, bei dem die Wirtschaftssubjekte jeden zusätzlichen Geldbetrag als Spekulationsgeld halten;* oder = *Zinsniveau, bei dem die Elastizität der Geldnachfrage in bezug auf den Zinssatz über alle Grenzen steigt.* Die → LM-Kurve verläuft in dieser Situation parallel zur Einkommensachse; expansive Offenmarktoperationen der Zentralbank haben keinen Einfluß auf den Zinssatz. Geldpolitik hat hier also keinen, Fiskalpolitik den maximalen Effekt auf das Sozialprodukt. Die Idee geht (nicht der Bezeichnung nach) auf KEYNES [1.13] zurück, der (S. 207, vgl. auch S. 172) die Situation einer „praktisch absoluten → Liquiditätspräferenz" als möglich bezeichnet, in der es fast jedermann vorzieht, Geld anstelle derart niedrig verzinslicher Forderungen zu halten. Jedoch sagt KEYNES auch, ihm sei eine solche Situation noch nicht bekannt geworden, und M. FRIEDMAN nennt sie eine „theoretische Kuriosität". S. 41.

Liquiditätsgrad (eines Wirtschaftsobjekts) = *Eignung eines Wirtschaftsobjekts für Zahlungszwecke.* Der L. ist umso höher, je kleiner die Transaktionsaufwendungen bei der Umwandlung des Objekts in ein Zahlungsmittel sind, je geringer die dabei oder bei direkter Inzahlunggabe auftretende Werteinbuße und je kürzer die dafür erforderliche Zeit ist. Der L. ist daher um so größer, je größer die Zahl der zur Annahme des Objekts bereiten Transaktionspartner ist. Den höchsten L. hat normalerweise inländisches Bargeld; jedoch gibt es Ausnahmesituationen wie hochgradige Inflation, in denen ausländisches Geld oder leicht teilbare Sachgüter mit breitem Markt höhere L.e haben. Je höher der L. eines Objekts, um so höher sind in der Regel die Alternativkosten seiner Haltung. Bei grober Einteilung folgt auf Geld mit abnehmendem L: Geldnahe Forderungen, andere Forderungen (in weiterem Sinne), Sachgüter mit Zweithandmärkten, sonstige bewegliche Sachgüter, unbewegliche Sachgüter. Inflation ändert diese Reihenfolge um so mehr, je stärker sie ist. Synonym (bei Forderungen): Geldnähe. S. 152.

Liquiditätspräferenz = *Wirtschaftssubjekte halten einen Teil ihres Vermögens zwecks Wertaufbewahrung in Gestalt von Geld als dem Vermögensobjekt mit dem höchsten → Liquiditätsgrad.* L. ist einer der zentralen Begriffe des → KEYNES-Modells. Gemäß älterem, auf KEYNES [1.13], S. 170, zurückgehendem Sprachgebrauch bezieht sich L. auf alle Formen der Geldhaltung aufgrund dreier Motive (Transaktions-, Vorsichts-, Spekulationsmotiv). Heute wird, dem Wortsinn besser entsprechend, L. (auch „eigentliche" L. genannt) gemäß der obigen Definition benutzt. Die L. nimmt mit fallendem Zinssatz zu (KEYNES [1.13], S. 171), so daß eine L.funktion existiert, die einen Teil der → makroökonomischen Geldnachfragefunktion bildet. Synonyme: Liquiditätsvorliebe; Liquiditätsneigung. S. 38.

LM-Kurve = *Geometrischer Ort (Graph) aller Kombinationen des Sozialprodukts Y und des Zinssatzes r, bei denen die von Y abhängige Nachfrage der Wirtschaftssubjekte nach Transaktionsgeld L^T zusammen mit ihrer von r abhängigen Nachfrage nach Spekulationsgeld L^S gerade so groß ist wie die insgesamt vorhandene Geldmenge M, so daß Gleichgewicht auf dem Geldmarkt herrscht.* In dem zugrundeliegenden Modell gibt es nur die zwei Vermögensformen Geld und festverzinsliche Wertpapiere, so daß das Gleichgewicht auf dem Geldmarkt auch das Gleichgewicht auf dem Wertpapier- gleich Kapitalmarkt impliziert. Die LM-K. verläuft in einem (Y, r)-Koordinatensystem mit zunehmendem Y und r steigend, weil beispielsweise bei einem höheren Zinssatz weniger Spekulationsgeld gehalten wird und die freigesetzten Beträge nur bei einem höheren Sozialprodukt als Transaktionsgeld nachgefragt werden. Die LM-K. verläuft um so flacher, je größer die Elastizität der Geldhaltung in bezug auf den Zinssatz ist. Eine Erhöhung des Geldbestandes oder -angebots M verschiebt die LM-K. nach rechts, eine Senkung nach links. Soweit die LM-K. parallel zur Einkommensachse verläuft, liegt die Situation der → Liquiditätsfalle vor; soweit sie parallel zur Zinsachse verläuft, herrscht die klassische Vermutung, daß Geld nur zu Transaktionszwecken gehalten wird. In diesem Bereich haben Verschiebungen der LM-K., etwa durch expansive Offenmarktpolitik der Zentralbank, den maximalen Effekt auf das Sozialprodukt, Fiskalpolitik hat keine Wirkung. In der graphischen Fassung des → KEYNES-Modells repräsentiert die LM-K. die Geld- oder monetäre Sphäre. S. 42f., 297.

LUNDBERG-Verzögerung = *Zeitspanne zwischen einer Zunahme der Nachfrage nach einem Gut und dem Erscheinen der dadurch bewirkten Mehrproduktion am Markt.* Benennung nach dem schwedischen Nationalökonomen E. LUNDBERG (1907–1987), der diese Verzögerung in seinem Buch Studies in the Theory of Economic Expansion (1937) berücksichtigte. S. 65.

Makroökonomik, KEYNESsche = *Durch die Bildung gesamtwirtschaftlicher → Aggregate gekennzeichnete und mit makroökonomischen → Konsum-, → Investitions-, → Geldnachfrage- und anderen Funktionen arbeitende, im wesentlichen auf KEYNES [1.13] zurückgehende Gesamtheit von Hypothesen zur Analyse des Wirtschaftsprozesses, vornehmlich für die kurze Frist.* Die Formalisierung in Gestalt von Gleichungs- oder graphischen Systemen heißt → KEYNES-Modell. Zentrale Annahmen sind: Da es allenthalben ungenutzte Produktionskapazitäten gibt (→ KEYNESsche Situation), ist das gesamtwirtschaftliche Angebot völlig elastisch und spielt bei der Bestimmung des Sozialprodukts keine Rolle. Wichtig hierfür ist nur die gesamtwirtschaftliche Nachfrage, die aus den autonomen Staatsausgaben und dem Export, der zinsabhängigen Investition sowie der einkommensabhängigen Konsumgüternachfrage besteht. Preise und vor allem Lohnsätze sind nach unten wenig beweglich, Geld ist nicht → neutral. Die K. M. entstand in den dreißiger Jahren des 20. Jahrhunderts zunächst mit dem Ziel, anhaltende Massenarbeitslosigkeit durch den Nachweis zu erklären, daß gesamtwirtschaftliches Gleichgewicht auch bei Unterbeschäftigung möglich sei. Wirtschaftspolitische Folgerungen sind: Der Wirtschaftsablauf ist inhärent instabil und bedarf daher stabilisierender Eingriffe, und zwar in der Hauptsache via Steuerung der gesamtwirtschaftlichen Nachfrage, da sich das Angebot an diese anpaßt. Eine Zunahme der Ersparnis hat einen depressiven Effekt und kann daher unerwünscht sein; Geldmenge und Zinspolitik haben wenig Einfluß auf den Wirtschaftsablauf; staatliche Einnahmen- und Ausgabenvariationen eignen sich im Rahmen einer diskretionären Politik (Interventionismus) am besten zur Bekämpfung von Arbeitslosigkeit und Inflation. Im Zuge der weiteren Entwicklung der K.n M. wurde akzeptiert, daß das Angebot nicht völlig elastisch ist, sondern mit steigenden Preisen bei nachhinkenden Nominallöhnen zunimmt; und daß auch die Geldmenge die Nachfrage beeinflußt. Die Hauptunterschiede der K.n M. zur

→ klassischen Makroökonomik betreffen auf der theoretischen Ebene die Rolle des Angebots bei der Bestimmung des Sozialprodukts, die Erklärungsvariablen der Nachfrage, die Beweglichkeit der Preise und die Vollbeschäftigung; in bezug auf die Wirtschaftspolitik die Rolle des Staates. Die K. M. verlor mit dem gleichzeitigen Auftreten zweistelliger Inflationsraten und erheblicher Arbeitslosigkeit in den siebziger Jahren in vielen Ländern an Überzeugungskraft. Synonyme: KEYNESsche (auch immer: Keynesianische) Ökonomik, ihre Vertreter sind „Keynesianer". Für die weitere Entwicklung: Neo-Keynesianismus; Postkeynesianismus; jedoch ist die terminologische Vielfalt (und Verwirrung) hier wie auch bei der Benennung anderer Denkschulen groß, vgl. FELDERER/ HOMBURG [1.20], § 31 und passim.

Makroökonomik, klassische = *Gesamtheit von Annahmen, Hypothesen, Theoremen bei der gesamtwirtschaftlich-makroökonomischen Analyse einschließlich gewisser wirtschaftspolitischer Folgerungen, die im letzten Viertel des 18. und in der ersten Hälfte des 19. Jahrhunderts in Westeuropa entstand.* Danach sind Preise und Lohnsätze in beiden Richtungen voll beweglich, woraus sich Reallöhne ergeben, die Angebot und Nachfrage auf dem Arbeitsmarkt ins Gleichgewicht bringen und so für Vollbeschäftigung sorgen. Unter Nutzung des Kapitalstocks stellen die Erwerbstätigen gemäß „klassischer" Produktionsfunktionen mit fallenden Grenzprodukten der substitutiven Faktoren das kurzfristig nicht ausdehnbare und vom Preisniveau unabhängige reale Sozialprodukt her, das sich entsprechend dem sich aus Angebot und Nachfrage auf dem Kapitalmarkt ergebenden Zinssatz auf Konsum- und Investitionsgüter aufteilt. Die Gesamtnachfrage nach Gütern kann wegen des → SAYschen Gesetzes allenfalls kurzfristig und nur in einzelnen Wirtschaftszweigen vom gesamten Güterangebot abweichen. Die Preise (und damit die gesamte monetäre Nachfrage) ergeben sich bei kurzfristig konstanter Transaktionshäufigkeit des Geldes gemäß der → Quantitätstheorie aus der exogen bestimmten Geldmenge; ihre absolute Höhe ist von den relativen Preisen und dem Zinssatz unabhängig und hat keinen Einfluß auf diese: Es gilt die → klassische Dichotomie. Staatliche Eingriffe zwecks Konjunkturstabilisierung sind unnötig. Hauptvertreter der k.n M. sind nach K. MARX, der die Bezeichnung „klassisch" als erster benutzte, D. RICARDO, J. MILL und ihre Vorläufer. KEYNES [1.13], S. 3, rechnet hierzu auch RICARDOS Nachfolger wie J. S. MILL, A. MARSHALL, F. Y. EDGEWORTH and A. C. PIGOU; jedoch gilt heute die diesen und anderen Nationalökonomen zuzuschreibende Entwicklung zutreffender als Neoklassik. S. 264–277.

Makroökonomik, neue KEYNESsche = *Sicht des Wirtschaftsprozesses auf makroökonomischer Ebene in Weiterentwicklung KEYNESscher Ideen, wobei die historische Einmaligkeit und Instabilität wirtschaftlicher Abläufe und im Zusammenhang damit die beherrschende Rolle von Entscheidungen unter Unsicherheit sowie die unterschiedlich verzögerte Anpassung von Preisen und Mengen und daher der Abschluß von Transaktionen zu Ungleichgewichts- (gleich „falschen") Preisen betont werden.* Die n. K. M. stellt auch einen Versuch dar, makroökonomische Abläufe mikroökonomisch zu begründen, wobei die WALRASsche Gleichgewichtsökonomik verworfen wird. Zentrale Idee ist die Erkenntnis, daß Wirtschaftssubjekte, die ihre Mengenplanungen etwa auf dem Arbeitsmarkt bei den herrschenden und wenig beweglichen Lohnsätzen nicht realisieren können, dort also „beschränkt" (auch: rationiert) sind, angesichts ihrer Budgetrestriktionen zwangsläufig auch auf anderen Märkten wie denen für Konsumgüter reagieren müssen; oder: Es gilt die *duale Entscheidungshypothese,* gemäß der Beschränkungen auf einem Markt zu Reaktionen auf anderen Märkten führen (Spillover-Effekt), wobei sich jeweils eine Marktseite mit ihren Entscheidungen durchsetzt und die andere beschränkt. Die entstehenden Situationen kann man als (zeitweilige) Gleichgewichte bei kurzfristig festen Preisen, die keine Markträumung zulassen, auffassen (*Fixpreismodell*). Die mangelnde Beweglichkeit geht auch darauf zurück, daß die Vielzahl sich überlagernder Datenänderungen die Informations- und Entscheidungskosten erhöht, zumal vorübergehende Änderungen nicht sofort von bleibenden zu unterscheiden sind. In Zwei-Sektoren-Modellen mit Unternehmen und Haushalten lassen sich je nachdem, welche Seite die andere auf dem Güter- oder dem Arbeitsmarkt beschränkt, verschiedene Arten von Unterbeschäftigung unterscheiden. Vertreter der n. K. M. kritisieren vor allem Annahmen der Klassiker und Neoklassiker: Daß atomistischer Wettbewerb mit Preisflexibilität weit verbreitet sei; daß auf allen Märkten eine Tendenz bestehe, nach Störungen schnell zum Gleichgewicht zurückzukehren; daß Institutionen wie Gewerkschaften und Wirtschaftsverbände unberücksichtigt bleiben. Die n. K. M. kann insgesamt als neuer Versuch gelten, zentrale Hypothesen der Makroökonomik an einen wiederum neuen, durch anhaltende hohe Arbeitslosigkeit gekennzeichneten empirischen Hintergrund anzupassen. Übersicht bei FELDERER/HOMBURG [I.20], Kap. XI. Synonyme: Neue Keynesianische Makroökonomie (auch: Makroökonomik), abgekürzt NKM; Theorie temporärer Gleichgewichte mit Mengenbeschränkung (auch: Mengenrationierung).

Makroökonomik, neue klassische = *Makroökonomische Sicht des Wirtschaftsprozesses auf der Grundlage zweier zentraler Hypothesen: (1) Preise und Mengen sind hinreichend flexibel, so daß Märkte ständig geräumt werden und Gleichgewichte vorherrschen; (2) Im Gegensatz zur impliziten Annahme vollständiger Information in der → klassischen Makroökonomik handeln Wirtschaftssubjekte aufgrund → rationaler Erwartungen.* Im einzelnen gilt: Das Sozialprodukt wird aufgrund einer gesamtwirtschaftlichen Angebotsfunktion bereitgestellt, deren unabhängige Variable das erwartete Preisniveau ist, so daß alle Anbieter als Preisnehmer gelten. Das → Einkommen-Ausgaben-Modell gilt nicht. Unterbeschäftigung bleibt in Höhe der natürlichen Arbeitslosenquote bestehen, soweit die Anbieter keine Überraschungen erleben. Konjunkturschwankungen ergeben sich aus zeitweiligen Defiziten bei der Informationsbeschaffung und -verarbeitung, die zu verzögerten Reaktionen bei Produktion, Nachfrage und Anpassungen der Vermögenshaltung einschließlich des Kapitalstocks führen. Jedes Wirtschaftssubjekt berücksichtigt die für seine Planung relevanten Preise, weiß aber zunächst nicht, ob beobachtete absolute Änderungen auch Änderungen der relativen Preise oder nur Teil einer allgemeinen Preisänderung sind. Bemerken daher Anbieter Steigerungen ihrer Verkaufspreise, halten sie dies für ein isoliertes Phänomen (*Inseleffekt*) und erhöhen ihr Angebot. Wegen der zentralen Annahme flexibler Preise spricht man bei Modellen der n.n k. M. auch von *Flexpreismodellen*. In bezug auf wirtschaftspolitische Maßnahmen und ihre Wirkungen haben die Wirtschaftssubjekte die gleichen Informationen wie die wirtschaftspolitischen Instanzen, bilden rationale Erwartungen und reagieren auf neue Informationen mit höchstens gleicher Verzögerung wie die Wirtschaftspolitik. Da dann wirtschaftspolitische Eingriffe nur noch wie beabsichtigt wirken, wenn sie unerwartet kommen und das Publikum überraschen, aber keinen Effekt mehr haben, sobald sie verstanden und berechenbar werden, lautet die wirtschaftspolitische Empfehlung wie beim → Monetarismus, auf diskretionäre Eingriffe zu verzichten. Unter diesem Aspekt wird die n. k. M. auch als Neo-Monetarismus eingestuft. Hauptvertreter sind R. E. LUCAS, T. J. SARGENT, R. J. BARRO, N. WALLACE. Darstellung und Kritik bei W. H. BUITER: The Macroeconomics of Dr Pangloss. A Critical Survey of the New Classical Macroeconomics (EJ 1980); H. S. BUSCHER: Modelle der Neuen klassischen Makroökonomie. Theoretische Darstellung und empirische Ergebnisse (1986). Synonym: Abkürzung NCM (nach englisch: New Classical Macroeconomics).

Monetarismus = *Theorie über die Einflüsse des Geldes auf den Wirtschaftsablauf zusammen mit einer Reihe wirtschaftspolitischer Empfehlungen.* Wichtige Hypothesen beziehen sich auf den → Transmissionsmechanismus: Die Wirtschaftssubjekte halten ihr Vermögen aufgrund ihrer Nutzenkalküle in unterschiedlichen Anlageformen, darunter Geld, Wertpapiere und Sachgüter. Das Geldangebot ist die wichtigste strategische Variable, seine Änderungen stören die Anlagegleichgewichte und bewirken Umdispositionen, aufgrund derer sich die Zinssätze, Güterangebot und -nachfrage, Preise und damit auch das nominale Sozialprodukt und die Beschäftigung ändern. Solche Eingriffe beeinflussen daher kurzfristig nominale wie reale Variable, langfristig jedoch praktisch nur nominale wie die nominalen Zinssätze, das Preisniveau und das Sozialprodukt in jeweiligen Preisen. Jede beträchtliche und andauernde Erhöhung der → Geldmenge über den Transaktionsbedarf hinaus wird unweigerlich von Inflation begleitet und umgekehrt; oder: Die Elastizität der Geldnachfrage in bezug auf das Preisniveau liegt bei eins. Das marktwirtschaftliche System ist im Grunde stabil und absorbiert externe Schocks mit gedämpften Schwingungen innerhalb kurzer Zeit. Die Wirkungen einer diskretionären Geld- und Kreditpolitik sind kaum prognostizierbar und können zum Gegenteil der angestrebten Wirkungen führen. Fiskalpolitik wirkt kurzfristig auf Sozialprodukt und Beschäftigung, generiert aber → Verdrängungseffekte, wenn sie expansiv ist und durch Steuern oder Kreditnahme beim Publikum finanziert wird. Wirtschaftspolitische Hauptempfehlung ist, die Geldversorgung am Wachstum des Produktionspotentials zu orientieren und damit zu verstetigen (Geldmengenregel). Der Beginn der Diskussionen über den M. kann mit M. FRIEDMAN: Studies in the Quantity Theory of Money (1956) angesetzt werden. Der M. gewann seit dem Ende der sechziger Jahre an Einfluß, nachdem seine Anhänger empirische Zusammenhänge zwischen der längerfristigen Entwicklung der Geldmenge und realen Variablen nachgewiesen hatten. Ab 1963 wurde die Diskussion vor allem durch FRIEDMAN/SCHWARTZ [3.66] angeregt. Das Auftreten verstärkter Inflation, später der Stagflation, begünstigte die Hinwendung zum M. weiter. Eine Weiterentwicklung des M. läuft unter der Bezeichnung → Neue klassische Makroökonomik. Synonyme: Moderne Quantitätstheorie; Neo-Quantitätstheorie. S. 207–210.

Multiplikator = *Aus Verhaltensparametern gebildete Konstante, die bei komparativstatischer Analyse den Einfluß der Änderung einer als exogen betrachteten Größe auf eine endogene angibt.* Ist m ein M., gilt $\Delta y = m \Delta x$, worin y die endogene und x die exogene Größe ist. x ist häufig ein autonomer Teil der gesamtwirtschaftlichen Endnachfrage. Es gilt daher auch **M.** = *Quotient aus der Differenz zweier Gleichgewichtswerte einer abhängigen Variablen und der Differenz zweier Werte der die Änderung bewirkenden exogenen Variablen.* Benennung uneinheitlich: Entweder „x-M. in bezug auf y" (etwa: Investitionsmultiplikator in bezug auf das Sozialprodukt, so einheitlich in diesem Buch) oder kurz und unklar „x-M." (wobei offenbleibt, welches die multiplizierte abhängige Variable ist). Bezeichnung gemäß der Tatsache, daß einige der bekanntesten M.en, so der Investitions-, der Staatsausgaben-, der Exportmultiplikator in bezug auf das Sozialprodukt bei den üblichen Annahmen über die Größenbereiche der Parameter, insbesondere der marginalen Konsumquote, größer als 1 sind. Der M. ist im einfachsten Fall gleich dem reziproken Wert der marginalen Sparquote (zu der sich in erweiterten Modellen die marginale Steuer- und die marginale Importquote gesellen) und daher um so größer, je kleiner die „Lecks" als nicht zum Kauf der laufend produzierten heimischen Güter verwendeten Einkommensteile sind. Wird die Investition als vom Sozialprodukt abhängig angesehen, ergibt sich ein → Supermultiplikator. Die Idee geht neben früheren Vorläufern auf KAHN [2.09] zurück, der einen Beschäftigungsmultiplikator konstruierte. Sie wurde von KEYNES [1.13] besonders in Kapitel 10 ausgiebig verwendet und damit bekanntgemacht. S. 59 ff.

Multiplikatorprozeß = *Expansions- oder Kontraktionsprozeß des Sozialprodukts und anderer abhängiger Variabler als Folge der Änderung einer autonomen Komponente der gesamtwirtschaftlichen Endnachfrage oder einer Verhaltenskonstante.* Ein M. entsteht aufgrund der Sekundärwirkungen des auslösenden Anstoßes, die sich nach Ablauf aller Reaktionen insgesamt zu einem Mehrfachen des auslösenden Anstoßes addieren. Das Ausmaß der Vervielfachung wird durch den → Multiplikator oder den → Supermultiplikator gemessen. S. 59 ff.

PHILLIPS-Kurve = *Graphische Darstellung eines inversen empirischen Zusammenhangs zwischen der Änderung der Lohnstückkosten oder der Inflationsrate einerseits und der Arbeitslosenquote andererseits.* Zentrale Idee ist, daß die relative Stärke von Gewerkschaften und Arbeitgebern bei Lohntarifverhandlungen vom Grad der Arbeitslosigkeit abhängt und Lohnsatzsteigerungen, die über die gleichzeitige Zunahme der Arbeitsproduktivität hinausgehen, auf die Preise überwälzt werden. Wirtschaftspolitisch folgt daraus, daß die Verringerung des Inflationsgrades soziale Kosten in Gestalt höherer Arbeitslosigkeit verursacht und damit ein Abwägungsproblem (trade-off) zwischen Inflation und Arbeitslosigkeit existiert. Bezeichnung nach A. W. PHILLIPS: The Relation between Unemployment and the Rate of Change of Money Wage Rates in the United Kingdom, 1861–1957 (Economica 1958). Dieser untersuchte den Zusammenhang zwischen Arbeitslosenquote und Lohnsteigerungsrate in Großbritannien (ursprüngliche P.-K.); mit der der modifizierten P.-K. vergleicht man Arbeitslosenquote und Preissteigerungsrate. Die Berücksichtigung der von den Akteuren des Arbeitsmarktes erwarteten Inflation führt zur Unterscheidung zwischen der negativ kurzfristigen geneigten P.-K. und der eher senkrecht verlaufenden langfristigen P.-K., in der die Inflationserwartungen absorbiert sind. Übersicht bei T. M. HUMPHREY: Changing Views of the Phillips Curve; Derselbe: Some Recent Developments in Phillips Curve Analysis; in: HAVRILESKY/BOORMAN [3.16]. S. 316–321.

PIGOU-Effekt = *Im Verlauf einer bei Unterbeschäftigung eintretenden allgemeinen Preis- und Lohnsenkung erhöht sich der reale Wert der Geldvermögensbestände der privaten Haushalte. Das veranlaßt diese zu höheren Konsumausgaben, da der Konsum auch eine wachsende Funktion des realen Vermögens ist. Daraus folgt eine Tendenz, zum Vollbeschäftigungsgleichgewicht zurückzukehren.* Einwände sind: Die Wirkung der Deflation und einer sich bildenden Preissenkungserwartung auf die Investitionstätigkeit wird negiert; bei Preissenkungen steigt auch der reale Wert der Schulden, was die expansiven Effekte des P.-E.s kompensieren kann. Benennung vor allem nach A. C. PIGOU: The Classical Stationary State, EJ 1943; Economic Progress in a Stable Environment, Economica 1947. Da auch HABERLER [2.34], 3. Aufl. 1946, auf diesen preisinduzierten → Vermögenseffekt hinwies, sprechen manche Autoren vom HABERLER-PIGOU-Effekt. Der P.-E. wurde später zum → Realgeldeffekt weiterentwickelt. S. 293 f. mit Bild 4.6 (b).

Quantitätsgleichung = *Definitorischer Zusammenhang zwischen dem (mathematischen) Produkt aus → Geldmenge M und der durchschnittlichen Transaktionshäufigkeit der Geldeinheit V einerseits und dem (mathematischen) Produkt aus Gütermengen Q* (auch *Handelsvolumen* genannt) *und ihrem Durchschnittspreis P anderseits*: $MV = PQ$. Da MV die monetäre Nachfrage während der betrachteten Periode und PQ das monetäre Angebot ist, gibt die Q. die beiden Seiten der Umsätze in der Volkswirtschaft an und ist daher immer erfüllt: Sie ist ein Truismus. Beschränkt man sie fiktiv auf den Einkommenskreislauf, lautet sie $M'V^e = P'Y^r$, worin M' die in diesem Kreislauf zirkulierende Geldmenge, V^e die Transaktionshäufigkeit des Geldes im Einkommenskreislauf, Y^r das reale Sozialprodukt und P' der Durchschnittspreis von dessen physischer Einheit ist. Die Q. stammt von I. FISHER: The Purchasing Power of Money (1911). Sie ist Ausgangspunkt der → Quantitätstheorie. Die Q. wurde später zur → Cambridge-Gleichung weiterentwickelt. Synonyme: (FISHERsche) Verkehrsgleichung; (englisch) equation of exchange. S. 269.

Quantitätstheorie = *Ändert sich in der → Quantitätsgleichung $MV = PQ$ die → Geldmenge M, dann ändert sich das Preisniveau P in gleicher Richtung und in gleichem Ausmaß, weil die Transaktionshäufigkeit des Geldes V stabil ist und die Gütermengen Q wegen der herrschenden Vollbeschäftigung kurzfristig konstant sind;* oder = *Es gilt $P = P(M)$ mit einer Elastizität des Preisniveaus in bezug auf die Geldmenge von eins.* Das ist (vereinfacht) die strikte (ältere, traditionelle, klassische, naive) Fassung der Q. bei I. FISHER: The Purchasing Power of Money (1911). Sie kann nur bei Vollbeschäftigung gelten und steht und fällt mit der Hypothese der konstanten, insbesondere vom Zinsniveau unabhängigen Transaktionshäufigkeit des Geldes. Eine weniger strenge Fassung in Gestalt der Neo-Q. ist eine der zentralen Hypothesen des → Monetarismus oder wird mit ihm gleichgesetzt. S. 269.

Realgeldeffekt = *Änderungen der → Geldmenge ändern die Nachfrage nach Gütern direkt* (und nicht nur indirekt über Änderungen der Zinssätze gemäß dem

→ KEYNES-Effekt), *weil Geld ein Vermögensbestandteil und in den marginalen Nutzenkalkül einbezogen ist.* Maßgebend ist die reale Geldhaltung: Der R. tritt bei konstanten Preisen und sich ändernder nominaler Geldmenge sowie bei konstanter Geldmenge und Preisänderungen auf. Mit ihm wird die reale Geldmenge zu einer Erklärungsvariablen nicht nur für die Nachfrage nach Wertpapieren und in der → makroökonomischen Konsumfunktion (→PIGOU-Effekt), sondern auch in der → makroökonomischen Investitionsfunktion. Bei Unterbeschäftigung und flexiblen Preisen und Lohnsätzen bewirkt der R. eine Tendenz zur Wiederherstellung der Vollbeschäftigung. Er bremst eine Inflation, wenn die Geldmenge angesichts steigender Preise konstant bleibt. Der R. fehlt, wenn die → klassische Dichotomie gilt, weil dann Geldmengenänderungen nur zu gleichgerichteten Preisänderungen führen. Haupteinwände gegen die mit dem R. verbundenen Hypothesen sind, daß der Einfluß von Preisänderungserwartungen vernachlässigt wird und daß ein großer Teil des Geldes in der modernen Volkswirtschaft die Form von Kreditbeziehungen zwischen Privaten hat, wodurch kompensierende Effekte bei deren Schuldnern entstehen. Die Idee geht auf PATINKIN [3.10] zurück. Synonyme: Realkassen(haltungs)effekt; (englisch) real balance effect.

Relativeinkommenshypothese = *Private Haushalte richten sich bei ihren Konsumausgaben nicht nur nach ihrem eigenen laufenden Einkommen, sondern vergleichen dieses mit anderen Einkommensgrößen und treffen danach ihre Entscheidungen.* Die Relativierung wird in bezug auf das eigene frühere Einkommen vorgenommen mit dem Ergebnis, daß Haushalte bei Einkommensrückgängen das früher erreichte Verbrauchsniveau aufrechterhalten, an das sie sich gewöhnt haben. Das bedeutet einen → Sperrklinkeneffekt im Konsumverhalten sowie die Erscheinung, daß die Konsumfunktion bei einer Einkommenssenkung anders verläuft als bei einer Zunahme. Haushalte richten sich auch nach dem Konsumverhalten anderer Angehöriger ihrer sozialen Schicht und damit indirekt nach deren Einkommen. Rückt ein Haushalt in eine höhere Schicht auf, übernimmt er das dort übliche Konsumverhalten. Die R. wurde durch J. S. DUESENBERRY: Income, Saving and the Theory of Consumer Behavior (1949) untersucht. Synonyme: Relative Einkommenshypothese. DUESENBERRY-MODIGLIANI-Effekt (Einfluß des eigenen früheren Einkommens).

ROBERTSON-Verzögerung = *Verzögerung zwischen einer Änderung des laufenden verfügbaren Einkommens einer Gruppe privater Haushalte und der Änderung ihrer Konsumausgaben.* Benennung nach dem englischen Nationalökonomen D. H. ROBERTSON (1890–1963), der die Annahme in seinem Buch „Banking Policy and the Price Level" (1926) einführte. S. 60.

Schuldenparadox = *Der (zentrale) Staat(shaushalt) nimmt zusätzliche Schulden auf, finanziert damit zusätzliche Ausgaben und steht am Ende des damit induzierten Expansionsprozesses mit weniger Schulden da als zuvor.* Das S. kommt zustande, wenn die zusätzlichen Ausgaben Beschäftigung und Investitionen genügend stark anregen, womit die Steuereinnahmen zu- und die öffentlichen Sozialleistungen abnehmen. Das S. liegt in abgeschwächter (und realistischer) Form vor, wenn die zusätzlich aufgenommenen Schulden im Zuge des Expansionsprozesses nur zum Teil abgebaut werden. Ein S. in der anderen Richtung bedeutet, daß eine Steuersenkung so stark expansiv wirkt, daß das steigende Steueraufkommen bei niedrigeren Steuersätzen das anfängliche Budgetdefizit überkompensiert. Eine entsprechende Hypothese ist ein für die → Angebotsökonomik zentraler Punkt. S. 89.

Situation, KEYNESsche = *Zustand nennenswerter Unterbeschäftigung aller Produktionsfaktoren auf allen Stufen des Produktionsprozesses.* Die K. S. lag historisch in den dreißiger Jahren in den westlichen Industrieländern vor und gab den Anstoß zu der von KEYNES [1.13] ausgehenden → KEYNESschen Makroökonomik mit ihrem Kernstück, dem → Einkommen-Ausgaben-Modell. S. 293.

Sparfunktion, makroökonomische = *Hypothese in Gleichungsform über den Zusammenhang zwischen der Ersparnis in einer Volkswirtschaft und erklärenden Variablen.* Häufig wird nur die Ersparnis der privaten Haushalte betrachtet und die der Unternehmen und der öffentlichen Haushalte gesondert untersucht. Die m. S. ist dann das Spiegelbild der → makroökonomischen Konsumfunktion und kann aus ihr abgeleitet werden. Wichtige Erklärungsvariable sind das laufende verfügbare Einkommen, das Dauereinkommen und das reale Vermögen – diese Beziehung heißt nach L. A. METZLER *Vermögens-Spar-Relation.* Der Graph der m.n S. heißt *makroökonomische Sparkurve,* wichtigster Parameter ist die *makroökonomische Sparquote.* S. 13.

Sparparadox = *Erhöhen alle oder die meisten Haushalte einer Volkswirtschaft in einer makroökonomischen Gleichgewichtssituation ihre Spartätigkeit, um ihr Vermögen schneller zu vermehren, so setzen sie einen kontraktiven* → *Multiplikatorprozeß in Gang, an dessen Ende sie angesichts des gesunkenen Volkseinkommens bei ungeänderter* → *Sparfunktion weniger sparen können als zuvor.* Hinter dem S. steht der Trugschluß der Verallgemeinerung: Die bei dem Satz „Vermehrtes Sparen führt zu schnellerer Vermögenszunahme" einzelwirtschaftlich zutreffende Ceteris paribus-Klausel gilt gesamtwirtschaftlich nicht. S. 73 f.

Sperrklinkeneffekt = *Eine ökonomische Variable bewegt sich nur in einer Richtung.* Übersetzung aus englisch „ratchet effect": „Ratchet" ist eine Sperrklinke, die in ein Zahnrad eingreift und sicherstellt, daß sich eine Welle nur in einer Richtung drehen kann. Im ökonomischen Bereich wirkt der S. weitgehend bei Tarif- (nicht: Effektiv-)Lohnsätzen, beim Konsumverhalten (→ Relativeinkommenshypothese), bei der Staatsverschuldung, bei der Gesamtsumme der Subventionen. Das auf A. WAGNER zurückgehende „Gesetz vom Wachstum der Staatsausgaben" behauptet ebenfalls einen S. Synonym: Sperrhakeneffekt. S. 333.

Stabilisator, automatischer = *Institutionelle Vorkehrung oder Verhaltensweise in einer Volkswirtschaft, die Konjunkturschwankungen dämpft.* Einkommensabhängige Steuern mit proportionalen und erst recht solche mit progressiven Sätzen sowie Sozialbeiträge bremsen eine Expansion des Sozialprodukts, wenn ihr zusätzliches Aufkommen stillgelegt wird; Sozialleistungen bremsen eine Kontraktion, wenn sie im Konjunkturabschwung zunehmen und nicht durch Herabsetzung von Ausgaben an anderer Stelle der öffentlichen Haushalte finanziert werden. Dagegen verstärkt ein stets ausgeglichenes Budget die Konjunkturschwankungen und wirkt daher als **automatischer Destabilisator.** De facto reicht der Einfluß aller a.n S.en in einer Volkswirtschaft nicht aus, die konjunkturellen Schwankungen des Sozialprodukts zum Verschwinden zu bringen, so daß gemäß den in der → KEYNESschen Makroökonomik vertretenen Auffassungen Bedarf an Stabilisierungsmaßnahmen bestehen bleibt. S. 85.

Supermultiplikator (im weiteren Sinne) = → *Multiplikator einer autonomen Ausgabenkomponente in bezug auf das Sozialprodukt bei von diesem abhängiger Nettoinvestition;* (im engeren Sinne) = *Multiplikator im HICKSschen Konjunkturmodell.* Dieser S. wird von der Wachstumsrate der autonomen Investition, der marginalen Investitionsquote und der marginalen Konsumquote bestimmt. Die Bezeichnung geht auf HICKS [2.48] zurück. S. 71.

Synthese, neoklassische = *Verbindung der Hypothesen und wirtschaftspolitischen Empfehlungen der* → *KEYNESschen Makroökonomik mit mikroökonomischen Theoremen insbesondere über Produktion und Preisbildung mitsamt der Anwendung der so gewonnenen Erkenntnisse auf die von Wachstum mit schleichender Inflation gekennzeichneten industrialisierten Volkswirtschaften der Nachkriegszeit mit dem Ziel der Konjunkturstabilisierung.* Oder: Mit modernen Methoden der Nachfragesteuerung auf der Basis des → Einkommen-Ausgaben-Modells läßt sich ein Zustand (annähernder) Vollbeschäftigung aufrechterhalten, in dem die klassischen Erkenntnisse, etwa über Kapitalbildung und die Rolle des Sparens, wieder Gültigkeit erlangen. Die der n.n S. eigene optimistische Sicht dominierte als allgemein akzeptierte KEYNES-Interpretation die ersten beiden Jahrzehnte nach dem zweiten Weltkrieg. Prototyp der n.n S. ist die neoklassische Wachstumstheorie. Der Ausdruck wurde vor allem von P. A. SAMUELSON benutzt. M. PARKIN: Modern Macroeconomics (1982) widmet der n.n S. ein eigenes Kapitel. S. 292.

Transmissionsmechanismus = *Gesamtheit der Hypothesen über die Reaktionen der Wirtschaftssubjekte, gemäß denen sich geld- und kreditpolitische Impulse zunächst über die Kredit- und dann über die Gütermärkte ausbreiten und schließlich wirtschaftspolitische Endzielvariable wie Preisniveau, Wachstumsrate des Sozialprodukts und Beschäftigung beeinflussen.* Einige dieser Hypothesen sind als → KEYNES-, → PIGOU- und → Realgeldeffekt bekannt. Hauptprobleme sind die Länge der Wirkungsverzögerungen, das quantitative Ausmaß gegebener Eingriffe, die Isolierung von sonstigen Einflüssen und damit die Identifizierung des T. sowie die Frage der Rückwirkungen von der Güter- auf die monetäre Sphäre. Übersichten bei Y. C. PARK: Some Current Issues on the Transmission Process of Monetary Policy (International Monetary Fund Staff Papers, 1972); R. W. SPENCER: Channels of Monetary Influence: A Survey. In: HAVRILESKY/BOORMAN [3.16]. Bild 3.3 und Erläuterungen, S. 202 f.

Verdrängungseffekt = *Eine zusätzliche Aktivität der öffentlichen Hand reduziert private Aktivität mit der Wirkung, daß der angestrebte expansive Effekt beeinträchtigt, zunichte gemacht oder in sein Gegenteil verkehrt wird.* Der V. wirkt um so stärker, je mehr die Produktionskapazitäten ausgelastet sind und je weniger elastisch das Kreditangebot ist. Zusätzliche öffentliche Kreditnahme am Kapitalmarkt erhöht die Zinssätze und drängt die private Kreditnahme zurück. Der V. entfällt hierbei, wenn die Zentralbank die zusätzlichen Kredite gewährt. Die Idee geht auf die nationalökonomischen Klassiker zurück, die im Prinzip eine Tendenz zur Vollbeschäftigung annahmen und der wirtschaftlichen Betätigung der öffentlichen Hand eher ablehnend gegenüberstanden. Der V. spielte in den dreißiger Jahren, als die → KEYNESsche Situation vorherrschte, keine Rolle und wurde erst wieder in der Nachkriegszeit mit der Annäherung an die Vollbeschäftigung zum Argument, besonders bei einigen dem → Monetarismus nahestehenden Autoren. Darstellung bei K. M. CARLSON/R. W. SPENCER: Crowding Out and Its Critics. In: HAVRILESKY/BOORMAN [3.16]; G. BÖTTGER: Grundlagen des Crowding-Out-Effektes (1984). Synonym: Die englische Bezeichnung „crowding out"(-Effekt) wird häufig auch in deutschsprachigen Texten benutzt. S. 89.

Vermögenseffekt = *Änderungen des realen Vermögens beeinflussen die Nachfrage privater Wirtschaftssubjekte nach Wertpapieren und damit nach Geld sowie nach Konsum- und Investitionsgütern;* oder = *Das reale Vermögen ist Argument in der makroökonomischen* → *Geldnachfrage-,* → *Konsum-,* → *Spar- und* → *Investitionsfunktion.* Der reale Wert von Vermögensobjekten ändert sich bei Preis- und Zinssatzänderungen, da diese die Kapitalisierung ihrer zukünftigen Erträge beeinflussen. V.e liegen den als → KEYNES-, → PIGOU- und → Realgeldeffekt bekannten Hypothesen über eine Tendenz zur Wiederherstellung der Vollbeschäftigung zugrunde. Soweit es sich um Geldvermögen handelt, entspricht jedoch jeder Forderung eine Verbindlichkeit. Dem prinzipiell expansiven (oder aber: kontraktiven) Effekt einer Preissenkung (oder aber: Preiserhöhung) auf den Inhaber einer Forderung steht daher immer der kontraktive (oder aber: expansive) Effekt auf den Schuldner der entsprechenden Verbindlichkeit gegenüber. Dies gilt als unbeachtlich, wenn der Schuldner Ausländer oder ein öffentliches Wirtschaftssubjekt ist, von dem angenommen wird, daß der V. bei ihm keine Rolle spielt. Dagegen gilt bei Privaten in erster Annäherung die Vermutung, daß sich expansive und konstraktive V.e bei Gläubiger und Schuldner ausgleichen. Speziell bei Geld als Teilmenge aller Kreditbeziehungen hat diese Überlegung zur Unterscheidung von → Außen- und Innengeld geführt. S. 207.

Wachstumsrate, erforderliche = *Wachstumsrate des realen Sozialprodukts, die bei gegebener Sparneigung, limitativem Produktionsfaktor Sachkapital und von der Änderung des Sozialprodukts unabhängiger Nettoinvestition das Sozialprodukt gleichgewichtig wachsen läßt.* Insbesondere sehen dann die Produzenten und Anbieter ihre Pläne erfüllt, weil Investition und Ersparnis ex ante gleich groß sind; und fahren fort, mit konstanter Wachstumsrate zu produzieren und zu investieren. Synonyme: Befriedigende Wachstumsrate; (englisch) warranted rate of growth (HARROD). S. 127.

Wachstumsrate, natürliche = *Wachstumsrate des realen Sozialprodukts, die bei gegebenem Bevölkerungswachstum und technischem Fortschritt und damit Zunahme der durchschnittlichen Arbeitsproduktivität die Vollbeschäftigung der Arbeitskräfte sicherstellt.* Die n. W. ist gleichzeitig die maximale Wachstumsrate. „Natürlich" bedeutet nicht, daß die Rate vom freien Spiel der Marktkräfte sichergestellt wird oder auch nur, daß ein marktwirtschaftliches System von sich dazu tendiert, sie zu verwirklichen. Die Idee der „natural rate of growth" gehört zu HARRODs Beiträgen zum → HARROD-DOMAR-Modell. S. 128.

Zentralbankgeld = *Bargeldumlauf und Sichtguthaben bei der Zentralbank.* Das Z. erscheint auf der Passivseite der Zentralbankbilanz als Notenumlauf zuzüglich des dort normalerweise nicht ausgewiesenen Münzumlaufs sowie als Sichtverbindlichkeiten. Von den Inhabern her gesehen zerfällt das Z. in zwei Teile: (1) Kassenbestände und Zentralbankguthaben der Kreditinstitute; (2) Bargeld in den Händen von Nichtbanken sowie deren Zentralbankguthaben, die zusammen einen Bestandteil der → Geldmenge bilden. Synonyme: Geldbasis, Basisgeld; monetäre Basis; englisch high-powered money (diese Bezeichnungen weisen auf die Funktion des Z.es hin, als Grundlage der multiplen Giralgeldschöpfung durch Geschäftsbanken dienen zu können). S. 153.

Zentralbankgeldmenge hat zwei Bedeutungen. (1) Z_1 = *Summe der Bestände an* → *Zentralbankgeld*. Z_1 ändert sich durch Kauf oder Verkauf von Sachgütern, Dienstleistungen oder Schuldtiteln (soweit der Verkäufer nicht der Emittent ist), Kreditgewährung durch die Zentralbank und Tilgung von Zentralbankkrediten sowie durch Transfer von Erträgen der Zentralbank. – (2) Z_2 = *Z. gemäß Bundesbank-Definition* = Def. 3.4 (S. 233). Dieses Konstrukt ist aus der → Geldmenge M 3 abgeleitet. Z_2 ändert sich, wenn sich M 3 seiner Höhe oder Zusammensetzung nach ändert. Da sich in Z_2 das Verhalten der Kreditinstitute bei der Kreditgewährung und der Nichtbanken bei der Kreditnahme, der Geldhaltung und ihrer Geldkapitalbildung bei Banken widerspiegelt, dient Z_2 der Bundesbank als Zwischenzielvariable und Indikator ihrer Geldpolitik. Statistik (nur saisonbereinigte Angaben) in: Bbk-Monatsberichte, Tabelle I.3; Statistische Beihefte zu den Monatsberichten der Deutschen Bundesbank, Reihe 4 – Saisonbereinigte Wirtschaftszahlen, Tabelle 33.

Personen- und Institutionenverzeichnis

Institutionen sind nach der korrekten Bezeichnung eingeordnet, zum Beispiel die Bundespost unter „Deutsche Bundespost". Die Deutsche Bundesbank und das Statistische Bundesamt sowie geographische Eigennamen sind nicht aufgenommen.

Abramovitz, M. 148
Ackley, G. 352
Albers, W. 143
Ando, A. 369
Angehrn, B. 354
Arbeitskreis Steuerschätzungen 142
Assenmacher, W. 144
Attfield, C. L. F. 355
Ausgleichsfonds 213, 217, 228

Badura, J. 240, 243
Balinky, A. 353
Bank deutscher Länder 210
Bank von England 214
Bank für Internationalen Zahlungsausgleich 210
Barro, R. J. 358, 364, 374
Bartlett, B. 361
Baumol, W. J. 195, 242
Becker, W.-D. 244
Begg, D. K. H. 354
Bequai, A. 241
Biehl, D. 142
Bombach, G. 145, 350, 353, 356, 358
Booms, H. 245
Boorman, J. T. 240, 242, 365, 376, 379, 380
Borchardt, K. 141, 353
Borell, R. 76
Bös, D. 142
Böttger, G. 380
Brechling, F. P. R. 353
Bronfenbrenner, M. 145
Brown, C. 351
Brumberg, R. 369
Brunner, K. 49, 240, 243, 354
Bruno, M. 354
Buhbe, M. 351
Buiter, W. H. 374
Bund 76, 211, 215, 217, 224–226, 228, 232, 339, 341

Bundesanleihe-Konsortium 217
Bundesanstalt für Arbeit 229, 326, 327, 329–331, 337, 338, 340
Bundesarbeitsgericht 332, 335–338
Bundesaufsichtsamt für das Kreditwesen 175
Bundesminister(ium) für Arbeit und Sozialordnung 332, 333
Bundespräsident 211
Bundesregierung 211–213, 217, 221, 237
Bundesvereinigung der Deutschen Arbeitgeberverbände 328
Bundesverfassungsgericht 331, 342
Buscher, H. S. 374
Buttler, G. 350

Cagan, P. 311
Cannan, E. 351
Carlson, K. M. 380
Carter, M. 354
Centraal Planbureau 114
Centre for International Research on Economic Tendency Surveys 141
Cezanne, W. 357
Challen, D. W. 115, 146
Chandler, L. V. 240
Chick, V. 243, 353
Christlicher Gewerkschaftsbund Deutschlands 328
Churchill, W. S. 287
Clark, P. K. 49
Claassen, E.-M. 240, 358
Clower, R. 353
Coddington, A. 353
Committee on National Expenditure 288
Corry, B. A. 277, 352
Courakis, A. S. 245
Crews, J. M. 146
Cuthbertson, K. 240

Daal, J. van 360
Delorme, H. 240

382

Demery, D. 355
Denison, E. F. 137, 148
Deppe, H.-D. 241, 245
Deutsche Angestelltengewerkschaft 328
Deutsche Bundesbahn 213, 217, 219, 225
Deutsche Bundespost 213, 217, 219, 225
Deutscher Gewerkschaftsbund 328, 333
Deutsches Institut für Wirtschaftsforschung 147
Dickertmann, D. 245
Direktorium der Deutschen Bundesbank 211, 213
Domar, E. D. 128, 131, 367
Dornbusch, R. 357
Duck, N. W. 355
Dudler, H.-J. 245
Duesenberry, J. S. 377
Dürr, E. 243
Duwendag, D. 240, 244

Edgeworth, F. Y. 372
Ehrlicher, W. 243–245
Eilbott, P. 143
Engels, F. 352
ERP-Sondervermögen 213, 228
Europäisches Gemeinschaft 150
Europäisches Währungssystem 239
Europäische Wirtschaftsgemeinschaft 304
Evans, M. K. 143, 357, 361

Fair, R. C. 146
Feige, E. L. 243
Felderer, B. 358, 372, 373
Fender, J. 353
Ferber, R. 48, 49
Fischer, C. 350
Fischer, J. 117, 146
Fischer, S. 354, 357
Fisher, D. 358
Fisher, I. 364, 365, 376
Fitoussi, J.-P. 358
Flannery, M. J. 241
Fletcher, G. A. 353
Franz, W. 49, 350, 351, 354–356
Friedman, B. M. 243
Friedman, M. 243, 311, 362, 370, 374
Friedmann, W. 358
Frisch, H. 354
Frohn, J. 147
Frowen, S. F. 245
Froyen, R. T. 358, 361
Frydman, R. 354
Fuchs, R. 242

Gäfgen, G. 353
Gahlen, B. 145, 147, 148, 350, 356, 358
Garfinkel, I. 351
Gebauer, W. 245
Genser, B. 142
Gerfin, H. 350
Gibson, W. E. 240
Gilroy, C. 351
Godschalk, H. T. C. 241
Goldfeld, S. M. 240
Gordon, R. A. 287
Gordon, R. J. 141, 358
Griffiths, B. 243
Grubel, H. G. 351
Gurley, J. G. 241, 361
Gutowski, A. 245

Haavelmo, T. 114, 143, 367
Haberler, G. 114, 144, 368, 376
Hacche, G. 147
Hadjimatheou, G. 48
Hagemann, G. 143
Hagemann, H. 358
Hagger, A. J. 115, 146
Hahn, F. H. 147, 353
Hamberg, D. 147
Hansen, A. H. 50, 352
Hansen, G. 146, 147
Hansmeyer, K.-H. 143
Harcourt, G. C. 360
Harris, S. E. 50
Harrod, R. F. 50, 128, 131, 367, 380
Havrilesky, T. M. 146, 240, 242, 358, 365, 376, 379, 380
Hegeland, H. 142
Heier, D. 350
Helberger, C. 142
Helmstädter, H. 357
Henke, K.-D. 142
Herder-Dorneich, P. 350
Herrmann, A. 245
Hesse, H. 142
Heubes, J. 49, 145, 357
Hickman, B. G. 145
Hicks, J. R. 50, 112, 145, 353, 368, 379
Hintner, O. 240
Hirsch, A. A. 117
Hitz, H. 351
Hoffmann, W. G. 119
Hofmann, W. 240
Holden, K. 364
Homburg, S. 358, 372, 373
House of Commons 288
Houthakker, H. S. 144
Howard, D. H. 48

Huber, G. 117, 146
Hummel, G. 50
Humphrey, T. M. 376
Hutchison, T. W. 353
Hymans, S. H. 117

Institut für Arbeitsmarkt- und Berufsforschung der Bundesanstalt für Arbeit 327, 355
Institut für Weltwirtschaft an der Universität Kiel 147
Internationale Arbeitsorganisation 343
Internationaler Währungsfonds 50, 150, 304
Issing, O. 240, 243

Jaeger, K. 147
Jaffee, D. M. 241
Jarchow, H.-J. 240
Johnson, H. G. 308
Jorgenson, D. W. 49
Judd, J. P. 242

Kahn, R. F. 142, 375
Kaiser, R. H. 244
Kaldor, N. 145
Kalmbach, P. 244
Kantor, B. 354
Kath, D. 241
Kaufman, G. G. 240
Keynes, J. M. 46, 50, 114, 115, 125, 142, 193, 195, 206–208, 277, 288, 290, 292, 297, 302–305, 307, 308, 346, 353, 362, 367, 368, 370–372, 375, 378, 379
Kirkpatrick, G. 356
Klein, L. R. 50, 114, 115
Klein, P. A. 141
Klönne, A. 355
Kloten, N. 240
Kmenta, J. 146
Knight, K. G. 351
Kohen, A. 351
Köhler, C. 240, 245
König, H. 49, 145, 146, 148, 351, 355, 356
Konjunkturrat für die öffentliche Hand 217
Körner, J. 143
Krelle, W. 146, 147
Kress, U. 355
Kromphardt, J. 144, 147
Krupp, H.-J. 356
Kurihara, K. K. 50, 369
Kurz, H. D. 358

Lachmann, W. 142
Laidler, D. E. W. 242, 244, 354
Landeszentralbank 211, 213
Leijonhufvud, A. 353
Leontief, W. W. 115
Löbbe, K. 143
Loef, H.-E. 242
Lucas, R. E. 364, 374
Lüdeke, D. 146
Lundberg, E. 371

Macesich, G. 244
Machlup, F. 144
Maddock, R. 354
Magee, S. P. 144
Malkiel, B. G. 241
Malthus, Th. R. 277, 352
Mandel, E. 280
Markovits, A. S. 355
Marshall, A. 352, 362, 372
Marx, K. 262, 277–281, 283–286, 288, 352, 372
Masters, S. 351
Matthews, R. C. O. 147
Mayer, H.-L. 356
Mayer, T. 244
McCallum, B. T. 354
McCallum, J. 351
Meltzer, A. H. 49, 353, 354
Merkies, A. H. Q. M. 360
Mertens, D. 355
Metzler, L. A. 378
Meyer, U. 358
Mill, J. 372
Mill, J. S. 351, 372
Miller, M. H. 245
Modigliani, F. 369
Moggridge, D. 50
Monissen, H. G. 240
Moore, G. H. 141
Morishima, M. 144
Müller, J. H. 119
Murata, Y. 144
Muth, J. F. 364

National Bureau of Economic Research 141
Neldner, M. 242
Neubauer, W. 243
Neumann, M. 357
Neumann, M. J. M. 240, 364
Neumark, F. 352
Niehans, J. 240
Norman, M. 214

Oberhauser, A. 143, 242, 243
Obst, G. 240
Oppenländer, K. H. 141
Organisation for Economic Co-operation and Development 90, 143, 242
Orr, D. 243
Ott, A. E. 145, 148, 350, 356, 358

Park, Y. C. 379
Parkin, M. 354, 379
Patinkin, D. 240, 365, 377
Pauly, P. 355
Pearce, D. K. 243
Peel, D. A. 364
Peren, F. W. 49
Peterson, W. C. 352, 357
Phelps, E. S. 354
Phillips, A. W. 319, 375
Pierce, D. G. 240
Pigou, A. C. 352, 362, 372, 376
Pilvin, H. 126
Plötzeneder, H. D. 147
Pohl, R. 243, 354
Pollard, S. 214
Poser, G. 141
Prachowny, M. F. J. 240
Privatdiskont-AG 218

Ramser, H. J. 144, 350, 353, 354, 358
Ramsey, J. B. 146
Rasche, R. H. 365
Recktenwald, H. C. 351
Reese, H. 355
Renton, G. A. 146
Rettig, R. 357
Rheinisch-Westfälisches Institut für Wirtschaftsforschung 147
Ricardo, D. 352, 372
Richardson, D. W. 157, 241
Richter, R. 240, 358
Riese, H. 354
Riese, M. 351
Robert, R. 244
Roberts, P. C. 361
Robertson, D. H. 308, 362, 377
Robinson, A. 50
Robinson, J. 352
Rohde, A. 243
Rose, K. 147
Rose, M. 142
Rosen, S. 350
Roth, A. 143
Roth, T. P. 361
Royal Economic Society 50

Sachs, J. D. 354
Sachverständigenrat zur Begutachtung der gesamtwirtschaftlichen Entwicklung 141, 142, 217
Sailer, M. 147
Samuelson, L. 143
Samuelson, P. A. 110, 145, 352, 379
Sargent, T. J. 364, 374
Say, J. B. 367
Sayers, R. S. 213
Scadding, J. L. 242
Scarfe, B. L. 144
Schäfer, W. 358
Schaub, G. 355
Schelbert-Syfrig, H. 350
Schemmel, L. 76
Scherf, W. 143
Schlesinger, H. 245
Schlieper, U. 358
Schloenbach, K. 355
Schmidt, R. 356
Schneider, M. 241
Schober, F. 147
Schober, J. 242
Schröder, J. 351
Schröder, W. 244
Schumpeter, J. A. 141, 351
Schuseil, A. 142
Schwartz, A. J. 243, 374
Scitovsky, T. 241
Shackle, G. L. S. 142
Shapiro, E. 352, 357
Shapiro, H. T. 117
Shaw, E. S. 241, 361
Shaw, G. K. 364
Siebke, J. 242, 243
Siedenberg, A. 245
Simmert, D. B. 245
Sims, C. A. 191
Sinn, H.-W. 355
Smith, A. 351
Smyth, D. 145
Solow, R. M. 147
Speight, H. 183, 240
Spencer, M. H. 312
Spencer, R. W. 379, 380
Spiethoff, A. 54, 141
Spreter, J. 242
Sraffa, P. 352
Standing, G. 351
Starbatty, J. 352
Starr, G. 351
Statistical Office of the United Nations 120

385

Statistisches Amt der Europäischen
   Gemeinschaften   343
Stein, J. H. v.   240
Stein, J. L.   244
Steinbring, R.   241
Stiglitz, J. E.   148
Ströbele, W.   354
Struthers, J.   183, 240
Sweezy, P. M.   352

Thieme, J.   240, 242
Thompson, J. L.   364
Thurber, J.   308
Tichy, G. J.   144
Tietzel, M.   354
Timmermann, M.   144, 353, 358
Timmermann, V.   146
Tinbergen, J.   114, 145, 308
Tobin, J.   242, 244
Torklus, R. v.   145
Tysome, P. J.   240

Uebe, G.   117, 146
United States Department of
   Commerce   55
Uzawa, H.   148

Vereinte Nationen   303
Völkerbund   144

Voggenreiter, D.   357
Vogl, G.   243
Vogt, W.   143

Wagemann, E.   287, 312
Wagner, A.   378
Walker, M. A.   351
Wallace, N.   364, 374
Walras, L.   115, 372
Walter, H.   147
Wan, H. Y.   147
Werf, D. van der   146
Westphal, U.   147
Willms, M.   242, 243
Wolfson, M.   353
Woll, A.   243, 354
Wood, G. E.   243
Wood, J. C.   50
Worswick, G. D. N.   351

Yang, C. Y.   48

Zarnowitz, V.   144
Zentralbankrat   211
Zentraler Kapitalmarktausschuß   217
Zimmermann, H.   142
Zöllner, W.   355

Sachverzeichnis

Zusammengesetzte Stichwörter suche man unter dem ersten Substantiv, etwa „makroökonomische marginale Konsumquote" unter „Konsumquote, makroökonomische marginale". Bei der alphabetischen Einordnung wurden diakritische Zeichen nicht beachtet. Auf die in Anhang II fettgedruckten Stichwörter wird mit fettgedruckten Seitenzahlen verwiesen.

Absoluteinkommenshypothese 48, **359**, 369
Aggregat(ion) 2, 6, 118, 136, 159, **359**, 363, 371
Akkumulationsregel, Goldene 139
Aktivum, primäres 181, 190
–, sekundäres 181 f., 190
–, zentralbankfähiges 189 f., 369
Akzelerator 102, 108, 110, 127
Akzeleratorprinzip 102, 104–106, 109, 145, **360**
Akzeleratorprozeß 102, 107, 109 f., 112, 203, 206
Allgemeinverbindlicherklärung 332 f.
Alternativkosten 16, 37, 193, 239, 366, 370
Angebot, gesamtwirtschaftliches 60, 360, 363, 371
–, monetäres 4, 22, 24, 66 f., 101, 151, 376
Angebotsfunktion, -kurve, makroökonomische 24 f., 269, 274, 298–300, 306 f., 373
Angebotsökonomik **360**, 378
antizyklisch 90, 209, 323
Arbeit(sleistung) 250–254
Arbeitgeber 250
Arbeitgeberverband 199, 203, 252, 255, 318, 328 f., 331–334, 375
Arbeitnehmer 250
Arbeitsangebot(skurve) 252, 255, 268, 270, 274, 300–302
Arbeitsförderungsgesetz 325 f., 337 f.
Arbeitskampf 334–337, 341
Arbeitslosenquote 263 f., 301, 316–320, 326, 361, 375
–, natürliche 317, 373
Arbeitslosigkeit 2, 125, 199 f., 212, 247, 260–264, 277, 286–288, 302 f., 325–327, 346–351, 355, 360, 371–373, 375–378

–, arbeitsmarktpolitisch bedingte 262
–, freiwillige 346–348
–, konjunkturelle 260
–, persönlich bedingte 262
–, saisonale 260 f.
–, strukturelle 261, 327, 330
–, technologische 262
–, verdeckte 263
Arbeitsmarkt 250–255, 265, 290, 301, 309, 328 f., 338–342, 355, 369, 372 f.
Arbeitsmoral 254, 264
Arbeitsplatz 250 f.
Arbeitsproduktivität 53, 57, 121 f., 131 f., 247–250, 254, 348 f., 375, 380
Arbeitsrecht 339, 355
Arbeitsunwilligkeit 347
Arbeitsvermittlung 329–331
Arbeitswertlehre 280
Ausfallrisiko 158 f., 164, 170
Aussperrung 335–337
Außengeld **361**, 380
Außenhandelsmultiplikator 144
Außenumsatz 187
Außenwirtschaftsgesetz 217

Bank s. Geschäftsbank, Zentralbank
Bankeinlagenmarkt 161, 168
Bankkreditmarkt 161, 168
Banknotengewinn **366**
Bargeld 30, 154 f., 157, 171, 178 f., 188, 366, 370
Bargeldquote 185–187, 234
Bargeldumlauf 153, 188, 381
Barreserve 174, 183
Basisgeld 188, 234, 365
BAUMOL-TOBIN-Modell 242, **361**
Bereich, KEYNESscher 297, 299 f., 305 f.
–, klassischer 297, 299, 306
Berufsgewerkschaft 256 f.

387

Bestandsanpassungshypothese   360, **361**
Bestandsgleichgewicht   40
Bilanzoptik   220
Bodensatz-Arbeitslosigkeit   349
Botschaft, KEYNESsche   307
Branchentarifvertrag   257 f.
Buchungsmethode, englische   182
Budgetdefizit   87–90, 378
Bürgerliches Gesetzbuch   338

Cambridge-Effekt   300
Cambridge-Gleichung   **362,** 376
Cambridge-Kontroverse   360

Dauerarbeitslosigkeit   325, 349
Dauereinkommen   197 f., 207, 362, 366, 378
Dauereinkommenshypothese   48, 359, **362,** 369
Deflation   56, 294 f., 297, 312, 376
Depression   55, 87, 98 f., 260, 287, 293
Desinvestition   14, 101–104, 112
Destabilisator, automatischer   **379**
Devisen   151, 154, 176, 178, 181, 190, 214 f., 221 f., 226–229
Devisenswapgeschäft   226
Dichotomie, klassische   273, **363,** 372, 377
Disaggregation   115 f., **360**
Diskontpolitik   218, 221
Diskontsatz   216–218, 221 f.
Dreimonatsgeld   163, 220, 365
DUESENBERRY-MODIGLIANI-Effekt   377

Echoeffekt   105 f., **363**
Effektivverzinsung   35, 163
Einkommen, verfügbares   7 f., 10 f., 79 f., 83, 359, 369, 377 f.
Einkommen-Ausgaben-Modell   24 f., 50, 115, **363,** 368, 373, 378 f.
Einkommenseffekt   60, 107, 123, 203
Einkommensrisiko   158, 164
Einkommensstillegung s. Leck
Einkommensverteilung   53, 77, 99, 248 f., 252 f., 282, 312, 324
Einlagenpolitik   228
Emissionsmarkt   160
Endnachfrage, gesamtwirtschaftliche   4, 19, 23, 25, 56, 203, 205, 375
Entwicklungshilfe, -land   119, 122, 134, 151, 263, 307, 311
Ersparnis, geplante   13 f., 65–67, 272, 368, 371, 378, 380
–, ungeplante   65–67

Erwartung   48, 118, 321 f., 363 f.
–, adaptive   322 f., **363**
–, rationale   309, 323–325, 354, **364,** 373 f.
–, stationäre   322
Erweiterungsinvestition   15
Ex ante-Rendite s. Rendite, erwartete
Expansionsprozeß   52, 59, 62 f., 72 f., 90, 284, 375, 377
Exportfunktion, gesamtwirtschaftliche   93, 143
Exportmultiplikator in bezug auf den Außenbeitrag   96
–, in bezug auf den Import   96
–, in bezug auf das Sozialprodukt   95, 375
Ex post-Rendite   16 f.

Fehlinvestition   16 f.
Feinsteuerung   210, 217, 226, 228, 232, 308
Finanzsektor   159–161, 170–172, 241
Finanztransaktion   154, 157, 181, 191
Firmentarifvertrag   257 f.
FISHER-Gleichung   167, **364**
FISHER-Hypothese   167, **364**
Fiskalist, Fiskalpolitik   209, 304–307, 370 f., 374
Fluktuationsarbeitslosigkeit   263, 268
Forderung, geldnahe   154, 370
Form, reduzierte   23, 114
Fortschritt, arbeitsgebundener technischer   135
–, kapitalgebundener technischer   135
–, technischer   2, 15, 97, 100, 105, 121 f., 135 f., 208, 247, 256, 261 f., 360, 367, 380
Fremdfinanzierung   17
Friktionsarbeitslosigkeit   330, 346
Fristentransformation   172, 176
Fristigkeitsstruktur   163 f., 166
Frühindikator   56
Fixpreismodell   373
Flexpreismodell   373

Geld   29 f., 150–152, 154 f., 158, 274, 361, 365 f., 374
–, neutrales   274, 363, **364**
Geldangebot   30, 41–45, 187, 242, 365, 374
Geldangebotsfunktion, makroökonomische   **365**
Geldbasis s. Basisgeld
Geldbedarf s. Geldnachfrage
Geldbestand s. Geldmenge
Geldfunktion   150, 155 f., 241, 274, 366
Geldhaltung s. Geldnachfrage
Geldhaltungskoeffizient   33 f., 45, 362

Geldillusion 197, 207, 215, 267, 293, 319, **365**
Geldmarkt (als Interbankenmarkt) 161, 168, 189, 196, 215, 219f., 223, 245, **365**
- (im KEYNES-Modell) 40, 44, 46f., 288f., **365**, 368
Geldmarkt-Gleichgewicht 42
Geldmarktpapier 219f., 223, 225f., 229, 365
Geldmarktregulierung 225f., 229
Geldmarktsatz 216, 219, 221, 238
Geldmenge 30–32, 97, 153f., 179, 191–193, 269–271, 309, 315, 362–365, **366**, 370f., 374, 376f., 381
- M 1: 153, 232, 234f., 237, **366**
- M 2: 153, 232, 234f., **366**
- M 3: 153, 233–235, 237, **366**, 381
-, potentielle 192
Geldmengenpolitik 41, 200, 237, 239
Geldnachfrage 30f., 33, 39–41, 193–198, 207, 242, 362, 374
-, reale 197f., 289, 293, 362f., 366, 377
Geldnachfragefunktion, makroökonomische 39, 198, **366**, 370f., 380
Geldnachfragekurve 40f.
Geldschöpfer, Geldschöpfung 30, 173, 180, 215, 312
Geldschöpfungsgewinn 154, **366**
Geldschöpfungskapazität 185–187, 189, 224, 365
Geldschöpfungsmultiplikator 186, 188, 224, 365
Geldsubstitut s. Forderung, geldnahe
Geld- (und Kredit-)politik 199–201, 243f., 303–306, 365, 370, 379
-, diskretionäre 209, 374
Geldvolumen s. Geldmenge
Geldwertstabilität s. Preisstabilität
Geldwirtschaft 29, 151f., 364–366
Geschäftsbank 170, 173–176, 241f., 365, 381

Gesetze als Rechtsvorschriften:

Gesetz über Arbeitsvermittlung und Arbeitslosenversicherung 329f., 337
- über Bausparkassen 175
- über die Beaufsichtigung der Versicherungsunternehmen 175
- über die Bildung eines Sachverständigenrates zur Begutachtung der gesamtwirtschaftlichen Entwicklung 307
- über die Deutsche Bundesbank 175f., 211f., 214, 217, 222, 224f., 232
- über die Festsetzung von Mindestarbeitsbedingungen 332
- zur Förderung der Stabilität und des Wachstums der Wirtschaft 59, 75, 213, 216f., 225, 228f., 307, 362
- über Kapitalanlagegesellschaften 175
- über das Kreditwesen 175, 241
- zu dem Übereinkommen über den Internationalen Währungsfonds 304
- gegen Wettbewerbsbeschränkungen 331, 339

Gesetze als Verhaltenshypothesen:

Gesetz, SAYsches 272f., 285, 293, 302, 360, **366**, 372
-, vom Wachstum der Staatsausgaben 378

Gewerbeordnung 328, 338
Gewerkschaft 199, 203, 249f., 252, 255f., 261, 316f., 328, 331–334, 355, 373, 375
Giralgeld der Geschäftsbanken 30, 173
Giralgeldschöpfung, aktive 181f.
-, multiple 184–186, 381
-, passive 180, 182, 233
Giralgeldvernichtung, passive 180f.
Gläubiger-Schuldner-Hypothese 314, **367**
Gleichgewicht, dynamisches 124
-, gesamtwirtschaftlich-makroökonomisches 4, 6, 22, 24, 44, 52, 299, 367f., 371, 378
- bei Vollbeschäftigung s. Vollbeschäftigungsgleichgewicht
Gleichgewichtsbedingung 5, 7, 21, 360
Gleichgewichtspfad 111f.
Grenzleistungsfähigkeit des Kapitals s. Rendite, erwartete
Grenzprodukt der Arbeit 265–268, 300f.
Grenzproduktivität 130–132
Grobsteuerung 217
Grunddefinition der Geldmenge 153, 155, 179, 188, 366
Grundgesetz für die Bundesrepublik Deutschland 210, 328, 333, 335f., 339
Gütermarkt 21, 23f., 28, 43f., 46f., 60, 216, 288f., 368, 373, 379

HAAVELMO-Theorem 83, 143, 291, **367**
HABERLER-PIGOU-Effekt 376
HARROD-DOMAR-Modell 130, 133, **367**, 380
HICKS-Diagramm 44, 47, 292, 296, **367**, 369
HICKS-Modell 112f., 379

389

Hochkonjunktur 55, 98 f., 307, 317
Hyperinflation 195, 286, 288, 311

Idealbank, WICKSELLsche 188
Immobilitätspräferenz 348
Importfunktion,
 gesamtwirtschaftliche 92, 143
Importmultiplikator in bezug auf
 das Sozialprodukt 95
Importquote, gesamtwirtschaftliche
 marginale 92–95, 97, 299, 375
Indikator(problem) der Geldpolitik
 203–205, 209, 232–235, 243, 381
Industriegewerkschaft 256 f.
Inflation 2, 56, 59, 162, 164, 166 f., 191,
 197, 200, 215, 308–312, 323 f., 354, 360,
 364 f., 370–372, 374, 377
–, kosteninduzierte 315
–, nachfrageinduzierte 315
–, schleichende 311, 319, 379
Inflationselastizität der
 Geldnachfrage 197
Inflationserwartung 193, 196 f., 203, 313,
 319–321, 364, 366, 376
Inflationsgrad 191
Inflationsrate 166 f., 212, 216, 311 f.,
 319–321, 364, 367, 375
Inflationsunsicherheit 164
Information 149, 253, 323 f., 329,
 364, 373 f.
Innengeld **361**, 380
Innenumsatz 187
Input-Output-Analyse 91
Instrumentvariable, wirtschaftspolitische 3, 116 f.
Investition(stätigkeit, -sverhalten) 14–19,
 60–64, 98–100, 102 104, 215, 275,
 283 f., 360, 363, 367 f., 376
–, autonome 71 f., 111 f.
–, geplante 65–67, 380
–, induzierte 71, 111 f.
–, ungeplante 65–67
Investitionsfunktion, makroökonomische
 19, 26 f., 49, 107, 115, **368,** 371, 377, 380
Investitionsmultiplikator in bezug
 auf das Budget 88
– in bezug auf das Sozialprodukt 68, 70,
 94, 375
Investitionsquote, gesamtwirtschaftliche
 durchschnittliche 14, 124, 138
–, – marginale 71 f., 98, 379
IS-Kurve 28 f., 44–46, 291–296,
 304–306, 367, **368** f.
IS-LM-Modell, -Schema 50, 290 f., 293,
 297, 300, 304, 306

Kalkulationszinssatz 17 f., 362
Kapazitätseffekt 60, 122 f.
Kapitalanpassungshypothese 18, 112, 362
Kapitalintensität 58, 130–133
Kapitalkoeffizient,
 durchschnittlicher 101
–, marginaler 102, 123–125, 129
Kapitalmarkt 16 f., 160 f., 168, 367,
 371 f., 379
Kapitalmarktzins(satz) 16–19, 36 f., 125,
 167, 204, 216, 368
Kapitalproduktivität 123–125, 284
Kapitalsammelstelle 172
Kapitalstock 15 f., 57, 100–103, 136,
 360, 362 f., 368
Kassenhaltungskoeffizient s. Bargeldquote
Katastrophentheorie 101
Kaufkraft 151, 158, 166 f., 197, 365
Kaufkraftrisiko 158
KEYNES-Effekt 293–296, 299 f., **368,**
 377, 379 f.
Keynesianer 206–209, 239, 309, 372
KEYNES-Modell 46 f., 49, 142, 161, 190,
 242, 265, 292, 316, 359, 363, 365, 367,
 368, 370 f.
KK-Modell 115
Klassiker s. Makroökonomik, klassische
KLEIN-GOLDBERGER-Modell 114 f.
Koalitionsfreiheit 328, 332, 335, 337
Konjunkturabschwung 54, 378
Konjunkturaufschwung 53 f., 291
Konjunkturbewegung, -schwankung
 56–59, 73, 90, 97 f., 209, 286, 362,
 373, 378 f.
Konjunkturdiagnose 141, 213
Konjunkturindikator 141, 209
Konjunkturpolitik 213, 303, 307, 324
Konjunkturprognose 213, 324
Konjunkturprogramm 87, 89, 323
Konjunkturtheorie 97, 100, 111, 114,
 144, 286
Konjunkturverbund, internationaler 113
Konjunkturzyklus 54–56, 59, 141,
 144, 286
–, politischer 209
Konsumausgabenmultiplikator in bezug
 auf das Sozialprodukt 70
Konsumfunktion, makroökonomische 7,
 9–12, 48 f., 64 f., 73, 115, 359, 363, **369,**
 371, 377 f., 380
Konsumkurve, makroökonomische 8 f.,
 13 f.
Konsumquote, makroökonomische
 durchschnittliche 8
–, makroökonomische marginale 7–10,

23, 25, 29, 61, 69–71, 82 f., 85, 89, 110, 114, 299, 367–369, 375, 379
Kontraktionsprozeß 52, 59, 67, 72 f., 90, 375
Kontrolltheorie 116
Kredit . . . s. auch unter: Geld . . .
Kreditbeziehung 156–159, 272, 377, 380
Kreditexpansion 184, 186, 189
Kreditgrößentransformation 170, 175
Kreditinstitut s. Geschäftsbank
Kreditkondition 158
Kreditmarkt 159 f., 241, 272 f., 364, 379
Kreditplafond 213
Kreditrichtsatz 175 f., 217, 241
Kündigungsschutz(vorschrift) 254, 341, 349 f.
Kursrisiko 36, 158, 161, 164, 170 f., 196
Kurzarbeit 263, 350

Lebenszyklushypothese 48, 359, **369**
Leck 93 f., 96, 290, 375
Leistungsanreiz 253
Leistungstransaktion 154, 157, 181
Liquidität (eines Wirtschaftssubjekts) 152, 154, 178 f., 242, 365, **369**
–, gebundene 189 f., **369**
Liquidität(sreserve), freie 189 f., 204 f., 223, 229, **369**
Liquiditätsfalle 41, 197, 207, 294, 297, 305, 368, **370** f.
Liquiditätsgrad 152, 158, 163, 171 f., 233, **370**
Liquiditätspapier 225 f., 228
Liquiditätspolitik 200, 216, 222
Liquiditätspräferenz 38 f., 43, 162, 239, 363, 365 f., **370**
Liquiditätspräferenzfunktion 38, 206, 370
Liquiditätsquote 190
Liquiditätsrechnung 229–231
Liquiditätsrisiko 158
Liquiditätssaldo 189 f.
Liquiditätstransformation 175
LM-Kurve 42–46, 293 f., 296 f., 304–306, 367, 369, **370**
Lohn(satz) s. Nominallohn(satz), Reallohn(satz)
Lohnpolitik, produktivitätsorientierte 249
Lohnquote, gesamtwirtschaftliche 248 f., 317
Lohnstückkosten 250, 316 f., 375
Lombardkontingent 216, 230
Lombardkredit, -satz 216–219, 221, 223, 228 f.

Lücke, deflatorische s. Lücke, kontraktive
–, expansive 67, 128, 151
–, inflatorische s. Lücke, expansive
–, kontraktive 67, 127, 151
LUNDBERG-Verzögerung 65, **371**

Makroökonomik 1–3, 7, 25, 46, 48, 50, 57, 265, 359, 373
–, KEYNESsche 50, 90, 119, 307 f., 360, 364 f., 368, **371**, 378 f.
–, klassische 264 f., 270–274, 287 f., 300, 305 f., 352, 360, 363, 365, 368, **372** f., 380
–, neue KEYNESsche 309, 358, **372**
–, neue klassische 358, 364, **373** f.
Massenarbeitslosigkeit 2, 251, 287, 371
Mehrwert 279, 281–284
Mengentender 227
Mikroökonomik 1, 9, 287, 360
Mindestarbeitslosigkeit 317, 319–321
Mindestlohn(vorschrift) 254, 262
Mindestlohn-Arbeitslosigkeit 262
Mindestreserve(pflicht) 175–178, 182, 188, 222 f., 241
Mindestreservepolitik 222, 224
Mindestreservesatz 216 f.
Mitbestimmung 122, 254, 341
Mobilisierungspapier 225, 228
Mobilität 251–253, 261, 346–348
Modell, Bonner 146
–, klassisches s. Makroökonomik, klassische
–, makroökonometrisches 49, 113 f., 117 f., 142 f., 145–147, 309, 364
–, MARXsches 265, 278, 280 f., 283, 285, 352
Monetarismus, Monetarist 206–210, 238 f., 243, 308, 362, 364, **374**, 376, 380
Monetisierung 181, 193–195, 361
Multiplikator 71, 84–86, 367, **375**, 379
– staatlicher Konsum- und Investitionsausgaben in bezug auf das Sozialprodukt 79
Multiplikator-Akzelerator-Modell, -Prozeß 107–109, 112, 127, 145, 360
Multiplikatorprozeß 64, 68–70, 79, 81, 97, 107, 109 f., 125, 203, 206, 368 f., **375**
–, kontraktiver 73, 81, 360, 378
Münzgewinn 366

Nachfrage, monetäre 4, 22, 66 f., 101, 151, 372, 376
Nachfrageausfall, marginaler 68, 85, 367
Nachfragefunktion für Spekulationsgeld s. Liquiditätspräferenzfunktion
– für Transaktionsgeld 34, 362

Nachfragekurve, makroökonomische 25, 269, 271, 298–300, 306 f.
Nachfrageüberhang 53
Nebenwirtschaft 157, 192, 347
Neo-Quantitätstheorie s. Monetarismus
Nominallohn(satz) 266–268, 270 f., 295, 301 f., 368, 371, 378
Nominalverzinsung, -zinssatz 35 f., 364, 367

Offenmarktgeschäft, -operation 216 f., 230, 370
Offenmarktpolitik 219, 224–227, 371
Ökonometrie, Ökonometriker 10, 12, 198

Papierwährung 211
Pensionsgeschäft 217, 219, 227 f.
Personalnebenkosten 15, 343–345
Personalzusatzkosten s. Personalnebenkosten
PHILLIPS-Kurve 316–321, **375**
PIGOU-Effekt 293, 295, 300, **376** f., 379 f.
Portefeuille 195 f., 206
Preiserwartungseffekt 203
Preissenkungserwartung 294 f., 376
Preisstabilität 212, 215 f., 238 f., 307, 318, 327
Preissteigerungserwartung s. Inflationserwartung
Privatdiskont 218, 225
Produktionselastizität 130, 139
Produktionsfunktion 123, 126, 129, 246, 265–267, 290, 360, 367, 372
Produktionskapazität 15, 70, 127 f., 203, 360, 374, 379
Produktionspotential s. Produktionskapazität
Prozeß, kumulativer 53
prozyklisch 90, 209, 309, 324

Quantitätsgleichung 269, 362, **376**
Quantitätstheorie 269, 363, 372, **376**
Quasigeld s. Forderung, geldnahe

Rationalisierungs-Arbeitslosigkeit 261
Rationalisierungsinvestition 15, 261
Reaktionsverzögerung 48, 60, 63 f., 198, 359, 367, 369, 373 f.
Realeinkommen 9, 119
Realgeldeffekt 363, **376**, 379 f.
Realkasseneffekt s. Realgeldeffekt
Reallohn(satz) 249, 267 f., 270 f., 372
Realtausch(wirtschaft) 150–152, 272 f., 364, 367

Realzins(satz) 166–168, 215, 364, 367
Recheneinheit 150
Rechnungswesen, volkswirtschaftliches 3, 5, 21, 25, 65, 290
Rediskontkontingent 216, 218 f., 223, 225, 229 f.
Refinanzierungslinie 230 f.
Refinanzierungspolitik 218
Reinvestitionszyklus s. Echoeffekt
Relativeinkommenshypothese 48, 359, 369, **377** f.,
Rendite 15 f., 167
–, erwartete 16–18, 35, 97, 125, 162 f., 196, 362, 368
Renditestruktur s. Zinsstruktur
Reserve, stille 263, 327
Reservearmee, industrielle 262, 283, 285
Reservekoeffizient s. Reservesatz
Reservesatz 177, 183, 186 f.
Rezession 55, 293, 307
Risiko 17, 158 f., 162, 165, 170, 175
Risikoaversion 164, 196
ROBERTSON-Verzögerung 60, 66, **377**

Scheingewinn 315
Schock 97 f., 111, 118, 208, 239, 374
Schuldenparadox 89, **377**
Schwerpunktstreik 338
Selbstfinanzierung 16, 19, 159
Sensitivitätsanalyse 116
Sicherung, soziale 252
Sichteinlage, -guthaben 30, 154 f., 188, 233, 366, 381
Simulation 116, 118
Situation, KEYNESsche 293, 307, 367, 371, **378**, 380
Sonderzins 219
Sozialplan 341
Sozialpolitik 342, 347
Sozialprodukt, potentielles 56, 59, 122
Sozialproduktelastizität der Investition 20
– entlang der LM-Kurve 43
Sparen, Spartätigkeit, -verhalten 12–14, 99 f., 275, 367, 378
Sparfunktion, makroökonomische 13, 25, 27 f., 48, 63, 65, 69, 94, 123, **378**, 380
–, extrem klassische 139
Sparkassengesetz für Baden-Württemberg 275
Sparkurve, makroökonomische 13 f., 272, 378
Sparparadox 74, **378**
Sparquote, makroökonomische
durchschnittliche 14, 124, 138

–, makroökonomische marginale 13, 64, 68f., 71f., 94, 98, 375, 378
–, optimale 139f.
Spekulationsgeld 38, 40–42, 296, 370f.
Sperrklinkeneffekt 333, 377, **378**
Staatsausgabenmultiplikator in bezug auf das Budget 88
Stabilisator, automatischer 85, 87, 89, 143, 239, **378**
Stabilitätsgesetz s. Gesetz zur Förderung der Stabilität und des Wachstums der Wirtschaft
Stagflation 308, 318, 354, 374
Stagflationsmaß 318
Stagnation 57, 119, 199f.
Stagnationsthese 125
Stelle, offene 250
Steueraufkommen, -einnahmen 74f., 361, 377f.
Steueraufkommensfunktion 77f.
Steuermultiplikator in bezug auf das Sozialprodukt 81
Steuerquote, gesamtwirtschaftliche marginale 84, 375
Steuersatz 76–78, 361
Streik 334–337
Streikfolge, indirekte 338
Stromgleichgewicht 41
Strukturwandel 119, 121f., 129, 247, 261
Sucharbeitslosigkeit 346
Supermultiplikator 71, 375, **379**
Synthese, neoklassische 292, **379**

Tagesgeld 163, 219f., 365
Tarifautonomie 331
Tarifvertrag 256, 331–334
Tarifvertragsgesetz 331–333
Transaktionsgeld 31, 38, 40–42, 184, 191, 296, 361f., 368, 370f.
Transaktionshäufigkeit 32–35, 41, 43, 191, 195, 205, 207f., 215, 269, 315, 362, 366, 372, 376
Transaktionsmittel 29, 150, 154, 365
Transaktionsmotiv 33, 370
Transferausgabenmultiplikator in bezug auf das Sozialprodukt 81
Transferausgabenquote, marginale 88
Transfereinnahmenquote, gesamtwirtschaftliche marginale 78
Transmissionsmechanismus 201f., 204, 206, 216, 233, 243, 304, 374, **379**
Trugschluß der Verallgemeinerung 9, 74, 378

Überschußreserve 177, 183f., 223, 229, 231, 369
Ultimogeld 220
Umkehrpunkt s. Wendepunkt
Umlaufmarkt 160f.
Umlaufsgeschwindigkeit s. Transaktionshäufigkeit
Umverteilung 77, 83, 159
Ungleichgewicht(ssituation, -szustand) 2, 69, 125, 286, 295
Ungleichheit, ökonomische 253, 255
Universalbank 173f.
Unterbeschäftigung s. Arbeitslosigkeit

Variable, makroökonomische 2, 5, 359f., 368
Verdrängungseffekt 89, 208, 276, 361, 374, **379**
Vermögenseffekt 207, 361, 376, **380**
Vermögensverteilung 312–314
Vertragsfreiheit 254, 339
Verzögerung s. Reaktionsverzögerung, Wirkungsverzögerung
Vollbeschäftigung 199f., 251, 303, 317, 360, 363, 372, 376f., 379f.
–, absolute 301
Vollbeschäftigungsgleichgewicht 268, 275, 277, 294, 296f., 304, 307, 376
Vorsichtsmotiv 33, 370

Wachstum, extensives 119
–, gleichgewichtiges 123f., 126
–, intensives 119
–, stetiges 132–134
–, wirtschaftliches 2, 55, 57–59, 119–122, 257, 307, 314, 360, 367, 379
–, zyklisches 56f., 97
Wachstumsrate 56–59, 119, 121, 123, 130–134, 136–139, 147
–, befriedigende s. Wachstumsrate, erforderliche
–, erforderliche 127f., 367, **380**
–, natürliche 128, **380**
Wachstumstheorie 119, 147, 307
–, neoklassische 129, 379
Wachstumstrend 56, 98, 111
Wachstumszyklus 56
Währung 156, 212
Weltwirtschaftskrise 2, 119, 125, 144, 176, 207, 286, 288
Wendepunkt (konjunktureller) 55, 59, 97, 118, 294
Wertaufbewahrung(smittel) 29f., 35, 152, 370
Wirkungsverzögerung 116, 191, 201, 204, 209, 235, 379

Wirtschaftswachstum s. Wachstum, wirtschaftliches
WL-Modell 115
Wohlfahrt 117, 119, 138, 264

Zahlungsmittel, gesetzliches 150, 152, 156, 158, 177, 179, 211
Zahlungsverkehr 156 f., 174, 179, 211, 234, 241
Zangenpolitik 201, 224
Zentralbank 30, 154, 158, 161, 199–201, 366, 381
Zentralbankgeld 30, 161, 178 f., 188–190, 213 f., 365, **381**
–, potentielles 189
Zentralbankgeldmenge (gemäß Bundesbank-Definition) 233–238, **381**
Zielkonflikt, wirtschaftspolitischer 200, 306, 308

Zins(satz) 26–28, 38–40, 115, 139, 158, 162–164, 193–195, 203 f., 272, 368, 370–372, 374, 379
Zinsänderungsrisiko 158 f., 172
Zinselastizität der Geldnachfrage 39, 43, 197 f., 235, 361, 368, 370 f.
– der Investition 20, 29, 294, 297–299, 306
– entlang der LM-Kurve 43
Zinserwartung 36–38, 165 f., 196, 271
Zinspolitik 200, 216, 221, 307, 371
Zinsspanne 173, 202
Zinsstruktur 162 f., 165 f., 206, 241
Zinsstrukturkurve 164
Zinstender 227
Zinstheorie 162
Zusatzbudget 82 f., 87, 367
Zwischenzielvariable 201, 205, 209, 233, 381

A. Stobbe
Volkswirtschaftliches Rechnungswesen
7., rev. Aufl. 1989. XV, 409 S. 27 Abb.
(Heidelberger Taschenbücher, Bd. 14)
Brosch. DM 34,- ISBN 3-540-51151-2

Aus den Besprechungen: „Der Versuch, den Leser vom einfachsten wirtschaftlichen Grundbegriff aus über die einzel- und gesamtwirtschaftliche Vermögensrechnung (und) die makroökonomischen Probleme des Geldwesens zur Kreislaufanalyse und zur eigentlichen volkswirtschaftlichen Gesamtrechnung bis zu den verwickelten Zahlungsbilanzfragen zu führen, ist ausgezeichnet gelungen. Zum begrifflichen Verständnis der großen wirtschaftspolitischen Zeitfragen gibt es jedenfalls kaum einen besseren Helfer."

Der Volkswirt

U. Westphal
Makroökonomik
Theorie, Empirie und Politikanalyse
1988. XIV, 530 S. 129 Abb. 50 Tab.
Brosch. DM 69,- ISBN 3-540-18837-1

In diesem Lehrbuch wird eine Makro-Theorie entwickelt, die an der Empirie und den wirtschaftspolitischen Problemen der Bundesrepublik Deutschland orientiert ist. Entsprechend dem „state of the art" integriert diese Theorie Nachfrage- und Angebotsseite; sie umfaßt verschiedene Ungleichgewichtsregime, die Preis-Lohn-Dynamik, Stock-flow-Zusammenhänge, Prozesse der Erwartungsbildung sowie eine konsistente portfoliotheoretische Modellierung des finanziellen Sektors offener Volkswirtschaften.

A. Stobbe
Mikroökonomik
2., rev. Aufl.
1991. XV, 598 S.
100 Abb. 12 Tab.
(Springer-Lehrbuch)
Brosch. DM 39,80
ISBN 3-540-54136-5

Preisänderungen vorbehalten

Dieses Buch bietet nach einer Einführung in die Methodik der Wirtschaftswissenschaften in drei Kapiteln die Grundzüge der Theorie des privaten Haushaltes, des Produktionsunternehmens und des Marktes. Das vierte und das fünfte Kapitel enthalten weiterführende Überlegungen über Grenzen und Mängel des marktwirtschaftlichen Systems sowie staatlicher Eingriffe auf einzelwirtschaftlicher Ebene. Der Text knüpft an Alltagserfahrungen an, erläutert Fachausdrücke und Modelle verbal, graphisch und algebraisch und verweist häufig auf Beispiele aus der Praxis des Wirtschaftslebens.
Einleitung, ausführliche und kurz kommentierte Literaturangaben zu jedem Kapitel sowie viele graphisch herausgesetzte Systematisierungen, Definitionen, Hypothesen und Lehrsätze dienen zur leichteren Bearbeitung des Lehrbuches für den Leser.

B. Felderer, S. Homburg

Makroökonomik und neue Makroökonomik

5., verb. Aufl. 1991. XV, 455 S. 97 Abb. (Springer-Lehrbuch) Brosch. DM 36,-
ISBN 3-540-53415-6

Aus einer Besprechung:
„...die Autoren bieten eine längst überfällige, übersichtliche Einführung in die verschiedenen makroökonomischen Schulen, die sich in den vergangenen 200 Jahren entwickelt haben und früher oder später jedem Studenten im VWL-Studium begegnen... eine willkommene Orientierungshilfe im „Dickicht" der widerstreitenden Makroschulen... ein komplexes Standardwerk, das über das gesamte Studium hinweg einen guten Wegbegleiter abgibt."
WISU 7/87

Hierzu lieferbar:
B. Felderer, S. Homburg

Übungsbuch Makroökonomik

1991. DM 19,80
ISBN 3-540-53703-1

J. Schumann

Grundzüge der mikroökonomischen Theorie

6., überarb. u. erw. Aufl.
1992. Etwa 500 S.
(Springer-Lehrbuch)
Brosch. i. Vorb.
ISBN 3-540-55600-1

Dieses im deutschen Sprachgebiet weit verbreitete und auch ins Spanische übersetzte Buch ist für das wirtschaftswissenschaftliche Grund- und Hauptstudium gedacht. Es vermittelt solide Kenntnisse der mikroökonomischen Theorie und schafft Verständnis für das Funktionieren einer Marktwirtschaft.

A. Pfingsten

Mikroökonomik

Eine Einführung

1989. XIV, 240 S. 56 Abb.
Brosch. DM 29,80 ISBN 3-540-50971-2

Dieses Lehrbuch der Mikroökonomik vermittelt einen Einblick in grundlegende Fragestellungen, Methoden und Modelle mikroökonomischer Theorie. Nach kurzen Abschnitten über die Stellung der Mikroökonomik in den Wirtschaftswissenschaften, Grundprobleme des Wirtschaftens und wirtschaftswissenschaftliche Modellbildung folgen mehrere ausführliche Kapitel zur Haushaltstheorie, zur Gleichgewichts- und Wohlfahrtstheorie, sowie zur Produktionstheorie. Elastizitäten und ein kurzer Abstecher in die Preistheorie bilden den Abschluß.

U. Meyer, J. Diekmann

Arbeitsbuch zu den Grundzügen der mikroökonomischen Theorie

3., verb. Aufl. 1988. X, 250 S.
132 Abb. Brosch. DM 27,50
ISBN 3-540-50046-4

Preisänderungen vorbehalten

If you have any concerns about our products,
you can contact us on:
E-auctsafety@springernature.com

In case Publisher is established outside
the EU, authorized representative in
Rödlager Le Sartz Customer Service GmbH, Tiergartenstraße,
Europaplatz 3, 69115 Heidelberg, Germany

Printed by: bh-Printec GmbH
in Hamburg, Germany

MIX
Papier aus verantwortungsvollen Quellen
Paper from responsible sources
FSC® C105338

If you have any concerns about our products,
you can contact us on
ProductSafety@springernature.com

In case Publisher is established outside the EU,
the EU authorized representative is:
**Springer Nature Customer Service Center GmbH
Europaplatz 3, 69115 Heidelberg, Germany**

Printed by Libri Plureos GmbH
in Hamburg, Germany